宏微观经济学

Macroeconomics & Microeconomics

（第二版）

陈 通 主编

天津大学出版社
TIANJIN UNIVERSITY PRESS

内容提要

本书基于现代经济学的最新发展和教学需要编写而成。全书分为六篇，共十五章。主要包括概论、消费者经济行为、生产者经济行为、市场和竞争策略、宏观经济分析和宏观经济问题等内容。

本书既分析了宏微观经济理论的经典内容，又介绍了经济理论的最新发展。在理论阐释过程中力求简明扼要、深入浅出。每章附有小结和复习思考题，便于读者掌握基本内容和自学。本书适合作为高等院校管理类专业的本科生、研究生教材，对各类企业及事业单位的管理者也有较高的阅读价值。

图书在版编目(CIP)数据

宏微观经济学/陈通编. —天津：天津大学出版社，2003.9（2021.3 重印）

ISBN 978-7-5618-1827-5

Ⅰ.宏… Ⅱ.陈… Ⅲ.①宏观经济学-高等学校-教材 ②微观经济学-高等学校-教材 Ⅳ.①F015 ②F016

中国版本图书馆 CIP 数据核字(2003) 第 077995 号

出版发行 天津大学出版社
地　　址 天津市卫津路 92 号天津大学内(邮编:300072)
电　　话 发行部:022－27403647
印　　刷 天津泰宇印务有限公司
经　　销 全国各地新华书店
开　　本 169mm×239mm
印　　张 30.75
字　　数 670 千
版　　次 2003 年 9 月第 1 版　2006 年 3 月第 2 版
印　　次 2021 年 3 月第 10 次
定　　价 49.00 元

新 版 前 言

本书基于2003年版修订而成。全书分为概论、消费者经济行为、生产者经济行为、市场和竞争策略、宏观经济分析和宏观经济问题等六篇，共十五章。前四篇阐释微观经济理论，后两篇阐释宏观经济理论。

本书具有如下特点。

1.反映了经济学的最新发展。伴随科技进步和全球经济一体化的发展，经济学有了长足的发展。研究领域的拓展、研究方法的整合、多学科的相互交融……使经济学内容不断充实，对经济活动的解释力大有提高。有鉴于此，本书将较为成熟的国内外研究成果纳入，将会为读者提供更多的信息。

2.保留了经济学的经典内容。本书在体系框架设计及内容取舍上，保留了宏微观经济学的最基本内容。着重阐释宏微观经济理论的基本概念、基本原理和基本分析方法。对于经济学与日俱增的研究成果，也只是引入其中较为成熟的部分加以介绍。微观经济学部分只是在2003年版基础之上进行勘误，而宏观经济学部分则是在2003年版的基础之上，基于近年来教学实践进行了较大的修编。这样做主要是为了更好地发挥本教材在经济学教学过程中的基础性作用。

3.突出了主体行为。依据现代市场经济发展运行机理，按照经济主体行为设置篇章。微观部分着重分析消费者的经济行为、生产者的经济行为和政府的微观经济行为。宏观部分着重分析政府的宏观经济行为、基于经济全球化背景的政府国际经济行为以及政府的宏观经济政策。

4.适应了管理类专业经济学教学的需要。结合管理类专业的课程体系，考虑到管理类专业本科生、研究生的相关能力培养、知识结构和背景，本书以微观经济学为主，宏观经济学为辅，两者的篇幅比例大体为2:1。微观部分从基础开始分析，突出应用，类似于管理经济学。宏观部分则给出基本理论框架，突出理论和政策分析。

本书第一、二、三、四、五、六、七、八、九章由陈通编写；第十、十一、十三章由曹桂全、陈通编写；第十二、十四章由曹桂全编写；第十五章由汤伟钢编写。研究生范道津、范艳红、许琳红、李钊军协助进行资料整理、录入等工作。全书由陈通设计框架、修纂定稿。

本书适合管理类专业本科生、双学位学生使用，亦可作为管理类研究生、工商管理硕士(MBA)、公共管理硕士(MPA)、工程硕士的参考教材。同时，对各类企事业部门的管理者具有较高的阅读价值。

本书的编写参考了国内外大量的经济学论著，从中获得了重要的启示和资料支持，在此向各位专家学者表示衷心感谢。

尽管作者在本书编写中做出了很大努力，但由于知识水平有限，书中错误和疏漏之处仍在所难免，敬请读者批评指正。

编者

2006年1月于天津大学

目　　录

第一篇　经济学基本概念

第一章　导　论

第一节　经济学的基本问题

一、资源配置

1. 社会基本经济问题

任何一门学科的产生都有客观必然性。那么,经济学(economics)产生的必然性是什么呢? 经济学家认为,人类社会所面临的基本经济问题是人类需要的无限性和用来满足人类需要的各种资源的稀缺性(scarcity)之间的矛盾。而经济学就是为了研究这一基本经济问题而产生的。

人类的需要也叫欲望(wants),是指人们想要得到任何一种东西的要求。人们的需要既有物质上的,又有精神上的,而这一切都要依托一定的资源实现。美国心理学家和行为学家马斯洛(A. Maslow)曾将人们的需要归纳为基本的生存生理需要、安全需要、社会(或情感的)需要、尊重需要和自我实现等不同的层次。一般认为,一个人在某一层次范围内的需要是靠各种资源实现的。当需要得到满足时,另一个较高层次的需要便支配了他的意识功能。同时,多多益善的偏好又是支配人们日常消费行为的重要因素,人们的需要具有随资源的丰富而不断发展的趋势。而人类的需要由个人的需要综合汇总所构成,因此,人类的需要是无限的。

但是,用来满足人类需要的资源却是有限的。能用来满足人类需要的资源可分为两类,即"自由取用物品"(free goods)和"经济物品"(economic goods)。前者是无限的,如阳光、空气等。由于这类资源人们可以不付分文而各取所需,没有价格,因而不纳入经济分析范围。而后者则是有限的,具有稀缺性。这里所说的稀缺性,不是指经济物品或生产这些物品的资源的绝对数量是多少,而是相对于人类需要的无限性而言,再多的经济物品总是不足的。从这种意义上看,稀缺性是相对的。但是,从另一种意义上来看,稀缺性存在于一切时代和一切社会,因此,它又是绝对的。

由于资源的稀缺,当人们把某种资源用于某一种用途时,它就不能再用于其他用途。人们把为了得到一种东西而不得不放弃的另外的东西称为这种东西的机会成本。经济学的产生也可以说是基于机会成本,为了最大限度地满足人们的需要,客观上需要研究特定资源在不同领域的投资以及各种投资方案的优选。

2.经济学的定义

稀缺性是任何社会和任何时代都存在的一个基本事实,所以需要人们做出各种各样的选择(choices),以便使资源得到充分有效的利用,使人类的需要得到最大满足。于是,经济学便由此而产生。一般认为,经济学就是研究如何实现稀缺资源的最佳配置,以使人类需要得到最大限度满足的一门社会科学。或者,可简要概述为,经济学就是研究如何节约①。

应该看到,"经济学"这一名词在经济理论研究和实际应用方面具有比较广泛的含义。它至少包括下列五个领域的文献:

①对经济问题的历史性研究,如经济史、经济学说史;

②对某一经济领域或专题的研究,如石油经济学、建筑经济学、信息经济学;

③企事业管理的经验和方法,如公司经济学、银行管理、证券市场分析;

④研究经济问题的方法,尤其是数量方法,如计量经济学、经济统计学;

⑤侧重于纯理论方面的研究,如微观经济学、宏观经济学。

在广泛的经济学领域中,微观经济学和宏观经济学一般被认为是经济理论的核心,它为经济学其他领域的研究提供了基本理论和基本分析方法。本教材所说的经济学系指微观经济学和宏观经济学。

3.经济学的研究对象

资源配置问题是人类社会经济的共同属性。它的核心问题——效率,是一切社会经济最深层和最一般的基础。按照微观经济学与宏观经济学的研究视角,资源配置问题又可具体表述为诸多方面。

从微观经济学角度看,经济学的研究对象可概括为以下几点。

(1)生产什么　由于人类的需要是无限的,而用来满足需要的资源是有限的。在此前提下,任何社会某种物品生产越多,就意味着其他物品生产越少。因此,每一个社会必须准确地选择生产哪些物品以及各种物品的产出数量,以便最大限度地满足人们的需要。从企业的角度看,任何企业所能支配的资源终究是有限的,不可能生产提供所有的产品和服务,在整个社会需求结构与供给结构既定的前提下,首要的任务是解决好生产什么的问题。经济学家认为,这一问题的解决,不是由企业主观决定,也不是由某些权威人士来决定。在消费者导向的现代市场经济条件下,对所有的经济组织来说,生产什么最终取决于消费者的货币选票。

(2)怎样生产　由于一种物品通常可以用不同生产要素和不同生产技术的组合来生产,因此使用哪一种组合就成为一个问题。如前所述,资源是有限的,当更多的资源被用于生产某些物品时,用于生产其他物品的资源必然相应减少。一般来说,当微观经

① 中文和英文"经济"(economy)这个词都含有"节约"的意思。马克思曾指出:"时间的节约和社会总劳动按比例分配,是存在于任何社会的一般经济规律。"(马克思:《马克思恩格斯全集》,第46卷,上册,第120页)

济组织(企业)决定究竟使用哪一种资源组合进行生产的生产决策时,首先要考虑各种生产要素的相对价格和效率。在一个社会所需物品数量和构成既定条件下,该社会所面临的选择问题是:在各种资源利用方式中,选择成本最低、效率最高的资源组合进行生产。

(3)为谁生产　即全部产品如何在社会成员之间进行分配。由于任何社会中的资源都是稀缺的,所以没有一个社会能够满足社会成员的所有需要。由此,就出现了选择问题。而这种选择同样有赖于市场价格机制的作用。具体来说,取决于要素市场竞争所决定的要素价格。

从宏观经济学角度看,经济学的研究对象可概括为以下几点。

(1)经济增长　经济增长是任何社会都追求的经济目标之一。一定的经济增长率,尤其是人均GDP的增长率,最终决定一国的经济实力和贫富程度。因此,宏观经济学的一项重要任务,就是研究经济增长的决定因素。一般来说,资源禀赋、储蓄率、投资率、技术创新以及其他因素被认为是经济取得增长的重要条件。而在实现一个国家经济增长的过程中,如何保证和促进一国的全部资源得到充分利用,社会经济可持续发展,同样是宏观经济学所要研究的重要问题。

(2)经济周期　经济周期是经济运行过程中出现的阶段性的不规则上下波动。一个完整的经济周期由紧缩期、谷底、扩张期、顶峰几个阶段构成,通常用实际GDP和其他经济指标反映。在经济周期的不同阶段,为保持经济的稳定增长,一国经济面临着如何解决失业、治理通货膨胀等宏观经济问题。客观上要求从理论与实际结合的角度,针对经济运行的不同阶段进行实证研究,探寻经济运行状况的形成机理,提出相应的政策主张。

(3)国际经济　在全球经济一体化的大背景下,一个国家试图脱离国际经济技术交流而取得本国经济的长足发展,实际上已不可能。任何一个具有一定规模的国家的经济都是开放的经济系统,或是与其他国家在贸易、金融互动关联的经济体系。一般来说,宏观经济学通常借助对国际贸易和国际金融的理论研究,来阐释一国经济如何基于国际经济发展而发展。与此相关联的就需要解决诸如国际贸易平衡、国际收支平衡、金融风险防范、一国经济、金融安全等问题,而这些便构成宏观经济学的重要研究课题。

4. 市场经济是迄今惟一的经济可持续发展的资源配置方式

社会经济的资源配置方式是多种多样的,如传统社会的习惯方式、计划的方式和市场的方式等等。对一国社会经济而言,不同的资源配置方式表现为不同的经济体制。任何经济体制的基本组成结构都是由决策系统、信息系统和动力系统三部分所构成。我国社会主义市场经济体制脱胎于过去的中央集权计划经济体制。计划经济能够正常运行的前提是,政府的中央计划者拥有完全信息,能在最正确的位置上指导经济活动;计划者决定生产什么物品与提供何种劳务、生产多少以及谁来生产和消费这些经济物品与劳务;生产者和消费者得到有效的激励。按照计划经济的理论,只有政府才能最有效地组织社会经济活动。然而实践表明,计划经济并不能最有效地发展经济,并且已经严重阻碍了我国经济的发展,丛生许多弊端。比如,严重地降低了经济运行效率,权力支配资源配置引发寻租行为,滋生大量腐败,严重破坏市场秩序等。因此政府必须放弃全面的指令性计划,而只在宏观调控方面发挥应有的作用,进而采取一种多数经济问题由市场来解决的经济组织方式——市场经济,即充分发挥市场机制配置资源的基础性作用的经济发展方式。在市场经济中,中央计划者的决策被千百万企业和家庭的决策所取代。企业自主决定微观领域三个基本问题,家庭自主决定消费、投资和储蓄。企业和家庭在市场上自主交易,价格和个人利益引导着他们的决策。二十多年来,中国的市场取向改革使综合国力迅速提高,经济发展成就举世瞩目。

从国内外的经济发展态势看来,市场经济是迄今惟一的经济可持续发展的资源配置方式。中国经济建设的实践证明,"坚持改革开放,不断完善社会主义市场经济体制"既是我们建设社会主义经济强国的正确选择,同时又是对我国改革开放伟大实践的经验总结。中国已经加入了世界贸易组织,在后 WTO 时代,经济发展面临各种机遇和挑战,更要求我们按市场经济的规律进行经济建设。同时,需要指出的是,强调市场在资源配置中的重要作用,并不否认国家干预和经济计划的作用,即便在市场经济发达的国家,也要进行国家干预和经济计划方面的宏观经济调控,以便解决"市场失灵"(market failures)等问题。

二、经济学的研究方法

任何一门学科都有一定的研究方法。经济学家在研究社会经济问题时,主要采用了如下几种方法。

1. 实证分析和规范分析

所谓实证分析(positive analysis)就是描述经济现象"是什么"(what is)以及社会经济问题实际上是如何解决的。这种方法旨在揭示有关经济变量之间的函数关系和因果联系。用实证分析方法来研究经济问题时,要提出用于解释经济现象的理论,用事实来检验理论,并根据理论做出预测。具体地说,在进行理论研究时,首先要对所研究的变量的含义做出明确的规定,然后在一定的假设条件下提出假说,并根据这一假说对未来进行预测。最后,再用经验事实来验证预测。如果预测是对的,那么这种假说就被认为是正确的理论,反之,假说就要被否定或要进行修正,以便形成正确的理论。这种经济学的实证分析通常被称为是实证经济学(positive economics)。

规范分析(normative analysis)则是研究经济活动"应该是什么"(what ought to be)以及社会经济问题应该是怎样解决的。这种方法以一定的价值判断(value judgement)为基础,提出某些准则作为经济理论的前提和制定政策的依据,并考察如何才能符合这些准则。这种经济学的规范分析被称为是规范经济学(normative economics)。

实证分析与规范分析的区别有两点。

第一,实证分析所研究的内容具有客观性,所提出的用于解释经济现象的理论是否正确,可以用经济运行过程的事实进行验证;规范分析所研究的是经济现象的是非善恶,是以一定的行为准则为出发点,从而具有一定的主观性。

第二,实证分析是一种对经济运行过程的判断,并在既定的假设条件下进行的,它可以通过各种方式检验由此得出的结论是否正确；规范分析则是价值判断，它一般不去检验经济运行过程，而是先检验假定条件本身，在此基础上再对经济运行过程做出好坏善恶的判断。

实证分析和规范分析的区别往往体现在对同一经济现象的分析着眼点不同。比如，某一企业在产品生产过程中污染了环境，那么，实证分析将研究：对于这种污染，社会将对该企业征收多少清除污染的费用，从而使企业的外在成本(因污染所导致社会增加的成本)内部化。但是如果该企业威胁说，宁肯关闭也不支付清理污染的费用，那么，规范分析就要根据一定的价值判断进行决策，是允许该企业继续生产并污染环境而由社会承担相应的清理污染、净化环境的费用，还是强迫企业关闭，而承担随之而来的失业后果。

一般来说，在微观经济学中，除福利经济理论的阐述及分配原理的某些说明外，主要采用的是实证分析方法。而在宏观经济学中，规范分析的特点就较为显著。应该看到，经济学作为一门社会科学，具有强烈的阶级性。经济学家在分析社会经济问题时，都是从本阶级的价值判断出发，提出为本阶级服务的理论。显然，完全超脱社会价值判断的所谓实证分析是不可能存在的。同时，从这个意义上讲，实证分析与规范分析两者又是密不可分的。

2. 均衡分析

均衡(equilibrium)原是物理学中的一个概念，指作用于质点的所有力的合力(或矢量和)为零的状态，或平衡状态。经济学中的均衡，系指经济决策者(消费者或厂商)意识到若重新调整资源配置方式或购买方式已不能获得更多利益，从而不再改变其经济行为时的状态。而均衡分析就是假定经济变量中的自变量为已知和固定不变，然后考察因变量达于均衡状态时会出现的情况以及实现均衡的条件。

均衡分析包括局部均衡分析(partial equilibrium analysis)和一般均衡分析(general equilibrium analysis)。局部均衡是指经济体系中单独一个消费者、一个商品市场或要素市场、一家厂商或一个行业的均衡状态。按照局部均衡分析，当考察一种商品的价格如何由市场供求两股力量的作用而达到均衡时，总是假定“其他条件不变”，即假定该种商品的均衡价格只取决于商品本身的供求状况，从而排除了其他一切经济因素及其变动对该商品的影响。一般均衡是指一个经济体系中所有市场的供给和需求同时达到均衡的状态。根据一般均衡分析，某种商品的价格不仅取决于它本身的供给与需求状况，而且还受到其他商品的价格和供求状况的影响。因此，某种商品的价格和供求的均衡，只有在所有商品的价格和供求都同时达到均衡时，才能实现。

3. 静态分析、比较静态分析和动态分析

所谓静态分析就是分析经济现象的均衡状态以及有关的经济变量处于均衡状态所必须具备的条件，但并不论及达到均衡状态的过程，即完全不考虑时间因素。

比较静态分析就是分析已知条件变化后经济现象均衡状态的相应变化以及有关经济变量在达到新的均衡状态时的相应变化。显然，比较静态分析只是对个别经济现象一次变动的前后以及两个或两个以上的均衡位置进行比较分析，而舍掉对变动过程本身的分析。简言之,"比较"静态分析,就是对经济现象一次变动后,均衡位置及经济变量变动的前后状态进行比较。在微观经济学中,无论是分析个别商品的供求均衡,还是个别厂商的价格和生产的均衡状态,大都采用了以上两种方法。

动态分析与静态分析的主要区别在于引入了时间因素。动态分析是对所有均衡状态向新的均衡状态变动过程的分析,其中包括分析有关经济变量在一定时间内的变化、经济变量在变动过程中的相互依存和相互制约的关系以及它们在每一时点上变动的速率等等。具体地说,动态分析将着重研究那些在静态分析中通常假定不变的因素(如劳动和资本数量、生产技术、消费者偏好等)在时间过程发生变化时,将如何影响一个经济体系的变动。动态分析要求经济变量所属的时间必须被明确地表示出来,并且认为某些经济变量在某一时点上的数值受前一时点有关变量数值的影响。这就需要把经济运动过程划分为连续的分析期间,以便考虑有关变量在相继各个时期的变动情况。在微观经济学中,蛛网理论就是动态分析的一个例证,而在宏观经济学中,动态分析常常用于研究经济增长和经济周期波动等问题。

4. 边际分析

边际分析(marginal analysis)是现代经济学常用的一种分析方法,即利用边际数量分析经济变量的相互关系及其变动规律。从数学形式上看,假定某一经济函数为 $Y = f(X)$,当自变量由 X 变为 $X + \Delta X$ 时,因变量便由 Y 变成 $Y + \Delta Y$,这里的 ΔX、ΔY 作为 X、Y 的增量即为边际数量。边际分析可以用两个增量的比率($\Delta Y / \Delta X$)来表示。该比率有三种形式,即大于零、等于零和小于零,可反映自变量 X 增加一个单位时,因变量 Y 是递增、不变或递减。边际替代率递减规律就是运用边际分析方法推导出来的。

经济学家认为,任何经济主体(如消费者、厂商等)的经济行为都取决于其边际值,无论是消费者均衡还是生产者均衡,都离不开边际分析。比如,当厂商考虑要不要增加一单位商品的生产时,他总是要利用边际分析方法决策,即将增加这一单位产量所增加的成本(边际成本)与商品出售后所增加的收益(边际收益)进行比较,以决定是否增加这最后一单位产品的生产。显然,只要边际收益大于边际成本,增加这一边际产量总是有利可图的。

5. 归纳法与演绎法

归纳法(inductive method)是从大量个别的事实推论出普遍性原则的过程。它分为进行观察、形成假设、概括出原则等步骤。比如,当经济学家发现冬季番茄价格上升了,他把这种现象同每年同期的番茄上市量联系在一起,并且从中得出一个结论:如果其他情况不变,供给减少会使价格上升。归纳法的缺点在于经济学家无法确信他所概括的原则是否百分之百地可靠。因而只要有可能,他就尽量采用演绎法来证实他用归纳法得到的结论。

演绎法(deductive method)是从基本假定或者从已确立的原则出发推论出结论的研究方法。用演绎法分析经济活动时,首先根据所要分析的事实做出假设前提,其次,进行逻辑推理,即从假设的前提推演出结论,最后是对结论进行验证。由于经济情况复杂多变,演绎出来的结论(经济法则或定律)只在假设前提范围内才是有效的,故其语言大都是陈述性的。例如，需求定律只陈述在其他条件不变的前提下，需求量和价格存在反方向的变动关系，但不能断言物价上涨，必然导致需求量下降。演绎法有非数学和数学的两种方式。古典经济理论多采用非数学演绎法，新古典学派开始使用数学演绎法，即利用代数式、微积分、几何图式等数学工具进行经济分析。二战后，采用数学工具进行演绎已成为经济分析的重要发展趋势。

6. 经济模型

经济模型(economics model)是指用来描述与所研究的经济现象有关的经济变量之间依存关系的理论结构。它既可以用文字说明，也可以用数学公式描述，还可以用几何图形表示。经济模型建立和求解过程，实际上就是上面所说的演绎过程。

任何经济现象都是由众多复杂多变的因素决定的。因此，建立模型时必须进行合理的简化和假设，只保留反映经济现象内在的、主要的因素(如果是用数学方式建立模型，则需按照一定函数关系把筛选出来的变量编成单一方程或联立方程组)。通过模型人们可以把各种经济现象(比如，现实经济中的经济主体的行为或整个经济体系的运行情况)概括描述出来。人们利用经济模型可以预测经济活动的结果。有的经济学者认为，经济模型提供给人们一种技术，即把大的、几乎不能解决的问题分为较小的、能一次一个地解决的问题，因而这种方法又被称之为“逐步法”(the step at a time technique)。

根据研究的问题和采用的分析方法，可以建立起各种微观或宏观的经济模型。

例如，为了研究某种商品的均衡价格和均衡产量是怎样决定的，就可通过建立简单的微观静态经济模型说明。假定影响该商品供求的其他条件不变，如果用 Q_d 和 Q_s 分别代表商品的需求量和供给量，用 P 代表商品价格，则商品的需求和供给方程式为

$$Q_d = \alpha - \beta \cdot P \tag{1-1}$$

$$Q_s = -\delta + \gamma \cdot P \tag{1-2}$$

商品的供求相等时，市场处于均衡状态。于是，均衡方程式为

$$Q_d = Q_s \tag{1-3}$$

如果根据观察到的实际统计资料，该商品的需求数量、供给数量与价格有以下函数关系

$$Q_d = 200 - 2P$$

$$Q_s = -10 + 13P$$

利用以上供求方程式和反映商品市场均衡条件的方程式 ($Q_d = Q_s$)，就可以求出市场达到均衡状态时应有的均衡价格($P = 14$) 和均衡数量($Q_d = Q_s = 172$)。

7. 心理分析与实验分析

通常，经济学的研究主要建立在“经济人”或“理性人”的假设之上，即假设人们受自身利益驱动和能够做出理性的决策。同时，经济学还被普遍视为是一种依赖于实际观察的经验科学，或者是建立在演绎、推理方法基础之上的思辨性科学，而不是在可控的实验室中进行检测的实验性科学。但是，如今经济学研究愈来愈置身于修正和实验基础经济理论前提，并愈来愈依赖于在实验室里而不是从实地获得的数据。这种研究根植于两个截然不同但正日益融合的领域：一是用认知心理学分析法研究人类的判断和

决策行为的领域；另一是通过实验室实验来测试根据经济学理论所做出的预测的领域。2002年诺贝尔经济学奖授予丹尼尔·卡尼曼(Daniel Kahneman)和弗农·史密斯(Vernon L. Smith)以表彰他们在心理和实验经济学(experimental economics)研究方面所做出的开创性工作。

卡尼曼运用心理学研究方法取得了许多研究成果。比如，他发现并论证了人类决策的不确定性，即人类决策常常与根据标准经济理论假设所做出的预测大相径庭，并与已故的阿莫斯·特维尔斯基合作提出了一种能够更好地说明人类行为的期望理论(prospect theory)。这一理论与我们日常生活密切相关。再比如，1998年他与大卫·施卡德做了一项研究，他们组织身处美国加州和中西部的2 000名本科生为自己的生活满意度打分。结果这两个地区学生的评分几乎没有差异，虽然两组受测者都认为在加州会更幸福些。学生们正确地假定加州人会比中西部人对于自己所处的气候环境条件更为满意，但却没有认识到天气并不能影响人们对生活的总体评价。该研究表明，人们不能想像适应环境会对他们的幸福产生何种影响。卡尼曼通过心理学研究断言，在可以计算的大多数情况下，人们对所损失的东西的价值估计高出得到相同价值的两倍。同样，当所得的比预期的多时，人们会很高兴；而当失去的比预期的多时，就会非常愤怒与痛苦。关键在于这两种情绪是不对称的，人们在失去某物时愤怒与痛苦的程度远远超过得到某物时高兴的程度。假设现有两种方案供人们选择：一是资产在通货膨胀率为15%时增值了10%；二是通货膨胀率为0时人们的生活开支增加5%。两者都是资产缩水5%。可实验表明，大多数人在第一种情况下比在第二种情况下更愉快，或者说，在第二种情况下比在第一种情况下更郁闷。对人心理的揣摩，完全可以应用于经济生活的现实当中。在薪酬奖惩制度中，如果想对员工形成强烈的刺激，采用处罚的办法要比奖励的办法更见效。如果决定采用升职、加薪等奖励的办法，在做出这种决策时就要特别谨慎，因为这样做效果其实并不见得好。他的其他研究还解释了为何人们为省几美元宁愿开几十公里车去买便宜货，而不愿就近购买较贵的商品，虽然这样他们会节省一些钱(汽油费等)。

史密斯通过科学的设计和运行可控的实验现场及其电子交易系统，以现实的人作为"市场参与者"，建立了检验不同的经济理论有效性的实验方法。他所做的实验与整个经济系统或实际的经济环境结合得更完美，也为以后研究起到了示范作用。史密斯在实验中创造了现实世界中的激励，以帮助研究者理解现场为什么具有并如何发挥其功能。他利用实验经济学所允许的对市场的可控研究，并使用严格的检验方法。史密斯的实验方法允许研究者了解市场如何及为什么对"博弈规则"——实际上是法律、制度及机制做出反应，从而使得无论是研究者还是政策制定者均可从实验经济学中学到许多有深远意义的东西。史密斯通过实验发现了机制的重要性，并将其提升到市场经济研究的焦点；发现并发展了与现实市场效率相同的实验市场中机制的效率的评估方法——成本效益分析方法；另外发现投机行为可以在实验市场中研究，并且投机行为可以产生与经典理论平行的均衡。他开拓了实验经济学广泛的实际应用领域。

卡尼曼进行的是心理学实验，而史密斯的研究则直接针对人们在面对不确定性选择问题时心理的作用。从这个意义上说，卡尼曼的工作可能是更基本的。而史密斯所进行的经济学实验考虑人在实际中的行为，因而可直接针对已有的经济理论进行实验，检验其正确性，并由此导致经济理论的重新思考：一方面导致对人的行为的分析，另一方面导致对其他经济因素的分析。这两种分析的另一个重要区别在于心理学上的实验只能检验人的瞬时选择行为，而经济学实验则可用于考虑整个经济过程人的动态行为。因而前者不能考察长期经济行为的后果，而后者则可分析人在动态过程中的行为调整以及由此产生的经济后果。二者的区别正体现了他们对经济学上关注人的行为方面的互补性。现在，经济学家们往往应用史密斯的实验方法来测试卡尼曼的有关决策理论。

三、微观经济学和宏观经济学

根据具体考察领域和考察视角不同，现代经济学通常分为微观经济学和宏观经济学两部分。

1. 微观经济学的特点

微观经济学(microeconomics)以单个经济主体(作为消费者的单个家庭或个人，作为生产者的单个厂商或企业以及单个产品或要素市场)为研究对象，研究单个经济主体的经济行为以及相应的经济变量的单项数值如何决定。具体来说，微观经济学研究单个厂商作为生产者如何把有限的生产资源分配于各种商品的生产上，以取得最大利润；单个家庭或个人作为消费者如何把有限的收入分配于各种商品的消费上，以取得最大效用；研究商品市场和要素市场上均衡价格与均衡数量是如何决定的。

微观经济分析所使用的单个变量包括个别厂商的成本、收益、利润，所使用的各种要素的数量和要素报酬，某种商品的需求量、供给量及其价格等等。通过对单个经济变量和单个经济主体行为的分析，考察它们之间的各种相互制约、相互依存的关系，以力求实现最优的经济均衡。由于微观经济学所研究的是单个经济单位的经济行为和经济活动，所以微观经济分析也称为个量分析或个体分析。诚然，微观经济学也包括考察一个社会的全部经济活动的内容。比如，以一个社会的经济福利为研究对象的福利经济学，用来同时考察所有各种产品和各种生产要素的供求及相互作用的一般均衡分析。之所以将这些内容纳入微观经济分析，是因为福利经济学和一般均衡分析都是以单个消费者和单个生产者的行为为出发点，来考察社会经济运行的。

如前所述，微观经济学所要解决的是生产什么(what)、如何生产(how)和为谁生产(for whom)的基本经济问题。经济学家认为，生产什么取决于消费者的货币选票；怎样生产取决于不同生产者(厂商)之间的竞争以及成本与收益的比较；为谁生产取决于生产要素的供求关系所确定的要素价格。而这些都涉及市场经济中价格机制如何运作的问题。因此，微观经济学的核心是价格理论。

图 1－1 所示的两部门经济模型概括了在市场经济中价格机制是如何解决基本经济问题的。

2. 宏观经济学的特点

宏观经济学(macroeconomics)以整个国民经济活动为对象,研究经济体系中各有关经济总量的决定及其变动。概括地讲,宏观经济学通过研究国民经济活动中的有关经济总量来说明社会总需求与总供给的相互关系,为政府制定干预和调节经济的宏观经济政策(包括财政政策和货币政策)提供理论依据。因而宏观经济学一般由国民收入核算和决定理论、就业理论、通货膨胀理论、财政金融理论、经济增长理论、经济周期理论和国际贸易理论等构成。

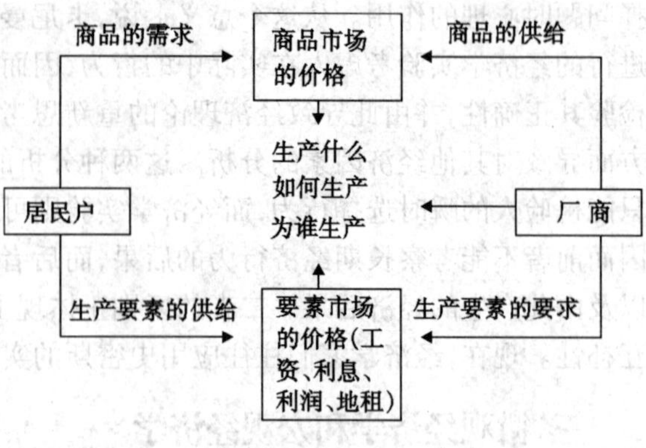

图 1-1　市场经济中价格机制的作用

由于宏观经济学所考察的都是诸如国民生产总值、国民收入、总投资、总消费支出、银行信贷总额、货币发行量、物价总水平以及进出口贸易总额等国民经济中有关经济总量的变动,所以,宏观经济分析也称为总量分析或总体分析。

3. 微观经济学与宏观经济学的关系

作为构成经济学理论体系的两大组成部分或两大分支,微观经济学和宏观经济学存在着相互区别、相互联系、相互补充的关系。

首先,微观经济学和宏观经济学是相互区别的。这种区别不仅在于二者在具体的研究对象和分析方法(总量分析与个量分析)上有所不同,而且还在于微观经济活动之和不等于宏观经济活动。从表面上看,总量由个量综合加总而成,宏观经济总体由微观经济个体所构成,但对经济理论却不能做出这样简单的加总综合。许多结论在微观经济分析中看来是正确的,但放在宏观经济分析中却可能得出相反的结果,这种情况被称为"合成谬误"(fallacy of composition)。比如,个别厂商如果降低工人的工资,生产成本会因此而下降,进而导致厂商利润的增加。可是,从宏观分析角度看,整个社会所有厂商一旦都加以效仿,那么,整个社会购买力会因工人收入的减少而下降,造成社会产品过剩,最终反而使厂商的利润下降。同理,如果某一行业能够提高价格 10%,这个行业中所有企业的利润都将增加。但是,一俟经济体系中所有行业的商品和劳务的价格都上调 10%,就没有一家企业的利润能够增加。反之,某些经济理论在宏观经济领域是正确的,但应用于分析微观经济问题时却不能成立,这种情况被称为"分解谬误"(fallacy of decomposition)。

其次,微观经济学与宏观经济学是相互联系的。尽管宏微观经济学是有区别的,但严格地说,只有一个经济学,所以二者的区分又是相对的。在现实经济生活中,经济分析往往同时涉及宏观与微观两个方面。比如,在分析决定一个国家物质利益变动时,必须同时考虑如何才能使资源(在宏观上)全部利用并(在微观上)达到最优配置。同时,两者所使用的分析方法大都是相同的(除个量和总量分析的区别外)。比如,都采用经济模型方法、静态和动态分析方法，在进行数量分析时都采用边际分析的方法等等。从现代经济学总体上看，微观经济学是宏观经济学的基础。宏观经济模型的建立以及不同历史时期宏观经济态势的解释，总是以一定的微观经济理论为前提。于是，在经济学文献中，便出现了宏观经济学的微观经济基础(microeconomics foundation of macroeconomics)这样的经济范畴。

再次，微观经济学与宏观经济学是相互补充的。在理论分析所假定的制度前提一致情况下，二者可以同时对某一经济现象从不同角度进行考察。比如，微观经济学在研究收入分配问题时，着眼于探讨单个厂商和行业各种生产要素使用量以及各种要素报酬相对份额是如何决定的，而假定社会总就业量是已知和不变的。至于整个社会的资本总量和劳动者的就业总量以及国民收入是否增加，这些恰恰是宏观经济学所要研究的内容。宏观经济学在研究社会就业问题时，着眼于分析社会总需求、总投资和总产量同社会就业量变动之间的关系，而假定生产要素报酬(如工资)以及厂商的成本和利润既定不变。至于要素报酬如何决定，厂商的成本、利润以及厂商要素使用量(如劳动雇佣量)的变动受何种因素制约，这些又恰恰是微观经济学所要研究的内容。显然，这两种经济观察不过是看待同一事物的两种相互补充的不同方法。微观经济学是自下而上考察经济，宏观经济学则是自上而下考察经济。

第二节　需求供给和均衡价格

如前所述，微观经济学的中心议题是价格理论。价格理论重要目的之一就是考察说明市场上价格机制的实际运作。而有关市场最基本的经济概念就是需求、供给和价格。因此，按照微观经济学的分析思路，本节将集中考察有关需求和供给的有关概念，并在此基础上简要说明均衡价格和均衡数量的形成。

一、需求分析

1.需求概述

1)需求和需求价格

需求(demand)是指消费者在一定价格条件下愿意并且能够购买的某种商品或劳务的数量。消费者对商品或劳务的需求由两个基本条件构成：一是消费者愿意购买；二是消费者有支付能力。如果只有第一个条件，就不是经济学意义上的需求。

例如，一个有100万户家庭的城市，居民对轿车的需要是每户一部。但在一定价格条件下，只有30%的家庭有支付能力，那么，该城市居民对轿车的需求量将是30万部，而不是100万部。显然，需求不同于需要。如果说需要是指人们想要得到的商品或劳务的话，即当人们具有购买的欲望时，只存在潜在需求。现实的需求则是有支付能力的需要。在市场上，消费者对一定量商品所愿意支付的价格，叫做需求价格，它取决于一定量商品对消费者的边际效用。

2)需求表和需求曲线

根据商品价格与需求量的对应关系所列成的表,叫需求表。在经济学中,“需求”总的说是一个表列概念,而不是单一的数量。假定其他条件不变时,某种商品的价格与需求数量的关系可用表1-1表示。

表1-1 某商品的需求表

价格(元)	数量(吨)
6	7
5	9
4	12
3	16
2	22

表1-1提供的信息是:如果该商品价格是6元,消费者打算购买7吨;价格为5元时,购买量将是9吨,等等。应该注意的是需求表并不表明实际的市场价格是多少,只是说明在不同价格水平下,消费者打算购买的数量将是多少。

根据需求表所绘成的曲线就是需求曲线。图1-2中,P表示价格;Q表示数量;D表示需求曲线。在坐标图中,需求曲线是一条向右下方倾斜的曲线。

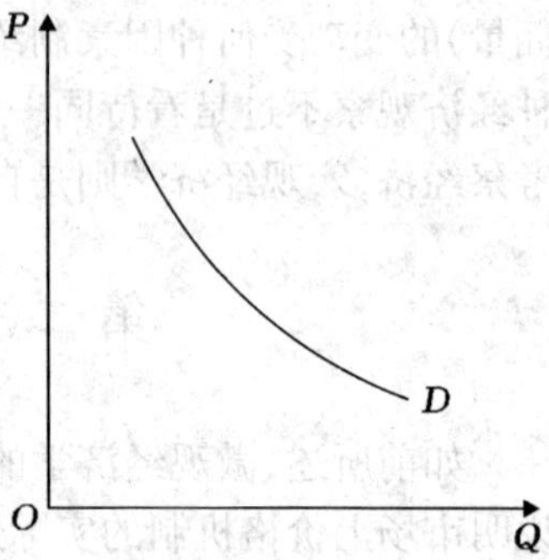

图1-2 需求曲线

对于需求曲线需要注意以下几点。

第一,需求曲线上所有的点在同一时刻同时有效。它们代表多种可能性,其中只有一个能在一定时间、一定市场上实现。

第二,表1-1和图1-2的数字是虚构的,目的是用来说明需求曲线向右下方倾斜是由于价格变动后需求购买量将相应变动。这一点可以通过后面介绍的收入效应和替代效应解释。但是,在现实的经济生活中,任何商品的需求曲线都有它特殊的形状,有的比较陡峭,有的则比较平缓。需求曲线有可能是一条直线,但更多的是一条凸向原点的曲线。

第三,需求曲线也有例外。一般商品的需求量与价格呈反方向变动,需求曲线是一条向右下方倾斜的曲线。但有时也有例外。比如,某些商品(如古玩、名贵字画、珍稀邮票等)的价格越上升,需求量越大;价格下降,需求量反而越小。其需求曲线可用图1-3(a)表示。某些商品(如股票及

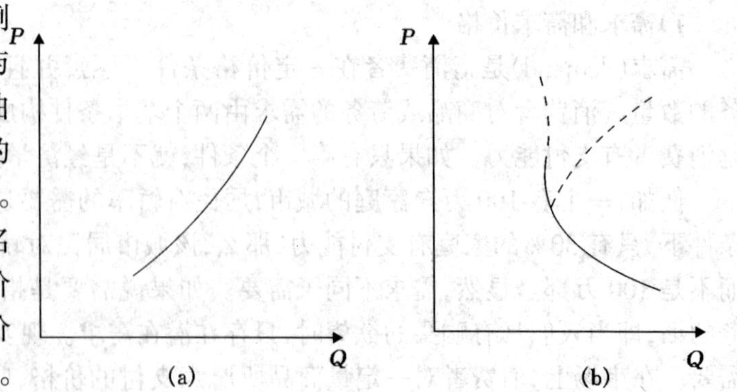

图1-3 需求曲线的例外

其他有价证券)小幅度升降价,需求量按正常情况变动;大幅度升降价,需求将呈现不规则变动。这类商品的需求曲线可用图 1-3(b)表示。

2. 影响需求的因素和需求函数

在商品市场上,影响商品需求的因素一般有以下几种。

(1)商品价格　商品价格是影响消费者对某种商品需求量的最重要因素。在其他条件不变的情况下,价格与需求量呈反方向的变动关系。

(2)消费者的收入水平　既然需求是指有支付能力的需要,那么,消费者的收入水平自然是决定需求的重要因素。消费者收入水平对商品需求的影响有两种情况:一是从整个商品市场来看,收入水平的变动,一般直接导致消费者货币支出额的同方向变动,进而影响整个市场需求的同方向变动;二是从不同种商品来看,收入水平对需求的影响,有时会出现"二律背反"的情况。比如,某消费者收入的增加,会引起他对优质食品需求量的增加,而对质量低劣食品的需求反而相应减少。

(3)消费者的偏好　所谓偏好(preference)或称嗜好,主要指消费者在一定的社会经济环境中,有不同的消费习惯或对商品的不同感受、口味等。消费者的偏好对商品需求变动有较大的作用。比如,一个地区偏好饮酒的人数逐渐增多,就导致该地区酒类的需求量上升;反之,则减少。在现代经济生活中,商业广告的一个重要功能,就在于通过传递该商品的有关信息,影响人们的偏好,从而达到促进商品需求和购买量增加的目的。

(4)其他相关商品的价格　在某种商品价格既定情况下,其他相关商品的价格变动对该商品的需求会产生很大影响。比如,羊肉价格不变,牛肉价格下降,于是羊肉就相对昂贵了。消费者为了以较少的货币支出取得大体相当的营养摄入量,必然会增加对牛肉的需求而相对减少对羊肉的需求。还有如可口可乐和百事可乐,它们都是可以彼此替代的。当一种商品的价格上升时,另一种商品的需求量增加,此时这两种商品称做替代品(substitution goods)。而另外一些商品,如网球和网球拍,电脑硬件和软件,都是消费互补的例子。当一种商品的价格上升时,另一种商品的需求量可能下降,此时称这两种商品为互补品(complementary goods)。一般商品都随其相应的替代品和互补品的价格变化而变化。

(5)消费者对未来商品价格的预期　消费者在对当前的购买做出决策之前,总要对将来商品价格的变动作一番估计,从而会影响到商品的需求。比如,消费者估计到毛织物的价格不久将上涨,就会增加对毛织物的购买;预计电视机价格下跌,则会推迟购买,等待时机,从而减少了对当前电视机的市场需求。通常证券市场上呈现的"买涨不买落"的现象,在很大程度上是投资者对未来证券价格预期行为的结果。

将以上影响需求的各种因素综合起来,就可得到需求函数。所谓需求函数,是指在某一特定时期内某种商品的各种可能的需求量和影响这些需求量的因素之间的关系,即

$$Q = f(P, I, T, P_r, P_e \cdots) \tag{1-4}$$

式中: Q 表示一定时期内某种商品的需求量; P 表示该商品的价格; I 表示消费者的收入; T 表示消费者的偏好; P_r 表示其他相关商品的价格; P_e 表示消费者对未来商品价格

的预期。

此外，一个国家或地区的人口总量及其结构、厂商的广告支出、政府税收或补贴、对市场需求考察期的长短等因素也会对商品的需求量产生影响。

在经济分析中，常采用科学的抽象法，即假定影响某种商品需求的其他因素（除该商品价格外）不变，集中分析价格和需求数量的关系，着重说明价格效应。这样，某种商品的需求函数可表示为

$$Q = f(P) \tag{1-5}$$

上式只是一般地表示需求量（Q）与价格（P）之间存在的函数关系。为进一步分析某商品需求量与价格之间关系，不妨用一个最简单的形式来说明，即

$$Q = a - bP \tag{1-6}$$

这一需求函数是一个典型的线性方程式。其中 a 是坐标图纵轴截距，表示当 $P = 0$ 时的需求量。$-b$ 为需求曲线的斜率，表示当 P 发生微小变动时所引起的 Q 的反方向变动。于是有

$$b = -\frac{\Delta Q}{\Delta P}$$

$$b = -\lim_{\Delta P \to 0}\frac{\Delta Q}{\Delta P}$$

$$= -\frac{\mathrm{d}Q}{\mathrm{d}P}$$

假设 $a = 14, b = 2$，则需求方程式为

$$Q = 14 - 2P$$

或

$$P = 7 - \frac{1}{2}Q$$

将上述需求方程式反映在坐标图中，就有相应的需求曲线（图 1-4）。

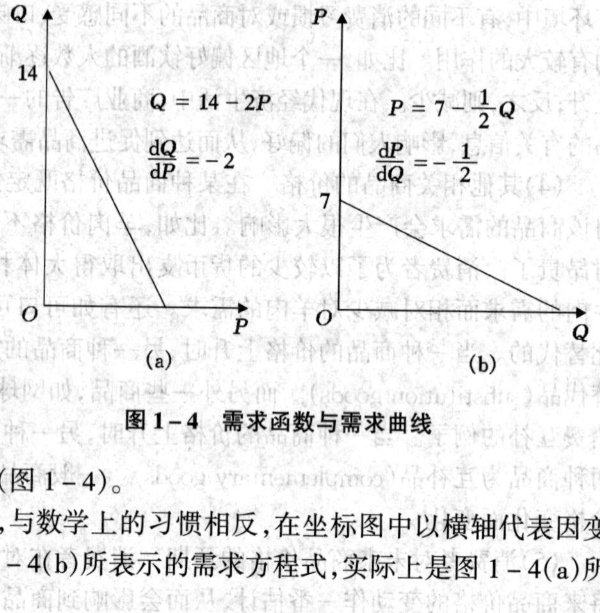

图 1-4　需求函数与需求曲线

值得注意的是，在经济分析中，与数学上的习惯相反，在坐标图中以横轴代表因变量，以纵轴代表自变量。因此，图 1-4(b)所表示的需求方程式，实际上是图 1-4(a)所表示的需求方程式的反函数。

3. 需求定律

在商品市场上，假定消费者的收入及偏好、其他相关商品的价格以及预期未来商品的价格等均既定不变，仅仅考察某种商品的价格和需求量的相互关系。人们就会发现：某种商品的价格上涨，会导致需求量减少；价格下降，需求量则增加。商品的价格和需求量之间反方向的变动关系，通常称为需求定律（law of demand）。需求定律在坐标图中表现为需求曲线是一条向右下方倾斜的曲线，其斜率为负值。

导致商品价格和需求量反方向变动的原因，可以两方面来解释。

(1)替代效应（substitution effect）　在商品世界中，许多商品在消费时彼此存在着相互替代的关系。比如，羊肉和牛肉、大米和面粉、鸡蛋和牛奶等商品组合被称为替代

商品。所谓替代效应是指假定牛肉价格不变，羊肉价格上涨(或下降)会导致消费者用牛肉替代羊肉(或用羊肉替代牛肉)，从而使羊肉的需求量减少(或增加)。

(2)收入效应(income effect) 消费者对某种商品的实际需求量，是以他的支付能力为基础的。商品价格下降，意味着消费者实际收入的增加，同量货币支出可实现较多的购买量；而商品价格上升，则表明消费者实际收入减少，同量货币支出只能实现较少的购买量。因此，价格下降(或上升)与同量货币支出购买量的增加(或减少)的这种收入效应，导致价格与需求量呈反方向变动。

4. 个别需求与市场需求

在一定时间内，某个消费者对某种商品的需求称为个别需求；市场上所有消费者对该商品的总需求，称为市场需求。个别需求与市场需求是个体与由个体所构成的总体之间的关系。如果用 Q_1、Q_2、Q_3、……Q_n 分别代表个别需求，用 Q_m 代表市场需求，则二者的关系可具体表示为

$$Q_1 = a_1 - b_1P$$
$$Q_2 = a_2 - b_2P$$
$$Q_3 = a_3 - b_3P$$
$$\vdots$$
$$Q_n = a_n - b_nP$$

$$Q_m = (a_1 + a_2 + a_3 + \cdots + a_n) - (b_1 + b_2 + b_3 + \cdots + b_n)P = \sum_{i=1}^{n}(a_i - b_iP) \qquad (1-7)$$

需求方程式的斜率为 $-b$，按照经济学的习惯，在坐标图中为 $-\frac{1}{b}$。因此，市场需求曲线的斜率(绝对值)均小于任何个别需求曲线的斜率(绝对值)。

5. 需求量的变化和需求水平的变化

所谓需求量的变化是指某种商品价格的变化引起的对该商品需求量的变化。从需求表来看，需求量的变化表现为同一需求表内价格变动所引起的购买量的变化。从坐标图上看，需求量的变化表现为同一条需求曲线上某一点的移动。

需求水平的变化则是指在商品价格不变的情况下，由其他因素所引起的需求的变化。需求水平的变化是整个需求表的变化。从坐标图上看，需求水平的变化表现为整个需求曲线的移动。例如，在图 1-5 中，原来的需求曲线为 D_0。当收入减少时，需求曲线由 D_0 移向 D_1；收入增加，需求曲线将由 D_0 移向 D_2。

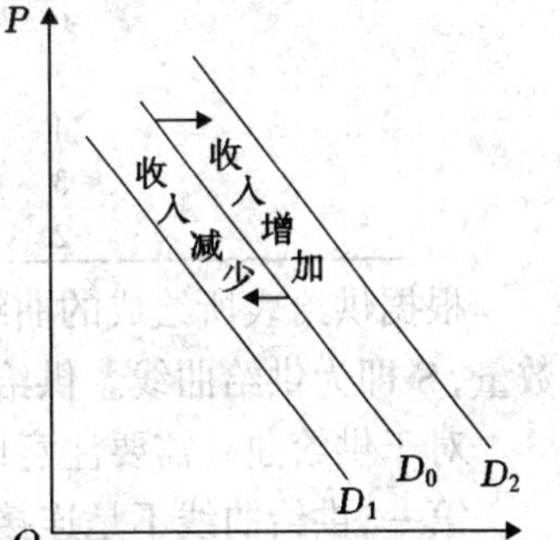

图 1-5 需求水平的变动引起需求曲线的移动

现实生活中，影响需求的诸因素往往交织在一起。因此，正确区分需求量的变动和需求水平的变动有着十分重要的意义。在图 1-6 中，D_1 和 D_2 两条需求曲线分别代表不同的需求水平。从 D_1

曲线看，当价格由 OP_1 上升到 OP_2 时，需求量便由 OQ_2 减少到 OQ_1。此时，如果消费者的收入增加，需求曲线由 D_1 移动到 D_2，价格为 OP_1 时，需求量为 OQ_3（而不再是 OQ_2）；价格为 OP_2 时，需求量为 OQ_2（而不再是 OQ_1）。这就是说，当某种商品的价格上涨时，一般可以预见消费者的需求购买量下降。但是，如果收入增加（或其他因素发生相应变化），很可能消费者的需求量并不减少，甚至还有所增加。同理，如果收入减少，当某种商品价格下降后，消费者的需求量未必相应增加。

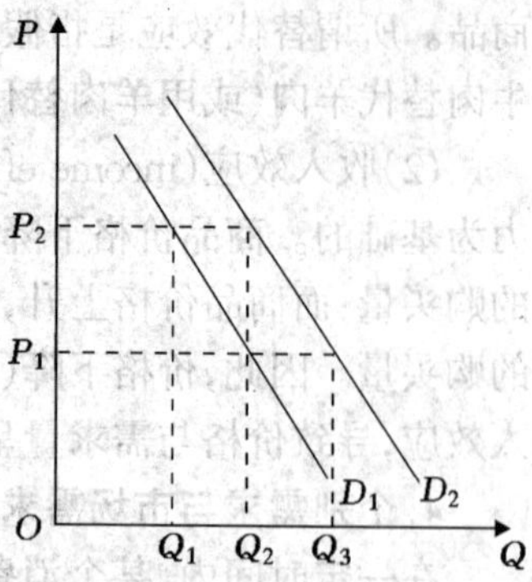

图 1-6　需求量和需求水平的变化

二、供给分析

1. 供给概述

1)供给和供给价格

供给(supply)是指生产者在某一时刻和各种可能的价格水平上对某种商品或劳务愿意并能够提供的各种数量。作为市场上现实的供给要同时具备两个条件：一是生产者有出售商品的愿望；二是生产者有提供商品的能力。生产者为提供一定量商品所愿意接受的价格称为供给价格。它取决于生产一定量商品所耗费的边际成本。

2)供给表和供给曲线

根据商品价格与供给量的对应关系所列成的表，叫供给表。同需求一样，供给也是一个表列概念，而不是单一的数量。假定其他条件不变，某种商品的价格与供给数量的关系可用表 1-2 表示。

表 1-2 是一个假设的表，其中的数字可以设想为是某商品的生产者在特定的市场与特定的时间内是适用的。

表 1-2　某商品的供给表

价格(元)	数量(吨)
6	22
5	16
4	12
3	9
2	7

根据供给表所绘成的曲线就是供给曲线(图 1-7)。图中 P 表示价格，Q 表示供给数量，S 即为供给曲线。供给曲线是一条自左向右上方倾斜的曲线，斜率为正值。

对于供给曲线需要注意以下几点。

第一，供给曲线不是连接不同的供给数量和不同时期的各种价格的曲线，而是表示在某一时期的不同价格水平上可能供给的数量。

第二，供给曲线可能是一条直线，但更多的时候是一条向上方凹进的曲线。在现实经济运行中，各种商品的供给曲线的形状并不相同，有的比较陡峭，表明只有价格较大幅度提高时，才能增加供给量以满足扩大的需求；有的则比较平缓，表明生产的扩大比较容易，价格稍有提高，供给就有较大幅度的增长。

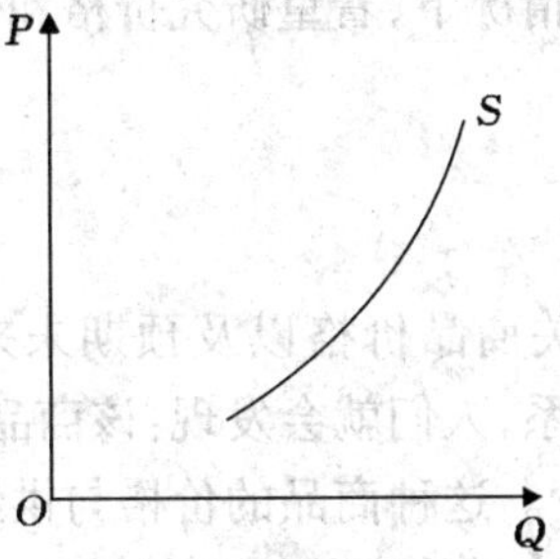

图 1－7　供给曲线

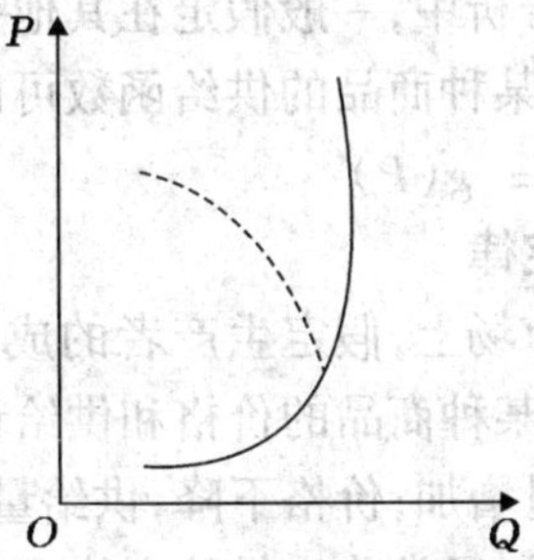

图 1－8　劳动力供给曲线

第三，供给曲线也有例外。劳动力的供给被认为是例外的。在开始阶段，工资水平提高后，劳动力供给增加，但工资水平上升到一定程度后，劳动力对货币的需求被认为不那么迫切了，工资再上升，劳动力的供给也不会增加，甚至还有可能会减少(图 1－8)。对于劳动力供给的具体情况，微观经济学一般把它放在生产要素价格和收入分配理论中进行分析。

此外，某些商品(如有价证券、黄金等)小幅度升降价，供给按常规情况变动；大幅度升降价，供给者往往会采取待价而沽的态度，供给将不规则变动。

2. 影响供给的因素和供给函数

影响商品或劳务供给的因素，大致有以下几方面。

(1)商品价格　商品价格是影响生产者对某种商品供给数量的最重要的因素。在其他条件不变的情况下，价格与供给量是同方向的变动关系。

(2)生产成本　生产成本的变动，主要来自于生产要素价格和生产技术状况。生产要素价格上涨，必然导致生产成本的增加，使生产者减少供给量。生产技术的进步，则意味着产量的增加或生产成本的降低，生产者此时愿意并且能够在原有价格水平下增加供给。

(3)相关商品的价格　如果化纤布的价格不变，棉布价格上升，一些化纤布的生产者就会转产棉布，从而使化纤布的生产和供给减少。于是，棉布的生产和供给将随之增加；反之，则亦反。

(4)生产者对未来价格的预期　生产者对商品未来价格的预期，对一定时期内的供给也有很大影响。如果市场行情看涨，生产者就可能会减少现货供给，待价而沽，同时增加生产，扩大存货数量，以便从市场价格变动中渔利。

此外，对市场供给考察期的长短，生产者从事生产的目标以及自然条件等也影响着商品的供给变动。

如果将上述影响供给的各种因素综合起来加以考察，就可得到供给函数。所谓供给函数是用来表示在某一特定时期内某种商品的供给与影响供给的诸因素之间的关系，即

$$Q = g(P, C, P_r, P_e, \cdots) \tag{1-8}$$

式中：Q 表示一定时期内某种商品的供给数量；P 表示商品的价格；C 表示生产该商品

的生产成本；P_r 表示其他商品的价格；P_e 表示生产者对未来商品价格的预期。

在经济分析中，一般假定在其他条件不变的情况下，着重研究价格和供给量的变动关系。这样，某种商品的供给函数可以表示为

$$Q = g(P) \tag{1-9}$$

3.供给定律

在商品市场上，假定生产者的成本、其他相关商品价格以及预期未来价格等均不变，只是考察某种商品的价格和供给量的相互关系，人们就会发现：该商品的价格上涨，会导致供给量增加；价格下降，供给量则相应减少。这种商品的价格与供给量之间的正方向变动关系，通常称为供给定律(law of supply)。供给定律在坐标图中表现为供给曲线是一条从左向右上方倾斜的曲线，斜率为正值。

4.个别供给与市场供给

在一定时间内，某个厂商对一种商品的供给量，称为个别供给；某市场上所有厂商对该商品的总供给量，称为市场供给。在某一价格水平下的所有个别供给数量的总和就构成该价格条件下的市场供给量。依此类推，可以得到一个市场供给表和供给曲线。如果用 $Q_1, Q_2, Q_3, \cdots, Q_n$ 分别代表个别供给，Q_m 代表市场供给，则二者的关系可表示为以下方程式

$$Q_1 = a_1 + b_1 P$$
$$Q_2 = a_2 + b_2 P$$
$$Q_3 = a_3 + b_3 P$$
$$\vdots$$
$$Q_n = a_n + b_n P$$

$$Q_m = (a_1 + a_2 + a_3 + \cdots + a_n) + (b_1 + b_2 + b_3 + \cdots + b_n)P = \sum_{i=1}^{n}(a_i + b_i P) \tag{1-10}$$

5.供给量的变化和供给水平的变化

供给量的变化是指假定影响供给的其他诸因素不变的情况下，由于商品本身价格的变化所引起的该商品供给的变化。供给量的变化表现为同一供给表内不同价格有不同的供给数量。在坐标图上，供给量的变化表现为同一供给曲线上的点的移动。

供给水平的变化则是指在商品本身的价格保持不变的情况下，由其他因素(如生产成本、相关商品价格、对未来价格预期等)的变化所引起的供给的变化。它表现为整个供给表的变动和整个供给曲线的移动。

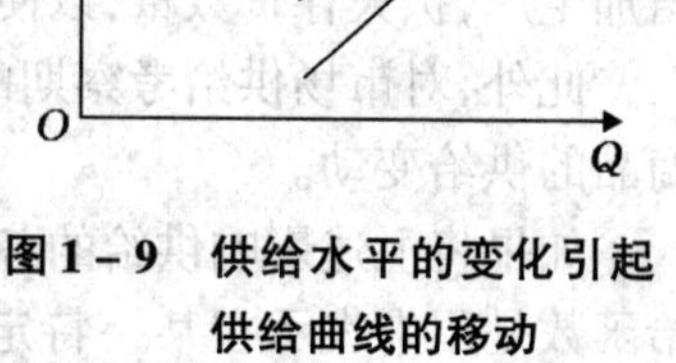

图1-9　供给水平的变化引起供给曲线的移动

在图1-9中，S_0 代表原来的供给曲线。现在假设由于生产技术进步或生产要素价格下降，导致每单位产品的成本下降。于是，供给曲线将

由 S_0 移向 S_1。这表示与原来任何一个价格相对应的供给数量都较以前增加了。同理，如果生产技术下降或生产要素价格上升，必然导致供给曲线由 S_0 移向 S_2，这表明与原来的任一价格相对应，生产者打算供给的产品数量都比先前减少了。

应该看到，在现实经济运行中，某种商品本身的价格以及影响该商品供给的其他因素往往交织在一起。所以，正确区分供给量的变动与供给水平的变动有着十分重要的意义。

三、均衡价格与均衡数量的决定

1. 市场机制

(1)价格　一般认为，价格(price)是为取得一定数量、一定质量的任何商品或劳务所放弃的货币或其他商品、劳务的数量。商品或劳务之所以有价格，商品间的价格之所以有高低之分，一是因为商品的有用性(usefulness)，另一是因为它们的稀缺性(scarcity)。对于人们有用且又稀缺的商品或劳务是经济物品，对人们有用但并不稀缺的物品是自由物品。自由物品没有价格，只是经济物品才有价格。但有用性和稀缺性只是价格存在的潜在因素。只有当经济物品在市场上具体表现为一定的供给、需求数量时，才能决定具体价格。在一个有大量买者和卖者以及产品实行标准化的竞争市场上，一种经济物品只能有一个价格。如果某一卖者企图索取比别人高的价格，买者就会到别处购买。由于买者和卖者很多，而且经常从一个市场转到另一个市场，因而使所有交易趋于单一价格。这个价格就是该市场形势的“温度计”。经济结构既可以看做是互相联系的市场网络，又可看做互相联系的价格网络。它们各自都表明与其有关的市场态势。

(2)市场机制　在商品经济社会中，经济活动错综复杂。任何一种产品都有大量的生产者和大量的消费者，供给和需求在不断地变动。如何协调如此庞杂的经济活动，并使之能有效地循环运行呢？一般认为，在竞争市场上靠“看不见的手”来指挥。所谓看不见的手(invisible hand)就是市场的价格制度。在市场上，价格提供对生产的刺激作用、对稀缺资源实行合理供给的作用、帮助把资源从一种用途改为另一种用途的信号机作用。在竞争市场条件下，通过价格的波动自动调节供给和需求，使市场最终达于均衡。这种调节功能，称为市场机制(market machanism)或称价格机制(price machanism)。

2. 均衡价格和均衡数量的形成

1)均衡

均衡一般总是在一定的条件之下达到的。基本条件变化了，原有的均衡就将被打破。因此，从动态发展的观点看，经济体系总是处于旧的均衡被打破和新的均衡建立的过程之中。在经济学中，均衡也是指一种分析方法，即在一定的假定前提条件下，用来分析经济中各个变量之间关系的一种方法。通过这种方法可以了解各个变量之间的相互作用。

2)均衡价格和均衡数量

所谓均衡价格是指一种商品的需求价格和供给价格相一致的价格，也就是需求数量与供给数量相等时的价格，即 $Q_s = Q_d$ 时的价格。此时的供给量(Q_s)与需求量(Q_d)被称为均衡数量。所以，均衡价格也就是需求与供给这两种力量相互作用下的市场价格。

在图1-10中，供给曲线 S 与需求曲线 D 相交于 E 点。E 点为均衡点($Q_s = Q_d$)，由此决定均衡价格为 OP_0，均衡数量为 OQ_0。

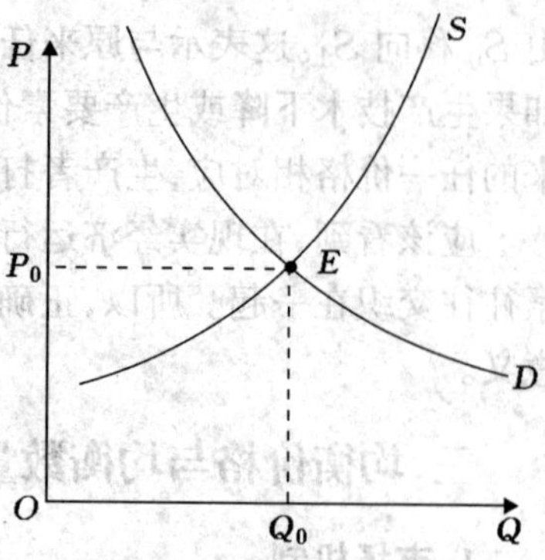

图1-10 均衡价格和均衡数量

3)均衡价格和均衡数量的决定

均衡价格和均衡数量被认为是经过市场供给和需求的自发调节形成的，可以用供给、需求表说明它们的形成。

表1-3实际上由表1-1和表1-2所构成。在表1-3中，当价格分别为6和5时，消费者(买者)只愿意购买7和9单位的商品。市场上出现供大于求，即出现15和7个单位的过剩供给。于是，导致生产者(买者)之间展开竞争，从而使价格下跌。如果价格分别下跌到3和2时，需求量相应增加到16和22，而供给量相应减少到9和7，市场上就会出现供不应求。此时短缺数量为7和15个单位。这将诱使消费者(买者)之间展开竞争，使价格上涨。总之，供给和需求的不平衡导致价格上下波动。只有当价格为4时，生产者愿意出售的数量与消费者愿意购买的数量刚好相等。买卖双方的力量达于均衡。市场上既不存在过剩，也不存在短缺。于是，均衡价格为4，均衡数量为12。

表1-3 供给、需求表

价格	供给量	需求量	过剩(+) 短缺(-)
6	22	7	+15
5	16	9	+7
4	12	12	0
3	9	16	-7
2	7	22	-15

这里不妨再用坐标图说明供求趋于一致的过程。先看价格高于均衡价格的情况。在图1-11(a)中，市场价格 OP_1 高于均衡价格 OP_0，市场需求量下降到 OQ_1，供给量上升到 OQ_2，供给量大于需求量。这样，市场上就形成供过于求的状况，MN(即 $Q_1Q_2 = OQ_2 - OQ_1$)表示过剩的供给数量。在供给过剩、资金呆滞的压力下，价格呈逐渐下降的走势。价格的下降起到两方面的调节作用：一是厂商的供应量因价格下降而减少；二是消费者的需求量则因价格便宜而增加。这两种调节都有助于压缩供给过剩，直至过剩消失、供求平衡。再看价格低于均衡价格的情况。在图1-11(b)中，当市场价格 OP_2 低于均衡价格 OP_0 时，需求量上升到 OQ_2，供给量将减少到 OQ_1。于是，就形成供不应求的状况，FG(即 $Q_1Q_2 = OQ_2 - OQ_1$)表示短缺的供给数量。商品短缺必将引起价格上涨。价格上涨同样发挥着增加供给、抑制需求的双重调节功能，直至短缺消失，供求达于平衡。

总之，市场机制正是通过需求与供应的对抗来调节经济活动、配置社会资源的，而

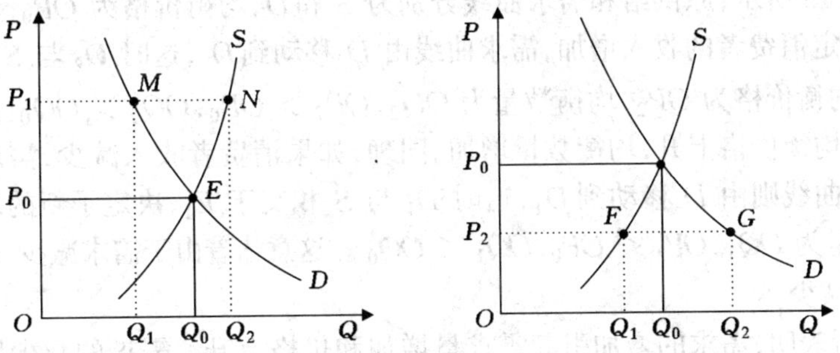

(a) (b)

图 1－11 均衡价格和均衡数量的决定

价格则发挥着传递信息、提供激励的调节作用。

3.供求变动对均衡的影响

上面是从价格变动引起供求数量变化的角度考察达到均衡状况的过程。有关分析都是以除商品本身价格以外的因素不变为前提。如果其他因素发生变化，从而引起供给和需求曲线的移动，均衡价格和均衡数量也相应发生变化。

供给和需求的变化对均衡的影响，主要有以下几种情况。

1)需求不变的情况

需求不变，供给增加(减少)，则均衡价格下降(上升)，均衡数量增加(减少)。

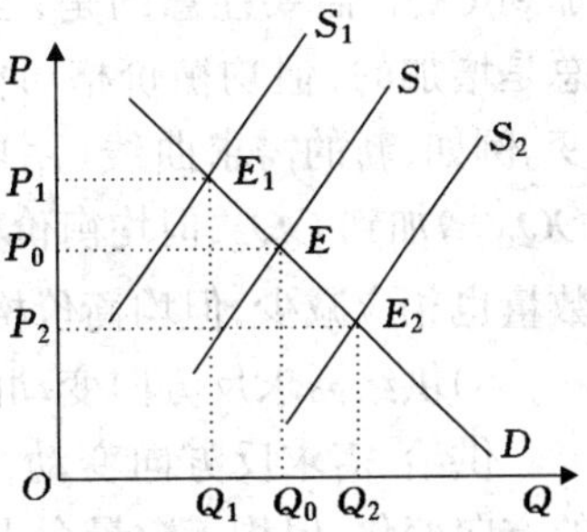

图 1－12 供给变动对均衡的影响

如图 1－12 所示，原供给和需求曲线分别为 S 和 D，均衡价格和均衡数量分别为 OP_0 和 OQ_0。现在假定生产该产品的成本降低，供给也相应增加，供给曲线由 S 移动到 S_2。这时 S_2 与 D 相交于 E_2，从而决定了新的均衡价格为 OP_2，均衡数量为 OQ_2，$OP_2 < OP_0$，$OQ_2 > OQ_0$。这意味着由于供给的增加，均衡价格下降，均衡数量增加。如果生产该产品的成本上升，供给也相应减少，供给曲线则由 S 移动到 S_1。这时 S_1 与 D 相交于 E_1，决定了新的均衡价格为 OP_1，均衡数量为 OQ_1，$OP_1 > OP_0$，$OQ_1 < OQ_0$，这意味着由于供给的减少，均衡价格上升，均衡数量减少。

以上分析表明，供给的增加引起供给量增加和价格下降，供给的减少导致供给量减少和价格上升，即供给的变动引起供给量和价格呈反方向变动。

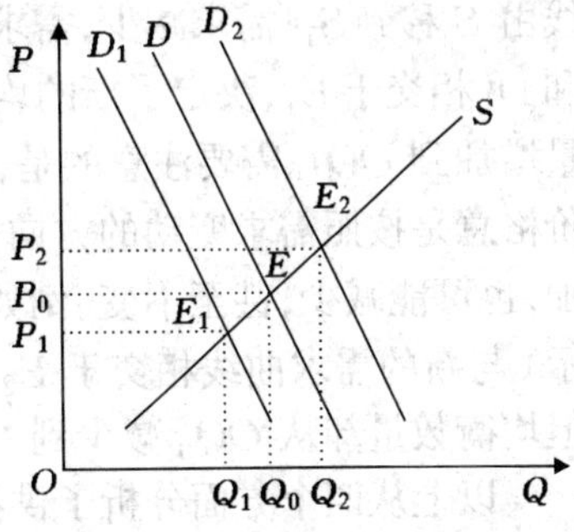

图 1－13 需求变动对均衡的影响

2)供给不变的情况

供给不变，需求增加(减少)，则均衡价格上升(下降)，均衡数量增加(减少)。

如图 1－13 所示，原供给和需求曲线分别为 S 和 D，均衡价格为 OP_0，均衡数量为 OQ_0。现在假定消费者的收入增加，需求曲线由 D 移动到 D_2，这时 D_2 与 S 相交于 E_2，决定了新的均衡价格为 OP_2，均衡数量为 OQ_2，$OP_2 > OP_0$，$OQ_2 > OQ_0$。这就是说由于需求增加，均衡价格上升，均衡数量增加。同理，如果消费者收入减少，需求也必然相应减少，需求曲线则由 D 移动到 D_1，这时 D_1 与 S 相交于 E_1，决定了新的均衡价格为 OP_1，均衡数量为 OQ_1，$OP_1 < OP_0$，$OQ_1 < OQ_0$。这意味着由于需求减少，均衡价格下降，均衡数量减少。

以上分析表明，需求的增加引起需求量增加和价格上升。需求的减少导致需求量减少和价格下降。在供给不变的条件下，需求的变动引起价格和需求量同方向变动。

3)供给、需求同方向变动的情况

供给、需求同时增加(减少)，则均衡数量增加(减少)，但均衡价格的变化取决于供给和需求变动的相对量，可能增加，也可能减少。

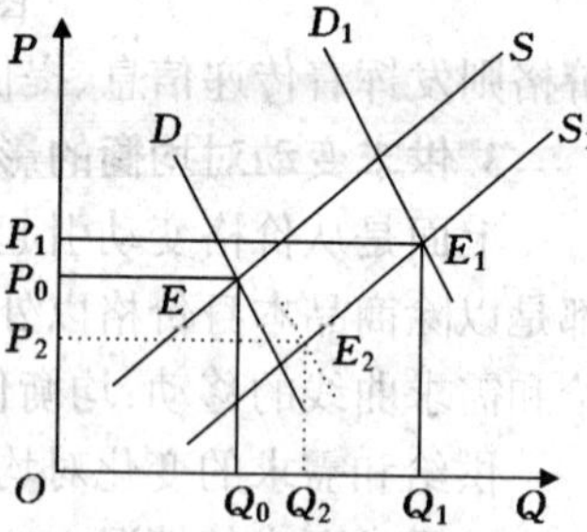

图 1－14　供求同方向变动对均衡的影响

在图 1－14 中，原有供给和需求曲线分别为 S 和 D，均衡价格为 OP_0，均衡数量为 OQ_0。现在假定供求同时增加，则供给和需求曲线分别移动到 S_1 和 D_1。这时 S_1 与 D_1 相交于 E_1，决定了新的均衡价格上升到 OP_1，均衡数量增加到 OQ_1。需要注意的是，当供求同时增加时，均衡数量总是增加的，但均衡价格可能增加，可能减少，也可能不变。例如，新的需求曲线(用虚线表示)与新的供给曲线相交于 E_2，均衡数量虽然由 OQ_0 增加到 OQ_2，但均衡价格却从 OP_0 下降到 OP_2。同理，供求如果同时减少，则均衡数量也相应减少，但均衡价格的变动亦会有不同的情况。

4)供给需求反方向变动的情况

供给、需求反方向变动，均衡价格总是按照需求变动的方向变化，但均衡数量会出现不规则变动。

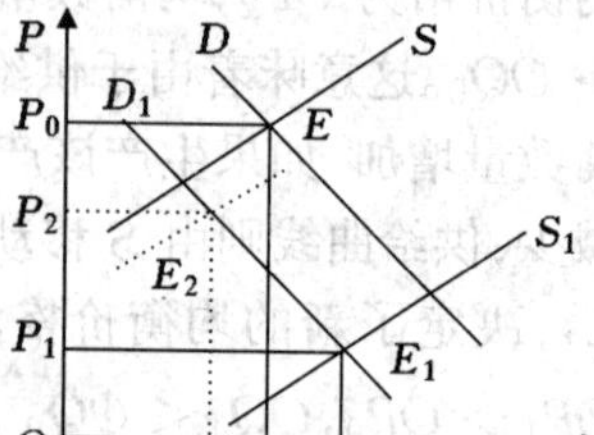

图 1－15　供求反方向变动对均衡的影响

在图 1－15 中，原有供给和需求曲线分别为 S 和 D，均衡价格为 OP_0，均衡数量为 OQ_0。假定供给增加，供给曲线由 S 移到 S_1；需求减少，需求曲线由 D 移到 D_1。这样 S_1 和 D_1 相交于 E_1，决定了新的均衡价格下降到 OP_1，均衡数量增加到 OQ_1。需要注意的是，当供求反方向变动时，均衡价格总是按照需求变动的方向变动，但均衡数量则可能增加，也可能减少，甚至不变。例如，新的供给曲线(用虚线表示)与新的需求曲线相交于 E_2。在 E_2 点，均衡价格虽然也相应地由 OP_0 下降到 OP_2，但均衡数量却从 OQ_0 减少到 OQ_2。

以上从四个方面分析了供给和需求变动对市场均衡价格和均衡数量的影响，即说明了由于除商品本身价格以外的因素发生变化，导致供给和需求曲线发生移动，从旧的均衡到新的均衡过程。在现实经济生活中，供给和需求的变动远比在价格影响下发生的供求数量的变动复杂得多，而供给和需求的变化对市场均衡价格和均衡数量的影响，也并非只局限于以上四个方面。为此，有必要借助表1－4概括说明供给和需求的变动对均衡的影响。

表1－4　供给和需求的变动对均衡的影响

供给和需求的变动			均衡价格变动趋势	均衡数量变动趋势
供给不变		需求增加	↑	↑
		需求减少	↓	↓
需求不变		供给增加	↓	↑
		供给减少	↑	↓
同方向变动	幅度相等	供给需求增加	—	↑
		供给需求减少	—	↓
	幅度不等	供给增加大于需求增加	↓	↑
		供给增加小于需求增加	↑	↑
		供给减少大于需求减少	↑	↓
		供给减少小于需求减少	↓	↓
反方向变动	幅度相等	需求增加供给减少	↑	—
		需求减少供给增加	↓	—
	幅度不等	需求增加大于供给减少	↑	↑
		需求增加小于供给减少	↑	↓
		需求减少大于供给增加	↓	↓
		需求减少小于供给增加	↓	↑

表1－4概括了供求曲线移动(或供求水平的变动)引起均衡的变动情况。如前所述，这些具体的变动可分为四种类型。值得说明的是，前两种类型，也就是假定供求两方中的某一方不变，而专门分析另一方的变动情况。这可以概括为两句话：即需求水平的变动引起均衡价格和均衡数量同方向变动；供给水平的变动引起均衡价格反方向变动，引起均衡数量同方向变动。这就是所谓“供求定律”。根据供求定律人们可以对供求水平变动对均衡的各种影响做出相应说明。

四、均衡价格分析的应用

1. 过剩与短缺

在一个经济系统中，有成千上万种最终产品；在现实的市场价格制度中，每种商品有相应的供给量和需求量。当某种商品供不应求时，就出现短缺；供过于求时，则发生过剩 。在商品市场上，短缺与过剩到处可见、同时并存。利用需求曲线，人们就可以说明短缺与过剩的现象。

首先，图1－16可用来说明过剩的含义。假定在某一时期内提供出售的商品数量为OQ_2，市场价格为P_1Q_1。在P_1Q_1的价格水平下，消费者购买的数量为OQ_1，导致数量为Q_1Q_2的商品销售不出去，出现商品过剩。这些过剩商品只能保留在货架上或仓库中。此时，商品的销售者要么继续滞存过剩商品，要么降低价格。如果销售者一开始就选择了价格P_2Q_2，自然没有剩余存在。其次，图1－16表示短缺的含义。假定提供出售的商品数量为OQ_1，而市场价格为P_2Q_2。因此，当消费者愿意购买OQ_2的数量时，就产生了一个等于Q_1Q_2的短缺额，这是由于价格定得太低而造成的。

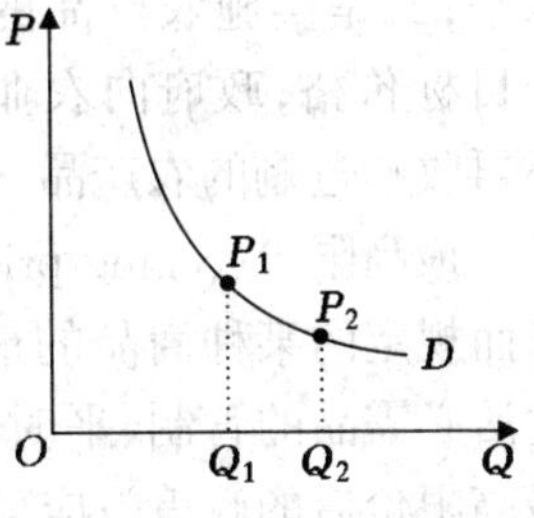

图1－16　过剩与短缺

2. 管制价格

所谓管制价格(controlled price)系指政府根据市场状况和既定政策,运用行政权力直接规定某种商品的价格,并强制执行。管制价格不仅受市场的影响,而且可以影响市场,从而调整供求关系,以满足国家和居民的需要。

管制价格有许多类型,其中最低限价和最高限价被认为是最为典型的管制价格。利用均衡价格的有关分析,可以说明政府实行管制价格后的政策效应。

最低限价(floor price)是指政府为了扶植某一行业发展而规定的该行业产品的最低价格。比如,政府为了扶植农业,对农产品实行最低限价。政府实行最低限价后的政策效应可用图 1-17 说明。

图 1-17 中,供给曲线 S 与需求曲线 D 相交于 E 点,均衡价格为 OP_0,均衡数量为 OQ_0,现在政府规定了最低限价 OP_1,$OP_1 > OP_0$,结果,市场上出现了过剩供给,过剩数额为 Q_1Q_2。为了不使价格下跌,过剩供给由实行最低限价的政府收购,作为储备存在仓库中。如果农产品连年过剩,政府将支付大量的农业补贴和仓储费用。这里有两个问题值得注意。其一,某种商品的"过剩",意味着该商品的价格保持在均衡价格水平之上。当价格回落到均衡价格水平,"过剩"自会消失。比如,政府一旦取消对农产品的最低限价,农产品市场供给又会回到均衡状态。其二,不能简单地颁布法令规定价格而后听之任之,因为某些后果必然随之而来,而这些后果还需进一步控制。因此,价格的管制必然要导致数量的管制。比如,长期对农产品实行最低限价的美国,为摆脱大量收购农产品而形成的沉重财政负担,曾利用 20 世纪 70 年代初的世界性粮食短缺,大量清仓出口粮食。这以后,又试图推行新的调节政策来解决农产品过剩供给问题:一是通过限制农业耕种面积,直接控制农产品的供应量,从而使农产品价格提高到所预期的水平;二是实施农产品的目标价格,如果市场价格低于目标价格,政府向农业经营者支付两者的差额,而不再收购过剩的农产品。

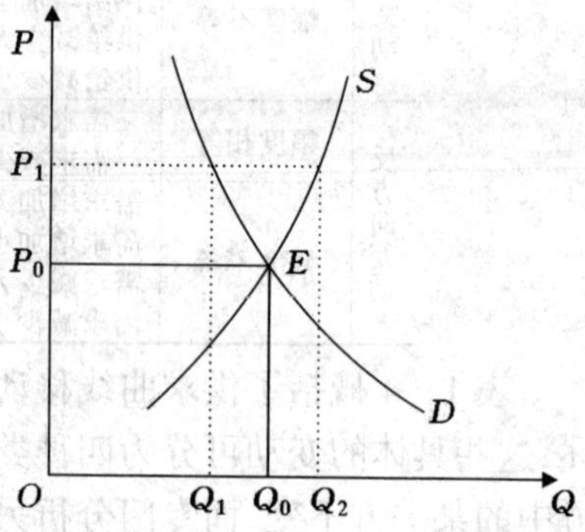

图 1-17　最低限价

最高限价(ceiling price)是指政府为了防止物价上涨而规定的某种商品的最高价格。比如,战争时期对生活必需品的管制、平时的租金管制等等。政府实行最高限价后的政策效应可用图1-18说明。

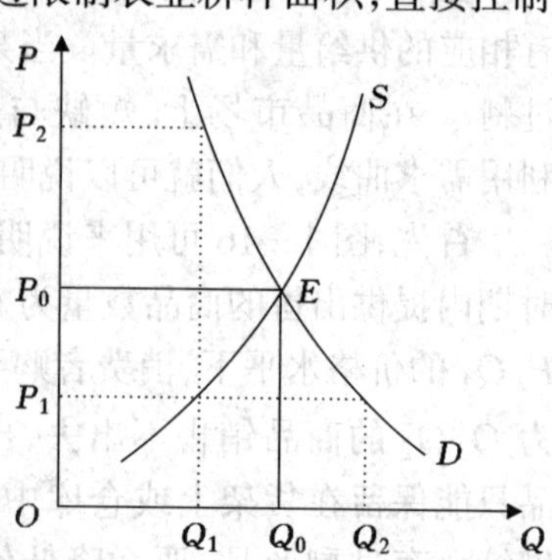

图 1-18　最高限价

图 1-18 中,供给曲线 S 与需求曲线 D 相交于 E 点,均衡价格为 OP_0,均衡数量为 OQ_0。现在政府规定了最高限价 OP_1, $OP_1 < OP_0$。于是,必然出现以下后果:第一,市场上出现排队抢购;第二,为了公平地供售限价后的匮乏商品,政府不得不实行配给制,配给券发放的数量

应等于现有的供给数量 OQ_1;第三,出现黑市交易,黑市价格的最低价为 OP_2,OP_2 不仅高于政府规定的最高价格 OP_1,而且高于市场均衡价格 OP_0。以上分析表明,商品的"短缺",意味着它的价格低于均衡价格。解决的办法是,要么允许价格按供求状况上升到均衡水平,要么必须实行配给制。正如分析"过剩"的情形那样,价格的管制必将导致数量的管制。

第三节 需求弹性和供给弹性

为了准确地度量和说明各种影响供求的因素发生变化后供求数量的变动程度,在微观经济分析中引入了弹性的概念。所谓经济分析中的弹性,是指一变量对另一变量的微小百分比变动做出的反应。本节作为上一节有关分析的延伸,将集中考察供求弹性问题。

一、需求供给的价格弹性

需求、供给的价格弹性一般简称为需求弹性和供给弹性。由于需求弹性和供给弹性在分析原则和计算方法上具有某种同一性,因此,为了简化分析过程,以下将着重分析需求弹性,然后考察供给弹性,最后概要介绍二者在现实经济运行中的应用。

1.需求的价格弹性

1)需求价格弹性的含义及其类型

需求的价格弹性(price elasticity of demand)是指在其他条件不变的情况下,某种商品或劳务价格变动引起本身需求量的变动程度。或者说,它是需求数量变动的百分比与价格变动百分比的比值。

如果用 P 代表原来的价格,Q 代表与 P 相对应的需求量,P_1 表示变动后的价格,Q_1 表示与 P_1 相对应的需求量,令 $\Delta P = P_1 - P$,$\Delta Q = Q_1 - Q$,则用来反映需求价格弹性大小的需求弹性系数

$$E_d = \frac{\text{需求数量变动的百分比}}{\text{价格变动的百分比}} = \frac{\Delta Q / Q}{\Delta P / P}$$

即 $$E_d = \frac{\Delta Q}{\Delta P} \cdot \frac{P}{Q} \qquad (1-11)$$

E_d 是自变量的相对变动所引起的因变量的相对变动,即因变量的变化率与自变量的变化率之比,因而可以避免因计量单位的不同而使同一事件的 E_d 值不一致的现象发生。根据 E_d 的具体数值,可以比较不同商品以及同一商品的不同价格水平上的需求弹性大小。

一般来说,弹性系数可以是正数,也可以是负数,这主要取决于两个变量的变动方向。按照需求定律,需求量与价格呈反方向变动关系,故 E_d 一般为负值,但习惯上都略去负号,专门研究变化大小的绝对值。根据 $|E_d|$ 的大小,可将需求价格弹性分为如下

五种类型。

① $|E_d| \to \infty$，表示在既定价格条件下，需求量可以无限地变动，即需求函数的形式是：$P = C$（C 为任一大于零的常数），需求曲线是与横轴平行的一条直线。这种情况称为完全弹性(perfectly elasticity)。比如，当政府出于战争的需要，决定以某一价格收购某种军用物资时，就可能出现这种情况。

② $E_d = 0$，表示不论价格如何变动，需求量固定不变，即需求函数的形式是：$Q = R$（R 为任一大于零的常数），需求曲线是与纵轴平行的一条直线。这种情况称为完全无弹性(perfectly inelasticity)。

③ $|E_d| = 1$，表示价格的任何变动会引起需求量同等程度的变动。这种情况称为单元弹性(unitary elasticity)。

④ $0 < |E_d| < 1$，表示价格的任何变动会引起需求量较小程度的变动，这种情况称为缺乏弹性(inelasticity)。比如，生活必需品多属于此种情况。

⑤ $|E_d| > 1$，表示价格的任何变动会引起需求量较大程度的变动，这种情况称为富于弹性(elasticity)。比如，奢侈品多属于这种情况。

在现实经济生活中，前三种类型较为罕见，而后两种则是通常研究的重点。

2)需求价格弹性的度量

需求价格弹性的计算度量方法有两种：一是计算需求曲线两点之间的弹性，即弧弹性(arc elasticity)；一是计算需求曲线上某一点的弹性，即点弹性(point elasticity)。

先看弧弹性的计算。前面曾介绍了计算需求价格弹性系数的公式 $E_d = \frac{\Delta Q}{\Delta P} \cdot \frac{P}{Q}$。它属于计算弧弹性的一种方法，但这种方法存在着因计算基础或出发点不同，得出弹性系数的数值不同的缺陷。比如，某种商品价格为 4 元时，需求量为 30 件；价格为 5 元时，需求量为 20 件。利用前面计算方法人们便会发现：当价格从 4 上升到 5 时，$E_d = -\frac{10}{1} \cdot \frac{4}{30} = -\frac{4}{3}$；当价格由 5 下降到 4 时，$E_d = -\frac{10}{1} \cdot \frac{5}{20} = -\frac{5}{2}$。因此，为了准确地度量弧弹性，通常采用平均值的计算方法，即

$$E_d = \frac{\Delta Q / \frac{Q + Q_1}{2}}{\Delta P / \frac{P + P_1}{2}} = \frac{\Delta Q / (Q + Q_1)}{\Delta P / (P + P_1)} = \frac{\Delta Q}{\Delta P} \cdot \frac{P + P_1}{Q + Q_1} \qquad (1-12)$$

将刚才的数值代入上式，无论是价格由 4 上升为 5，还是从 5 下降为 4，得出的结果是一致的(即 $E_d = -1.8$)。

值得注意的是，在分析需求曲线的弹性时，不能将曲线的斜率和它的弹性混同在一起，认为斜率大必然表明需求缺乏弹性，而斜率小必然意味着需求富于弹性。实际上，二者是不同的，需求曲线的斜率取决于价格和数量的绝对量的变动，而弹性则取决于二者百分比的变动。

再看点弹性的计算。根据弧弹性的计算方法可引申出需求曲线任一点的弹性系数。当 ΔP 趋近于零，$\Delta Q / \Delta P$ 的值便趋近于一极限值，即 Q 对 P 有导数。如果用 E 代

表点弹性系数,则

$$E = \lim_{\Delta P \to 0} \frac{\Delta Q}{\Delta P} \cdot \frac{P}{Q} = \frac{\mathrm{d}Q}{\mathrm{d}P} \cdot \frac{P}{Q} = \frac{1}{\frac{\mathrm{d}P}{\mathrm{d}Q}} \cdot \frac{P}{Q} \tag{1-13}$$

如果以横轴代表价格 P,纵轴代表需求量 Q,则$\frac{\mathrm{d}Q}{\mathrm{d}P}$是需求曲线任一点切线的斜率;如果按经济学的习惯表示方法,即纵轴代表价格 P,横轴代表需求量 Q,则$\frac{\mathrm{d}P}{\mathrm{d}Q}$是需求曲线上任一点切线的斜率。而$\frac{P}{Q}$中的$P$与$Q$值实际上代表需求曲线上某一点的位置。因而可以从 $E = \frac{\mathrm{d}Q}{\mathrm{d}P} \cdot \frac{P}{Q}$ 中发现,如果需求曲线是一条直线,鉴于直线上每一点的斜率都相同,而每一点$\frac{P}{Q}$的数值不同,故需求曲线上每一点的点弹性系数 E 的取值是不同的。

根据点弹性计算公式,结合图 1-19,可得出下列等式

$$E = \frac{\mathrm{d}Q}{\mathrm{d}P} \cdot \frac{P}{Q} = \frac{1}{\frac{\mathrm{d}P}{\mathrm{d}Q}} \cdot \frac{P}{Q} = \frac{OB}{OA} \cdot \frac{OG}{OH}$$

$$= \frac{GF}{GA} \cdot \frac{HF}{GF} = \frac{HF}{GA} = \frac{BF}{FA}$$

这就是说,线性需求曲线上某一点的点弹性系数等于该点一端的线段长度与另一端线段长度之比。

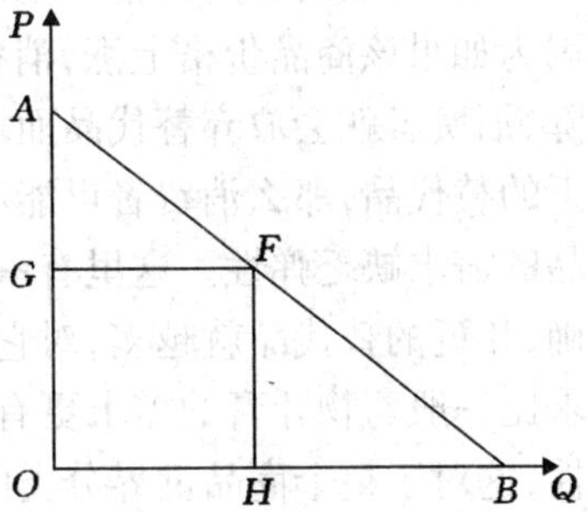

图 1-19　线性需求曲线的点弹性

现在,运用上述方法分析图 1-20 中线性需求曲线 AB。设 AB 的中点为 F。由于 $E = \frac{BF}{FA}$①,当价格为 OP 时,$E = 1$;当价格在 OP 以上时,$E > 1$;当价格为OA时,$E = \infty$;当价格低于 OP 时,$E < 1$;当价格等于零时,则 $E = 0$。

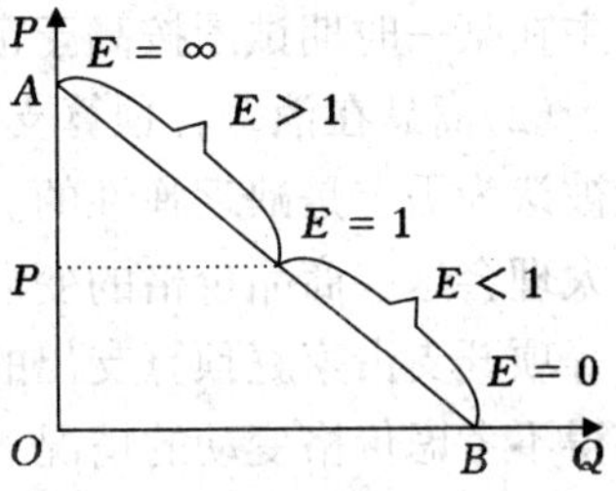

图 1-20　对线性需求曲线价格弹性的图测

当需求函数为已知时,根据点弹性的计算公式,可以求出任一价格的点弹性系数值。假设某商品的需求函数为 $Q = 10 - 2P$,并且 $P \geqslant 0, Q \geqslant 0$,则$\frac{\mathrm{d}Q}{\mathrm{d}P} = -2$,代入点弹性公式

$$E = -2 \cdot \frac{P}{Q} = -2 \cdot \frac{P}{10 - 2P} = \frac{-P}{5 - P}$$

根据上式,当 $P = 4$ 时,$|E| = 4$;当 $P = 2.5$ 时,$|E| = 1$;当 $P = 2$ 时,则$|E| = \frac{2}{3}$。

上例表明,当需求曲线是直线时,不同的价格条件下有不同的弹性系数。但这并不

① 这里的需求价格弹性系数 E 均取绝对值。

意味着任何需求函数的不同价格都有不同的弹性系数。当需求函数为 $Q = KP^{-\alpha}$（K 和 α 为任意常数）。由该函数所导出的曲线为正双曲线(rectangular hyperbola)，其两端渐近两轴，但不相交。常数 $-\alpha$ 就是弹性系数。现证明如下。

需求函数 Q 求导得

$$\frac{dQ}{dP} = -\alpha KP^{-\alpha-1} \tag{1-14}$$

代入 $E = \frac{dQ}{dP} \cdot \frac{P}{Q}$ 得

$$E = -\alpha KP^{-\alpha-1} \cdot \frac{P}{Q} = -\alpha KP^{-\alpha-1} \cdot \frac{P}{KP^{-\alpha}} = -\alpha$$

由此可见，无论 P、Q 如何变动，弹性系数恒为常数。

3)影响需求价格弹性的因素

影响商品需求价格弹性大小的因素可概括为如下几个方面。

(1)商品的可替代性　如果某种商品有许多相近的替代品，它的需求是有弹性的。因为如果该商品价格上涨，消费者就会少购买该商品而多购买其他替代品；如果价格下降，消费者就会放弃替代品而增加对该商品的购买量。如果某种商品几乎没有什么相近的替代品，那么消费者可能不管价格如何变动，仍坚持购买他所需要的数量，则该商品的需求缺乏弹性。这里有一个问题十分关键，即如果把一种商品限定得越是狭窄、明确，相近的替代品就越多，对它的需求就越有弹性。比如，一种特定牌号药物牙膏的需求比一般药物牙膏的需求更有弹性，而一般药物牙膏的需求比一般牙膏的需求更有弹性，这对于整个商品世界分类的格局看是适用的。另外，如果一种商品被认为有完全的替代品(同类商品)，那么它的需求弹性就是完全的或无穷大的。假设这种商品是某一农场主所生产的小麦，它的完全替代品就是其他农场主生产的小麦。他的小麦的需求弹性系数为无穷大，需求曲线为 $P = K$。K 为小麦的市场价格。在此条件下，如果该农场主在某一时期试图按高于市价出售他的小麦，他将很难卖掉他的产品。

(2)商品在消费者预算支出中所占比重　对火柴、食盐、胡椒、蜡烛之类的商品，一般被认为需求是缺乏弹性的。这主要是由于它们在家庭开支中只占很小的比重，人们不太理会这些商品价格的变动，而按既定的需求量进行购买。反之，汽车、住房、国外旅游等项开支占家庭预算支出的比重很大，消费者在进行这类商品或劳务购买消费中，就不得不考虑价格变动的情况。因而这类商品劳务的需求是有弹性或富于弹性的。

(3)商品实际用途的广泛性　某种商品的可派用途越多，它的需求就越有弹性。反之，若某种商品只有很少的用途，它的需求就可能是缺乏弹性的。其主要原因是：当一种多用途的商品的价格很高时，消费者将购买少量该商品并用之于最重要的用途上；如果价格下降，消费者将大量增加购买并用之于各种次要的用途上。因而该商品的需求是富于弹性的。

(4)消费者适应新价格所需的时间　消费者适应某一商品的新价格要有一定的时间。时间越长，对该商品的需求就越富于弹性，消费者越容易找到替代品。比如，降低电费马上就可以做到，但要产生充分的影响，只有在所有用电器具或更大范围的电器被消费者所购买的时候。

判断一种商品的需求弹性,必须同时考虑以上前三个影响因素。它们可以互相补充,也可以起相反的作用。在现实的商品世界中,某种商品可以有几种用途,但却没有相近的替代品,这种商品的需求弹性可能不大,而用途单一但替代性较强的商品,其需求弹性也许很大。同时,一些商品尽管有很多替代品,但在消费者的预算支出中所占比重较少,其需求弹性可能是不大的。

此外,商品对消费者生活的重要程度对需求弹性也有影响,生活必需品的需求弹性较小,而非生活必需品的弹性则较大。

例 1.1

假设消费者对某种商品的长期需求函数为 $Q = 100 - P$ 。原来的价格为 40,需求数量为 60。现在价格下降到 30。如果第一年里只有 25% 的消费者能对新价格做出反应。于是需求量变为

$$Q_1 = \frac{1}{4}(100 - 30) + \frac{3}{4}(100 - 40) = 62.5$$

在第二年里,另有 50% 的消费者(总共是 75%)对新价格做出反应,则需求量又变为

$$Q_2 = \frac{3}{4}(100 - 30) + \frac{1}{4}(100 - 40) = 67.5$$

在第三年里,所有的消费者都根据新价格做了调整,因而有

$$Q_3 = 100 - 30 = 70$$

第一年当 25% 的消费者对现行价格做出反应时,对所有可能的价格,需求曲线

$$Q_1 = \frac{1}{4}(100 - P_1) + \frac{3}{4}(100 - 40) = 70 - \frac{1}{4}P_1$$

第二年则是

$$Q_2 = \frac{3}{4}(100 - P_2) + \frac{1}{4}(100 - 40) = 90 - \frac{3}{4}P_2$$

在价格每年都有变动的情况下,三年的总需求曲线为

$$\begin{aligned} Q_t &= \frac{1}{4}(100 - P_t) + \frac{2}{4}(100 - P_{t-1}) + \frac{1}{4}(100 - P_{t-2}) \\ &= 100 - \frac{P_t}{4} - \frac{P_{t-1}}{2} - \frac{P_{t-2}}{4} \end{aligned}$$

所以,在这个特殊的例子中,现期购买量取决于先前两个时期的价格。在价格为 30 时,商品的需求弹性为长期的。此时有

$$E = \frac{dQ}{dP} \cdot \frac{P}{Q} = -1 \cdot \frac{30}{70} = -0.43$$

价格改变后的第一年

$$E_1 = \frac{dQ_1}{dP_1} \cdot \frac{P_1}{Q_1} = -\frac{1}{4} \cdot \frac{30}{62.5} = -0.12$$

价格改变后的第二年

$$E_2 = \frac{dQ_2}{dP_2} \cdot \frac{P_2}{Q_2} = -\frac{3}{4} \cdot \frac{30}{67.5} = -0.33$$

以上分析说明：$|E_2|>|E_1|$。显然，对某种商品的考察期越长，则该商品就越具有弹性；考察期越短，则消费者还来不及对价格有某种反应，该商品就缺乏弹性。

2.供给的价格弹性

1)供给价格弹性的含义

供给的价格弹性(price elasticity of supply)是指在其他条件不变的情况下，某种商品或劳务价格的变动所引起供给量的变动程度。

如果用 P 表示价格，ΔP 表示价格的变动量，Q 表示供给量，ΔQ 表示供给的变动量，则供给的弧弹性系数

$$E_s=\frac{\Delta Q/Q}{\Delta P/P}=\frac{\Delta Q}{\Delta P}\cdot\frac{P}{Q}$$

$$E_s=\frac{\Delta Q}{\Delta P}\cdot\frac{P+P_1}{Q+Q_1} \tag{1-15}$$

或供给的点弹性系数

$$E=\frac{dQ}{dP}\cdot\frac{P}{Q} \tag{1-16}$$

按照供给定律，供给数量与价格呈同方向变化。$\frac{\Delta Q}{\Delta P}>0$。因此，供给的价格弹性系数取正值。

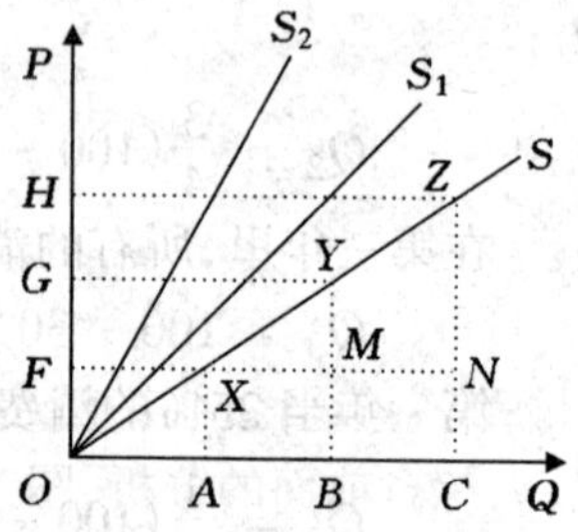

图 1-21　通过原点的供给曲线弹性

2)供给价格弹性的特点

与需求价格弹性不同，供给价格弹性有下述特点。

第一，凡通过原点的线性供给曲线，由于供给量变动的比率等于价格变动的比率，因此供给曲线上任何一点的点弹性或两点间的弧弹性的数值均相等，并且恒为1。这可通过图1-21说明。在图1-21中，供给曲线 S 上点 X 的点弹性

$$E=\frac{dQ}{dP}\cdot\frac{P}{Q}=\frac{1}{\frac{dP}{dQ}}\cdot\frac{P}{Q}=\frac{OA}{AX}\cdot\frac{OF}{OA}=\frac{OF}{AX}=1$$

在供给曲线 S 上 X、Z 两点之间的弧弹性

$$E_s=\frac{\Delta Q}{\Delta P}\cdot\frac{P}{Q}=\frac{1}{\frac{\Delta P}{\Delta Q}}\cdot\frac{P}{Q}$$

$$=\frac{AC}{FH}\cdot\frac{OH}{OC}=\frac{XN}{NZ}\cdot\frac{CZ}{OC}$$

$$=\frac{XN}{NZ}\cdot\frac{NZ}{XN}=1$$

同理，可以证明图1-21中供给曲线 S_1 和 S_2 上的任何点弹性或弧弹性均等于1。

第二，凡不通过原点的线性供给曲线弹性不等于1。通过原点左边(与价格轴相交)的供给曲线富于弹性($E_s>1$)；通过原点右边(与数量轴相交)的供给曲线缺乏弹性($E_s<1$)。如图1-22所示，线性供给曲线 S_1 和 S_2 分别与非线性供给曲线 S 相切

于Y、Z点。供给曲线S_1上的Y点的点弹性

$$E = \frac{dQ}{dP} \cdot \frac{P}{Q} = \frac{1}{\frac{dP}{dQ}} \cdot \frac{P}{Q} = \frac{XA}{AY} \cdot \frac{OF}{OA} = \frac{XA}{OF} \cdot \frac{OF}{OA} = \frac{XA}{OA}$$

由于$XA > OA$,故与纵轴相交的供给曲线S_1上Y点的弹性属富于弹性。

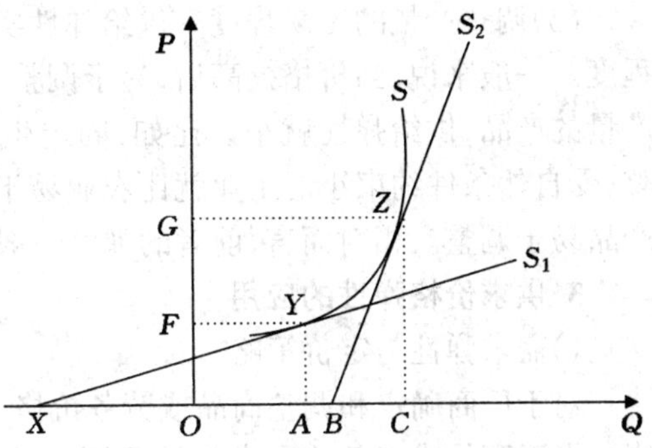

图 1-22　不通过原点的供给曲线弹性

供给曲线S_2上Z点的弹性

$$E = \frac{dQ}{dP} \cdot \frac{P}{Q} = \frac{1}{\frac{dP}{dQ}} \cdot \frac{P}{Q} = \frac{BC}{OG} \cdot \frac{OG}{OC} = \frac{BC}{OC}$$

由于$BC < OC$,故与横轴相交的供给曲线S_2上Z点的弹性属缺乏弹性。如果供给曲线为非线性的(图1-22中的曲线S),则可依据以上方法求出点Y的$E > 1$,点Z的$E < 1$。如果与曲线S相切的切线通过原点,则切点的弹性等于1。

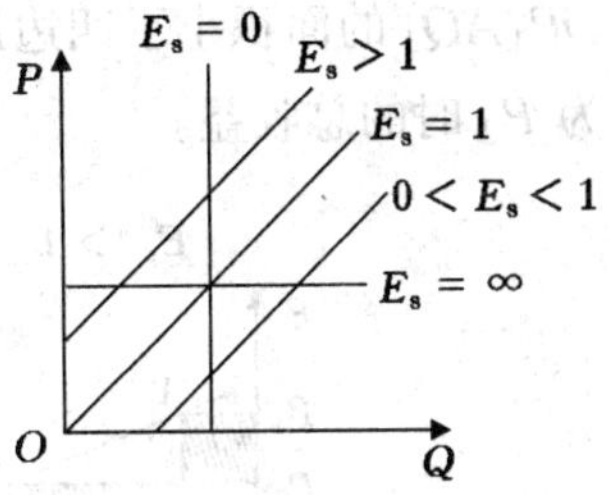

图 1-23　供给弹性的类型

第三,凡不通过原点的线性供给曲线上各点的弹性均不相等。读者可利用前述分析方法证明,这里不再赘述。

综合前面的分析,图1-23概括了供给弹性的各种类型。

3)影响供给价格弹性的因素

影响供给弹性的因素主要有如下几方面。

(1)产品的成本状况　厂商向市场提供一定量产品所要求的价格取决于产品的成本。在一个生产部门中,如果厂商大幅度增加某种产品的产量,而成本只有较小幅度的增加,则供给曲线就比较平缓,因而供给富于弹性。反之,如果产量增加,而生产成本大幅度增长,则供给就缺乏弹性。

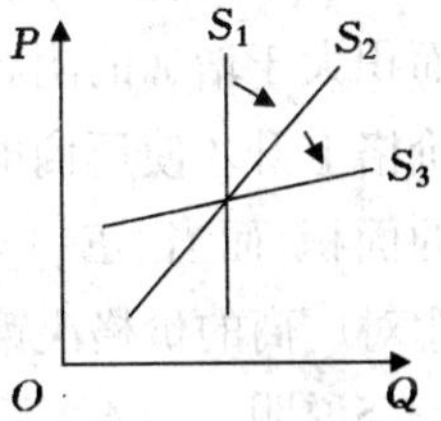

图 1-24　时间和供给弹性

(2)考察时间的长短　对于供给弹性来说,时间因素比需求弹性可能更为重要。时间越长,供给就越有弹性;时间越短,供给就越缺乏弹性。图1-24中有三条供给曲线,曲线S_1表示某种产品极短时间的供给,无论价格如何变动,厂商都来不及增加产量,供给弹性趋于零。曲线S_2属于同一种产品在短期内的供给,随着价格提高,厂商有可能调整可变的生产要素,但却没有足够的时间调整固定的生产要素,此时供给弹性有所增加。曲线S_3表示较长时间的供给曲线。在这一期间内,厂商有条件调整生产要素,其他厂商亦可进入该部门,使整个部门的供给量大幅度增加,供给弹性比S_2有所提高。

(3)调整产量的难易程度　供给弹性实际上是供给量对价格变动做出反应的灵敏程度。一般来说,当价格提高后,易于调整产量的产品的供给弹性就大;反之,难于调整产量的产品,供给弹性就小。比如,固定生产要素比重小的轻工业就比重工业易于调整;受自然条件约束小的工业就比农业易于调整;生产周期短的产品就比生产周期长的产品易于调整。相对而言,前者的弹性一般均高于后者。

3.供求价格弹性的应用

1)需求弹性与定价策略

对于厂商确定和调整商品或劳务价格,需求弹性这个概念有着十分重要的应用价值。由于商品或劳务的需求弹性不同,导致价格变动对买卖双方的利益有不同影响。厂商销售一定数量商品的总收益(TR)等于商品单位价格(P)与销售数量(Q)的乘积,即 $TR = P \cdot Q$。由于商品的 E_d 不同,价格上涨,厂商的总收益未必增加;价格下降,厂商的总收益也未必减少。价格变动后,厂商总收益的变动主要取决于商品 E_d 的大小。

如图 1-25 所示,当 $|E_d| > 1$ 时,价格上升,厂商的总收益相应减少,即四边形 OP_1AQ_1 的面积小于四边形 OP_2BQ_2 的面积,即当价格为 P_1 时厂商的总收益小于价格为 P_2 时的总收益。

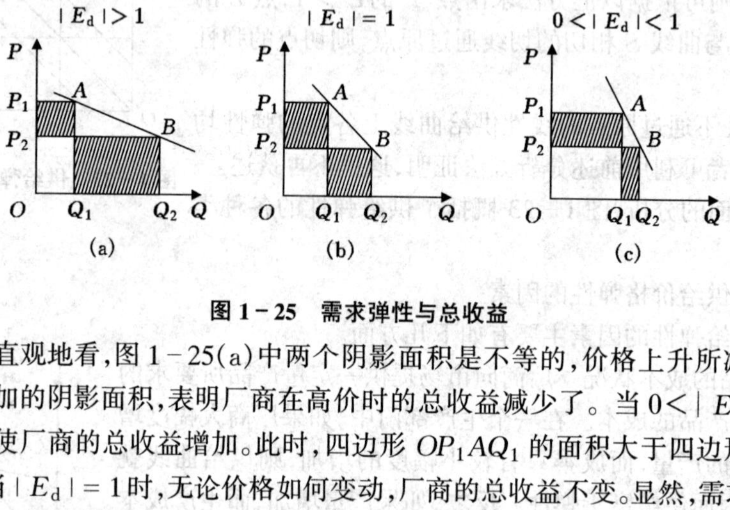

图 1-25　需求弹性与总收益

如果更直观地看,图 1-25(a)中两个阴影面积是不等的,价格上升所减少的阴影面积大于增加的阴影面积,表明厂商在高价时的总收益减少了。当 $0 < |E_d| < 1$ 时,价格上升才使厂商的总收益增加。此时,四边形 OP_1AQ_1 的面积大于四边形 OP_2BQ_2 的面积。而当 $|E_d| = 1$ 时,无论价格如何变动,厂商的总收益不变。显然,需求弹性的概念对厂商的价格决策及生产经营诸方面都有重要意义。E_d 和 TR 的相互关系可用表 1-5说明。

同时,厂商的总收益也就是消费者的总支出。因此,如果 $|E_d| > 1$(或 $|E_d| < 1$),一个较低的价格会导致消费者较多的(较少的)总支出;一个较高的价格则导致较少的(较多的)总支出。

在确定价格决策时,对价格实行直接或间接管制的政府机构也要对需求价格弹性予以重视。比如,在发展对外贸易中,有关部门打算通过降低出口商品价格来增加对外出口量,进而增加外汇收入。在制定这一调价政策时,首先应正确估量降价商品的需求弹性。若国际市场上对此类出口商品的需求缺乏弹性,则降低价格可能会导致外汇收入减少。因此,正确的价格决策应是根据实际情况适当调高价格或维持原有价格。再比如,实现农产品自给的国家,由于大部分农产品都缺乏弹性,丰收之年将使农产品的价格下跌,结果使农业经营者增产不增收,甚至减收。为稳定下一期农产品供给,政府不得不对农产品实行最低限价。

表 1-5 需求价格弹性与厂商总收益

		$\mid E_d \mid > 1$	$\mid E_d \mid = 1$	$0 < \mid E_d \mid < 1$
降价效应		$\frac{\Delta Q}{Q} > \frac{\Delta P}{P}$	$\frac{\Delta Q}{Q} = \frac{\Delta P}{P}$	$\frac{\Delta Q}{Q} < \frac{\Delta P}{P}$
		TR 增加	TR 不变	TR 减少
涨价效应		$\frac{\Delta Q}{Q} > \frac{\Delta P}{P}$	$\frac{\Delta Q}{Q} = \frac{\Delta P}{P}$	$\frac{\Delta Q}{Q} < \frac{\Delta P}{P}$
		TR 减少	TR 不变	TR 增加

2)供给弹性与价格和数量的变动

当需求发生变动时,商品价格变动幅度在很大程度上取决于供给弹性的大小。

在图 1-26 中,当需求增加后,导致需求曲线由 D 移到 D_1。由于供给缺乏弹性,价格由 OP_0 上涨到 OP_1,供给数量由 OQ_0 增加到 OQ_1。这意味着消费者为多获得 Q_0Q_1 数量的供给,要支付较多的货币。一般来说,初级产品(如矿产品)的供给和需求均缺乏弹性。当需求增加时,价格变动幅度大于供给数量的变动幅度。因此,对一个国家来说,保持采掘工业和加工业的均衡发展是十分重要的。进一步分析,供给弹性对价格和数量的变动情况又受到本身变动的影响。比如,由于时间因素对供给弹性的影响较大,如果某一产品经过较长时间由缺乏弹性变为富于弹性,则需求增加不会导致上面所说的那种较大幅度的价格波动。

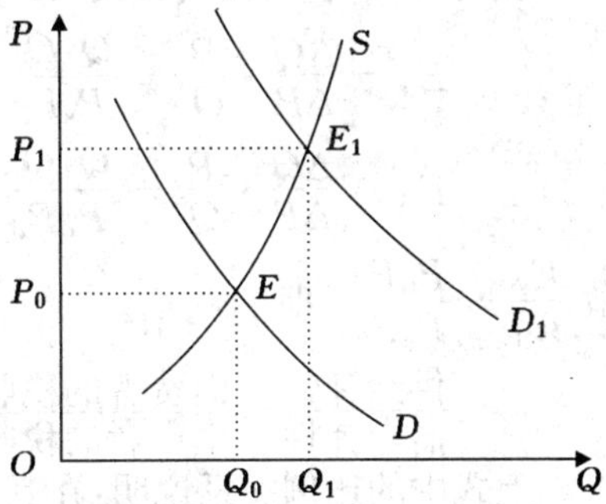

图 1-26 供给弹性对价格和数量的影响

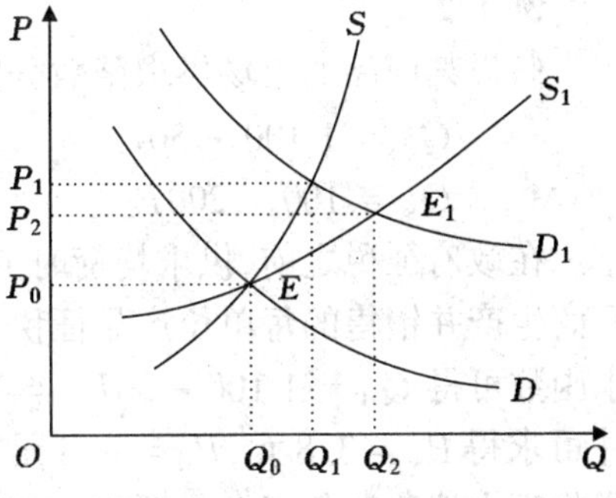

图 1-27 供给弹性变化对价格和数量影响

在图 1-27 中,在短期,由于需求增加,需求曲线由 D 移到 D_1,供给数量由 OQ_0 增加到 OQ_1,价格由 OP_0 上升到 OP_1。经过一个较长时期后,供给变得富于弹性了,供给曲线由 S 变为 S_1。由于供给弹性发生了变化,供给数量增加 Q_1Q_2(即 $OQ_2 - OQ_1$),价格反而下跌 P_1P_2(即 $OP_1 - OP_2$)。

3)供求弹性与税收负担

当政府向某种商品征税时,这并不意味着商品价格将增加相当于税收的数量;同时,也不意味着所有的税收将由生产者一方单独负担。

如图 1－28 所示，假定政府对每单位商品征收的税收额为 $T(T = E_1G)$，由于生产成本增加，则供给曲线由 S 移至 S_1，均衡点 E 相应移到 E_1，均衡价格由 OP_0 上升到 OP_d。图中税收额 $T = P_sP_d = P_sP_0 + P_0P_d$。其中，均衡价格上涨，导致消费者支付 P_0P_d 的税收，而生产者则负担 P_sP_0（即 $P_sP_d - P_0P_d$）的税收。这就是说，当政府向某种商品征税时，生产者将把这项税额列入成本，并将其中一部分转嫁给消费者。

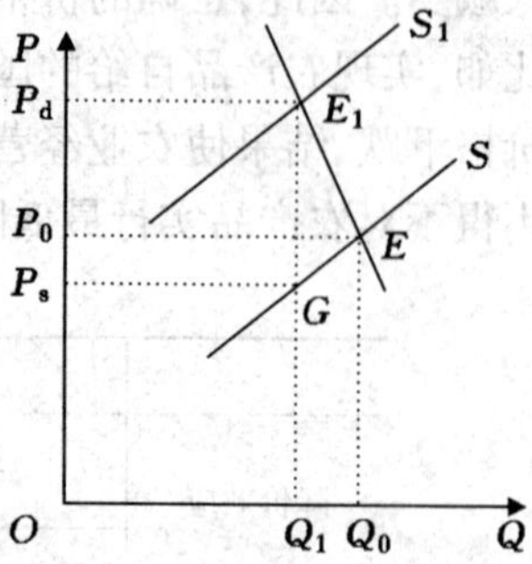

图 1－28　供求弹性与税收负担

那么政府征税后，税收额将如何由生产者和消费者来负担呢？这取决于供给弹性和需求弹性的大小。并且，供给弹性与需求弹性之比等于消费者的税收负担与生产者的税收负担之比。这可利用图 1－28 证明。

政府征税后，均衡价格由 OP_0 上升到 OP_d，均衡数量由 OQ_0 减少到 OQ_1，则

$$E_s = \frac{\Delta Q}{\Delta P} \cdot \frac{P}{Q} = \frac{Q_1Q_0}{P_sP_0} \cdot \frac{OP_0}{OQ_0}$$

$$E_d = \frac{\Delta Q}{\Delta P} \cdot \frac{P}{Q} = \frac{Q_1Q_0}{P_0P_d} \cdot \frac{OP_0}{OQ_0}$$

故 $\frac{E_s}{E_d} = \frac{P_0P_d}{P_sP_0}$，即

$$\frac{\text{供给弹性}}{\text{需求弹性}} = \frac{\text{消费者的税收负担}}{\text{生产者的税收负担}}$$

上式中的比例关系说明：在其他条件不变的情况下，供给弹性与生产者的税收负担成反比，与消费者的税收负担成正比。同理，需求弹性与消费者的税收负担成反比，与生产者的税收负担成正比。比如，对缺乏需求弹性的生活必需品，消费者的负担就比较大。

例 1.2

假设某商品的市场供求函数分别为

$$Q_d = 1\,100 - 50P$$

$$Q_s = 100 + 200P$$

在政府征税之前，供求均衡时 $Q_d = Q_s$，可求得 $P_0 = 4$ 元，$Q_0 = 900$。如果政府对厂商生产并销售的每单位产品征税 1 元，根据前面的分析，$P_d = P_s + 1$。将此式代入供求函数可得 $Q_d = 1\,100 - 50P_d = 1\,100 - 50(P_s + 1)$，$Q_s = 100 + 200P_s$，利用均衡条件可求得 $P_s = 3.8$ 元，$P_d = 4.8$ 元，$Q_1 = 860$。与原来均衡点 E 所对应的 P_0 相比，1 元税收额中消费者负担 0.8 元，生产者负担 0.2 元。

由于 $P_0 = 4$ 元，$Q_0 = 900$，故可求出需求弹性和供给弹性分别为

$$E_d = \frac{dQ_d}{dP} \cdot \frac{P}{Q} = 50 \cdot \frac{4}{900} = \frac{2}{9}$$

$$E_s = \frac{dQ_s}{dP} \cdot \frac{P}{Q} = 200 \cdot \frac{4}{900} = \frac{8}{9}$$

所以

$$\frac{E_s}{E_d}=\frac{\frac{8}{9}}{\frac{2}{9}}=4$$

显然,这一计算结果也印证了前面的分析。

4)供求弹性与政府补贴

在现实经济运行中,政府为了调控经济,除了利用税收杠杆外,往往还采取补贴方式,以扶持某些产业产品的发展。当政府对某产业产品实施补贴时,并不意味产品价格将下降相当于补贴的数量,也不意味所有的补贴将由生产者一方独享。生产者及消费者获得补贴的数量取决于供求弹性。

根据上例中的供求函数,假如政府对每单位产品补贴1元,此时,$P_d = P_s - 1$,于是 $P_s = 4.2$元,$P_d = 3.2$元,均衡数量为940。这表明在政府对每单位产品1元补贴中,消费者实际获益0.8元,生产者实际获益0.2元。

二、需求供给的其他弹性

1.需求收入弹性

1)需求收入弹性的含义及其度量

需求的收入弹性(income elasticity of demand)是指在其他条件不变的情况下,消费者收入的变动所引起某种商品或劳务需求量变动的程度。

如果用 I 代表消费者的收入,ΔI 代表收入的变动率,Q 表示需求量,ΔQ 表示需求的变动率,E_i 代表需求的收入弹性系数,则需求的收入弹性

$$E_i=\frac{\Delta Q/Q}{\Delta I/I}=\frac{\Delta Q}{\Delta I}\cdot\frac{I}{Q} \qquad (1-17)$$

同计算需求的价格弹性一样,在计算需求的收入弹性时,如果 ΔI 较大,需要计算它的弧弹性(一般使用弧弹性的平均值计算公式);如果 ΔI 较小时,则需计算它的点弹性。

2)需求收入弹性的类型

根据需求收入弹性系数的大小,可将其分为五种类型,如图1-29所示。

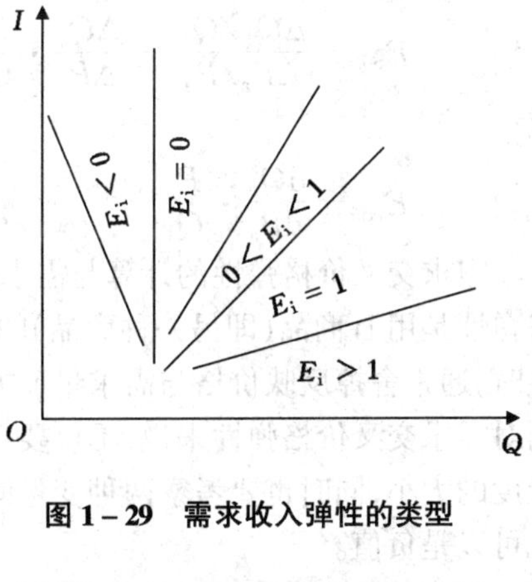

图1-29 需求收入弹性的类型

在图1-29中,纵轴代表消费者的货币收入,横轴代表消费者需求购买数量。图中,需求收入弹性等于零($E_i = 0$)的曲线表明,不管收入如何变动,消费者的购买量不变。弹性等于1($E_i = 1$)的曲线表明收入变动和数量变动的程度是同比例的。这两种情况,在现

实的经济生活中较为罕见,因而在经济学中一般主要研究其他三种情况,并进而将各种商品或劳务分为两大类。

对绝大多数商品或劳务而言,消费者收入增加,需求量也随之增加,即需求量与收入呈正方向变动,需求的收入弹性为正数。通常将 $E_i > 0$ 的商品或劳务称为正常品(normal goods)。在这类商品中,一般又将 $E_i > 1$ 的商品称为奢侈品(luxury goods);而将 $0 < E_i < 1$ 的商品称为必需品(necessities)。

对于某些商品,如马铃薯、劣质香烟等,当消费者收入增加时,需求量反而减少,即需求量与收入呈反方向的变动,收入弹性为负数。通常将 $E_i < 0$ 的商品称为劣等品(inferior goods)。

3)需求收入弹性的应用

需求的收入弹性可被政府用来制定或说明某些政策。对厂商来说,正确地估算出商品或劳务的需求收入弹性数值,就可大体把握消费者收入变动时对商品或劳务需求量的影响,并据此制定出相应的生产计划,以便使其供给更好地适应市场需求变化。例如,由于汽车和家庭用具的收入弹性大于1,因而汽车工业和家庭用具工业的生产规模的变动受消费者收入的变动影响程度较大。有关消费者收入变动的信息对这些行业的企业非常重要。在20世纪80年代美国出现经济衰退时,由于剔除了价格因素后的实际国民收入下跌,居民收入水平下降,从而严重地影响汽车和家庭用具工业,使这些工业部门不得不大幅度缩小生产规模。

2. 需求交叉价格弹性

1)需求交叉价格弹性的含义及计算公式

需求的交叉价格弹性(cross price elasticity of demand)是指在其他条件不变的情况下,某种商品或劳务价格变动引起另一种商品或劳务需求量变动的程度。

如果用 P_a 表示A商品的价格,ΔP_a 表示A商品价格的变动率;Q_b 表示B商品的需求量,ΔQ_b 表示B商品需求量的变动率,则需求交叉价格弹性系数

$$E_{cd} = \frac{\Delta Q_b / Q_b}{\Delta P_a / P_a} = \frac{\Delta Q_b}{\Delta P_a} \cdot \frac{P_a}{Q_b}$$

或

$$E_{cd} = \frac{dQ_b}{dP_a} \cdot \frac{P_a}{Q_b} \tag{1-18}$$

需求交叉价格弹性的计算与需求价格弹性的计算是有区别的。首先,需求交叉价格弹性是用B商品(即另一种商品)的需求变动率作为分子。其次,在计算需求价格弹性时,通常舍掉反映价格与需求量反方向变动的负号,只考察变动程度大小的绝对值。而对需求交叉价格弹性来说,不仅要考察一种商品价格变动导致另一商品需求量变动程度的大小,同时也要考察两种变量间的变动方向。因此,交叉价格弹性可以是正值,也可以是负值。

根据需求交叉价格弹性系数的取值符号,一般可将商品之间的相互关系进行划分,如图1-30所示。

在图 1－30 中，纵轴代表 A 商品的价格（P_a），横轴代表 B 商品的需求数量（Q_b）。当两种商品可以互相替代时，一种商品价格上升必将引起另一种商品需求量的增加；反之，则减少。两者的价格与需求量呈同方向变动，交叉价格弹性为正数。因此，前面曾考察的替代商品的定量分析可表述为 $E_{cd}>0$，并且，两种商品的正交叉价格弹性愈高，表明商品间的替代性愈强。

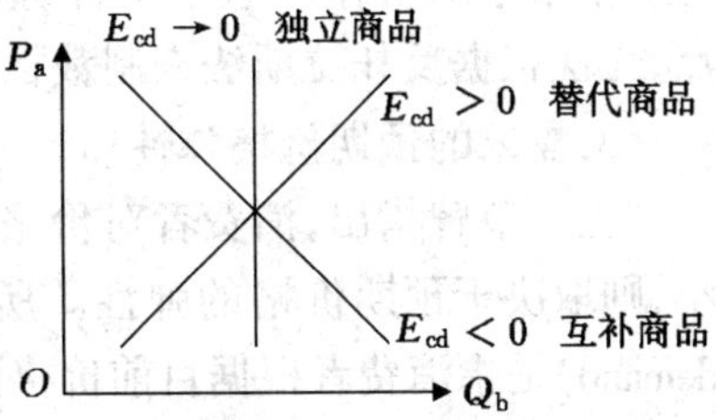

图 1－30 需求交叉弹性与商品间的相互关系

当两种商品必须互相搭配、同时消费才能满足同一种需要时，一种商品的价格上升不仅使该商品的需求量下降，而且也引起另一种商品需求量下降。反之，价格下降，另一种商品的需求量则上升。所以，该商品的价格与另一种商品需求量呈反方向变动，交叉价格弹性为负数。通常把 $E_{cd}<0$ 的两种商品称为互补商品。一般来说，两种商品的负交叉价格弹性系数值较高，表明两种商品属于较密切的互补商品。

当两种商品互不相关时，即一种商品价格变动而另一种商品的需求并未发生变动或变动甚微，交叉弹性趋向于零。这表明这两种商品既不是替代商品，也不是互补商品。通常把 $E_{cd}\to 0$ 的商品称为独立商品。

2）交叉价格弹性的应用

交叉价格弹性的概念和有关信息对厂商是十分重要的。如果厂商生产两种相关商品，在制定生产计划或销售策略时，有必要估计出一种商品价格变动如何影响另一种商品的需求量。如果两个厂商各自所生产的商品具有相关性，那么，其中一个厂商调整了商品的价格，势必会影响另一厂商商品需求量的增加或减少，该厂商据此将做出相应的反应。

需求交叉价格弹性的概念在反托拉斯法中获得了重要的应用①。依据反托拉斯法，垄断（包括想要垄断）一种商品的生产和（州际）销售是非法的。那么，怎样判断某一厂商的产品是垄断性的呢？这要看购买者在选择上是否被限制得只能向一个厂商购买而别无其他选择。严格地讲，对于任何商品，都会有一种或几种替代品，但如果它们是十分蹩脚的替代品，则它们与这种商品的需求交叉价格弹性就很低，该商品就属于垄断性商品。因此，需求交叉价格弹性是判断某一厂商的商品是否具有垄断性的重要依据，而厂商更需要根据交叉价格弹性的信息保护自己。例如，1947 年，美国司法部对杜邦公司垄断玻璃纸的产销提出诉讼，即指控杜邦公司生产的玻璃纸是垄断性产品。但杜邦公司则辩称：由于玻璃纸与市场上销售的蜡纸、塑胶纸、铝箔等具有很高的正交叉弹性，因此其产品在市场上有替代品，所以不存在垄断现象。杜邦公司成功地证明了有关市场是一个包括玻璃纸、蜡纸、塑胶纸、铝箔在内的软包装材料的整体市场，尽管该公司占据了大约 75％的玻璃纸包装材料的市场份额，但在整个软包装材料市场中，却仅占

① 反托拉斯法是指美国禁止垄断、贸易限制和策划抑制竞争等行为的一系列立法的总称。

有一个很小的份额。这个案件缠讼多年。1953 年,联邦法院只好接受杜邦公司的观点,无法根据反托拉斯法来制裁杜邦公司。

3.需求的预期价格弹性

上一节曾指出,消费者对价格的预期也是影响需求的一个因素,而这种影响的大小,则取决于预期价格的弹性。所谓需求的预期价格弹性(expectation price elasticity of demand)是指消费者根据目前价格的相对变动预期将来价格相对变动的程度。

如果用 P_c 表示现期价格,P_f 表示将来价格,则预期价格弹性

$$E_e = \frac{\Delta P_f / P_f}{\Delta P_c / P_c} = \frac{\Delta P_f}{\Delta P_c} \cdot \frac{P_c}{P_f} \tag{1-19}$$

$E_e > 1$,表明消费者预期某种商品的未来价格的相对变动大于现期价格的相对变动,而且方向相同。所以,现期价格的提高将导致消费者为避免将来高价的损失而提前购买该商品,造成当前市场需求的增加,即需求曲线向右上方移动,反之则反是。

$E_e = 1$,表明消费者预期未来价格与现期价格将以相同的幅度变动,并且方向相同。

$0 < E_e < 1$,表明消费者预期将来价格的变动幅度小于现行价格的变动幅度,并且方向相同。当现行价格处于下降阶段时,消费者可能多买些;当现行价格处于上升阶段时,消费者或许少买些。

$E_e = 0$,表明消费者预期目前的价格变动是临时性的(如水果、蔬菜等季节差价)。也就是说,消费者预期当前的价格变动对未来的价格没有影响,这不会引起需求的较大变化。

$E_e < 0$,表明消费者预期当前价格与未来价格呈相反方向变动。当前价格处于下降阶段时,消费者将增加当前购买量;当前价格处于上涨阶段时,消费者将减少当前购买量。这是由于消费者认为,良机不能错过,一旦预期未来价格成为现实,则会使他蒙受相应损失。

需求预期价格弹性的意义,是将消费者价格变动的经验与对未来价格的预期紧密结合在一起。预期价格弹性的大小反映了消费者在现期价格变动基础上对未来价格变动的态度。这将使消费者根据不同时期的价格变动对其经济利益的影响,在时间上进行替代选择——推迟或提前购买。当然,这种替代选择由于受消费者的偏好及不同商品的耐用性和耐贮藏性的影响,具有一定的局限性。

4.供给的交叉价格弹性

供给的交叉价格弹性(cross price elasticity of supply)是指在其他条件不变的情况下,某种商品或劳务价格变动引起另一种商品或劳务供给量变动的程度。

一般来说,一个厂商往往不只生产一种产品。当生产多种产品时,这些产品也可分为互补品和替代品。比如,某厂商既生产录像机,又生产录像带,两种产品彼此为互补商品。而另一厂商则生产不同类型的洗发剂,彼此为替代商品。因此,与需求交叉价格弹性相似,供给交叉价格弹性系数

$$E_{cs}=\frac{\Delta Q_b/Q_b}{\Delta P_a/P_a}=\frac{\Delta Q_b}{\Delta P_a}\cdot\frac{P_a}{Q_b}$$

或

$$E_{cs}=\frac{dQ_b}{dP_a}\cdot\frac{P_a}{Q_b} \qquad (1-20)$$

依照供给交叉价格弹性的取值范围,亦可将商品间的相互关系进行划分(图 1－31)。

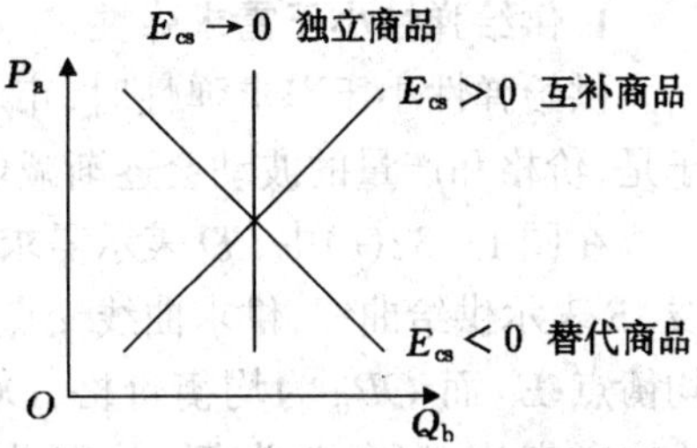

图 1－31 供给交叉弹性与商品的相互关系

根据供给定律,商品价格与该商品供给量呈同方向变动。因此,替代品之间价格与供给量呈逆向变动。其供给交叉价格弹性系数为负值;互补品之间价格与供给量的变化方向相同,其供给交叉价格弹性系数为正值;独立品的供给交叉价格弹性系数趋于零。可见,相关商品之间的供给交叉价格弹性的取值恰恰与需求交叉价格弹性相反。

三、蛛网模型

蛛网模型(cobwed model)是运用弹性原理解释某些生产周期较长的商品(如谷物、家畜、水果等)在失去均衡时发生的不同波动情况的一种动态分析理论。蛛网模型对商品价格和产量的某些周期性循环现象提供了概括性的解释。"蛛网"的名称是由市场上均衡点变动轨迹像一个蜘蛛网的形状得来的。

1930 年,由美国的舒尔茨、荷兰的丁伯根、意大利的里西分别用德文发表论文,提出蛛网理论。1934 年,英国的卡尔多(N. kaldor)将其译成英文,并定名为"蛛网定理"。1938 年,美国的伊齐基尔(M. Ezekjel)又将其扩展,用来解释更长的周期波动,并运用于实际经济分析,提出了著名的"生猪—玉米循环周期"。

蛛网模型在分析方法上采用了动态均衡分析法,在分析中引入了时间变量,并且将经济变量所属的时间明确地表示出来,以显示经济变量在某一时点上的数值如何受到前一周期时点上有关经济变量影响的情况。

蛛网模型研究的基本假定条件是:商品的本期产量 S_t 取决于前一期的价格 P_{t-1},因为对于那些生产周期较长(或不连续生产)的商品,最初生产量的确定是以当时商品价格为依据的,因此这些商品的供给函数为 $S_t = f(P_{t-1})$;商品的本期需求量 D_t 取决于本期价格 P_t,或者说,任何时期的商品成交价格将是同期的实有上市量得以全部出清的价格,需求函数为 $D_t = f(P_t)$。根据以上的假设条件,蛛网模型可以用以下联立方程式表示:

$$D_t = \alpha - \beta \cdot P_t \qquad (1-21)$$

$$S_t = -\delta + \gamma \cdot P_{t-1} \qquad (1-22)$$

$$D_t = S_t \qquad (1-23)$$

对于满足上述假设条件的商品,由于不同商品的供给与需求弹性关系不同,可将价格和产量的波动分为不同的类型。为便于分析,不妨假定需求弹性不变,这样供给弹性就有小于、大于和等于需求弹性三种情况,下面顺次考察。

1. 供给弹性小于需求弹性

供给弹性小于需求弹性时，市场价格变动对供给量的影响小于对需求量的影响。于是，价格和产量的波动会逐渐减弱，最后恢复均衡。

在图 1－32(a)中，D 表示需求曲线，S 表示供给曲线，供求曲线交点为均衡点 E。而 OP_0 为均衡价格，OQ_0 为均衡产量。以谷物为例，其变动过程是：丰收之年假定谷物产量增加到 Q_1，大于均衡产量 Q_0，市场上供过于求，导致谷物价格下跌，价格降到均衡价格之下。此时消费者为购买全部 Q_1 数量的谷物，愿意支付的价格为 P_1。当价格为 P_1 时，生产者削减了谷物的种植面积，导致第二周期的产量由 Q_1 减少为 Q_2，于是市场上的谷物供不应求，使市场成交价格上升到 P_2。当价格上升为 P_2 时，生产者认为有利可图，于是扩大了谷物种植面积，使第三周期谷物的供给量由 Q_2 增加到 Q_3，于是又出现供过于求状况，市场价格则跌到 P_3。价格为 P_3 时，生产者又会把产量压缩到 Q_4，结果，价格又上升到 P_4。这样，如此反复下去，价格与产量的波动幅度越来越小，最后趋于均衡点。图 1－32(b) 说明了伴随着时间的推移，价格趋于均衡价格(P_0)的过程。因此，供给弹性小于需求弹性称为蛛网的稳定条件。这种蛛网称为“收敛性蛛网”。在收敛性蛛网中，由于价格波动随时间序列逐渐缩小，所以称为减幅摆动。

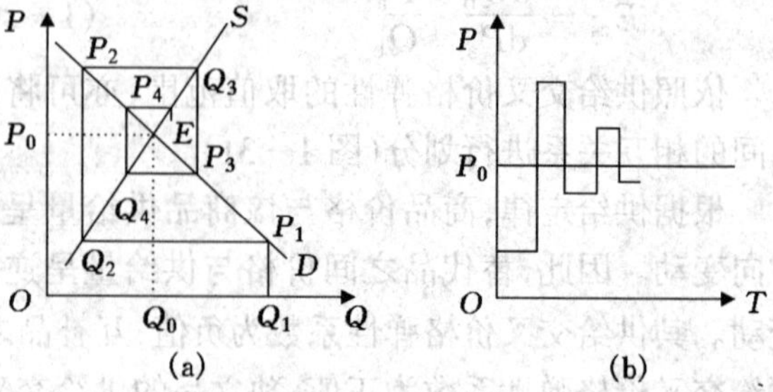

图 1－32　稳定的蛛网

显然，这种分析同前面有关的静态均衡分析是不同的。在静态均衡分析中，只需指出根据既定的供求状况，由于供给曲线 S 是自左向右上方倾斜，需求曲线 D 是自左向右下方倾斜，因而通过供求的变动，市场将趋于均衡。同时说明商品的供求达到均衡时的条件是价格为 OP_0，供求数量是 OQ_0。但采用动态分析时，情况就不同了。在价格和产量的波动过程中，市场出清价格有时高于或低于均衡价格。高于均衡价格时，将引起下一生产周期的供给超过需求，并导致下一生产周期的市场出清价格低于均衡价格；低于均衡价格时，就会引致下一生产周期需求超过供给，从而使市场出清价格上升，高于均衡价格。如此周而复始，动态均衡分析描绘出价格和产量波动趋向均衡的全过程。

2. 供给弹性大于需求弹性

供给弹性大于需求弹性时，市场价格变动对供给量的影响大于对需求量的影响。于是，价格和产量的波动幅度逐渐加剧，越来越背离均衡值。

如图 1－33 所示，当供给弹性大于需求弹性时，价格与产量的变动过程与前面的分析类似，但它们的波动不是越来越小，而是越来越大，最后远离均衡点。因此，供给弹性大于需求弹性称为蛛网的不稳定条件，这种蛛网称为“发散性蛛网”。在发散性蛛网中，由于价格随时间序列逐步扩大波动幅度，所以称为爆炸性摆动。

3. 供给弹性等于需求弹性

供给弹性等于需求弹性时，市场价格变动对供给量和需求量的影响是相同的。在这种情况下，逐期成交价格和成交量永远环绕其均衡值波动，波动幅度既不扩大，也不缩小（图1-34）。因此，供给弹性等于需求弹性被称为蛛网的中立条件。这种蛛网称为“封闭性蛛网”。在封闭性蛛网中，由于价格随着时间序列按同一幅度上下波动，所以又称为持续性摆动。

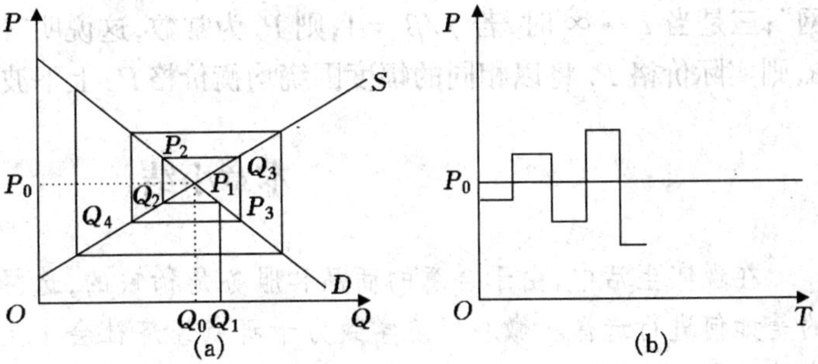

图1-33 不稳定的蛛网

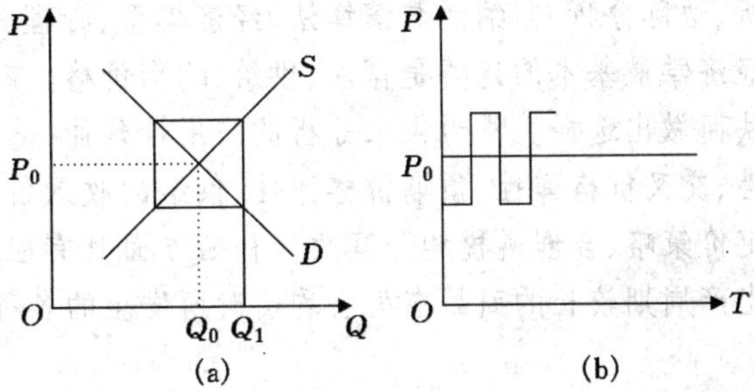

图1-34 循环往复的蛛网

以上用图解法阐释了蛛网模型的三种情况，蛛网模型亦可用数学方法分析。将前面的式(1-21)和式(1-22)代入式(1-23)可得：

$$\alpha - \beta \cdot P_t = -\delta + \gamma \cdot P_{t-1} \quad (1-24)$$

由此可得第 t 期的产品价格

$$\begin{aligned}
P_t &= (-\gamma/\beta)P_{t-1} + (\alpha+\delta)/\beta \\
&= (-\gamma/\beta)[(-\gamma/\beta)P_{t-2} + (\alpha+\delta)/\beta] + (\alpha+\delta)/\beta \\
&= (-\gamma/\beta)^2 P_{t-2} + (\alpha+\delta)/\beta[1 + (-\gamma/\beta)] = \cdots \\
&= (-\gamma/\beta)^t P_0 + (\alpha+\delta)/\beta[1 + (-\gamma/\beta) + (-\gamma/\beta)^2 + \cdots + (-\gamma/\beta)^{t-1}] \\
&= (-\gamma/\beta)^t P_0 + (\alpha+\delta)/\beta \cdot [(-\gamma/\beta)^t - 1]/[(-\gamma/\beta) - 1] \\
&= (-\gamma/\beta)^t P_0 + (\alpha+\delta)/(\beta+\gamma)[1 - (-\gamma/\beta)^t] \quad (1-25)
\end{aligned}$$

鉴于市场达于均衡时，均衡价格 $P_e = P_t = P_{t-1}$，故由式(1-24)可得均衡价格

$$P_e = (\alpha+\delta)/(\beta+\gamma) \quad (1-26)$$

将式(1-26)代入式(1-25)可得：

$$P_t = (-\gamma/\beta)^t P_0 + P_e[1 - (-\gamma/\beta)^t] = (P_0 - P_e)(-\gamma/\beta)^t + P_e \quad (1-27)$$

由式(1-27)，可以得到以下三种情况。一是当 $t \to \infty$ 时，若 $\gamma/\beta < 1$，则 $P_t \to P_e$，这说明伴随时间 t 的增加，如果 $\gamma < \beta$，则实际价格 P_t 将以越来越小的波动幅度围绕均衡价格 P_e 上下波动，最后逼近均衡价格，形成“收敛性蛛网”；二是当 $t \to \infty$ 时，若 $\gamma/\beta > 1$，则 $P_t \to \infty$，这说明，伴随时间 t 的增加，如果 $\gamma > \beta$，则实际价格 P_t 将以越来越大

的波动幅度围绕均衡价格 P_e 上下波动，最后无穷大地偏离均衡价格，形成“发散性蛛网”；三是当 $t\rightarrow\infty$ 时，若 $\gamma/\beta=1$，则 P_t 为常数，这说明，伴随时间 t 的增加，如果 $\gamma=\beta$，则实际价格 P_t 将以相同的幅度围绕均衡价格 P_e 上下波动，形成“封闭性蛛网”。

本章小结

在现实生活中，由于合意的商品和服务是稀缺的，选择不可避免，所以经济学研究的是如何进行选择。微观经济学致力于研究经济社会中生产什么、如何生产和为谁生产的论题，宏观经济学则研究一国经济增长、经济周期和国际经济的论题。经济学的基本研究方法主要有实证分析和规范分析、均衡分析、静态分析、比较静态分析和动态分析、边际分析、归纳法与演绎法、经济模型、心理分析与实验分析。在市场经济条件下，经济学最基本的范畴是需求、供给、均衡价格。政府可以应用均衡价格为控制过剩和短缺而做出选择。作为供求分析的应用性延伸，是需求和供给的价格弹性、需求的收入弹性、交叉价格弹性、预期价格弹性、供给的收入价格弹性等范畴。供求价格弹性在企业定价策略、合理避税和分享政府补贴方面具有应用价值。蛛网模型能较好地解释某些生产周期较长的商品在失去均衡时所发生的各种波动情况。

复习思考题

1. 解释下述概念：经济学，资源的稀缺性，规范分析，实证分析，需求，需求量的变化，需求水平的变化，需求定律，供给，供给定律，均衡价格，均衡数量，最低限价，最高限价，需求价格弹性，需求交叉价格弹性，需求收入弹性，蛛网模型，蛛网稳定条件。

2. 试述微观经济学与宏观经济学的区别与联系。

3. 为什么说微观经济学的核心是价格理论？

4. 经济学是如何产生的？

5. 何谓合成谬误？请举例说明。

6. 试分析市场供给过剩和供给短缺对价格走势的影响。

7. 请回答下列事件对A型25英寸彩色电视机的需求会产生什么影响？

1) A型25英寸彩色电视机价格下跌；
2)预期居民收入将上升；
3)B型25英寸彩色电视机价格上升；
4)A型25英寸彩色电视机生产企业的员工工资提高15%；
5)彩色电视机及其配件进口关税下降；
6)新婚家庭数量有较大幅度的下降；
7)A型25英寸彩色电视机的质量有所提高；
8)A型25英寸彩色电视机的广告费增加80%；
9)媒体报道新一代彩色电视机即将投放市场。

8. 请回答下列事件对产品 X 的供给有什么影响？

1) 生产产品 X 的技术有了重大突破；

2) 生产产品 X 的工资和材料费用上涨了；

3) 在产品 X 的行业内，企业的数目增加了；

4) 预计将来产品 X 的价格会逐步下降；

5) 政府对产品 X 实行税收优惠政策。

9. 试述影响需求的因素。

10. 从厂商的角度来分析，对于粮食、副食品一类的商品和轿车、大屏幕彩色电视机一类的商品分别应采取提价还是降价的方法？为什么？

11. 试述影响需求弹性的因素。

12. 假设某商品的市场供求函数分别为：$Q_d = 11\,000 - 1\,000P$，$Q_s = 2\,000 + 2\,000P$，求：

1) 该商品的均衡价格与均衡数量；

2) 如果实行最高限价 $P = 2.5$ 元，市场是否仍保持均衡状态？如果不是，市场的短缺数量是多少；

3) 如果政府对该商品每单位征税 1 元，生产者和消费者的税收负担的数额；

4) 如果政府对该商品每单位补贴 1 元，生产者和消费者的获益数额。

13. X 公司和 Y 公司是行业内的两个竞争者，其产品的需求函数和销售量分别为：$P_X = 1\,000 - 5Q_X$，$P_Y = 1\,600 - 4Q_Y$，$Q_X = 100$，$Q_Y = 250$

1) 求 X 和 Y 当前的需求价格弹性；

2) 假定 Y 降价后，使 Q_Y 增加到 300 单位，同时导致 Q_X 下降到 75 单位，试求 X 公司产品 X 的需求交叉价格弹性；

3) 假定 Y 公司目标是追求销售收入最大化，你认为 Y 公司采取降价策略在经济上是否合理。

14. 某消费者消费 X 商品的数量与其收入的函数关系是：$I = 1\,000Q_X^2$，计算当其收入 $I = 1\,200$ 元时的收入点弹性。

15. 已知某厂商的总收益函数为：$TR = 100Q - 2Q^2$，试计算当边际收益（MR）为 20 时的需求价格点弹性。

16. X 商品的市场需求函数为 $P = 100 - \sqrt{Q}$，分别计算 $P_X = 60$ 和 $P_X = 40$ 时的需求价格点弹性。

第二篇　消费者经济行为

第二章　消费者选择

第一章对需求定律做了一般性考察，但并没有给出详尽说明。本章借助边际效用分析和无差异曲线分析探讨需求定律背后的消费者行为。所谓消费者行为(consumer behavior)是指消费者为了满足自己的欲望而利用物品效用的一种经济行为，即消费者在市场上的购买决策和购买活动。因此，消费者行为理论主要就是研究消费者在商品市场上的购买决策和购买活动的准则，以及消费者实现最大满足的均衡条件。

第一节　边际效用分析

一、边际效用

1.效用及其特点

所谓效用(utility)，是指商品或劳务满足消费者的需要或欲望的能力。一种商品或劳务是否具有效用或效用的大小，以它能否满足和在多大程度上满足消费者的需要或欲望为条件。微观经济学所说的效用，不是指商品或劳务的客观效用，即使用价值，而是指主观效用，即消费者对商品或劳务满足其需要或欲望能力的主观评价。一般来说，效用具有下述特点：

①同一物品对同一消费者，效用具有可比性，对不同的消费者缺乏可比性；

②同一物品的效用，因时空条件不同而不同；

③效用是中性的，不具有伦理学意义，效用不分好的或不好的，但可分为正效用或负效用(disutility)。

2.总效用和边际效用

总效用(total utility，TU)是指消费者在一定时间内，消费一定量某种商品或商品组合所得到的总的满足程度，或者说是消费者消费某种商品所获得的效用总和。它是消费数量的函数，即

$$TU = f(Q) \tag{2-1}$$

在日常生活中，消费者一般要同时消费多种物品。为便于分析，现假定只消费 X、

Y 两种物品，则总效用函数

$$TU = f(X, Y) \tag{2-2}$$

"边际"这个词通常表示一个总额的变动率，总额可以是效用，也可以是成本、收益、产量等等。边际效用 (marginal utility, MU) 是指某种商品的消费量每增加(减少)一个单位所引起的总效用的增(减)量。如果用 ΔTU 代表总效用的变动量，ΔQ 代表商品的变动量，则边际效用可表述为：

$$MU = \frac{\Delta TU}{\Delta Q}$$

如果消费数量可以无限分割，总效用函数为连续函数，则商品 X 的边际效用是 X 的总效用对 X 消费量的一阶导数

$$MU_X = \lim_{\Delta X \to 0} \frac{\Delta TU_X}{\Delta Q_X} = \frac{dTU_X}{dQ_X} \tag{2-3}$$

边际效用也可以表述为：最后消费的一单位商品或劳务具有的效用。例如，某一消费者从消费第一块面包中所获得的效用为 8 个单位，再消费一块面包，则两块面包的总效用为 14 个单位，即增加的第二块面包所增加的效用 (MU) 为 6 个单位。如果又消费了一块面包，则总效用增加到 18 个单位，即消费第三块面包而增加的效用(MU) 为 4 个单位。反过来说，如果消费数量从三块面包减少到两块面包，总效用则由 18 个单位减少为 14 个单位，即因减少一块面包所减少的效用(MU) 是 4 个单位。

边际效用是经济学中一个十分重要的概念。按照效用价值论(the utility theory of value)的观点，效用是价值的源泉，是形成价值的必要条件，而效用又必须同物品的稀缺性相结合，才能形成价值。由于物品越稀缺，边际效用越大，价值也就越大。因此，经济学家认为价值取决于边际效用。边际效用是衡量物品价值量的尺度。

在发展过程中边际效用理论有基数效用(cardinal utility)和序数效用(ordinal utility)之分。本章首先介绍基数效用，然后介绍以序数效用为基础的无差异曲线分析。在历史上，最先提出边际效用分析的一些人，如德国的戈森(H. H. Gossen)、英国的杰文斯(W. S. Jevons)、奥地利的门格尔(C. Menger)和法国的瓦尔拉斯(L. Walras)等，都主张采用基数效用概念说明效用在数量方面的性质。

所谓基数效用，是指用效用单位表示的效用，而效用单位则是人们用来度量效用大小的单位。基数这个术语是从数学词汇中借用来的，数字 1、2、3、4、5 等是基数。据认为，采用基数效用进行经济分析，首先可以表示某消费者消费一定数量的商品或劳务的总效用，以及他每多(或少)消费一单位商品或劳务所增加(或减少)的效用，即边际效用。也就是说，借助效用单位，可以说明总效用和边际效用的相互关系及其变动情况。其次，利用基数效用可以表示某消费者所需要的不同商品的效用大小以及他所获得的总效用。比如，一杯牛奶对某消费者的效用是 4 个效用单位，一片面包是 2 个效用单位，那么对他来说，一杯牛奶具有两倍于一片面包的效用。此时，他从一杯牛奶和一片面包中总共获得 6 个效用单位。

3. 边际效用递减规律

边际效用递减规律(law of diminishing marginal utility)是指由于同一物品的每一

单位对消费者的满足程度不同,当消费者消费或购买某种物品的数量增加时,连续增加的每单位物品所提供的效用呈递减趋势。

如表 2-1 所示,当消费者消费 1 单位该物品时,所获得的效用为 6 个效用单位;当消费量由 1 增加到 2 时,总效用为 10,消费者从新增加的 1 单位物品中所获得的边际效用为 4;消费量由 2 增加到 3 时,新增加的第 3 单位物品所提供的总效用为 12,边际效用为 2;消费量由 3 增加到 4 时,新增加的第 4 单位物品所提供的边际效用为 1;消费量从 4 增加到 5 时,所增加的边际效用为零;再增加 1 单位的消费量,则第 6 单位物品所提供的边际效用为 -2。表 2-1 说明,消费者消费或购买的某一物品数量越多,物品对该消费者的重要性越低,伴随物品数量增加,边际效用逐渐变小,甚至成为负数。

表 2-1　某物品的总效用和边际效用

物品的数量	总效用	边际效用
1	6	6
2	10	4
3	12	2
4	13	1
5	13	0
6	11	-2

关于边际效用递减的原因有多种解释,这里介绍其中有代表性的两种。一是设想每种物品有多种用途,而消费者将不同的用途按重要性划分为若干等级。当物品只有一单位时,他将该物品用于满足最重要的用途上;当物品有两单位时,他将新增的物品用于次重要的用途上;当物品再增加时,他将新增物品用于一般的用途上。依此类推,新增物品给消费者提供的效用或满足程度是顺次递减的。另一种解释是:由于物品的效用是消费者对它的主观感受,因此,当某种物品数量很多时,使消费者生理上或心理上对重复刺激的反应就递减了,从而导致物品增加所带来的追加效用呈递减趋势。

依据表 2-1,可以绘出总效用曲线和边际效用曲线,如图 2-1 所示。

根据总效用和边际效用的定义,可将总效用与边际效用的关系概括如下。

①任何数量的边际效用等于该数量的总效用减去该数量减 1 的总效用。消费者在消费的商品数量为 n 时,将每一单位商品的效用相加,即构成他从 n 个商品消费中所得到的总效用 TU_n,则第 n 个商品的边际效用 MU_n 可表示为

$$MU_n = TU_n - TU_{n-1} \tag{2-4}$$

在图 2-1 中,消费者从第 3 个商品中所获得的总效用为 12,从第 4 个商品中所获得的总效用等于 13,则消费者从第 4 个商品中所获得的边际效用为 1(13-12=1)。

②任何数量边际效用的总和等于同一数量单位商品的总效用。用数学表达式可表述为

$$TU_n = \sum_{i=1}^{n} MU_i \tag{2-5}$$

在图 2-1 中,这种关系亦可表述为:任一数量边际效用曲线下的面积等于同一数量单位商品的总效用的面积。比如,消费者共消费 3 个单位的商品,此时,在边际效用曲线

下的面积是3个阴影长方形的总和(6+4+2=12)。这个总和恰好等于第3个单位商品的总效用,即图2-1(a)中第3个长方形面积。

③在边际效用递减规律作用下,当边际效用等于零时,总效用达到最大值。在图2-1中,当消费者消费到第5个单位商品时,边际效用等于零,总效用等于13个效用单位,达到了最大值。这意味着消费者对该商品的消费达到了饱和点。如果消费量超过了这一点,MU为负,TU开始下降,这表明对该商品的消费已不再是一种享受,而是一种痛苦。比如,对于喜欢养猫的人来说,两只猫带来的乐趣可能大于一只,但第三只或第四只猫恐怕就不再是受欢迎的了。应该指出的是,当TU曲线的切线为水平时,也就是说斜率为零时,$MU=0$,TU取最大值。利用这一变化关系,当消费者连续消费某一商品时,可以很便利地计算出他从该商品消费中所获得最大满足(总效用最大)的消费数量。

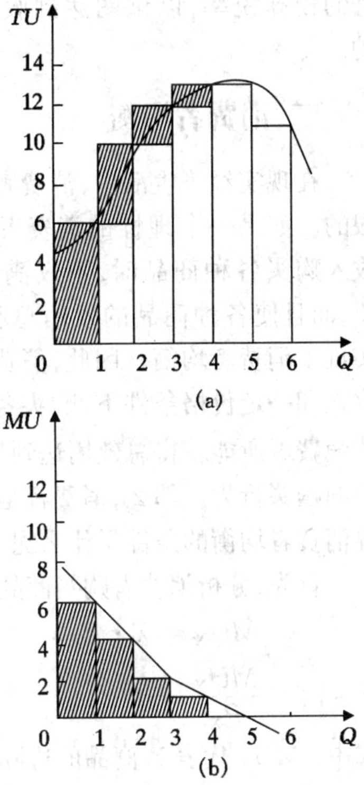

图2-1 总效用曲线和边际效用曲线

例3.1

假设某消费者消费X商品时的总效用函数为$TU=16Q_X-Q_X^2$,那么,当该消费者连续消费多少单位X商品时,他可达到最大的满足程度。

解:$MU_X=\dfrac{dTU_X}{dQ_X}=16-2Q_X$,令$16-2Q_X=0$,则

$Q_X=8$

因此$TU_X=64$。

这就是说,当消费者连续消费X商品到第8个单位时,他实现了最大的满足。他从第8个单位的商品中获得64个效用单位。

4.货币边际效用递减与收入再分配

同其他物品一样,货币本身也存在总效用和边际效用。货币的边际效用是指最后一单位货币的效用。一般认为,低收入者比高收入者每增加1元的支出会产生较多的效用或满足。因此,货币的边际效用也是递减的。

图2-2中,横坐标代表消费者的货币收入,纵坐标代表货币的边际效用。OL表示低收入家庭的货币收入,OH表示高收入家庭的货币收入。如果将高收入家庭的货币收入减少HH'($HH'=OH-OH'$),使同等数额的货币收入转移到低收入家庭,这样低收入家庭的货币收入就增加LL'($LL'=OL'-OL$),则LL'的效用明显大于$H'H$的效用,结果就可增加全社会的总效用和经济福利。为了做到这一步,许多国家据此通过推行累进所得税进行收入再分配,对低收入者实行较低的所得税率,对高收入者实行递

增的较高税率，以试图达到收入分配均等化的目的。

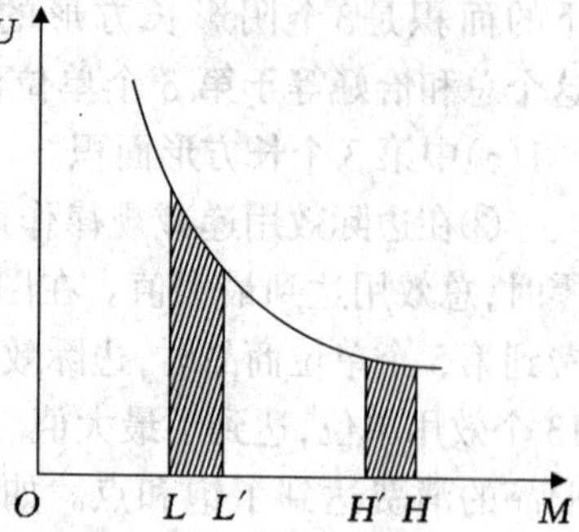

图 2－2　收入再分配

二、消费者均衡

在现实经济生活中，消费者的货币收入总是有限的。如果一个理性的消费者在用他有限的货币收入购买各种商品时，不仅满足了自己的各种需要，而且使各种商品的效用总和达到最大化，他就实现了消费者均衡。因此，消费者均衡是指在一定收入和一定价格条件下，购买各种商品的一定数量的消费者所能获得总效用达到最大值的状态。它反映出一个理性的消费者所采取的合理的购买行为。那么，消费者是根据什么原则购买商品，从而实现效用最大化呢？或者说消费者均衡的条件是什么呢？下面分几种情况说明。

首先，分析消费者购买商品 X 的情况。在这种情况下，实现消费者均衡的条件是

$$MU_X = \lambda \cdot P_X \tag{2-6}$$

$$\frac{MU_X}{P_X} = \lambda \tag{2-7}$$

式中：MU_X 代表 X 商品的边际效用；P_X 代表该商品的价格；λ 是每单位货币的边际效用。以上公式的经济含义是：消费者获得的最后一单位商品的边际效用，等于他购买该商品所放弃的货币的边际效用。或者说，消费者购买的最后一单位商品所提供的边际效用同该商品的价格之比，应等于每一单位货币的边际效用。此时，消费者购买商品的数量就是均衡购买量。在商品的边际效用递减和消费者每单位货币收入的边际效用不变的条件下，如果每单位货币支出所获得的边际效用小于每单位货币丧失的边际效用，消费者为了改变失大于得的状况，以实现最大效用，就应减少购买量；反之，如果得大于失就应增加购买量，以不断增加满足程度，直至达到均衡购买量为止。

其次，分析消费者在既定的货币支出条件下同时购买 X 和 Y 两种商品的情况。在这一场合，实现消费者均衡的条件是

$$\frac{MU_X}{P_X} = \frac{MU_Y}{P_Y} = \lambda \tag{2-8}$$

式(2－8)表明，消费者在同时购买两种商品时，当花费在两种商品上的最后一单位货币所得到的边际效用相等时，消费者就实现了总效用的最大化。这是因为：如果消费者花费在 X 商品上的最后一单位的货币提供更大的边际效用，那么在商品的边际效用递减的条件下，将一部分购买 Y 商品的货币用于购买 X 商品，就会增加两种商品的总效用。经过不断调整，最终使最后一单位货币在 X 商品上提供的边际效用下降到与最后一单位货币在 Y 商品上提供的边际效用相等时，消费者就会得到最大的满足。反之，如果花费在 X 商品上的最后一单位货币提供的边际效用小于花费在 Y 商品上最后一单位货币提供的边际效用，通过减少对 X 商品的购买，并使消费者在购买 X 商品和 Y 商品

上的最后一单位货币所提供的边际效用相等，也将使消费者获得最大的满足。例如，某消费者打算用6元分别购买X和Y两种商品，市场价格 P_X、P_Y 分别为1元和2元。两种商品的边际效用 MU_X、MU_Y 以及每1元用于购买两种商品所提供的边际效用为 $\frac{MU_X}{P_X}$ 和 $\frac{MU_Y}{P_Y}$。在表2-2中，如果该消费者将6元全部用于购买X商品，他能购买6单位，并且从中所得到的总效用为8+5+3+2+1+1=20单位。如果该消费者将6元全部用于购买Y商品，他能购买3单位，并且从中所获得的总效用为16+10+6=32单位。但是，如果他依照消费者均衡的条件，购买2单位X商品和2单位的Y商品，从而使最后一单位货币购买的X商品和Y商品所提供的边际效用均等于5个效用单位，则可获得最大总效用为8+5+16+10=39单位。此时，任何调整只会减少总效用水平，而不会使消费者的满足程度有所增加。

表2-2 消费者均衡

购买量	商品X		商品Y	
	MU_X	MU_X/P_X	MU_Y	MU_Y/P_Y
1	8	8	16	8
2	5	5*	10	5*
3	3	3	6	3
4	2	2	4	2
5	1	1	3	1.5
6	1	1	2	1
TU	20	20	41	20.5

再次，分析消费者在既定的货币支出条件下同时购买两种以上商品的情况。根据前面的分析，可以很容易地推论出消费者获得最大效用的均衡条件，即

$$\frac{MU_X}{P_X} = \frac{MU_Y}{P_Y} = \frac{MU_Z}{P_Z} = \cdots = \lambda \tag{2-9}$$

式(2-9)表明，当消费者同时购买两种以上商品时，如果花费在每种商品上的最后一单位货币提供的边际效用都相等，就可以实现最大效用的均衡，这也就是边际效用均等法则。

消费者均衡条件亦可表述为在既定货币收入预算约束下，达于效用最大化状态的问题。这里利用拉格朗日乘数法证明。设消费者购买X、Y、Z三种商品，价格分别为 P_X、P_Y 和 P_Z，消费者的货币总收入为 M，则总效用函数和预算约束分别为

$$TU = f(X, Y, Z) \tag{2-10}$$

$$P_X X + P_Y Y + P_Z Z = M \tag{2-11}$$

式(2-11)亦可写成

$$M - P_X X - P_Y Y - P_Z Z = 0$$

令

$$V = f(X, Y, Z) + \lambda(M - P_X X - P_Y Y - P_Z Z) \tag{2-12}$$

式中：λ 为拉格朗日乘数；V 是 X、Y、Z 与 λ 的函数。V 的极大值的必要条件是所有一阶偏导数均等于零，即

$$\frac{\partial V}{\partial \lambda} = M - P_X X - P_Y Y - P_Z Z = 0 \tag{2-13}$$

$$\frac{\partial V}{\partial X} = \frac{\partial f}{\partial X} - \lambda P_X = 0 \tag{2-14}$$

$$\frac{\partial V}{\partial Y} = \frac{\partial f}{\partial Y} - \lambda P_Y = 0 \tag{2-15}$$

$$\frac{\partial V}{\partial Z} = \frac{\partial f}{\partial Z} - \lambda P_Z = 0 \tag{2-16}$$

由于 $\frac{\partial f}{\partial X}$ 就是商品 X 的边际效用，即

$$\frac{\partial f}{\partial X} = MU_X \tag{2-17}$$

故有

$$\frac{\partial f}{\partial X} = \lambda P_X, MU_X = \lambda P_X, \frac{MU_X}{P_X} = \lambda \tag{2-18}$$

$$\frac{\partial f}{\partial Y} = \lambda P_Y, MU_Y = \lambda P_Y, \frac{MU_Y}{P_Y} = \lambda \tag{2-19}$$

$$\frac{\partial f}{\partial Z} = \lambda P_Z, MU_Z = \lambda P_Z, \frac{MU_Z}{P_Z} = \lambda \tag{2-20}$$

则

$$\frac{MU_X}{P_X} = \frac{MU_Y}{P_Y} = \frac{MU_Z}{P_Z} = \lambda \tag{2-21}$$

鉴于解 V 最大值的充分条件比较复杂，这里从略。同时，为了证明 λ 为每一单位货币的边际效用$\frac{\mathrm{d}TU}{\mathrm{d}M}$，可依次求式(2-10)和式(2-11)的微分

$$\mathrm{d}TU = \frac{\partial f}{\partial X}\mathrm{d}X + \frac{\partial f}{\partial Y}\mathrm{d}Y + \frac{\partial f}{\partial Z}\mathrm{d}Z \tag{2-22}$$

$$\mathrm{d}M = P_X\mathrm{d}X + P_Y\mathrm{d}Y + P_Z\mathrm{d}Z \tag{2-23}$$

将式(2-18)、(2-19)、(2-20)代入(2-23)得

$$\begin{aligned}\mathrm{d}TU &= MU_X\mathrm{d}X + MU_Y\mathrm{d}Y + MU_Z\mathrm{d}Z \\ &= \lambda P_X\mathrm{d}X + \lambda P_Y\mathrm{d}Y + \lambda P_Z\mathrm{d}Z \\ &= \lambda(P_X\mathrm{d}X + P_Y\mathrm{d}Y + P_Z\mathrm{d}Z)\end{aligned} \tag{2-24}$$

则

$$\frac{\mathrm{d}TU}{\mathrm{d}M} = \frac{\lambda(P_X\mathrm{d}X + P_Y\mathrm{d}Y + P_Z\mathrm{d}Z)}{P_X\mathrm{d}X + P_Y\mathrm{d}Y + P_Z\mathrm{d}Z} = \lambda \tag{2-25}$$

以上所证明的消费者均衡条件，即边际效用均等法则，不仅适用于消费者在既定的货币收入条件下安排购买不同种商品的最优预算，而且适用于人们将一定数量的某种资源(包括各种物品、时间、生产要素等等)用于不同的用途，并取得各种用途的总效用(或收益、收获、好处、产出等等)最大化。这就是等边际原理。当然，要使等边际原理能够发挥作用，资源在任何一种用途上所分配的数量逐渐增加时，边际效用(或收益、收获、好处、产出等等)必须递减，否则，等边际原理将无从谈起。

三、消费者剩余

1.边际效用递减与需求定律

在第一章中曾分析了需求定律，即商品的需求量与价格呈反方向变动。那么，为什么商品需求量和价格之间会有这样的关系呢？为什么需求曲线在坐标图中从左向右下方倾斜呢？一些人认为，最重要的原因在于边际效用递减。英国经济学家阿尔弗雷德·马歇尔用货币的边际效用计量物品的效用，即用消费者愿意付出的货币量表示买进商品的效用量。他认为消费者对两种商品所愿意支付的价格的比率，是与这两种商品的效用的比率一致的。这是假定对一个收入为既定的消费者来说，货币的边际效用是固定不变的，每一单位货币对于他的边际效用是一样的，否则，也就无法用支付的货币数量来度量和表示获得的商品的效用数量了。

马歇尔认为，消费者买进和消费某种商品越多，在边际效用递减规律作用下，他所得到的追加效用或欲望的满足程度就越少，他所愿意支付的价格就越低。这样，消费者买进和消费的某种商品的数量与该商品的价格呈反方向变动。

在表 2-3 中，第 2 列代表某消费者购买不同数量牛肉获得的边际效用，第 4 列代表该消费者在既定货币收入条件下，每元货币的边际效用均等于 20 个效用单位。消费者从购买第 1 单位牛肉中所得到的边际效用为 120 单位，此时他愿意支付 6 元货币；如果消费者购买 2 单位牛肉，他从第 2 单位牛肉中所获得的边际效用为 80 单位，他愿为第 2 单位牛肉支付 4 元货币。依此类推，当其购买第 3 单位、第 4 单位和第 5 单位牛肉时，他愿意分别支付 3 元、2 元和 1.5 元的货币。马歇尔将消费者购进一定数量的最后一单位物品称为边际购买，将购进最后一单位物品所愿意支付的货币额称为边际需求价格。因此，马歇尔实际上假定消费者对某一商品的边际需求价格反映了该商品的边际效用。由于伴随物品购买或消费数量的增加，物品边际效用递减，从而导致消费者对该商品的边际需求价格也随之递减。于是，利用物品的边际效用递减规律就可以推导出需求曲线。

利用表 2-3 第 2 和第 4 列中的数据，可以得出第 3 纵行边际需求价格的相应数值。将表 2-3 第 1 和第 2 列的数值描绘在平面直角坐标图中，即可得到图 2-3(a)

表 2-3 牛肉的边际效用与需求价格

购买量 Q	边际效用 MU	边际需求价格 P	货币的边际效用 λ
1	120	6	20
2	80	4	20
3	60	3	20
4	40	2	20
5	30	1.5	20

中的牛肉的边际效用曲线；将表 2-3 第 1 和第 3 列的数值描绘在坐标图中，可得到图 2-3(b)中的牛肉的需求曲线。换言之，利用图 2-3(a)的边际效用曲线可推导出图 2-3(b)的需求曲线。显然，由于物品的边际效用递减导致该物品的需求曲线在坐标图

中自左向右下方倾斜。

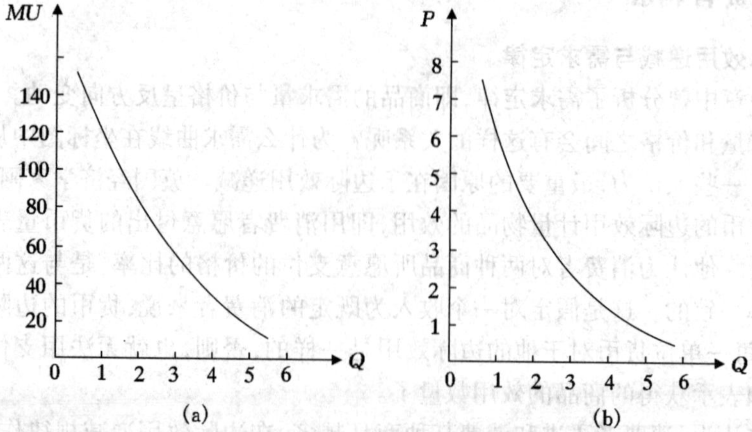

图 2-3　边际效用曲线与需求曲线

2. 消费者剩余

根据前面的分析,消费者按他对商品或劳务的边际效用的评价决定愿意支付的价格,但市场上的实际成交价格往往并不等于他所愿意支付的价格。消费者愿意为某种商品或劳务支付的价格与其实际付出的价格的差额被称为是消费者剩余(consumer's surplus)。这一概念是马歇尔在他的价格理论中首先使用的。由于消费者愿意支付的价格取决于商品或劳务对消费者的边际效用,因而消费者剩余亦可表述为:商品或劳务的边际效用与实际支付货币额的边际效用的差额。

消费者剩余的概念,可仍用上面消费者购买牛肉的例子,借助表 2-4 说明。

在表 2-4 中,假定市场上牛肉的实际价格是每公斤 2 元,每元货币的边际效用为 20 单位。当某一消费者购买 4 公斤牛肉时,他从中所获得的消费者剩余可按下述方法计算:消费者对第 1 公斤牛肉愿意支付的价格为 6 元,但按市场价格实际支付 2 元,所以他从第 1 公斤牛肉购买中获得的消费者剩余为 4 元或 4 元货币代表的 80 个效用单位;第 2 公斤他愿支付 4 元,实际支付 2 元,消费者剩余为 2 元或 40 个效用单位;第 3 公斤牛肉他愿支付 3 元,实际支付 2 元,消费者剩余为 1 元或 20 个效用单位;第 4 公斤他愿支付价格和实际价格为 2 元,因而没有消费者剩余。这样,该消费者按照市场价格从购买 4 公斤牛肉中,总共得到 7 元(4+2+1)或 7 元代表的 140 个效用单位的消费者剩余。

表 2-4　消费者剩余

购买量	边际效用	货币的边际效用	消费者愿意支付价格	实际支付价格(市场价格)	以货币表示的消费者剩余	以效用单位表示的消费者剩余
1	120	20	6	2	4	80
2	80	20	4	2	2	40
3	60	20	3	2	1	20
4	40	20	2	2	0	0
总计	300	80	15	8	7	140

消费者剩余的概念可用图 2－4 直观地表示。图中，AD 为某消费者对某种商品的需求曲线，OP_0 为该商品的市场价格。对应于这一价格水平，消费者将购买 OQ_0 数量的商品。根据以上分析，该消费者愿意为 OQ_0 数量的商品支付的全部价格是 $OAEQ_0$，但他实际支付的价格为 OP_0EQ_0。二者的差额即 $OAEQ_0 - OP_0EQ_0 = P_0AE$ 就是消费者剩余。假如商品价格上涨，即直线 P_0E 向上平移，消费者剩余(图中阴影部分)将相应减少；如果商品价格下降，消费者剩余增加，消费者获得的额外满足随之增加。

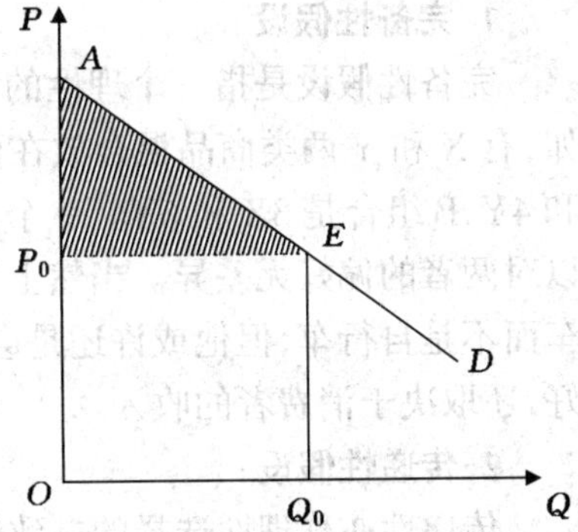

图 2－4　消费者剩余

消费者剩余的概念通常被用来说明厂商行为或政府的公共政策所引起的价格变动对消费者的影响。同时，这一概念有助于对下述经济现象提供解释。假设一些消费者习惯使用的某些消费品突然从市场上消失，或许有人认为，尽管再也买不到这些消费品，但也节省了开支，二者相抵，消费者并没有受到任何损失。但用消费者剩余概念来分析就会发现，当消费者能自由购买这些消费品时，他们总能从中得到某些消费者剩余，而现在，他们却失去了。显然，在一个高效率现代社会中的居民享受着很大的特权。消费者很容易忽略他能以低价购买许多非常有用的物品。此外，上述说法可以使人们正确认识自己的成功，使人变得谦虚。某些企业的老板们认为，正是由于他们个人奋斗才“创造”了自己的企业，才有了事业的成功。而事实上，如果没有整个社会向他们提供着高素质的生产要素，如果把他们送到荒无人烟的海岛上，即使才干和精力依然如故，他们也只不过是靠采野果或狩猎为生的野蛮人。

第二节　无差异曲线分析

一、消费者偏好

如前所述，基数效用论认为，效用可用效用单位计量。然而在实际的经济生活中，各种商品带来的满足是不具有可比性的，一个人的主观感受无法用具体的单位来衡量。而序数效用论则认为，效用不是数量概念，而是次序概念。利用序数效用分析经济现象时，无需指出各种物品的效用各是多少效用单位，而只需根据消费者的偏好程度，采用序数词第一、第二、第三……表示各种物品效用的相对水平的高低。这样做可避免由消费者个人主观心理决定的效用难以计量和效用在不同消费者间无法比较的理论难题。

消费者偏好(consumer preferences)是影响和制约消费者行为的重要主观心理因素。面对日益丰富多彩的商品世界，消费者之所以在相同收入、相同价格的条件下去购买不同的商品组合，是因为他们各自的偏好不同。经济学研究的是经济个体的理性行为。为了将消费者复杂而丰富的个人偏好抽象为易于处理并具某种程度的合理性，这里首先对消费者偏好做基本的假设。

1. 完备性假设

完备性假设是指一个理性的消费者应该有能力判断、比较任何一对消费组合。比如,有X和Y两类商品混合放在两个篮子里,构成A和B两种商品组合。A组合是4X和4Y,B组合是3X和6Y。一个消费者可以偏好A组合,亦可以偏好B组合,或者可以对两者的偏好无差异。当然上述偏好的选择是忽略成本的,一个消费者可能偏好汽车而不是自行车,但他或许还是会买自行车,因为最后的购买决策不仅取决于消费者偏好,还取决于消费者的收入。

2. 传递性假设

传递性亦称理性选择的一致性,是指如果消费者在商品的各种组合中认为A比B好,并且B又比C好,那么他一定认为A比C好。这一假定保证了消费者的各种偏好是一致的,因而也是理性的。

3. 多多益善假设

这是指其他状况都一样的条件下,某商品越多,消费者就感到越满意。当然,这里所涉及的商品是值得拥有的,是消费者所偏好的。但是"多多益善"并不是消费中的一般性规律。比如,对于空气污染是不值得拥有的,不是越多越好,而是越多越糟。由于经济学研究的对象主要是稀缺物品,即好东西,故多多益善的假定不失为是一种理性的选择。另外,应注意这一假设是建立在同一种商品具有相同质量基础上的。

二、无差异曲线

1. 无差异曲线图

根据上述关于偏好的三个假定,可以引入无差异曲线的概念。在市场上消费者总能在两种不同的商品组合中表明其偏好或无差异的倾向。这一信息便可以用来排列所有可能的消费选择。为了运用坐标图直观说明,假设只有X和Y两类商品可供消费者选择。表2-5提供了可供选择的部分商品组合。

表2-5 可供选择的商品组合

组合方式	X商品数量	Y商品数量
A	20	30
B	10	50
C	40	20
D	30	40
E	10	20
F	10	40

图2-5显示了与表2-5相同的商品组合,横轴代表X商品数量,纵轴代表Y商品的数量。根据多多益善假设,在A和E商品组合比较中,消费者偏好A。同理,在A和D中,消费者又偏好D。根据完备性假设,如果消费者从A组合移向B组合,放弃了10单位X商品而多获得20单位Y商品,他既不会感到情况有所好转,也不感到情况有所恶化,即消费者对A、B两种商品组合的偏好是无差异的。同样,在A组合和C组合(放弃10单位Y商品而多得20单位X商品)之间,消费者的偏好也是无差异的。考虑

到偏好的可传递性，消费者在B组合与F组合中偏好B组合，而B与A是无差异的，故在A与F两种组合中，消费者偏好A。

在图 2-5 中，将 A、B、C 三点连接起来的曲线 I_1 被称为无差异曲线(indifference curve)。无差异曲线包含了全体给予某消费者同等满足程度的消费组合(这里假定商品可以被任意分割，即消费组合的变化是连续的而不是离散的)。

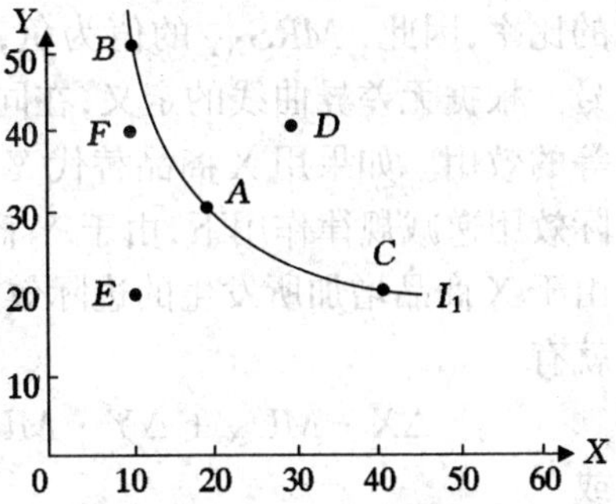

图 2-5　偏好和无差异曲线

为了描述某消费者对 X 和 Y 商品所有组合的偏好，可以绘制一组(或一族)无差异曲线。这组曲线组成的图被称为无差异曲线图(indifference curve map)，如图2-6所示。

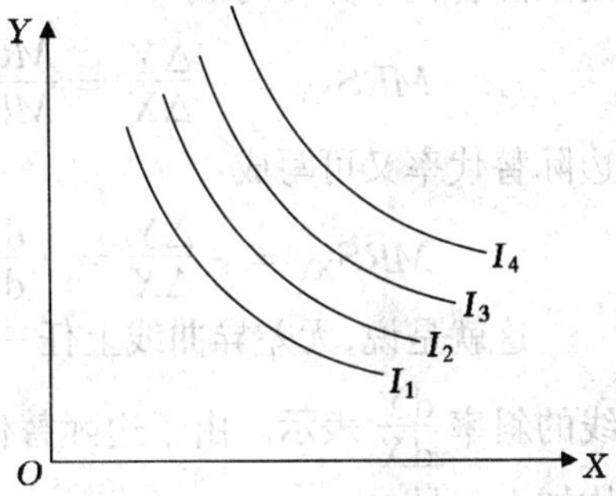

图 2-6　无差异曲线图

根据无差异曲线图，可以概括出无差异曲线的特点如下。

①距原点越远的无差异曲线所代表的满足程度越高，即 $I_1 < I_2 < I_3 < \cdots < I_n$。由于每一条无差异曲线上的任何一点给消费者满足程度是没有差别的，因而无差异曲线亦可称为“等效用曲线”。据此，也可以说，在无差异曲线图上，距原点越远的无差异曲线所代表的总效用水平就越高。

②在无差异曲线图中，任何两条无差异曲线不能相交。如果不同的无差异曲线能够相交，那么就意味着交点所代表的满足程度与两条不同无差异曲线上的各点所代表的满足程度相等，这显然在逻辑上是矛盾的。

③无差异曲线一般均由左上方向右下方倾斜，并凸向原点，表明无差异曲线的斜率为负值。这是因为，在同一条无差异曲线上，为了确保每一种商品组合给消费者满足的程度不变，一种商品增加时，另一种商品必须相应减少，两种商品在满足消费者的需求方面是相互替代的。为了解释这一特点，下面借助边际替代率的概念说明。

2. 边际替代率递减规律

如前所述，同一条无差异曲线上的每一点所代表的两种商品的不同组合，给消费者的满足程度是相同的。其前提条件是：为维持同等程度的满足，增加一种商品的数量时，另一种商品数量必须不断减少。在维持满足程度不变的前提下，为增加一单位某种商品而需要相应减少另一种商品的数量称为边际替代率(marginal rate of substitution)。如果用 X 商品替代 Y 商品，ΔX 代表 X 商品的增加量，ΔY 代表 Y 商品的减少量，则边际替代率可用下式来表示

$$MRS_{XY} = -\frac{\Delta Y}{\Delta X} \tag{2-26}$$

由于边际替代率是在一条无差异曲线上一种商品的增加量替代另一种商品减少量

的比率，因此，MRS_{XY} 的值为负，但经济学家习惯上取其绝对值，故在公式前标一负号。根据无差异曲线的定义，在同一条无差异曲线上的不同商品组合，给消费者带来相等的效用。如果用X商品替代Y商品。Y商品的减少必然导致X商品的增加。在边际效用递减规律作用下，由于Y商品的减少所发生的边际效用($\Delta Y \cdot MU_Y$)必定等于由于X商品增加所发生的边际效用($\Delta X \cdot MU_X$)，并且二者所构成的总效用不变。于是就有

$$\Delta X \cdot MU_X + \Delta Y \cdot MU_Y = 0 \tag{2-27}$$

或

$$-\frac{\Delta Y}{\Delta X} = \frac{MU_X}{MU_Y}$$

则边际替代率亦可写成

$$MRS_{XY} = -\frac{\Delta Y}{\Delta X} = \frac{MU_X}{MU_Y} \tag{2-28}$$

边际替代率又可写成

$$MRS_{XY} = -\frac{\Delta Y}{\Delta X} = -\frac{dY}{dX} \tag{2-29}$$

这就是说，无差异曲线上任一点的边际替代率，又可用过该点对无差异曲线所作切线的斜率 $\frac{dY}{dX}$ 表示。由于边际替代率为负数，则切线的斜率也是一个负数，故在公式前均加上负号。

为了直观说明两种商品相互替代情况，可看一下表2-6所示的例子。可以假定当用X替代Y时，X的增量(ΔX)始终不变。伴随消费者所拥有的X商品不断增加，边际效用递减，而Y商品不断减少，边际效用递增。所以，为了保证两种商品的总效用不变，消费者只愿意用依次递减的 ΔY 去交换同等数量的 ΔX。

表2-6　两种商品的边际替代率

组合方式	X	Y	ΔX	ΔY	MRS_{XY}
A	1	6			
B	2	3	1	-3	3
C	3	2	1	-1	1
D	4	1.5	1	-0.5	0.5

通过表2-6可以画出图2-7。显然，通过图2-7可以看出，消费者为了得到某一单位的商品而愿意放弃的另一种商品的数量是递减的，这就是边际替代率递减规律(law of diminishing marginal rate of substitution)。

上述分析表明，边际替代率概念和边际替代率递减规律是以边际效用概念和边际效用递减规律为基础的。无差异曲线凸向原点的直接原因是边际替代率递减。而无差异曲线凸向原点，则是消费者的选择行为达到稳定均衡的必要条件。

3. 互补商品的无差异曲线

前述无差异曲线均表示两种商品有替代关系。这里还需说明商品有互补关系的无差异曲线。如果两种商品同时被消费，才能满足消费者同一消费需求，这两种商品就是

互补商品。在这种场合,一单位 X 商品必须与一定数量的 Y 商品相互配合,才能给消费者带来某种程度的满足。例如,眼镜架和眼镜片是互补品,每副镜架必须配上两个镜片才能满足消费者需求。眼镜架(X)和眼镜片(Y)可以有各种组合方式(表 2-7)。

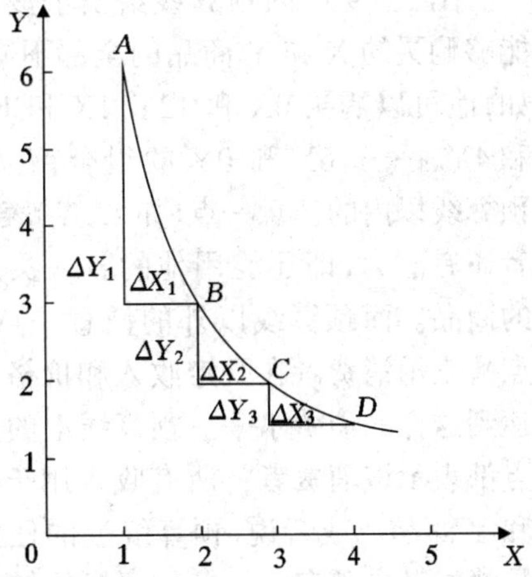

图 2-7 边际替代率递减

在商品有完全互补关系的条件下,无差异曲线表现为直角弯曲的直线。根据表2-7可以绘出图 2-8。

在图 2-8 中,有 I_1、I_2、I_3 和 I_4 四条无差异曲线,它们分别代表不同的满足程度。在无差异曲线 I_1 上,有 R、S、T 三点。R 点代表 1 副镜架 2 块镜片;S 点代表 1 副镜架 6 块镜片;T 点则代表 3 副镜架 2 块镜片。由于一副完整的眼镜需 1 副镜架 2 块镜片才能满足消费者需要,所以,R、S、T 在满足程度上是没有差别的。

表 2-7 互补品的组合方式

组合方式	眼镜架	眼镜片
A	1	2
B	2	4
C	3	6
D	4	8

三、预算约束线

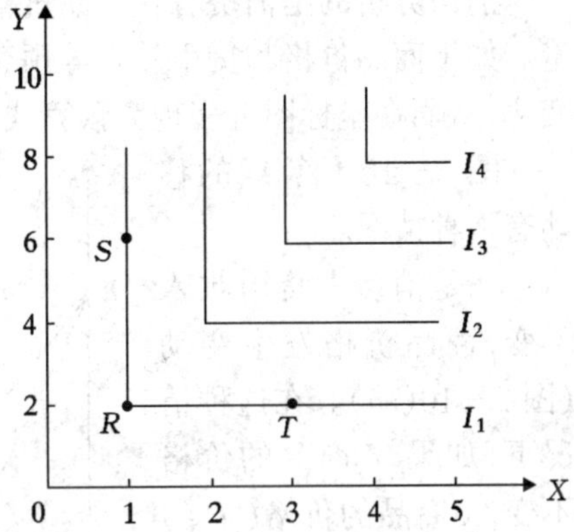

图 2-8 互补商品的无差异曲线图

无差异曲线图描绘了消费者对商品或劳务的偏好(主观评价)。要分析消费者的实际消费行为,还需了解决定其消费数量的客观因素,即包括商品价格及消费者收入在内的预算约束。为此,就需要引进预算线作为分析的工具。

1. 预算线

预算线(budget line)是指在消费者的货币收入和商品价格既定的条件下,消费者所能购买到的两种商品不同组合点的轨迹。例如,某消费者以 12 元的货币收入(M)购买 X 和 Y 两种商品,并假定 X 商品的价格(P_X)为每单位 2 元,Y 商品的价格(P_Y)为每单位 1 元。此时,该消费者将其全部收入用于购买 X 商品,他将获得 6 单位的 X;若他将全部收入用于 Y 商品,他能购买 12 单位的 Y。如果用纵轴代表 Y 商品的购买量,用横轴代表 X 商品的购买量,用直线连结两点,便可得到该消费者的预算线(图2-9)。

图 2－9 中的预算线给出了该消费者能够购买的 X 和 Y 商品的全部不同组合。如，他可以购买 0X 和 12Y、1X 和 10Y、4X 和 4Y、……、6X 和 0Y 的组合商品数量。预算线以内的任意一点（如 G 点）表明消费者还有潜力，即还能用他的收入买到更多的商品。而预算线以外的任意一点（如 F 点），表示消费者在既定收入和价格下无法达到这样的消费水平。预算线上的任意一点都表示该消费者将所有收入用于购买 X 和 Y 商品。或者说，预算线上的任意一点是消费者在既定收入条件下所能够实现的最大限度的购买，即

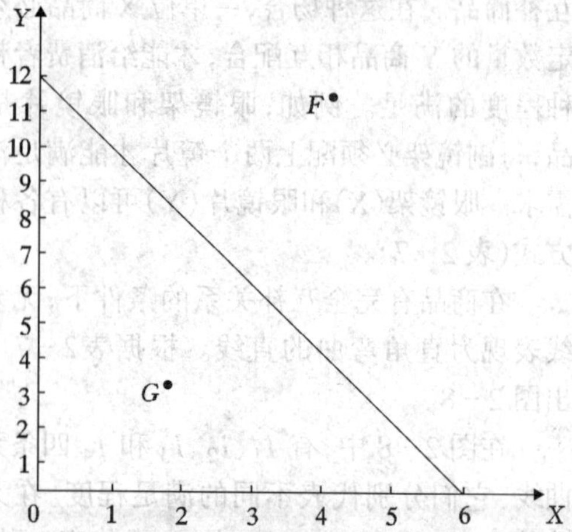

图 2－9　预算线

$$P_X X + P_Y Y = M \tag{2-30}$$

由于

$$Y = \frac{M}{P_Y} - \frac{P_X}{P_Y}X$$

所以预算线的斜率为 $-\frac{P_X}{P_Y}$，即两种商品价格的比率。

2. 收入和价格变化对预算线的影响

前面分析的是消费者在商品价格和货币收入不变情况下所能购买的两种商品的数量。如果商品价格和货币收入等预算约束条件发生变化，消费者的购买数量也将随之变化，从而在坐标图上表现为预算线的移动。

图 2－10 预算线的移动有两种情况。

一是消费者货币收入不变，商品价格发生变动（图 2－10(a)）。在这种情况下，如果 Y 商品的价格不变，X 商品的价格（P_X）上升，则消费者用全部收入所能购买的 Y 商品的数量保持不变。于是，预算线将以 E 点为中心，沿顺时针方向转动，从 EF_2 移至 EF_1。同理，如果消费者货币收入和 Y 商品的价格不变，P_X 下跌，那么，预算线将从 EF_1 移至 EF_2。

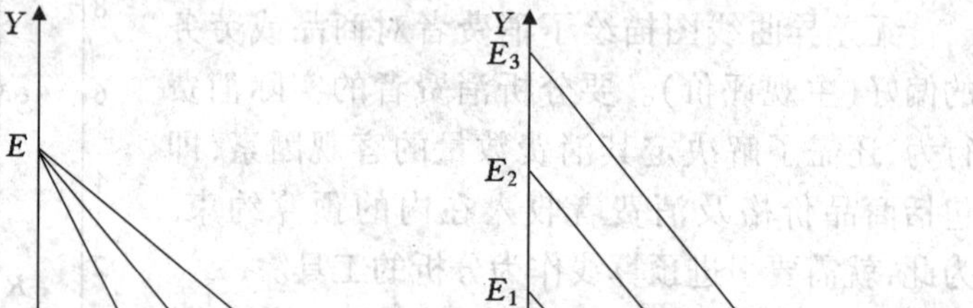

图 2－10　预算线的移动

二是商品价格不变，消费者货币收入发生变动（图 2－10(b)）。在商品价格维持不

变的条件下，预算线的斜率亦不会发生变动。因此，当消费者的货币收入增加时，就意味着消费者可以购买更多的 X 和 Y 商品，预算线将向右上方平行移动，即由 E_1F_1 移至 E_2F_2。反之，如果消费者的货币收入减少，预算线将由 E_2F_2 平移至 E_1F_1。

总之，商品价格或消费者收入的变动都会导致预算线的移动。

四、消费者均衡

1. 消费者均衡的条件

如前所述，无差异曲线是从主观方面表示消费者可能做出多种选择以求得满足的情况，而预算线则从客观方面表示消费者在货币收入和商品价格的约束下，可能购买到的商品数量的情况。为了说明消费者在既定的收入和价格的前提下获得最大限度满足（或最大效用）的条件，必须把消费者的无差异曲线和预算线结合起来考虑。

一般认为，预算线与无差异曲线图中的某一条无差异曲线相切的切点，即为消费者均衡点。在这一点上，消费者在既定的货币收入和商品价格条件下，从购买一定数量的商品中可以得到最大的满足。

对于某消费者来说，会有无数条无差异曲线表明他对两种商品偏好的全部情况。为了简便起见，在图 2－11 中只画出 I_1、I_2、I_3 三条无差异曲线代表消费者的全部偏好。就对消费者的满足程度而言，$I_1 < I_2 < I_3$。AB 是预算线。AB 与 I_2 曲线相切于 E 点。E 点即为消费者的均衡点。这时消费者可以购买 OQ_Y 的 Y 商品和 OQ_X 的 X 商品，并且从这种组合的购买中得到最大的满足。

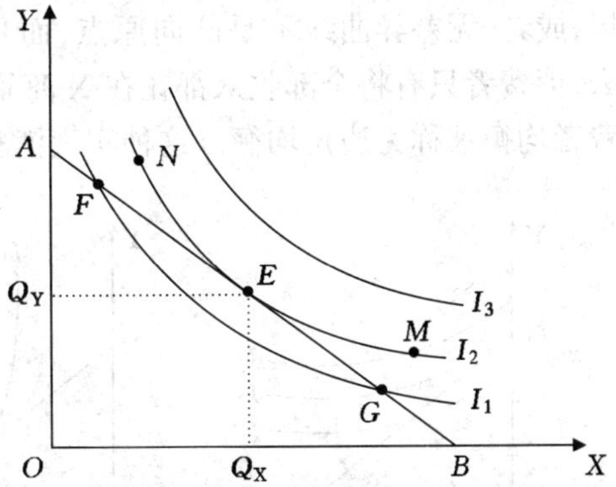

图 2－11　消费者均衡

那么，为什么在 E 点上消费者才能实现最大的满足呢？从图 2－11 中可以看到，I_3 代表的满足程度最高，但预算线 AB 既不与 I_3 相交也不相切，表明消费者现有的购买力无法达到 I_3 代表的消费水平。同时，N 点和 M 点也是现有购买力所无法达到的。但就满足程度而言，$N = E = M$，E 点是 AB 线与 I_2 曲线的相切点，E 点是消费者的货币收入可以达到的组合点。I_1 曲线上的 F 和 G 点虽然与 AB 线相交，但 I_1 所代表的满足程度低于 I_2，而从消费者的货币支出来看，$F = E = G$。显然，E 点体现了消费者在现有收入和商品价格约束下的最佳购买行为，从而实现了最大满足。

为了证明 E 点是消费者的均衡点，还可以从另一角度分析。前面曾说明，无差异曲线上任一点的边际替代率 MRS_{XY} 可用过该点对无差异曲线所作切线的斜率 $\frac{dY}{dX}$ 表示。同时，边际替代率又等于 X 和 Y 两种商品边际效用的比率，即 $MRS_{XY} = \frac{MU_X}{MU_Y}$。而预

算线的斜率则可用 $\frac{P_X}{P_Y}$ 表示。在图 2－11 中，E 点既是预算线 AB 上的一点，又是 AB 线切于无差异曲线 I_2 上的切点。因此，若将 E 点视做无差异曲线上的一点，有 $-\frac{dY}{dX}=\frac{MU_X}{MU_Y}$；若将 E 点视做预算线上的一点，有 $-\frac{dY}{dX}=\frac{P_X}{P_Y}$。这意味着，在 E 点的 X 和 Y 商品的边际替代率为

$$MRS_{XY}=-\frac{dY}{dX}=\frac{MU_X}{MU_Y}=\frac{P_X}{P_Y}$$

据上式可得

$$\frac{MU_X}{MU_Y}=\frac{P_X}{P_Y}$$

或

$$\frac{MU_X}{P_X}=\frac{MU_Y}{P_Y} \tag{2-31}$$

上式表明达到消费者均衡的条件是：边际替代率等于两种商品价格之比，或者说消费者在购买每一种商品时所花费的最后一单位货币的边际效用均相等。显然，这一结论与前面利用基数效用分析消费者均衡所得式(2－21)是一致的。

2. 边角均衡或边角解法

应该看到，上述消费者均衡的条件是建立在无差异曲线凸向原点并且与预算线相切基础之上的。如果无差异曲线尽管凸向原点，可是在任何地方都比预算线陡峭或平坦，或者，无差异曲线不是凸向原点，而是凹向原点(即 MRS 不是递减而是递增)，那么，消费者只有将全部收入都花在 X 商品或 Y 商品上，方能实现效用最大化，这时的消费者均衡被称为边角均衡。这种实现消费者最大满足的方法被称为边角解法。

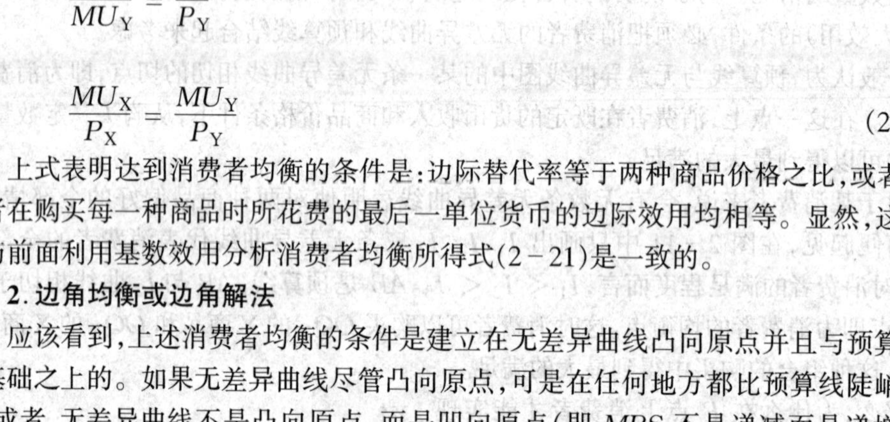

图 2－12　边角均衡或边角解法

在图 2－12(a)中，无差异曲线 I_1、I_2 和 I_3 在任何地方都比预算线 NH 平坦，而 I_2 是消费者将全部收入用于购买 Y 商品所能达到的最高满足水平的无差异曲线。N 点所代表的消费者均衡就是所谓的边角均衡，而这种借助预算线端点求解消费者最大满足程度的方法，就是边角解法。在图 2－12(b) 中，无差异曲线在任何地方都比预算线陡峭，而 I_2 是消费者将全部收入花费在 X 商品上所能达到的最高水平的无差异曲线。在

图 2－12(c) 中,凹向原点的无差异曲线 I_1 虽然与预算线 NH 在 J 点相切,但 J 点并不是使消费者达到最大满足的商品组合。预算线在 N 点与 I_2 相交。I_2 代表的效用水平虽然高于 I_1,但从图上看 N 点还不是消费者所能达到的最大满足点。而只有 H 点上消费者才能达到最大满足。此时,H 点与 I_3 相交,这表明消费者将其全部收入都花在 X 商品上可获得最大满足。所以,H 点也是一种边角均衡。

为了资助在校大学生,有关金融机构建立了贷学金制度。假如贷学金在使用上分为有限制和无限制两类,即在校生所获贷款专门用于交纳学费等专项教育开支或可用于购买其他消费物品,那么一般来说大学生倾向于喜欢无限制性的贷款。

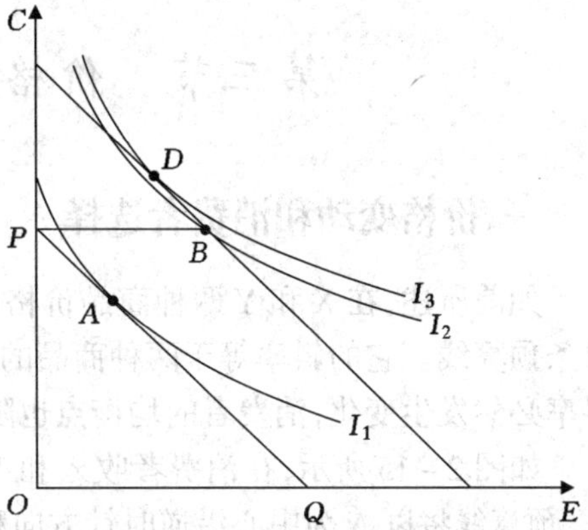

图 2－13　贷学金的使用

在图 2－13 中,横轴代表每年用于教育上的支出数额,纵轴代表用于其他消费的支出数额。得到贷学金以前,某大学生所面对的预算线以 PQ 表示。如果他获得的是有限制性的贷学金,应全部用于教育开支(以 PB 的距离来表示)。这份基金会使预算线向外扩展,从而提高了该大学生的满足程度。其均衡点便由无差异曲线 I_1 上的 A 点移向无差异曲线 I_2 上的 B 点。B 点代表的是一个边角解。如果他获得的是没有限制性的贷学金,那么他会减少教育支出,相应增加其他消费的开支,从而进一步提高他的满足程度,均衡点便由无差异曲线 I_2 上的 B 点移到无差异曲线 I_3 上的 D 点。显然,在有限制和无限制的基金使用上,接受者通常偏好后者。然而,从实际情况看,更为普遍的则是有限制性的基金,以实现基金的宗旨。

3. 互补商品的消费者均衡

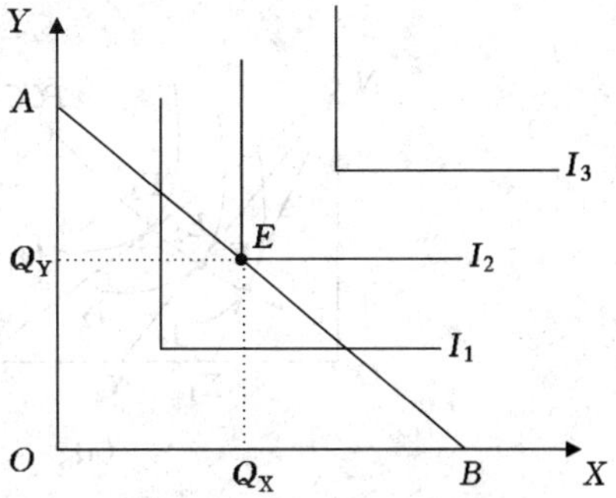

图 2－14　互补商品的消费者均衡

上面分析了消费者在购买有替代关系的商品时,如何实现最大满足的情况。在市场上,消费者通常也要购买有互补关系的商品。在这种情况下,消费者均衡的确定一般采取内线解法。

在图 2－14 中,I_1、I_2 和 I_3 为互补商品的无差异曲线,AB 为预算线。AB 与 I_2 在 E 点相切。这时,消费者可购买 OQ_Y 的 Y 商品和 OQ_X 数量的 X 商品。在 I_2 曲线上,E 点是最有效的一种商品组合;在 AB 线上,E 点又是消费者现有购买力所能达到的最大限度。故此,在消费者货币收入和商品价格既定条件下,E 点可以使消费者实现最大的满足。

应该看到,以上对只有两种商品所作分析的一般原理同样适用于具有多种商品的世界。尽管一张平面直角坐标图不能说明两种以上的商品,但如果将若干种商品当做一组,就有可能仍然用坐标图来分析多种商品组合的情况。比如,某一消费者在市场上面对食品、服装、电器、工艺品、书籍等多种商品,就可以继续用横坐标表示食品或任何希望分析的特定商品的消费,然后把所有其他商品视为一种商品,即合成商品。而对合成商品的购买数量,可用花费在合成商品上的总支出来度量(假定合成商品价格为 1)。或者说,用花费在除食品以外的所有其他商品的总支出来表示。这样,在消费者收入和食品价格既定的条件下,利用内线解法就可求出多种商品组合的消费者均衡。

第三节　价格效应和消费者选择

一、价格变动和消费者选择

如前所述,在 X 和 Y 两种商品价格既定的条件下,具有一定收入的消费者必定有一条预算线。它的斜率等于两种商品的价格之比。当商品价格发生变动时,预算线的斜率必然发生变化,消费者的均衡点也随之变动。

如图 2－15 所示,在消费者收入和 Y 商品价格不变的前提下,由于 X 商品价格下跌,预算线将以 N 为中心沿逆时针方向移动,由 NX_1 移至 NX_2、NX_3、…… 并分别与无差异曲线 I_1、I_2、I_3、…… 相切于 E_1、E_2、E_3……。连接图中一系列切点(即均衡点)E_1、E_2、E_3 等所构成的曲线被称为价格－消费曲线(price consumption curve),即图中的 PCC 曲线。价格－消费曲线是在收入、无差异曲线图和 Y 商品的价格维持不变条件下,X 商品的数量与其价格之间关系的均衡点的轨迹。

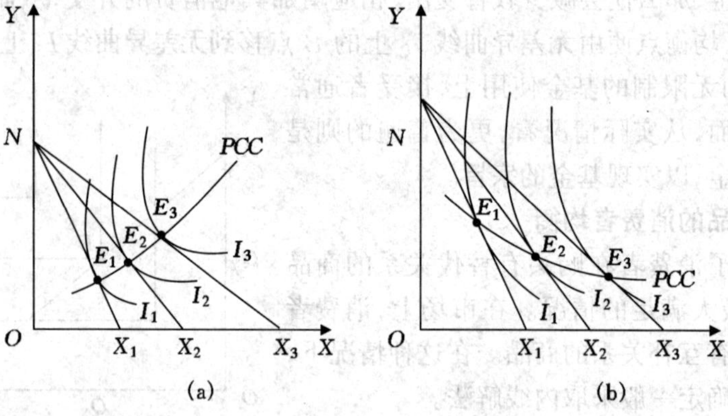

图 2－15　价格－消费曲线

价格－消费曲线不仅反映了在消费者偏好和货币收入保持不变的情况下,由于 X 商品价格的变化所引起的均衡价格商品组合的变化,而且借助价格－消费曲线的走势可以判断出两种商品的相互关系。图 2－15(a)反映了两种商品具有互补关系,而图 2－15(b)则反映了两种商品具有替代关系。

经济学家之所以对价格－消费曲线感兴趣,一个主要原因是它能够用来推导所论及的商品的消费者个人需求曲线。因为价格－消费曲线反映商品价格变动、商品组合数量变动的情况,而个人需求曲线则表示在消费者偏好、货币收入及其他商品不变的情况下，消费者在某种商品的不同价格水平下将购买的该商品的具体数量，故二者有着十分密切的关系。

如图 2－16 所示，价格－消费曲线 *PCC* 上的各个均衡点 E_1、E_2、E_3、…… 与纵坐标的水平距离实际上代表了在 X 商品的各种价格下，消费者的最佳购买数量。也就是说，当 X 商品的价格为 P_1 时，消费者将购买 Q_1 数量；当价格为 P_2 时，消费者将购买 Q_2 数量；当价格为 P_3 时，消费者将购买 Q_3 数量 …… 根据预算线的定义，如果消费者将全部收入用于购买 X 商品，当预算线为 NX_1 时，X 商品的价格（P_1）为 $\frac{I}{X_1}$。依此类推，预算线为 NX_2 时，（P_2）为 $\frac{I}{X_2}$，预算线为 NX_3 时，（P_3）为 $\frac{I}{X_3}$。这样，将与 P_1、P_2 和 P_3 相对应的消费者均衡购买量 Q_1、Q_2 和 Q_3 分别描绘在图 2－16 的下部，即可得出消费者对 X 商品的个人需求曲线 *d* 来。这条需求曲线是由各种价格和与之相对应的需求量的均衡点构成的。它表示当消费者对各种商品的支出达到均衡状态时，在 X 商品的各种价格水平上所能购买的数量。同时，它还反映了价格与需求数量的反方向变动关系，即价格下降将导致消费者多购买，反之则少购买。

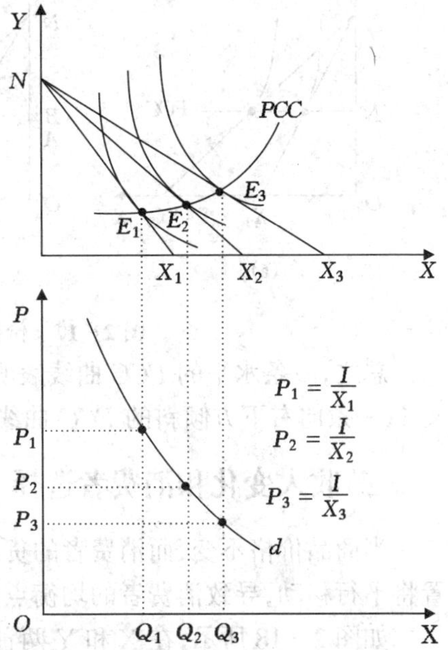

图 2－16　价格－消费曲线与个人需求曲线

价格－消费曲线的走势不仅显示出两种商品之间的相互关系，而且还提供了有关商品需求价格弹性大小的信息。假定要考察的是 X 商品，而 Y 商品的数量被假定为花费在 X 商品以外的其他商品上的货币数量。在此条件下选择时，消费者必须决定是否为得到 X 商品而放弃他能够花在其他商品上的货币（即 Y 商品）。既然 Y 商品是货币，价格就永远是 1。

在图 2－17(a)中，*PCC* 曲线的斜率为零。这表明当 X 商品价格下降后，消费者花在其他商品上的货币（用 Y 商品的数量代表）在 *ON* 水平上保持不变。由此可推断，消费者花费在 X 商品上的货币维持不变。这意味着对 X 商品的需求具有单元价格弹性（$E_d=1$）。

在图 2－17(b)中，向右上方倾斜的 *PCC* 曲线表明消费者对 X 商品的需求是缺乏弹性的（$E_d<1$）。因为 X 商品价格下降，导致消费者用于购买其他商品的货币增加了（从 *OA* 增加到 *OB*）。这意味着消费者在 X 商品上的支出伴随价格的下降减少了。

在图 2－17(c)中，向右下方倾斜的 *PCC* 曲线表明消费者对 X 商品的需求是富于弹性的（$E_d>1$）。因为 X 商品的价格下降导致消费者用于购买其他商品上的货币量减少了（从 *OE* 减少到 *OF*）。这意味着消费者花在 X 商品上的支出随价格下降而增加了。

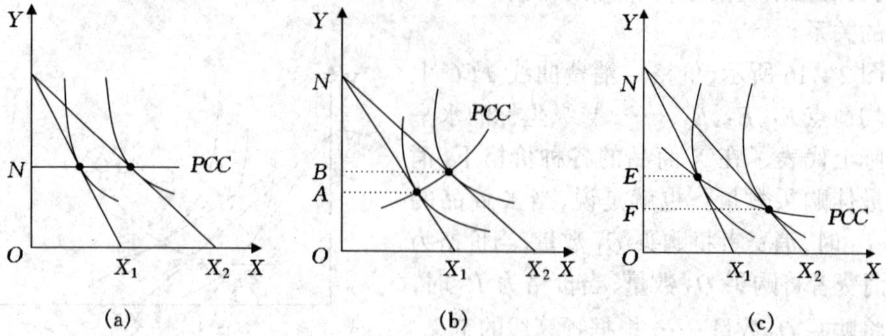

图 2－17　价格－消费曲线与需求价格弹性

总之，一条水平的 PCC 曲线表明 $E_d = 1$；一条向右上方倾斜的 PCC 曲线则表明 $E_d < 1$；一条向右下方倾斜的 PCC 曲线则表明 $E_d > 1$。

二、收入变化和消费者选择

当商品价格不变，而消费者的货币收入变动时，预算线的斜率虽然不会变动，但位置将平行移动，导致消费者的均衡点也随之移动。

如图 2－18 所示，在 X 和 Y 两种商品价格不变的条件下，由于消费者的货币收入增加，从而使预算线由 Y_1X_1 平行移至 Y_2X_2、Y_3X_3…… 并分别与无差异曲线 I_1、I_2、I_3…… 相切于 E_1、E_2、E_3……。连接预算线与无差异曲线相切的各个切点（即均衡点）

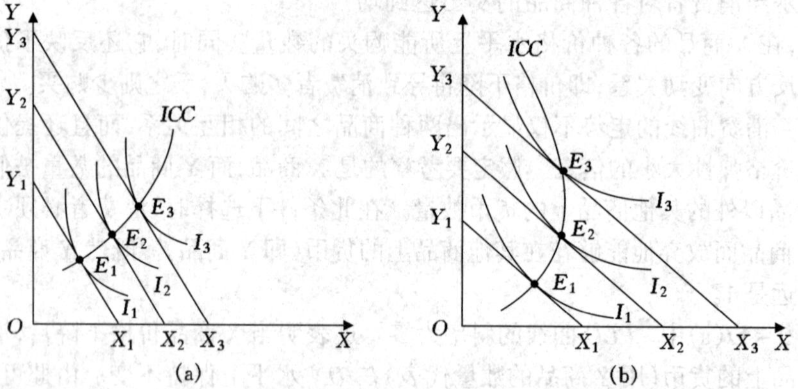

图 2－18　收入－消费曲线

E_1、E_2、E_3…… 构成的曲线称为收入－消费曲线（income-consumption curve），即图中的 ICC 曲线。收入－消费曲线是价格不变时消费者在各种收入水平下购买 X 和 Y 两种商品形成的均衡点的轨迹。收入－消费曲线不仅反映收入变动后消费者对某种商品需求变动的情况，而且依据其走势可判断出商品类别。一般来说，普通消费品的需求量与消费者的收入同方向变化。这意味着，伴随消费者货币收入的增加，商品的购买数量也随之增加，具有这种性质的商品被称为是正常商品（normal goods）。当消费者的货币收入增加后，对某种商品的购买量不但没有增加，反而减少，具有这样性质的商品被称为劣质商品(inferior goods)。图 2－18(a)中的 *ICC* 曲线向右上方倾斜，表明 Y 和 X 两种商品均属于正常商品，而图 2－18(b)中的 *ICC* 曲线先是向右上方倾斜接着又向左上方弯曲，表明 Y 和 X 两种商品中，Y 商品属于正常商品，而 X 商品属于劣质商品。

根据上述分析，读者可以自己画出 X 商品是正常商品而 Y 商品是劣质商品的 *ICC* 曲线。需要指出的是，认为一种商品必须永远属于这一类或那一类商品是没有理由的。图 2－18(b)中的 *ICC* 曲线表明，在较低的收入水平上一种商品属于正常商品，而在较高的收入水平上它却属于劣质商品。显然，对不同收入水平的消费者来说，同一种商品可以分成不同的类别。同时，劣质商品并不是质量次的商品，它只是用来说明当消费者收入增加时买得少一些、收入减少时买得多一些的某种低档商品。

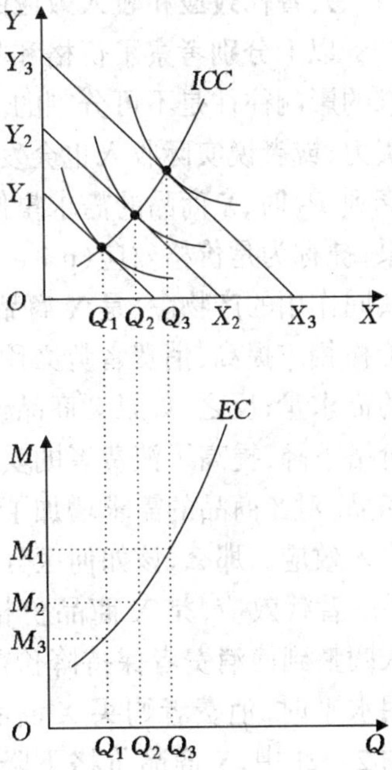

图 2－19　收入－消费曲线与恩格尔曲线

正如从价格－消费曲线中可推导出需求曲线一样，利用收入－消费曲线可以推导出恩格尔曲线(Engel curve)，即从图 2－19 中的 *ICC* 曲线推导出 *EC* 曲线。在图 2－19 下部，横轴代表消费者在不同收入水平下对 X 商品的需求数量(Q_X)，纵轴代表消费者的收入水平(M)，$M = P_X Q_X + P_Y Q_Y$ 。恩格尔曲线是以德国统计学家恩斯特·恩格尔(Ernst Engel)的名字命名的。该曲线是用来反映消费者收入与购买的商品或劳务之间的变动关系。通常用 *EC* 曲线来表示家庭收入与货币支出的关系。显然，用来显示这种关系的恩格尔曲线与用来反映消费者的收入和购买商品的数量关系的收入－消费曲线的斜率往往不一致。

图 2－20 中有两条恩格尔曲线：EC_1 代表食物；EC_2 代表住房。纵轴代表消费者家庭平均一年的货币收入，横轴代表平均一年的支出。图中的曲线说明：低收入家庭食物支出高于住房支出，而高收入家庭尽管两方面支出均高于前者，但用于食物开支的比例却小于用于住房的开支比例。这意味着食物的需求对收入的变化是缺乏弹性的，住房的需求对收入的变化是富于弹性的。恩格尔根据有关家庭消费调查资料，认为低收入家庭用于食物消费的支出大于其他消费支出，而高收入家庭用于食物消费的支出小于其他消费支出，这被称为恩格尔定律(Engel law)。食物消费支出占总支出的比重则称为恩格尔系数(Engel coefficient)。恩格尔系数常被用来作为衡量一个国家或地区居民消费水平的重要标志。一般认为，其数

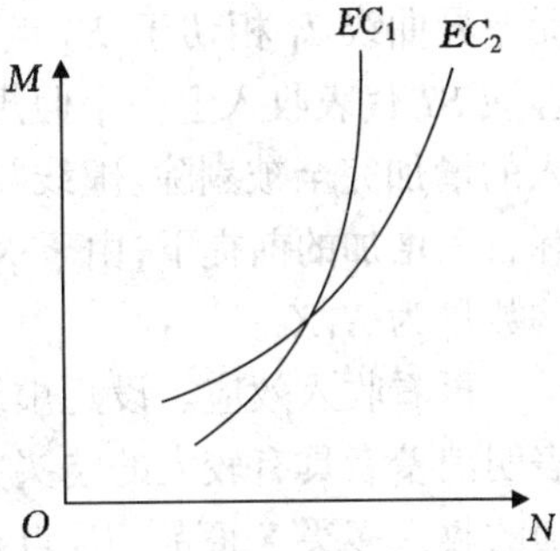

图 2－20　恩格尔曲线

值越小就说明居民消费水平越高。恩格尔系数超过50%的经济是处于维持温饱的生计经济,而小于30%的经济是富裕经济。

三、替代效应和收入效应

1.替代效应和收入效应的含义

以上分别考察了价格和收入变动对需求量的影响,事实上这两种变动对消费者需求的影响往往是不可分割的。当价格发生变动时,即使货币收入不变,消费者的实际购买力,或者说实际收入也会发生相应变化。如在图 2-16 中,当 X 商品的价格从 P_1 下降到 P_2 时,X 商品的需求量便从 OQ_1 增加到 OQ_2。增加需求量 Q_1Q_2 是价格变动的结果,被称为是价格效应(price effect)。但进一步分析就会发现,增加的需求量是两种因素共同作用的产物。一是 X 商品价格下降后,虽然 Y 商品的价格不变,但却意味着 Y 商品价格相应提高,消费者势必用 X 商品来替代价格相对高的 Y 商品,从而增加了对 X 商品的需求量;反之,如果 X 商品价格上涨,消费者必然用 Y 商品来替代 X 商品。二是 X 商品价格下降,提高了消费者的实际购买力,进而使消费者以同量的货币支出购买更多的 X 商品,对 X 商品的需求增加了。前一种影响被称为是替代效应,而后一种影响则被称为收入效应。那么,该如何区分这两种效应呢?

替代效应,是 X 商品价格下降后将收入调整到使消费者保持降价前所购买的效用水平时,消费者购买 X 商品的数量。在图 2-21 中,X 商品价格下降后,均衡点由 E_1 移至 E_3,反映消费者满足程度的无差异曲线 I_1 提高到 I_2。要使消费者的实际购买力不变,就必须使其回到原来的无差异曲线 I_1 上来,以剔除由于降价而增加的实际收入。为此作一条与预算线 AB_1 平行并与无差异曲线 I_1 相切于 E_2 点的虚线。这样,虚线 ST 代表收入上一个假想的减少。它的减少使由于降低 X 商品价格而带来的真实收入的增加完全被剔除。虚线与无差异曲线 I_1 相切于 E_2 点。E_2 点表明消费者在不依赖实际收入增加的前提下,由于 X 商品价格下降,消费者减少购买 Y 商品以增购 X 商品,增购数量为 X_1X_2。

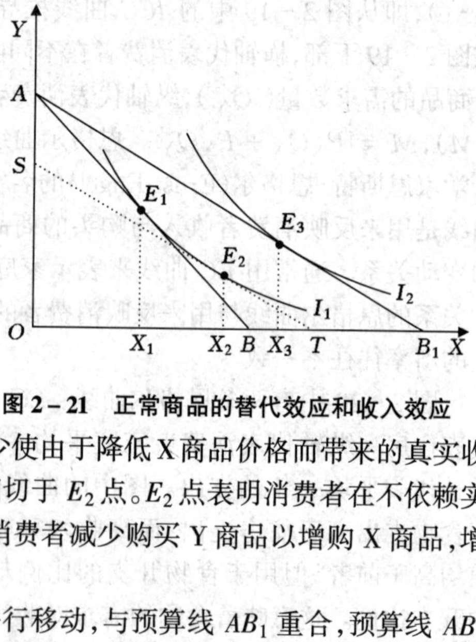

图 2-21　正常商品的替代效应和收入效应

再看收入效应。设想虚线 ST 向右上方平行移动,与预算线 AB_1 重合,预算线 AB_1 表明消费者具有较大的购买力。只要 X 商品属正常商品,消费者就必然用价格下降所增加的收入多买 X 商品。E_3 点是 AB_1 与 I_2 的相切点,它代表消费者用增加的收入增购 X 商品的数量,增购量为 X_2X_3。

总之,X_1X_3 代表全部价格效应($X_1X_3 = X_1X_2 + X_2X_3$)。其中,X_1X_2 是替代效应;X_2X_3 是收入效应。

2.正常商品、劣质商品和吉芬商品

在商品价格变动的各种效应中,替代效应与价格变动的方向相反,恒为负值,即 $\frac{\Delta Q}{\Delta P} < 0$,但收入效应却因商品类别的不同而不同。由于价格效应由替代效应和收入效应构成,所以,根据这两种效应之间不同组合的价格效应的不同情况,将消费者在市场上所购买的各种商品划分为正常商品、劣质商品和吉芬商品(Giffen goods)三类。

当X商品为正常商品时,替代效应是负效应,收入效应则是正效应。也就是说,价格下降(或上升)导致X商品的购买量增加(或减少),而收入增加则导致购买量增加,反之则减少。如图2-21所示,当X商品价格下降后,负的替代效应与正的收入效应的作用方向是一致的。在它们的共同作用下,购买量净增 X_1X_3。这说明,正常商品是指需求量与消费者收入同方向变动的一类商品。

当X商品为劣质商品时(图2-22),收入效应是负效应,即收入提高后消费者反而对X商品的购买量减少了。如果此时由于价格下降所产生的替代效应大于收入的负效应,则价格效应(总效应)仍能增加X商品的购买量。在图2-22中,价格效应 = $X_1X_2 - X_3X_2 = X_1X_3$。这表明,所谓劣质商品(或称低档商品)是属于需求量与消费者收入反方向变动的一类商品。

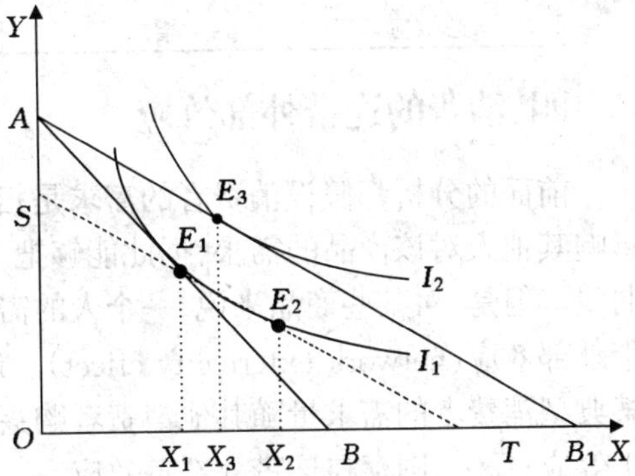

图2-22 劣质商品的替代效应与收入效应

如图2-23所示,如果收入效应仍为负效应,但价格下降的替代效应小于收入效应,X商品价格下降后消费者对X商品的需求量反而减少了,即价格效应 = $X_1X_2 - X_3X_2 = -X_3X_1$。这种变动情况被称为吉芬效应(Giffen effect)。英国人罗伯特·吉芬(Robert Giffen)在1845年爱尔兰饥荒中发现,在马铃薯市场价格急剧上涨时,许多贫苦农民反而增加了对马铃薯的需求量。进一步分析发现,马铃薯价格上涨,意味着农民的实际收入进一步减少,因而不得不多消费马铃薯而少消费其他更为昂贵的商品(如牛肉),所以对马铃薯的需求量反而上升;当价格下跌时,意味着农民的实际收入增加,因而将会少吃马铃薯,多吃一点牛肉,对马铃薯的需求量反而下降。后来,人们就把需求量与价格同方向变化的一类商品称为吉芬商品。

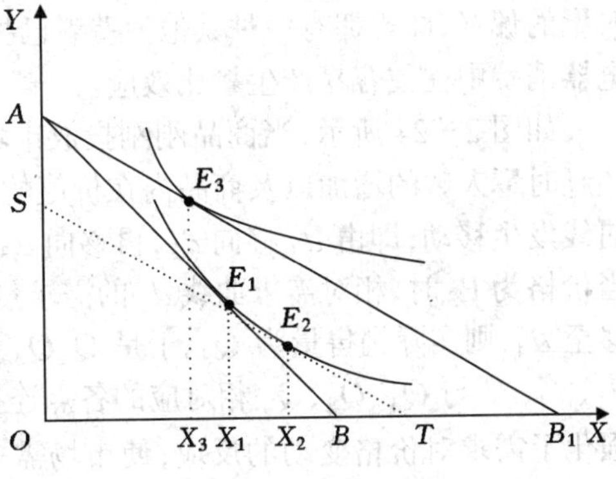

图2-23 吉芬商品的替代效应和收入效应

值得注意的是,劣质商品和吉芬商品的收入效应都是负效应,即伴随实际收入增加消费者的购买量反而减少。因此,所有吉芬商品都是劣质商品。但劣质商品却不一定都是吉芬商品。二者的根本区别在于,吉芬商品的价格与需求量的变动完全违背了需求规律,需求曲线的斜率是正值。而非吉芬商品的劣质商品,尽管在价格变动时,收入与需求量呈反方向变动,但由于替代效应的作用大于收入效应的作用,故价格效应仍为正值,价格与需求量的变动符合需求定律,需求曲线的斜率为负值。

综上所述,可将三种类型的商品在价格下跌时对需求量所产生的不同效应用表2-8概括。

表 2-8　价格下降时替代效应和收入效应对需求量的影响

类型 / 需求量 / 效应	正常商品	劣质商品	吉芬商品
替代效应	增加	增加	增加
收入效应	增加	减少,但小于替代效应	减少,但大于替代效应
总效应	增加	增加	减少

四、消费的连带外部效应

前面的分析都假设消费者的需求是相对独立的,即一个人对某种商品的需求不会影响其他人对该商品的需求,据此能够把个别的需求通过水平加总,从而形成市场需求曲线。但是,对某些商品来说,一个人的需求也取决于其他人的需求,这就是所谓的连带外部效应(network externality effect)。连带外部效应有正效应和负效应之分。如果某典型消费者的需求量随其他消费者购买数量的增加而增加,就意味着存在连带外部正效应;反之,则存在连带外部负效应。

1. 攀比效应

攀比效应(bandwagon effect)是较为典型的连带外部正效应,是指消费者的一种赶时髦的偏好,即想拥有一种其他消费者已拥有的商品。在儿童玩具(如芭比娃娃)、家用电器消费中往往容易产生攀比效应。

如图 2-24 所示,当商品刚刚投放市场时,销售量较少(Q_1),价格较高(P_1)。伴随赶时髦人数的增加以及商品内在价值的日益增加,购买者人数进一步增加,导致需求曲线发生移动,即由 d_1 移向 d_2,再移向 d_3 和 d_4。当价格为 P_2 时,对应的销售量为 Q_2;当价格为 P_3 时,相对需求曲线 d_2 的需求量为 Q_3。但在攀比效应下,由于需求曲线由 d_2 移至 d_4,则实际销售量为 Q_4。于是 Q_2Q_3 为纯粹的价格效应,而 Q_3Q_4 为攀比效应,将 d_1、d_2、d_4 与 Q_1、Q_2、Q_4 相对应的各点连接起来,就可确定市场需求曲线 D。攀比效应强化了需求对价格变动的反应,使市场需求曲线 D 更具弹性。攀比效应是和流行、新潮密切相关的,但其效应又往往与商品特殊使用功能有联系。某些商品的使用者越多,内在价值对其拥有者来说就越大,如传真机、计算机等等。而当这些商品的使用者很少时,功能很难有效发挥出来,而厂商由于缺乏经济规模,成本也会居高不降,同时也影响配套商品的开发(如软件)。

2. 虚荣效应

虚荣效应(snob effect)是较为典型的连带外部负效应,是指消费者想拥有只有少数人才能享有的或独一无二的商品的偏好。拥有虚荣商品的人越少，该商品的需求量越大。在古玩、时装、跑车消费中往往容易产生虚荣效应。

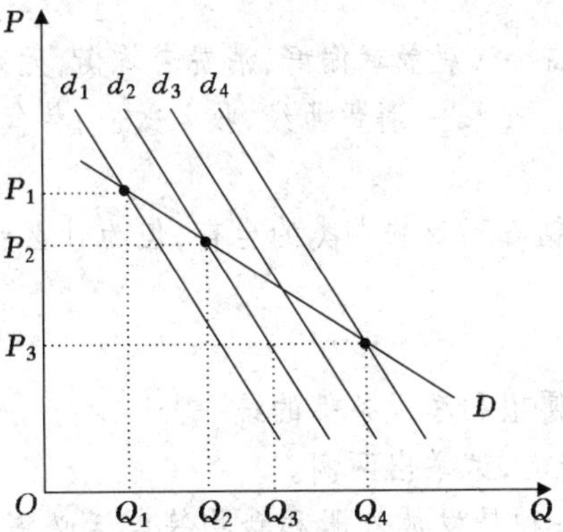

图 2-24 攀比效应

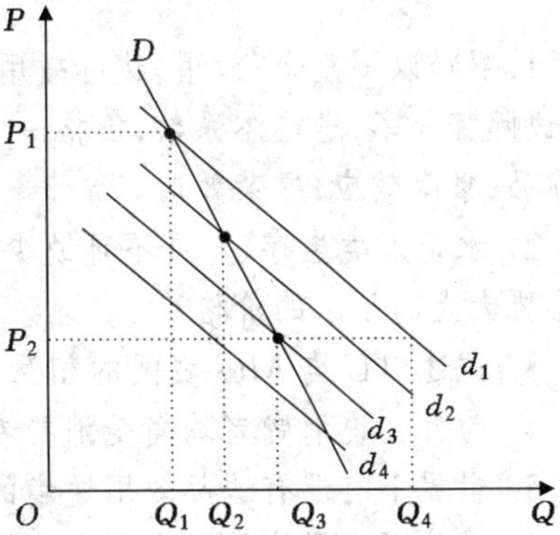

图 2-25 虚荣效应

如图 2-25 所示，市场初始价格为 P_1，需求数量为 Q_1，适用于需求曲线 d_1。当欲购买虚荣商品的消费者得知已有其他人拥有该商品时，虚荣价值将随之下降，需求量也下降，适用需求曲线 d_2。同理，需求曲线将由 d_2 移动到 d_3，再移到 d_4。当价格为 P_1 时，对应的销售量为 Q_1。当价格下降到 P_2 时，相对需求曲线 d_1，如果没有虚荣效应，需求量会上升到 Q_4。但是作为虚荣商品，其身价随拥有它的人数增加而降低，虚荣效应抑制了需求量的正常增长，实际需求量减少到 Q_3。于是 Q_1Q_3 为净价格效应，Q_3Q_4 为虚荣效应。将 d_1、d_2、d_3 与 Q_1、Q_2 和 Q_3 相对应的各点连接起来，就可确定市场需求曲线 D，虚荣效应使市场需求曲线变得缺乏弹性。

本章小结

效用是物品或劳务满足人们需要的能力，分为总效用和边际效用。伴随人们拥有的物品数量的增加，最后增加的一单位物品的效用(边际效用)是递减的。每一个消费者的消费行为都与两个因素密切相关：一个是消费者的主观愿望，就是消费者对不同商品的偏好；另一个是消费者的客观条件，就是消费者的收入和商品价格，它决定消费者消费商品的品种和数量。一个理性的消费者就是要在客观条件一定的情况下使自己的主观愿望得到最大的满足。在消费者消费的过程中，商品价格和消费者收入对消费者选择商品会产生影响。利用价格-消费曲线可导出消费者个人需求曲线，利用收入-消费曲线可导出恩格尔曲线。利用替代效应和收入效应亦可对正常品、劣质品和吉芬品进行区分。人们在消费时彼此会产生影响，即消费的连带外部效应。这种效应分为攀比效应和虚荣效应。

复习思考题

1. 解释以下概念:效用,边际效用,消费者剩余,消费者偏好,消费者均衡,无差异曲线,边际替代率,恩格尔系数,价格 - 消费曲线,收入 - 消费曲线,收入效应,替代效应,吉芬品,攀比效应,虚荣效应。

2. 水是人类生存、发展不可缺少的资源,钻石不影响人类的生存,但为什么钻石的价格要大大高于水的价格?

3. 试述 TU 与 MU 之间的相互关系。

4. 为什么说消费者均衡是消费者的主观愿望和客观条件的统一?

5. 世界上有没有边际效用递增的产品?若有,试举出两例。

6. 对贫困人群的救济通常有两种方法:一种是发放衣服和食物等生活必需品,另一种是按照救济物品的市场价格发放现金。哪一种方法会给被救济的人群带来更大的效用?

7. 试述正常品、劣质品、吉芬品的异同。

8. 利用价格 - 消费曲线导出个人需求曲线,利用收入 - 消费曲线导出恩格尔曲线。

9. 试利用图示解释消费者剩余。

10. 假设总效用函数为 $TU = 50X - 0.5X^2 + 100Y - Y^2$,某消费者总收入为672,$P_X = 4$,求:

1) Y 的需求函数;

2) 如果 $P_Y = 14$,该消费者将购买多少 X。

11. X、Y 两种产品的无差异曲线是一条斜率为 $-1/2$ 的直线,消费者总收入为1 200,求:

1) 当 $P_X = 4, P_Y = 4$ 时的消费者均衡;

2) 当 $P_X = 4, P_Y = 8$ 时的消费者均衡。

12. 已知 $TU = X^{\frac{1}{3}}Y^{\frac{1}{3}}$,商品的价格分别为 P_X 和 P_Y,收入为 I,试导出该消费者对 X、Y 商品的需求函数。

13. 如果一个消费者的效用函数为 $TU = X^2Y^3$,那么他如何分配自己的收入?

14. 证明:如果效用函数 $TU = X^2Y$,那么恩格尔曲线是一条直线。

15. 某个消费者对 X 商品的需求函数为 $Q = 0.05M - 2P_X$。收入 $M = 2\,000$,$P_X = 30$。当 P_X 上升为 40 时,求 X 的价格效应是多少单位,其中替代效应多少单位,收入效应多少单位?

第三章 就业和投资决策

上一章利用边际效用和无差异曲线分析了消费者在商品市场上的行为。但消费者不仅仅是商品的购买者,同时还是要素的供给者和所有者。为了增进自身的经济利益,消费者需要在就业、教育、储蓄、投资等方面进行合理的决策,而这些便构成消费者经济行为的重要内容。

第一节 劳动供给决策

一、劳动的供给

1. 劳动供给的影响因素

劳动的供给主要由以下几个因素来决定。

(1)人口总量及其结构　一个国家或地区的人口总量形成劳动供给的现实基础。其中,劳动人口总量以及劳动人口的年龄结构、性别结构、地理分布结构对劳动供给均产生影响。

(2)劳动的价格　它包括不同职业、工种、岗位的不同工资率,以及不同等级劳动的不同工资率。

(3)劳动者的劳动偏好　即劳动者是愿意选择工作还是愿意选择闲暇。

(4)社会的经济状况　一般来说,一个国家的社会福利较高,那么更多的人就会倾向减少劳动时间甚至不工作。反之,更多的人就会通过增加劳动时间来解决生计的问题。

(5)劳动时间和劳动强度　即劳动者单位时间(如日、周)内的平均工作时间,以及单位时间内劳动者体力和脑力支出的情况。

(6)劳动者的劳动技能和工作质量　具体包括劳动者的工作年龄结构、教育、培训背景、劳动生产率水平等。

2. 劳动供给弹性

工资可以看做是劳动的价格。因此,在一般情况下,劳动的供给曲线是一条斜率非常大的曲线,就是说劳动供给的弹性非常小,这主要是由以下三个原因构成的:

①劳动的提供者是有限的,人口不可能在短时间内迅速增长,所以即使增加了工资,新增的劳动也是有限的;

②劳动时间是有限的,即使工资再高,一个人一天的工作时间也不可能超过 24 小

时,另外大多数国家还从法律上规定了工作的时间;

③由于专业化分工,使各种工作岗位需要不同的工作技能,即使工资提高了,在短时间内也不会有大量的人拥有提供这种劳动的能力。

当然,在某些特殊的情况下,劳动的供给弹性可能非常大,例如在经济非常不发达地区,由于存在大量的剩余劳动力,工资的微小提高都可能吸引大量的劳动者提供劳动。

二、闲暇与消费的选择

一个理性的劳动者如何确定自己在一天中应该工作多长时间呢?可以利用上一章介绍的方法进行分析。

首先将一个人拥有的全部时间划分为两个部分:一部分是工作时间,在这段时间内,人们提供劳动,获得用来消费的收入;另一部分是闲暇时间,包括休息、娱乐、吃饭等非生产活动的时间。通过少工作,一个人可以得到更多的闲暇;通过放弃闲暇,一个人可以得到更多的收入,从而增加他的消费。所以说,提供多少劳动的决策实际上就是一个人在消费和闲暇之间进行选择。

如果将一个人的工作时间和闲暇时间视为两种商品 W 和 H,那么效用函数就是

$$TU = f(W,H) \tag{3-1}$$

因为一天只有 24 小时,所以预算约束线是 $W + H = 24$。

利用拉格朗日乘数法计算效用的最大值

$$V = f(W,H) + \lambda(24 - W - H)$$

$$\frac{\partial V}{\partial W} = \frac{\partial f}{\partial W} - \lambda = 0$$

$$\frac{\partial V}{\partial H} = \frac{\partial f}{\partial H} - \lambda = 0$$

得到

$$\frac{\partial f}{\partial W} = \frac{\partial f}{\partial H} \tag{3-2}$$

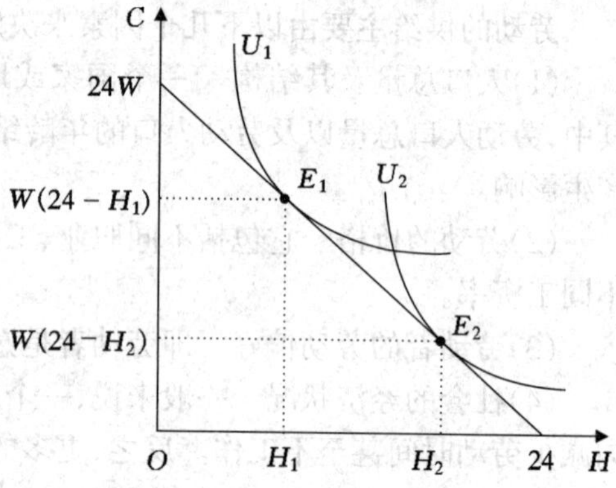

图 3-1　劳动与闲暇的选择

通过分析可以得出结论,欲得到最大效用,必须使工作时间的边际效用等于闲暇时间的边际效用。工作时间的边际效用是易于计算的,就是每个人的小时工资,然而每个人闲暇时间的边际效用由于具体情况的不同而不同。每个人都有不同的偏好,所以可以将人们通过工作获得的消费 C 来代替工作时间 W,$C = Ww$(其中 w 为小时工资),得到图 3-1。

图中的 U_1、U_2 代表两个不同的人的无差异曲线。利用第二章的分析方法得出,第一个人的消费-闲暇均衡点为 E_1 点,此人一天闲暇 H_1 小时,工作 $24 - H_1$ 小时,得到用于消费的收入 $w(24 - H_1)$。然而第二个人与第一个人相比更偏好闲暇,所以他选择一天闲暇 H_2 小时,工作 $24 - H_2$ 小时,得到用于消费的收入 $w(24 - H_2)$。获得最大效用的均衡点为闲暇与消费的边际替代率等于单位小时工资的那个消费-闲暇组合。所

以说,工资也可以看做是闲暇的价格。

做出以上的替换就是为了分析闲暇的价格——工资对劳动供给的影响。应该看到,伴随着价格的波动,会产生价格效应。价格效应又可以分为替代效应和收入效应。工资的上升使个人的生活情况得到改善,收入上升,个人会用收入来购买更多的闲暇,所以他的工作时间就会减少,这就是收入效应。工资的上升使得闲暇的价格上升了,多放弃一小时的闲暇,个人可以得到更多的收入来进行消费。这时,个人的行为应该是用工作来代替闲暇,这就是替代效应。

工资的提高带来的收入效应和替代效应的作用是相反的。收入效应鼓励人们少工作、多休息。替代效应鼓励人们多工作、少闲暇。所以工资的增加可能增加劳动的供给,也可能减少劳动的供给。最终的结果取决于两者的相对大小。

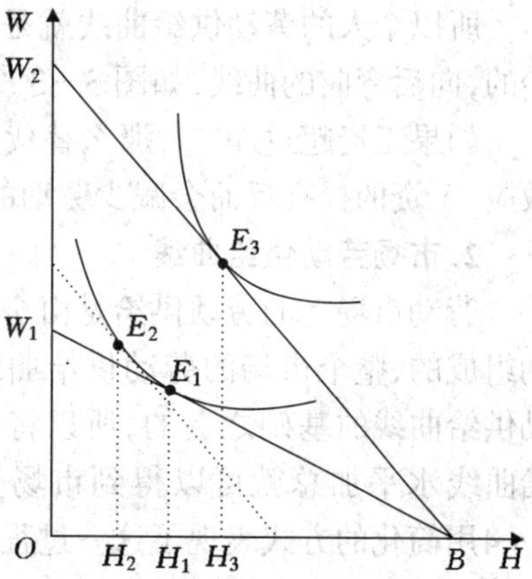

图 3-2　工资变动的价格效应

如图 3-2 所示,当工资由 W_1 提高到 W_2 后,预算线由 W_1B 变为 W_2B,均衡点由 E_1 变成 E_3。替代效应为 H_2H_1,人们多工作少闲暇;收入效应为 H_2H_3,人们少工作多闲暇。价格总效应为 H_1H_3($H_1H_3 = H_2H_3 - H_2H_1$),即工资上升,导致人们少工作多闲暇。读者可以参照产品价格效应的分析,分析工资上升工作与闲暇时间不变(即 E_3H_3 线段与 E_1H_1 重叠),以及工作增加闲暇减少(即 E_3H_3 线段位于 E_2H_2 左侧)的另外两种情况。

三、劳动供给曲线

1. 个人劳动供给曲线

如前所述,工资的提高对劳动供给的影响是不确定的,取决于替代效应和收入效应的相对大小。一般来说,在工资比较低的情况下,替代效应要大于收入效应。这是因为低工资代表闲暇的价格低,提高工资带来的收入效应不会太大,所以人们乐于提供更多的劳动来满足消费。这时劳动的供给随着工资的提高而增加。然而随着工资的上升,闲暇的价格也随之上升。当达到一定水平时,收入效应就会超过替代效应,人们就会觉得多工作得到的收入不能抵消闲暇的效用,宁可少工作,多闲暇。这时劳动的供给就会随着工资的提高而减少。

因此,劳动与工资之间的相互关系是,在初始阶段替代效应占主导地位,随着工资的上升,通过替代效应增加的劳动不断减少,而通过收入效应减少的劳动不断增加,工资的价格效应是正的。当工资上升到一定高度时,收入效应和替代效应的效应相同,工资的价格效应为零。如果再增加工资,收入效应减少的劳动就会大于替代效应增加的劳动,收入效应就会占主导地位(图 3-2),这时的劳动供给呈下降趋势,收入的价格效应是负的。工资的价格效应由正到负的变化,反映在个人劳动供给曲线上就是该曲线是一条向后弯曲的曲线。

个人劳动供给曲线也不是从原点开始的，原因是每个人都有自己的保留工资(reservation wage)。保留工资是指人们参与劳动的最低工资水平。低于这个工资，人们将选择不劳动。例如：如果一个小孩送到幼儿园的花费是每小时10元，那么如果工资低于每小时10元，家长宁可选择自己在家里照顾小孩，而不是去工作。这10元就是保留工资。当然保留工资是由社会经济环境、家庭经济环境、文化、社会福利等多方面的原因决定的。

所以个人的劳动供给曲线就是一条由保留工资开始的，向后弯曲的曲线，如图3-3所示。

如果工资超过 W^*，那么替代效应就会小于收入效应，工资的提高反而会减少劳动的供给。

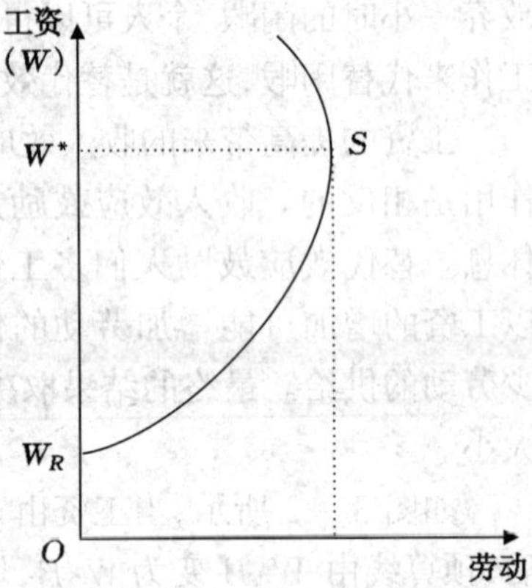

图3-3 劳动供给曲线

2. 市场劳动供给曲线

劳动市场上的劳动供给是由全部劳动者提供的劳动组成的，整个市场的劳动供给曲线是建立在个人劳动供给曲线的基础之上的，所以将所有的个人劳动供给曲线水平加总就可以得到市场劳动供给曲线。图3-4用简化的方式表现了这一过程。

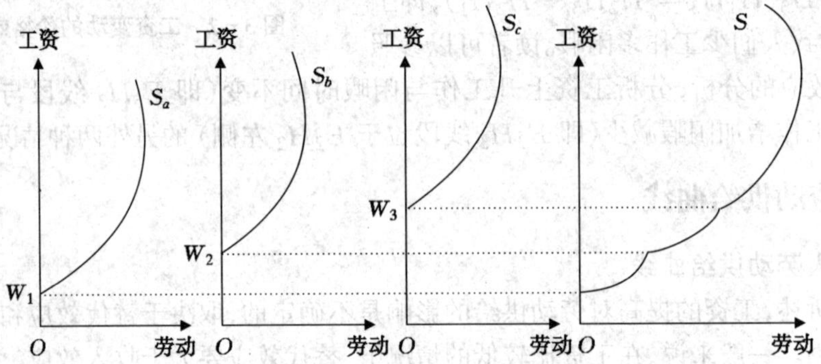

图3-4 市场劳动供给曲线

工资低于 W_1 时所有的人都选择不工作。当工资超过 W_1 时，第一个人开始提供劳动，市场的劳动供给曲线就是第一个人的劳动供给曲线。当工资超过 W_2 时，第一个人和第二个人都开始提供劳动，市场的劳动供给曲线就是第一个人和第二个人的劳动供给曲线的水平加总。当工资超过 W_3 时，第三个人也开始劳动，市场的劳动供给曲线就是三个人的劳动供给曲线的水平加总。

同个人的劳动供给曲线一样，市场的劳动供给曲线是一条向后弯曲的曲线。但不同的是劳动市场的供给曲线在初始阶段的斜率较小，这是因为每个人的保留工资有大有小，所以提高工资会有更多的人加入劳动大军。因而劳动市场的劳动供给曲线主体是向上倾斜的。另外从整个社会来看，因为低收入家庭总是在社会中占较大的比重，他们的收入效应不会大于替代效应，所以极高的工资使得收入效应大于替代效应，使得劳动供给和工资呈反方向变动的情况也很少出现。一般来说,可以将劳动供给曲线视为一条向上倾斜的曲线。影响劳动供给变化的因素主要有两个:一个是人们愿意劳动的时间;另一个是愿意提供劳动的人数。

3.二元经济形态的劳动供给

在一个社会中,劳动市场按照不同的条件被分成若干个组成部分。例如,按照不同行业和不同劳动者的素质,可以将劳动市场划分为不同的自成体系的市场。其中最为重要的是按照城乡之间的劳动差别进行划分。城市劳动市场与乡村劳动市场有着巨大差别的经济形态被称为二元经济形态。1979 年度诺贝尔经济学奖得主阿瑟·刘易斯(Arthur Lewis)认为,发展中国家经济发展的典型特征就是二元经济形态。刘易斯对二元经济形态的特征概括如下:

①经济中包括"现代"和"传统"两个部门,一个是以传统生产方法进行生产、劳动生产率极低的、以经济落后的乡村为载体的传统农业部门,另一个是以现代生产方法进行生产、劳动生产率较高的、以现代工业为载体的城市工业部门;

②劳动者在提供同等数量和同等强度劳动的条件下,在现代部门就业比之在传统部门就业能够得到更多的工资,因为传统部门的人口众多、资本匮乏、土地稀缺,因而劳动的边际生产率非常低,农业劳动者的工资水平自然也就非常低;

③由于传统农业部门在整个经济中占有相当大的比重,因而存在着极为丰富的劳动力资源。

以上特征对一个国家实现工业化具有重大意义。它可以保证工业化带来的劳动需求能以较低的工资水平满足。当现代工业部门扩大生产规模时,在略高于农村生存收入不变的工资水平下,劳动力供给会远远大于劳动力需求,劳动力供给曲线在现行工资水平下具有无限弹性。

二元经济形态实际上把劳动力的提供者分割为两个部分:一部分由城市居民组成;另一部分由农民组成。因为农村的劳动供给量大于城市的劳动供给量,而且农村的劳动与资本之比明显高于城市的劳动与资本之比,所以农村必定是劳动的净输出地,大量的农民工涌向城市。

在习惯上,城市居民对于农民工存在歧视偏好(这种歧视偏好在很大程度上是由制度和政策造成的)。这种偏好实际上不利于经济的发展。一方面,"歧视"减少了城市的资本同农村的劳动相结合所能获得的净收益,从而导致城市的资本输出量的减少;另一方面,这又会减少农村的劳动与城市的资本结合所能获得的收入,农村的劳动输出也会减少。也就是说,资源配置上的这个过程既损害了农村的利益也损害了城市的利益,因而从经济学的角度来说,这种偏好不是一个明智之举。

四、工资水平的差异

在实际的经济生活中,不同职业的工资是不同的,甚至同样的职业不同人之间的工资也是有差异的。这是因为补偿性工资差别、效率工资差别、信息引致的工资差别以及社会专业分工的不断进步造成的。

补偿性工资差别是指类似的工作由于不同的职业性质导致的收入不同。导致不同职业间工资差异的原因主要包括:职业的风险程度,工作的紧张艰难程度,职业的稳定性,所能从事职业生涯的长短,教育、训练的费用与时间等。

效率工资差别是指由于劳动者的智力条件和体力条件不同而得到的工资不同。例如,在意大利职业足球俱乐部中,平均年薪只有20万美元,然而一些球星的年薪达几百万美元。这就是由于球星在某个方面具有独特的天赋,使得他们在球场上起到了不可替代的作用,其他人的能力是无法起到这样的作用的。所以,虽然从事同一个职业,但由于能力不同,不同的人得到的工资不同。

信息引致的差别是指由于信息的原因引起的工资水平不同。因为实际的经济生活中的信息是不完全的,某个劳动者接受低工资也许只是因为他不知道其他的企业可以提供更高的工资,或者他即使知道其他的企业可以提供更高的工资,也在犹豫自己是否适合这项工作,或者担心那个企业之所以会提供高工资是因为那个工作存在危险或缺乏吸引力。

由于科技的不断进步,社会的专业分工更加细化,对于专业知识的要求也越来越高。所以,不同职业的工资水平由于具有该职业的专业知识和技能的劳动提供者的数量的不同而不同。整个的劳动供给市场实际可以按照行业的不同划分成若干个部分。划分出来的每个劳动供给市场的劳动供给在短期内实际上都是相对固定的。

五、税收、福利政策与劳动供给

工资的变动对劳动供给的影响有着重要的政策含义。一个国家的劳动供给必须与劳动的需求相适应。如果劳动供给大于劳动需求,那么这个国家中就会存在大量的非自愿失业人口,对社会的安定和经济的发展产生不良影响。反之,如果劳动的需求大于劳动供给,那么,社会的生产力得不到充分的发挥,也会影响经济的发展。

虽然政府不可能规定每个人的工资,但可以通过税收和福利政策调节工资,影响劳动的供给。

1.税收政策与劳动供给

税收是国家的一种重要的政策工具,税收的增加等于劳动者收入的下降,因为它使劳动者的税后工资减少了。国家通过调节税率的高低可以影响劳动者的工资收入,进而影响劳动的供给。然而工资的上升对劳动供给的影响是不确定的,要取决于替代效应和收入效应的相对大小。所以,增加税收会损害劳动积极性的说法是不完全正确的。如果劳动供给曲线是向后倾斜的,那么税率的增加以及相应的收入减少反而会使社会劳动供给增加。反过来说,提高税率也不一定会导致税收的增加。因为提高了税率,导致了劳动者收入的减少,从而使劳动的供给减少。如果劳动的减少超过一定的限度,那么整个税收可能也会减少。

所以,许多国家采用累进税率。所谓累进税率就是,随着收入的增加,劳动者适用的税率不断加大。这样低收入的劳动者的劳动积极性就几乎受不到损害,而高收入的劳动者的积极性也可以得到保护。

2. 福利政策与劳动供给

劳动的供给与两个因素密切相关——劳动的时间和劳动的人数。如果说税收政策调节的是劳动者的工资,进而调节劳动者的劳动时间,那么福利政策就是既调节劳动者的保留工资,影响劳动者的人数,也调节劳动者的劳动时间。

社会福利影响劳动者的数量。一个社会福利较高的社会中的劳动者,他的保留工资较高。因为,即使他不工作也可以得到一定的社会保障;反之,一个社会福利较低的社会中的劳动者,他的保留工资较低,为了生存,他就必须出来工作。

社会福利也影响劳动者的劳动时间。同样的福利制度对不同的劳动者是不同的。可以用图 3-5 分析福利政策如何影响人们对工作时间和是否工作的决策。

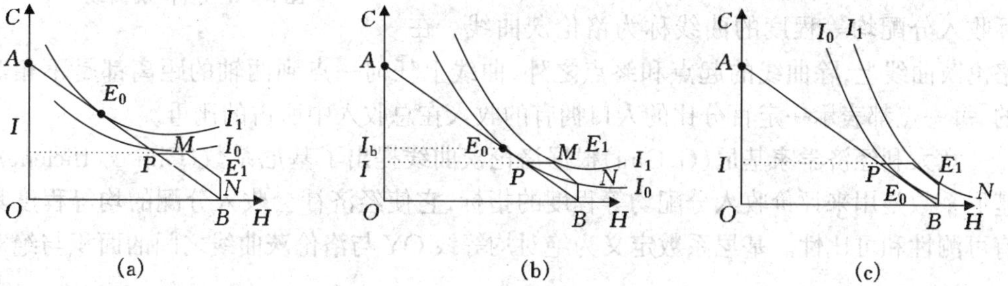

图 3-5　福利对劳动供给的影响

图 3-5 中的(a)、(b)、(c)表示三个不同的人。纵轴代表消费,横轴代表闲暇。图中 I_0 是没有福利时可以达到的最大效用曲线;I_1 是有福利时可以达到的最大效用曲线。福利政策是这样的:如果他的收入低于某个水平 I,那么他就可以得到一个固定数值的补贴。那么,预算约束线也就从 AB 这条直线变成了折线 $APMNB$。由于不同人的无差异曲线不同,所以图(a) 在有没有福利的时候都会去工作同样的时间,因为无差异曲线 I_1 要高于 I_0,这时他在 E_0 点得到的效用要大于在 E_1 点的效用。然而图(b) 就不同了。本来他可以通过工作得到 I_b 的收入高于福利制度的临界点,但是由于福利制度的存在,使得他可以通过依赖福利制度得到更大的效用,就是说工作少了,效用反而高了。他的无差异曲线 I_0 要低于 I_1,这时他在 E_0 点得到的效用要小于在 E_1 点的效用。所以他选择少工作来得到补贴。而图(c) 本来的收入在临界点以下,可以享受补贴,但由于福利制度的存在,他的无差异曲线与预算约束线相切于边界点,就是说,他不工作带来的效用比工作要高,所以他就选择不工作了。在现实生活中,这种靠救济生存的人是经常见到的。

六、洛伦茨曲线和基尼系数

任何经济社会的收入分配都是不均等的。当然,这种收入不均不仅仅来自工资的差异。为了研究和检验经济社会收入分配的平均程度,美国统计学家洛伦茨(M. O. Lorenz)提出了著名的洛伦茨曲线(Lorenz curve)。

如图 3-6 所示,纵轴表示社会财富的百分比,在横轴上将所有的人口按照由低收入到高收入的顺序由左向右排列,将每一百分比的人口所拥有的社会财富的百分比积累起来,相应的点连成一条曲线,这条线就是洛伦茨曲线。如果洛伦茨曲线是从原点出发的45°角的直线(如OY),表示所有的财富完全平均分配到了每一个人,就是说,社会中所有人的收入绝对均等。这条直线称为绝对均等线。然而,任何国家的实际收入分配既不是绝对平均,也不是绝对不平均,而是介乎二者之间。一般来说洛伦茨曲线是一条低于绝对均等线的曲线 $f(x)$,其中 $f(0)=0, f(1)=1$。用来反映实际收入分配均等程度的曲线称为洛伦茨曲线。在洛伦茨曲线上,除曲线的起点和终点之外,曲线上任何一点到两轴的距离都是不相等的,每一点都表示一定百分比的人口拥有的收入在总收入中所占的比重。

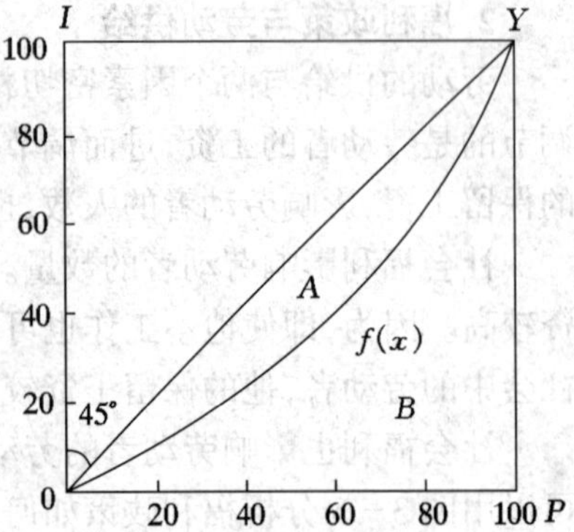

图 3-6　洛伦茨曲线

意大利经济学家基尼(G. Gini)根据洛伦茨曲线提出了基尼系数(Gini coefficient)。基尼系数是用来评价收入分配均等程度的指标,它使经济社会收入分配的均等程度具有可测性和可比性。基尼系数定义为绝对均等线 OY 与洛伦茨曲线之间的面积与绝对均等线以下面积之比,即基尼系数 $G=\dfrac{A}{A+B}$。因为绝对均等线以下的面积为1/2,所以基尼系数可以表示为

$$\text{基尼系数} = 1 - \frac{\int_0^1 f(x)\mathrm{d}x}{\int_0^1 x\mathrm{d}x} = 1 - 2\int_0^1 f(x)\mathrm{d}x \qquad (3-3)$$

基尼系数在0(绝对均等)和1(绝对不均等)之间变动。

在经济分析中,利用不同时期、不同国家洛伦茨曲线和基尼系数,可比较说明国际间收入分配的状况、考察一国收入分配均等化的趋势和检验政府公共政策的收入效应。

第二节　人力资本与教育

一、人力资本

1. 现代人力资本理论

美国著名经济学家西奥多·舒尔茨(Theodore W. Schultz)和加里·贝克尔(Gary S. Becker)对现代人力资本理论的发展做出了巨大贡献,是这一理论的代表性人物。舒尔茨认为单纯从自然资源、实物资本和劳动力的角度不能解释生产力提高的全部原因。通过对物质资本和人力资本投资收益率差别的研究,他发现人力资本投资收益率远比物质资本投资收益率高。他在1960年提出人力资本理论,认为人力资本投资(如教育、保健和人口流动)是促进经济增长的关键因素。人力资本投资尤其对自然资源相对匮

乏的国家更为关键。1979 年舒尔茨获得诺贝尔经济学奖。

贝克尔的贡献主要体现在对教育和在职培训的研究上。他创立了一种有关社会工资结构及其在时间过程中变化的理论,发展了人力资本投资理论。贝克尔之后的研究者运用他的方法来解释贸易的构成、健康部门的投资、经济增长等现象。他的另一个重要贡献在于他对家庭在社会中的作用的分析。在传统的经济理论中,家庭被认为是用收入在购买消费品或购买闲暇之间选择的单位,而贝克尔则将家庭视为一家“小工厂”,家庭通过投入时间和购买消费品为家庭成员提供服务,购买消费品被视为家庭生产的中间投入。这一分析有许多应用。比如,工资的增加会使人们在家庭中转向费时较少的家庭服务生产过程;在一个开放的市场中,工资的增加使家庭某一成员专门从事家庭生产(如照看孩子)变得越来越不经济。于是,一些原来属于家庭的社会功能和经济功能被转移到其他组织中去,如企业、学校、托儿所和其他公共机构。这一情况变成了一种激励因素,激励人们走出家庭工作,也促使父母们选择生育更少的孩子,而情愿为其子女进行更多的教育投资。贝克尔用这一理论解释了工业化国家中生育率的历史性下降,以及不同国家之间和城乡之间的生育率的差异。鉴于贝克尔在人力资本领域的开创性贡献,他获得了 1992 年诺贝尔经济学奖。

2. 人力资本的含义

人力资本(human capital)是指人们以某种代价获得并在劳动力市场上具有一种价格的能力或技能。人力资本是一种非物质资本,是通过人力投资在劳动者身上形成的,并为劳动者带来持久收入来源的生产能力。

应从两个方面综合理解人力资本:一方面是人力资本现有的存量,即人力资本积累的状况;另一方面是人力资本的流量,即人力资本投资的状况,它构成人力资本积累的基础。在宏观意义上,人们经常从经济和社会发展的角度,预测和确定社会与个人应当开发什么样的生产能力以及应当开发多少这样的生产能力,使人力资本的存量和流量与经济社会的需要相适应。

在市场经济条件下,资本表现出强大的增殖和扩张能力。物质资本和人力资本在决定经济发展历程以及演进互动过程中互相补充、互相促进、互相依存,表现出人力资本对物质资本较高的替代弹性。资本在运动中增殖和扩张能力越来越表现为人力资本的增殖和扩张能力。人力资本是人力资本投资的产物,它具有资本的一般属性,要求最大化地增殖和最充分地参与价值分配。

人力资本是稀缺性资本。由于要素市场的不完善或人力资本特征分布的非均质,造成某些人力资本供给严重不足的现象。人力资本稀缺是一切经济问题的总根源。把人力资本放在社会发展的动态过程中去考察,它永远是一种稀缺性资源。而且,随着工业经济向知识经济的推进,人力资本在价值创造中的地位越来越得到加强,物质资本的稀缺性正被人力资本的稀缺性所代替。同时,人力资本作为国民经济发展的根本要素,在一定时期内,一个国家或地区人力资本总量一定时,用于农业生产的人力资本多,用于工业生产的人力资本相对就少;用于物质文明建设的人力资本多,用于精神文明建设的人力资本就少。只有经济地将人力资本分配给不同用途,理顺取舍关系,才能取得最大的国民效用。此外，人力资本的形成、开发、使用都具有时间方面的制约性，而且人力资源不是自然资源，获得人力资源是有成本的。人力资本的产生、发展、积累是需要投资主体投入一定的经济资源才能取得。这也决定了人力资本的稀缺性。

3. 人力资本投资

人力资本投资一般是指能够提高劳动者知识和技能并能影响劳动者未来货币收入的各种投入。人力资本投资是一个多维度、多层面的系统，其实质是增加了人力资本的存量。贝克尔认为人力资本投资包括国民教育体系中的正规教育、在职培训或继续教育、医疗健康保健、人口迁移以及收集价格和收入信息等多种形式。舒尔茨将其分为五个方面的内容，即医疗和保健，在职人员培训，正规的初等、中等、高等教育，有别于企业组织的学习项目，个人和家庭为适应变换就业机会的迁移。其中教育投资是最重要的人力资本形成过程。

创造资本的过程称之为投资，而资本又常常与使用资金赚取利润相联系。与物质资本相比，人力资本的投资收益率呈上升趋势，是高增殖性资本。越来越多的工业化国家的实践证明，人力资本存量的迅速扩大和质量不断提高，是一国经济发展和社会进步的重要源泉，也是构成国家财富的最终基础。在对经济增长的贡献中，人力资本收益的份额正在迅速超过物质资本和自然资源。而且，高质量人力资源与低质量人力资源的生产率差距以及收入差距都在迅速扩大。正如舒尔茨所说："土地本身并不是使人贫穷的主要因素，而人的能力和素质却是决定贫富的关键。旨在提高人口质量的投资能够极大地有助于经济繁荣和增加穷人的福利。"舒尔茨甚至认为，这种人力资源经济价值的上升趋势，使劳动相对于土地和资本来说作用日益扩大，很可能会带来制度变革，并产生一系列新的经济发展模式。

二、教育与消费选择

1. 教育与消费的取舍关系

人力资本的稀缺性和多用途性构成了经济学中一对矛盾。一定的人力资本被用于某一活动，就不能同时再用于其他经济活动。当人们决定将人力资本用于教育时，就要放弃消费活动。因而，用于某一活动的人力资本是有成本的，这种成本是进行其他活动所能创造的最大价值。这一成本就是机会成本。这就是说，人力资本的机会成本就是该资本被用于其他活动所能创造的最大价值。

教育投资与现期消费存在此消彼长的关系。如果将人的一生划分为年轻求学时期和以后工作时期两个阶段，那么，随着人们在年轻时放弃的消费的增加，即在学校的时间延长，由于较多的教育投资会使他未来收入增加，所以他预期的未来消费会增加。这种关系可以用生产可能性线说明(图 3－7)。

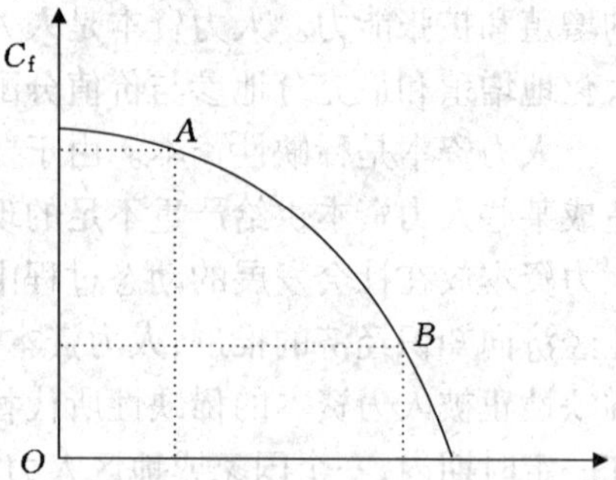

图 3－7　教育与消费的转换

在图 3－7 中，横轴表示一个年轻人求学时期的消费水平 C_y，纵横表示未来的消费水平 C_f。图中的生产可能性线上有 A、B 两个点。A 点表示年轻时有更好的教育和较低的消费水平，在将来会有更高收入、较高消费水平；B 点表示在年轻时有更高的消费水平和较差的教育（如过早离开学校参加工作），但在将来只有较低的收入。

2. 教育与工资差别

产生劳动市场工资水平差异的一个重要根源是劳动者教育程度的高低。许多国家的实证分析表明，受教育的程度与工资水平的高低呈正相关关系：受过教育的劳动者的工资水平要高于未受过教育的劳动者。

图 3－8 表明，年龄较小时，工资上升较快，以后工资上升趋于平稳，而到退休时，收入开始下降。而在一定年龄的阶段，接受的教育越多，劳动者的工资也就越高。教育导致的劳动市场工资水平的差异是十分明显的。可以从劳动需求和供给两方面说明这种差异。

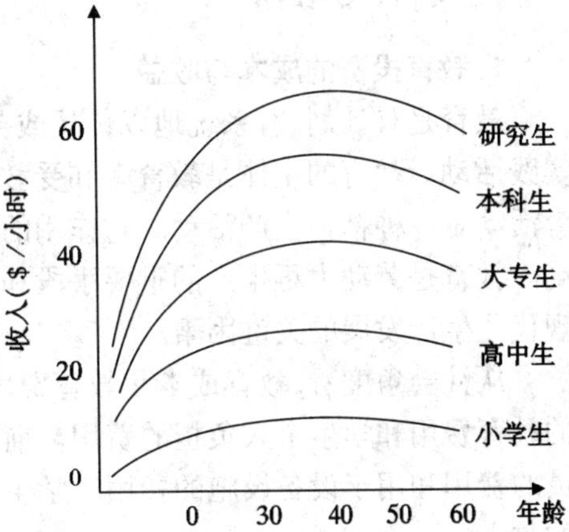

图 3－8　美国教育年数、年龄、工资图（1970 年）

现实生活中，虽然存在着不同层次的教育和培训，但仍可以把教育水平简单地分为受过教育和未受过教育两种，相应地把具有不同教育水平的劳动者分为技术劳动者和普通劳动者两种。技术劳动者可完成技术要求高、难度大的复杂工作，这些工作创造的价值较高；而普通劳动者只能完成一些简单、重复的工作，这些工作创造的价值较低。所以，技术劳动者的边际生产力要比普通劳动者高。由于劳动的边际生产力决定了劳动需求曲线，所以技术劳动者的需求曲线位于普通劳动者需求曲线的上方。

如图 3－9 所示，D_1、D_2 分别表示技术劳动者和普通劳动者的需求曲线。D_1 位于 D_2 的右上方，表明在任何一个既定的劳动需求量上，厂商愿意向技术劳动者支付的工资要高于向普通劳动者支付的工资。这两种工资水平之间的差异是两种不同劳动边际生产力的差别。这一差异的来源是，技术劳动能提高劳动生产率，从而给厂商带来更多的边际收益产品。

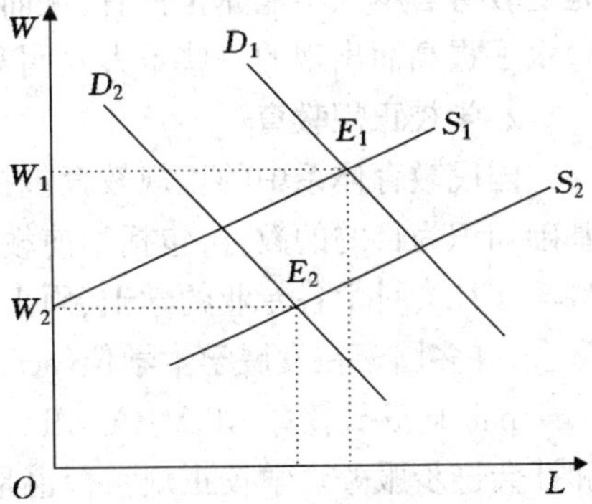

图 3－9　两类劳动的需求、供给曲线

一般来说，为了获得技术，普通劳动者就要接受教育，所受教育越多，劳动者开始工作就越迟。由于把时间用来接受学校教育，劳动者所放弃的收入也就越多，也就是说，受教育的机会成本越高。图 3－9 中的技术劳动的供给曲线 S_1 反映了劳动者接受教育、获得技能的成本，它位于普通劳动的供给曲线 S_2 的上方。也就是说，在同样的劳动供给量下，技术劳动索取的报酬要高于普通劳动，其原因是技术劳动不仅要补偿推迟就业的时间，还要补偿接受教育、获得技能所付出的代价。

综上所述，教育能够引起劳动需求曲线和供给曲线的变化。由图3－9中的劳动供给曲线与需求曲线可以得到技术劳动和普通劳动的均衡劳动量和均衡工资率。技术劳动的供求均衡点为 E_1，工资率为 W_1；普通劳动的供求均衡点为 E_2，工资率为 W_2。显然，技术劳动的工资率 W_1 要大于普通劳动的工资率 W_2。产生这种差异的根本原因是教育。

三、教育与培训

1.教育投资的成本与收益

教育是有计划、有系统地以传授或获取知识、思想、价值和技能为目的的一种社会实践活动。教育的主体是教育者和受教育者，教育客体是知识、思想、价值和技能。教育活动是一种精神生产活动。它作用的对象是人，直接结果是使人的自身素质得到提高。教育是劳动力再生产的重要手段和主要途径，是社会生产与再生产的必要条件，是现代化生产发展的关键因素。

从社会角度看，教育成本是教育费用与学生放弃的机会成本之和，包括由政府拨付的教育费用和学生个人负担的费用。前者即教育投资，主要使用于两个方向，即用于人员的费用和用于设备设施的费用。学生放弃的机会成本是指学生由于上学而可能放弃的收入。

教育投资收益包括非经济收益和经济收益。教育投资的最大收益体现在培养和教育了人本身，而人是世间最宝贵的财富。此外，教育增长还意味着福利水平的提高和工作条件的改善；教育还能够对健康和闲暇的质量、子女的教育与发展以及家庭消费选择等各方面产生巨大影响。教育投资的经济收益包括个人收益和社会收益两方面。个人收益指未来个人较高的收入、合理的支出、健康的身体、较大的职业机动性等；社会收益是受教育者本人不能完全占有，从而成为社会其他成员共同享有的收益。例如，由于教育水平提高而出现的一些重大发明和发现，其收益远远超出了发明者本人的收益。

2.学校正规教育

国民教育体系中的正规教育包括基础教育和学术学位教育。基础教育即指以传授基础知识为目的的教育，包括学前教育、小学、中学等各级教育；学术学位教育包括自然科学和社会科学各专业的学士、硕士、博士学位教育。伴随教育与社会经济发展的日益融合，许多国家在发展学术学位（academic degree）教育的同时，又发展了专业学位（professional degree）教育，如MBA、MPA、JM等等，从而使学校正规教育更好地为经济发展和社会进步服务。学校正规教育也是教育投资的重点，包括政府教育投资和家庭或个人的教育投资。

政府教育投资包括中央政府和地方政府的教育投资，主要形式有财政拨款、用于教育的税费、专项补助、对学生的补助、科研拨款等。政府的教育投资是宏观总体性投资，并不具体到某个单位或个人。政府通过财政收支中教育经费的投入数量和投入方向控制和调节整个社会各种类型教育的发展状况和设置比例。另外,政府的教育投资主要侧重在基础教育投资,以保证全民的基础教育水平。

家庭或个人是正规教育投资的基本主体之一。与政府和企业的阶段性的教育投资相比,家庭或个人的投资是一种连续不断的投资,投资的目的是多方面的,投资是为了将来获得较高的经济收入,或为了满足某种兴趣爱好、扩大知识面,或者为了把握人生的各种机会。个人或家庭负担的教育投资包括直接投资和间接投资。前者包括义务教育阶段支付的部分教育费用、非义务阶段的学费等;后者是指达到法定劳动年龄的受教育者因受教育而未就业可能放弃的收入。两者之和为家庭教育的投资成本。

3. 在职培训

在职培训是人力资本投资的一种重要形式,是指对已经具有一定教育背景并已在工作岗位上从事有酬劳动的各类人员进行的再教育活动。根据培训内容的性质,可分为一般培训和专门培训。在职培训对提高人力资源质量和促进企业的长远发展有着不可替代的作用,因此对在职培训投资进行成本收益分析是十分必要的。

所谓一般培训 (general training)是指职工经培训后所获得的技术知识和技能既可用于原厂商,又可用于其他厂商。由于培训后职工的劳动技能提高了,能满足新的技术水平需要,所以劳动的边际收益产品(MRP)也随之提高,因此要求提高工资,直到 $w = MRP$ 为止,否则将另谋他职。为此,厂商在培训期间将从受训职工的工资($w = MRP$)中扣减掉培训费用,即一般培训的成本是由工人自己支付的。这意味着,在培训期间职工工资将低于边际收益产品。这是新职工工资较低的主要原因。设 T 为培训费用,则职工基期工资(W_0)等于基期边际收益产品(MRP_0)减去基期培训费用(T_0),即

$$W_0 = MRP_0 - T_0 \tag{3-4}$$

若基期边际收益产品小于基期培训费用,即 $MRP_0 < T_0$,则有 $W_0 < 0$,厂商将不会雇佣这种职工。这就是一般人需要首先自己支付费用到学校或专业培训班接受教育培训,等到 $MRP_0 > T_0$ 之后方能受雇的原因。

对职工来讲,参加培训的费用要通过培训后较高的工资来补偿,因而职工要求其历年劳动工资的贴现值应等于历年边际收益产品的贴现值。设 t 为时间,i 为利率,则有

$$\sum_{t=1}^{n} \frac{w_t}{(1+i)^t} = \sum_{t=1}^{n} \frac{MRP_t}{(1+i)^t} \tag{3-5}$$

综合以上两式,对厂商来说,则要求该职工历年边际收益产品的贴现值与基期边际收益产品之和等于历年劳动工资的贴现值、基期工资与基期培训费用之和,即

$$w_0 + T_0 + \sum_{t=1}^{n} \frac{w_t}{(1+i)^t} = MRP_0 + \sum_{t=1}^{n} \frac{MRP_t}{(1+i)^t} \tag{3-6}$$

所谓专门培训 (special training)是指职工经过培训后获得的技术知识和技能只能用于原来的厂商。由于这种培训使厂商不承担为他人做嫁衣的风险,因而在能满足上式的前提下改变基期工资的支付方式。如果职工要求基期工资等于基期边际收益产品,即

$$W_0 = MRP_0$$

则厂商要求基期的专门培训费用等于该职工历年边际收益产品贴现值与历年工资贴现值之差,即

$$T_0 = \sum_{t=1}^{n} \frac{MRP_t}{(1+i)^t} - \sum_{t=1}^{n} \frac{w_t}{(1+i)^t} \tag{3-7}$$

一般认为,把教育与培训等活动看做对人力资本的投资,在解释其他许多不可解释的实际情况时是有用的。比如,为什么年轻人的教育培训多于老年人?为什么年轻人比老年人更容易移居等等?其答案是根据人力资本投资的分析,年轻人有更长的工作时间。在此期间,他可得到教育、培训、移居的收益。

4. 终身教育

自工业化以来,社会把人的一生机械地分为学习期和工作期,前半生的时间用来积累知识,后半生一劳永逸地使用知识,这是毫无科学根据的。一次性学习的时代已经过去,教育应当贯穿于人的一生,成为人一生不可缺少的活动。终身教育理论于 20 世纪 60 年代基本形成,在联合国教科文组织的大力倡导和宣传下,为国际社会普遍接受。终身教育主张教育应该贯穿于人的一生中的各个年龄阶段,而不是只在儿童和青少年时代。终身教育变成了由一切形式、一切表达方式和一切阶段的教学行动构成一个循环往复的关系时所使用的工具和表现方法。随着知识经济时代的到来,终身教育成为社会发展与变革的必需。终身教育不仅仅表现为开设多种非正规教育课,而且体现为教育制度的构建和调整。教育的功能不再局限于按某些预定的需要组织规划、训练未来社会的领袖,或想一劳永逸地培养一定规格的年轻人,而是要面向整个社会成员。受教育的时间也不再局限于某一特定年龄,而向着个人终身的方向发展。同时,面对日新月异的知识经济时代,"本领恐慌"在激励着人们持续学习,努力摆脱落伍和被淘汰的厄运。

终身教育和终身学习是紧密相连、相辅相成的。终身学习是指通过一个不断的支持过程充分发挥人类的潜能。它激励并使人们有权利去获得他们终身需要的全部知识、价值、技能与理解,并在任何情况和环境中有信心、有创造性和愉快地应用它们。可以说,终身学习是人类在进入科技高度发达、知识总量激增的知识经济社会所特有的生活方式。终身学习的社会具有的特点是:①学习是社会特有的活动,是每个人的权利,是人类不断完善自身的必要手段;②个体受教育的时间不再局限于某一特定的年龄阶段,而是向着个人终身发展方向发展;③教育活动将超越学校范围,教育功能将扩展到整个社会的各个方面;④学习的过程将以自学为主;⑤人的主体作用将得到极大的重视,受教育者必须成为教育他自己的人,教育必须成为受教育者自己的教育。终身教育和终身学习蔚然成风,经济社会将演进为学习型社会,学习成为每个社会成员一项经常的、重要的活动。创建学习型社会有赖于终身教育思想的普及,同时有利于终身教育的实施与提高。

第三节 储蓄与投资

这一节分析人们的消费和储蓄行为。一个国家的储蓄水平是成千上万个家庭储蓄

决策的结果,而每个家庭的储蓄水平又与储蓄的动机、利率变动以及消费等因素有关。家庭消费是指花费在最终产品与服务上且能符合需要和获得满意的各项开支,家庭储蓄是指可支配收入中未用于消费的部分。即一个家庭的可支配收入总等于储蓄和消费之和。在家庭可支配收入既定的条件下,当期消费越多,储蓄越少;反之,若当期消费越少,储蓄越多。储蓄最终将转化成一国的投资,而投资水平又直接影响到经济的增长速度。

一、消费与储蓄

消费和储蓄是家庭面临的最基本的决策。为了解每一个家庭为什么储蓄以及他们选择哪种适合自己的消费和储蓄的比例,有必要分析家庭储蓄的动机以及各种影响家庭消费和储蓄之间比例的因素。

1. 储蓄的动机

一般来说,每一个家庭多少都会有一定比例的储蓄,他们或者为子女上学,或者为了预防不可预料的意外发生等。但从经济学的角度来看,可以将家庭储蓄的动机分为以下几种情况。

1)生命周期储蓄动机

按照凯恩斯边际消费倾向递减规律(参见第十章),在经济增长时期,国民收入中的总储蓄部分将稳定增长。这一思想受到经济学家西蒙·库兹涅茨(Simon Kuznets)的质疑。库兹涅茨利用统计方法研究后认为,凯恩斯的理论与美国实际统计数据相矛盾:在美国,尽管个人收入有了巨大增长,但储蓄在国民收入中的比重并没有稳定上升。这种矛盾被认为是一种悖论,很快成为经济研究的对象。1985 年诺贝尔经济学奖得主、美国麻省理工学院的弗兰科·莫迪利安尼(Franco Modigliani)与他的助手合作发表了两篇重要论文,即《效用分析和消费函数:跨部门数据的一个解释》和《效用分析和总量消费函数:统一的尝试》,系统地研究了人们在储蓄行为方面的动机,提出了生命周期假说。这一假说源于一个简单的思想,即人们为退休而进行储蓄,因此他们在工作时期积累储蓄以便能够在退休时期消费。该假说的一个严格的数学形式引出了一系列利用以往的理论无法得出的结论,比如,个人的储蓄不仅取决于他的收入,还取决于他的健康状况、预期收入和年龄。这一假说还使对凯恩斯－库兹涅茨悖论进行合理解释成为可能。通过生命周期假说,莫迪利安尼创建了一个家庭储蓄的理论——生命周期储蓄理论,人们进行储蓄的动机来自于对生命周期的理解。人们通常喜欢将他们的收入均匀分配在所有时期上,而不是在工作时期消费得很多,而在退休时期消费得很少。

图 3－10 是对生命周期储蓄模型的一个简单描述。在任何给定的时间上,一个人一生的总财富不过是过去储蓄的总和。图3－10显示了某一消费者的储蓄和他所积累的财富。他在 25 岁时得到第一份工作,工作到 60 岁,预期活到 95 岁。假设他从 25 岁到 60 岁这 35 年中每年赚的钱和储蓄的钱保持不变。在 60 岁时储蓄达到顶峰,此时他开始花费储蓄,直到 95 岁时花完为止。曲线的形状反映了复式利息。随着他财富的增加他赚得的利息也增加,这些利息每年都加到新的储蓄上。因此曲线的斜率在 60 岁以

前越来越大,而在60岁之后情况与之类似。

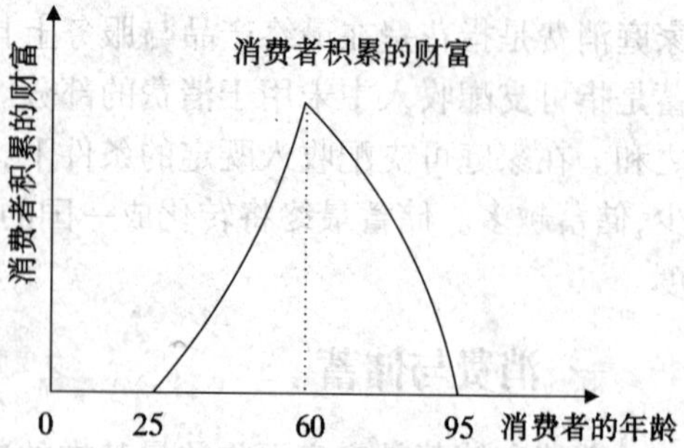

图3-10　生命周期储蓄

现实中大多数人的生命周期比图3-10描述的要复杂得多。由于技能和经验的增长,大多数人在40岁或50岁时赚的钱要比他们在20岁或30岁时赚的钱多得多,而在20多岁这个阶段的储蓄相对于40多岁和50多岁这个阶段来说则相对较少。这两点显然与前面提到的假设每年赚的钱和储蓄的钱都保持不变相悖。尽管如此,图3-10中的简化例子仍然对一般的储蓄行为方式提供了一个大致概念。这个例子也使得考虑什么利息率适用于这一问题变得更容易。如果此人计划工作35年,退休后再生活35年。作为一个结果,可以设想,在60岁时他将靠25岁以后开始的储蓄和积累的利息生活,在61岁时花费26岁时的储蓄和利息,等等。这就是为什么当他考虑储蓄回报时必须考虑到35岁的年龄范围。

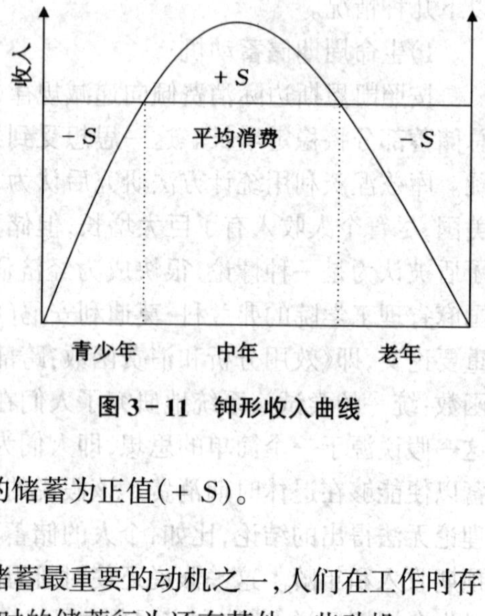

图3-11　钟形收入曲线

从以上分析生命储蓄动机的过程中,还可以预期人们在一生中不同阶段的收入水平与其一生平均消费水平的相互关系状况,图3-11表示了这种关系。

横轴将一个人一生分为三个阶段,即青少年、中年、老年;纵轴表示在不同阶段的收入和消费水平。从图3-11可以看出,在青少年和老年时期的收入水平低于他一生的平均消费水平。因此,相对于平均消费水平而言,他在这一阶段的储蓄是负值(-S)。而在中年时期正是他最能干的时期,此时的收入水平高于一生的平均消费水平,在这一阶段他的储蓄为正值(+S)。

2)储蓄的其他动机

如上所述,保证退休后的一定生活水平是储蓄最重要的动机之一,人们在工作时存钱,以便能够在退休后消费。除此之外,人们平时的储蓄行为还有其他一些动机。

首先,储蓄的均衡收入动机。这一动机是由美国斯坦福大学的诺贝尔经济学奖得主米尔顿·弗里德曼(Milton Friedman)提出的。弗里德曼在研究永久收入理论(permanent income theory)时发现,许多人在职业生涯中经常要面对不确定的年收入,对于收益波动性大的行业中的普通工作者来说尤其是如此。他们的收入在不同年份变化很大,他们不能为这种收入变化的风险购买保险。于是,对于收入不确定的从业者来说储蓄是十分必要的,这不仅是为退休时期做准备(生命周期动机),而且也是为了使其在工作时期能度过坏年景。他们想尽量减少收入在不同年度的波动。弗里德曼注意到这些人的储蓄确实大于那些收入更稳定的人们。这里弗里德曼强调了消费同人们的永久收入有关，这种收入是好年景与坏年景收入的平均数。因此，如果人们有一个不寻常的好年景，大多数"额外"收入将被储蓄起来，以便在不寻常的坏年景使用。弗里德曼的永久收入理论和莫迪利安尼的生命周期理论事实上非常相似，他们都认为人们通过储蓄来取得更均衡的消费。弗里德曼强调了储蓄在好的工作年景和坏的工作年景之间所起到的稳定作用，而莫迪利安尼则强调了储蓄在工作阶段和退休阶段之间起到的稳定作用。

其次，目标储蓄动机。人们储蓄是为了一些特定的目标，诸如为了支付购买住宅、汽车的现金部分，或为了支付孩子的教育费用。在商业银行没有为学生提供助学贷款业务以前，在校大学生很难申请到贷款。如果他们得不到奖学金，他们或他们的家庭就必须为能够接受高等教育这一目标而储蓄。

再次，一些人储蓄是为了给子女留下一份遗产，这被称做遗产动机。在某种意义上，具有这样动机的人不是以自利的方式行动。他们牺牲了本来可以享有的消费，以提高子女或孙辈的消费。在收入既定的前提下，父母的消费越少，留给孩子的越多。然而，也有人把父辈们的这种行为解释成是以自利的方式行动，认为他们是从对孩子的馈赠中得到快乐，他们的动机是增加自己的快乐，而不是利他的。当然，一些人通过许诺遗产而从孩子和孙辈那里得到更好的待遇，这也是事实。应该说，这种动机的一般功能是实现了收入在代际间的转移。

最后，在人们的日常生活中可能出现无法预料的对资金的需要，如在就医和意外事故上的花费，被称为谨慎储蓄。谨慎储蓄来源于市场经济基本模型无法解决的另一个问题。对于一些人们想要的重要东西，市场并不存在。一个人无法为他可能面临的诸多风险购买保险。一旦他打算在各种紧急情况出现时有钱支付，理性的选择是他必须储蓄。

2. 当期消费与未来消费

假设人们以一种理性的方式花钱，当人们在做储蓄决策时，实质上是在做出关于何时消费或花钱的决策，也即他们面临着当期消费与未来消费之间的替换关系。如果人们今天消费得少，即如果今天储蓄得多，那么他们就可以在明天消费得多。可以利用预算约束来分析这种选择。预算约束可以用来显示在两个时期消费之间的选择，而不是在两种商品之间选择。

如图 3-12 所示，某消费者一生由两个阶段组成，即当前工作时期和未来退休时期。他将面临着图中所描绘的一生的预算约束。横轴表示当前时期的消费支出，纵轴表示未来时期的消费支出。在其工作生涯（当前时期）中的工资是 w。因此，一个极端，他在现期消费掉所有的工资（C 点），一点也不给退休后即未来时期留下。另一个极端，他可以在当前时期不消费，将所有的收入储蓄，在未来时期消费他的储蓄以及积累的利息（B 点）。如果用 r 表示利息率，在未来时期他的消费是 $w(1+r)$。

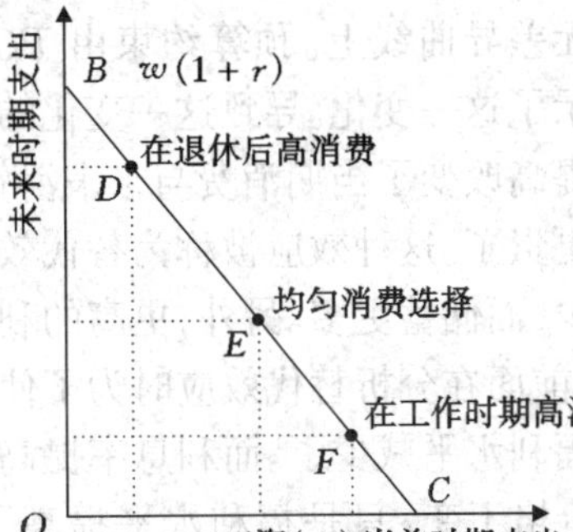

图 3-12 当期与未来的消费决策

位于两个端点之间的直线定义了他的其余所有可能的选择。他可以选择在这一直线上的当前时期和未来时期消费的任何组合。

通过推迟消费，即通过储蓄，该消费者可以增加可得到的商品的总量，因为他从储蓄中得到了利息。然而，代价是他必须为享用这些商品而等待。最后，他依据个人的偏好，在这条预算约束线上进行选择。例如，在 D 点上，他在当前时期的消费非常少，因而现在消费任何稍许的增加会有较高的边际效用。相对而言，他会渴望把未来的消费替换成现在的消费。另一种比较极端的情况，比如说在 F 点，增加今天的消费将导致相对较低的边际效用，而减少当前消费，会使未来的消费有较高的边际效用。因此，相对而言，他渴望为未来储蓄得更多。他在两者之间选择一点 E，在这一点上在两个时期的消费没有太大的差别。他使他的消费均匀化了，也就是说消费在两个不同的时期大致相同。

3. 利率变动的收入效应和替代效应

以上讨论了在固定利率下某消费者如何在当前消费和未来消费之间做出选择，考虑了个人偏好之后，他最后选择了 E 点。现在分别讨论当利率变动时对储蓄者和借款者做出决策的影响，并且将发现他们做出的最后决策是利率变动的收入效应和替代效应共同作用的结果。

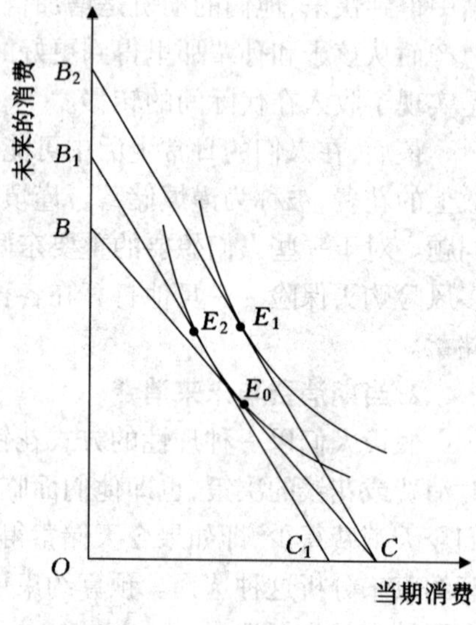

图 3-13　利率提高对储蓄者的收入效应和替代效应

图 3-13 表示某储蓄者在年轻时工作并为退休而储蓄的情况。纵轴给出了未来的消费，横轴表示当期的消费。利息率增加后，先考虑两种极端的情况：如果他选择把所有的可支配收入都用于当期的消费则对他没有影响，对应于曲线上的 C 点；如果他把所有的可支配收入都留做未来的消费时，能得到更大的收益，对应于 B_2 点，最终的结果是使预算约束线由 BC 顺时针旋转到 B_2C。将这个变化分解成两步：首先，保持该储蓄者的福利不变，即利息率变化后他仍然在同一条无差异曲线上。预算约束由 BC 移动到 B_1C_1 表示了这一变化。导致这一变化的原因是储蓄率的提高改变了当期消费与未来消费之间的相对价格。当期消费一单位的货币相对于未来更贵了。这种效应被称为替代效应。他选择从 E_0 移动到 E_2，即替代效应使当期消费减少，而储蓄更多。另外，更高的利息率意味着他的处境更好，因为他从储蓄中得到的更多。前面在分析替代效应时为了使他在利率提高后保持在同一条无差异曲线上，假设他的福利水平减少了。而利息率提高后他实际的预算约束为 B_2C，平行于 B_1C_1。因为相对价格不变，只是福利水平提高了，该储蓄者感觉变得更富有。他选择从 E_2 移动到 E_1。这种效应被称为收入效应，即收入效应使他现在消费更多，而储蓄减少。

由此可见，替代效应和收入效应的作用方向相反。替代效应使储蓄者的储蓄更多，收入效应使他储蓄更少，净效应是不确定的，在图3－13的例子中储蓄有少量增加。

现在考察某借款者在利率变动时做出的反应。假设银行愿意借钱给他是因为他有一份可继承的财产作为保障。图3－14表示了他的预算约束，横轴表示继承遗产前的消费，纵轴表示继承遗产后的消费。

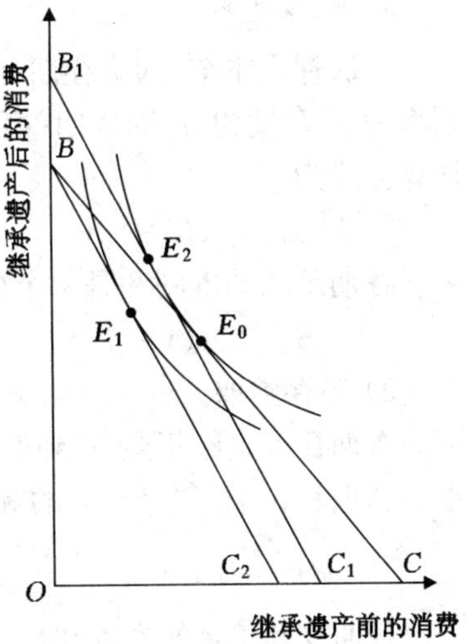

图3－14　利率提高对借款者的收入效应和替代效应

假设利息率增加，预算约束将再一次由 BC 顺时针旋转到 BC_2，但这次它是围绕纵轴上的 B 点旋转。如果借款人选择现在不进行任何消费，因而不用借钱，他也不会受利率变动的影响。但现在他决定在继承遗产前就进行消费，因此他必须借钱。如果利率提高了，他不得不支付更高的利息，他的处境变得更坏。最初他选择 E_0 点，现在他选择 E_1 点。同样，可将这一变化过程分解为两步。第一步是替代效应由 E_0 到 E_2。这是利率提高后，保持借款人在同一条无差异曲线上移动的足够收入的情况下，预算约束 B_1C_1 和无差异曲线相切得到的结果。第二步是收入效应由 E_2 到 E_1 的移动，即收入减少而利率不变的情形下，预算约束 BC_2 和新的无差异曲线相切的结果。由此可见，收入效应和替代效应对于借款者来说作用方向相互加强。在更高的利率下，收入效应和替代效应都使当前的消费更少，而在未来消费得更多。

二、家庭投资

广义地讲，投资是指为了得到回报而购买一种资产。从经济整体的角度出发，投资分为实产投资和金融投资两类。实产投资包括对新机器和新工厂的购买，而金融投资包括银行存款、股票、债券等等。两个市场是相互联系的。人们的金融投资为厂商提供了进行实产投资所需要的资金。以下讨论的家庭投资主要是指金融投资。家庭金融投资的形式也日益多样化。

1. 存款

银行存款是家庭可以将储蓄用于投资的最常见的一种投资方式。银行储蓄账户有三个好处，即支付利息、流动性① 强以及安全，因为即使银行自身破产了，还有政府作为保障。由于以上特征，对于那些谨慎而有可能随时用钱的人来说储蓄是最好不过的选择了。银行储蓄存款也有缺点，即较低的收益率。实际利息应在考虑通货膨胀率后加以计算，即：实际利率＝名义利率－通货膨胀率，并且利息还得缴纳个人所得税。

我国储蓄存款分为活期存款和定期存款。后者又分为以下几种。

---

① 流动性是指投资能被转变成现金的便利程度，具有完全流动性的投资可以迅速并且价值不受损失地被转变成现金。

1）整存整取

一次存入本金，约定存期，到期按利率一次付给本利和。设本金为 A，本利和为 S，利率为 r，存期为 n，则各期单利的本利和是一个公差为 Ar 的等差数列，到期本利和的计算公式为

$$S_n = A(1 + nr) \tag{3-8}$$

各期复利的本利和是一个公比为 $(1 + r)$ 的等比数列。到期本利和的计算公式为

$$S_n = A(1 + r)^n \tag{3-9}$$

2）零存整取

每期存入定额年金 a，到期按利率一次付给本利和，又称年金终值。各期单利年金本利和也是一个公差为 ar 的等差数列。到期本利和的计算公式为

$$S_n = na + na\frac{n+1}{2}r \tag{3-10}$$

各期复利年金的本利和也是一个公比为 $(1 + r)$ 的等比数列，到期本利和的计算公式为

$$S_n = a\left(\frac{1+r}{r}\right)[(1 + r)^n - 1] \tag{3-11}$$

3）整存零取

与零存整取相反，每期取出定额年金 a，但在初期一次存入各期年金的贴现值，又称年金现值。所谓贴现值，就是将未来的一笔金额，扣除利息后折合成现在的金额。若为单利，只需将整存整取本利和的计算公式 $S_n = A(1 + nr)$ 中的本金 A 变成本利和 S_n 即可。设现值为 P，则

$$P = A = \frac{S_n}{1 + nr} \tag{3-12}$$

若为复利，同样将 $S_n = A(1 + r)^n$ 中本金变成本利和，即现值

$$P = A = \frac{S_n}{(1 + r)^n} \tag{3-13}$$

由此可得各期年金单利现值之和为

$$P = \sum_{i=1}^{n} \frac{a}{1 + ir} \tag{3-14}$$

各期复利年金现值之和为

$$P = \frac{a}{r}[1 - (1 + r)^{-n}] \tag{3-15}$$

2. 债券投资

债券是政府或企业在特定的时间内对其借款承担还本付息义务的有价证券，期限可以是几个月、几年或几十年，大部分都在市场上自由流通。由于债券必须通过证券市场买卖，债券价格也不断波动，流动性和安全性比储蓄存款稍差，但利息率也略高。相对来说，政府债券的安全性高于企业债券，而企业债券的利息率高于政府债券。

1）债券价格

债券一般标定面值和利率，面值乘以利率便是债券利息。有的债券在发行时按面

值出售,到期还本付息;有的债券在发行时按面值的某一折扣出售,到期按面值还本;有的债券既在发行时打折扣,又在还本时付息。至于证券市场上的价格更是经常波动。设债券面值为 P_N,债券利率为 r,市场利率为 i,债券价格为 P_M,则

$$P_M = \frac{P_N \cdot r}{i} \tag{3-16}$$

上式表明,债券价格与市场利率成反比:

$i > r \qquad P_M < P_N$

$i = r \qquad P_M = P_N$

$i < r \qquad P_M > P_N$

2)债券收益率

债券收益率是购买债券的收益与投入本金之比。显然,只有当债券的价格与面值一致时,收益率与债券利率才是相等的。债券收益率取决于债券的利率、债券价格与其面值的差额、债券的还本期限等。以下分别考察三种不同的年收益率。

(1)当年收益率　设债券当年收益率为 R_c,则

$$R_c = \frac{P_N \cdot r}{P_M} \cdot 100\% \tag{3-17}$$

上式表明,当年债券收益率与债券价格成反比:

$P_M > P_N \qquad R_c < r$

$P_M = P_N \qquad R_c = r$

$P_M < P_N \qquad R_c > r$

(2)期满年收益率　设还本期 T 为一年以上,期满年收益率为 R_M,则

$$R_M = \frac{P_N \cdot r + \dfrac{P_N - P_M}{T}}{\dfrac{1}{2}(P_N + P_M)} \cdot 100\% \tag{3-18}$$

上式表明,期满年收益率也与债券价格成反比。若债券价格高于债券面值,债券期满年收益率小于债券利率;若债券价格低于债券面值,债券期满年收益率大于债券利率。

(3)转卖年收益率　债券持有者往往不到还本期就将债券卖给他人。这时,若转卖价格等于购进价格,仍用上面期满年收益率公式计算年收益率,只是将还本期 T 改为持有期 T' 即可。若转卖价格不等于购进价格,则必须以转卖价格与购进价格之差代替债券面值与债券价格之差。设转卖年收益率为 R_T,转卖价格为 P_T,则

$$R_T = \frac{P_N \cdot r + \dfrac{P_T - P_M}{T'}}{\dfrac{1}{2}(P_N + P_M)} \cdot 100\% \tag{3-19}$$

3)债券的风险影响因素

以上分析表明,购买债券的收益率是不确定的。从债券定价的角度考虑,当债券的现金流序列确定以后,到期收益率即折现率是决定债券现值的惟一因素。因此需要考虑债券的风险影响因素,即考虑以下可能影响到期收益率的因素。

(1)实际无风险利率　这一因素对所有债券都是相同的,通常以短期国库券的到期收益率为代表。

(2)通货膨胀率　通货膨胀率的预期对债券的到期收益率有直接影响。预期通货膨胀率高,则债券持有人要求的回报率便相应增高。债券期限越长,受通货膨胀不确定性影响因素越大。

(3)违约风险　政府债券一般不存在违约风险,而企业债券一般都存在违约风险。由于不同企业经营状况不同,违约风险大小各异。垃圾债券(junk bond)的违约风险最大。债券的违约风险越大,投资者要求的回报率越高。

(4)流动性　有些债券不能上市交易,流动性差。一般情况国债的流动性好于企业债券,大企业债券的流动性好于小企业的。流动性越差,投资者要求的回报率越高。

(5)期限风险　期限风险主要是利率,即由于利率的变化导致实现收益的不确定性。期限越长,利息变化的可能性越大,债权人要求的回报率越高。

3. 股票投资

我国《公司法》规定,股票是股份有限公司签发的证明股东所持股份并享有一定权益的有价证券。股票有很多种分类,通常分为记名股票与无记名股票、单数股票与复数股票以及国有股、法人股和个人股等。股票没有期限,不能退股,但可以自由在证券市场上转让。股票按面值或面值以下发行以后,将随市场不断波动,甚至大起大落。股票与债券相比,流动性不相上下,但风险性大得多,获利也高得多。

1) 股票投资收益

股票投资总收益由两部分构成:一部分是股利,包括按股东所持股份分配的利息和赢利良好时的分红;一部分是股值,即购入股票后因股价变动而产生的资本损益。总收益扣除佣金和税款,便是股票投资的净收益。一般来说,比较稳健的股东从事长期投资,重在股利;喜欢冒险的股东从事短期操作,重在股值。设股票购入价格为 P_b,售出价格为 P_s,股息和红利为 D,佣金为 C,税款为 T,则股票收益率

$$R_s = \frac{P_s + D - (P_b + C + T)}{P_b} \cdot 100\% \tag{3-20}$$

2)影响股价变动的因素

股票是价格变动最为剧烈的证券。一般来说,股价取决于以下五个方面的因素。

(1)国际关系　包括政治、经济、金融、军事、外交等。

(2)国内形势　包括政治稳定、经济增长、资金市场、经济政策等。

(3)行业发展　包括公司所处行业的生命周期、公司在行业中的绝对地位和相对地位。

(4)公司绩效　包括公司的治理结构、资产质量、经营业绩、发展规划等。

(5)证券市场　包括证券市场的规模及其影响力、投资主体及其构成、市场运作及其规范性等。

从证券史来看,股价波动虽然剧烈,长期趋势是上升的,股票投资的收益远高于其他证券投资。但我国证券市场尚处于起步阶段,规模比较小,运作不规范,具有较大的

随机性。

4.基金投资

基金是一种利益共享、风险共担的集合证券投资方式，即通过基金发行单位，集中投资者的资金，由基金托管人托管，由基金管理人管理和运用资金，从事股票、债券等金融工具投资，并将投资收益按比例进行分配的一种间接投资方式。其思想即“不要把所有的鸡蛋放到一个篮子里”，以达到优化投资组合、分散投资风险的目的。

作为适应市场经济发展到一定程度的结果，基金主要具有以下一些特点：

①投资来源广、规模大、管理专业化、操作合理化；

②是一种间接投资方式，即投资者是通过购买基金而投资于证券市场的；

③投资额度不受限制，投资费用低；

④组合投资，分散风险；

⑤流动性强。

基金依据不同的标准可以分为不同的种类。依据基金的交易方式，可以将基金分为开放式基金和封闭式基金。封闭式基金(closed - end fund)是指基金资本总额及发行份数在发行之前就已经确定，在发行完毕后和规定的期限内基金资本总额及发行份数都保持固定不变的投资基金。由于封闭式基金的股票或收益凭证不能被追加认购或赎回，投资者只能通过证券投资商在证券交易市场上买卖基金。开放式基金(open - end fund)是指基金资本总额或股份总额可以随时变动，即可以根据市场供求情况发行新份额或赎回股份的投资基金。另外依据基金的投资标的不同，可以将其分为股票基金(stock fund)、债券基金(bond fund)、货币市场基金(money market fund)、贵金属基金(precious metals fund)和衍生证券基金(derivative securities fund)等；依据基金的投资目标差异，基金又可以分为积极成长型基金、成长型基金、成长与收入型基金、平衡型基金和收入型基金等。

投资于基金的好处是能得到比银行账户更高的利息率的同时仍享有流动性。基金的经营者知道，平均而论，大多数人将把他们的钱留在基金的账户上，在一些人从账户上取走钱的同时，另一些人会增加投在基金上的钱。因此，他们能够将资金的大部分投入到有价证券上并且不必为提前取款支付罚款。以这种方法，投资基金给了投资者资金存取的便利，同时向他们提供了比银行存款更高的收益。

证券投资组合的预期收益率是各个证券的预期收益率的简单的加权平均值，权重是在投资总额中的比重，即

$$E(R_p) = \sum_{i=1}^{n} \beta_i E(r_i) \tag{3-21}$$

式中：$E(R_p)$为投资组合的投资预期收益率；$E(r_i)$为某种证券投资的预期收益率；β_i是某种证券投资占证券投资总额的比重，$\sum_{i=1}^{n} \beta_i = 1$。

5.住房投资

购买住宅是许多家庭另外的一种投资方式。商业银行通过发放住房贷款，推动家

庭购买住宅。设想,在今后逐步提高房租的情况下,如果历年房租的贴现值超过住宅的售价,租房便不如购房。此外,随着时间的推移,住宅的价格通常是不断上升的。因此,与投资于其他(如股票等)金融资产相比,投资于住宅等不动产要安全得多。

以下将上面所讨论的各种投资方式的流动性、收益率高低、风险大小放在表 3-1 中比较。

表 3-1 家庭投资方式比较

投资方式	流动性	收益性	风险性
存款	最高	最低	最低
债券	较高	较低	较低
股票	高	最高	最高
基金	较高	较高	较高
住宅	低	低	低

第四节 投资风险决策

一般认为,一种投资的风险是与其回报率联系在一起的。本节从回报率的含义入手,讨论风险的描述、偏好,进一步阐述如何规避投资风险。

一、风险的描述

1.风险的含义

风险(risk)是指一特定策略所带来结果的变动性的大小。决策者虽然不能肯定经济决策一定会发生某种结果,但有时可以知道发生的概率。如果一个决策只有一个可能结果,就说它没有什么风险;如果有许多可能结果,且这些结果回报的收益差别很大,就说它风险很大。财务学上风险就是不确定性,是指偏离预定目标的程度。对于投资来说,投资的风险就是回报率对期望值偏离的程度,可以用概率、期望值、方差描述。

2.风险的描述

1)概率(probability)

概率是结果状态出现的可能性。如果事件不发生,它的概率是 0;如果事件确定发生,那么它的概率是 1。如果一个事件有可能发生,但又不能确定,那么它的概率就介于 0 与 1 之间。对于给定的随机情况,它所有结果状态的概率之和等于 1,因为可以确定必有一种结果状态将出现。因此,如果仅有两个结果状态,第一种结果状态出现的概率为 ρ,则第二种结果状态所出现的概率为 $1-\rho$。

如果一个决策有多种可能结果,且这些结果发生的概率为已知,这种决策就是在风险条件下的决策。那么如果已知一个决策结果的概率分布,就可以用该分布的统计量评价风险。

2)期望值(expected value)

期望值是依赖于结果状态变量的平均值。期望值用于估计随机事件出现的结果。假设变量 X 依赖于结果状态,X 的期望值就是“平均”发生的 X 值。为了找出 X 的期望值,测量 X 在每一种结果状态下的值,这要依据 X 发生的每一种状态下的概率。假设有两种可能的结果状态,在状态1下 X 的值为X_1,在状态2下 X 的值为X_2。如果结果状态1的概率为 ρ ,则可得

$$E(X)(X\text{ 的期望值}) = \rho \cdot X_1 + (1-\rho) \cdot X_2 \tag{3-22}$$

期望值在一定意义下表示随机变量的平均值,它反映了随机变量取值的集中位置。对于一投资项目,它反映了各种结果出现的平均收益,投资者以此来评价投资项目的最可能收益情况。

3)方差(variance)

要表现随机变量的分布特征,单凭随机变量的期望值是不够的。因为当一个随机变量取值时,取值有的比期望值大,有的比期望值小,存在一个偏差。因此,单凭期望值不能客观地评价随机变量的分布情况,要借助于方差这一统计量来衡量一个随机变量的离散程度。同样假设有两种可能的结果出现,则可得

$$D(X)(X\text{ 的方差}) = (X_1 - E(X))^2 + (X_2 - E(X))^2 \tag{3-23}$$

对于一项投资,投资者不仅要考虑每种结果出现的概率和每种结果出现的平均收益,而且要考虑每种结果出现的波动情况。两个互斥型的项目,如果其期望值相同,那么方差小的投资项目相对于方差大的投资项目来讲(不考虑别的因素),风险就较小。

二、风险的偏好

有效市场的实践表明,风险与回报是高度正相关的。高回报伴随着高风险,低回报伴随着低风险。想要降低风险就需要牺牲期望回报,而为了得到更多的期望回报就需要承担更大的风险。因此,任何决策都反映投资者对风险的态度即偏好,不同的人对待风险的偏好差别很大。例如,有些投资者对承担风险非常厌恶,以致他们把所有的资产都存入有政府担保的国有银行;另一些人则愿意承担所有的风险,他们可以将所有的资产投于高风险的事业。投资者风险偏好(risk preference)具体包括以下三种类型。

1. 风险-厌恶型(risk averse)

假定投资者得到收益就能得到满足,收益越多,满足程度就越大。经济学家用“效用”这一术语来度量满足的程度。尽管一个人的满足程度实际上是很难精确度量的,但假设它还是可以的。

对同样期望值有不确定情况和确定情况。如果一个人偏好后者,那么他是厌恶风险的,是风险-厌恶型的投资者。图3-15(a)表示了风险-厌恶型投资者认为的效用和收益之间的相互关系。效用随收益的增加而增加,但效用的增加速度是递减的。因此,该函数在水平轴一面呈凹形,具有这种效用函数的投资者为风险-厌恶型。

假定风险-厌恶型投资者有10 000元,有人建议他玩抛硬币的游戏。如果正面朝上,他可以赢得5 000元;如果反面朝上,他就输5 000元。现在,他面临两种选择:如果放弃这一游戏,他就肯定有10 000元的收益,这一选择称为确定性前景(certain prospect);如果参加这一游戏,他有0.5的概率拥有15 000元的收益,有0.5的概率拥有5 000元。后一选择称为不确定性前景(uncertain prospect)。不确定性前景收益的期望值是10 000元,即

$$E(X) = 0.5(5\,000) + 0.5\,(15\,000) = 10\,000(\text{元})$$

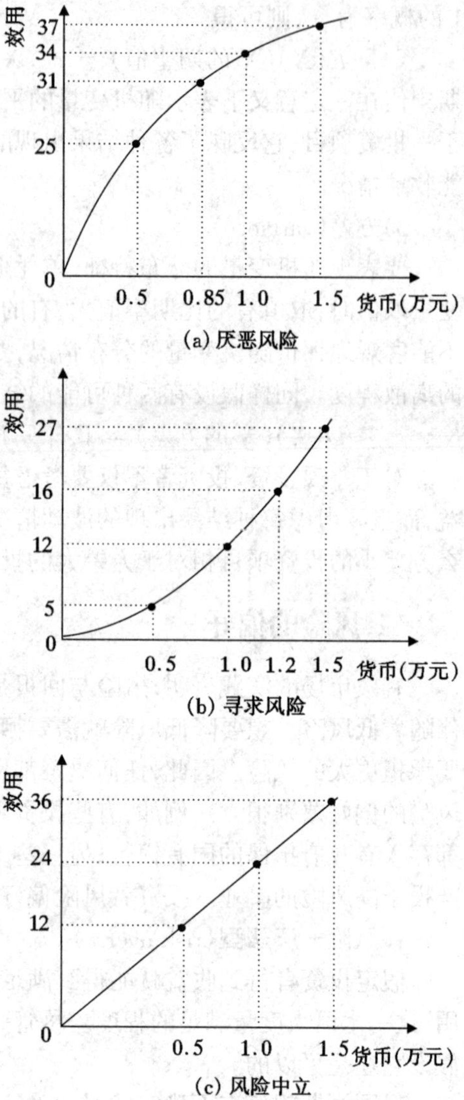

(a) 厌恶风险

(b) 寻求风险

(c) 风险中立

图 3-15　风险偏好图

这与确定性前景的收益是一样的。再用每 1 元带来的效用进行分析。对于一个风险－厌恶型的投资者来说，可以如图 3-15(a)那样的函数把货币收益转换为效用。确定性前景(即拥有 10 000 元)的效用约为 34。不确定性前景的效用的期望值可确定如下:与 5 000 元收益相当的效用值为 25;与 15 000 元相当的为 37。因此,把这些效用值代入收益,可得出效用的期望值为

$$E(X)_U = 0.5(25) + 0.5(37) = 31$$

这要少于确定性前景的效用(34)。因此。谋求效用最大的投资者情愿选择确定性前景,即不参加这一游戏。

值得注意的是,确定地拥有 8 500 元也能得到 31 的效用。这笔钱就称为这一游戏的确定性等价(certainty equivalent)。风险－厌恶型的投资者最多愿意支付 1 500 元(即游戏的期望值与确定性等价之间的差额)来逃避这一游戏。

2. 风险－寻求型(risk seeking)

对有同样期望值的不确定情况和确定性情况,如果投资者偏好前者,那么他就是喜欢风险的,即属于风险－寻求型。寻求风险的投资者偏好不确定的事而不是确定的事。风险－寻求型效用函数的斜率是递增的,如图 3-15(b)所示。这里,每增加 1 元所增加的效用要大于以前的 1 元。确定性前景的效用水平是 12;不确定性前景的期望值效用为 16,即

$$E(X)_U = 0.5(5) + 0.5(27) = 16$$

这里 5 000 元和 15 000 元的效用水平分别为 5 和 27。这一不确定性前景的效用期望值(16)大于确定性前景的效用值(12)。因此,这种人就会情愿选择不确定性前景,即使期望的金钱收益回报是一样的。在效用函数上,当效用水平为 16 时,货币的数量为 12 000 元,这 12 000 元就是这一游戏的确定性等价。在这一情况下,风险－寻求型的投资者就会愿意多付出2 000元来玩这一游戏。

3. 风险－中立型(risk natural)

当投资者在面对所有期望值相同的选择时，他并不介意选择哪一种，各种选择的效用值对他来讲都是一样的，那么这种投资者被认为是风险中立的。这样的投资者认为，只要两个结果具有同样的期望值，无论一种结果比另一种结果更加不确定与否，效用都是相同的。

在这里不确定性前景的效用期望值与确定性前景相等，而且两者的期望金钱值也相等。不确定性前景的期望效用为 24，即 $0.5(12)+0.5(36)=24$。确定性前景 10 000 元的效用也是 24。因此，游戏的确定性等价(10 000 元)与游戏的期望金钱相等，就称此人为风险－中立型的，如图 3－15(c)所示。

此外，还可以从另外的角度定义风险的偏好。如果一个人拥有的财富数量为 W，是已知的和确定的。若效用函数已知，那么这笔财富的效用也就是已知的和确定的。假设最初的财富数量为 100 元，此人的效用函数为财富的自然对数，即

$$U=\ln W$$

那么，最初 100 元财富的效用就是 4.61(即 $\ln 100=4.61$)。现假定此人面临一次游戏，其概率分布是：赢 80 元的概率是 0.5，输 80 元的概率也是 0.5。这是一次公平的游戏，因为期望值是零。在游戏结束后，此人的财富要么为 20 元，要么为 180 元，取决于变量会发生哪种结果，即在最初的 100 元财富上，或再赢 80 元，或输掉 80 元。如果此人参加这一游戏，期望财富是 100 元，即

$$E(W)=0.5(20)+0.5(180)=100(\text{元})$$

他的效用为 4.61，即期望财富的效用(utility of expected wealth)为

$$U[E(W)]=\ln[E(W)]=\ln 100=4.61$$

财富的期望效用(expected utility of wealth)则为

$$\begin{aligned}E[U(W)]&=0.5[U(20)]+0.5[U(180)]\\&=0.5[\ln 20]+0.5[\ln 180]\\&=4.10\end{aligned}$$

通过以上计算可知，期望财富的效用不过是此人拥有 100 元产生的效用。在游戏玩完之后，此人实际拥有财富或者是 20 元，或者是 180 元。这两笔财富的效用分别为 $\ln 20=3.00$ 和 $\ln 180=5.19$。把这两个效用值分别乘以相应的概率，就可算出财富的期望效用。

这就引出了偏好的另一定义。依据投资者对于期望财富的效用与财富的期望效用的不同，把投资者分为以下三类：

$U[E(W)]>E[U(W)]$ ………………………… 风险－厌恶

$U[E(W)]<E[U(W)]$ ………………………… 风险－寻求

$U[E(W)]=E[U(W)]$ ………………………… 风险－中立

不同的决策者对同一风险会有不同的偏好，而同一决策者对不同的风险也会有不同的偏好。例如，一些一向谨小慎微的人通常是风险－厌恶者，他们不愿意去面对风险，但当面对涉及金额很小、高风险高收益的赌局时，他们往往愿意面对风险，付出确定

性等价以取得游戏的机会。盛行的福利彩票、体育彩票得以成功,从经济学角度来讲正是基于此原理。

例 3.1

假定有一名经理需要在两个投资方案 A 和 B 之间做出选择。它们的最初成本均为 10 元,每个方案收益的概率分布、全部净利润的现值如下表所示。

A:

概率(P_i)	收益(X_i)(元)
0.10	-20
0.50	20
0.40	50

B:

概率(P_i)	收益(X_i)(元)
0.20	10
0.40	20
0.40	30

决策者的效用函数是 $U = 100X - X^2$。这里 X 是收益,以元为单位。决策者是属于风险-寻求者、风险-中立者,还是风险-厌恶者?如果目标是期望净现值最大,应该选择哪个投资方案?

解:根据效用函数,通过下面的计算可以看出,决策者是风险-厌恶型的。选出任何两个收益 20 元和 40 元,再任意地为它们分别定一个发生概率,比如说 0.4、0.6。这些收益的期望值为

$$E(X) = 0.4(20) + 0.6(40) = 32 \text{ 元}$$

根据效用函数,20 元与 40 元的效用分别为 1 600 和 2 400。因此,期望效用值为

$$E(X)_U = 0.4(1\,600) + 0.6(2\,400) = 2\,080$$

但如果向此人确定性地提供 32 元(即确定性前景的收益与该投资的期望收益值相等),其效用为 2 176。由于确定性前景的效用大于期望效用值,故此人是风险-厌恶型的。

每个方案的期望回报是:

$$E(X)_A = 0.10(-20) + 0.50(20) + 0.40(50) = 28$$

$$E(X)_B = 0.20(10) + 0.40(20) + 0.40(30) = 22$$

因为 A 的期望值大,故应选方案 A。

三、风险的规避

投资者如何规避风险呢?如何把风险降到可控制范围的最小程度,以获得最大收益呢?下面就从几方面论述风险的规避。

1. 多样化分散风险

各种投资的总风险可以分为两个部分:一部分是系统风险,即普遍影响所有投资机会的共同因素,如经济危机、经济政策危机、政治危机、自然灾害等,这是难以避免的;另一部分是非系统风险,即分别影响有关投资机会的特殊因素,如项目的市场需求、技术水平、盈亏状况乃至人事更迭等。不同项目之间的非系统风险可能正相关,可能负相关,也可能不相关。通过资产组合多样化的方法加以分散,可以最大限度的降低风险。多样化就是对一系列具有不同风险-收益特点的资产进行投资的行动。进行多样化资

产投资，所实现的收益要比选择一种资产投资具有更高的稳定性。投资者实行多样化，就是持有一种资产或投资组合。组合风险就是与一组资产相联系的风险。

(1) 组合的预期收益　当两种或多种资产构成一个组合时，预期收益就等于从每种资产投资得到的预期收益的加权平均数。一般地，由 n 种资产构成的任何组合的预期收益等于每一种投资项目的预期收益乘以此项投资在整个投资组合中的比例，最后再加和在一起。

(2) 组合风险　尽管有两种或多种投资项目构成的投资组合的预期收益可以按照每种投资预期收益的加权平均数来计算，但仅仅计算各种投资项目的加权平均数作为衡量组合风险的指标还是不够的。只要每种投资的收益不是完全正相关的，那么任何投资组合的风险都可以通过多样化降低。因此，通过多样化而达到的风险程度取决于组合中每种投资收益之间的相关程度。相关程度越低，降低风险的可能性就越大，非系统风险就能得到更好的分散。

2. 保险

一个厌恶风险的人不愿意面对增加的风险，并想除去他们不得不面对的风险，于是保险业市场就应运而生了。假定有一名经理，他知道他的烟火生产企业每年能净赚利润 100 000 元，但工厂着火的概率为 0.5。假设工厂被烧毁，重建的成本为 80 000 元。现在有两种可能的结果：工厂被烧毁，净回报为 100 000 元减去 80 000 元，即为 20 000 元；工厂没有着火，净回报为 100 000 元。每一种结果发生的概率为 0.5，那么期望的金钱价值为 60 000 元。

假定经理的效用函数与图 3－16 相似。A 点对应于工厂“被烧毁”的结果(即收益 20 000 元，效用为 100)，D 点对应于“未着火”的结果(收益为 100 000 元，效用为 200)。那么，这一不确定前景的期望效用为 150，即

$$E(X)_U = 0.5(100) + 0.5(200) = 150$$

现在，确定性等价为 40 000 元(即确定性的 40 000 元能产生效用 150，见图 3－16 中的 B 点)。这就意味着谋求利润最大化(但属于风险－厌恶型)的经理愿意最多付出

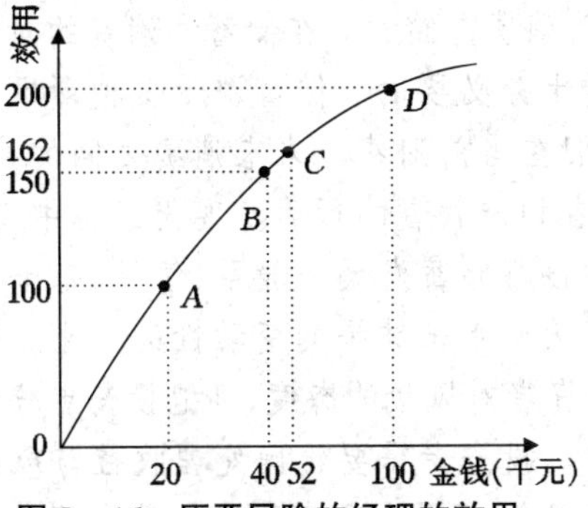

图 3－16　厌恶风险的经理的效用函数图

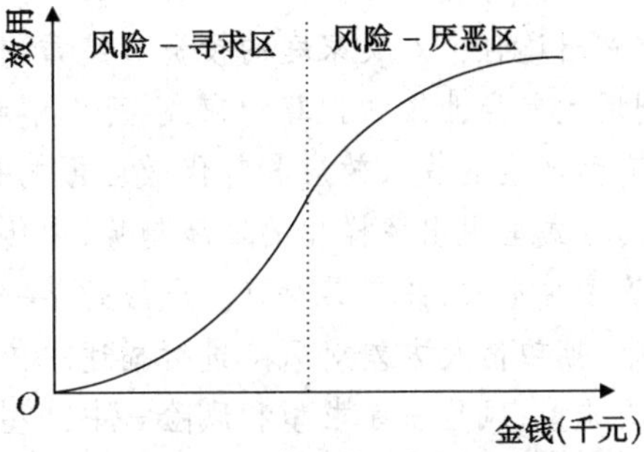

图 3－17　弗里德曼－萨维奇效用函数图

60 000 元为工厂购买火灾保险。因为不管工厂是否着火，有了这一保险就能保证确定

性收入 40 000 元，即经理知道企业获利 40 000 元是有把握的(即 100 000 元利润减去 60 000 元保险费)。如果企业着火，保险公司就为他重建工厂，不需要他花钱。

并不是只有风险厌恶的人购买保险，同样的，有许多人既购买保险，又参加赌博游戏。这似乎是个矛盾。因为这意味着他们同时既是风险－寻求者，又是风险－厌恶者。这种现象可用弗里德曼－萨维奇效用函数解释，如图 3－17。它表示一个人在涉及的投资数额较小时是风险－寻求型的；当涉及的投资金额较多时则是风险－厌恶型的。具有这种效用函数的投资者就会把相对较少的钱用于赌博游戏，但又参加保险以免大的损失。

3. 信息的价值

很多情况下，管理者面对的风险是因缺乏信息而产生的。如果能拥有更多的信息，就可以规避一些风险。例如，证券市场的股价波动存在很大不确定性。为了减少投资风险，很多投资者会在投资决策时收集有关该公司或企业的经营信息特别是财务信息，或者由专业投资公司代理投资服务。

信息的获取对于规避投资风险是很重要的，但信息的获取也不是无偿的，是需要支付成本的。有些时候，完全信息的价值，即信息完全时进行选择的期望收益与信息不完全时进行选择的期望收益之间的差额，甚至不能偿付获取信息的成本。因此，对于信息的获取，也存在一个收益与成本的比较问题。只要获取信息的边际价值大于其边际成本，追求财富最大化的投资者就会愿意为增加信息而支付费用，以达到降低风险的作用。

本章小结

劳动供给受多种因素的影响。劳动和闲暇的边际均等以及工资变动的替代效应和收入效应决定了个人劳动供给曲线。工资水平的差异以及福利和税收对劳动供给会产生影响。教育是人力资本投资的重要形式，而教育与现期消费存在此消彼长的关系，因而产生了教育与消费的选择问题。学校正规教育、在职培训、终身教育都是教育的重要形式。任何个人及家庭的可支配收入最终表现为消费与储蓄。在储蓄和消费的对立统一中，做出适合个人及家庭的投资与储蓄决策是十分必要的。储蓄源于多种动机和目的，利用无差异曲线和预算约束线，可以解释人们在当前消费与未来消费之间的抉择。利率变动产生的收入效应和替代效应影响存款者和借款者的行为。现代经济中，家庭投资的方式呈现出多样化的发展趋势，由传统的银行储蓄发展到股票、债券、基金以及住宅等多种形式，并各具特点。风险是某一特定策略带来结果的变动性的大小。通常用概率、期望值及方差对风险进行描述。依据投资者对风险的态度，可把投资者分为风险－厌恶型、风险－寻求型和风险－中立型三种。投资者需要正确处理收益与风险的关系，规避风险。规避风险可以采用多样化投资组合、保险以及获取有效信息等方式。

复习思考题

1.解释以下概念:保留工资,洛伦茨曲线,基尼系数,人力资本,机会成本,在职培训,一般培训,专门培训,生命周期储蓄动机,钟形收入曲线,永久收入理论,目标储蓄,确定性前景,不确定性前景。

2.请解释劳动供给曲线为什么是一条向后弯曲的曲线。

3.为什么不同的职业之间会存在工资差异?

4.在一个竞争性的劳动市场上,如果均衡工资低于政府规定的最低工资,那么必然会导致失业。这个观点正确吗?请利用本章的理论分析。

5.试述福利与税收对劳动供给的影响。

6.已知洛伦茨曲线是一条符合方程 $y = x^3$ 的曲线,试问基尼系数是多少?

7.西奥多·舒尔茨和加里·贝克尔的人力资本理论的主要观点分别是什么,他们对人力资本理论发展的贡献分别体现在哪里?

8.为什么说人力资本是一种稀缺性资本?

9.简述劳动的供给曲线和需求曲线的形成。

10.请用相关公式解释新职工工资较低的原因。

11.请简要描述人们在一生中不同阶段的收入水平与其一生平均消费水平的相互关系。

12.假设原来的市场利率为5%,现在上升到6%,请问作为存款人在这一利率变动的情形下是愿意更多的储蓄还是更多的消费?请用本章的理论分析。

13.简述一般家庭可以选择的投资方式,并说明各自的优缺点。

14.什么是风险?如何描述风险?

15.投资者风险偏好有哪几种类型?分别描述各自的定义及特点。

16.如何用多样化的方式分散投资的风险?

17.如何解释有人既买保险同时又参加赌博的行为?

18.已知某两家公司股票的投资回报率如下:

概率	回报率(%)	
	甲公司	乙公司
0.2	−20	−5
0.4	−10	4
0.3	20	6
0.1	40	8

请分别计算各自收益的期望值与方差。

19. 如打赌的金额等于你全部的财富,输与赢的概率都是0.5,你是否愿意参与?由此说明你对风险的偏好又是怎样的?试分析。

20. 一条以收入为变量的效用函数曲线 $U(I)$,使在收入较低时投资者为风险-寻求型,在收入较高时为风险-厌恶型。这样的效用函数可能存在吗?为什么?

21. 以下函数均为投资者的效用函数,请对他们的风险偏好进行分辨:

1) $U = M + 0.25M^2$

2) $U = 10M$

3) $U = 500M - 2M^2$

22. 假定某人原有财富1 000元,他的效用函数为 $U = \ln W$,其中 W 是财富。假如有人建议此人参加金额为100元输赢概率各半的赌局。请回答以下问题:

1)计算其原有财富的效用水平。

2)如果参加这一赌局,计算其期望财富、期望财富的效用和财富的期望效用。

3)他会参加这样的赌局吗?为什么?

4)这一赌局的确定性等价是多少?

第三篇　生产者经济行为

第四章　生产者选择

第二篇的二、三两章分析了消费者的经济行为。与其相对应，本篇的第四、五章将从不同角度分析生产者经济行为。生产是指将投入转变为产出的过程。为提高生产效率，需要研究用来提供物质产品与劳务的生产体系的物质技术特征，以便决定各种投入要素的最佳组合方式，使产量最大或成本最低。

第一节　生产函数

一、具有一种可变投入的生产

下面主要分析只有一种可变投入的生产函数问题，即考察企业生产某种产品时，所有要素投入量中除一种可以变动之外，其他都是固定不变。这是生产要素组合短期变动的一种情况。

1. 生产要素

生产要素(factor of production)是指厂商为生产物质产品所需投入的各种经济资源。在现代经济学中，生产要素一般包括下述四个方面的内容。

(1)土地　在经济学中，广义的土地(land)概念是一切自然的恩赐物，如陆地、海洋、矿藏、森林、风力、水力等等均属于土地的范畴。土地可以为生产活动提供场所，为产品生产提供原材料和动力来源，是不可替代的原始性经济资源。

(2) 资本　资本(capital)是指厂商用于生产产品的所有物品，包括厂商用于生产的建筑物、构筑物、机器装备、运输工具、生产器具、原材料等一切人类创造的供生产和经营利用的物品，因而资本亦称为资本品。此外，对某一企业来说，资本是它的总资产或总财货，因而不仅包括资本品，即有形资产(tangible asset)，同时也包括诸如商誉、知识产权、商标等无形资产(intangible asset)。

(3) 劳动　在微观经济学中劳动(labour)的含义有多种。比如，劳动是人类在生产活动中体力和脑力上做出的努力；是一切具有经济意义的活动；是被雇佣的工人从事生产的努力或活动等。一般认为，劳动是十分重要的生产要素。

(4) 企业家职能　企业家职能(entrepreneurship)亦称企业家才能,它包括组织上述生产要素进行生产和创新活动以及承担企业经济活动的风险等。

此外,生产要素还包括知识、信息、时间等。

2. 生产实物量

总产量是总实物产量(total physical product)的简称,用 TP 来表示。它是指在一定技术条件下,各种生产要素投入后产出的最大产量,即 $TP = Q$。

平均产量是平均实物产量(average physical product)的简称,一般用 AP 表示。它是在一定技术条件下,平均每单位可变生产要素产出的总产量。如果生产过程中其他要素不变,只有劳动投入数量(L)可变,则平均产量可简称为劳动的平均产量,用 AP_L 来表示,即

$$AP_L = \frac{TP}{L} = \frac{Q}{L} \tag{4-1}$$

同理,资本的平均产量可用 AP_K 表示,即

$$AP_K = \frac{TP}{K} = \frac{Q}{K} \tag{4-2}$$

边际产量是边际实物产量(marginal physical product)的简称,用 MP 表示。它是在一定技术条件下,最后增加的一单位可变要素所引起的总产量的增量。当可变要素为劳动时,边际产量即为劳动的边际产量,用 MP_L 表示,即

$$MP_L = \frac{dTP}{dL} = \frac{dQ}{dL} \tag{4-3}$$

同理,资本的边际产量

$$MP_K = \frac{dTP}{dK} = \frac{dQ}{dK} \tag{4-4}$$

在其他生产要素固定不变而只有劳动可变的情况下,生产函数的一般形式

$$Q = f(L) = a_0 + a_1L + a_2L^2 - a_3L^3$$

则劳动的平均产量可表示为

$$AP_L = \frac{Q}{L} = \frac{a_0 + a_1L + a_2L^2 - a_3L^3}{L}$$
$$= b + a_1 + a_2L - a_3L^2 \tag{4-5}$$

上式中 b 为常数($b = \frac{a_0}{L}$)。同理,劳动的边际产量可表示为

$$MP_L = \frac{dQ}{dL} = \frac{d}{dL}(a_0 + a_1L + a_2L^2 - a_3L^3)$$
$$= a_1 + 2a_2L - 3a_3L^2 \tag{4-6}$$

假定某企业为生产一定量产品投入的要素中只有劳动投入是可变的,其他均不变,则各种产量如表 4 - 1 所示。

根据表 4 - 1 的数据可以描述出总产量、平均产量和边际产量三种曲线。为了简明扼要地分析三种产量之间的相互关系,这里采用了比较标准的曲线(图 4 - 1)。

下面借助图 4 - 1 具体分析一种变动投入条件下各种产量之间的相互关系。

表 4-1　劳动的总产量、平均产量和边际产量

劳动(L)	总产量(TP)	平均产量(AP)	边际产量(MP)
0	0	0	
1	10	10	10
2	24	12	14
3	39	13	15
4	52	13	13
5	61	12.2	9
6	66	11	5
7	66	9.4	0
8	64	8	-2
9	60	5.7	-4

1) 总产量与平均产量

图4-1中,伴随劳动投入从零开始逐渐增加,总产量曲线 TP_L 先以递增的速度增加,到拐点 A 以后,再以递减的速度增加,过 C 点后则变为递减。与总产量相对应的平均产量($AP_L = \frac{Q}{L}$)在劳动投入量处于 OL_2 之间时,不断递增;劳动投入量超过 L_2 时,由于总产量是以递减的速度增加,平均产量也随之由递增转为递减,AP_L 曲线以 B' 点开始向右下方下降。由于 B' 点是平均产量由递增转为递减的转折点,因此,当劳动投入达到 L_2 时,平均产量达到最大值。

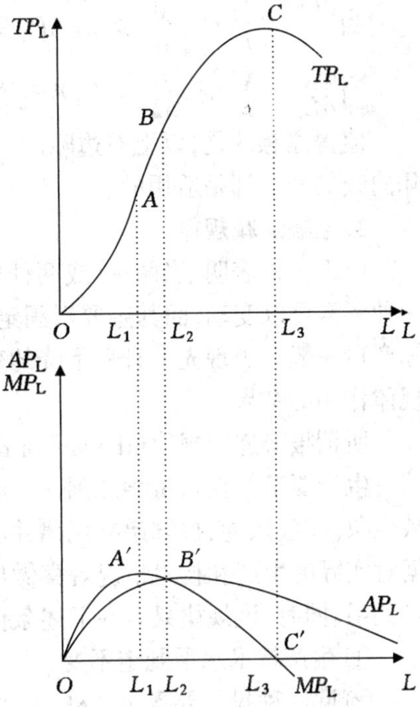

图 4-1　总产量、平均产量和边际产量

2) 总产量与边际产量

根据定义,总产量曲线上任一点的边际产量就是这一点切线的斜率($MP_L = \frac{dQ}{dL}$)。在总产量曲线的拐点 A 之前,切线的斜率为正且递增($\frac{dQ}{dL} > 0$)。这就是说,当劳动投入量在 OL_1 之间时,边际产量递增;当劳动投入量超过 OL_1 时,总产量曲线 TP_L 对应点切线的斜率递减,即边际产量递减;当劳动投入量为 OL_1 时,边际产量达到最大值。劳动投入量在 L_1L_3 之间,边际产量递减,总产量曲线则表现为从 OA 段的向上凹转为 AC 段的向下凹。在 AC 段上切线的斜率为正且递减。当劳动投入量等于 OL_3 时,边际产量曲线 MP_L 与横轴相交于 C' 点,边际产量为零。由于总产量曲线上 C 点的切线斜率为零,故 C 点是总产量由增加转为减少的转折点,此时总产量达到最大值。当劳动投入量超过 OL_3 时,总产量随劳动投入的增加而减少,边际产量为负值。

3) 边际产量与平均产量

根据 MP_L 和 AP_L 的定义，当边际产量大于平均产量时(图 4 - 1 中的 MP_L 曲线 OB' 段)，平均产量处于递增阶段。当边际产量小于平均产量时，平均产量处于递减阶段。在此前提下，当 $MP_L = AP_L$ 时，平均产量达到最大值。也就是说，边际产量曲线总是在平均产量曲线取最大值处与其相交。边际产量同平均产量的相互关系亦可用数学方法证明。

因 $AP_L = \dfrac{Q}{L}$，利用该式对 L 求导，有

$$\frac{d}{dL}AP_L = \frac{d}{dL}(Q/L) = \frac{\frac{dQ}{dL}L - \frac{dL}{dL}Q}{L^2} = \frac{1}{L}\left(\frac{dQ}{dL} - \frac{Q}{L}\right) \tag{4-7}$$

上式中，$\dfrac{dQ}{dL}$ 与 $\dfrac{Q}{L}$ 分别是 MP_L 与 AP_L，且 $L > 0$。因此有

当 $\dfrac{dQ}{dL} > \dfrac{Q}{L}$ 时，$\dfrac{d}{dL} > 0$，AP_L 处于递增阶段；

当 $\dfrac{dQ}{dL} < \dfrac{Q}{L}$ 时，$\dfrac{d}{dL} > 0$，AP_L 处于递减阶段；

当 $\dfrac{dQ}{dL} = \dfrac{Q}{L}$ 时，$\dfrac{d}{dL} = 0$，AP_L 处于不增不减之点，取最大值。

值得注意的是，以上对边际产量与平均产量相互关系进行分析的思路，对于任何边际曲线的分析都是适用的。

3. 报酬递减规律

以上分析表明，当两种(或两种以上) 生产要素相结合生产一种产品时，如果其中一种要素可以变动，而其余要素固定不变，则伴随可变要素的逐步增加，可变要素的边际产量一般会出现先上升后下降的变动过程。经济学家认为，这一变动过程是报酬递减规律作用的结果 。

所谓报酬递减规律(the law of diminishing return)，是指在其他条件不变时，连续将某一生产要素的投入量增加到一定的数量之后，总产量的增量即边际产量将会出现递减现象。一般认为，报酬递减规律并不是根据某种理论原理推导出来的规律，它只是根据对实际的生产和技术情况观察做出的经验性的概括，反映了生产过程中的一种纯技术关系。同时，该规律只有在下述条件具备时才会发生作用：

① 生产技术水平既定不变；

② 除一种投入要素可变外，其他投入要素均固定不变；

③ 可变的生产要素投入量必须超过一定点。也就是说，投入要素不是完全替代品。比如，在农业生产中，第一单位的劳动与一些农业机械及一块耕地结合时，有可能明显增加总产量，但随着劳动投入增加，超过了某一点之后，下一单位劳动投入所生产的农产品数量将小于前一单位劳动投入所生产的产量。

4. 生产的三阶段

利用图 4 - 1，可以将一种可变投入要素的生产过程划分为三个阶段。

第一阶段，可变要素的投入量从零到 L_2。在这一阶段中，与可变生产要素相比，固

定生产要素的投入量过多。由于可变生产要素相对不足，因而增加可变生产要素的投入量可使每一追加的可变要素所增加的产量递增。结果，这一阶段的总产量递增，平均产量递增并且在可变要素投入量为 OL_2 时达到最大值；而边际产量则先递增后递减，在可变要素投入量为 OL_1 时达到最大值。

第二阶段，是指可变要素的投入量从 L_2 到 L_3 的阶段。也就是说，这一阶段是在可变要素投入的边际产量递减的区段内开始的，因而虽然总产量还在增加，但增加的速度却在不断下降。当可变要素投入量为 OL_3 时，总产量达到最大值，边际产量为零。这一阶段的平均产量递减。

第三阶段，可变要素投入量超过 OL_3。这一阶段边际产量为负数，伴随可变要素投入量的增加，总产量反而下降，平均产量亦呈下降趋势。

通过以上分析可以发现，厂商的生产经营无论在第一阶段还是在第三阶段都是不经济的。在第一阶段，平均产量递增，此时每增加一单位可变生产要素都可以得到更大的平均产量。若在这一阶段之内组织生产，平均产量小于边际产量，厂商由此要丧失掉追加可变要素带来的越来越大的产量，这意味着厂商未能得到本可得到的好处。在第三阶段，可变投入要素的边际产量为负值，减少要素投入量反而能增加总产量。所以，即使可变要素可以无偿取得，一个理性的厂商也决不会用超过 OL_3 的投入量与其他固定要素相结合进行无效率的生产。

显然，要素投入的合理区域是第二阶段，即可变要素的平均产量为最大值 L_2 至可变要素的边际产量为零($\frac{dQ}{dL}=0$) 的 L_3 之间的区域。该区域为生产要素投入的合理区域。诚然，生产三阶段的划分所提供的信息，还不足以确定一个生产体系中投入要素的最佳投入量，但却有助于将现行技术条件投入要素组合的不合理区域排除出去。

二、具有两种可变投入的生产

下面借助等产量曲线、边际技术替代率及其递减规律，具体分析厂商使用两种可以相互替代的投入要素的生产情况。当然，运用比较静态分析方法同样可以分析多种可变投入要素的生产。

1. 等产量曲线

1) 等产量曲线的含义

等产量曲线(isoquant curve)是用来表示在一定技术条件下，生产同量产品的两种可变生产要素的所有可能投入量组合的轨迹。假定有劳动(L)和资本(K)两种生产要素，这两种生产要素有四种组合方式(A、B、C、D)，结果均能生产出同等数量的产品(表 4－2)。

根据表 4－2 中的数据，可做出图 4－2。图中的等产量曲线表明劳动和资本这两种生产要素可以相互替代。比如，多用劳动少用资本，或多用资本少用劳动，结果都是能生产同等数量的产品。

2)等产量曲线的类型

根据两种可变生产要素间的替代程度，可将等产量曲线分为三种类型，如图 4 - 3 所示。

表 4 - 2　生产同等数量产品的要素组合

组合方式	劳动量(L)	资本量(K)	产品数量(Q)
A	1	6	200
B	2	3	200
C	3	2	200
D	6	1	200

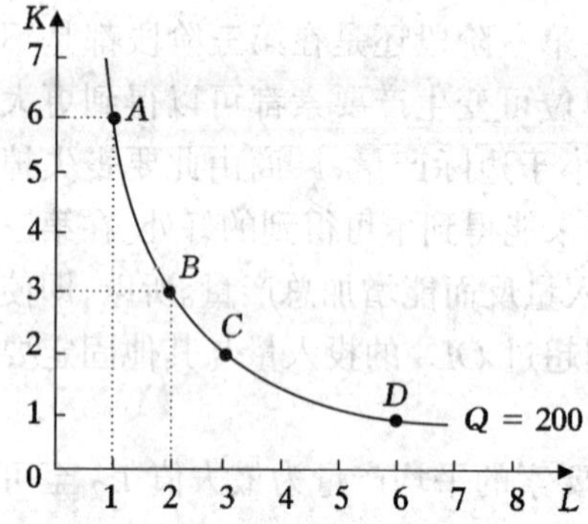

图 4 - 2　等产量曲线

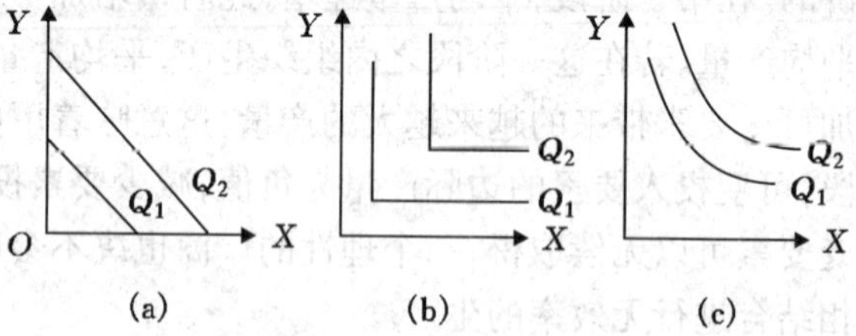

图 4 - 3　等产量曲线的类型

图 4 - 3(a)中的等产量曲线是直线。这表明投入要素 X 和 Y 是完全替代品，即投入要素 X 按固定比率替代要素 Y，反之，投入要素 Y 也可按固定比率替代要素 X。在投入要素属于完全替代品的情况下，如果两种投入要素中有一种投入要素比较便宜(相对其生产能力而言)，厂商的经营决策就比较容易。比如，在能源生产中，煤炭和燃料油就属于关系密切的替代品，在提供同等的能量产出条件下，根据两种能源的市场价格，厂商就可以做出最有利的选择。

图 4 - 3(b)中的等产量曲线是直角形曲线。这表明投入要素 X 和 Y 是非替代品，即在保持产量不变的前提下，增加一单位投入要素 X，不能减少另一种投入要素 Y 的投入量。同时，厂商要有效地增加产量，两种要素必须按固定的比例同时增加；反之，如果减少产量，则要按固定比例减少要素投入。在这种情况下，厂商的生产经营决策也比较容易确定。比如，为生产一辆汽车需要一个发动机、一个变速器和四个车轮。除这一组合外，其他组合均没有效率。

图 4 - 3(c)中的等产量曲线表明投入要素是非完全替代品。在产量既定条件下，投入要素 X 替代投入要素 Y 的比率会随前者使用量的增加而递减。一般来说，资本和劳动之间就属于非完全替代关系。由于在投入要素是完全替代和不可替代的情况下，厂商决策过程比较简单，因此，把主要注意力集中在投入要素属于非完全替代关系的情况。

3)等产量曲线的特点

图4－4中画出了无数条等产量曲线中的三条，构成一簇等产量曲线或等产量曲线图。

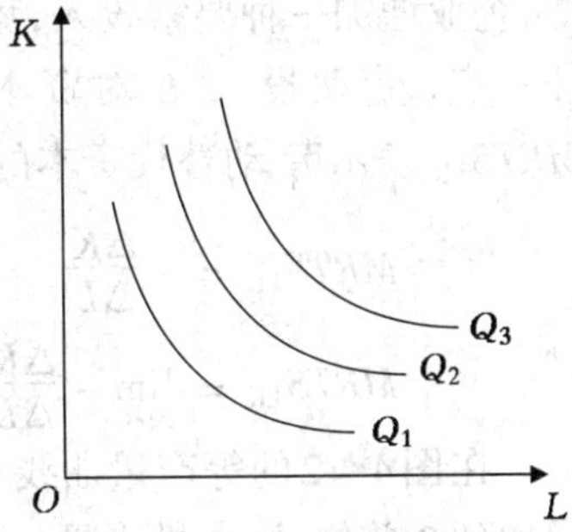

图4－4　等产量曲线图

从图4－4中可以发现，等产量曲线与无差异曲线(等效用曲线)的几何性质是类似的，而且后面的分析将表明，等产量曲线在生产者行为分析中所起的作用与无差异曲线在消费者行为分析中所起的作用是同等重要的。它们之间的惟一区别在于，无差异曲线是主观的，它反映了消费者对两种消费品效用大小的主观评价；而等产量曲线则是客观的，它反映了生产过程中投入要素与产品产量之间的物质技术关系，这种关系在实际上和原则上都是可以被测定的。明确了它们之间的相互关系后，可以仿照对无差异曲线特点的分析，具体分析一下等产量曲线的特点。

(1)距离原点越远的等产量曲线所代表的产量越大　将资本和劳动的投入进行多种组合，它们在坐标图空间形成无数个点，每一点都与一条等产量曲线相交。每条这样的等产量曲线都代表着一个确定的产出水平。选择另一产出水平就会出现另一条新的等产量曲线。伴随两种投入要素的增加，其组合点将向右上方移动，并与更高产出水平的等产量曲线相交。因此在图4－4中，$Q_3 > Q_2 > Q_1$。所有等产量曲线的集合构成等产量图。等产量图是厂商长期生产函数的形象描绘。

(2)等产量图中的任何两条等产量曲线不能相交　图4－5中有两条等产量曲线Q_1和Q_2，它们在A点相交。A和B在等产量曲线Q_1上，A和C则在等产量曲线Q_2上。由于要素投入组合点B和C所代表的产量等于A点的产量，那么，依据等产量曲线的定义，A、B、C三点均应位于同一条等产量曲线上。然而实际并非如此，C点位于B点的右上方，表明C点所代表的产量高于B。由于这种逻辑上的矛盾，因而可以排除等产量曲线相交的可能性。

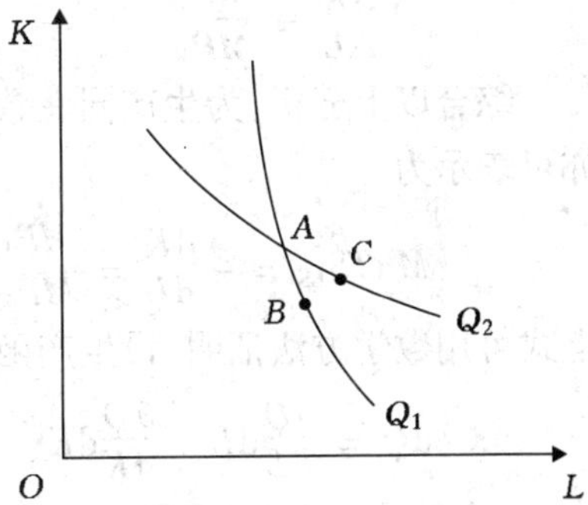

图4－5　等产量曲线的不可相交性

(3)在有效的生产范围内，等产量曲线的斜率为负数　根据定义，等产量曲线反映了投入要素不同组合所产出的产品数量是一样的。为获取同量产品，要增加一种要素投入量必须以减少另一要素投入量为前提。在这种情况下，生产就被认为是有效率的。如果为生产同量产品需要同时增加两种要素投入，或一种要素投入量增加，而另一种要素投入量并未减少，则都属于无效率的生产。

(4)凸向原点　在有效生产范围内，等产量曲线凸向原点。

2.边际技术替代率

1)边际技术替代率的含义

边际技术替代率(marginal rate of technical substitution，MRTS)是指，在技术水平

不变的条件下，等产量线上一种投入要素替代另一种投入要素的比例。为维持产量不变，企业增加一种要素投入，势必相应减少另一种要素的投入。在同一条等产量线上的任一点，劳动投入 L 对资本投入 K 的边际技术替代率等于该点切线的斜率。以 $MRTS_{LK}$ 表示劳动替代资本的边际技术替代率，则有

$$MRTS_{LK} = -\frac{\Delta K}{\Delta L}$$

$$MRTS_{LK} = \lim_{\Delta \to 0} -\frac{\Delta K}{\Delta L} = -\frac{dK}{dL} \tag{4-8}$$

在图4－2的等产量曲线上，如果要素组合点从 A 点移至 B 点，劳动投入量从1单位增加到2单位，资本投入量从6单位减少到3单位，则劳动替代资本的边际技术替代率为

$$MRTS_{LK} = -\frac{\Delta K}{\Delta L} = -\frac{3-6}{2-1} = 3$$

上式中 $\frac{\Delta K}{\Delta L}$ 前面标上负号是为了取得正值。

如果在同一条等产量曲线上，资本和劳动的边际产量分别为 MP_K 和 MP_L，当利用劳动来替代资本时，增加劳动投入量所增加的产量（$\Delta L \cdot MP_L$）与减少资本投入量所损失的产量（$\Delta K \cdot MP_K$）之和等于零，即

$$\Delta L \cdot MP_L + \Delta K \cdot MP_K = 0$$

或

$$-\frac{\Delta K}{\Delta L} = \frac{MP_L}{MP_K}$$

综合以上分析，为生产同一数量的产品，劳动要素替代资本要素的边际技术替代率亦可表示为

$$MRTS_{LK} = -\frac{dK}{dL} = \frac{MP_L}{MP_K} \tag{4-9}$$

上式可用数学方法证明。设生产函数为 $Q = f(L, K)$，两边微分，可得

$$dQ = \frac{\partial Q}{\partial L}dL + \frac{\partial Q}{\partial K}dK$$

式中：$\frac{\partial Q}{\partial L}$ 代表 MP_L；$\frac{\partial Q}{\partial K}$ 代表 MP_K；$\frac{\partial Q}{\partial L}dL$ 代表劳动投入变动而引起的产量变动；$\frac{\partial Q}{\partial K}dK$ 代表资本投入变动而引起的产量变动。为保持产量不变，令 $dQ = 0$，则有

$$\frac{\partial Q}{\partial L}dL = -\frac{\partial Q}{\partial K}dK$$

故

$$\frac{dK}{dL} = -\frac{\frac{\partial Q}{\partial L}}{\frac{\partial Q}{\partial K}} = -\frac{MP_L}{MP_K} \tag{4-10}$$

或

$$-\frac{dK}{dL}=\frac{MP_L}{MP_K}$$

2) 边际技术替代率递减规律

在同一条等产量线上,以一种要素替代另一种要素的替代率不断下降的必然趋势,称为边际技术替代率递减法则。它是短期分析中的边际报酬递减法则在长期分析中的应用。

如表 4 – 2 所示,当劳动投入量由 1 单位增加到 2 单位时,每单位劳动能替代 3 单位资本;当劳动投入量由 2 单位增加为 3 单位时,每单位劳动只能替代 1 单位资本。这是由于,当较多的劳动投入与较少的资本投入相结合时,使劳动的边际产量递减。伴随每一次劳动替代资本的调整,更多的劳动投入与更少的资本投入相结合,从而加速了劳动的边际产量的递减。而等产量曲线的边际技术替代率为 MP_L/MP_K(以劳动代替资本)。当劳动的边际产量递减时,等产量曲线 $MRTS$ 的取值必然下降。这也就解释了几何图形上非完全替代关系等产量曲线在向右下方移动时,倾斜度越来越平缓,等产量曲线凸向原点。

边际技术替代率的下降速度反映两种投入彼此能够替代的程度。也就是说,等产量线的曲率愈大,边际技术替代率下降愈快;等产量线的曲率愈小,边际技术替代率下降愈慢。如果两种投入相互为完全替代品,则任何程度的替代,都能维持同一产量,边际技术替代率是一个常数,等产量线为一条斜直线(图 4 – 3(a));反之,如果两种投入完全不能替代,则任何程度的替代都不能保持同一产量,边际技术替代率变成不确定,先是无穷大,然后突然下降为零,即等产量线为一条直角线(图 4 – 3(b))。它表示使用各种投入的最低数量。

三、投入变动

1. 产出弹性

产出弹性(output elasticity)是指:在技术水平和投入价格不变的条件下,若其他投入量固定不变,单独变动一种投入的数量时,这种投入的相对变动所引起的产量的相对变动,即产出的变化率与这种投入的变化率之比。设生产函数为 $Q=f(L,K)$,E_L、E_K 分别表示劳动、资本的产出弹性,则有

$$E_L=\frac{\frac{\partial Q}{Q}}{\frac{\partial L}{L}}=\frac{\frac{\partial Q}{\partial L}}{\frac{Q}{L}}=\frac{MP_L}{AP_L} \qquad (4-11)$$

$$E_K=\frac{\frac{\partial Q}{Q}}{\frac{\partial K}{K}}=\frac{\frac{\partial Q}{\partial K}}{\frac{Q}{K}}=\frac{MP_K}{AP_K} \qquad (4-12)$$

式中的 $\partial Q/\partial L$ 为劳动的边际产量;Q/L 为劳动的平均产量。因此,劳动的产出弹性也可以用其边际产量与平均产量之比表示。

2. 生产力弹性

生产力弹性(elasticity of productivity)又名生产函数弹性(elasticity of production function)。它是指:在技术水平和投入价格不变的条件下,所有投入要素都按同一比例变动时的产出相对变动。设 E_ε 为生产力弹性,X 为投入要素,则

$$E_\varepsilon = \frac{dQ}{Q}\bigg/\frac{dX}{X} = \frac{dQ}{dX}\cdot\frac{X}{Q} \tag{4-13}$$

所有投入要素按同一比例变动时引起的产出的相对变动,是各个投入要素的比例变动所引起的产出变动之和,即

$$E_\varepsilon = E_L + E_K + \cdots + E_N \tag{4-14}$$

设只有 L、K 两种投入要素时,上式可证明如下:

$$Q = f(L,K)$$

$$dQ = \frac{\partial Q}{\partial L}dL + \frac{\partial Q}{\partial K}dK$$

$$= \frac{\partial Q}{\partial L}\frac{dL}{L}L + \frac{\partial Q}{\partial K}\frac{dK}{K}K$$

$$\frac{dQ}{Q} = \frac{\partial Q}{\partial L}\frac{dL}{L}\frac{L}{Q} + \frac{\partial Q}{\partial K}\frac{dK}{K}\frac{K}{Q}$$

$$\frac{dL}{L} = \frac{dK}{K} = \frac{dX}{X}$$

$$\frac{dQ}{Q} = \left(\frac{\partial Q}{\partial L}\frac{L}{Q} + \frac{\partial Q}{\partial K}\frac{K}{Q}\right)\frac{dX}{X}$$

$$\frac{\frac{dQ}{Q}}{\frac{dX}{X}} = \frac{\partial Q}{\partial L}\frac{L}{Q} + \frac{\partial Q}{\partial K}\frac{K}{Q}$$

$$E_\varepsilon = E_L + E_K \tag{4-15}$$

3. 替代弹性

投入要素的变动会引起产量的变动,而产量的变动又会引起两种投入要素之间边际技术替代率的变动。

替代弹性(elasticity of substitution)是指:在技术水平和投入价格不变的条件下,边际技术替代率的相对变动引起的投入比率的相对变动。设 L、K 为两种投入要素,E_σ 为替代弹性,则有

$$E_\sigma = \frac{d\left(\frac{K}{L}\right)}{\left(\frac{K}{L}\right)}\Bigg/\frac{dMRTS_{LK}}{MRTS_{LK}}$$

$$= \frac{d\left(\frac{K}{L}\right)}{d\left(\frac{MP_L}{MP_K}\right)}\cdot\frac{\left(\frac{MP_L}{MP_K}\right)}{\left(\frac{K}{L}\right)} \tag{4-16}$$

由于在投入要素组合最优时,$MRTS_{LK} = \frac{MP_L}{MP_K} = \frac{\omega}{\gamma}$,所以有

$$E_\sigma = \frac{d(\frac{K}{L})}{d(\frac{\omega}{\gamma})} \cdot \frac{\frac{\omega}{\gamma}}{\frac{K}{L}} \tag{4-17}$$

一般来说，当 $MRTS_{LK}$ 变动时，投入比率也会同向变动，$E_\sigma > 0$，但其值不一定是常数。当 E_σ 为常数时，若 $E_\sigma > 1$，等产量线将与两轴相交；若 $E_\sigma < 1$，等产量线将渐进两轴。图 4－6 表示替代弹性为常数的三种极端情况。

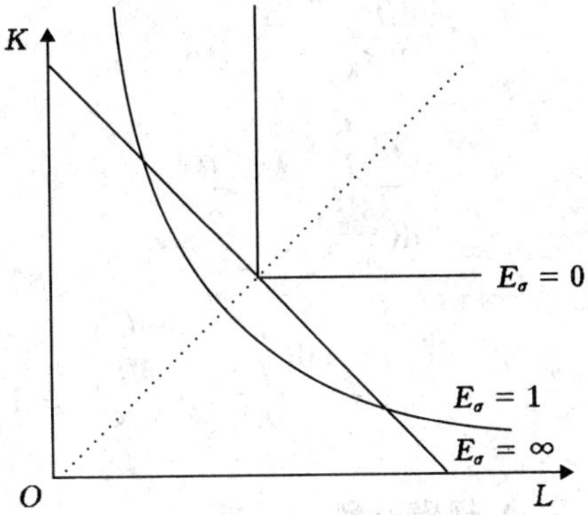

图 4－6　替代弹性为常数的三种情况

① 当 $E_\sigma = \infty$ 时，为完全替代弹性，其等产量线为一直线。设生产函数为

$$Q = aL + bK$$

因为

$$MRTS_{LK} = \frac{MP_L}{MP_K} = k$$

所以

$$dMRTS_{LK} = 0$$

因此

$$E_\sigma = \infty$$

② 当 $E_\sigma = 0$ 时，为完全无替代弹性，其等产量线为直角形。设生产函数为

$$Q = \min(aL, bK) \qquad (a, b > 0)$$

若 $aL < bK$，$Q = aL$，产量取决于劳动，资本有余；若 $aL > bK$，$Q = bK$，产量取决于资本，劳动有余；若 $aL = bK$，$Q = aL = bK$，劳动、资本都能充分利用。当 $aL = bK$ 时，因为

$$\frac{K}{L} = \frac{a}{b}$$

所以

$$d(\frac{K}{L}) = 0$$

因此

$$E_\sigma = 0$$

③ 当 $E_\sigma = 1$ 时，为单一替代弹性，其等产量线为双曲线。设生产函数为

$$Q = L^\alpha K^\beta$$

$$MP_L = \frac{\partial Q}{\partial L} = \alpha L^{\alpha-1}K^\beta = \alpha\frac{L^\alpha K^\beta}{L} = \alpha\frac{Q}{L}$$

$$MP_K = \frac{\partial Q}{\partial K} = L^\alpha \beta K^{\beta-1} = \beta\frac{L^\alpha K^\beta}{K} = \beta\frac{Q}{K}$$

$$\frac{MP_L}{MP_K} = \frac{\alpha\frac{Q}{L}}{\beta\frac{Q}{K}} = \frac{\alpha}{\beta}\cdot\frac{K}{L}$$

$$\frac{K}{L} = \frac{\beta}{\alpha} \cdot \frac{MP_L}{MP_K}$$

$$\frac{\frac{K}{L}}{\frac{MP_L}{MP_K}} = \frac{\beta}{\alpha}$$

$$\frac{d(\frac{K}{L})}{d(\frac{MP_L}{MP_K})} = \frac{\beta}{\alpha}$$

$$E_\sigma = \frac{d(\frac{K}{L})}{d(\frac{MP_L}{MP_K})} \cdot \frac{\frac{MP_L}{MP_K}}{\frac{K}{L}} = 1$$

4. 规模报酬

与各种投入要素变动相关的另一个问题是：按比例增加所有投入要素的使用量将如何影响总产量，即规模报酬(returns to scale)问题。

1) 规模报酬的含义

所谓生产规模的报酬是指在技术水平和要素价格不变的条件下，当厂商所有投入要素都按同一比例变动后产量变动的情况。规模报酬反映了厂商所有投入要素成比例变化与相应产出变化之间的生产技术关系，也就是说，规模报酬仅与厂商内部发生的技术现象有关。如果把讨论的范围扩大到厂商外部可能的变动情况(如生产要素价格变化的可能性)，则属于厂商外部经济条件问题。在现实生产过程中，假如所有厂商都进行生产扩张，那么，在每个价格和所有价格水平上都需要更多的要素，要素的价格就可能变化。当同时考虑到厂商的外部条件变化情况时，就是通常所说的规模经济(economies of scale)问题。规模报酬问题与规模经济是有关系的，但又并不完全相同，前者是后者的技术基础。规模报酬递增反映了产出的增长比例大于各种投入的增长比例，而规模经济则反映出长期平均成本线下降的趋势。所以，在行业(或厂商)生产规模扩大时，如果厂商必须购买的投入要素价格上涨了，就有可能出现规模报酬递增，但不会出现规模经济的情况。

2) 规模报酬的变动

生产规模报酬的变动分为不变、递增、递减等三种情况。如果厂商的全部生产要素以某一给定的比例增加，产出量也以完全相同的比例增加(如图4－7(a)所示)，就被称为规模报酬不变(constant returns to scale)。这表明此时厂商每单位投入的生产要素的报酬(产量)固定不变。如果所有的投入要素以一给定的比例增加，产出以更大的比例增加(图4－7(b))，则称为规模报酬递增(increasing returns to scale)，此时，厂商每单位要素投入的报酬逐渐增加。如果厂商的产出增加的比例小于所有投入增加的比例(图4－7(c))，被称为规模报酬递减(diminishing returns to scale)。此时，厂商每单位要素投入所带来的产量逐渐减少。

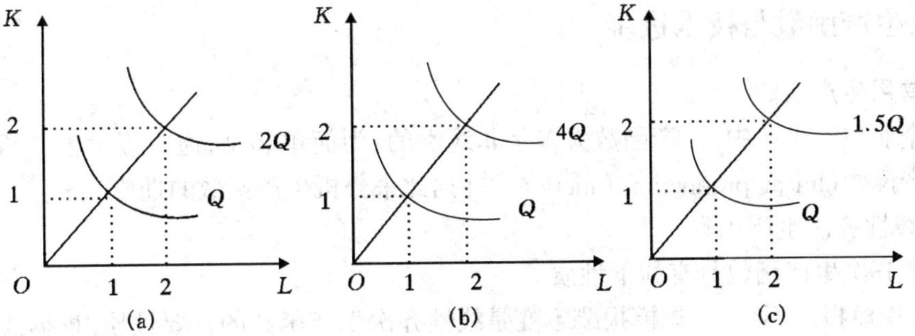

图 4－7　规模报酬变动的三种情况

假设只有两种投入要素 L、K，并且按同一比例 λ 变动，$\lambda = \mathrm{d}X/X$，产量的变动为 $\mu = \mathrm{d}Q/Q$，则生产力弹性为 $E_\varepsilon = \mu/\lambda$。根据生产力弹性的大小，可将规模报酬分为三种类型：

① 当 $E_\varepsilon > 1$，即 $\mu > \lambda$ 时，生产处于规模报酬递增阶段；

② 当 $E_\varepsilon = 1$，即 $\mu = \lambda$ 时，生产处于规模报酬不变阶段；

③ 当 $E_\varepsilon < 1$，即 $\mu < \lambda$ 时，生产处于规模报酬递减阶段。

企业的规模报酬可用齐次线性生产函数表示。当以常数 $\lambda(\lambda > 0)$ 乘生产函数中所有自变量，生产函数变动 λ^r 倍时，则生产函数为 r 次生产函数(homogeneous function with degree r)。

$$Q = f(L, K)$$

$$f(\lambda L, \lambda K) = \lambda^r f(L, K) = \lambda^r Q \tag{4-18}$$

当 $r > 1$ 时，生产处于规模报酬递增阶段；

当 $r = 1$ 时，生产处于规模报酬不变阶段；

当 $r < 1$ 时，生产处于规模报酬递减阶段。

显然，$r = E_\varepsilon$，即生产力弹性系数就是齐次生产函数的次数。

3) 规模报酬变动的原因

一般认为，规模报酬递增是因为更大规模的生产使劳动分工更加精细、专业化水平不断提高以及能充分利用大规模的技术装备和生产空间。规模报酬递减被认为是由于企业规模超过合理限度，组织的复杂性、多层次带来管理协调的困难。此时，当生产规模进一步扩大时，如果管理投入与其他投入按同一比例增长，就无法胜任规模扩大后的组织协调和整合工作，从而导致生产效率下降。在上述规模报酬递增与规模报酬递减阶段之间，或长或短地会出现规模报酬不变阶段。此时，大规模生产优越性已得到充分发挥，企业正力图通过各种有效管理延缓规模报酬递减的出现，企业的生产规模不影响要素生产率，致使规模报酬不变。规模报酬不变也表现在当所有投入增加一倍时，原生产过程可以被“复制”成两个规模一样的生产过程，于是总产出便是原先的两倍。

四、生产函数与技术进步

1.常用生产函数

在企业现实生产中,生产函数大多是非线性的,为简单起见,通常假设生产函数为线性生产函数(linear production function),并据此来分析生产函数的性质。

1)线性齐次生产函数

线性齐次生产函数具有如下性质。

(1)规模报酬不变　规模报酬不变是线性齐次生产函数的首要性质。根据式(4-13)和式(4-18),由于 $E_\varepsilon = r = 1$,则

$$f(\lambda L,\lambda K) = \lambda^r f(L,K) = \lambda Q \tag{4-19}$$

式(4-19)表示投入的 L、K 变动 λ 倍,产量也相应变动 λ 倍,呈线性变动。

(2)要素投入的平均产量和边际产量取决于投入比例,而与投入数量无关　以平均产量为例,令 $\lambda = \frac{1}{L}$,并代入式(4-19),可得

$$\frac{Q}{L} = f(\frac{L}{L},\frac{K}{L}) = f(1,\frac{K}{L}) = \varphi(\frac{K}{L})$$

$$AP_{\mathrm{L}} = \frac{Q}{L} = \varphi(\frac{K}{L}) \tag{4-20}$$

由于$\frac{Q}{K} = \frac{Q}{L}\cdot\frac{L}{K}$,将式(4-20)代入,有$\frac{Q}{K} = \varphi(\frac{K}{L})\cdot\frac{L}{K} = \frac{\varphi(\frac{K}{L})}{\frac{K}{L}}$,即

$$AP_{\mathrm{K}} = \frac{Q}{K} = \omega(\frac{K}{L}) \tag{4-21}$$

式(4-20)和式(4-21)说明,AP_{L}、AP_{K} 都是$\frac{K}{L}$的函数。

(3)线性齐次函数满足欧拉定理(Euler's theorem)　针对线性齐次生产函数,欧拉定理可用式(4-22)表示。其经济含义是,各种投入的边际产量与投入数量乘积之和等于总产量。

$$Q = \frac{\partial Q}{\partial L}L + \frac{\partial Q}{\partial K}K \tag{4-22}$$

2)柯布-道格拉斯生产函数

柯布-道格拉斯生产函数(Cobb-Douglas production function)的表达式为

$$Q = AL^\alpha K^\beta \tag{4-23}$$

式中:A 为规模参数(scale parameter),$A > 0$;α 为劳动的产出弹性($0 < \alpha < 1$);β 为资本的产出弹性($0 < \beta < 1$)。此生产函数具有如下性质:

①$\alpha + \beta$ 次齐次生产函数。由于

$$A(\lambda L)^\alpha(\lambda K)^\beta = A\lambda^\alpha L^\alpha \lambda^\beta K^\beta = A\lambda^{\alpha+\beta}L^\alpha K^\beta = \lambda^{\alpha+\beta}Q \tag{4-24}$$

对照式(4-18),可知 $r = \alpha + \beta$。

② 等产量线的斜率为负,并凸向原点。对式(4-23)微分,可得

$$dQ = \frac{\partial Q}{\partial L}dL + \frac{\partial Q}{\partial K}dK = (A\alpha L^{\alpha-1}K^{\beta})dL + (A\beta L^{\alpha}K^{\beta-1})dK$$

由于

$$dQ = 0$$

故

$$A\alpha L^{\alpha-1}K^{\beta}dL = -A\beta L^{\alpha}K^{\beta-1}dK$$

$$\frac{dK}{dL} = -\frac{A\alpha L^{\alpha-1}K^{\beta}}{A\beta L^{\alpha}K^{\beta-1}} = -\frac{\alpha}{\beta}\frac{K}{L} < 0 \quad (\alpha,\beta,L,K > 0) \tag{4-25}$$

上式表示,柯布－道格拉斯生产函数(也称为C－D函数)等产量线的斜率,即劳动对资本的边际技术替代率为负,而且有

$$\begin{aligned}\frac{d^2K}{dL^2} &= \frac{d}{dL}(\frac{dK}{dL}) \\ &= \frac{d}{dL}(-\frac{\alpha}{\beta}\frac{K}{L}) \\ &= \frac{-\frac{\alpha}{\beta}(\frac{dK}{dL}L - \frac{dL}{dL}K)}{L^2} \\ &= -\frac{\alpha}{\beta}\frac{1}{L^2}(\frac{dK}{dL}L - K) > 0 \quad (\alpha,\beta,L,K > 0, \frac{dK}{dL} < 0)\end{aligned}$$

上式表明,C－D生产函数等产量线斜率的变化率为正,故等产量线凸向原点。

③ 规模报酬状况取决于 $\alpha + \beta$ 大于、小于还是等于1。若 $\alpha + \beta = 1$,则为线性齐次生产函数。因 $\beta = \alpha - 1$,式(4－23)可表达为

$$Q = AL^{\alpha}K^{1-\alpha}$$

$$A(\lambda L)^{\alpha}(\lambda K)^{1-\alpha} = A\lambda^{\alpha}L^{\alpha}\lambda^{1-\alpha}K^{1-\alpha} = A\lambda L^{\alpha}K^{1-\alpha} = \lambda AL^{\alpha}K^{1-\alpha} = \lambda Q \tag{4-26}$$

3) 替代弹性不变生产函数

替代弹性不变生产函数(constant elasticity of substitution production function)简称CES生产函数,是包括线性生产函数、投入产出生产函数、C－D生产函数在内的一簇具有不变替代弹性的生产函数。它的一般形式是

$$Q = A[\alpha L^{-\rho} + (1-\alpha)K^{-\rho}]^{-\frac{1}{\rho}} \tag{4-27}$$

式中:A为规模参数,A > 0;α 为产出弹性,$0 < \alpha < 1$;ρ 为替代参数,替代弹性 $E_{\sigma} = \frac{1}{1+\rho} > 0$,故 $\rho \geqslant -1$。

根据替代参数可以推导替代弹性,从而确定生产函数的性质如下:

① 若 $\rho = -1$,$E_{\sigma} = \frac{1}{1+\rho} = \infty$,CES生产函数便退化为具有完全替代弹性的线性生产函数

$$Q = A[\alpha L + (1-\alpha)K]$$

② 若 $\rho = \infty$,$E_{\sigma} = \frac{1}{1+\rho} = 0$,CES生产函数便变成完全无替代弹性的投入产出生产函数

$$Q = \min(\frac{L}{a}, \frac{K}{b})$$

③ 若 $\rho = 0, E_\sigma = \frac{1}{1+\rho} = 1$，CES 生产函数便成为具有单一替代弹性的 C－D 生产函数

$$Q = AL^{\alpha}K^{1-\alpha}$$

显然，C－D 生产函数是 CES 生产函数的特例，即具有单一替代弹性的 CES 生产函数，而 CES 生产函数是 C－D 生产函数的一般化，即替代弹性虽为常数，但不一定是单一替代弹性的 C－D 生产函数。

2. 技术进步

1) 技术进步的含义

技术进步(technical progress)的概念来自经济学运用生产函数理论对经济增长的研究。在经济分析中，通常把生产函数定义为

$$Q = A(t)f(L,K) \tag{4-28}$$

式中：L 和 K 分别代表劳动和资本的投入；Q 代表产量；$A(t)$ 代表技术进步因子，为时间的函数。人们将劳动和资本投入以外影响产出的一切因素，笼统地称为技术进步，又称技术指数(index of technology)、总生产率(total productivity)。

为了解释技术进步的性质，经济学采取各种统计方法对其进行剖析，分解出一系列解释变量。尽管如此，技术进步仍然带有某种神秘色彩，仍然受到各种术语不同含义的困扰。这里从广义上将技术进步定义为：能够使一定数量的投入组合产出更多产品的所有因素共同作用的过程。这一过程可用图 4－8 描述。由各种要素 X 组合而成的生产过程，通过选择和创造可行的结合而使产量达到更高的水平。

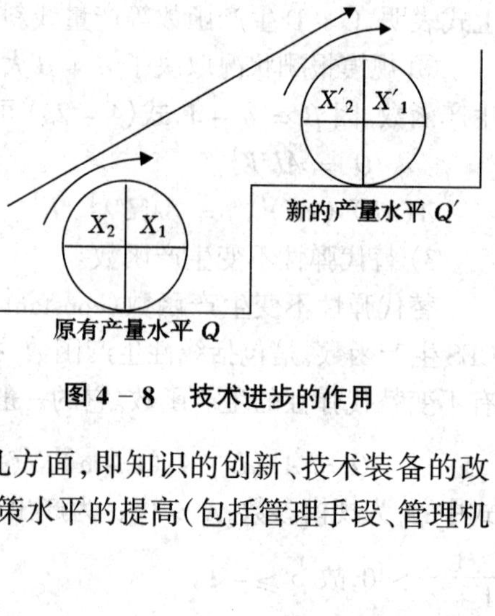

图 4－8　技术进步的作用

一般来说，广义的技术进步主要体现在以下几方面，即知识的创新、技术装备的改进、生产工艺的变革、劳动者素质的改善和管理决策水平的提高(包括管理手段、管理机制的完善)。

2) 技术进步的类型

一般来说，任何意义上的技术进步都意味着生产函数的变化。按照边际技术替代率的变化，可将技术进步分为三种类型。

(1) 资本使用型技术进步　在一定的资本、劳动比例下，技术进步使资本边际产量的变化率大于劳动边际产量的变化率，即劳动对资本的边际技术替代率递减，叫做资本使用型(capital using) 技术进步，也称劳动节约型(labor saving) 技术进步。

(2) 劳动使用型技术进步　在一定的资本、劳动比例下，技术进步的结果使资本边际产量的变化率小于劳动边际产量的变化率，即劳动对资本的边际技术替代率递增，叫

做劳动使用型(labor using)技术进步,也称资本节约型(capital saving)技术进步。

(3) 中性技术进步　在一定的资本、劳动比例下,技术进步的结果使资本边际产量的变化率等于劳动边际产量的变化率,即劳动对资本的边际技术替代率不变,叫做中性(neutral)技术进步。

上述不同类型的技术进步,可以通过生产函数向原点移动的不同方式来反映。在图4-9中,假设与 Q_2、Q_3 和 Q_4 相应的技术水平都高于 Q_1。生产函数向原点移动的不同轨迹,反映技术进步的类型不同。在价格因素不变的条件下,$Q_1 \rightarrow Q_2$ 属于中性技术进步,$Q_1 \rightarrow Q_3$ 属于资本使用型技术进步,$Q_1 \rightarrow Q_4$ 则属于劳动使用型技术进步。

3) 技术进步对经济增长的贡献

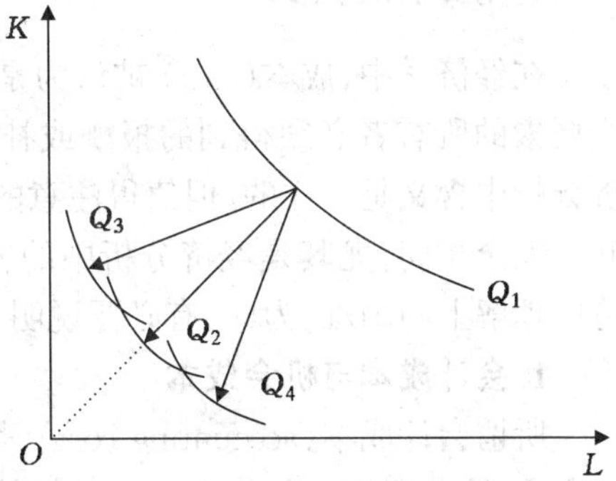

图4-9　技术进步的类型

二战以后,随着各国经济的增长,许多学者对经济动因展开了广泛而深入的研究。在该领域做出开拓性研究工作的首推美国经济学家罗伯特·索洛(Robert Solow)。他在1957年发表的《技术进步与总生产函数》中,对经济增长中技术进步贡献做出了估计①。假设总产量生产函数的一般形式为 $Q = f(K, L, t)$,并且技术进步属于中性,则

$$Q = A_t f(K_t, L_t)$$

式中:A_t 为资本和劳动之外的因素对总产量的贡献。对上式求关于时间的导数,然后以 Q 除等式两边,便可得到

$$\frac{\dot{Q}}{Q} = \frac{\dot{A}}{A} + A\frac{\partial f}{\partial K}\frac{\dot{K}}{Q} + A\frac{\partial f}{\partial L}\frac{\dot{L}}{Q} \tag{4-29}$$

上式中的圆点"·"表示对时间求导。根据式(4-11),式(4-12)定义为

$$E_L = \frac{\frac{\partial Q}{\partial L}}{\frac{Q}{L}}, E_K = \frac{\frac{\partial Q}{\partial K}}{\frac{Q}{K}}$$

则有

$$G_V = G_A + E_K G_K + E_L G_L \tag{4-30}$$

式中:G_V、G_K 和 G_L 分别代表产量、资本和劳动的增长率;E_K、E_L 分别为资本和劳动的产出弹性;G_A 为技术进步贡献率。

在实际测算中,由于难以直接估计各项投入的产出弹性,通常假设它们等于各自在总产量中所占的比例,而且规模报酬不变。据此,利用统计的有关数据,便可测算出式(4-30)中技术进步贡献率 G_A。

① Robert Solow: Technical Change and the Aggregate Production Function. Review of Economics and Statistics, Vol.39, 1957.

第二节　成本函数

为了取得经济成就,企业在制定生产决策时,不仅要考虑要素投入与产出之间的物质技术关系(即生产函数),而且还要考虑生产的耗费与产出之间的经济关系(即成本函数),也就是说,要同时考虑生产的实物形态和价值形态。本节在上一节的基础上分析厂商的生产成本问题。

一、成本的含义

在经济学中,成本(cost) 被认为是厂商进行生产活动使用的生产要素的价格或生产要素的所有者必须得到的报酬或补偿。从这个意义上讲,成本或费用(expense) 在经济分析中含义是一样的。但值得注意的是,经济分析中的成本与日常生活中成本的含义并不完全相同,尤其是经济分析中的成本包含着所谓的正常利润(normal profit),这会造成理解上的困难。为此,有必要说明与经济分析有关的成本概念。

1. 会计成本与机会成本

所谓会计成本(accounting cost),是指厂商在生产过程中按市场价格直接支付的一切费用。这些费用一般均可以通过相关会计科目反映出来。而经济分析中使用的成本,比财务分析中使用的会计成本的内涵要丰富得多。经济分析中使用的成本通常是指厂商为从事生产所投入的全部要素的机会成本。

机会成本(opportunity cost) 亦称择一成本(alternative cost),是指生产者利用一定资源获得某种收入时所放弃的其他可能的最大收入。机会成本概念与稀缺性概念紧密相连。任何生产要素一般都有多种用途或使用机会,但当人们决定用一吨石油作为燃料来发电时,就不可能同时再用这一吨石油生产化学纤维或加工成各种成品油。那么,发电的真正生产成本就是用这吨石油生产化学纤维或成品油所可能获得的最大报酬。由于经济分析的目的在于考察稀缺生产资源的最有效率的配置,而采用机会成本能够促使各种生产要素用于最优的途径。因此,从这个意义上讲,在经济分析中,厂商生产某种产品的生产成本(production cost) 与生产该产品的机会成本的经济含义是一样的。

在进行经济分析时,一般首先分别研究厂商所有投入的机会成本,然后根据各种投入的机会成本计算产品的经济成本。设 C_e 为经济成本,Q_i 为各种投入的数量,P_{ij} 为第 i 种投入要素的 j 种市场价格,则

$$C_e = \sum_{i=1}^{n} \max(P_{ij}) Q_i \qquad (4-31)$$

同时,利用机会成本概念进行经济分析时,还要具备相应的前提条件,具体包括:① 资源 本身有多种用途;② 资源可以自由流动;③ 资源得到了充分利用。

2. 显明成本与隐含成本

显明成本(explicit cost) 即财务上的会计成本。隐含成本(implicit cost) 是指应支付给厂商自有生产要素,但实际上没有支付的报酬。隐含成本与厂商所使用的自有生产要

素相联系,反映着这些要素在别处同样能被使用的事实。显明成本也称为支出性成本,而隐含成本则称为非支出性成本。二者共同构成企业的经济成本。

3.私人成本与社会成本

厂商的私人成本(private cost)是指个别厂商从事生产活动应支付的成本。它包括显明成本和隐含成本,即厂商的生产成本。社会成本(social cost)是指由整个社会所支付的成本。比如,一个化工厂将生产过程中产生的废品、废料集中起来并倒入工厂边的小河里。对该厂来讲,处理废物的私人成本就是将废弃物质投放到小河里的费用,或者说其成本就是用于处理废弃物所需资源的其他已经放弃的备选方案。一旦河流被污染就会损害其他人的利益,使河水变得不能饮用,破坏了消遣娱乐性用处等等。这就存在着由其他人负担的额外成本,从而构成社会成本。社会成本是整个社会在制定经济决策和立法时所应考虑的重要因素。但是,作为以追求利润最大化为目标的个别厂商,在生产经营决策中往往考虑的是私人成本,而不是社会成本。因此,在微观经济学成本理论中,通常略去了社会成本,而仅仅分析私人成本。

4.沉没成本与增量成本

增量成本(incremental cost)是由于某项生产决策而产生的相关成本,即总成本的增量。它主要是因新增产量而增加的直接材料、直接人工和制造费用,即变动成本。

沉没成本(sunk cost)是业已发生而无法收回或不因生产决策有所改变的成本。它主要是与生产决策无关的厂房、设备等不相关成本,即固定成本。

在财务分析中,增量成本与沉没成本都采用会计成本,在经济分析中则使用机会成本。比如,过去购进的库存材料,要按照现行价格或重置成本计算增量成本。过去购进的闲置设备,要根据其使用机会计算沉没成本。如果是别无它用的专用设备,或者是经济寿命终结的过时设备,重置成本就是沉没成本。如果这些设备还能以半价转让出去,沉没成本仅是重置成本的一半。

5.固定成本与可变成本

厂商生产各种产品的生产成本还可分为固定成本(fixed cost)与可变成本(variable coat)。可变成本是指随着业务量的变化而呈正比例变化的成本,相对的固定成本就是指随着业务量的变化而保持不变的成本。可变成本和固定成本的划分是相对的,是在一定的业务量范围内讨论的。因此,在微观经济学中成本理论的短期成本函数讨论中有可变成本与固定成本之分,而在长期成本函数讨论中厂商的所有投入要素都是可变的,不存在固定成本。

6.会计利润和经济利润

会计利润(accounting profit)是厂商销售产品的总收益减去会计成本(显明成本)后的余额;而正常利润(normal profit)则属于隐含成本,它包含在厂商的生产成本之中。正常利润是使一个厂商滞留在原行业从事生产经营活动的必要条件。如果厂商得不到正常利润,对于一个特定行业来说,企业家才能的供给便会日益枯竭。厂商销售产品的总收益减去按机会成本计算的生产成本(显明成本加隐含成本)的余额,就是厂商的经济利润(economic profit)或称超额利润(excess profit)。故厂商的经济利润与会计利润的关系是:经济利润 = 会计利润 - 隐含成本(正常利润)。厂商的销售收入减去显明成本等于会计利润,如果再减去隐含成本(正常利润)才是厂商的超额利润(经济利润),如表4 - 3所示。

表4 - 3 厂商成本、利润之间的关系

<table>
<tr><td colspan="3">产品销售收入</td></tr>
<tr><td colspan="2">会计利润</td><td rowspan="2">会计成本(显明成本)</td></tr>
<tr><td>经济利润</td><td>正常利润(隐含成本)</td></tr>
<tr><td>经济利润</td><td colspan="2">经济成本(机会成本)</td></tr>
</table>

根据以上对成本概念的分析。可将各类成本的关系简要概括如下:

厂商的生产成本 = 厂商的私人成本
= 厂商的机会成本
= 显明成本 + 隐含成本
= 会计成本 + 正常利润
= 固定成本 + 可变成本

二、短期成本函数

1.短期与长期的划分

所谓短期是指这样一个时期,在此期间,厂商的投入要素至少有一种是固定不变的,厂商只能通过变动其他投入要素的数量来扩大或缩减产量。所谓长期是指这样一个时期,在此期间,厂商可以无限制地增减或改变所有的生产要素。显然,短期和长期并不是日历上的确切时间。严格地讲,它们是经济分析的一组前提条件。同时,在不同行业、不同部门之间,对短期和长期也不能进行简单的类比。例如,某一部门大部分设备都是租用的,而且投入要素也都是属于标准化的,那么,这个部门的短期所持续时间显然比那些需要自行购置非标准化设备的其他部门短得多。

厂商的成本函数所表示的是厂商的成本与其产出产量或产出率之间的相互关系,它是由厂商的生产函数和他为各种投入支付的价格决定的。厂商的成本函数分为短期成本函数和长期成本函数。由于长期厂商的厂房和设备等都可以改变,于是厂商在对所生产产品的需求函数有一定估计后,就能设计出一个生产效率最高的工厂蓝图来。最佳的工厂规划一经确定,并付诸实施,经营决策就将受到这个规划的制约。也就是说,厂商是在长期中计划,在短期中经营。由于厂商的长期成本函数多用于企业的长期规划,所以,长期成本曲线往往称为"计划曲线",而厂商的短期成本函数则多用于日常的经营决策。短期成本曲线一般称为"经营曲线"。

2.短期成本函数

在生产中,伴随着要素的投入有总产量、平均产量和边际产量。与之相对应,厂商要花费总成本、平均成本和边际成本。如前所述,投入要素在短期至少有一种是固定不变的,其余则是可变的,因而厂商的成本又有固定成本和可变成本之分。这两种成本与相应的产量相联系,又有平均固定成本和平均可变成本。

总之,在短期,厂商共有总成本、平均成本、边际成本、固定成本、可变成本、平均固定成本和平均可变成本等七个成本函数。

假设表 4 - 4 为某厂商短期成本表，它反映了该厂商在某种投入要素不变的前提下，可变投入要素增加导致产量及总成本、边际成本、可变成本增加，进而引起不同产量下各种成本的变动情况。

根据表 4 - 4 可以分析厂商各种短期成本之间的相互关系。

1）固定成本、可变成本与总成本

固定成本（*FC*）是总固定成本（total fixed cost）的简称，指在一定产量范围内不随产量变动而变动的成本之和，如厂房、机器保养维修费、机器折旧费及管理人员的薪金和工资、契约性的租金承诺等。由于固定成本在短期与产量的变化无关，厂商无论采取何种决策，固定成本的数值都是一个定值，即使厂商暂时停产，产量为零，固定成本仍然存在。

表 4 - 4　某厂商的短期成本表　　单位：件，万元

(1) 产量 *Q*	(2) 固定成本 *FC*	(3) 可变成本 *VC*	(4) 总成本 *TC* (2) + (3)	(5) 平均固定成本 *AFC* (2) ÷ (1)	(6) 平均可变成本 *AVC* (3) ÷ (1)	(7) 平均成本 *AC* (5) + (6) (4) ÷ (1)	(8) 边际成本 *MC*
0	20	0	20	—	—		
1	20	30	50	20	30	50	30
2	20	56	76	10	28	38	26
3	20	75	95	6.67	25	31.67	19
4	20	80	100	5	20	25	5
5	20	105	125	4	21	25	25
6	20	132	152	3.33	22	25.33	27
7	20	182	202	2.86	26	28.86	50
8	20	280	300	2.50	35	37.50	98

可变成本（*VC*）是总可变成本（total variable cost）的简称，指随产量变动而变动的成本之和，如原料、燃料、运费、生产工人工资等等。在短期内，如果暂时停产，产量为零，可变成本也为零。

总成本（total cost）是指为了生产某一产量所需各项成本之和。或者说，总成本（*TC*）是固定成本与可变成本之和，即

$$TC = FC + VC \qquad (4-32)$$

以上三种成本之间的关系可用图 4 - 10 表示。

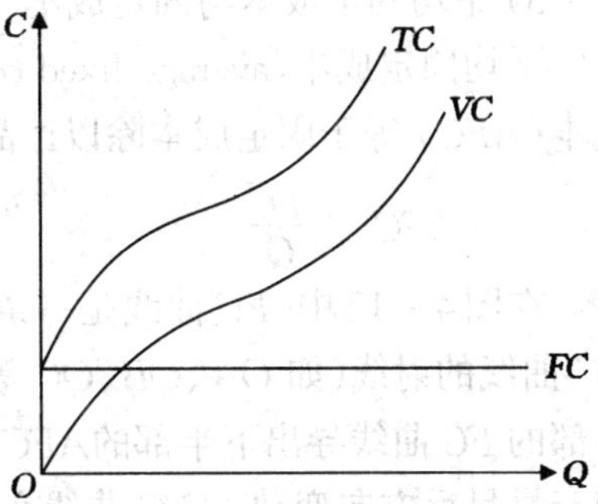

图 4 - 10　总成本、固定成本和可变成本曲线

在图 4 - 10 中，固定成本为一平行于横轴的水平线，总成本和可变成本随产量增加而增加，总成本曲线与可变成本曲线的垂直距离等于固定成

本。

2) 平均可变成本与可变成本

平均可变成本(average variable cost)是指每单位产品所需的可变要素的平均成本。平均可变成本(AVC)等于可变成本除以产品数量,即

$$AVC = \frac{VC}{Q} \tag{4-33}$$

图4－11(a)画出了由原点出发与可变成本曲线A点和C点相交、与B点相切的两条射线。射线OA的斜率$\frac{VC_1}{Q_1}$。它等于厂商生产Q_1产量时的平均可变成本,即$AVC_1 = \frac{VC_1}{Q_1}$的值等于图4－11中曲线AVC上A'点的数值。同理,根据VC曲线与从原点出发的射线的交点斜率,可求出相应产量对应的AVC曲线上所有其他点的值。射线OC的斜率大于射线OB,射线OB是VC曲线的切线。这意味着在图4－11中OB是VC曲线上可能画出的斜率最小的一条射线。鉴于AVC曲线由AC曲线的射线斜率所决定的性质,可推断在厂商产量达到Q_2之前,AVC处于在下降的阶段,在Q_2点达到最低点,超过Q_2点开始上升。AVC曲线是一条U形曲线。AVC曲线之所以最初递减,而后转入递增,是因为产量增加到Q_2之前每增加一单位可变要素所增产量超过前一单位可变要素的平均产量。于是AVC随产量的增加而递减。当产量达到一定点时,要素报酬递减规律开始发生作用,每增加一单位可变要素所增产量小于先前可变要素的平均产量,因而AVC曲线从Q_2开始转入递增。

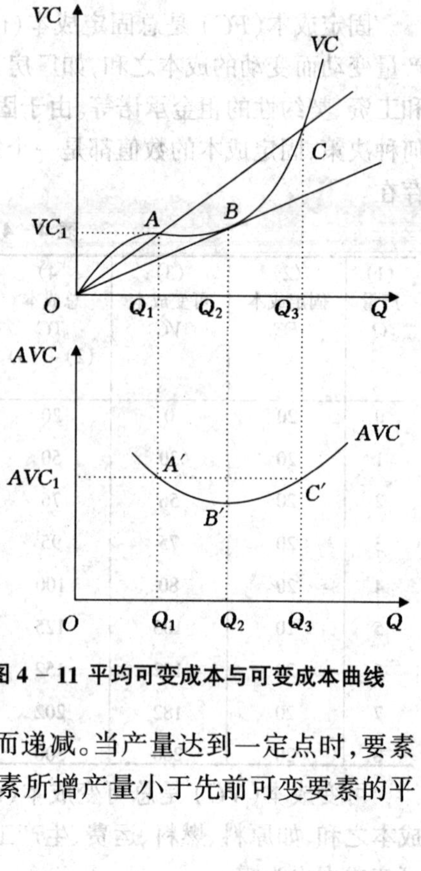

图4－11 平均可变成本与可变成本曲线

3) 平均固定成本与固定成本

平均固定成本(average fixed cost)是指分摊在每一单位产品的固定成本。平均固定成本(AFC)等于固定成本除以产品数量,即

$$AFC = \frac{FC}{Q} \tag{4-34}$$

在图4－12中,FC曲线是一条水平线。当厂商的产品数量不断增加时,由原点引向FC曲线的射线(如OA、OB、OC等)的斜率连续下降。根据前面所述方法,可由图中上半部的FC曲线导出下半部的AFC曲线。由于AFC与产量的乘积恒为定值FC,故AFC与产量呈反方向变动。AFC曲线在坐标图中由左上方向右下方倾斜。

4) 平均成本、平均固定成本和平均可变成本

平均成本(average cost)是指每生产一单位产品的成本之和。平均成本(AC)等于

总成本除以产品数量。由于总成本等于 FC 与 VC 之和，所以 AC 可表示为

$$AC = \frac{TC}{Q} = \frac{FC + VC}{Q} = AFC + AVC \tag{4-35}$$

如图 4－13 所示，AFC 曲线向右下方倾斜，AVC 曲线呈 U 形。由于 $AC = AFC + AVC$，根据 AFC 和 AVC 曲线在相应产量上的垂直距离之和，即可导出 AC 曲线来。

当产量很低时，随着产量增加，AFC 与 AVC 均呈下降走势，导致 AC 下降。AVC 在 Q_1 点达到最小值，但此时由于 AFC 仍然下降，所以在 AVC 达到最小值之后 AC 仍然继续下降。这是因为，在厂商产量水平处于 Q_1 和 Q_2 之间时，AFC 下降的速度快于 AVC 上升的速度。在产量为 Q_2 时，AVC 曲线上升速度恰好等于 AFC 下降速度，于是 AC 曲线就达到它的最低水平。Q_2 以后，AVC 的增长速度超过了 AFC 的降低速度，从而导致 AC 曲线上升。因此，AC 曲线呈 U 形，并且位于 AVC 曲线上方，与 AVC 曲线的差额等于 AFC 的数值。伴随产量增加，AVC 曲线率先达到最小值，尔后 AC 曲线才达到最小值。也就是说，AC 曲线达到最小值的产出量水平（Q_2）高于 AVC 曲线达到最小值的产出量水平（Q_1）。

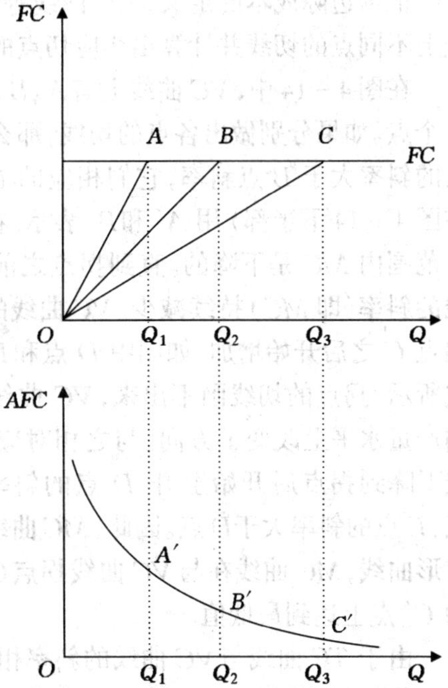

图 4－12　平均固定成本与固定成本曲线

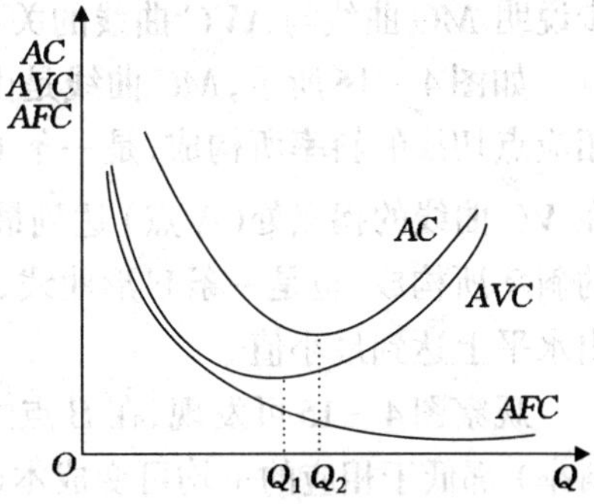

图 4－13　平均成本、平均固定成本和平均可变成本曲线

读者亦可以利用 AVC 曲线的推导方法，借助总成本曲线 TC 推导出 AC 曲线。

5）边际成本与可变成本

边际成本（marginal cost）是指每增加一单位产量所增加的总成本，即

$$\begin{aligned} MC &= TC_n - TC_{n-1} \\ &= \frac{\Delta TC}{\Delta Q} \\ &= \frac{\mathrm{d}TC}{\mathrm{d}Q} \end{aligned} \tag{4-36}$$

由于 $TC = FC + VC$，FC 与厂商的产出水平无关，在产量发生变化时，TC 的变动只是由 VC 的变动所引起的。所以，厂商的短期边际成本也可表述为：每增加一单位的产量所增加的可变成本，即

$$\begin{aligned} MC &= TC_n - TC_{n-1} \\ &= (FC + VC_n) - (FC + VC_{n-1}) \end{aligned}$$

$$= VC_n - VC_{n-1}$$

$$MC = \frac{\Delta VC}{\Delta Q} = \frac{dVC}{dQ}$$

根据边际成本的定义，MC 曲线等于相应的可变成本曲线的斜率。通过做出 VC 曲线上不同点的切线并计算出相应切点的斜率值，即可推导出 MC 曲线。

在图 4－14 中，VC 曲线上有 A、B、C、D、E 五个点。如果分别做出各点的切线，那么 A 点切线的斜率大于 B 点斜率，它们相应的 MC 数值在图 4－14 下半部）用 A' 和 B' 表示。在这个产量范围内 MC 是下降的。直到拐点之前，VC 曲线的斜率（即 MC）持续减少。VC 曲线的斜率在拐点 C 之后开始增加，如图中 D 点和 E 点的切线所示。拐点的切线画不出来，VC 曲线在 C 点的产量水平上改变了方向。与之相对应，MC 曲线下降到拐点后开始上升，D 点的斜率大于 C 点，E 点的斜率大于 D 点。因此，MC 曲线是一条 U 形曲线，MC 曲线在与 VC 曲线拐点 C 相对应的 C' 点上达到最低值。

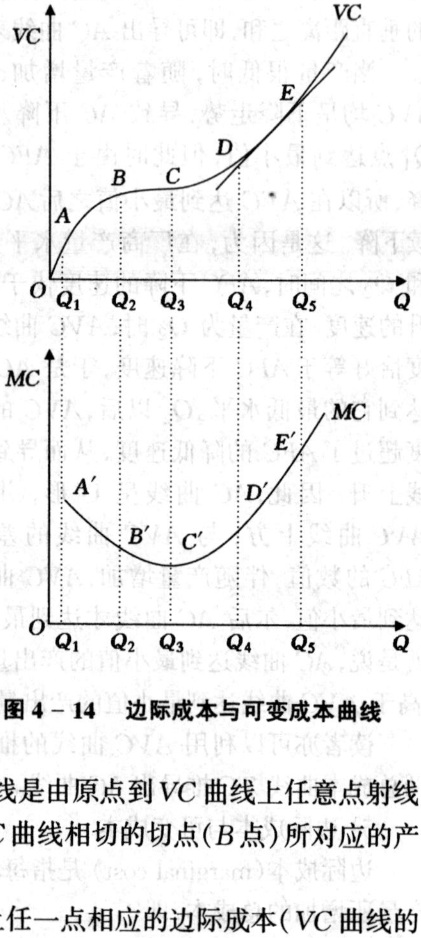

图 4－14　边际成本与可变成本曲线

由于 TC 曲线与 VC 曲线的斜率相等，利用 TC 曲线亦可推导出同一条 MC 曲线来。这里不再赘述。根据以上分析，结合图 4－15 可以进一步说明 MC 曲线与 AVC 曲线的关系。

如图 4－15 所示，MC 曲线是由 VC 曲线上相应点切线的斜率所构成，是一条 U 形曲线，并在 VC 曲线的拐点处（A 点）达到最小值。AVC 曲线是由原点到 VC 曲线上任意点射线的斜率所构成，也是一条 U 形曲线，并在射线与 VC 曲线相切的切点（B 点）所对应的产出水平上达到最小值。

观察图 4－15 可发现，在 B 点之前，VC 曲线上任一点相应的边际成本（VC 曲线的斜率）都低于相应的平均可变成本（由原点到 VC 曲线的射线斜率）；过了 B 点后，VC 曲线上任一点相应的边际成本（VC 曲线的斜率）又都高于相应的平均可变成本（VC 曲线射线的斜率）。同时，在图 4－15 的下半部，在 B' 点之前，$MC < AVC$，AVC 处于下降阶段；在 B' 点右边，$MC > AVC$，AVC 处于上升阶段。在 B 点，VC 曲线斜率恰好与射线的斜率相等。于是，$MC = AVC$。所以，MC 曲线与 AVC 曲线在 AVC 曲线的最低点（B'）相交。MC 曲线与 AVC 曲线之间的这种关系可表述为：

① 当 $MC < AVC$ 时，AVC 曲线必然下降；

② 当 $MC > AVC$ 时，AVC 曲线必然上升；

③ 当 $MC = AVC$ 时，AVC 曲线既不上升，也不下降，而是取最小值。

同理，利用上述分析方法，亦可以利用 TC 曲线推导出 MC 曲线和 AC 曲线，且说明 MC 曲线与 AC 曲线的相互关系。这里从另一个角度来说明 MC 与 AC 之间存在的关系，即 MC 曲线总是在 AC 曲线的最低点与其相交。

已知 $TC = AC \cdot Q$，令 $AC = f(Q)$。由于 AC 也是产量 Q 的函数，故 MC 可写成

$$MC = \frac{\partial TC}{\partial Q} = \frac{\partial AC \cdot Q}{\partial Q} \qquad (4-37)$$

根据复合函数微分法则，如果 $Y = U \cdot V$，其中，$U = f_1(Q)$，$V = f_2(Q)$ 则

$$\frac{\mathrm{d}Y}{\mathrm{d}Q} = \frac{\mathrm{d}Y}{\mathrm{d}U} \cdot \frac{\mathrm{d}U}{\mathrm{d}Q}$$

由此可得

$$MC = \frac{\partial TC}{\partial Q} = AC \cdot \frac{\partial Q}{\partial Q} + Q\frac{\partial AC}{\partial Q}$$

或

$$MC = AC + Q\frac{\partial AC}{\partial Q} \qquad (4-38)$$

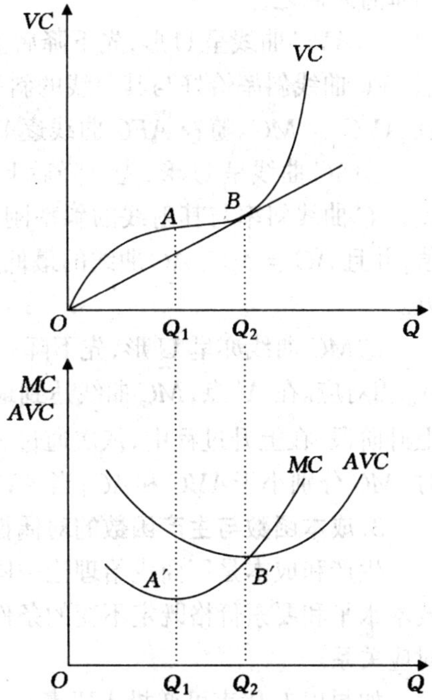

图 4－15 边际成本与平均可变成本曲线

上式中，$\frac{\partial AC}{\partial Q}$ 为 AC 曲线的斜率，并且 $AC > 0$，$Q > 0$，于是有：

① 当 AC 斜率 < 0 时，则 $MC < AC$；

② 当 AC 斜率 > 0 时，则 $MC > AC$；

③ 当 AC 斜率 $= 0$ 时，则 $MC = AC$。

由于在 AC 曲线斜率为零时，AC 曲线达到最低点，故在 AC 曲线最低点处 AC 曲线与 MC 曲线相交。

利用图 4－16 可将厂商短期成本曲线各自的特性及其相应关系简要概述如下。

①FC 曲线是一条直线，其数值恒等于 FC 曲线与横轴的垂直距离。

②VC 曲线向右上方倾斜，A_1 点为曲线的拐点，在 OQ_1 产量之间，VC 是以递减的速率增加，产量超过 OQ_1 后 VC 是以递增的速率增加。

③TC 曲线的斜率等于 VC 曲线的斜率，伴随产量的增加，其走势与 VC 相同，A_0 点为曲线的拐点，TC 曲线与 VC 曲线的垂直距离等于 FC。

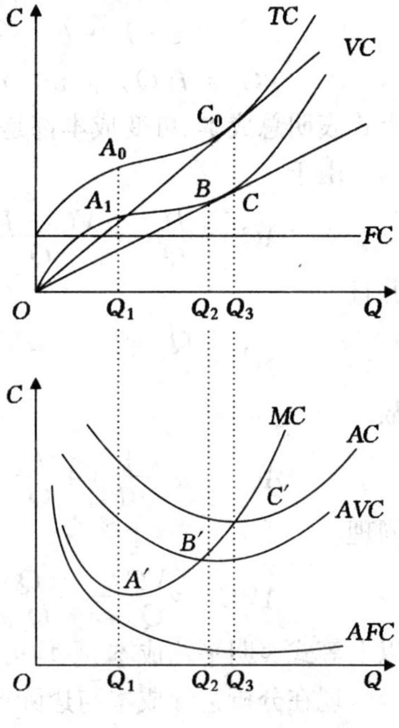

图 4－16　短期成本曲线族

④AFC 曲线是一条以两轴为渐近线的直角双曲线，它自左上方向右下方倾斜。AFC 曲线具有负的斜率，AFC 等于 AC 曲线与 AVC 曲线

的垂直距离之差。

⑤AVC 曲线呈 U 形，先下降后上升。B' 点的产量水平与 VC 曲线 B 点相对应。在 B 点，VC 曲线斜率恰好与其射线的斜率相等。在 AVC 曲线的 B' 点，AVC 达到最小值，并且 $AVC = MC$。随着 AFC 曲线逐渐接近于横轴，AVC 曲线逐渐接近于 AC 曲线。

⑥AC 曲线呈 U 形，先下降后上升。C' 的产量水平与 TC 曲线 C_0 点相对应。在 C_0 点，TC 曲线斜率与其射线的斜率刚好相等。在 AC 曲线的 C' 点处，AC 曲线达到最小值，并且 $AC = MC$。AC 曲线的最低点（C' 点）位于 AVC 曲线的最低点（B' 点）的右上方。

⑦MC 曲线亦呈 U 形，先下降后上升。A' 点的产量与 VC 和 TC 曲线的拐点 A_1 和 A_0 相对应。在 A' 点，MC 曲线达到最小值。在 A' 点之前处于下降阶段，过了 A' 点处于上升阶段。在上升过程中，依次通过 AVC 和 AC 曲线的最低点。当 AVC 和 AC 曲线下降时，MC 分别小于 AVC 和 AC；当 AVC 和 AC 曲线上升时，MC 则分别大于 AVC 和 AC。

3. 成本函数与生产函数的对偶性

生产和成本是厂商供给理论中同一问题的两个方面，它们具有直接的对偶关系。在技术水平和要素价格既定不变的条件下，可变要素投入的成本函数与生产函数存在着对应关系。

如果以 L 代表可变投入要素，w 代表可变投入要素的价格，以 $f(Q)$ 和 b 分别代表可变成本和固定成本，Q 代表总产量 TP，则有

$$TC = VC + FC = f(Q) + b$$
$$= w \cdot L + b \tag{4-39}$$
$$VC = f(Q) = w \cdot L \tag{4-40}$$

上式表明总成本、可变成本都是总产量的函数。

由于

$$AC = \frac{TC}{Q} = \frac{VC + FC}{Q} = \frac{f(Q) + b}{Q} = w\frac{L}{Q} + \frac{b}{Q}$$

并且

$$AP = \frac{Q}{L}$$

故

$$AC = w(\frac{1}{AP}) + \frac{b}{Q} \tag{4-41}$$

同理

$$AVC = \frac{VC}{Q} = \frac{f(Q)}{Q} = w\frac{L}{Q} = w(\frac{1}{AP}) \tag{4-42}$$

以上等式表明平均成本、平均可变成本与平均产量（AP）具有反方向的变动关系。

现在分析边际成本与边际产量的关系。由于

$$MC = \frac{\Delta VC}{\Delta Q} = \frac{w \cdot \Delta L}{\Delta Q} = w \cdot \frac{\Delta L}{\Delta Q}$$

在可变投入要素价格不变条件下，只有当可变要素投入量变化，产量和边际成本才会改

变。上式中$\frac{\Delta L}{\Delta Q}$一项等于可变要素的边际产量的倒数，即$\frac{\Delta L}{\Delta Q}=\frac{1}{MP}$，所以有

$$MC = w \cdot \frac{1}{MP} \tag{4-43}$$

根据前面的分析，并结合图4-1和图4-16，可将生产函数与成本函数之间的关系概括成表4-5。

表4-5　生产函数和成本函数的对偶性

类型	生产函数	成本函数
总的	*TP*先以递增速率增加过拐点后，再以递减的速率增加	*TC*和*VC*先以递减的速率增加，过拐点后，再以递增的速率增加
平均的	*AP*增加到最大值，尔后递减	*AC*和*AVC*下降到最小值，尔后递增
边际的	*MP*先上升再下降，在*AP*的最大值处与其相交	*MC*先下降，再上升，并分别在*AVC*和*AC*的最小值处与其相交

三、长期成本函数

在长期内，由于厂商的所有投入要素都是可以变动的，因而不存在固定成本和平均固定成本。可变成本等于总成本，平均可变成本等于平均成本。于是，在长期成本函数中就只有总成本、平均成本和边际成本三个成本函数。同短期成本分析一样，只要知道与任一产量相对应的总成本，即可推导出与任一产量相对应的平均成本和边际成本。

1.长期成本函数

长期总成本(long-run total cost)是指厂商生产各种产品时的最低成本点的轨迹。厂商的长期总成本(*LTC*)与生产扩展线(*EP*)有直接关系。利用扩展线可推导出厂商的*LTC*曲线。

如图4-17所示，在厂商的投入要素价格和生产函数不变条件下，扩展线上的E_1、E_2和E_3点分别为不同水平的等产量曲线与等成本曲线切点。根据扩展线的定义，它们又都是厂商生产某一产量的总成本最低的要素投入组合点。先考察与Q_1产量相对应的E_1点。显然，由E_1点所代表的要素投入组合的总成本等于OL_1乘以单位劳动的价格w，即$TC_1=w\cdot OL_1$。这是因为E_1是等成本曲线K_1L_1上的一点，它所代表的投入组合与L_1点所代表的投入组合所花费的总成本(TC_1)是相同的，而在L_1点上，投入组合的总成本等于$w\cdot OL_1$。同理，与Q_2产量相对应的投入组合是E_2所代表的总成本，即$TC_2=w\cdot OL_2$；与Q_3产量相对应的投入组合点的总成本为$TC_3=w\cdot OL_3$。如果横轴表示产量，纵轴表示总成本，把上述分别对应于Q_1、Q_2和Q_3产量的总成本TC_1、TC_2和TC_3的交点连接起来，便可从图4-17(a)的扩展线(*EP*)推导出图4-17(b)的长期成本曲线(*LTC*)。

长期平均成本(long-run average cost)是指每生产一单位产品的成本之和。它等于长期总成本(*LTC*)除以产量(*Q*)，即

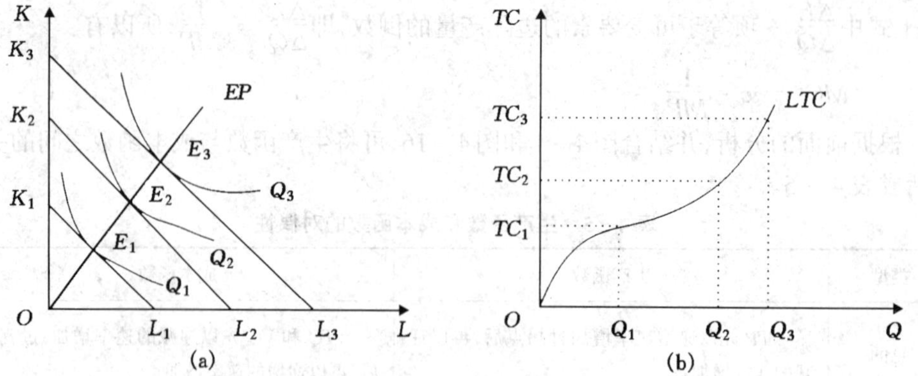

图 4－17　扩展线与长期总成本曲线

$$LAC = \frac{LTC}{Q} \qquad (4-44)$$

长期边际成本(long－run marginal cost)是指每增加一单位产量所增加的总成本。它等于长期总成本的变动量(ΔLTC)除以产量的变动量(ΔQ),即

$$LMC = \frac{\Delta LTC}{\Delta Q} = \frac{\mathrm{d}LTC}{\mathrm{d}Q} \qquad (4-45)$$

如前所述,在几何意义上,原点到 LTC 曲线各点射线斜率与相应产量的轨迹构成LAC曲线,而 LTC 曲线各点切线的斜率与相应产量的轨迹构成LMC 曲线。

在图4－18中,A 点是LTC曲线的拐点。厂商的产量在达到 Q_1 之前,总成本以递减的速度增加;产量超过 Q_1 点后,总成本以递增的速度增加。所以当产量达到 OQ_1 时,LMC 达到最低点(即图中 A' 点)。从原点引一条射线到与 Q_2 产量相应的 LTC 曲线相切,表明它是一条从原点引到 LTC 曲线的斜率最小的射线。这条射线正好与 LTC 曲线相切于Q_2 所对应的 B 点。根据定义,某一点的 LMC,是 LTC 曲线上与该点对应点的切线的斜率。因此,当厂商产量达到 OQ_2 时,长期平均成本曲线达到最低点,并且 $LAC = LMC$。

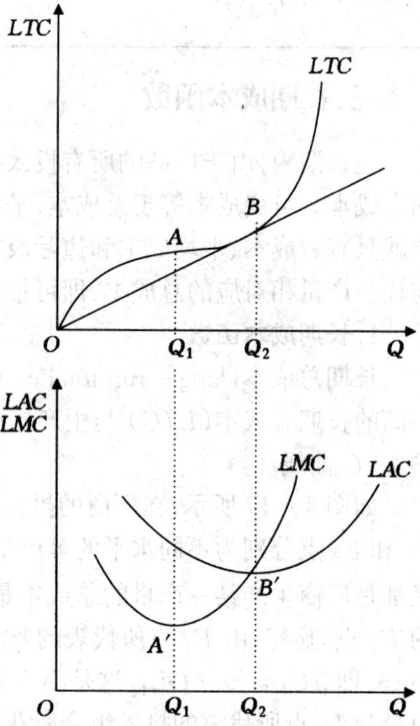

图 4－18　长期成本曲线

根据长期成本的含义及总成本函数,同样可以推导出厂商的 LAC 和LMC 函数。

例4.2

假设某厂商的长期总成本函数

$$LTC = 10Q - 0.6Q^2 + 0.02Q^3 \qquad (1)$$

由定义可知,厂商的长期平均成本函数和长期边际成本函数分别为

$$LAC = \frac{LTC}{Q} = 10 - 0.6Q + 0.02Q^2 \tag{2}$$

$$LMC = \frac{\mathrm{d}LTC}{\mathrm{d}Q} = 10 - 1.2Q + 0.06Q^2 \tag{3}$$

可通过求对应于产量(Q)的 LMC 和 LAC 的导数取得 LMC 和 LAC 曲线的最低点。因为 LTC 曲线的拐点即为 LMC 曲线递减转为递增的转折点(最低点)。当 LTC 函数的二阶导数等于零时,或 LMC 函数的一阶导数等于零时,LMC 函数取得最小值,而 LAC 曲线同 LMC 曲线一样呈U形。当 LAC 函数的一阶导数等于零时,LAC 函数有最小值。当

$$\frac{\mathrm{d}LMC}{\mathrm{d}Q} = -1.2 + 0.12Q = 0$$

$$Q = 10$$

将其代入(3)式,得

$$LMC = 10 - 1.2(10) + 0.06(10)^2 = 4\text{元}$$

当

$$\frac{\mathrm{d}LAC}{\mathrm{d}Q} = -0.6 + 0.04Q = 0$$

$$Q = 15$$

分别代入(2)和(3)式,得

$$LAC = 10 - 0.6(15) + 0.02(15)^2 = 5.5\text{元}$$

$$LMC = 10 - 1.2(15) + 0.06(15)^2 = 5.5\text{元}$$

以上结果表明,当厂商的产量为10件时,LMC 达到最小值(4元);当产量为15件时,LAC 达到最小值,此时,LAC 和 LMC 均为5.5元。此例进一步印证了前面的分析,即边际成本曲线总是在平均成本曲线的最低点与其相交。

根据式(1)、式(2)、式(3),可以求出不同产量下的三种成本数值(表4-6),据此亦可十分便利地画出 LTC、LAC 和 LMC 的曲线。

表4-6　某厂商的长期成本表　　单位:元

Q	LTC	LAC	LMC
1	9.42	9.42	8.86
5	37.5	7.5	5.5
10	60.0	6.0	4.0
15	82.5	5.5	5.5
20	120.0	6.0	10.0
25	187.5	7.5	17.5

2.长期成本与短期成本的关系

在长期内,厂商的所有投入要素都是可以变动的,因而长期总成本曲线和短期总成本曲线的区别在于:长期成本曲线是从原点开始,逐渐向右上方延伸。这表明,产量为零时,成本也为零,而不像短期成本那样,产量为零时仍有固定成本。诚然,尽管长期和短期总成本曲线的起点不同,但形状及走势却大体相同。它们均先以递减的速度增加,然

后再以递增的速度增加。当产量达到拐点处，相应的边际成本曲线均达到最低点。

长期平均成本曲线虽然与短期平均成本曲线一样呈U形，但长期平均成本曲线较为平滑。其原因在于：短期平均成本受边际报酬递减规律的制约，而长期平均成本则受到规模报酬规律的影响。

在图4－19中假设厂商可以选择四种规模的工厂生产某种产品。SAC_1代表一种规模既定（短期的）平均成本曲线，SAC_2、SAC_3和SAC_4分别代表另外三种规模的短期平均成本曲线。

那么厂商究竟选择哪一种工厂规模从事产品生产呢？这就要取决于他的计划或希望的产量。如果厂商打算产量达OQ_1，他将选择建造和经营第一种规模的工厂；如果厂商计划产量达OQ_3，他必须选择第二种规模的工厂（而不是第一种规模的工厂）；如果厂商计划产量达OQ_5，必然选择第三种规模的工厂（而不是第二种规模的工厂）。因为，厂商总是要选择能以最低的单位成本生产出他所预期的产量的那个工厂。如果厂商计划生产OQ_2或OQ_4的产量，而此时两种相邻规模的工厂的单位成本是一样的。在这种情况下，如果考虑需求可能增加，厂商一般选择其中规模较大的工厂，以便于不断扩大生产，并获取规模经济收益。如果预计需求不变，甚至减少，厂商会选择较小规模的工厂，这样可以节省投资费用。一旦决定建造和经营某一规模的工厂，厂商就处于短期经营的态势。如果厂商尚未做出最后的决策，则处于长期经营的状态之中。此时，他必须根据各种规模条件下各个短期平均成本曲线显示的最低平均成本的各种产量水平做出最后抉择。根据以上分析，厂商的长期平均成本曲线将是各个既定规模的短期平均成本曲线（即SAC_1、SAC_2、SAC_3和SAC_4曲线）相交之点下面的线段连结而成的一条不规则的曲线，即图4－19中的$ABCDE$曲线。

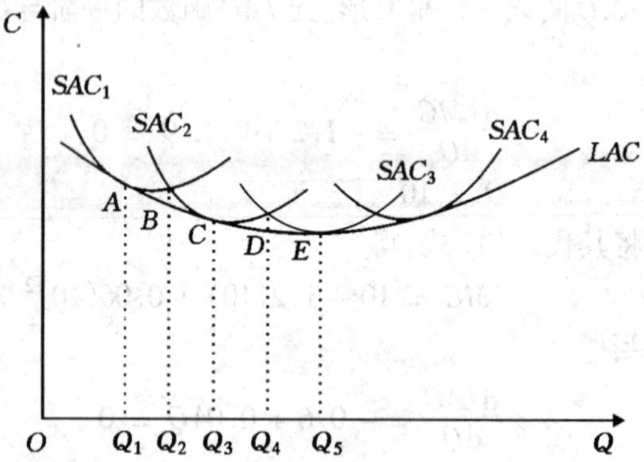

图4－19　长期平均成本与短期平均成本曲线

在现实的生产经营中，可以生产某种产品的工厂远不止这四种规模，至少在理论上还可以出现许多不同的工厂规模。当厂商面临很多选择时，短期平均成本曲线的数目也很多。于是，由相邻两条SAC曲线的交点下面部分形成的长期平均成本曲线的线段越来越短。假如厂商可供选择的规模可以无限细分，SAC曲线将密集排布在坐标图中，LAC曲线上的每一点代表与某一特定规模的SAC曲线相切之点，这时厂商的LAC曲线将成为一条平滑的曲线。在几何学中，这条平滑的呈U形的LAC曲线被称为是各SAC曲线的包络曲线（envelope curve）。由于厂商是根据长期成本曲线表示的不同工厂规模的成本选择工厂规模的，所以长期平均成本曲线被称为厂商的计划曲线（planning curve）。

值得注意的是，LAC曲线与各条SAC曲线都相切，但不意味着切点均位于各个SAC

曲线的最低点。当 LAC 曲线下降时，它切于各 SAC 曲线最低点的左侧；当 LAC 曲线上升时，它切于各 SAC 曲线最低点的右侧；只有在 LAC 的最低点，它才与相对应的某一条 SAC 曲线的最低点相切。事实上，如果 LAC 曲线与各 SAC 曲线的最低点相切，LAC 曲线将成为一条与横轴平行的直线，它反映了规模报酬不变的成本变动情况。

长期边际成本曲线是 LAC 曲线同各 SAC 曲线的切点所代表的产量水平上的短期边际成本（由 SMC 曲线某一点表示）的连接线。具体作法是：从 LAC 曲线和 SAC 曲线的各切点向横轴作垂线，相应得到同各 SMC 曲线的交点，将这些交点连接起来，即为 LMC 曲线。

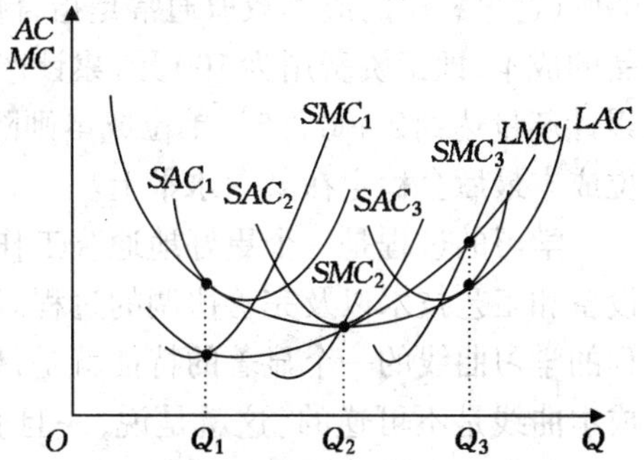

图 4－20 长期边际成本与短期边际成本曲线

在图 4－20 中，SMC_1、SMC_2 和 SMC_3 分别代表厂商的短期边际成本曲线，A、B、C 点分别为 LAC 和 SAC 曲线切点对应的产量 Q_1、Q_2、Q_3 的短期边际成本。A、B、C 各点的联接线即为长期边际成本曲线。LMC 曲线与 LAC 曲线的关系与 SMC 曲线和 SAC 曲线的关系一样，即当 $LMC < LAC$ 时，LAC 曲线呈下降走势；当 $LMC > LAC$ 时，LAC 曲线呈上升走势；当 $LMC = LAC$ 时，LMC 曲线在 LAC 曲线的最低点（图 4－20 中 B 点）与 LAC 相交。在交点处，$LMC = LAC = SAC = SMC$。

那么，为什么 LMC 和 SMC 必然在 LAC 曲线和各 SAC 曲线切点处所对应的产量水平恰好相等呢？根据定义，$TC = AC \cdot Q$。当 LAC 与 SAC 曲线在某一特定产量相切时，$LAC = SAC$，在该产量水平的 $LTC = STC$。如图 4－20 所示，当产量尚未达到 Q_1 水平时，SAC 大于 LAC，STC 也大于 LTC。此时，短期平均成本处于递减阶段，SMC 小于 LMC。当产量从 Q_1 增加到大于 Q_1 的水平时，SAC 大于 LAC，STC 也大于 LTC。这时，SMC 必然大于 LMC，因为当产量由 $LAC = SAC$ 或 $LTC = STC$ 增加到使 $SAC > LAC$ 或 $STC > LTC$ 时，所增加的产量带来的总成本的增量（即边际成本）必然是短期大于长期，即 $SMC > LMC$。所以，只有当 $LAC = SAC$ 时，LMC 才等于 SMC。以上分析表明：SMC 曲线与 LMC 曲线的关系是，任一特定的短期边际成本曲线（如图中的 SMC_1 曲线）总是与长期边际成本曲线相交于某一点。交点对应的产量（如 Q_1）是短期平均成本曲线与长期平均成本曲线相切时的产量。在交点左侧，任一给定的短期边际成本曲线位于长期边际成本曲线的下方；在交点右侧，短期边际成本曲线位于长期边际成本曲线的上方。

四、学习曲线

传统成本理论认为，长期成本曲线是由无数条短期成本曲线构成的。在规模报酬递增阶段，随着生产规模的扩大，单位成本呈下降趋势，即生产规模与单位成本呈反比例变动。但在现实的生产过程中，尤其是新产品生产过程中，人们却发现，累计生产量较大而规模较小的企业与刚开工的规模较大的企业相比，前者的单位成本也并不必然高于后者的单位成本。为了描述这一现象，现代成本理论引进了学习曲线(learning curve)的概念。

学习曲线，也叫做进步函数(progress function)，是用来反映平均成本随累计生产量增加而降低的成本变动情况的一条曲线。这一概念是从心理学借用来的。心理学发现：不论是人还是其他动物，通过不断实践，能以一定速度学习某些东西，即边干边学(learning by doing)。飞机制造业的经验业已证明，学习曲线是一条“80% 曲线”(80 percent curve)。其基本含义是，随着累计产量每倍增一次，成本大约降低到原来水平的80%(这里利用的成本数值通常是指直接人工成本)。比如，最初产量为600件，单位产品的成本，即工资费用为100元；累计产量达到1 200件时，单位产品成本降低到80元；累计产量达到2 400件时，单位成本则降低到64元。当然，累计产量达到一定规模时，单位成本最后会稳定在某一水平上。

学习的过程是一个更好地通晓工作细节、改进设备和工艺技术以及完善协调的过程。反映这一过程的学习曲线的一个显著的特征就是，体现学习的成本曲线是不可逆的。这就是说，一旦企业业已累计生产出一定数量的新产品(如1 000件)，如果适当地减少原有的年产量(如500件)，年生产的成本曲线并不会上移，甚至可能继续缓慢向下移动。当存在着规模报酬递增时，企业的平均生产成本因销售量的增加而逐渐下降，或者平均生产成本由于学习曲线的存在而下降。

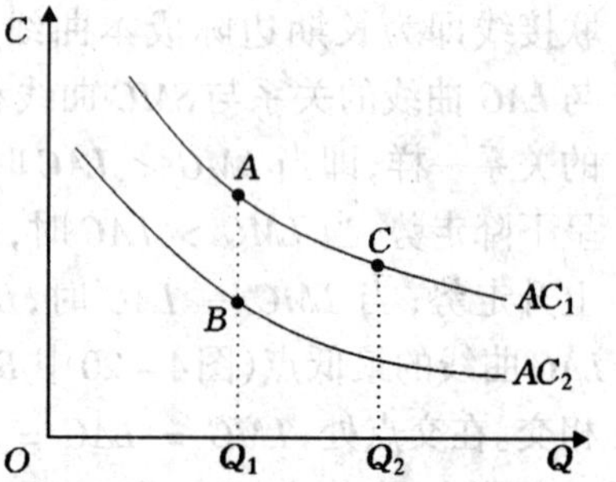

图 4 - 21　企业的学习效应

如图 4 - 21 所示，当企业生产处在规模报酬递增时，平均成本曲线 AC_1 上的 A 点将移到 C 点，对应的产量为 Q_2。而在学习效应作用下，尽管产量为 Q_1(当然其累积产量较高)，平均成本却显著下降，由平均成本曲线 AC_1 上的 A 点下移至 AC_2 曲线上的 B 点。从 A 点到 C 点称为规模报酬效应，而从 A 点到 B 点则称为学习效应。学习曲线对于企业新产品成本的预测以及进入某个行业的决策分析都具有重要作用。

五、要素价格与成本函数

成本函数(cost function)是在技术水平和要素价格不变条件下，成本与产出之间的相互关系。成本函数由企业的生产函数和要素价格决定。设总成本(total cost)为 TC，产量 $Q = f(L,K)$，则

$$TC = \varphi(Q) = \varphi[f(L,K)] \tag{4-46}$$

由于成本函数是生产函数的函数，故与生产的短期、长期分析相对应。成本函数分为短期成本函数和长期成本函数。

在短期内，假设技术水平、要素价格不变，L 为变动投入，K 为固定投入，Q 为产量，w 为劳动的价格(工资)，r 为资本的价格(利率)，则短期生产函数和成本函数为

$$Q = f(L,K) \tag{4-47}$$

$$TC = wL + rK \tag{4-48}$$

此式表明,总成本 TC 可分为两部分:wL 为变动成本,rK 为固定成本。由于产量 Q 的变动引起变动投入 L 的变动,L 的变动引起变动成本 wL 的变动,wL 的变动又引起 TC 的变动,因此 TC 为 Q 的函数。

在长期中,企业的技术水平和所有投入都是可变的,因此长期生产函数为

$$Q = f(L,K)$$

如果技术水平和要素价格不变,则

$$TC = wL + rK$$

上式表明,在长期中,由于不存在固定投入,也就没有固定成本,wL 和 rK 都是变动成本。

需要特别强调指出,这里的要素价格 w、r 只是要素的使用价格,而不是要素的所有价格。

第三节　生产者均衡

一、要素投入的最优组合

在市场经济运行中,尽管企业目标不同,但作为资源配置的一种组织形式,都是追求经济效益,即以最小的成本实现最大的产量。

1.一种变动要素投入的最优组合

假如其他投入要素不变,只有一种变动要素投入劳动,企业如何选择劳动的最优雇佣量呢?

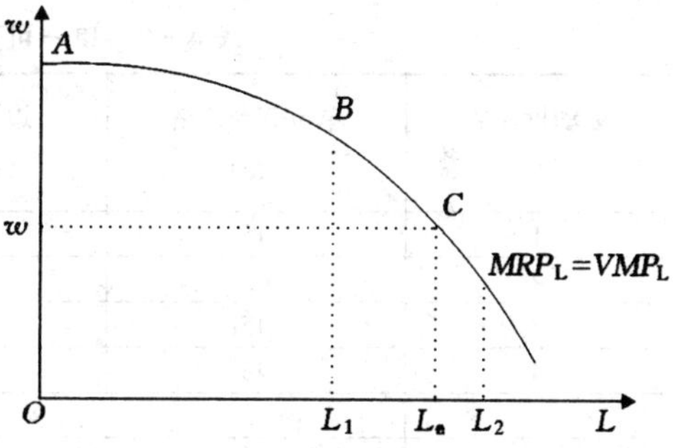

图 4-22　一种变动要素投入的最优组合

图 4-22 表示,假定在完全竞争市场上,由市场供求决定的产品价格 P 和要素价格 w 不变,一种变动要素投入 L 的边际产品价值 VMP_L 等于边际收益产品 MRP_L,VMP_L 和 MRP_L 伴随着投入量的增加而下降。在投入量为 L_e 以下,例如 L_1,$MRP_L > w$,说明雇佣这一单位要素的产品收益大于成本支出。在投入量为 L_e 时,$MRP_L = w$,说明雇佣这一单位要素的产品收益等于成本支出,企业收支相抵。在投入量为 L_e 以上,例如 L_2,$MRP_L < w$,说明雇佣这一单位要素的产品收益小于成本支出,企业得不偿失。由于 wAC 的积分面积最大,表明总利润最大,企业将雇佣要素 L_e 单位。

从企业的收益来看,总产量与产品价格的乘积形成总收益,即

$$TR = P \cdot Q \tag{4-49}$$

从企业的成本来看,要素投入量 L 与要素价格 w 的乘积形成总成本(TC),也就是

总支出(total expenditure, TE),即

$$TE(TC) = wL \tag{4-50}$$

平均单位要素的成本称为平均支出(average expenditure, AE),即

$$AE = \frac{TE}{L} = w \tag{4-51}$$

新增单位要素的成本称为边际支出(marginal expenditure, ME),即

$$ME = \frac{dTE}{dL} \tag{4-52}$$

利润为总收益与总支出之差,即

$$\pi = TR - TE = PQ - wL$$

为求利润最大,令

$$\frac{d\pi}{dL} = \frac{d}{dL}(PQ) - \frac{d}{dL}(wL) = 0$$

则

$$P \cdot \frac{dQ}{dL} - w = 0$$

$$w = P \cdot MP_L \tag{4-53}$$

即

$$AE = ME = VMP_L = MRP_L \tag{4-54}$$

式(4 - 54)为雇佣一种投入的均衡条件。

为了更好地了解单一可变要素投入量的均衡条件,将表 4 - 1 的数据与 *VMP* 相结合,得出表 4 - 7 的具体数据。

表 4 - 7 单一可变要素的最优投入量

劳动投入量 (L)	单位劳动价格 (w)	边际产量 (MP_L)	产品价格 (P_X)	边际产品价值 (VMP_L)
1	45	10	5	50
2	45	14	5	70
3	45	15	5	75
4	45	13	5	65
5	45	9	5	45
6	45	5	5	25
7	45	0	5	0
8	45	-2	5	-10

在表 4 - 7 中,假设 1 单位劳动的工资率为 45 元,劳动的边际单位价格每单位 5 元。当劳动要素的投入量从 1 单位增加至 2 单位、3 单位和 4 单位时,劳动的边际产品价值(VMP_L)均大于边际劳动投入量的价格(即增加雇佣 1 单位劳动力支出的工资)。当劳动要素的投入量增加到 5 单位时,VMP_L 为 45 元,恰好等于边际劳动投入量的价格。此时,如果劳动要素投入量继续增加,VMP_L 均大大低于每单位劳动投入的价格,企业的生产将处于得不偿失的状况。因此,从生产决策的角度看,如果一种投入要素的 *VMP* 超出它的单位价格,那么,这种要素投入将会导致厂商利润的增加。反之,利润将减少,

甚至出现亏损。只有当要素的 VMP 等于要素单位价格时，厂商的利润方可达到最大值。此时，要素投入量被认为是最优投入量。

2. 两种可变投入的最优组合

当要素投入为两种或两种以上时，要素投入的最优组合可以分为两种情况：在成本既定的条件下实现产量最大化；在产量既定的条件下实现成本最小化。从数学上看，如果前者为原始规划，后者则为对偶规划，两者通解。

1) 成本既定产量最大

(1) 等成本线　等成本线(isocost line)是指在生产要素价格既定的条件下，企业以一定的货币支出所能购买的两种要素的各种可能组合的轨迹。图 4－23 表示，等成本线 L_1K_1 上任何一点决定的两种变动要素组合的总成本都是相等的。

等成本线与消费者的预算线是很类似的(因而有人也将等成本线称之为企业的预算线)，但也有所区别。两者的区别在于，消费者是在既定的预算支出(即只有一条预算线)条件下，去寻求可能达到的最大满足。而企业的预算支出可以固定，也可以不固定。在此条件下，企业寻求成本一定产量最大，或产量一定而成本最低。

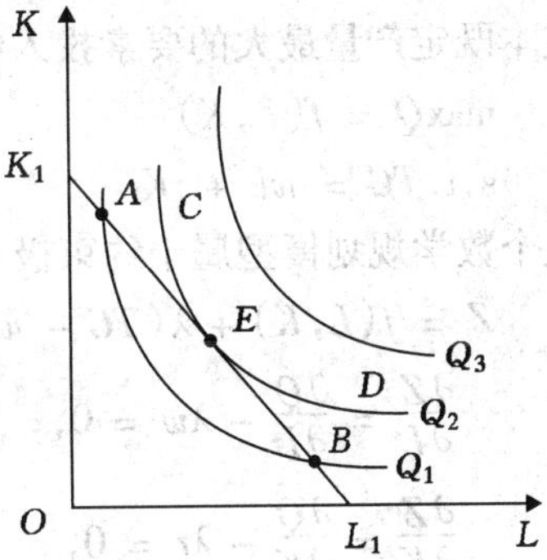

图 4－23　既定总成本的最大产量

假设生产要素投入为劳动 L 和资本 K 两种，劳动的价格为 w，资本的价格为 r。企业用来购买劳动和资本的成本支出为 TC 元，则成本构成由下式表示：

$$TC = wL + rK \tag{4-55}$$

将式(4－55)改写为等成本线 L_1K_1 的直线方程式，有

$$K = \frac{TC}{r} - \frac{w}{r}L \tag{4-56}$$

式中，右端第一项为等成本线的纵轴截距，第二项 w/r 为等成本线的斜率。

(2) 生产者均衡　假定在一定的技术条件下，企业的总成本固定不变，并已知生产要素的价格，为了使产量最大，企业应如何确定要素的投入量，使这两种要素达到最优组合呢？即成本既定条件产出最大的投入要素组合的均衡条件是什么？

如图 4－23 所示，Q_1、Q_2、Q_3 代表三条不同水平的等产量线，并且 $Q_3 > Q_2 > Q_1$，Q_3 与等成本线 L_1K_1 既不相切也不相交，说明既定成本无法达到这个产量。Q_1 与 L_1K_1 相交于 A、B 两点。虽然这两点所代表的成本支出与既定总成本相等，但 $Q_1 < Q_2$，不是最大产量。因此，企业的最优选择是在 Q_2 与 L_1K_1 的切点 E 进行生产，这意味着企业以相当于点 A、点 B 所代表的成本支出，达到了相当于点 C、点 D 的产量。所以，图 4－23 既定等成本线与等产量线的切点 E，为企业最优要素投入组合点。这时，等产量线的边际技术替代率正好等于等成本线的斜率，即

$$MRTS_{LK} = \frac{MP_L}{MP_K} = \frac{w}{r} \tag{4-57}$$

或

$$\frac{MP_L}{w} = \frac{MP_K}{r} \tag{4-58}$$

以上两式说明,两种变动投入最优组合的条件是:两种要素的边际技术替代率等于两种要素的价格比率;或一种要素每增加一单位成本所增加的产量,与另一种要素每增加一单位成本所增加的产量相等。在投入要素价格既定条件下,如果两种变动要素的边际技术替代率大于要素的价格比(图中 C 点),企业应设法增加投入 L,相应减少投入 K,直到 $MRTS_{LK}$ 与要素价格比相等为止。同理,当 $MRTS_{LK}$ 小于要素的价格比(图中 D 点),企业则应减少投入 L,增加投入 K,直到 $MP_L/MP_K = w/r$ 为止。

成本既定产量最大的要素投入组合,可用数学表达如下:

$$\max Q = f(L, K) \tag{4-59}$$

$$\text{s.t.}\ TC = wL + rK \tag{4-60}$$

这个数学规划模型属于约束极大化问题,可用拉格朗日乘数求解。令

$$Z = f(L, K) + \lambda(TC - wL - rK)$$

$$\frac{\partial Z}{\partial L} = \frac{\partial Q}{\partial L} - \lambda w = 0, \qquad w = \frac{\partial Q}{\partial L}\Big/\lambda$$

$$\frac{\partial Z}{\partial K} = \frac{\partial Q}{\partial K} - \lambda r = 0, \qquad r = \frac{\partial Q}{\partial K}\Big/\lambda$$

$$\frac{\partial Z}{\partial \lambda} = TC - wL - rK = 0$$

则约束极大值的一阶条件为

$$\frac{\frac{\partial Q}{\partial L}}{\frac{\partial Q}{\partial K}} = \frac{w}{r} \tag{4-61}$$

或

$$\frac{MP_L}{w} = \frac{MP_K}{r} \tag{4-62}$$

式(4-61)的左端为等产量线的边际技术替代率,右端为等成本线的斜率,表明成本既定产出最大的投入要素组合的均衡条件是:边际技术替代率等于成本线的斜率。

2) 产量既定成本最小

假定在一定的技术条件下,厂商的产量既定,并已知生产要素价格,则厂商两种要素的最优组合可利用图 4-24 说明。

在图 4-24 中,Q 代表既定产量的等产量曲线,L_1K_1、L_2K_2 和 L_3K_3 分别代表不同水平的等成本线,且 $L_1K_1 < L_2K_2 < L_3K_3$。等产量曲线 Q 与等成本线 L_2K_2 相切于 E 点。切点 E 即为最优要素投入组合点。这是因为,L_1K_1 与 Q 既不相交,也不相切,表明只花费 L_1K_1 所代表的总成本,根本无法达到 Q 的产量水平;L_3K_3 与 Q 曲线在 A 点

和 B 点相交,虽然它们代表的产量与既定产量相等,但所花费的总成本均高于 L_2K_2 所代表的成本水平,所以最优组合点不可能在 L_3K_3 线上;在 L_2K_2 线上,除 E 点之外的其他各点(如 C 和 D 点)虽然代表的总成本水平与 E 点相等,但产量均低于既定产量。因此,只有 E 点表示的要素投入组合才是成本最低的组合。

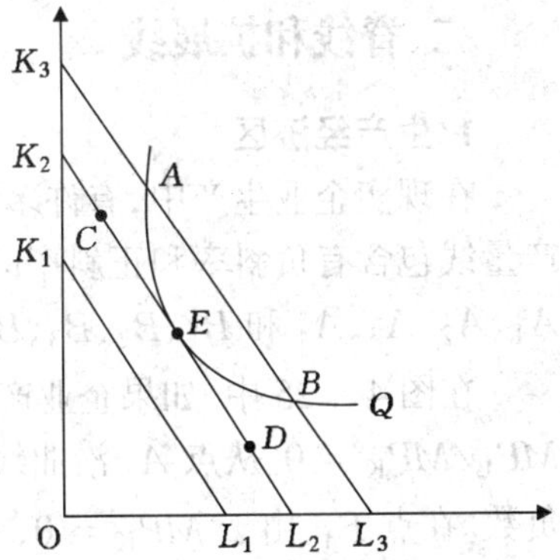

图 4 - 24　产量既定成本最小

一定产量下最小成本的要素组合条件与一定成本下最大产量的要素组合条件是一样的。当要素的组合不符合最优组合条件时,厂商就应该进行相应调整,使之符合前面概括的条件,这样才能保证以最小的成本花费取得既定的产量。

从数学上看,产量既定成本最小是成本既定产量最大的对偶规划:将目标函数与约束条件互换,从求解约束条件下的极大值转为约束条件下的极小值:

$$\min TC = wL + rK \tag{4-63}$$

$$\text{s.t.}\ Q = f(L,K) \tag{4-64}$$

利用拉格朗日乘数法,令

$$Z' = wL + rK + \lambda'[Q - f(L,K)]$$

$$\frac{\partial Z'}{\partial L} = w - \lambda' \frac{\partial Q}{\partial L} = 0$$

$$\frac{\partial Z'}{\partial K} = r - \lambda' \frac{\partial Q}{\partial K} = 0$$

$$\frac{\partial Z'}{\partial \lambda'} = Q - f(L,K) = 0$$

则

$$\frac{\dfrac{\partial Q}{\partial L}}{\dfrac{\partial Q}{\partial K}} = \frac{w}{r} \tag{4-65}$$

或

$$\frac{MP_{\mathrm{L}}}{w} = \frac{MP_{\mathrm{K}}}{r} \tag{4-66}$$

显然,产量既定成本最小的要素组合条件,与成本既定产量最大的要素组合条件是一样的。

借助同样方法,也可求得多种投入要素的最优组合条件,即

$$\frac{MP_{\mathrm{A}}}{P_{\mathrm{A}}} = \frac{MP_{\mathrm{B}}}{P_{\mathrm{B}}} = \frac{MP_{\mathrm{C}}}{P_{\mathrm{C}}} = \cdots = \frac{MP_N}{P_N} \tag{4-67}$$

式(4 - 67) 可称为边际报酬均等法则,它是边际效用均等法则在经营决策中的应用。

二、脊线和扩展线

1. 生产经济区

在现实企业生产中，有许多长期生产函数具有类似图 4 - 25 那样的等产量图，即等产量线包含有负斜率和正斜率的线段。可以分别做出等产量线的水平和垂直切线，并以 A_1、A_2、A_3、A_4 和 B_1、B_2、B_3、B_4 表示相应的切点。

在图 4 - 25 中，如果企业产量是 Q_1，在点 A_1，由于 $MP_L = 0$，斜率 $-\Delta K/\Delta L = MP_L/MP_K = 0$。从点 A_1 沿曲线向右移动，如果只增加 L，则总产量将减少，即 MP_L 为负数。在点 B_1，由于 $MP_K = 0$，$-\Delta K/\Delta L = MP_L/MP_K = \infty$，从点 B_1 沿曲线向上移动，如果只增加 K，则总产量也将减少，即 MP_K 为负数。而点 A_1 与 B_1 之间的等产量线，无论是 MP_L 还是 MP_K 均为正数，并且一种要素的投入量增加，必然引起另一种要素投入量的减少，而产量保持不变。在点 A_1 与 B_1 之间的任一要素组合，被认为是具有生产效率的组合。

在图 4 - 25 中，从点 A_1 沿曲线 Q_1 向右移动和从点 B_1 向上移动，都具有正的斜率。这就是说，必须同时增加两种要素投入才能保持产量不变，表明生产是缺乏效率的。在点 A_1 和点 B_1，MP_L 和 MP_K 分别为 0。点 A_1 和 B_1 是生产有效与无效的分界点。同理，在等产量线 Q_2、Q_3、Q_4 上，也都有这样的分界点（A_2、A_3、A_4 和 B_2、B_3、B_4）。

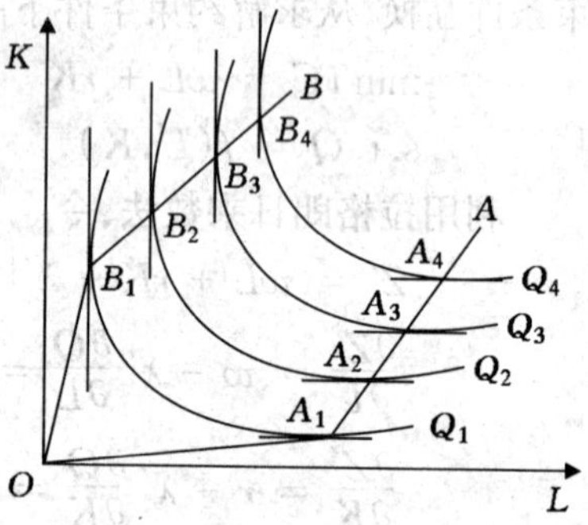

图 4 - 25　脊线和扩展线

在等产量图中，将分别代表要素投入的边际产量等于 0 的投入组合点连接起来的曲线，称为脊线（ridge line）。在脊线之外的等产量线，斜率为正值，企业要获取同等产出必须投入更多的生产要素。脊线之间所包括的区域（即图 4 - 25 中的 OA 与 OB 所包括的区域），称为生产经济区（economic region）。因此，脊线是生产经济区与非经济区的分界线，或者说，脊线界定了有效生产与无效生产的范围。

2. 最优组合的变动

1）扩展线

在长期中，企业的要素投入将发生变动，扩展线（expansion path）是指在要素价格不变条件下，与不同总成本相对应的最优要素投入组合的轨迹，如图4 - 26 中连接 E_1、E_2、E_3 各点的 EP 线。

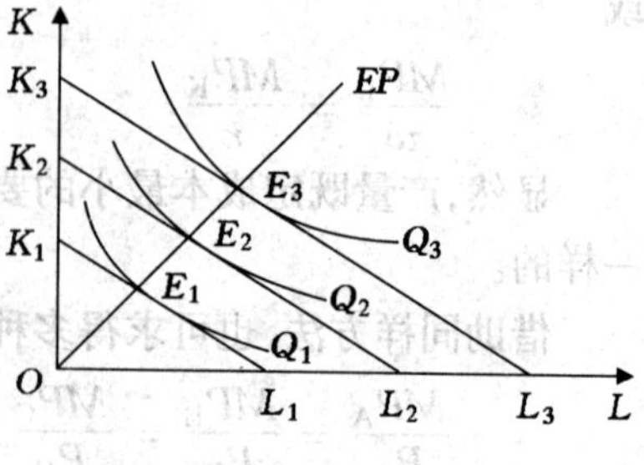

图 4 - 26 扩张线与长期总成本曲线

2）短期与长期均衡的效率比较

显然，由于企业在长期中沿着扩展线发展，要素组合最优，投入成本最低，因此比短期经营效率更高。在短期内，企业至少有一种固定的投入。这种投入的固定性，使企业在调整产量时，将支付较高的生产成本。图 4 – 27 表示，企业初始产出为 Q_1，固定投入为 K_1，变动投入为 L_1。当企业根据市场需求决定将产量提高到 Q_2 时，由于资本固化在 K_1，只能通过将劳动由 L_1 增至 L_3，并支付 TC_3 的总成本。而在长期中，企业则可以通过将劳动投入由 L_1 增至 L_2，资本投入由 K_1 增至 K_2，沿着扩展线 EP 的路径将产量由 Q_1 增加到 Q_2，但只支付 TC_2 的总成本。显然，与短期经营相比，长期经营具有更高效率。

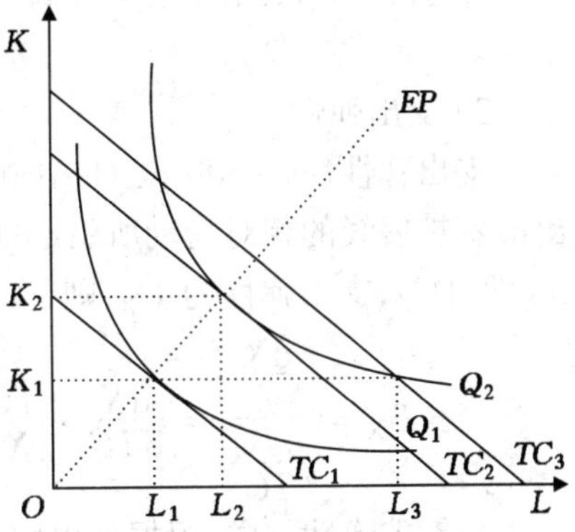

图 4 – 27　短期成本与长期成本

3. 成本弹性

企业进行长期经营决策时，需要考虑成本函数变化与生产函数变化的相互影响，并将两者结合起来综合分析。为此，有必要研究与成本有关的若干弹性概念。

1) 成本弹性

成本弹性(cost elasticity) 是指，在技术水平和价格不变的条件下，总产量沿扩展线的相对变动所引起的总成本的相对变动。以 E_C 表示成本弹性，它是边际成本与平均成本之比，即

$$E_C=\frac{\frac{dTC}{TC}}{\frac{dQ}{Q}}=\frac{\frac{dTC}{dQ}}{\frac{TC}{Q}}=\frac{MC}{AC} \tag{4-68}$$

曾经讨论过所有要素按同比例变动引起产量相对变动的生产力弹性 E_ε。由于总成本等于不变的要素价格与要素数量的乘积($TC=\overline{P}_X X$)，所以有

$$\frac{dTC}{TC}=\frac{d(\overline{P}_X X)}{\overline{P}_X X}=\frac{\overline{P}_X dX}{\overline{P}_X X}=\frac{dX}{X} \tag{4-69}$$

用上式代入生产力弹性表达式(4 – 13)，生产力弹性 E_ε 可以表示为平均成本与边际成本之比，即

$$E_\varepsilon=\frac{\frac{dQ}{Q}}{\frac{dX}{X}}=\frac{\frac{dQ}{Q}}{\frac{dTC}{dQ}}=\frac{\frac{TC}{Q}}{\frac{dTC}{dQ}}=\frac{AC}{MC} \tag{4-70}$$

则

$$E_C=\frac{1}{E_\varepsilon} \tag{4-71}$$

根据式(4 – 70)，生产力弹性 E_ε 与成本弹性 E_C 有下述关系：

① 当 $E_\varepsilon>1$，因而 $E_C<1$ 时，投入的比例增加引起产量的较大比例增加，即规模报酬递增；

② 当 $E_\varepsilon<1$，因而 $E_C>1$ 时，投入的比例增加引起产量的较小比例增加，即规模报酬递减；

③ 当 $E_\varepsilon = 1$，因而 $E_C = 1$ 时，投入的比例增加引起产量的同比例增加，即规模报酬不变。

2）支出弹性

支出弹性(expenditure elasticity)是指，在技术水平和要素价格不变的条件下，总支出沿着扩展线的相对变动所引起的投入要素的相对变动。设投入要素为 X，总支出为 E(即 TC)，支出弹性为 E_X，则

$$E_X = \frac{\frac{dX}{X}}{\frac{dTC}{TC}} = \frac{dX}{dTC} \cdot \frac{TC}{X} \tag{4-72}$$

与需求弹性一样，根据支出弹性的大小，可将企业各种投入要素分类。

$E_X > 0$，X 为正常要素(normal factor)。企业按生产扩展线 EP 扩大生产规模时，随着总支出增加，所使用的投入要素 X 也随之增加，如图 4－28(a) 所示。

$E_X = 0$，X 为中性要素(neutral factor)。企业生产扩大时，随着总支出增加，投入要素 X 不变，只是正常要素 Y 增加，即 $dX = 0$，因而 $E_X = 0$，如图 4－28(b) 所示。

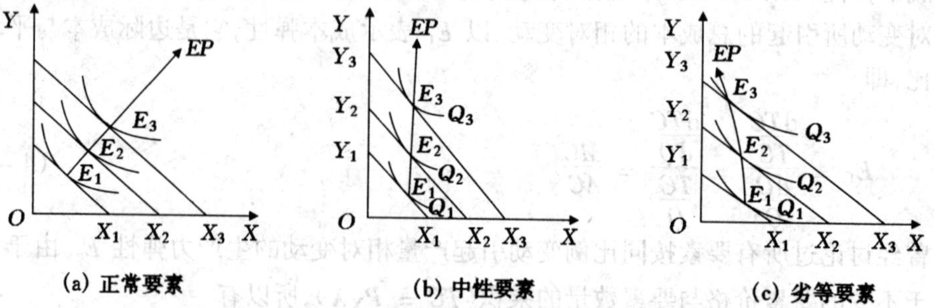

图 4－28　生产要素的分类

$E_X < 0$，X 为劣等要素(inferior factor)。企业生产扩大时，随着总支出增加，正常要素 Y 随之增加，但要素 X 反而减少，如图 4－28(c) 所示。

3）替代效应和产量效应

在企业总成本不变条件下，任何一种要素价格的变化必然破坏原有要素最优组合的均衡。如果企业仍想维持最优要素组合条件下的生产，就必须对要素的投入进行相应调整，以便形成新的均衡。

假定企业生产投入 L、K 两种要素，当 K 的价格 r 不变，而 L 的价格 w 下降时，企业必然会增加劳动要素的投入而相应削减资本要素的投入。所增加要素 L 的数量，则是 w 变化所引起的替代效应(substitution effect)与产量效应

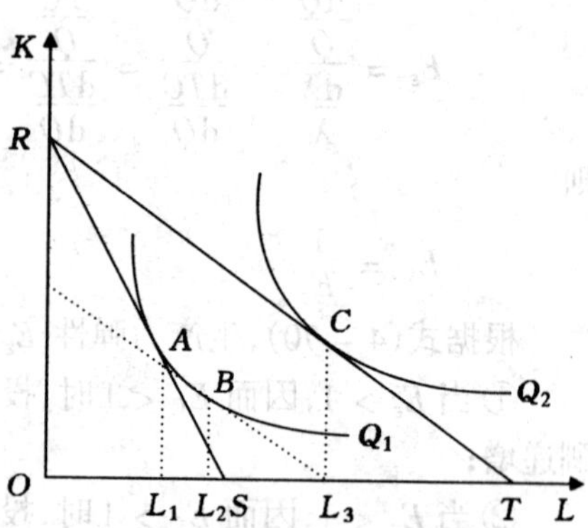

图 4－29　要素的替代效应和产量效应

(production effect)共同作用的结果。由于 L 的价格下降，它与 K 的相对价格发生变化，这时，即使企业的总产量维持不变，企业也会增加 L 的投入，这就是替代效应；由于 L 价格下降，降低了产品总成本，导致企业总产量的扩大，从而增加 L 的投入，这就是产量效应或扩大效应(expansion effect)。

替代效应和产量效应可用图 4 – 29 说明。

在图 4 – 29 中，Q_1 和 Q_2 为代表不同产量水平的等产量线，且 $Q_1 < Q_2$。点 A 为 L 降价前企业的生产要素最优组合点。当 w 下降后，等成本线 RS 移至 RT，并与等产量线 Q_2 相切于点 C。当企业按点 C 要素最优组合点进行生产时，L 的投入量从 L_1 增加到 L_3。在这个增加量 L_1L_3 中，L_1L_2 反映替代效应，L_2L_3 反映产量效应。

三、规模经济与范围经济

1. 规模经济

1) 规模经济的含义

规模经济(economics of scale)是指，随着生产规模的扩大，平均成本逐步下降的趋势。如果随着企业生产规模的扩大，平均成本不断上升，则称为规模不经济(diseconomics of scale)。作为一个特定的经济范畴，规模经济使用频率愈来愈高，故有必要从内涵和外延上明确。

2) 规模经济的形成

(1) 生产分工的专用性　随着生产规模的扩大，专业化分工更加精细，各种要素的专用性更强。这样，大大地节约了劳动者在不同加工环节的时间，使劳动者操作技能日趋娴熟，操作动作规范，专业化为技术工艺的创新提供了良好的土壤，这些都将大大提高生产效率，降低生产成本。

(2) 生产的不可分性　生产经营的不可分性表现在三个方面。一是生产设备的不可分性。一套 30 万千瓦的发电机组，不会因为只利用发电能力一半而将成本降到满负荷运行的一半。一辆 32 吨的载重卡车，也不会因为只载货 20 吨而减少一些必要的费用。二是经营过程的不可分性。一笔广告费分摊到几百万个产品上是微乎其微，如果只分摊到几百个产品上便数量可观。三是财务成本的不可分。任何产品的 $AC = AFC + AVC$，并且 $AFC = FC/Q$。当 $Q \to \infty$ 时，$AFC \to 0$，产品批量的提高，单位产品成本随之下降。

(3) 生产规模的维度效益　正如物体的长度、面积、体积之间存在一种维量关系一样，有些依靠“容器”(输油管道、炼钢炉、反应塔等)进行生产的企业，设备的制造成本并不与其生产能力呈正比。据计算，当管道的流量增加 100% 时，制造管道的材料成本仅增加 50%。同时，企业的各种职能部门也有这种维度效益。例如，可以在采购、销售、运输、贷款、管理等方面取得规模经济，而业务费不会与业务量成正比。

(4) 基础设施和附属设备的共享性　一般企业，特别是远离城市的企业，都有若干难以社会化的服务设施，如食堂、宿舍、小卖部、阅览部、技术培训、医务服务、治安保卫等。这些服务设施具有共享性，边际成本递减，因而生产规模越大，职工人数越多，成本也越低。

3）规模经济的类型

规模经济通常以成本弹性 E_C 度量。当 $E_C < 1$ 时，存在规模经济，企业成本增长率小于产量增长率；当 $E_C > 1$ 时，存在规模不经济，企业成本增长率大于产量增长率；当 $E_C = 1$ 时，可称为规模经济不变，企业成本增长率等于产量增长率。

当生产规模过小时，企业内部分工不细，专业化水平不高，存在规模不经济。随着生产规模不断扩大，企业便从规模不经济走向规模经济。

但是，当生产规模过大时，由于管理层次过多，委托－代理链过长，原材料采购发生困难，市场销售也会出现问题，导致交易成本上升，企业又会从规模经济转为规模不经济。

在规模经济与规模不经济之间，往往会出现很长的规模经济不变的阶段。这是因为，企业组织与管理的创新，既可以尽量保持规模经济的优势，又可以尽量推迟规模不经济的到来，以至在相当大的范围内，生产规模的变动并不影响经济效益。

据调查，在发达的市场经济国家，具有规模经济的企业，不会停留在规模过小的规模不经济状态，甚至刚一投产就直接进入规模经济状态，也不会进入规模过大的规模不经济状态（一旦进入，势必破产），一般都处于规模经济不变阶段。也就是说，长期成本曲线并不像传统上所说的那样，只有一个最低点，而是一个“平底锅”。这时，长期平均成本等于长期边际成本曲线，且处处重合，如图 4－30 所示。

4）规模经济的识别

(1) 规模经济与规模报酬　由定义可知，规模经济以成本弹性 E_C 表示，规模报酬以生产力弹性 E_ε 表示。由于价格不变时，E_C 与 E_ε 具有倒数关系，规模经济与规模报酬递增相联系，表现为 U 形长期平均成本曲线的下降阶段；规模不经济与规模报酬递减相联系，表现为 U 形长期平均曲线的上升阶段。也就是说，规模报酬来自规模经济。尽管规模经济与规模报酬联系紧密，但决不能由此将两者完全等同起来。规模报酬是投入与产出的变化率之比，侧重实物形态，规模经济是成本与产出的变化率之比，侧重价值形态。规模经济形成规模报酬，但规模经济不一定表现为规模报酬。在规模报酬不变的情况下，企业可以通过团队培训提高职工的熟练程度而提高生产效率，降低生产成本。企业还可以通过市场势力（market power）压低投入价格，以取得货币规模经济。

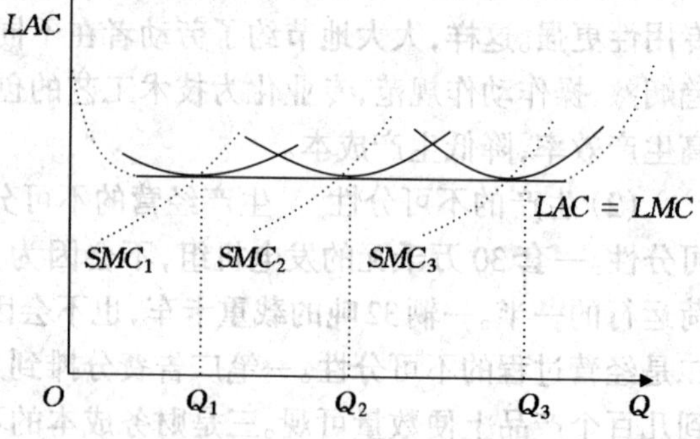

图 4－30　规模报酬不变的长期平均成本曲线

(2) 规模经济与边际报酬　规模经济是长期概念，即所有投入要素沿着扩展线增加而形成的经济与不经济。边际报酬是短期概念，即固定投入不变，只有变动投入增加而导致的边际报酬递减现象。由于各种投入的产出弹性之和等于生产力弹性，而生产力弹性又是成本弹性的倒数，所以规模经济与边际报酬关系密切，但由于规模经济不等于规模报酬，规模经济并非边际报酬的简单加和。一般情况下，只在短期分析中使用边际报酬概念，而在长期分析中使用规模经济概念。

(3) 规模经济与经济规模　我国习惯上以产品生产能力或固定资产原值为标准，将企业的经济规模分为大型企业、中型企业、小型企业。规模经济来自经济规模，但只有在专用性、不可分性、维度效益、共享性等方面具有优势的经济规模，才能形成规模经济。而零售商店、修理店、加油站等服务业，反而“船小好调头”，以机动灵活取胜。因此，经济规模并不等于规模经济。

2. 范围经济

1) 范围经济的形成

在现实生产中，企业并不是仅仅生产一种产品，而是同时生产基本技术和设备相同或相关的多种产品。比如，汽车公司生产轿车和卡车，牧场产出羊毛、羊皮和羊肉，电信局提供市话、长话、电报、电传服务等。这些企业通常在生产两种或两种以上的产品，拥有生产和成本的优势，经济学称为范围经济(economics of scope)。范围经济是指，多产品企业的联合产出超出单一产品企业产出的总和，即联合生产超出分别产出之和；反之，便属于范围不经济(diseconomics of scope)。

范围经济可以用产品转换曲线(product trasformation curve)表示。产品转换曲线是在充分利用资源的条件下，企业以既定投入要素所生产的两种产出的不同组合，类似一国的生产可能性曲线。图4－31表示，企业同时生产X和Y两种产品，要想获得更多的产品X，就必须放弃一些产品Y，因而产品转换曲线的斜率是负值。如果产品转换曲线是一条直线 X_1Y_1，企业就不享有联合生产的优势，联合生产企业的产量与生产单一产品的两个小企业的产量相同。如果联合生产具有范围经济，代表产出组合的产品转换曲线 X_1Y_1 便向外弯曲，变为曲线 X_1EY_1，凹向原点，X_1Y_1 与产品转换曲线所包围的面积 X_1EY_1(图中阴影部分)便是联合生产的范围经济。

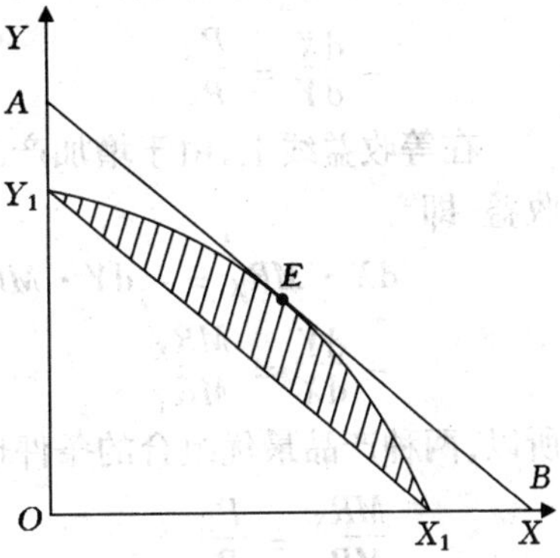

图4－31 范围经济与联合产品的组合

一般认为，范围经济来源于投入要素技术装备的联合利用，联合的市场营销计划，企业无形资产的共享性，生产过程中副产品、联产品的综合开发利用。

如果以 SC 代表范围经济，$C(X)$ 为生产产品X的成本，$C(Y)$ 为生产产品Y的成本，$C(X,Y)$ 为这两种产品的联合生产成本，则范围经济可以表示为

$$SC = \frac{C(X) + C(Y) - C(X,Y)}{C(X,Y)} \qquad (4-73)$$

$SC > 0$，存在范围经济；$SC < 0$，存在范围不经济。

2) 联合产品的组合

企业联合产出多种产品时,可以运用多种要素最优组合的方法研究多种产品的最优组合。

图4－31中企业转换曲线 X_1EY_1 上任何一点的边际转换率 MRT_{XY} 等于曲线在这一点的切线斜率,可以表示为

$$MRT_{XY}=-\frac{\mathrm{d}Y}{\mathrm{d}X} \tag{4－74}$$

图4－31中的 AB 线为企业在产品价格既定条件下,能够带来同等总收益的X、Y两种产品可能的组合,称为等收益线(isorevenue line)。以 TR 代表企业的总收益,以 P_X 和 P_Y 分别代表X产品和Y产品的价格,则等收益线可表述为

$$TR=P_XX+P_YY \tag{4－75}$$

$$Y=\frac{TR}{P_X}-\frac{P_X}{P_Y}X \tag{4－76}$$

在图4－31中,等收益线 AB 的斜率为两种产品的价格之比 P_X/P_Y。在点 E,边际转换曲线两种产品的边际转换率与等收益线两种产品的价格比例相等。参照两种变动要素最优组合分析,企业两种产品最优组合的条件是:两种产品的边际转换率等于两种产品价格比例(即等收益线斜率),即

$$-\frac{\mathrm{d}X}{\mathrm{d}Y}=\frac{P_X}{P_Y} \tag{4－77}$$

在等收益线上,由于增加产品X生产增加的收益必须等于减少产品Y生产减少的收益,即

$$\mathrm{d}X\cdot MR_X=-\mathrm{d}Y\cdot MR_Y$$

$$-\frac{\mathrm{d}Y}{\mathrm{d}X}=\frac{MR_X}{MR_Y}$$

所以,两种产品最优组合的条件也可以表示为

$$\frac{MR_X}{MR_Y}=\frac{P_X}{P_Y} \tag{4－78}$$

或

$$\frac{MR_X}{P_X}=\frac{MR_Y}{P_Y} \tag{4－79}$$

不难证明,两种产品产量最优组合的条件,可以扩展为多种产品产量最优组合的条件,即

$$\frac{MR_A}{P_A}=\frac{MR_B}{P_B}=\cdots=\frac{MR_N}{P_N} \tag{4－80}$$

3) 范围经济的识别

(1) 范围经济与规模经济　大型企业往往同时具有范围经济和规模经济,但两者并无必然联系。规模经济通常是指大规模生产同种产品形成的经济,范围经济一般是指利用相同技术设备生产多种产品而形成的经济。一个拥有巨大规模经济的企业,有可能不存在范围经济,反过来,一个拥有巨大范围经济的企业,也不一定存在规模经济。

(2) 多元化与多角化　在研究范围经济时，要区别多元化经营与多角化经营。多元化经营是指跨行业多种经营，如工业企业兼营商业、运输等服务业。由于多元化经营也具有某种范围经济，不乏成功的范例，但因为市场竞争激烈，又要另起炉灶，风险很多，需要特别慎重。多角化经营是指在相同技术资源基础上，根据市场需求不断变换品种和规格，往往能够左右逢源，立于不败之地。

本章小结

生产是指将投入转变为产出的过程。在这一过程中，既有物质转换的技术关系，又有价值创造的经济关系。生产函数(包括具有一种可变投入的短期生产函数和具有两种可变投入的长期生产函数)从实物形态上研究了企业的经济行为；而成本函数(包括短期成本函数和长期成本函数)则从价值形态上研究了企业的经济行为。作为市场经济的竞争主体，企业既是产品的供给者，又是要素的需求者。为了取得经济成就，企业首先应确保在生产的经济区域内组织生产。为了实现最大经济效益，必须实现要素投入的最优组合，使成本既定产量最大，或产量既定成本最小。科技进步、规模经济、范围经济是企业生产经营管理的重要议题。

复习思考题

1. 解释下列概念：边际报酬递减规律，等产量线，边际技术替代率，产出弹性，生产力弹性，替代弹性，规模报酬，生产函数，技术进步及其类型，成本，机会成本，隐含成本，增量成本，经济利润，学习曲线，生产经济区，规模经济，范围经济，成本弹性。

2. 试述 *MRS* 和 *MRTS* 的区别与联系。

3. 假定资本价格 Y 及总成本 TC 保持不变，试用图示说明：当劳动价格 W 下降时的价格效应，并区分产量效应和替代效应。

4. 假定某产品固定成本为 1 000 元，平均成本为 602 元，平均可变成本为 10 元，目前的产量是多少？

5. 完成下表：

Q	*FC*	*VC*	*TC*	*MC*	*AFC*	*AVC*	*AC*
1	100	50					
2				30			
3						40	
4			270				
5							70

6. 在坐标图上画出 *TC* 曲线并用 *TC* 曲线推导出 *MC* 曲线。

7. 企业的边际成本函数为 $MC = 3Q^2 - 8Q + 100$。如果生产 5 单位产品的总成本是 595 元，试求总成本函数、平均成本函数、可变成本函数及平均可变成本函数。

8. 画图并说明 *LMC* 曲线与 *SMC* 曲线的相互关系。

9. 假定有一个使用劳动和土地为投入要素生产小麦的企业。请给出收益递减和规模收益递减的定义，并进行相互比较。解释为什么对于一种投入存在着收益递减的可能性，而对于两种投入则存在着规模收益不变的可能性。

10. 某企业的短期生产函数为 $Q = 1\,620L + 18L^2 - 0.2L^3$，求出：

1）当边际成本等于平均可变成本时，产量 Q 为多少；

2）在目前资本 K 数量固定不变条件下，企业达到最大资本平均产量的劳动投入量；

3）上述转变使企业的产量增长了多少(%)？

11. 某企业的生产函数为 $Q = L^2 + 10LK + K^2$，并且劳动(L)和资本(K)的市场价格分别为：$w = 5$ 元，$r = 20$ 元，试求企业以 1 150 元的总成本能生产的最大产量，以及劳动和资本投入数量。

12. 某企业的生产函数为 $Q = 12KL + KL^2 - \frac{1}{12}KL^3$。当资本 K 固定为 4 个单位时，试求：

1）企业能生产的最大产量；

2）在 AP_L 最大处，投入要素 L 的使用水平；

3）投入要素 L 的边际报酬开始递减时的产量水平。

13. 假定某企业的生产函数为 $Q = L^{\frac{3}{8}}K^{\frac{5}{8}}$，并且 $w = 3$ 元，$r = 5$ 元。试求：

1）$Q = 25$ 时的最低成本支出和使用的 L 与 K 的数量；

2）$TC = 160$ 元时，企业均衡的 Q、L 和 K 的数值。

14. 假设生产函数为 $Q = 20L + 50K - 6L^2 - 2K^2$，劳动($L$)和资本($K$)的价格分别为 $w = 15$ 元，$r = 30$ 元，总成本为 660 元，试求最优的要素投入组合及产出量。

15. 讨论下列各种均衡条件之间的联系与区别：

$$\frac{MU_X}{P_X} = \frac{MU_Y}{P_Y} \qquad \frac{MP_L}{w} = \frac{MP_K}{r} \qquad \frac{MR_A}{P_A} = \frac{MR_B}{P_B}$$

16. 设某企业的生产函数为 $Q = 30L^{0.75}K^{0.25}$，劳动年工资总额为 0.5 万元，资本(万元)年利率 10%，问：

1）当总产量为 1 000 单位时，企业必须投入的最低总成本及其劳动、资本雇佣量；

2）当总成本为 5 000 万元时，企业能够达到的最大产量及其劳动、资本雇佣量；

3）当总成本为 5 000 万元时，若劳动年工资从 0.5 万元下降到 0.4 万元，其总效应、替代效应、产量效应各多少？

第五章 企业经济行为

前面对生产函数和成本函数的分析基本上局限于投入产出的关系上，而把生产过程看做一个“黑箱”，但这种纯物质技术的生产“黑箱”在现实经济中并不存在。现实经济运行中的企业有特有的运行机制，同市场一样也具有配置资源的功能。本章将从企业的性质入手，分析企业的组织、外部环境、经营目标、企业会计以及企业中的委托－代理问题，以说明企业的经济行为。

第一节 企业性质

一、企业的产生

企业(firm)是一种存在已久的经济组织形式，是一个为了获取利润而从事生产和销售活动的经济单位。作为生产单位，企业的功能是将土地、劳动、资本等投入要素通过企业家的整合、配置转化为一定产出，并据此获取利润。传统经济学以均衡假设为前提，把企业描述成本质上同一的投入产出系统，认为在可行的技术条件下，企业只是简单的生产函数，它选择函数上的最优点，将各种要素的投入最大限度地转换为产出，并将产出销售出去。显然，这样的“黑箱”理论是将具有特殊行为的企业整体作为分析单位，而对于为什么存在企业、企业的本质是什么等问题则存而不论。

直到20世纪30年代，理论界才开始研讨这一问题。1937年罗纳德·科斯(R. H. Coase)① 发表了开创性的论著《企业的性质》，首次将社会经济系统中的最小分析单位由企业深入到组成企业的个人这一层级，研讨企业的性质及其制度安排。科斯把企业从传统价格理论的“黑箱”中解放出来。他认为，既然价格机制如此完美，企业就没有存在的理由，个人和家庭之间实行自由分工、自由交换，以市场价格决定自己的生产，完全可以取代企业的作用。那么，为什么要组成企业，把原先由个体生产者独自完成的各道工序都纳入一个整体，由一个企业家来指挥呢？科斯创造性地利用交易成本(transaction cost)分析了企业与市场的关系，阐释了企业存在的原因。

交易成本，简言之是为了交换活动而耗费的成本，即为了达成协议或完成交易所需耗费的经济资源。比如，在市场交易中，需要收集各种产品的信息，寻求理想交易条件，进行谈判和讨价还价，为保证合约的实施需对合约执行进行监督等等，这一切均需支付相应的费用从而构成交易成本。通过价格机制组织生产最明显的交易成本就是发现相

① 美国经济学家，芝加哥大学教授，1991年诺贝尔经济学奖获得者。

对价格的工作。每一个个体生产者购进原材料和出售产品时,必须了解当时的市场行情,并进行价格谈判和签约。这些活动都要花费时间、精力和费用,其间还可能会有一些意想不到的纠纷。如果组成企业,把这些分散的生产环节纵向一体化,由一个企业家来统一指挥,就可大大减少搜集价格、谈判和签约的成本,以前签订每一个契约的部分费用就将被节省下来。企业虽然不能完全消除契约,但在企业内部生产要素的调动只服从企业家的指令,而不需要建立契约,这样一系列的契约可以由一个企业组织来替代。企业的出现,正是通过管理协调来代替市场协调以减少交易成本的必然结果。科斯总结说:市场的运行是有成本的,通过形成一个组织,并允许某个权威(一个企业家)来支配资源,就能节约某些市场运行和交易成本。这些就是在一个被假定由价格机制"组织"资源分配的专业化交换经济中,诸如企业这类组织存在的原因。

进入20世纪90年代以来,有关企业的理论迅速发展,形成了系统的企业理论(the theory of the firm),大大丰富了微观经济学的内容,人们对市场机制及企业组织制度有了进一步的认识。随着信息经济学和激励理论的发展,人们对市场和企业的差异性有了进一步理解。在信息不完备的条件下,受主客观因素的影响,欲使交易符合双方当事人利益,交易合同就变得十分复杂,为追求一个完备的合约,势必增加相应的费用。于是,由于市场合同的高费用而使一些交易采用企业内部交易方式。事实上,有些交易的成本在市场中较低,另一些交易的成本在企业内部较低。市场和企业是资源配置的两种可互相替代的手段。它们之间的不同表现在:在市场上,资源的配置由价格机制调节;在企业内,资源的配置则通过企业管理当局的管理协调完成。从资源配置的效率出发,为节约交易成本,有些交易通过市场完成,有些交易在企业内完成,选择在哪里完成,依赖于市场定价的成本与企业的组织成本之间的平衡关系。

综上,企业的显著标志在于:它是价格机制的替代物①,是一种替代市场进行资源配置的组织。

二、企业的宗旨和使命

1.企业的基本职能

从一般意义上讲,企业作为经济社会中的经济组织具有两大基本职能,即创新和造就顾客。

1)创新

企业的基本职能之一就是要不断的创新(innovation)。美籍奥地利经济学家熊彼特(J.A.Schumpeter)给创新下的定义是:建立一种新的生产函数,或者通过企业家的活动将一种生产要素的新组合引入生产体系。一个企业要有活力就得不断的创新。企业的活力表现在企业的生存能力、发展能力、应变能力和技术进步上,体现在企业的生产、经营和管理的各个方面,企业的活力关键在于企业创新的能力和创新的机制。企业创新有多种多样,比如,向爱斯基摩人出售冰箱,用以防止食物温度过低,就是产品用途的

① 参见科斯:《企业市场和法律》,三联书店,1990年。

创新。企业创新一般由产品创新、技术创新、市场创新和管理创新等构成。因此,欲维持企业长久而稳定的发展,使企业充满生机和活力,就必须从上述四个方面去创新。只有做好了产品、技术、市场和管理这四个方面的创新,企业才能不断提供有竞争力的产品,满足不断变化了的市场需求,才能摆脱经济发展周期和产业生命周期的束缚,才能具有真正的可持续成长的能力,保持市场的竞争优势。

2)造就顾客

造就客户是企业的另一项基本职能。顾客是企业的基础,是企业得以存在的理由。只有顾客才能提供就业机会。正是为了向顾客提供商品和服务,社会才将创造财富的资源委托给企业。对于今天的企业来说,客户的需求成为企业获利能力的直接的或潜在的根源,客户的满意和成功是企业效益的惟一源泉。企业在市场中获取所需的要素组合,例如原料资源、人力资源、技术、资本、信息等都可以很快被竞争对手效仿或复制。但是,良好的客户资源和客户关系管理(CRM)是竞争对手模仿不了的。企业只有通过了解客户的需求,专注于建立长期的客户关系,为客户提供比竞争对手更好的服务,增强客户的满意度和忠诚度,才能造就自己的日益增长的客户群,才能在市场竞争中求得生存和发展。

2.企业管理的基本任务

企业生存和发展有赖于卓有成效地完成好下述三项基本的管理任务。

1)取得经济成就

取得经济成就是企业管理的首要任务。企业是一个经济组织,不同于非谋利组织,企业的管理当局在做出任何一项决策和采取任何一个行动时,都必须将取得经济成就摆在首位。只有取得了经济成就,企业才有存在的价值,才具有权威,才是真正意义上的经济组织。因此,取得经济成就是企业最基本的管理任务。企业的经济成就一般体现为企业的利润。在日趋剧烈的市场竞争中,利润不单纯是一个数量指标,而更重要地体现为企业应对未来市场风险的能力。正如"人活着需要吃饭,但吃饭并不仅仅为了活着"一样。企业生存、发展需要利润,但利润并不是企业的全部。

2)使各项工作具有活力并使员工有成就

企业管理的第二项基本任务是使企业中的各项工作具有活力并使员工有成就。使企业的各项工作具有活力的途径有多种,但基本的途径是使企业的各项活动具有生产性,或价值增值性。严格地说,在知识经济的时代,企业组织只有一种真正的资源——人。企业的宗旨和使命只能由其员工来完成,而不能由其他要素替代。只有企业中的员工成功了,才会有成功的企业。如何最大限度地调动员工创造财富的积极性和创新潜能,始终是现代企业管理亟待解决的关键问题。从这个意义上说,现代企业可以定义为"企业是员工发挥个人才干、实现个人理想的最好场所"。

3)承担社会责任

企业管理的第三项基本任务是承担社会责任。任何机构都不是因其本身而存在,本身的存在并非目的。任何机构都是社会的组成部分,企业也不例外。所谓企业的好与坏,决不能单以其作为个体机构衡量,必须结合社会的立场加以评判。任何企业均是在社会生产的某一环节、社会生活的某一社区，履行其职责、提供产品和劳务。均会对社会生产和社会生活产生一定的影响，即形成正的或负的外部效应。因此，承担社会责任是任何企业义不容辞的任务和使命。

三、企业边界

交易成本导致了组织创新，即产生了企业，因而减少了成本。在企业内部，企业家的协调代替了市场上价格波动对资源的调节，企业家只需要在企业外部与其他利益主体签订少量的合约，就可以将协作生产的各种资源置于他的控制之下，从而取代了数量众多的独立要素所有者之间需签订的大量合约。这样，既可以节省交易费用，减少了交易中的不确定性，又可以规避交易风险。

既然企业组织的内部交易可以代替企业外部的市场交易，并降低交易成本，那么，是否可以认为企业规模越大越好，以至最终完全取代市场，使整个经济社会变成一个大企业，就像高度集中的计划经济一样。事实上，企业和市场总是并存和相互依赖的。企业规模并不是可以无限扩大的。这里至少有以下两方面原因。

第一，伴随企业的规模越来越大，在企业内部组织交易活动的成本也会随之上升。当企业规模扩大时，企业内部每追加一笔额外的交易，即企业每增加一笔额外的生产任务，企业内部交易的边际成本是递增的。所以，当企业的规模增加到某一点且企业内部的交易成本与市场上的交易成本相等时，进一步扩大企业规模就不经济了。例如，世界上所有汽车制造商都从专门生产橡胶制品的公司那里购买轮胎。可以肯定，福特和通用汽车公司一定考虑过是否自己生产轮胎。之所以不采取这样的方式，是因为他们知道增加这样一笔额外的生产任务，企业内部交易的边际成本是递增的，而且这样的组织成本高于市场购买方式下的交易成本。

第二，企业家的组织才能总是有限的。企业内部的交易与市场交易不一样。市场交易有价格信号这一参照物，人们只要把资源配置到价格最高的地方，要素就达到了最优配置。而企业内部没有价格信号，资源配置到哪个方面主要凭企业家的自我感觉、经验和判断。随着内部交易的扩大，各种生产要素的调配也更加复杂，经验和判断的失误也会增多。一旦企业家不能准确地将生产要素配置在价值最大的地方，就会使新增资源的使用效率逐渐降低。同时，伴随企业规模的扩张，管理层次势必增加，按照“管理层次效率递减规律”，当企业规模过大，管理绩效随之降低。也就是说，如果企业的规模超过了企业管理当局驾驭企业的能力，企业内部的资源就不可能得到有效配置。

基于企业规模不能无限扩大，现实经济运行提出了如何合理确定企业的边界（the undaries of the firm）问题。在企业内部，企业管理当局组织协调要素也有成本耗费。当企业规模过大致使企业内部交易成本的增加超过了市场交易成本的节约时，再扩大企业规模就不经济了。显然，企业的规模并不是越大越好。那么在自身的扩张中企业规模达到何种程度才会停止呢？按照边际均等法则，企业边界的位置处在通过市场实现交易的边际成本与通过企业组织实现交易的边际成本相等的地方。企业规模处于边界之内（过小）或处于边界之外（过大），都会引起成本增加、效率降低。企业将倾向于扩张到在企业内部组织一笔额外交易的成本，等于通过在公开市场上完成同一笔交易的成本时为止。如果在企业内部组织一笔额外交易的成本小于通过在公开市场上完成同一笔交易的成本，则企业就会继续扩大，如果在企业内部组织一笔额外交易的成本大于通过在公开市场上完成同一笔交易的成本，则企业就会逐渐缩小。

四、企业的组织形式

在市场经济条件下，无论是物品的交换，还是劳务的交换，归根结底都是一种权利的交换，即"产权"的交换。所谓产权(property right)，从最基本的意义上讲，指人们对物品或劳务依据一定的目的加以利用或处置以从中获得一定收益的权利。以此为前提，任何企业都建立在一定的企业财产的基础之上，具有不同的产权形式。经长期的经济发展，与不同的产权形式相适应逐渐形成了企业的三种基本的组织形式，即业主制、合伙制和公司制企业。

1. 业主制

业主制(proprietorship)或个体业主制(sigle proprietorship)是最原始的企业形式。业主制企业只有一个产权所有者，业主的个人财产由业主直接经营。业主享有该企业的全部经营所得，同时对企业的一切债务负有无限的责任。一旦经营失败，业主的一切财产(除极少数量之外)在法律上都可以被用来抵偿债务。业主制企业一般结构简单、规模很小。它的长处是创立和停业的程序简便、产权能自由转让、经营灵活、责任与权益的对等明确。它的缺陷是：①财力有限，偿债能力和获取贷款能力较差，生产经营规模难以迅速扩张；②抗风险能力差；③企业的生命在很大程度上取决于企业主的意志和健康状况。当企业主期望扩大经营规模时，他势必想到寻求合作伙伴。

2. 合伙制

合伙制(partnership)是以两个或两个以上业主的个人财产为基础建立起来的企业。合伙人对企业债务共同承担责任，共同分享企业所得。它的优点是：①合伙人共同筹资，偿债及获取贷款能力均比业主制企业高，生产经营规模较大；②合伙人同时对企业盈亏负全责；③企业内部责、权、利统一，有利于调动经营者积极性。其缺点是：①大多数合伙制企业具有无限责任，企业盈利时通常按投资比例分成，可一旦企业亏损，并且其他合伙人无力偿债时，即使是投资1%份额的合伙人，也有赔偿全部份额债务的责任；②由于合伙企业的投资人众多和无限的责任，导致其很难为企业发展筹措大量资本；③合伙协议引起买卖份额和法定程序较为复杂，如果一个合伙人发现现有的合约不能令人满意或想退出，就影响企业发展，合伙制的法律也使未经全体合伙人的一致同意，原有的合伙人难以将其拥有的份额出售给新加盟者。如果合伙协议得不到保证，合伙企业必然解散。

3. 公司制

公司(corporation)是一个法人组织体，是以法人的名义行使民事权利、承担民事责任并以营利为目的的企业组织。法人(juridical person)是相对于自然人而说的，是一个具有独立财产并能够独立承担民事责任的组织机构。

世界各国的公司制可以分为以下四种常见的类型:①由两个以上股东组成,股东除对公司负有一定的出资义务外,还需对公司债务负连带责任的无限责任公司;②由一定人数的股东组成,股东只以其出资额为限对公司承担责任,公司只以全部资产对公司债务承担责任的有限责任公司;③由一个或者一个以上的无限责任股东与一个或一个以上的有限责任股东所组成的两合公司;④由一定人数以上的股东组成,公司全部资本分为等额股份,股东以其所认缴股份对公司承担责任,公司以其全部资产对公司债务承担责任的股份有限公司。我国《公司法》规定的公司,仅为有限责任公司和股份有限公司两种。

公司制企业的突出优点是:①股东只对企业债务负有限责任,公司股东的风险比合伙制企业中的合伙人要小得多;②公司股东不能退股,但可以转让股权,因而公司脱离了它们所有者而具有独立的生命,生产经营不会因股东死亡或股权转移而终止,使公司具有"永远延续"的生命;③公司资金来源广泛,比如,通过利润再投资或折旧等方式从内部筹资,还可通过发行股票、债券以及向银行借贷等方式从外部筹资;④公司不是由所有者个人,而是由公司治理(corporate governance)来统治和管理的。公司治理是由股东会、董事会、监事会和经理组成并形成一定制衡(check and balance)关系的管理机制。股东会是公司的权利机构,决定公司的经营方针、投资计划等重大事项,并选举董事和监事。董事会是公司的经营决策和业务执行机构,向股东会负责,并聘任经理。经理负责组织实施董事会决议和日常经营管理。监事会是公司内部的监督机构,对经营管理者违反法律、法规或公司章程的行为进行监督。

但是,公司制也存在若干缺点:①公司设立程序复杂,即不像前述两种企业形式那样灵活简便;②股东购买股票,只是为了获取股利和企业股票升值所形成的价差,对公司经营及债务责任亦不像业主制和合伙制企业那样密切直接;③随着公司的扩大、所有者人数增加和股权的分散化,尤其是公司经理人员往往不是股东,于是便出现了"所有与经营的分离"(the separation of management and ownership)。这种分离一方面有利于公司经营管理的社会化、专业化发展,另一方面也会引起股东与经理的利益冲突,由此产生了委托-代理问题。

第二节　企业目标

企业目标根据企业所处的经济、政治、社会环境而定,是企业内外部环境因素条件综合作用下的产物。企业目标对于解释企业经济行为起决定性作用。早期的研究认为企业目标是单纯追求利润,后来的研究提出了企业的其他目标或非利润最大化目标。

一、利润目标

利润是企业生产经营绩效的综合反映,也是最终成果的具体体现。对企业来讲,经济上的成就是它存在的理由和目的。企业只有通过经济成就才能证明有存在的必要,成为可替代市场机制进行资源配置的组织。早期的经济学家认为企业的目标是利润最大化,并以利润最大化目标为假定来解释和预测企业的经济行为。利润最大化目标的假定受到来自各方面的批评,包括威廉森(Williamson)、鲍莫尔(Baumol)、马瑞斯(Marris)、德鲁克(Drucker)等在内的许多学者提出了另外一些有关企业目标的不同假定。对利润最大化目标假定的批评可归结为下述几点。

①现代企业中不能仅有单一利润目标,利润固然重要,但却不能取代一切,企业所追求的目标往往是一个多重性的体系。

②企业是一种资源配置的组织形式,利润不能作为企业的惟一目标。利润只是一个限制因素,是对社会托付给企业的资源利用有效性的一种检验。在市场经济条件下,对任何企业的第一项检验不是利润最大化,而是获得足够的利润来应付经济活动中的各种风险,从而防止亏损。

③企业不可能实现利润最大化,就像现实中并非任何事物都能得出完美解决方案一样,利润最大化在实践中是难于衡量的。

④在现代公司制企业中,企业的所有权与实际控制权是分离的,企业的实际控制权掌握在经理人员手中,这就使经理的利益或效用成为企业追求的直接现实目标。

应该看到,尽管对利润最大化的企业目标的批评较多,但在微观经济学中人们仍然采用这一假设来分析企业经济行为。这是因为:①这一假设在许多场合相当成功地解释和预测了企业的行为;②在市场经济条件下贯彻的是竞争生存原则,不以利润最大化为目标的企业终将被竞争所淘汰。据此可认为,凡生存下来的企业都是以利润最大化为目标的企业。当然,对于利润目标也有不同的解释,现分述如下。

1.短期利润最大化

设 Q 为产量、TR 为总收益、TC 为总成本、π 为利润。由于 TR、TC 和 π 都是 Q 的函数,所以有

$$\pi(Q) = TR(Q) - TC(Q)$$

利润最大化的必要条件须满足

$$\frac{d\pi}{dQ} = \frac{dTR}{dQ} - \frac{dTC}{dQ} = 0$$

或

$$\frac{dTR}{dQ} = \frac{dTC}{dQ} \qquad (5-1)$$

即

$$MR = MC \qquad (5-2)$$

利润最大化的充分条件须满足

$$\frac{d^2\pi}{dQ^2} = \frac{d^2TR}{dQ^2} - \frac{d^2TC}{dQ^2} < 0$$

或

$$\frac{d^2TR}{dQ^2} < \frac{d^2TC}{dQ^2}$$

$$\frac{dMR}{dQ} < \frac{dMC}{dQ} \qquad (5-3)$$

上式表明，要使利润取极大值，要求企业的 MC 曲线的斜率大于 MR 曲线的斜率。在企业的经营决策中，通常把 $MR = MC$ 称为利润最大化原则，即企业达到最大利润的条件。

2. 企业长期利润最大化

有的经济学家认为，利润最大化容易导致企业经营上的“短期行为”，作为企业目标的利润最大化，应是企业长期利润最大化。它可用企业价值来表示。所谓企业价值(enterprise value)，是指企业未来预期现金流量的现值之和。设 π_t 是 t 年的预期利润，i 为利率，则企业价值 EV 可表示为

$$EV = \frac{\pi_1}{1+i} + \frac{\pi_2}{(1+i)^2} + \cdots + \frac{\pi_n}{(1+i)^n} = \sum_{t=1}^{n} \frac{\pi_t}{(1+i)^t}$$

由于 $\pi = TR - TC$，所以有

$$EV = \sum_{t=1}^{n} \frac{TR_t - TC_t}{(1+i)^t} \tag{5-4}$$

3. 环境约束下的利润最大化

该目标与前述目标没有本质区别，只是在贯彻时需着重考虑现实中众多的约束条件。比如，政府的产业政策、价格管制、税收限制、环境保护法、反托拉斯法等都可能约束企业行为。因此，环境约束下的利润最大化被认为更接近现实。

二、非利润目标

1. 销售收入最大化

销售收入最大化这一目标最早是由 W.J. 鲍莫尔提出的。由于企业所有权与经营管理权分离，掌握企业实际控制权力的经理人员往往从企业现实经营环境及自身利益来考虑企业目标。从企业现实运行看，经理人员的收入与企业利润的关系远不如与销售收入的关系密切，并且经理人员的社会声望和地位与销售额成正比。经理人员倾向于追求一种稳定的利润，并尽量规避由于追求一时高利润而导致另一时期利润下降的风险。同时，企业较高的销售收入可以为企业员工带来较高收入，提供更多就业岗位，易于获取银行贷款，有利于加强企业市场竞争力等等。因此，企业目标不再是利润最大化，而是保证一定的利润水平前提下的销售收入最大化。同时，在一个由代理人实际管理企业的时代，销售收入最大化已成为衡量企业经营绩效的重要指标，比如，财富杂志每年评出的全球 500 强企业就是按销售收入决定的。

2. 造就顾客

企业是社会的一种器官。企业的目的必须在企业本身之外，必须在社会之中，企业的目标是创造顾客。企业之所以存在是为了向顾客提供商品和服务，而不是为了给员工提供工作岗位。医院之所以存在并不是为了解决医生和护士就业问题，而是为了患者，而患者的惟一愿望是治好病离开医院并不再重返。顾客是企业的基础，只有顾客才能提供就业，正是为了满足顾客的需要，社会才将稀缺资源托付给企业。企业为了很好地造就顾客，需要进行市场推销和创新。市场推销可以造就更多的准备购买的顾客；而创新

则通过提供与以往不同的经济满足，将社会的需求转化为有利于企业生存和发展的各种机会。

3. 长期生存与发展

以长期生存与发展为企业目标的观点主要是：① 生存是企业最基本的目标，生存动机比利润动机更为直接；② 对不同经营状况企业来说，生存都是同等重要的，经营状况好的企业同样也面临生存问题；③ 利润只是企业生存能力的检验，利润为明天的生存提供资本；④ 企业的生存目标包括企业的健康成长、业务的扩展、资源的合理使用、一定的盈利能力、对社会的贡献、可持续发展等。此外，许多学者也研讨了其他一些企业目标。比如，企业均衡增长最大化目标、员工人均收入最大化目标、企业经理人员个人目标、追求卓越的质量目标等等。

第三节　企业环境

企业能够在多数程度上实现自己的目标。这不仅取决于企业自身的努力，而且还取决于企业环境。所谓企业环境通常是指决定或影响企业活动的发生、发展及其成效的要素总和。企业环境包含的内容十分广泛，因而有不同的分析方式。通常按企业范围将企业环境划分为内部环境和外部环境两大类。

一、企业内部环境

影响企业经营和决策的内部因素主要有以下几方面。

(1) 企业的产权形态　企业的产权形态是指企业在创立时向有关机构登记注册所确定的资产所有权关系。这种关系具有相对稳定性，并对企业管理制度、利益分配方式、资金筹措等有直接的影响和约束力。

(2) 企业资源状况　企业资源既包括企业生产经营所依赖并可支配的一切人力、物力、财力等有形资源，也包括企业的技术发明专利、商誉等无形资源。这些资源的状况，如人员的素质、资产的规模及结构、技术水平、品牌的知名度等在很大程度上影响和决定企业生存及发展的成效。

(3) 企业家才能　企业家才能不仅包括企业决策者的素质、才干、经验和创新能力(即决策者的个人能力及品德)，同时还包括不同层级管理者的素质、才干以及企业管理制度、组织机构的运营效率。

(4) 企业文化　企业文化是企业长期发展过程中形成的，具有丰富的内涵。其核心是根植于企业全体员工内心中的企业精神。企业文化对企业经营决策的实施、企业目标的实现有着无处不在的影响力。

二、企业外部环境

企业外部环境通常可分为基本环境和市场环境两大部分。

1. 基本环境

基本环境由影响企业经营与决策的社会经济宏观环境因素所构成。具体包括政治、经济、自然、社会文化、法律法规、技术、国际等方面的因素。这些因素大都从总体上影响和制约企业发展的基本方向。

1）政治和法律环境

政治和法律环境是指那些强制或影响社会上各种组织和个人的法律、政府机构和利益集团。例如，制约企业活动的政治因素有：以促进竞争、促进公正交易为目的的反垄断法，以保护消费者利益为目的的有关标识、计量、包装、广告等法规和条例，以保护自然环境为目的的各种法律法规等等。

2）经济环境

企业经济环境包括：国际经济发展总趋势，如由经济全球化和经济自由化发展形成的国际经济一体化，以及国际分工、国际贸易发展格局；宏观经济形势，如国民经济发展水平及其发展趋势和政府财政、金融情况等；本行业在整个经济体系中的地位和行业特点；企业的直接经济环境，包括人均可支配收入、平均消费趋向、消费支出分配模式等。

3）技术环境

对于一个企业来说，技术环境可以分为基础通用技术、相关技术、本行业技术的发明(或发现）和应用情况。

4）社会文化环境

社会文化环境是指社会结构、人口状况、教育与文化、社会风俗、习惯、信仰、价值观念、行为规范、生活方式、文化传统等。

2. 市场环境

市场环境由影响企业投入与产出资源转换活动中的微观及中观环境因素所构成。它具体可分为要素市场环境和产品市场环境。要素市场环境包括能源、原材料供给状况及价格变化，资金的供给，主要技术装备的技术变革，劳动力资源状况，生产专业化协作条件，交通运输及基础设施条件等。产品市场环境则包括行业内厂商数目及产品差别程度、行业产品价格及市场供求状况、行业产品结构调整、产品生命周期变动、消费者偏好及支付能力的改变、替代产品的出现、企业产品未来发展前景及其在行业内的地位等。图 5－1 表示在现代市场竞争中任何企业面临着的以下五种竞争力量。

(1) 现有企业竞争的决定因素　包括企业所在产业的增长情况、固定(存储) 成本与附加价值之比、周期性生产过剩情况、产品的差异化、商标专有、转换成本、集中与平衡、信息的复杂性、竞争者的多样性、企业所面临的各种风险等等。

(2) 新进入者面临的进入壁垒　包括规模经济、专卖产品的垄断、商标专有性、转换成本、资本需求、分销渠道、绝对成本优势、研究曲线的专有、必要投入的渠道、低成本产品设计的专有、政府公共政策和预期的反击等等。

(3) 市场供给力量的决定因素　包括投入的差异、产业中供方和企业的转换成本、替代品投入的现状、供方的垄断集中程度、批量大小对供方的重要性、与产业总购买数量相关的成本、投入对成本和特色的影响、产业中企业前向整合相对于后向整合的威胁等等。

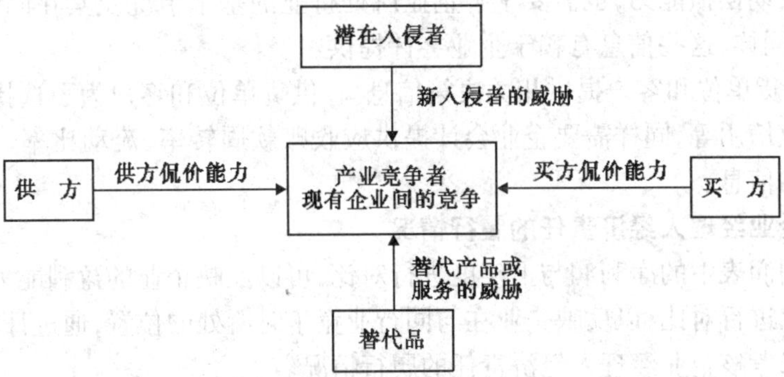

图 5－1 市场的五种力量

(4) 市场需求力量的决定因素 包括侃价杠杆和价格敏感性两方面。侃价杠杆包括买方的集中程度相对企业的集中程度、买方数量、买方转换成本相对于企业的转换成本、买方信息、后向整合的能力、替代品、克服危机的能力等等。价格敏感性包括价格与购买总量之比、产品的差异化程度、品牌专有性、质量／性能的影响、买方的利润和决策者的激励等等。

(5) 替代威胁的决定因素 包括替代品相对价格表现、转换成本和客户对替代品的使用倾向等等。

第四节 企业会计

从会计学的角度看，企业由经济资源（资产）、经济义务（负债）和剩余权益（所有者权益）所组成，这些要素通过企业的经营活动得到增减。企业会计既是一种服务活动，又是一个信息系统。当经营活动影响上述企业要素时，企业会计就要加以确认和计量，并将有关信息（财务会计报告及会计报表附注）报告给企业管理机构以及与企业相关的利益人，实现企业会计的目标。

一、会计信息的作用

1. 为企业外部各方提供决策基础数据

企业处于一定的社会环境中，与其他各个方面有着密切的联系，会计要为企业外部各个有关方面提供财务状况、经营成果和现金流量方面的信息。这些信息对于投资者、债权人和企业的供货单位和客户进行决策是十分重要的。

(1) 为投资者提供相关决策信息 投资者为了选择投资对象、衡量投资风险、做出投资决策，不仅需要了解企业包括毛利率、总资产收益率、净资产收益率等指标在内的盈利能力和发展趋势方面的信息，也需要了解有关企业经营情况方面的信息及其所处行业的信息。这些信息有赖于企业会计提供。

(2) 为债权人提供相关决策信息 债权人为了选择贷款对象、衡量贷款风险、做出贷款决策,不仅需要了解企业包括流动比率、速动比率、资产负债率等指标在内的短期偿债能力和长期偿债能力,也需要了解企业所处行业的基本情况及其在同行业所处的地位的信息。同样,这些信息有赖于企业会计提供。

(3) 为供货单位和客户提供相关决策信息　供货单位和客户为了选择供货对象,是否给予商业信用等,同样需要企业会计提供应收账款周转率、流动比率、存货周转率等指标在内的信息。

2. 反映企业经理人经济责任的履行情况

通过净利润表中的净利润与上年度进行对比,可以反映企业的盈利能力发展趋势;通过与同行业进行对比,以反映企业在与同行业竞争时所处的位置;通过计算有关财务比率等信息来考核企业经理人经济责任的履行情况。

3. 为企业管理当局实现管理的科学化提供决策基础数据

企业经营管理水平高低直接影响着企业的经济效益、经营风险、竞争能力和发展前景,并在一定程度上决定着企业的前途和命运。通过分析和利用财务会计所提供的有关企业财务状况、经营成果和现金流量方面的信息,企业管理人员就可以全面、系统、总括地了解企业生产经营活动情况、财务状况和经营成果,并在此基础上预测和分析发展前景;可以发现过去经营活动中存在的问题,找出存在的差距及原因,并提出改进措施。要做到以上这些,没有会计所提供的真实、完整的信息,几乎是不可能的。

二、资产负债表

1. 资产负债表的含义

资产负债表(balance sheet)是反映企业某一特定日期财务状况的会计报表。它是根据资产、负债和所有者权益(或股东权益)之间的相互关系,按照一定的分类标准和一定的顺序,把企业一定日期的资产、负债和所有者权益各项予以适当排列,并对日常工作中形成的大量数据进行高度浓缩整理后编制而成的。

资产负债表通常有两种传统格式,即账户式和报告式。账户式资产负债表按照"资产 = 负债 + 所有者权益"编制,左侧按流动性强弱列示资产,右侧按清偿先后顺序列示负债和所有者权益。报告式资产负债表又称垂直式或上下结构式资产负债表,是将资产负债表的项目自上而下排列,首先列示资产数额,然后列示负债数额,最后列示所有者权益数额。我国资产负债表按账户式反映,如表5 - 1 所示。

2. 资产负债表的作用

(1) 解释、评价、预测企业的短期偿债能力　企业的短期偿债能力主要反映在企业的流动性上。所谓流动性主要指资产转换成现金或负债到期清偿所需的时间,亦指企业资源及负债接近现金的程度。除现金本身外,资产转换成现金的速度越快,流动性越强。负债到期日越短的,流动性亦越强。短期债权人最关心的,是企业能否有足够的资产及时转换成现金,以清偿短期内到期的债务。长期债务人及企业股东也必须对企业的短期偿债能力进行评价,因为短期偿债能力不佳,企业破产的可能性就大,长期债权人及股东的投资报酬没有保障,投资安全亦受到威胁。资产负债表中流动资产与流动负债信息及报表中相关的附注，有助于解释、评价、预测企业的流动性和短期偿债能力。

表 5-1　资产负债表

编报单位：××公司　　　××××年12月31日　　　　　　　　　　　　单位：元

项目	期初数	期末数	项目	期初数	期末数
流动资产：			**流动负债：**		
货币资金	1 406 300	820 745	短期借款	300 000	50 000
短期投资	15 000		应付票据	200 000	100 000
应收票据	246 000	46 000	应付账款	953 800	953 800
应收股利			预收账款		
应收利息			应付工资	100 000	100 000
应收账款	299 100	598 200	应付福利费	10 000	80 000
其他应收款	5 000	5 000	应付股利	0	32215.85
预付账款	100 000	100 000	应交税金	30 000	105 344
应收补贴款			其他应交款	6 600	106 600
存货	2 580 000	2 574 700	其他应付款	50 000	50 000
待摊费用	100 000		预提费用	1 000	
一年内到期的长期债权投资			一年内到期的长期负债	1 000 000	
其他流动资产			预计负债		
流动资产合计	4 751 400	4 144 645	其他流动负债		
长期投资：					
长期股权投资	250 000	250 000			
长期债券投资					
长期投资合计	250 000	250 000			
			流动负债合计	2 651 400	1 577 959.85
固定资产：			**长期负债：**		
固定资产原价	1 500 000	2 401 000	长期借款	600 000	1 160 000
减：累计折旧	400 000	170 000	应付债券	0	
固定资产净额	1 100 000	2 231 000	长期应付款	0	
减：固定资产减值准备	0	0	其他长期负债	0	
工程物资	0	150 000			
在建工程	1 500 000	578 000	长期负债合计	600 000	1 160 000
固定资产清理	0	0	递延税项：		
固定资产合计	2 600 000	2 959 000	递延税款贷项	0	
			负债合计	3 251 400	2 737 959.85
无形资产及其他资产：			**所有者权益(股东权益)：**		
无形资产	600 000	540 000	股本	5 000 000	5 000 000
长期待摊费用	200 000	200 000	资本公积	0	
其他长期资产			盈余公积	100 000	135 685.15
无形资产及其他资产合计	800 000	740 000	其中：法定公益金		11 895
递延税项：			未分配利润	50 000	220 000
递延税款借项			所有者权益合计	5 150 000	5 355 685.15
资产总计	8 401 400	8 093 645	负债和所有者权益合计	8 401 400	8 093 645

(2)解释、评价、预测企业的资本结构和长期偿债能力　企业的长期偿债能力一方面取决于它的获利能力，另一方面取决于它的资本结构。资本结构指企业权益总额中负

债与股东权益、负债中流动负债与长期负债、股东权益中投入资本与留存利润等的相对比例。负债与股东权益相对比例的大小，影响到债权人和股东的相对投资风险以及企业的长期偿债能力。资产负债表可为解释、评价、预测企业的资本结构和长期偿债能力提供基础。

(3) 解释、评价、预测企业的财务弹性　财务弹性指企业适应经济环境变化和利用投资机会的能力，包括进攻性适应能力和防御性适应能力。所谓进攻性适应能力是指企业有能力和财力去抓住突如其来的获利机会；防御性适应能力指企业在经营危机中生存下来的能力。财务弹性强的企业不仅能从有利可图的经营中获得大量资金，而且可以借助债权人的长期资金和所有者的追加资本获利，万一需要偿还巨额债务时也不至于陷入财务困境，遇上新的获利能力更高的投资机会时，也能及时筹集所需资金，调转船头，全力以赴。财务弹性来自于：资产的流动性或变现能力；由经营产生资金流入的能力；向投资者和债权人筹措资金的能力；在不影响正常经营的前提下变卖现有资产取得现金的能力。资产负债表所展示的资源分布情形及对资源的请求权，有助于解释、评价、预测企业的财务弹性。

(4) 解释、评价、预测企业的经营绩效　企业的经营绩效主要反映在它的获利能力上。获利能力直接影响企业能否有稳定而逐步增长的盈利水平，能否向债权人还本付息，能否维持甚至逐步提高股东的投资报酬。衡量企业获利的指标主要有资产报酬率、股东权益报酬率等。

三、利润及利润分配表

1. 利润表及利润分配表的含义

利润表(the income statement) 又称为损益表，是反映企业一定期间内经营成果的报表。它将企业一定时期内的收入与同一会计期间的相关费用、成本进行综合比较，计算出企业一定时期的税后净利润。通过利润表提供的收入、成本和费用信息，可以反映企业成本费用的耗费水平；可以反映企业收入的主要来源渠道，分析企业主营业务收入和非主营业务收入的比例关系，判断收入的成长性如何。此外，将利润表不同时期的有关数字进行比较，可以分析、测定企业利润的发展趋势和获利能力，评估企业的偿债能力，考核企业管理当局的经营业绩。

利润分配表(statement of retained earnings) 是利润表的附表，反映企业在一定时期内实现净利润的分配情况和亏损弥补情况，以及期末未分配利润结余情况或未弥补亏损的累计情况。它主要反映了企业净利润的分配去向，通过它可以了解企业利润分配的具体方法以及企业利润分配的基本政策。

目前通行于世界各国的利润表格有两种，即单步式(single step) 利润表和多步式(mutiple step) 利润表。

(1) 单步式利润表　单步式利润表是将所有收入和所有费用分别加以汇总，用收入合计减去费用合计从而得出本期利润。单步式利润表编制方式简单，收入支出归类清楚，但缺点是收入、费用的性质不加区分，硬性归为一类，不利于报表分析。

(2) 多步式利润表　多步式利润表是将收入与费用按同类属性分别加以归集，分别计算主营业务利润、其他业务利润、营业利润，最后计算出税后净利润的报表。多步式利润表比单步式利润表提供的信息更加丰富，通过不同时期各对应项目的比较分析，可以预测未来现金的流量，将营业利润与其他利润分开列示，可使报表使用人分清主次，对未来经营成果做出正确判断、预测。我国及世界各国一般采用多步式利润表。

表 5－2 是多步式利润表及其相应的利润分配表。

表 5－2　多步式利润及利润分配表

编报单位：××公司　　××××年12月31日　　单位：元

项　　目	本年累计数
一、主营业务收入	1 250 000
减：主营业务成本	750 000
主营业务税金及附加	2 000
二、主营业务利润(亏损以"－"号列示)	498 000
加：其他业务利润(亏损以"－"号列示)	
减：营业费用	20 000
管理费用	158 000
财务费用	41 500
三、营业利润(亏损以"－"号列示)	278 500
加：投资收益(亏损以"－"号列示)	31 500
补贴收入	
营业外收入	50 000
减：营业外支出	19 700
四、利润总额(亏损以"－"号列示)	340 300
减：所得税	102 399
五、净利润(亏损以"－"号列示)	237 901
加：年初未分配利润	50 000
其他转入	
六、可供分配的利润	287 901
减：提取法定盈余公积	23 790.10
提取法定公益金	11 895.05
七、可供投资者分配的利润	252 215.85
减：应付优先股股利	
提取任意盈余公积	
应付普通股股利	32 215.9
转作股本的普通股股利	
八、未分配利润	220 000

2. 利润及利润分配表与资产负债表的勾稽关系

利润分配表的"年初未分配利润"项目的本年累计数来自资产负债表的"未分配利润"的年初数，而资产负债表"未分配利润"的年末数来自利润分配表的"未分配利润"本年累计数。

四、现金流量表

1. 现金流量表

(1) 现金的含义　现金是指企业库存现金可以随时用于支付的存款以及现金等价物，具体包括库存现金、银行存款、其他货币资金和现金等价物。但是，银行存款和其他货币资金中有些不能随时用于支付的存款，不能随时支取的定期存款等，不应作为现金，而应列作投资；提前通知金融企业便可支取的定期存款，则应包括在现金范围内。

(2) 现金等价物的含义　现金等价物是指企业持有的期限短、流动性强、易于转换为已知金额现金和价值变动风险很小的投资。现金等价物虽然不是现金，但支付能力与现金的差别不大，可视为现金。比如，企业为保证支付能力，手持必需的现金，为了不使现金闲置，可以购买短期债券，在需要现金时，随时可以变现。一项投资被确认为现金等价物必须同时具备四个条件，即期限短、流动性强、易于转换为已知金融现金、价值变动风险很小。其中，期限较短一般是指从购买日起，3 个月内到期。

(3) 现金流量表的含义　现金流量表(statement of cash flows)是以现金为编制基础，反映企业在一定会计期间内现金的流入和流出，表明企业获得现金和现金等价物的能力。其主要目的是为报表使用者提供企业一定会计期间内现金流入与流出的有关信息，使之了解和评价企业获取现金和现金等价物的能力，并据以预测企业未来现金流量。

(4) 现金流量的分类　按照企业经营业务发生的性质将企业一定期间内产生的现金流量归为三类：① 经营活动产生的现金流量，经营活动是指企业投资和筹资活动以外的所有交易和事项，包括销售商品或提供劳务、购买货物、接受劳务、制造商品、推销商品、缴纳税款等；② 投资活动产生的现金流量，投资活动是指企业长期资产的购建和不包括在现金等价物范围内的投资及处置活动；③ 筹资活动产生的现金流量，筹资活动是指导致企业资本及债务规模和构成发生变化的活动，包括吸收投资、发行股票、分配股利。

表 5 - 3 是现金流量表的具体格式。

2. 现金流量表的作用

现金流量表的作用如下：

① 现金流量表能够提供企业在会计期内现金的来龙去脉及现金余额变动的会计信息；

② 借助现金流量表提供的信息可以分析预测企业未来的发展情况；

③ 借助现金流量表提供的信息可以分析评价企业清偿债务和支付股利的能力；

④ 借助现金流量表提供的信息可以分析评价企业净利润与相关的现金流量产生差异的原因；

⑤ 借助现金流量表提供的信息可以分析评价会计期内与现金有关或无关的投资和筹资业务对企业财务状况的影响。

表 5－3　现金流量表

编报单位:×× 公司　　××××年 12 月 31 日　　单位:元

项　　目	金　额
一、经营活动产生的现金流量:	
销售商品、提供劳务收到的现金	1 342 500
收取的租金	
收到的税费返还	
收到的其他与经营活动有关的现金	
现金流入小计	1 342 500
购买商品、接受劳务支付的现金	392 266
支付给职工以及为职工支付的现金	300 000
支付的各项税费	199 089
支付的其他与经营活动有关的现金	70 000
现金流出小计	961 355
经营活动产生的现金流量净额	381 145
二、投资活动产生的现金流量	
收回投资所收到的现金	16 500
取得投资收益收到的现金	30 000
处置固定资产、无形资产和其他长期资产而收回的现金净额	300 300
收到的其他与投资活动有关的现金	–
现金流入小计	346 800
购买固定资产、无形资产和其他长期资产所支付的现金	451 000
投资所支付的现金	–
支付的其他与投资活动有关的现金	–
现金流出小计	451 000
投资活动产生的现金流量净额	－104 200
三、筹资活动产生的现金流量:	
吸收投资所收到的现金	–
借款所收到的现金	400 000
收到的其他与筹资活动有关的现金	–
现金流入小计	400 000
偿还债务所支付的现金	1 250 000
分配股利、利润和偿付利息所支付的现金	12 500
支付的其他与筹资活动有关的现金	–
现金流出小计	1 262 500
筹资活动产生的现金流量净额	－862 500
四、汇率变动对现金的影响	–
五、现金及现金等价物净增加额	－585 555
补充资料	金　额
1. 将净利润调节为经营活动现金流量:	
净利润	237 901

续表

加:计提的资产损失准备	900
固定资产折旧	100 000
无形资产摊销	60 000
长期待摊费用摊销	
待摊费用减少(减:增加)	100 000
预提费用增加(减:减少)	–
处置固定资产、无形资产和其他长期资产的损失(减:收益)	－50 000
固定资产报废损失	19 700
财务费用	21 500
投资损失(减:收益)	－31 500
递延税款贷项(减:借项)	–
存货的减少(减:增加)	5 300
经营性应收项目的减少(减:增加)	－100 000
经营性应付项目的增加(减:减少)	17 344
其他	–
经营活动产生的现金流量净额	381 145
2.不涉及现金收支的投资和筹资活动	
债务转为资本	–
一年内到期的可转换公司债券	–
融资租入固定资产	–
3.现金及现金等价物净增加情况:	
现金的期末余额	820 745
减:现金的期初余额	1 406 300
加:现金等价物的期末余额	–
减:现金等价物的期初余额	–
现金及现金等价净增加额	－585 555

3.现金流量表与资产负债表、利润表的勾稽关系

现金流量表的"现金及现金等价物净增加额"与资产负债表"货币资金"的年初数和年末数的差额相等,补充资料中的"净利润"来自利润表中的"净利润"本年累计数。

第五节　委托－代理理论

委托－代理理论直接从信息不对称条件下契约的形成过程出发,探讨委托人(principal)如何以最小的成本去设计一种契约或机制,促使代理人(agent)努力工作,以最大限度地增进委托人的效用。委托代理理论对于解释现代公司治理中的激励监控问题提供了独特的视角和新的思维。

一、委托 - 代理问题

1. 委托 - 代理理论的含义

只要存在就业安排，并且在这种安排中一个人的利益取决于另一个人的所为，委托 - 代理关系就必然存在。委托 - 代理关系是市场经济条件下最普遍、最基本的经济关系，存在于一切组织、一切合作性活动中，存在于企业的每一个管理层级上。

从企业发展的历程看，尽管古典企业中孕育着现代企业委托 - 代理关系的胚胎，但典型的委托 - 代理关系只是在"所有权与控制权相分离"的现代公司制中才成为普遍现象。伴随二战后企业制度由旧时的"企业主企业"(entrepreneurial enterprises) 演化为现代的"经理人员企业"(managerial enterprise)，企业规模和范围不断扩大，企业管理者与股东人数不断增加，尤其是企业管理本身的复杂性，经营决策趋于专业化，越来越多的企业不再由所有者直接经营，而由职业经理人员来经营，传统意义上所有者和经营者合一的业主型企业，已被所有权和企业实际控制权相分离的现代公司制企业所取代。所有权与实际控制权的分离是现代公司制企业的一个基本特点。这样的"两权分离"可以看做是财富与能力之间的一种有机组合。股东是公司的真正所有者，职业经理人经营管理能力作为一种高级人力资本，取代了物质资本而成为更重要的生产要素。资本所有者把企业财产的实际占用、使用处置权委托给"代理人"即经理阶层行使，本意是为了促成优秀管理者的人力资本和股东实物资本的最佳结合，以求得企业在市场竞争中生存发展和获取价值最大化。但所有者的产权目标既然要人格化地委托在"代理人"身上，就先天地为委托人和代理人之间产生"问题"准备了条件。由于委托人和代理人在产权安排的契约关系中所处地位不同，就有可能产生委托代理问题(principal agent problem)。所谓委托 - 代理问题是指委托人和代理人均追求自身的效用最大化，并且两者的效用最大化目标往往是不一致的。比如，所有者追求利润最大化，而企业经理可能追求自身的目标，甚至不惜以所有者获得较低利润为代价。委托 - 代理理论正是针对现代企业制度中现实存在着的委托 - 代理问题而产生的。

2. 委托 - 代理问题的表现形式

(1) 道德风险　企业经理(代理人) 为了实现自身利益而不惜牺牲委托人的利益，所发生的风险均由委托人来承担。

(2) 追求销售收入的最大化　委托人从其自身利益出发要求经理人追求利润最大化，但经理人却从自身利益出发追求销售收入的最大化，这样不仅可以极大地提高经理人的个人声望、实现个人利益，而且可以转移利润环比增长目标带来的风险。

(3) 在职高消费　拥有企业实际控制权的经理人，出于企业管理、企业商务活动的需要以及个人的需要，利用委托人的资源，进行无节制的、超标准的"消费"，使委托人的利益受到"合理性" 侵害。

此外，在企业实际运营中，经理人的搭便车、逆向选择、机会主义、内部人控制等行为，均会形成委托 - 代理问题。

3. 委托 - 代理问题产生的原因

委托 - 代理问题产生的原因包括制度性原因和直接原因。制度性原因的根源是现代企业制度中的“两权分离”。由于资产所有者和企业实际管理者不是同一个人,客观上存在着动机不对称、利益不一致、目标不一致。由此,必然衍生出委托 - 代理问题。当然,尽管如此,现代企业制度终究要比“两权合一”的传统企业制度具有无法比拟的优越性。

导致委托 - 代理问题产生的直接原因主要包括信息不对称、不确定性和不完备契约。

(1) 信息不对称　信息不对称(information asymmetry)是指契约关系中的一些参与人拥有而另一些参与人不拥有信息的状况。如果监督企业员工的生产效率是无成本的,那么企业所有者就能确保他们的经理和员工都能有效地工作。然而,由于员工的私人信息(private information)远比所有者多,所有者不能洞察员工所做的一切,这种信息不对称便产生了委托 - 代理问题。代理人直接控制并经营企业,具备生产技能与业务经营上的优势,掌握的信息是大量的,从而形成很多隐蔽的“私人信息”和“私人行为”。由于信息的不对称,必然产生逆向选择行为。同时,由于委托人已经授权,不便也不可能过细干预,加之知识不对称,因而对经营状况和企业经营者努力程度的了解是有限的和肤浅的,无法准确判断经营者是否在尽心竭力地追求股东的利益,无法对代理人实施完全的监督。

(2) 不确定性　不确定性(uncertainty)是存在委托 - 代理问题的另一个重要因素或条件。不确定性包括:① 由无法预见的偶发事件带来的不确定性;② 由可以预见的偶发事件带来的不确定性,尽管这种偶发事件可预见,但因其预见及应对的成本过高,使当事人不得不放弃对它的预见;③ 在信息上具有非对称性的偶发事件带来的不确定性。在上述场合,利润受到多种经理无法控制的因素的影响,使企业绩效不能充分反映经理实际所选择的努力程度。加之信息不对称,委托人也不能直接观察并证实经理的努力程度。

(3) 不完备契约　不完备契约是相对于完备契约而言的。一个完备契约是指能够准确描述与交易有关的所有未来可能出现的状态,以及每种状态下契约各方的义务、责任和权利的契约。相比之下,如果一个契约达不到上述要求,就是不完备契约(incomplete contract)。显然,不完备契约是有漏洞的契约,契约中不可能确切地规定代理人的工作努力程度,是存在委托 - 代理问题的一个重要因素。那么,为什么不在一开始就签订一个完备的契约堵塞所有漏洞呢?这是不现实的。因为:① 人的智能是有限的,在一个充满不确定性的世界中,任何人不可能洞察和预见未来的一切;② 信息不对称造成的困难;③ 监督契约执行的高成本。显然,在一个充满信息不对称和不确定性的世界中,契约不可能涵盖一切。从这个意义上说,现代企业可以定义为是一系列不完备契约的有机组合(nexus of incomplete contracts)。

二、代理成本和代理收益

1. 代理成本

委托－代理关系是一种契约关系。由于存在委托－代理问题，委托人不得不在契约签订前后支付一系列费用。这些费用支出即为代理成本(agency costs)。代理成本主要包括：① 委托人为识别代理人的条件禀赋，以及谈判、签约等费用；② 委托人的监督成本，即委托人为限制和监督代理人的行为而发生的费用；③ 代理人的担保成本；④ 剩余损失，即委托人因代理人代他进行决策而蒙受的损失，它等于代理人的实际决策和委托人假定代理人能够在相同的信息和可能情况下进行利润最大化决策之间的差异。

一般来说，代理成本的高低直接取决于两个因素：一是财产所有权与企业实际控制权分离的程度；二是委托代理层级及其范围。股权越分散，财产所有权与控制权分离的程度越大，或者委托代理层级越多、范围越大，都能引发代理成本的上升。进一步分析，这两个因素又与公司治理结构及企业市场环境有关。如果公司治理结构不合理或市场机制不完善，也会导致较高的代理成本。

代理成本影响委托人和代理人的福利。因此，有必要用合同来防止损害福利的行为发生，并减少代理成本，增加自身效用。

2. 代理收益

委托－代理关系产生的收益主要来自于三方面。

(1) 来自制度方面的制度收益　在现代企业制度中形成和发展起来的委托－代理关系是一种新的契约安排和制度创新。而一种企业新制度只有在预期净收益超过预期成本时才会产生。与古典企业相比，现代企业制度具有诸多方面的优势，因而能够创造出较大的制度绩效。比如，它使经营者的权力相对独立，从而消除了股东共同决策引致的“官僚化成本”或搭便车行为；它使管理分工迅速发展，并造就一支职业化、专业性的管理队伍；它创造的治理模式可使监督和择优机制发挥作用。显然，现代企业有效的制度安排是增进企业效率的基本保证，并使委托人从中获取收益。

(2) 来自企业实际运作方面的经营收益　对比古典企业，在现代企业制度下，所有者的风险得到分散，筹资渠道拓展，规模不断扩张，所有者不再是落实在某一个人或某一些人的具体概念，而是一个社会化了的一般性概念，企业获得了永续的生命。在代理人的控制下，企业独立地运营资本，极大地提高了资产的运营效率和增值能力。作为财富与专业才能的有机结合，企业的实际运作必然会产生出与其特有经营机制相对应的收益，即经营收益。

(3) 来自所有者自身投资机会收益　在现代企业制度下，企业价值形态的资产和实物形态的资产分离，所有者已将股份这种财产所有权看做是参与企业分配的凭证，其利益是金融性的。而委托－代理关系的存在又使所有者从纷繁的企业管理事务中摆脱出来，可以关注于市场投资机会，灵活地控股或放弃投资，以迅速获取投资收益。对整个社会而言，这种有效的资本运作机制优化了社会资源的配置，亦使所有者分享了委托－代理关系下的投资机会收益。

三、委托－代理框架中的激励机制

现代企业中的委托－代理关系既产生出委托－代理问题,又会给所有者带来巨大收益。因此,委托人如何构建有效的激励机制,使代理人的行为与委托人的期望效用相一致,就显得十分重要。有效的激励机制或契约设计必须解决好两方面的问题:一是信息问题,即借助有关信号(singnal)选择合格的经理;二是激励问题,即在一定的契约或机制下,最大限度地调动代理人的积极性,增进委托人的效用。激励包括正向激励和反向激励(约束)。

1.经理能力的信号显示

选择合格的代理人是构建激励机制的基本前提。对于不具备代理人才干的人来讲,再好的激励方式也无助于降低代理成本、增加代理收益。为选择到理想的代理人(经理人员),需要借助相关信息反映经理的能力。从有关文献看,委托－代理理论突出强调了学历、经历和财富三种信息。每一种信息只显示经理能力的一个侧面,比如学历表明应聘者的教育背景,但并不代表实际管理能力。在同等学力层面上,委托人可按个人经历进一步筛选;在相似经历的基础上,还可以进行财富的观察等。至于信息的排列顺序,则取决于委托人的偏好。一般来说,通过多个信息的综合显示,委托人可以从多个角度评价应聘者,并从中遴选企业的代理人。

2.对经理人员的激励与约束

一般认为,在企业两权分离和信息不对称的条件下,实现对经理人员有效激励的方式是使其拥有一定的剩余索取权。所谓剩余索取权(residual claimant rights)是指企业收益在支付要素报酬和投入品价格之后的剩余收入的索取权。要最终解决经济效益的长期问题,必须允许经营者通过合理的形式拥有一部分企业剩余,以作为他努力经营的持久的内在动力,减小所有者和经营者目标利益的偏差,使经营者与其他股东形成利益共同体,目标利益取向一致,从而减少代理成本,使企业制度效益极大化。这种在产权制度上做出的安排,可以使权利与责任(风险)的分布尽可能对称,以便解决经理规避责任和投机等道德风险(moral hazard)问题。同时,经理人员的报酬可以有多种形式,如工资、奖金、股票和股票期权(options)等,以便取得综合激励效应。

靠单纯的正向激励来解决委托代理问题是不够的,还需要有反向激励,即约束。在发达完善的市场体系中,对经理人员的约束主要来自于外部市场竞争机制的约束和内部公司治理结构的约束。

1)外部市场竞争机制的约束

(1)产品市场竞争的约束　产品市场竞争力是评价经理业绩的有效尺度,经营者经营水平的高低、管理能力的强弱,主要通过产品市场来体现。例如,在竞争性的市场中,公司产品滞销,表明经营决策上可能存在问题,这就促使经营者必须提高决策能力和水平。尤其是当一个行业既有代理人控制的企业,又有所有者控制的企业所构成时,产品能否获取消费者的货币选票并取得利润,更直接构成对两权分离企业中经理人员的现实约束。

(2) 资本市场竞争的约束　资本市场约束的实质是对企业控制权的争夺，它的主要形式是购并。如果经理人管理企业不善，就会降低企业的市场价值，于是资本市场上的袭击者(raider)便乘虚而入，对经营不善的企业实施购并，重组公司、改组董事会和企业管理班底，这会使经理的声誉一落千丈，并有可能断送其职业生涯。在理论上，这是一个自动的、有力的约束机制，能有效地淘汰管理不善的经营者，使公司资产增值，使接管者获益，使产业结构合理。在一个有效的资本市场上，由于存在企业被购并的威慑机制，使经理人员会自觉地约束自己的行为，以维护自身的利益。

(3) 经理市场竞争的约束　有效的经理市场提供了对经理人员知识、经验和才能的社会评价，使经理的"人力"转化为资本。尽管职业经理人员不是企业的所有者，但他们却是自身人力资本的所有者，即使他们不会像所有者那样关心企业资产的保值、增值问题，但却要格外关心自身人力资本的价值增值问题。由于经理市场能够客观地反映出经理人力资本的价值信号，而这种信号机制对于经理行为的累积结果又具有"记忆"效应，并同经理的报酬水平相关：即本期报酬水平由上一期的边际产出(行为绩效)决定，而本期的边际产出又直接影响下一期的价值预期(报酬水平)。由于经理的价值信号不是提供给某一特定的委托人，故理性的职业经理人员会十分珍惜自身人力资本的市场价值及其声誉，会一如既往地与市场长期"友好合作"，将其行为绩效真实地提供给市场。如果经营者因经营决策失误或者让委托人资产流失，使企业被购并或破产，他就会被解聘或被撤换。这时候，他的人力资本就会贬值，一部分人力资本投资变成"沉没成本"。他为培养自己的经营管理能力所投入的资产专用性越高，改变职业的成本也就越高。而且，经理市场的需求弹性很小。他一旦退出市场，就很难再谋到一个合适的经理职位。因此，经理市场的竞争约束是经理努力工作的重要动力。

2) 内部公司治理结构的约束

委托人可以构建完善的公司治理结构，并通过股东大会、董事会、监事会等机构对代理人进行约束。董事会是控制经营者最直接的形式，董事会按照委托人的利益负责公司战略和资产经营，监督和制约经营者的主要决策，并在必要时撤换不称职的经营者。股东大会以及监事会等机构同样起到对经营者的约束作用。为使公司治理机构发挥作用，在制度安排上应有一些较具体的规定，如实行独立董事制度，提高监事会的作用，赋予监事更多的权限，使监事具有随时监督权、股东大会召集权、代表法人的起诉代表权等等；为保证董事在利益上与委托人保持一致，要求董事拥有一定数量的股份，使董事、监事的奖励在分红中提取等等；落实股东权力，尤其是小股东的权力。

本章小结

现代企业理论将社会经济系统中的最小分析单位由企业深入到组成企业的个人这一层级。科斯创造性地采用交易成本概念，解释了企业产生的原因，探讨了人类社会资源配置的第二种方式，阐释了企业边界问题。企业目标是多重性的，既有利润目标，又有非利润目标。企业管理运营绩效不仅取决于企业自身努力，而且取决于环境的影响，即环境依赖。企业会计既是一种服务活动,又是一个信息系统,为企业管理机构以及与企业相关的利益人提供决策基础信息。现代企业是财富与才能的有机组合。由于动机不对称、信息不对称、不确定性、不完备契约产生了委托-代理问题。选拔合格的经理,构建有效的激励机制,是解决委托-代理问题的基本思路。

复习思考题

1. 解释下列概念:企业,交易成本,利润最大化,现金,现金等价物,损益表,现金流量表,委托-代理问题,委托-代理理论,信息不对称,不完备契约,剩余索取权。

2. 简述企业产生的原因。

3. 如何界定企业的边界?

4. 现代市场经济条件下,企业的目标是统一的吗?企业目标由哪些因素所决定?

5. 试述委托-代理问题产生的原因。

6. 在现实企业运行中,如何对企业经理人员实行有效的激励?

7. 现代市场竞争中,企业面临哪五种竞争力量?

8. 企业的宗旨和使命是什么?

9. 如何认识企业利润?

10. 企业会计信息有哪些作用?

11. 资产负债表的作用是什么?

12. 公司制企业有哪些特点?

第四篇　市场和竞争策略

第六章　完全竞争

在第二篇和第三篇讨论了消费者行为和生产者行为。本章及后续章节将在前面分析的基础上将供求双方结合起来,具体分析在不同类型的市场上产品的价格和产量是如何决定的;同时,对生产要素市场进行分析,讨论如何决定不同类型市场上生产要素的价格与使用量。

第一节　市场结构

"市场(market)"这个词被认为是一个被推广了的时间和空间的理论范畴,指一组为买卖某种商品而相互发生联系的厂商和个人,或指同种商品由供求双方作用形成价格的"地方"。马歇尔曾在《经济学原理》一书中指出:"经济学家所说的市场,并不是指任何一个特定的货物交易场所。在这个地方中,买主与卖主彼此之间的往来是如此自由,以致相同商品的价格有迅速相等的趋势。"① 在经济生活中,任何一种特定商品的买卖双方从总体上都可以构成一个市场,有多少种商品,就有多少个市场。至于买卖双方是在一个具体的场所进行交易,还是通过公布的报价单用电话、电传、互联网讨价还价,还是用订货、银行结算等手段进行交易,则无足轻重。

根据不同的研究目的,可从不同的角度将市场划分为不同的类型。比如,按交易的对象,可分为消费品市场和要素市场;按交易的方式,可分为现货市场和期货市场;按市场辐射范围,可分为区域市场、国内市场和国际市场。在微观经济学中,通常依据构成一个市场或行业的厂商数目和产品的差别程度以及厂商对价格的控制能力、资源流动的难易程度、售卖方式等,将市场划分为完全竞争、垄断竞争、寡头垄断和完全垄断等四种市场结构。四种市场结构的基本特点可用表 6-1 概括。

所谓市场结构(market structure)是指某种商品或劳务在市场上的竞争程度。一般认为,决定市场上竞争程度,从而影响市场结构的最主要因素有两个,即厂商的数目多寡和产品的差别程度。

---

① 马歇尔:《经济学原理》中译本,上册,商务印书馆,1983 年版,第 18 页。

表6－1　各种市场结构的主要特点

	完全竞争	垄断竞争	寡头垄断	完全垄断
厂商数目	很多	较多	若干	一个
产品差别程度	同质、无差别	存在产品差别	有一定差别或同质	没有合适替代品的特殊产品
价格的控制程度	根本无法控制	能在一定程度上控制	能在较大程度上控制	控制或决定
进入市场难易程度	自由进入	进入比较容易	存在进入障碍	无法进入
商品售卖方式	市场交易或拍卖	广告宣传，质量竞争，价格竞争	广告宣传，质量竞争，价格竞争	进行广告宣传和加强服务
短期均衡	获利，盈亏平衡，亏损	获利	——	获利，盈亏平衡，亏损
长期均衡	只能获得正常利润	只能获得正常利润	——	获利
现实中近似的例子	某些农产品，如小麦、大豆、大米等市场	非连锁经营的商业、餐饮业、服务业等市场	钢铁、汽车、石油、计算机、家用电器等市场	煤气、自来水、电力等市场

第二节　完全竞争产品市场

一、市场条件

1.基本假设

完全竞争（perfect competition），亦可称为纯粹竞争（pure competition）①，是指不存在任何垄断因素的市场情况，或者说是不受任何阻碍和干扰的市场结构。某种产品的市场具有完全竞争的性质，必须同时符合以下假设条件。

（1）存在大量的买者和卖者　要使市场上每一个经济主体都不能影响价格，就要求市场上存在独立行动的众多经济主体，而且其中最大的买者或最大的卖者交易数量必须只占交易总量的很小份额。这意味着，由于众多买者和卖者的存在，任何经济主体都无法通过自己的买卖行为影响市场价格，任何买者或卖者都是市场上价格的接受者（price takers），而不是价格的决定者（price makers）。

（2）产品是同质的、无差异的　在完全竞争市场上，行业内所有厂商供给的产品都是同质的，其形式、包装等都是没有差别的。在这种情况下，任何一个厂商都不能凭借自己产品的特殊性影响价格。因为如果某一厂商试图提高商品价格，由于产品间存在的完全的可替代性，消费者就会转向购买其他厂商的同质产品，试图提高价格的厂商就会使产品滞销。

① 严格地讲，完全竞争和纯粹竞争的含义是有所区别的。为了简化分析，权且将二者视为完全相同，并将有关分析合并在一起。

(3)各种资源完全自由流动　在完全竞争市场上不存在任何社会的、法律的或资金的障碍。厂商可以任意进入或退出任何行业,各种生产要素能够完全自由地、毫无摩擦地在行业和企业间流动,生产要素从报酬低的地方向报酬高的地方流动,商品亦可以自由地向价格高的地方流动。

(4)完备的信息和知识　在完全竞争市场上,生产者和消费者被假定为对市场有充分的信息和完全的知识,即信息对称、知识对称。这意味着买卖双方完全了解市场情况,对他们的需求曲线和成本曲线有全面的了解,对过去、未来和当前的情况有准确的把握,从而买卖双方只能按市场供求状况决定的市场价格成交,使资源得到合理配置。

此外,在完全竞争市场上,假定买卖双方在交易时不存在交易成本。产品应具有可分性 ,即产品必须可以细分到这种程度:其少量部分或是可以购买,或是可以租用。这一假定消除了市场中潜在的进入壁垒问题①。

显然,以上条件是十分严格的。在现实的经济生活中,几乎没有一个行业能完全满足上述条件。经济学家之所以对这种市场结构进行分析,旨在借助完全竞争模型考察资源配置的效率,说明和预测现实的经济行为。同时,利用这一模型,人们可以对原来的假定条件不断修正,使之更接近于经济现实,从而对更复杂的市场结构做出具体的理论描述。由此可见,完全竞争这一假说性的概念乃是市场结构理论的基本出发点,是微观经济学解释其他更复杂和更现实的市场结构的重要工具。

2.行业需求和厂商需求

对一个行业的产量需求就是对一种产品的市场需求。这样的需求可以是有弹性的,也可以是缺乏弹性的。但就完全竞争行业中的任何一个厂商而言,对产品的需求则是完全有弹性的。图 6-1 反映了这两种需求之间的相互关系。

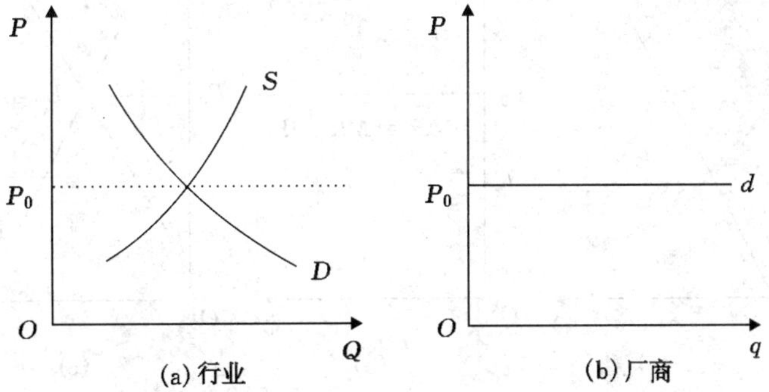

图 6-1　完全竞争市场的行业需求和厂商需求

在图 6-1 中,D 是行业的需求曲线,数量单位以百万计;d 是该行业内某一典型厂商的需求曲线,数量单位以千计。尽管一条曲线是水平的,而另一条是倾斜的,但两条曲线完全可以同时存在、相互配合。由于完全竞争厂商所提供产品数量占同类产品的比重甚小,图 6-1(b)中的某一厂商的需求曲线是一条与横轴平行的水平线,这意味

① 所谓进入壁垒是一种生产成本(在某些或某个产出水平上),这种成本由寻求进入某一行业的新厂商来负担。

着厂商不需要降低价格就可销售更多的产品。图6-1(a)中的完全竞争行业的需求曲线则是一条自左向右下方倾斜的曲线。这意味着如果所有厂商提供了更大量的产品以供销售,人们就会发现市场价格将明显下降。总之,图6-1中的两条需求曲线表明,在完全竞争市场上,任何一个厂商可以在其生产能力范围内销售尽可能多的产品,但都不会对产品的市场价格有任何影响,因为消费者对某种商品的需求(即行业需求)的数量要比对这个别厂商需求数量大得多。个别厂商只是价格的接受者,价格是既定的。但对由众多厂商加总的行业需求来说,需求则是有限的,行业需求(市场需求)的变动将导致市场价格的变动。

3. 完全竞争厂商的收益

收益(revenue)是指厂商出售商品后所获得的货币收入。任何厂商的收益均可分为总收益、平均收益和边际收益。

总收益(total revenue)是指厂商出售商品后得到的总销售收入,即出售一定量商品的总卖价。它等于单位产品的售卖价格乘以销售数量,即 $TR=P\cdot Q$。

平均收益(average revenue)是指厂商在出售一定数量商品后,从每一单位商品中得到的货币收入,即平均每个商品的卖价。它等于总收益除以销售数量,即 $AR=\frac{TR}{Q}$。平均收益实际上就是销售任一数量商品时每单位商品的售价,即 $AR=\frac{P\cdot Q}{Q}=P$。由于需求曲线也可以理解为消费者愿意并能够为任一购买量支付的价格,故在任何市场条件下,厂商的平均收益曲线均可由它的需求曲线表示。

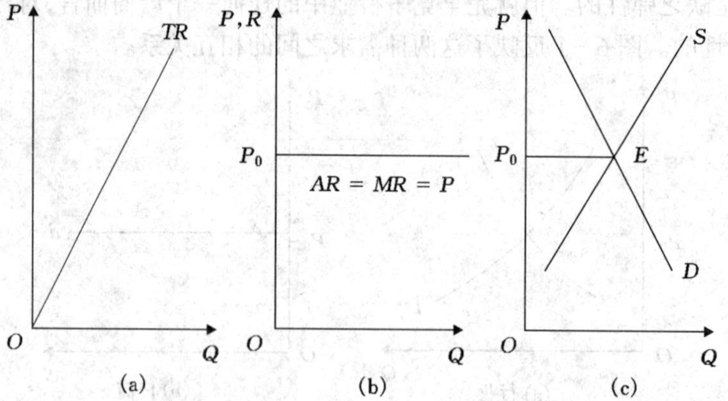

图6-2　完全竞争厂商的收益曲线

边际收益(marginal revenue)是指厂商每多销售一单位商品而带来的总收益的增加值。它等于总收益的增量与销售量增量之比,即

$$MR=\frac{\mathrm{d}TR}{\mathrm{d}Q} \tag{6-1}$$

在完全竞争市场上,厂商所面临的产品市场价格是既定不变的,所以厂商每销售一单位商品就使总收益增加一个固定的数量。因此,厂商的总收益曲线 TR 是线性的(图6-2(a)),是由原点出发的向右上方倾斜的直线。

在图 6-2(c)中，S 代表市场供给曲线，它由生产某种产品的行业内所有厂商的供给曲线水平加总而成；D 代表市场需求曲线，它由所有消费者对该产品的个人需求水平加总而成；OP_0 是整个行业的供给与需求决定的均衡价格，即能使供给量与需求量恰好相等的市场成交价格。在完全竞争市场上，每个厂商都将由行业供求所决定的价格作为产品的销售价格。因此，从图 6-2(c)延伸到图 6-2(b)的水平线就是厂商的需求曲线。在价格不变条件下，厂商每多卖或少卖一单位商品，商品价格均维持不变。而厂商的平均收益又等于固定不变的价格。因此，在完全竞争市场上 $MR = AR = P$，厂商的 MR、AR 和需求曲线重叠为一条与横轴平行的直线。

二、完全竞争厂商和行业的短期均衡

在完全竞争市场上，厂商可以按照既定的市场价格销售愿意销售的商品数量。那么，以追求最大利润为经营生产目的的厂商到底应该销售多少商品量呢？或者说，在完全竞争市场上，厂商及整个行业的均衡产量是怎样决定的呢？这可分为短期和长期两种情况。本部分先考察厂商和行业的短期均衡。

1.总收益-总成本分析法

企业利润为总收益与总成本的差额，即

$$\pi = TR - TC = PQ - TC \tag{6-2}$$

将总收益曲线与总成本曲线绘在同一平面图 6-3 中，两者之间的垂直差额便是利润。可以看到，在产量 Q_1 以下，$TR < TC$，企业存在亏损；产量在 Q_1Q_3 之间，$TR > TC$，企业存在盈利；当产量为 Q_2 时，利润最大；产量在 Q_3 以上，$TR < TC$，又进入亏损状态。通常称点 A、B 为盈亏平衡点。Q_1 以下和 Q_3 以上为亏损区，Q_1Q_3 为盈利区，Q_2 为短期均衡产量，即利润最大产量。

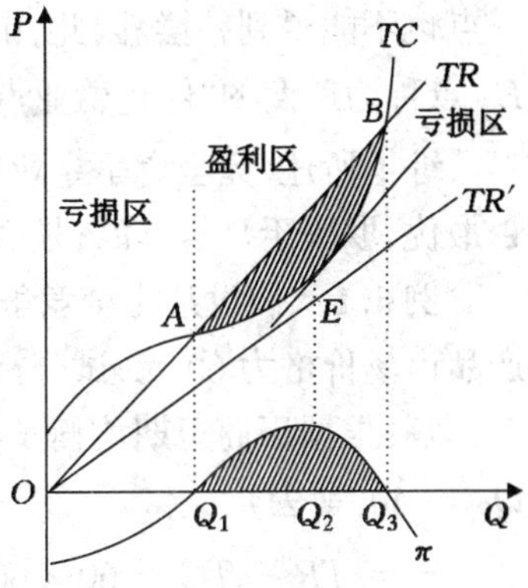

图 6-3 总收益-总成本分析法

如果由市场供求决定的产品价格下降，TR 曲线的斜率下降，变为 TR'。这时，无论生产什么产量，企业始终处于亏损状态。在短期内，亏损最小也是最优决策，因此，TR' 与 TC 差距最小的产量，便是企业的短期均衡产量。

2.边际收益-边际成本分析法

(1)$MR = MC$ 定理　如图 6-3，厂商必定在 A 点和 B 点之间决定产量。那么，生产多少才可获得最大利润呢？试将 TR 直线向下平行移动，直到与 TC 曲线相切于 E 点，TC 曲线的斜率(即边际成本 MC)等于 TR 曲线的斜率(即边际收益 MR)。这就是说，在市场价格和生产成本既定条件下，能给厂商带来最大利润的产销量应是 $MR = MC$ 时的那个产销量。

应该指出的是，$MR = MC$ 是微观经济学中一条十分重要的原则。它不仅适用于完全竞争条件下的厂商，而且适用于具有不同程度垄断因素市场上的任何厂商，也就是说任何厂商都要根据这一原则决定产出规模。不过,虽然 $MR = MC$ 是普遍原则,但完全竞争厂商的短期均衡也有自己的特点。由于厂商的需求曲线是一条水平线,并且与 MR 曲线重叠,因而完全竞争厂商的短期均衡条件可表示为 $MC = MR = P$。

(2) 盈亏分析　$MR = MC$ 是企业最优决策的必要条件,但并非一定利润最大。根据市场供求决定的价格水平,企业在短期内有图 6 - 4 所示三种盈亏状况:

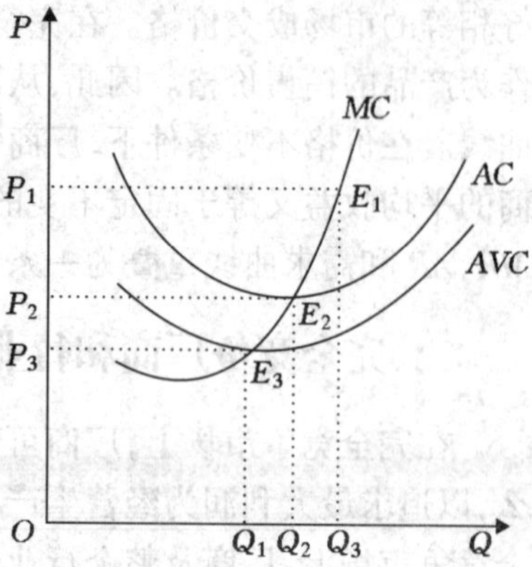

图 6 - 4　厂商的短期供给曲线

① 当价格 P 与 MC 交于 E_2 以上时(如 E_1 点),企业处于盈利区,且为最大利润,应当继续生产;

② 当价格 P 与 MC 交于 AC 的最低点 E_2 时,企业盈亏平衡,但有正常利润,仍然可以继续生产;

③ 当价格 P 与 MC 交于 AC 的最低点 E_2 以下时,企业进入亏损区,但为最小亏损。

对第三种状况,企业在短期内是否应当一律停产呢?这需要具体分析。当价格 P 与 MC 交于 E_2E_3 之间时,企业虽存在亏损,但多少还能收回一些固定成本,如果停产,将损失全部固定成本。因此,两亏取其轻,生产比停产好。当价格 P 与 MC 交于 E_3 即 AVC 的最低点时,如果生产只能收回可变成本,而固定成本一点也不能得到补偿。因此,市场价格 P_3 是利用现有设备和厂房开工生产的最低价格,E_3 点称为厂商的"停止营业点"。

综上所述,完全竞争企业短期均衡有以下要点:是否生产,取决于 $P \geqslant AVC\text{min}$;是否最优,取决于 $P = MC$;是否盈亏,取决于 $P \geqslant AC\text{min}$。

例 6.1　假设某完全竞争厂商的成本函数为 $TC = 4\,000 + 204Q - 3Q^2 + 0.02Q^3$,产品市场价格为 60 元,试分析该厂商是继续营业还是停业?

解:根据厂商短期均衡条件 $MC = P$,$204 - 6Q + 0.06Q^2 = 60$,　解得:$Q_1 = 60$,$Q_2 = 40$(舍去)

$$\pi = TR - TC = 60 \times 60 - (4\,000 + 204 \times 60 - 3 \times 60^2 + 0.02 \times 60^3) = -6\,160$$

由成本函数可知厂商的 $FC = 4\,000$ 元,按利润最大化原则生产的最小亏损额为 6 160 元,表明该厂商不仅亏掉全部固定成本,也亏掉 2 160 元的可变成本,此时市场价格位于 AVC 曲线最低点的下方,故应停业。

3. 厂商短期供给曲线

所谓供给曲线是指在各种可能的市场价格下,厂商愿意生产并销售的商品数量。根据利润最大化原则,在完全竞争市场上厂商将通过比较收益与成本之间的变动情况决定生产数量。鉴于产品价格和收益水平既定不变,故产销量主要将取决于成本状况。

综上所述,在完全竞争市场上,边际成本曲线位于 AVC 最低点以上的部分,如图 6 - 4 中 E_3 点以上的部分,即为厂商的短期供给曲线。它反映了与不同价格水平相对应的厂商愿意提供的产品数量。

4. 行业的短期供给曲线

某一完全竞争行业的供给量(即某种产品的市场供给量)是由该行业各个厂商的供给量加总而成的。既然在完全竞争市场条件下短期供给曲线与 MC 曲线位于 AVC 最低点以上的部分重叠,所以在价格不变情况下,将行业内所有 MC 曲线与市场价格相对应的数量水平加总,即可得到该行业供给曲线或市场供给曲线。

图 6－5 中假设某行业中有 A、B、C 三个厂商。当市场价格为 OP_0 时,三个厂商分别向市场提供 OQ_A、OQ_B 和 OQ_C 数量的产品。将三个厂商的产量水平加总,即可得到价格为 OP_0 时的市场供给量 OQ_n($OQ_n = OQ_A + OQ_B + OQ_C$)。同理,当市场价格高于或低于 OP_0 时,将与新的市场价格对应的各厂商供给量加总,可得出相应的市场供给量。据此,可画出图 6－5(b) 的行业短期供给曲线或短期市场供给曲线。

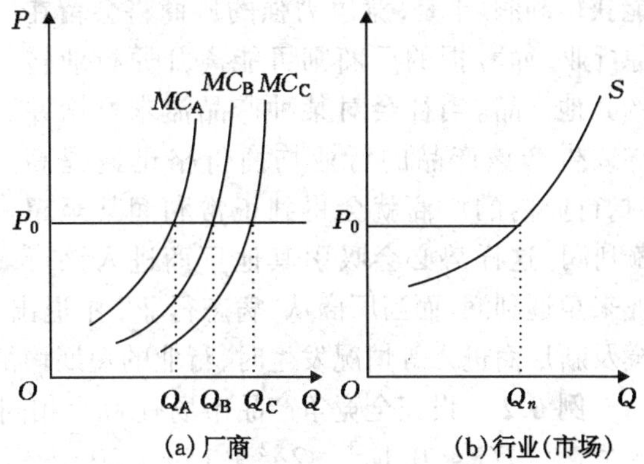

图 6－5　行业(市场)的短期供给曲线

顺便指出,图 6－5(a) 不仅反映了该行业内三个厂商的产品供给能力,还反映了厂商间的成本调整情况。以 A、B 两个厂商为例。B 在任何产量水平下的边际成本都比 A 低得多,因而 B 的产品供给能力要强于厂商 A。但当 A、B 两个厂商都处于均衡状态时,他们的均衡产量的边际成本却是相等的。换句话说,低成本厂商生产的最后一单位产品同高成本厂商生产的最后一单位产品的成本是一样的,这两个单位产品均要按同样的市场价格出售。因而,一旦市场价格变动,B 的适应能力(或调价的余地)要明显强于 A。

5. 行业的短期均衡

各厂商的短期供给曲线构成的整个行业的短期供给曲线,再配合全行业的需求曲线,就可确定行业产品的需求量与价格。因此,完全竞争行业的短期均衡分析同一般的供求均衡分析是一样的。完全竞争行业的供求均衡是在供给曲线与需求曲线的交点实现的。该点所对应的价格和产量即是行业的均衡价格和均衡产量。

如果需求发生变化,而供给状况未相应变化,供求的均衡将发生变化。

在图 6－6 中,需求曲线 D_0 表示较低的需求水平。当供给曲线 S 既定不变时,均衡价格 P_0 也较低。这时很可能有许多厂商会发生亏损。尽管如此,由于整个行业的供求达到均衡,P_0 仍然是一种均衡价格。各厂商的产量仍然要按 $MC = P$ 决定,总供给量保持不变。如果短期需求增加到 D_1,均衡价格也随之上升到 P_1。这时,很可能有少数厂商仍处于亏损状况,而多数厂商可能会获得正常利润。在更高的价格水平上(如 P_2),所有厂商都可能获得正常利润,少数厂商甚至可以获得超额利润。由此可见,行业的短期均衡并不意味着厂商必然获得利润。行业的短期均衡状态可以同厂商的普遍亏损或厂商获得正常利润及超额利润并存。

当需求降低引起价格下跌并使多数厂商亏损的行业通常称为“病态行业”。在这种行业中，亏损厂商的生产能力不能充分发挥出来，造成设备闲置和失业工人增加。此时，只有少数经营管理好和生产技术水平高的厂商能获得利润。于是，竞争力强的厂商将会留在原行业，而亏损的厂商则可能离开原行业转产其他产品。当社会对某种产品需求剧增并导致生产该产品的行业均衡价格迅速提高时，行业内的厂商就会得到正常利润甚至超额利润。这样势必会吸引其他厂商进入该行业来角逐利润。而当厂商从“病态行业”中退出，或是高盈利行业内的厂商扩大生产规模及新厂商进入等情况发生时，行业的短期均衡就转变为行业的长期均衡。

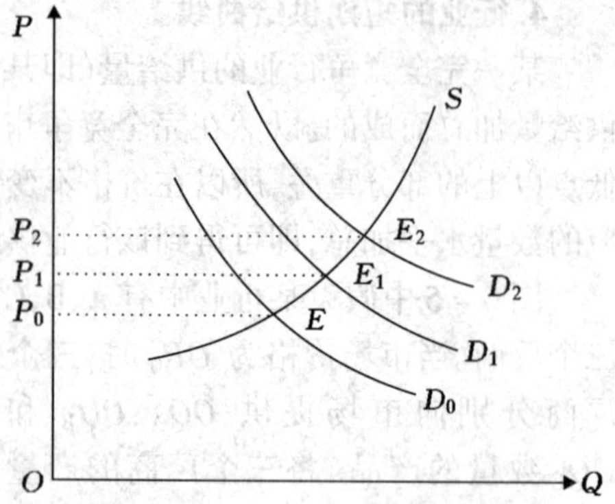

图 6－6　行业短期均衡的变动

例 6.2　设完全竞争产品市场有50个相同的企业，每个企业的总成本函数均为

$$TC = 0.1q^3 - 2q^2 + 15q + 20$$

求市场供给函数。

解：企业的边际成本为 $MC = 0.3q^2 - 4q + 15$，由 $P = MC$ 得

$$q = \frac{4 + \sqrt{1.2P - 2}}{0.6}$$

$$AVC = 0.1q^2 - 2q + 15$$

由

$$\frac{d(AVC)}{dq} = 0.2q - 2 = 0$$

得 AVC 最低时的产量 $q = 10$。这时 $AVC = 5$。所以，每个企业的短期供给曲线为

$$q_S = \frac{4 + \sqrt{1.2P - 2}}{0.6} \ (\text{当 } P > 5 \text{ 时}) \text{ 和 } q_S = 0 (\text{当 } P \leqslant 5 \text{ 时})$$

50 个企业叠加后的市场供给曲线为

$$Q_S = 50\frac{4 + \sqrt{1.2P - 2}}{0.6} \ (\text{当 } P > 5 \text{ 时}) \text{ 和 } Q_S = 0 (\text{当 } P \leqslant 5 \text{ 时})$$

三、完全竞争厂商和行业的长期均衡

1. 厂商和行业的长期均衡

如前所述，在短期，厂商根据利润最大化原则，将产量确定在 $MC = P$ 的水平上，此时会出现亏损及盈利的状况。但从长期来看，由于规模和行业内的厂商数目均可以变动，原有个别厂商短期最大利润或最小亏损的格局终将被打破，短期均衡就过渡到长期均衡。

图 6－7(a)(b) 分别代表市场均衡变动和行业内个别厂商短期均衡过渡到长期均衡的情况。在图 6－7(a) 中，假定市场的需求曲线为 D，且固定不变，它与市场供给曲线

S_1、S_2 和 S_3 相交,决定相应的市场价格 P_1、P_2 和 P_3。当市场价格为 P_1 时,由于 P_1 低于个别厂商的平均成本,于是个别厂商为摆脱亏损的困境而退出该行业,导致整个行业产量的减少,市场供给曲线向左上方移动,由 S_1 移至 S_2,从而使市场价格上升到由 S_2 与 D 的交点所决定的 P_2 水平上。在图 6－7(b) 中,P_2 在 AC 曲线的最低点同 AC 曲线相切,并同 MC 曲线相交。这表明个别厂商按 $MC = P$ 的原则生产 OQ_2 的产量,亏损将消失,因而不会再有厂商退出。

如果由于某种原因市场供给曲线变为 S_3,它与市场需求曲线 D 相交,形成市场价格为 P_3。P_3 高于行业内某些个别厂商的最低平均成本,厂商按 $MC = P$ 生产 OQ_3 的产量将获得超额利润。超额利润一方面引致原有厂商扩大生产规模,使短期平均成本曲线沿长期平均成本曲线下滑,直至 $SAC = LAC$ 为止;另一方面吸引了新厂商加入,从而使全行业的生产量增加,市场供给曲线由 S_3 回落到 S_2,市场价格相应下降到 P_2。P_2 与 AC 曲线最低点相切。按 $MC = P$ 生产 OQ_2 的产量,超额利润不复存在,新厂商的进入及原有厂商的生产扩张将停歇下来,从而实现了厂商和行业的长期均衡,如图 6－8 所示。

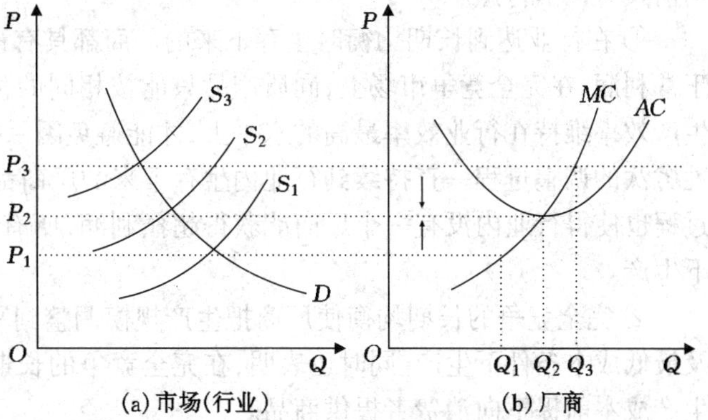

图 6－7　短期均衡过渡到长期均衡

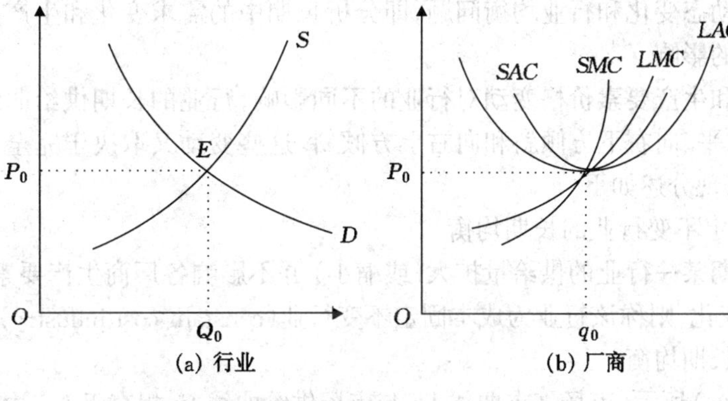

图 6－8　行业和厂商的长期均衡

在图 6－8(a) 中,市场供给曲线 S 与市场需求曲线 D 相交于 E 点。E 点对应的市场价格为 P_0,对应的市场供求数量为 Q_0。图 6－8(b) 表示达到长期均衡状态的某厂商的情况。图中的 LAC 和 LMC 分别代表长期平均成本和边际成本;SAC 和 SMC 分别代表短期平均成本和边际成本。根据 $MR = MC = P$ 的原则,长期均衡点为 E。E 点对应的均衡价格为市场价格 P_0,均衡数量 q_0。在 E 点,SAC 与 LAC 在各自的最低点相切,并与

LMC 和 SMC 相交，且等于市场价格 P_0。所以，完全竞争市场上长期均衡的条件可表示为

$$MR = MC = P = SMC = LMC = SAC = LAC$$

上式表明，在长期，厂商只能获得正常利润，并且在成本最低的条件下进行生产。经济学家认为，完全竞争条件下的长期均衡具有重要的理论意义。因为在完全竞争假定前提下，市场机制能够使社会的经济资源得到最高效率的配置。具体来说，完全竞争长期均衡具有以下特点。

① 在行业达到长期均衡时生存下来的厂商都具有最大的经济效率，并且只能获得正常利润。在完全竞争市场上，同质产品只能按相同的价格成交，行业内的厂商只有将生产效率维持在行业效率最高的水平上，才能避免因亏损而被迫退出行业，并且这一优胜劣汰的调整过程一直持续到行业内生存下来的厂商都达到最高效率为止。同时，这一过程也使得行业内没有一个厂商能获得超额利润，所有厂商只能在获取正常利润条件下生产。

② 完全竞争的长期均衡使厂商把生产规模调整到平均成本最低点，在最适度规模及最低成本条件下生产。同时也表明，在完全竞争的长期均衡状况下，厂商将在较低的生产成本前提下向消费者提供商品。

③ 完全竞争使市场上厂商数目得到合理调整，使行业供给量与市场需求量相一致。在完全竞争(压力)和追求利润最大化(动力)的驱动作用下，经过一个长期的调整过程，最终使厂商数目维持在行业生产量(或市场需求量)所要求的水平，这样就实现了资源的有效配置。

2.动态变化和行业均衡

下面考察动态变化和行业均衡问题，即分析长期中的需求变化和生产要素价格变化对行业均衡的影响。

根据需求和生产要素价格变动对行业的不同影响，行业的长期供给曲线的形状可能有三种，即水平、向右下方倾斜和向右上方倾斜。这些变动又取决于完全竞争行业的成本变动状况，现分述如下。

1) 成本固定不变行业的长期均衡

如果在长期某一行业的供给量扩大(或缩小)并不影响各厂商生产要素价格(厂商生产成本)的变化，则称该行业为成本固定不变行业(constant cost industry)。图6－9表示这类行业的长期均衡。

如图6－9(a)所示，市场需求曲线 D_1 与市场供给曲线 S_1 相交于 E_1，由此所决定的市场价格为 P_1，行业的均衡产量为 Q_1。在图6－9(b)中，当市场价格为 P_1 时，某一典型厂商将生产 q_1 产量(q_1 产量符合厂商的 $MR = MC = P$ 原则)。显然，在市场价格为 P_1 时，厂商与行业均达到均衡状态，厂商实现了利润最大化，不再调整生产规模，行业内厂商数目不再变化，超额利润为零。

现在，如果市场需求增加，比如，导致需求曲线由 D_1 上移到 D_2。于是，市场原有的供求格局被打破，价格也将由 P_1 上升到 P_2 水平。面对市场价格的上升，由于短期内生

产规模无法调整，厂商将依据 $MC = P$ 原则，将产量调整到 q_2 水平，从而获得超额利润。但在长期动态变动调整中，因行业供给相对不足存在着超额利润，结果是新厂商将进入该行业，并使行业的供给曲线由 S_1 逐渐移到 S_2。在成本不变的行业内，新厂商的进入并不影响现有厂商的成本，因为该行业所使用的投入也为其他许多行业所使用。所以，该行业内新厂商的出现不会抬高生产要素的价格从而提高现有厂商的成本。当然，新厂商的出现也不会降低现有厂商的成本。只要行业处在成本不变的状态下。如果市场价格高于 P_1，新厂商就会继续进入该行业；如果价格低于 P_1，厂商将退出该行业。只有当价格为 P_1 时，行业的长期均衡才能够实现。因而 D_2 与 S_2 必然在 P_1 价格水平相对应的 E_3 点相交，E_3 点即为市场需求变动后的均衡点。连接 E_1 与 E_3 便构成成本固定不变行业的长期供给曲线 *LRS*(long-run supply curve)，它是一条与横轴平行的水平线。

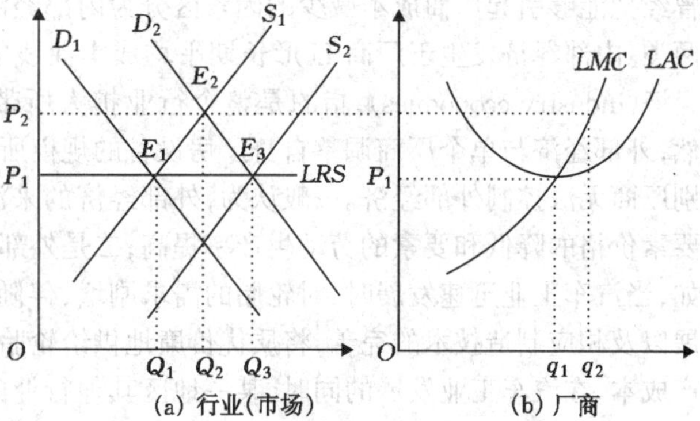

图 6 - 9　成本固定不变行业的长期均衡

2) 成本递减行业的长期均衡

在长期，如果一个行业供给量增加后会使各厂商的生产成本下降，则称该行业为成本递减行业(decreasing cost industry)。

如图 6 - 10 所示，市场价格为 P_1 时，行业和厂商均处于均衡状态。行业的均衡产量为 Q_1，厂商的均衡产量为 q_1。当需求增加时，假定需求曲线由 D_1 移向 D_2，在短期内使价格由 P_1 上升到 P_2，行业的供给量由 Q_1 增加到 Q_2，厂商将沿着短期边际成本曲线把产量相应扩张到与 P_2 价格相应的产出水平上($MC = P$)。由于该行业现有厂商能获得超额利润，于是吸引新厂商进入该行业。然而，由于在成本递减行业中，行业的扩张一方面使供给曲线向右移动，从而导致市场价格下降，另一方面又会使现有厂商的成本曲线整体下移，新的需求曲线 D_2 与新的供给曲线 S_2 相交于 E_3，新的长期均衡价格为 P_3，行业的均衡产量为 Q_3，现有厂商的均衡产量为 q_3。将图 6 - 10(a) 中的 E_1 与 E_3 连接起来，便构成一条向下倾斜的行业长期供给曲线 *LRS*。

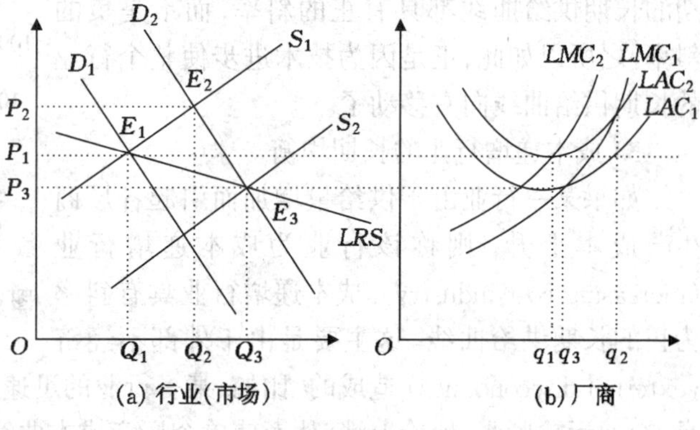

图 6 - 10　成本递减行业的长期均衡

行业供给增加、成本随之降低的主要原因是外部经济(external economies)。马歇尔曾经把能够引起厂商成本减少的因素区分为内部经济(internal economies)和外部经济两类。内部经济发生于厂商U形长期平均成本曲线的下降部分;而外部经济亦称行业经济(industry economies),指的是整个行业扩大所带来的厂商成本曲线整体下降。显然,外部经济与单个厂商调整自身厂房设备的规模所获得的收益报酬是完全不同的。个别厂商无法控制外部经济。一般认为,外部经济的来源大体可概括为两方面:一是投入要素价格的降低和要素的劳动生产率提高;二是外部各种其他经济环境条件的改善。比如,当汽车工业迅速发展时,对轮胎的需求剧增,伴随轮胎加工和橡胶工业的大规模发展以及相应制造技术的完善,将质优价廉地供给轮胎,从而降低了汽车工业各厂商的生产成本。在汽车工业发展的同时,某一地区其他行业的规模也随之扩大,从而使改善地区交通运输状况成为可能。运输状况的改善使各行业内的厂商均降低了运输成本。

但是,需要指出的是,仅仅从观察到的一定时期内价格下降与供给增加相联系的现象,往往不能断言该行业的长期供给曲线向右下方倾斜,即具有负的斜率。这是因为,生产一种新产品的第一个厂商具有垄断地位,而即使是暂时的,垄断价格也高于竞争性价格。随着其他厂商陆续进入该行业并展开激烈竞争,价格自然会随着产量的增加而下降。同时,当一种新技术被应用产出相应产品后,伴随时间的推移使生产过程中的厂商及整个行业的供给曲线向右移动。

如图6－11所示,S_1、S_2和S_3分别为1970年、1977年和1988年袖珍计算器的长期供给曲线。尽管产量的扩大也伴随着价格的下降(即由最初的300美元降至100美元再降至10美元),但各个时期的长期供给曲线都具有正的斜率,而不是负的斜率。之所以如此,正是因为技术进步使整个行业的长期供给曲线向右移动了。

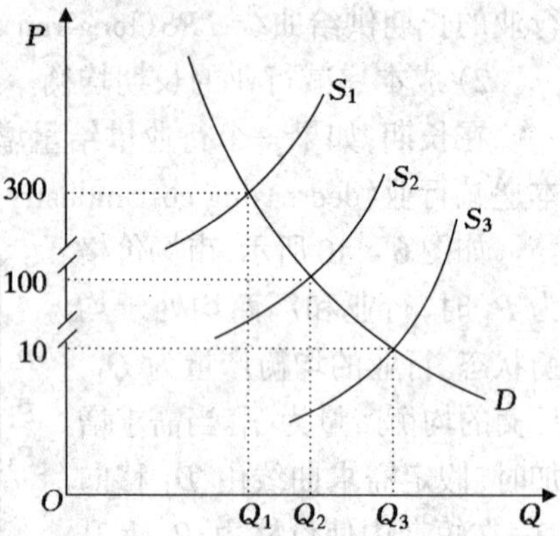

图6－11 技术进步使长期供给曲线移动

3) 成本递增行业的长期均衡

如果某一行业由于供给量增加而引起各厂商生产成本上升,则称该行业为成本递增行业(increasing cost industry)。成本递增行业具有斜率为正的长期供给曲线。这主要是由于外部不经济(external diseconomies)造成的。比如,某一行业的迅速发展,可能造成招工困难、动力不足、交通运输紧张、地价上涨,从而使单个厂商成本曲线整体上移。

图6－12描述了市场需求增加、成本递增行业调整供给的过程。假设行业及其厂商在市场价格为P_1时达到均衡状态,行业及厂商的均衡产量为Q_1和q_1。由于需求增加,需求曲线由D_1移至D_2,超额利润的存在使新厂商进入该行业,加之厂商成本提高,行业生产规模的扩大,供给曲线从S_1移向S_2。厂商的长期平均成本曲线向上移动和市场供给曲线向右移动一直进行下去,直到供给曲线的移动使价格从P_2下降到新的长期平均成本曲线LAC_2的最低点为止,行业和厂商再次达到均衡状态。连接相互对应的供求曲线的均衡点E_1和E_3便可构成一条向上倾斜的行业长期供给曲线LRS。这表明成本

递增行业一旦实现了长期均衡，伴随产量的增加，市场价格也随之增加。

一般认为，在完全竞争行业中，成本不变和成本递增是较为普遍的。而成本递减，即使存在的话，也像吉芬物品一样是非常少见的。此外，上述分析表明，不能通过将行业内厂商的长期边际成本曲线加总的办法推导出行业的长期供给曲线。因为尽管每个厂商都是在长期供给曲线上 $LMC = P$ 的每一对应点上进行生产，但当行业沿长期供给曲线调整时，厂商正在进入或退出该行业。因此，不可能像在短期那样，对一既定数量厂商的 LMC 曲线进行加总。同时，对于成本递增行业来说，LMC 曲线本身亦会因生产要素价格的变化而移动。

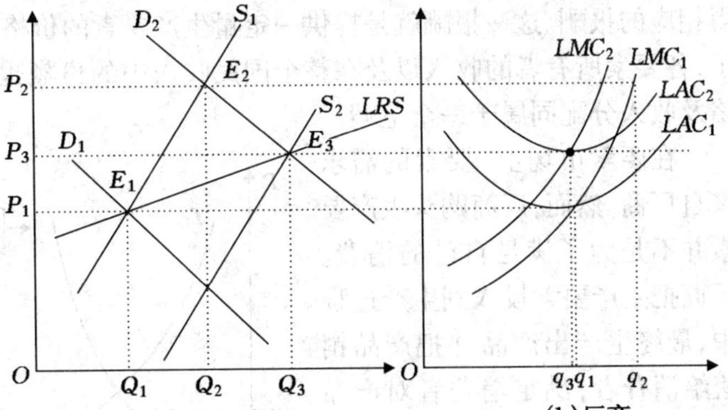

(a) 行业(市场)　　(b)厂商

图 6 - 12　成本递增行业的长期均衡

例 6.3　设某种完全竞争产品市场的需求函数为 $Q_d = 2\,000 - 20P$，企业成本函数为 $LTC = 20q + q^2 + 300$，求长期均衡时的价格和供给量。

解：长期均衡时，每个企业都按照平均成本的最低点进行生产，这时的边际成本等于平均成本。由 $LMC = LAC$ 有

$$20 + 2q = 20 + q + \frac{300}{q}$$

解得平均成本最低点时的产量和价格为

$$q = \sqrt{300} = 17.32$$

$$P = LAC_{\min} = 54.64$$

长期均衡时的供给量为　$Q_d = Q_s = 2\,000 - 20 \times 54.64 = 907.2$。

第三节　完全竞争要素市场

迄今为止，已经研究了产品市场上的运行情况，说明了每种产品的供给与需求达于均衡状态时会有的价格和产量。本节和后继的章节将在前面分析的基础上研究生产要素市场上的运行情况。通过分析各种要素在供求均衡时会有的价格和它们的使用量确定各生产要素所有者会有的收入以及各种收入在国民收入中所占的份额。

一、要素市场的特点

微观经济学认为，用于生产一定产品的生产要素本身也是商品，也有供给和需求。研究生产要素的供求关系及其价格决定，就可以说明生产要素市场的运行规律。同时，

由于各种生产要素共同创造了国民收入,要素所有者提供了不同的生产要素就应该获得相应的报酬。这一报酬就是提供一定量生产要素的价格。只要各生产要素的价格确定了,各要素所有者的收入以及在整个国民收入中的份额也就确定了。因此,生产要素价格及收入分配同属于一个范畴。

在要素市场上,要素的需求来自厂商。然而,厂商购买生产要素并不是为了满足自己的消费。厂商把生产要素投入到生产过程中,最终生产出产品并把产品销售给消费者,满足消费者对产品的需求。产品市场和要素市场的关系如图 6 – 13 所示。

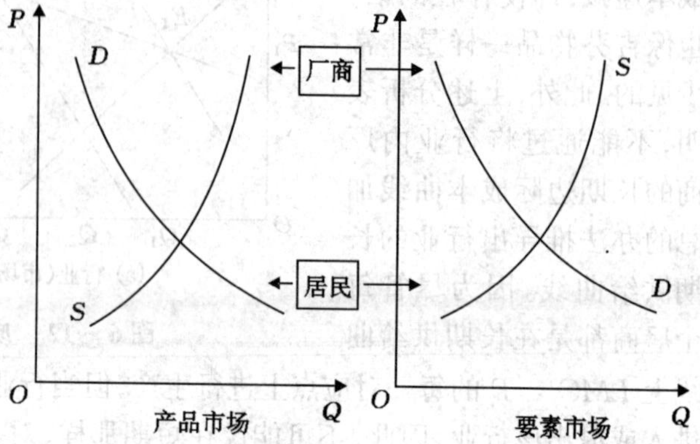

图 6 – 13　要素市场与产品市场关系图

在图 6 – 13 中,产品市场的需求来自居民,供给来自厂商。与此相反,生产要素市场的需求来自厂商,供给来自居民。居民是生产要素的所有者,厂商是生产要素的使用者。因此,是本源的产品需求导致了要素的需求,在这个需求的传递过程中存在很多可变因素,使得要素的研究要比产品市场研究更为复杂。因而需要联系产品市场来讨论要素市场。

研究确定生产要素的价格,首先要了解要素市场,通过产品市场与要素市场的对比,可发现要素市场有如下特点。

(1) 要素市场的供给和需求　如前所述,在产品市场上,需求来自消费者,供给来自厂商。但在要素市场上需求来自厂商,供给则来自消费者(要素所有者)。由此可见,厂商和消费者在不同的市场上具有不同的地位和作用。

(2) 厂商对要素的需求是一种派生的需求　在要素市场上,厂商购买生产要素的目的在于组织产品生产,向产品市场提供最终消费品以获取利润。如果说生产要素所有者作为消费者对产品的需求取决于产品的效用和边际效用,那么,厂商对要素的需求则取决于生产要素具有的产出产品的实际能力。因此,厂商对要素的需求反映了消费者对产品本身的需求,这被称为是一种派生的需求(derived demand)。显然,对要素需求的分析要比对产品需求的分析复杂一些。

(3) 要素市场与产品市场具有相互依存性　这种相互依存性(interdependence)是指厂商在要素市场购进要素时付出的款项形成要素所有者的收入,同时也构成产品成本;要素所有者出卖要素取得的收入成为厂商出售产品销售额的来源。因而从整个社会生产过程来看,产品成本 = 要素收入 = 产品价值。

(4) 要素市场的价格　在产品市场上,产品价格是指产品本身的价格,购买者对产品具有所有权和使用权。但在要素市场上,要素价格反映了要素的使用价格,要素购买者对要素只具有使用权。

同产品市场一样,要素市场按竞争程度有不同的市场结构,一般分为完全竞争市场和不完全竞争市场。不同的是，在产品市场，通常假定买方(消费者)为完全竞争市场结构，只有卖方(厂商)才分为不同的市场结构；而在要素市场，买卖双方均可以分为不同的市场结构。于是，不同的要素市场和不同的产品市场就会出现较为复杂的市场组合，产生不同的需求曲线并形成不同的市场均衡。以下按照两种市场的不同组合，说明生产要素价格决定的原则。

二、要素需求量决定的原则

生产要素价格的理论基础，是美国经济学家克拉克(J. B. Clark)提出的边际生产力论和英国经济学家马歇尔的均衡价格论。边际生产力论(marginal productivity theory)是边际分析方法在分配理论中的具体应用。克拉克认为，最后追加的生产要素单位的生产率称为边际生产力(或边际生产率)。如果两种生产要素共同生产一定的产品，那么，当一种生产要素的数量既定不变而继续追加另一种生产要素时，每一追加的生产要素单位的生产将会递减，这被称之为边际生产力(率)递减规律。在其他条件不变和边际生产力递减的前提下，一种生产要素的价格取决于边际生产力。而均衡价格论则认为，要素价格不仅取决于边际生产力，也取决于边际成本。当一种生产要素的边际生产力等于边际成本时，供求就达于均衡，厂商就能获得最大利润。

生产要素的边际生产力的实物形态称为边际物质产品(marginal physical product)，意指在生产技术及其他生产要素数量不变的情况下，最后追加一单位要素时总产量的增加量。设生产函数 $Q = f(L)$，则劳动的边际物质产品

$$MPP_{\mathrm{L}} = \frac{\mathrm{d}Q}{\mathrm{d}L} \tag{6-3}$$

显然，MPP 就是在生产理论中讨论的边际产量(MP)。不过，在生产理论中 MP 一般泛指任一投入要素变动引起的总产量的增量，而在分配理论中 MPP 通常是特指某种生产要素投入的边际产出量。

生产要素的边际生产力的价值形态称为边际产品价值(value of marginal product)，意指最后追加一单位要素时增加的边际物质产品的销售值。换言之，边际产品价值(VMP)是以货币单位表示的 MPP。如果用 P 代表某种产品价格，则该产品的边际产品价值

$$VMP = P \cdot MPP \tag{6-4}$$

需要注意的是，在不同市场结构条件下，等量 MPP 不一定会带来等量的 VMP。这是因为，如果产品市场属于完全竞争状态，对个别厂商而言，不论产出量如何变动，产品价格 P 始终是一个常数。而在其他市场条件下，受垄断因素的影响，价格将随销售量的增加而下跌，不再是一个固定量。于是，价格与边际物质产品的乘积随价格变动而变动。

与上述两个概念有密切关联的还有两个概念，即边际收益产品(marginal revenue product)和边际要素成本(marginal factor cost)。

边际收益产品(MRP)是指最后追加的一单位生产要素所带来的厂商总收益的增加量。如果用 L 代表劳动要素，则 MRP_{L} 可表示为

$$MRP_L = \frac{dTR}{dL} \quad (6-5)$$

$$MRP_L = MR \cdot MPP_L \quad (6-6)$$

在完全竞争条件下，由于 $MR = AR = P$，所以，边际收益产品也就等于边际产品价值，即 $MRP = VMP$。这意味着，在坐标图中 MRP 曲线与 VMP 曲线重叠为一条曲线。

边际要素成本(MFC)是指最后追加一单位可变生产要素所引起的厂商总成本的增加量。设成本函数 $C = f(L)$，则 MFC_L 可表示为

$$MFC_L = \frac{dTC}{dL} \quad (6-7)$$

需要注意的是，MFC 这个概念与前面分析产品时的边际成本(MC)的概念是不同的。MFC 的自变量是某一种生产要素，即最后追加一单位要素引起的总成本的增量，而 MC 的自变量是产品，即最后增加一单位产品引起的总成本的增量。

在完全竞争要素市场上，个别厂商只是要素价格的接受者，可依照要素市场价格买进任何数量的要素。因此，完全竞争要素市场厂商的边际要素成本等于不变的要素价格。在坐标图上 MFC 曲线与要素价格线是一条重叠在一起的水平直线。

如前所述，在产品市场上，厂商根据 $MR = MC$ 原则决定产品产量和市场价格。如果产品市场是完全竞争状态，产品的边际收益 MR 等于既定不变的市场价格 P，那么厂商利润最大化的原则是 $MC = MR = P$。现在，当考察要素市场价格决定时，需要研究厂商将如何调整某种生产要素的投入量，以便由此产出产品的总收益与总成本之差(既利润)达到极大值。下面以某厂商劳动要素变动为例，说明这种调整过程(表 6 - 2)。

表 6 - 2　完全竞争条件下某厂商的收益成本和利润

劳动投入量　L	4	5	6	7*	8	9	10
产品产量　Q	44	50	55	59	62	64	65
产品价格　P	5	5	5	5	5	5	5
总收益　$TR = P \cdot Q$	220	250	275	295	310	320	325
边际物质产品　MPP	7	6	5	4	3	2	1
边际产品价值，边际收益产品 $VMP = MRP = P \cdot MPP$	35	30	25	20	15	10	5
要素价格(工资率)，边际要素成本　$w = MFC$	20	20	20	20	20	20	20
固定成本　FC	50	50	50	50	50	50	50
总成本　$TC = FC + w \cdot L$	130	150	170	190	210	230	250
总利润　$\pi = TR - TC$	90	100	105	105*	100	90	75

注：数字右角有 * 号的表示实现最大利润的劳动雇佣量与利润量。

表 6 - 2 描述了某厂商在产品及要素市场皆为完全竞争条件下，为使利润达到极大化时如何选择雇佣劳动量。由于产品市场是完全竞争状态，因而市场价格 P 保持不变。同理，厂商的 $VMP = MRP$。在要素市场处于完全竞争条件下，个别厂商对生产要素(劳动)的价格(工资率 w)(工资率是指一定时间内一定劳动量的价格。比如，每人每小时的工资或每人的月工资等，即通常所说的工资)亦不能产生影响，故此工资率 w 保持不变，并且 $w = MFC$。

从表 6 - 2 中的数值可以看出，随着雇佣劳动量的增加，厂商的产出量及总收益随之上升。在边际生产力递减规律作用下，厂商的边际物质产品（MPP）则呈递减走势，厂商的总成本呈上升走势。在雇佣劳动量为 7 个单位时，总收益与总成本之差取最大值，可获取最大利润，此为该厂商雇佣劳动量的最佳选择。值得注意的是，在这种情况下雇佣最后一单位劳动得到的收益增量（MRP）刚好等于劳动要素的市场价格 w。

假设仅使用劳动要素（L）从事生产，即 $Q = f(L)$，产品按既定的市场价格 P 销售，厂商可按既定的工资率 w 雇佣任何数量的劳动量，则要素的收益、成本和利润函数可表示为

$$TR(L) = P \cdot Q = P \cdot f(L)$$
$$TC(L) = w \cdot L$$
$$\pi(L) = TR(L) - TC(L) = P \cdot f(L) - w \cdot L$$

利润最大化的必要条件为$\frac{d\pi}{dL} = 0$，即

$$\frac{d\pi}{dL} = P \cdot \frac{df(L)}{dL} - w = 0$$

或

$$P \cdot MPP - w = 0$$

所以有

$$MPP = P \cdot MPP = w = MFC \qquad (6-8)$$

上式表明，在完全竞争条件下，通过调整可变要素（这里是劳动）的投入量以实现最大利润的条件，是将雇佣的劳动量最后一个单位带来的收益（MRP）恰好等于他增加雇佣的那个单位劳动所付出的工资，即 $MRP = MFC = w$。从表 6 - 2 中的数据可见，如果 $MRP > w$，表示继续增加劳动投入量带来的收益会超过为此付出的成本，因而增加劳动雇佣量可使利润总量有所增加；反之，如果 $MRP < w$，这意味着最后增加投入的那个单位劳动反而给厂商带来损失，导致利润总量较前减少。所以，当厂商将雇佣的劳动量作为选择变量以确定他对要素雇佣的数量时，实现最大利润的条件是雇佣的劳动总量的 $MRP = MFC = w$。另外，工资率 w 是劳动者的报酬，即劳动的价格。这意味着，在完全竞争条件下，生产要素按照其所能提供的边际收益产品或边际产品价值（VMP）等于其价格的原则取得各自的报酬。

三、对一种可变要素的需求曲线

1. 厂商的需求曲线

依据上面的分析，在产品及要素市场都是完全竞争条件下，当其他要素不变而只有一种要素可变时，为了实现利润最大化，厂商对一种可变要素价格（这里指劳动）的需求曲线（即厂商购进一单位劳动所需支付的工资率与厂商愿意雇佣的劳动量之间的关系）可由厂商的边际收益产品（MRP）曲线或边际产品价值曲线处于递减阶段的那部分曲线表示。

如图 6 - 14 所示，为了实现利润最大化，根据 $MRP = VMP = w$ 的原则，厂商对某

种要素价格的需求量取决于不同水平的要素(这里用 *MRP* 或 *VMP* 来代表)。因此,当劳动要素的市场价格在15美元时,对劳动的需求量是8个单位;当价格在20美元时,便选择7个单位的劳动量;若价格上升到25美元时,对劳动的需求量便下降为6个单位。依此类推,对于任一给定的要素价格均可以从 *MRP* 或 *VMP* 曲线中找出厂商愿意雇佣的劳动量。

以上分析表明,可变投入要素劳动的边际收益产品(*MRP*)曲线或边际产品价值(*VMP*)曲线表达了每一工资率相应的厂商愿意买进的劳动量,而曲线处于递减阶段的部分即为厂商对劳动的需求曲线,如图6－14的 *ABC* 曲线。

2. 行业的需求曲线

在对产品市场需求的分析中,曾通过将个别消费者的需求曲线水平加总,得到某种商品的市场(行业)需求曲线。那么,是否可采用类似的方法,将个别厂商在不同要素价格水平下对生产要素的需求水平加总,进而得出完全竞争行业对一种可变要素的需求曲线呢?回答是否定的。这是因为,对消费者来说,收入为既定,每个消费者的需求量惟一地取决于商品价格,因而可以按上述方法求出不同价格水平下相应的市场需求量。但是对生产要素来说(如劳动),与任一工资率相对应,每个厂商对劳动的需求量取决于与该劳动量相应的 *MRP* 的数值。鉴于 $MRP = MR \cdot MPP = P \cdot MPP$。因此,厂商对劳动要素的需求量不仅取决于工资率,而且还取决于劳动的 *MPP*(这又取决于生产函数)与劳动所产出产品的边际收益或价格。在完全竞争条件下,尽管个别厂商产出水平的变动不会影响产品价格和相应的边际收益,可是当行业内所有厂商都增加或减少产品的供给,则会影响产品销售价格,从而通过影响各厂商的 *MRP*(*VMP*)而使该行业对劳动要素的市场需求发生变动。

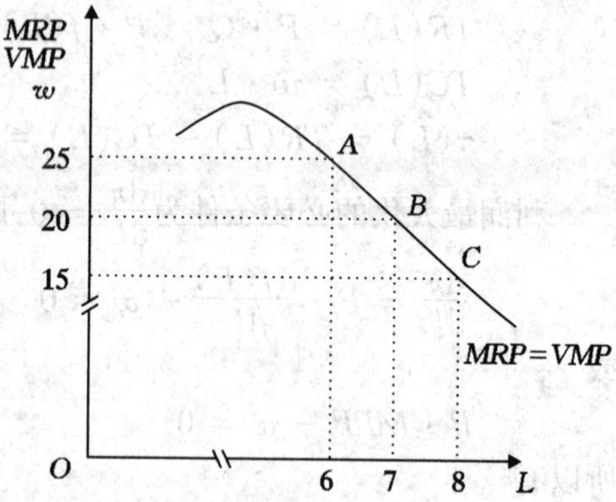

图6－14　完全竞争厂商对一种可变要素的需求曲线

在图6－15(a)中,d_1 为典型厂商对一种可变要素(劳动)的需求曲线,图6－15(b)中的 *D* 为行业的需求曲线。最初行业内各厂商都处于均衡状态。当要素价格为 w_1 时,典型厂商对劳动要素的需求量为 l_1,*a* 点和 *A* 点分别为典型厂商需求曲线和行业需求曲线上价格与需求量的相交之点。现假定要素价格下降到 w_2,这将引起行

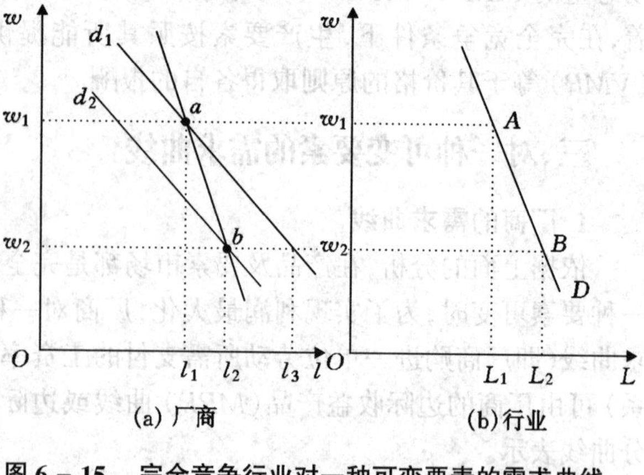

(a) 厂商　　(b) 行业

图6－15　完全竞争行业对一种可变要素的需求曲线

业内所有厂商都增加对该要素的需求量，进而使产品市场的供给量增加，导致产品价格下降。由 $MRP = VMP = P \cdot MPP$ 可知，在产品价格下降情况下，厂商要素的 MRP 随之下降，故图 6 – 15(a) 中典型厂商的需求曲线将向左下方移动，即由 d_1 移动到 d_2。于是，当要素价格为 w_2 时，典型厂商对要素的需求量为 l_2，少于需求曲线为 d_1 时的需求量 l_3。将行业内所有厂商需求曲线移动后的需求量加总，便得到行业对要素的总需求量 L_2。图中 b 点和 B 点分别为典型厂商与行业在要素价格下降后，需求曲线上的新交点。依此类推，用同样的方法，可得到需求曲线上其他各点。将这些点（如 A、B 点）连接起来，便形成完全竞争行业对一种可变要素的需求曲线。

四、厂商对两种及多种可变要素的需求

1. 厂商对两种可变要素的需求

假如某厂商生产一定产品使用的资本和劳动要素可以变动，厂商对其中一种要素的需求量可由图 6 – 16 说明。

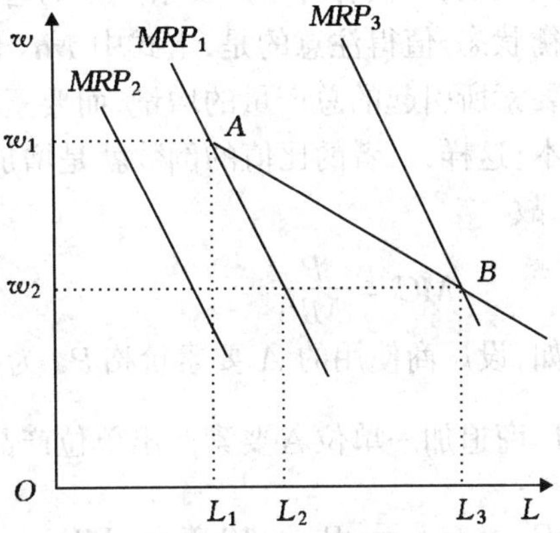

图 6 – 16　两种要素可变时，完全竞争厂商对劳动的需求

在图 6 – 16 中，劳动的边际收益产品曲线为 MRP_1。当厂商最初的工资率为 w_1 时，厂商愿雇佣的劳动量为 L_1，二者的交点为 A 点。假定目前工资由 w_1 降到 w_2，在资本使用量不变条件下，由于 MRP_1 代表厂商对劳动要素的需求曲线，厂商雇佣的劳动量由 L_1 增加到 L_2。但是，当资本使用量也可以变动时，工资率的下降会产生下述三种效应。

(1) 替代效应　即厂商会用降价后的劳动要素替代价格相对高的资本要素。在边际收益递减规律作用下，生产中使用较多劳动和较少资本后，将使劳动的边际收益产品减少，在图中表现为 MRP_1 向左下方移动，即由 MRP_1 移至 MRP_2。

(2) 产出效应(output effect)　即在总成本不变的条件下，厂商使用的生产要素比先前增加了，从而导致产出量增加，这又使得劳动的边际收益曲线向右上方移动。

(3) 利润最大化效应(profit maximizing effect)　替代效应和产出效应均假定厂商总成本既定不变。为实现利润最大化，当工资率下降后，诱使厂商使用更多的劳动和资本扩大生产，因而利润最大化效应将使劳动的边际收益产品曲线向右上方移动。总之，在工资率下降所产生的三种效应的合力作用下，劳动的边际收益产品曲线将最终由 MRP_1 向右移动到 MRP_3。所以与 w_2 相应的厂商对劳动的实际需求，是 MRP_3 曲线上与 B 点对应的 L_3。

以上分析表明，当资本量亦可以变动时，工资率下降后，厂商对劳动的需求曲线既不是 MRP_1 曲线，也不是 MRP_2 曲线，而是依据上面推理得出的与任一给定工资率相应的厂商对劳动的需求量。图 6 – 16 中的 A 和 B 两点即为厂商对劳动的需求曲线上的两

个交点。这意味着当工资率为 w_1 时，厂商愿雇佣与 A 点相应的 L_1 劳动量；当工资率为 w_2 时，厂商愿雇佣的劳动量为与 B 点对应的 L_3。

2. 厂商对多种可变要素的需求

这里所要讨论的问题是，在现实生产中一个完全竞争厂商要同时使用多种生产要素产出既定产品，那么，各种生产要素需求量之间的比例该如何确定呢？对此只要将第六章生产理论中关于生产者均衡的结论稍加变动，即可归结出厂商对各种可变要素需求量决定的基本原则。在生产理论中曾说明，厂商要达到生产成本最低，必须使各生产要素的使用量符合以下条件，即

$$\frac{MP_A}{P_A} = \frac{MP_B}{P_B} = \cdots = \frac{MP_Z}{P_Z} \quad (6-9)$$

上式表明，一俟各种生产要素产出的边际产量与要素价格的比值相等时，厂商便可达于平衡状态。值得注意的是，上式中 MP 代表在其他要素既定不变条件下，增加一单位某种要素所引起的总产量的增量，而要素价格 P 就是厂商追加一单位某种要素所花费的成本。这样，二者的比值的倒数就是增加一定的产出量所引起的成本增加量，即边际成本，故

$$MC = \frac{P}{MP} \quad (6-10)$$

比如，设厂商使用的 A 要素价格 P_A 为 4 美元，所带来的边际产量 MP_A 为 2 个单位，那么厂商追加一单位 A 要素产出单位产品的边际成本 MC 为 $\frac{P_A}{MP_A} = \frac{4}{2} = 2$ 美元。同理，若 $P_B = 6$ 美元，$P_C = 10$ 美元，$MP_B = 3$，$MP_C = 5$，则 $\frac{6}{3} = \frac{10}{5} = \frac{P_B}{MP_B} = \frac{P_C}{MP_C} = 2$ 美元。因此，生产者均衡的条件亦可表述为：厂商投入各种生产要素的边际成本相等。

在完全竞争条件下，厂商利润最大化的条件是 $MC = MR = P$（产品价格）。结合前面的分析，厂商对多种可变要素需求的决定原则可表示为

$$\frac{MP_A}{P_A} = \frac{MP_B}{P_B} = \cdots = \frac{1}{MC_X} = \frac{1}{MR_X} = \frac{1}{P_X} \quad (6-11)$$

其中，P_A、P_B…… 为要素价格；MP_A、MP_B…… 为要素的边际产量或边际物质产品（MPP_A、MPP_B……）；P_X 为产品价格；MC_X 和 MR_X 为产品的边际成本和边际收益。显然在完全竞争条件下，上式为实现利润最大化时，厂商确定多种可变要素需求量比例的条件。其基本经济含义是：厂商使用任何一种要素生产一单位产品所支出的成本（MC）应等于该产品的销售价格。

五、完全竞争要素的供给与要素价格的决定

前面分析产品价格和产量时曾指出，在完全竞争条件下，产品价格由需求与供给共同决定；而产品的需求取决于消费者主观评价的产品效用和边际效用；产品供给曲线则由厂商的 MC 曲线位于 AVC 曲线最低点以上的那部分曲线所构成。产品的市场（行业）供给曲线由行业内所有厂商供给曲线水平加总而成。在不完全竞争产品市场（包括完全

垄断、垄断竞争和寡头垄断),产品的价格和产销量同时由产品的需求状况和成本状况决定,而对厂商的供给曲线则无法确切概括。

按照微观经济学的分析思路,同产品的价格一样,生产要素的价格亦是由对生产要素的需求和要素的供给共同决定的。关于厂商对生产要素的需求,前面曾以劳动要素为例讨论了要素需求量决定的基本原则,这里不妨将厂商要素需求的均衡条件做一小结。

① 无论哪一种类型的厂商,都要求$\frac{MP_A}{P_A} = \frac{MP_B}{P_B} = \cdots = \frac{1}{MC_X} = \frac{1}{MR_X}$,或者 $MRP = MFC$。

② 在产品市场上,完全竞争厂商的产品价格 $P_X = AR_X = MR_X$,不完全竞争厂商的产品价格 $P_X = AR_X > MR_X$。

③ 在要素市场上,当要素市场为完全竞争时,若产品市场也为完全竞争,则要素价格 $P = MRP = VMP$,若产品市场为不完全竞争,则要素价格 $P = MRP < VMP$。

在对要素进行需求分析的基础上,如能进一步了解要素供给的情况,便可根据供求关系决定要素的价格。但是,生产要素的供给不同于产品的供给。同时,更重要的一点是各种要素在性质上存在很大差别,因而不能得出一般性的供给规律。

一般来说,微观经济学有关生产要素供给理论有以下几个观点。

(1) 关于自然资源　就自然资源而言,从一个社会范围内考察,通常假定自然资源(如土地)的供给是缺乏弹性或既定不变的。当然,这也不能绝对化。比如,不能绝对认为一国的土地及矿产资源在任何价格水平下都很难改变供给量。因为具有经济分析意义的不是这类资源的天然储量,而是已被利用的数量。在一定价格变动的诱导下,伴随自然资源向深度、广度的开发,供给也将有所变动。

(2) 关于资本财货　就资本财货而言,由于它的供给通常具有中间产品的性质,比如,在产业关联中,上游企业的最终产品即为下游企业的生产要素,因此资本财货的供给一般遵循产品供给原则,即供给数量与供给价格同方向变动。

(3) 关于劳动要素　劳动要素的供给一般与工资率同方向变动。但在一定范围之外,工资率的增加反而会使劳动供给量减少,因而在坐标图中,劳动的供给曲线表现为向后弯曲的曲线。

(4) 关于完全竞争　在完全竞争条件下,对个别厂商的要素供给可视做具有无限弹性。但就整个行业而言,要素供给量的变动将影响市场价格,只有土地要素例外。短期内自然资源量供给是固定不变的。

下面以劳动供给量为例来说明决定生产要素均衡价格的一般分析方法。图 6 - 17 描述了在产品及要素市场均为完全竞争条件下,劳动要素价格(工资率)和相应的就业量是怎样确定的。图 6 - 17(a) 代表某一厂商劳动要素价格(工资率)和雇佣量的确定。由于市场结构属于完全竞争,这意味着提供劳动的工人人数很多,同时,购买劳动的厂商数目也很多。于是,在劳动市场上购买劳动的每个厂商都可以按劳动市场的供求双方共同决定的工资率购进他愿意购买的任何数量的劳动。故对每个厂商来说,劳动的供给曲线是与横轴平行的一条水平线,即购买劳动的厂商的边际要素成本曲线为 MFC。该水平线的高度就是劳动市场的供求决定的工资率。厂商对劳动的需求曲线即为劳动的边际收益产品 MRP 曲线。在完全竞争条件下，$MRP = VMP = MR \cdot MPP = P \cdot MPP$。此时，厂商需要做出的决策是根据给定的工资率确定能获得最大化利润的雇佣劳动量。根据 $MRP = MFC$ 的原则，MRP 曲线与 MFC 曲线的相交点代表的劳动量（图中的 l_0）即为最佳雇佣劳动量。

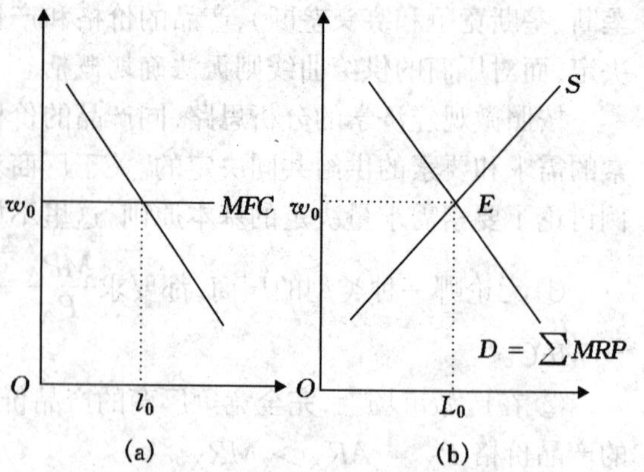

图 6 － 17　要素价格和使用量的确定

图 6 － 17(b) 表明整个市场（行业）劳动雇佣量和价格的决定情况。将各个厂商对劳动的需求曲线水平加总，即可形成市场的需求曲线 D（需求曲线 $D = \sum MRP = \sum VMP$），然后结合市场上既定的工资率 w_0，就可得出该行业的劳动就业总量 L_0。

通过以上分析，可以将生产要素价格决定简要概括为两点：一是生产要素（包括劳动、土地和资本品）的价格取决于生产要素的供求关系；二是在生产要素供求平衡时的要素价格等于被利用的要素量的边际生产力。

六、关于合计与欧拉定理

所谓“合计”(adding up) 是指生产某种商品的所有要素投入的成本加在一起，必然等于该商品的总价值量；同理，任何产品的总价值最终会全部转化为各种投入要素的收入，使所有要素的报酬加总后等于产品的总价值。假定有两种生产要素劳动（L）和资本（K），价格分别为 w 和 r。按照“合计”的含义，可用公式表示“要素收入恰好耗尽产品价值”这一问题，即

总产品价值 ＝ 劳动成本 ＋ 资本成本

或

$$P \cdot Q = w \cdot L + r \cdot K \tag{6-12}$$

如果上式成立，则两种要素在收入中所占份额加在一起应等于 1(100%)。上式除以 $P \cdot Q$ 得

$$1 = \frac{w \cdot L}{P \cdot Q} + \frac{r \cdot K}{P \cdot Q} \tag{6-13}$$

即

1 ＝ 劳动的收入份额 ＋ 资本的收入份额

按照边际生产力论的观点，某种生产要素的报酬等于该要素的边际生产力，即劳动的报酬（w）等于劳动的 VMP，资本的报酬（r）等于资本的 VMP，如此等等。因此，“合计”问题亦可表述为：劳动和资本两种要素都按照它们的 VMP 支付报酬后，将不会存

在剩余，即

$$P \cdot Q = VMP_{\mathrm{L}} \cdot L + VMP_{\mathrm{K}} \cdot K \tag{6-14}$$

或

$$P \cdot Q = (MPP_{\mathrm{L}} \cdot P) \cdot L + (MPP_{\mathrm{K}} \cdot P) \cdot K \tag{6-15}$$

边际生产力论者认为，如果一个生产函数是线性齐次的（即规模报酬不变），可采用欧拉定理（Euler's theorem）证明。

对于生产函数 $Q = f(L,K)$ 来说，如果 $f(\lambda L, \lambda K) = \lambda^V \cdot f(L,K)$，则生产函数 $Q = f(L,K)$ 就是 V 次的齐次性函数。对 λ 求导得

$$L \cdot \frac{\mathrm{d}Q}{\mathrm{d}L} + K \cdot \frac{\mathrm{d}Q}{\mathrm{d}K} = V \cdot \lambda^{V-1} \cdot f(L,K)$$

根据规模收益不变的假定，$V = 1$，可得

$$L \cdot MPP_{\mathrm{L}} + K \cdot MPP_{\mathrm{K}} = f(L,K)$$

已知 $f(L,K) = Q$，可得

$$Q = L \cdot MPP_{\mathrm{L}} + K \cdot MPP_{\mathrm{K}}$$

两边乘以产品价格 P，有

$$P \cdot Q = (MPP_{\mathrm{L}} \cdot P) \cdot L + (MPP_{\mathrm{K}} \cdot P) \cdot K = VMP_{\mathrm{L}} \cdot L + VMP_{\mathrm{K}} \cdot K$$
$$= w \cdot L + r \cdot K \tag{6-16}$$

上式左端为总产品价值，右端第一项为劳动的报酬总和，第二项为资本的报酬总和，合在一起刚好将总产品价值分光无遗。边际生产力论的代表人物克拉克甚至断言，不管生产函数如何，只要按要素的 VMP 支付要素报酬，全部要素报酬就一定会耗尽全部产品价值。显然，所谓"合计"问题（即产品价值耗尽原理）的实质是掩盖资本主义制度中资本对劳动的剥削。

例 6.4 假设某企业在完全竞争的产品市场和要素市场上从事经营，生产函数为 $q = 48\sqrt{LK}$，其中 q 为产品的年产量（吨），L 表示劳动人数，K 为资本。设产品价格 P 为 60 元／吨，工人年工资 w 为 10 000 元，资本 K 为 3 600 万元。求：

(1) 利润最大时的劳动雇佣数；

(2) 若年工资降为 9 000 元，短期内最优劳动雇佣数。

解：(1) 因为 $MPP_{\mathrm{L}} = \frac{\mathrm{d}Q}{\mathrm{d}L} = 48 \cdot 0.5L^{-0.5}K^{0.5} = 24L^{-0.5} \times 36\,000\,000^{0.5}$

由 $P \cdot MPP_{\mathrm{L}} = w$ 可得

$60 \times 24L^{-0.5} \times 6\,000 = 10\,000$，解得 $L = 1\,296$（人）

(2) 由于短期内资本不变，年工资下降为 9 000 元后，短期内的最优劳动雇佣数 L_1 按下式求可得

$$60 \times 24L^{-0.5} \times 6\,000 = 9\,000$$

解得 $L_1 = 1\,600$（人）。

第四节　市场的一般均衡

前面考察的是在外界条件不变情况下的单个市场均衡，即局部均衡。本节考察在所

有市场、市场参与者都相互联系的情况下,这些市场是如何同时达到均衡的,即一般均衡。一般均衡分析建立在局部均衡的基础上,考虑了不同市场间的相互依存关系。在此基础上,利用帕累托最优条件,对不同市场结构的效率进行分析。

一、一般均衡模型

1.模型简介

一般均衡理论是由法国经济学家莱昂·瓦尔拉斯(Leon walras)创立的。瓦尔拉斯认为,任何一种商品的价格都不能单独由市场的供求关系决定,它必然受到其他市场供求关系的影响。只有将所有市场联系在一起共同考察所有商品的价格,才能确定较完整的价格理论。他把所有市场供求同时达于均衡的状态称为"一般均衡",并在完全竞争和资源具有稀缺性的基本前提下,将所有市场的供求均衡等式组成一个庞大的方程组,从而建立起一般均衡模型。

瓦尔拉斯的一般均衡模型只涉及两类经济部门,即居民户和厂商,其他部门都被抽象掉,这被称为两部门经济(two sector economy)。在产品市场上,居民户是最终产品的需求者,企业则是这种产品的供给者。在生产要素市场上,居民户是各种要素的供给者,企业则是这些生产要素的需求者。这两类经济部门的经济联系分成两种活动,一是真实流动,另一则是货币流动。真实流动是厂商生产的产品和居民户提供的生产要素之间的交换。货币流动是居民户提供要素服务之后,从厂商得到的货币收入,并用这些收入去购买厂商生产的最终产品。

真实流动和货币流动既代表两个领域之间的相互依存关系,也代表它们之间的交换关系。这两种流动方向相反,并借助商品价格和要素价格联系在一起。一旦两部门的交易价值总量相等,即居民户从厂商取得的收入总量恰好等于居民户向厂商购买商品的支出总量,那么整个经济系统就处于一般均衡状态。

瓦尔拉斯一般均衡模型所描述的经济中有 $1,2,\cdots,n$ 种商品和 $1,2,\cdots,m$ 种生产资源,并且 $X_1,X_2,\cdots,X_n$ 表示每种商品的数量;$P_1,P_2,\cdots,P_n$ 表示每种商品的价格;$R_1,R_2,\cdots,R_m$ 表示每种生产资源的数量;$V_1,V_2,\cdots,V_m$ 表示每种生产资源的价格。

瓦尔拉斯一般均衡模型包括两组需求方程和两组供给方程。

① 消费者对商品的需求方程(共有 n 个方程)为:

$$X_1 = f_1(P_1,P_2,\cdots,P_n;V_1,V_2,\cdots,V_m)$$
$$X_2 = f_2(P_2,P_2,\cdots,P_n;V_1,V_2,\cdots,V_m)$$
$$\vdots$$
$$X_n = f_n(P_1,P_2,\cdots,P_n;V_1,V_2,\cdots,V_m)$$

以上方程组表明,每一种商品的需求方程式是所有消费者对这种商品需求的总和。每个消费者对一种商品的需求是该商品的价格、其他所有商品价格和收入的函数,而收入又取决于他提供的生产要素的数量和价格。故生产资源的价格出现在这些方程式中。

② 厂商对生产要素的需求(共有 m 个方程)为:

$$R_1 = a_{11}X_1 + a_{12}X_2 + \cdots + a_{1n}X_n$$

$$R_2 = a_{21}X_1 + a_{22}X_2 + \cdots + a_{2n}X_n$$
$$\vdots$$
$$R_m = a_{m1}X_1 + a_{m2}X_2 + \cdots + a_{mn}X_n$$

以上方程组假定生产技术固定不变和规模报酬不变。在此条件下，厂商对某种资源的需求量是生产每种商品（$X_1, X_2, \cdots, X_n$）的需求量的总和。比如，厂商生产商品1，生产量是 X_1，需要 a_{11} 单位的资源1；生产商品2，生产量是 X_2，需要 a_{12} 单位的资源1，等等。所以，每一个方程表示生产出 $X_1, X_2, \cdots, X_n$ 等 n 种商品各一定数量所耗用的资源1的数量。由于模型假定每种生产要素都被使用，因此每一种要素的总供给等于它的总需求。

③ 厂商的供给方程（共有 n 个方程）为：

$$P_1 = a_{11}V_1 + a_{12}V_2 + \cdots + a_{m1}V_m$$
$$P_2 = a_{12}V_1 + a_{22}V_2 + \cdots + a_{m2}V_m$$
$$\vdots$$
$$P_n = a_{1n}V_1 + a_{2n}V_2 + \cdots + a_{mn}V_m$$

以上方程组假定所有市场都是完全竞争的，因而长期均衡的每种商品价格等于各种商品的单位成本。单位成本是对生产一单位商品所使用的生产要素的数量支付的报酬的总和。比如，生产一单位的商品1，需要价格为 V_1 的 a_{11} 单位的资源1，需要价格为 V_2 的 a_{21} 单位的资源2，等等。

④ 生产要素的供给方程（共有 m 个方程）为：

$$R_1 = g_1(P_1, P_2, \cdots, P_n; V_1, V_2, \cdots, V_m)$$
$$R_2 = g_2(P_1, P_2, \cdots, P_n; V_1, V_2, \cdots, V_m)$$
$$\vdots$$
$$R_m = g_m(P_1, P_2, \cdots, P_n; V_1, V_2, \cdots, V_m)$$

这里把生产要素的供给和价格联系起来，即任何一种要素的供给决定于它的价格以及其他要素的价格和商品的价格。

以上四组方程中共有$(2n + 2m)$个方程，方程的未知数 X、R、P 和 V 也有$(2n + 2m)$个。根据前面的假定，生产要素所有者的收入全部用来购买产品，即要素收入 = 产品销售价值，那么，将第1组方程中的 $X_1, X_2, \cdots, X_n$ 乘以各自的价格，再加总求和，即为全部产品的销售价值；将第2组方程中 $R_1, R_2, \cdots, R_n$ 乘以各自的价格，并加总求和，即为所有要素的收入。于是 $R_1V_1 + R_2V_2 + \cdots + R_mV_m = X_1P_1 + X_2P_2 + \cdots + X_nP_n$。当等式左边为已知时，等式右边也为已知，因而其中必然有一个方程可以从其他的方程中得到。这就是说，第1组的 n 个方程中只有$(n - 1)$个方程是独立的。这样，以上$(2n + 2m)$个方程中，只有$(2n + 2m - 1)$个相互独立的方程。同时，瓦尔拉斯模型中，所有的价格都以一种商品的价格来衡量。如果令 $P_1 = 1$，因而价格就是商品 $2, 3, \cdots, n$ 与商品1交换的比率。瓦尔拉斯把商品1称为法定价值。这样未知数的数目减少1个，即只有$(2n + 2m - 1)$个未知数，从而满足了方程组有解的必要条件。

2. 一般均衡的过程及其条件

为了有可能运用图式方法来描述和分析一般均衡的情况。假设一个经济体系中只

有 A、B 两个要素供给者(产品需求者),只有两种产品 X 和 Y 及其两种生产要素 L 和 K。在此前提下,分别从生产、消费以及生产与消费的角度来总体考察均衡过程及其条件。

(1)生产的均衡　在图 6－18 中,图(a)代表生产不同数量水平的 X 产品所需要

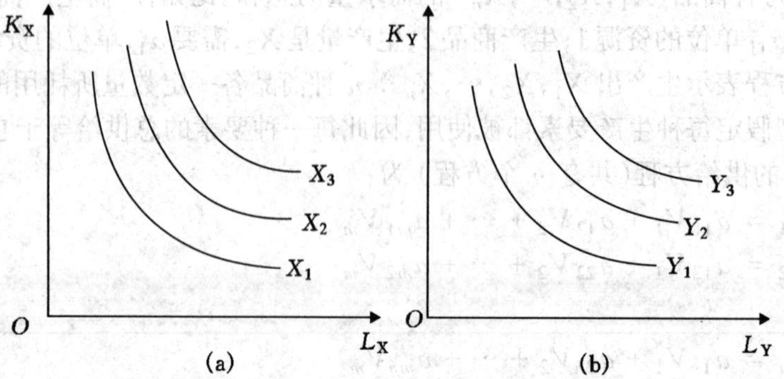

图 6－18　等产量线

素 L_X 和 K_X 的等产量曲线图,并且 $X_1 < X_2 < X_3$。图(b)代表生产不同数量 Y 产品所需要素 L_Y 和 K_Y 的等产量曲线图,并且 $Y_1 < Y_2 < Y_3$。将 X 产品的等产量曲线图(即图(a))固定下来,然后把 Y 产品的等产量曲线图(即图(b))旋转 180°,使(a)与(b)原点相对,两轴互相平行,并使二者啮合起来,即可得到图 6－19。该图就是英国经济学家埃奇沃斯(F. Y. Edgeworth)于 1881 年出版的《数学心理学》一书中最先提出的埃奇沃斯盒状图(Edgeworth box diagram)。

在图 6－19 中,横轴的长度代表生产资源 L 的总量,纵轴的长度代表生产资源 K 的总量。左下角为生产 X 产品的资源分配原点,右上角为生产 Y 产品的资源分配原点。等产量曲线 X_1 与 Y_3 相切于 E_1 点,X_2 与 Y_2 相切于 E_2 点,X_3 与 Y_1 相切于 E_3 点,将 E_1、E_2、E_3 等切点连接起来的一条曲线,埃奇沃斯称之为“契约曲线”(contract curve),在这里亦可称为生产效率曲线。

现在需要考察的问题是:该经济体系中拥有的全部 L 和 K 该怎样配置于 X 和 Y 产品的生产才是最有效率的?如图所示,F 点为等产量曲线 X_1 与 Y_1 的交点。如果按 F 点分配生产资源,意味着既定的 L 和 K 资源只能生产 X_1 数量的 X 和 Y_1 数量的 Y 产品。一旦将资源分配改在 E_2 点(契约曲线上的一点),使生产 X 产品的资本投入量增加,劳动投入量减少,同时,生产 Y 产品的资本投入量相应减少,劳动投入量相应增加。这样,在 L 和 K 资源总量不变前提

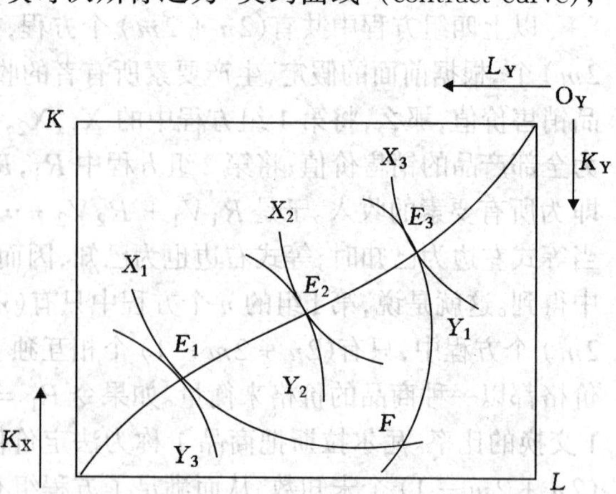

图 6－19　埃奇沃斯盒状图:生产的契约曲线

下，便可生产 X_2 和 Y_2 的产量。由于在等产量曲线图中，$X_2 > X_1$，$Y_2 > Y_1$，因此，在 E_2 点，X 和 Y 的产量都增加了。也就是说，要充分利用有限的资源，就必须按契约曲线上的点来分配资源。而契约曲线又是 X 和 Y 两套等产量线切点的轨迹。所以，资源有效利用的条件就是两套等产量线的斜率 —— 边际技术替代率（*MRTS*）相等，即

$$MRTS_{L,K}^{X} = MRTS_{L,K}^{Y} \tag{6-17}$$

然而，满足上式的点有无数个（只要是在契约曲线上）。至于到底按哪一点分配资源，取决于两种要素的价格的比值 w/r。因为在完全竞争条件下，为使每种产品的生产者花费既定成本的产量为极大（或产出既定产量的成本为最小），都要把它生产一定量某种产品使用的两种要素的数量调整到这样的状态：即这两种要素的 *MRTS* 恰好等于要素的价格的比率。因此，只要 w/r 是确定的，那么厂商便会调整自己的要素投入组合，直到要素的边际技术替代率与某一要素价格比相等为止，即

$$MRTS_{L,K}^{X} = MRTS_{L,K}^{Y} = \frac{w}{r} \tag{6-18}$$

同时，在完全竞争条件下，每种产品的价格对生产者来说是既定的。为了追求利润极大化，厂商将把他的产量调整到该产品的边际成本恰好等于给定的产品的价格，即 $MC_X = P_X$，$MC_Y = P_Y$。因而

$$\frac{P_X}{P_Y} = \frac{MC_X}{MC_Y} \tag{6-19}$$

上式可用来表示生产达到均衡状态的一般条件。如果一个经济体系能满足上式，就意味着利润达到极大值，所有厂商的经济利润为零，资源分配处于最有效利用的状态。

（2）消费与交换的均衡　　在图6－20 中，横轴的长度表示经济体系中 X 产品的总量，纵轴的长度表示 Y 产品的总量。左下角为消费者 *A* 分配 X 和 Y 产品的原点，右上角为消费者 *B* 分配 X 和 Y 产品的原点。A_1、A_2、A_3 为一族表示消费者 *A* 所得到的效用的无差异曲线族，B_1、B_2、B_3 则为表示消费者 *B* 得到的效用的无差异曲线族。两族无差异曲线切点的轨迹形成一条交换的契约线。那么 *A*、*B* 两个消费者该怎样分配总量既定的 X 和 Y 产品，并且均实现消费者效用最大化呢？显然，同生产资源分配的有关分析相类似，只有按契约曲线上的点来分配才能满足上述要求。如图 6－20 所示，假定在 *F* 点分配 X和 Y 产品，代表 *A*、*B* 两人效用的无差异曲线分别为 A_1 和 B_1。如果按契约曲线上的 E_2 点来分配产品，*A* 所获得的效用将由 A_1 提高到 A_2，*B* 所获得的效用将由 B_1 提高到 B_2。由于过 E_2 点所作切线的斜率分别代表 *A*、*B* 两人在交换达到均衡时各自持有的 X 与 Y 的各一定

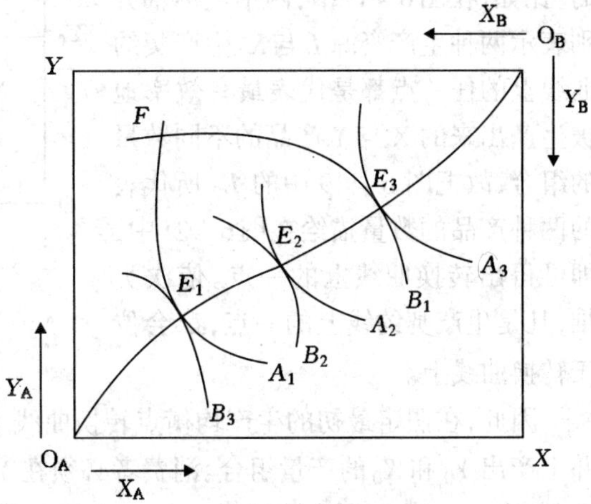

图 6－20　交换的契约曲线

量的边际替代率(MRS),因此,效用最大化的产品分配公式为

$$MRS^{A}_{X,Y} = MRS^{B}_{X,Y} \tag{6-20}$$

同时,根据第五章分析,达到消费者均衡的条件是边际替代率等于两种商品价格之比($\frac{P_X}{P_Y}$)。因而结合以上分析,消费和交换的均衡条件可表达为

$$MRS^{A}_{X,Y} = MRS^{B}_{X,Y} = \frac{P_X}{P_Y} \tag{6-21}$$

至于 A 与 B 两人的交换最终确定在哪一点,取决于初始交换状态时 A、B 两人各自拥有 X 与 Y 产品的数量,即经济体系中全部产品(X 和 Y 的数量之和)在两消费者之间分配的状况。例如,假设图 6–20 中的 F 点代表产品分配的初始状态,则均衡点必然是 E_2 点。反过来说,如果均衡点是 E_1,这意味着交换的初始状态 A 的效用水平为 A_1,而 B 的效用水平为 B_3,故 B 比 A 收入多。依此类推,若均衡点为 E_3,则 A 比 B 收入多。

综上所述,对于任何两个消费者来说,一旦任何两种产品之间的边际替代率及两种产品的价格比率相等,两个消费者都在其收入预算线的制约下达到效用最大化,并且两种产品全部被消费掉,市场出清。

(3) 生产与消费的一般均衡　要全面了解经济体系中一般均衡还必须分析生产与消费的均衡,即考察以边际技术替代率($MRTS$)表示的X与Y的数量组合如何与以边际替代率(MRS)表示的X与Y的数量组合相吻合问题。为此,需将转换曲线与埃奇沃斯盒状图结合起来进行分析。

在图 6–21 中,横轴代表商品 X,纵轴代表商品 Y。Y^*X^* 曲线为转换曲线(transformation curve)。该曲线事实上是将图 6–19 中的生产契约曲线的各点描绘在另一坐标图上得出来的。比如,在图6–19中,两个坐标轴分别表示两种生产资源 L 与 K。生产契约曲线上的任一点都是代表最有效率地被生产出来的 X 与 Y 产品的不同数量的组合,故把图 6–19 中的 E_2 所代表的两种产品的数量描绘在图6–21中,即可得出转换曲线上的一点。依次类推,凡是生产契约线上的一点,都会位于转换曲线上。

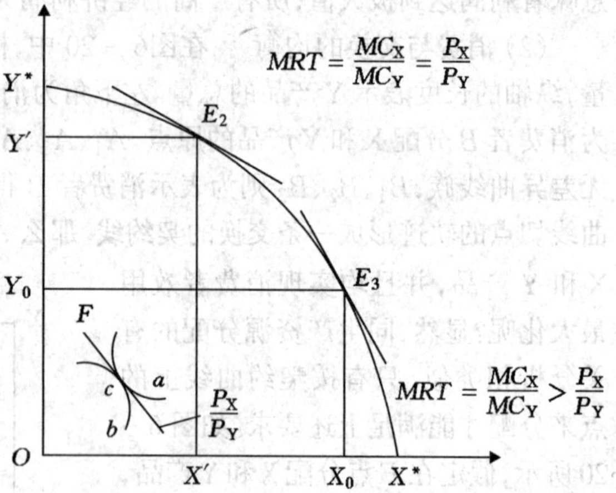

图 6–21　生产与消费的一般均衡

因此,在假定最初的生产均衡点转换曲线上的 E_3 点,生产资源得到最有效的配置,并生产出 Y_0 和 X_0 的产量组合。消费者必须在 Y_0 和 X_0 的产品数量组合下分配这两种产品。矩形 $OY_0E_3X_0$ 即为消费者 A 和 B 进行产品分配与交换的埃奇沃斯盒状图。其中,原点 O 是消费者 A 的分配原点,E_3 为消费者 B 的分配原点,消费者 A 的无差异曲

线为 a，消费者 B 的无差异曲线为 b。

从消费者角度看，如果产品初始分配点为 F，根据效用最大化的原则，A、B 两人将通过交换调整各自所拥有的 X 和 Y 产品的数量组合，以达到契约线上的 C 点。在 C 点，消费者的效用最大化条件为

$$MRS_{X,Y}^{A}=MRS_{X,Y}^{B}=\frac{P_X}{P_Y}$$

从生产者角度看，为了实现利润极大化，边际转换率必须等于两种产品价格比率，即 $MRT_{X,Y}=\frac{P_X}{P_Y}$。可是，在 E_3 点两种产品价格比率都小于消费者均衡所要求的产品价格比率，即 $\frac{P_X}{P_Y}<MRT_{X,Y}$。同时，边际转换率表示从一种产品生产转换到另一种产品生产时，一种产品减少数量与另一种产品增加数量的比率，即两种产品的边际成本之比 $(MRT=\frac{MC_X}{MC_Y})$。因此，在 E_3 点，有

$$\frac{P_X}{P_Y}<\frac{MC_X}{MC_Y}$$

或

$$P_X<MC_X \qquad P_Y>MC_Y$$

在完全竞争条件下，实现利润极大化的基本条件是 $MC=P$，而上述情况表明：由消费均衡决定的产品价格比率不能使厂商得到最大利润，消费均衡与生产均衡出现错位。为了最终实现利润最大化，厂商必然削减 X 产品产量而相应扩大 Y 产品的产量，社会生产资源由 X 的生产转换到 Y 的生产中去，X 和 Y 产品数量组合便沿着转换曲线由 E_3 点移到 E_2 点，新的产量组合为 X'、Y'。在 E_2 点不仅价格比率 $\frac{P_X}{P_Y}$ 与边际转换率 (MRT) 相等，而且也与产品的边际替代率 (MRS) 相等。于是，一般均衡的条件可表述为：

$$MRS_{X,Y}^{A}=MRS_{X,Y}^{B}=\frac{P_X}{P_Y}=MRT_{X,Y} \tag{6-22}$$

显然，一般均衡理论说明了在完全竞争条件下一个经济体系达到最优状态所应满足的条件，并说明在一个复杂的经济体系中各个微观经济主体的相互联系及其联系方式。

二、帕累托最优状态

一般均衡与局部均衡不同。前者强调各个经济领域之间和各个市场之间存在着的相互依存关系，从而提供了完全竞争的概貌。至于完全竞争是好是坏，则由福利经济学(welfare economics)分析并回答。因此福利经济学和一般均衡是密切联系在一起的。福利经济学是关于在完全竞争经济中，考察社会福利最大化原理的一个经济学分支，它可以用来评价政府的福利规划，但它本身不是一种福利规划。福利经济学分新、旧两派。旧派以皮古为代表，新派则以意大利经济学家维尔弗雷多·帕累托(Vilfredo Pareto)为代

表。

帕累托在1906年出版的《政治经济学教程》一书中，提出了关于生产资源最适度配置的问题。他认为，当生产资源在各部门之间的分配和使用达到这样一种状态，即生产资源的任何重新配置已不可能使任何一个人的处境变好，并不使另一个人的处境变坏，换言之，当社会达到这样一种状态，即任何变革都不可能使任何人的福利有所增进，也不能使其他人的福利有所减少，这就意味着生产资源的配置业已使“集合体的效用”(社会经济福利) 达到极大值。经济学界把这种状态称之为帕累托最适度(Pareto optimum)，并用它来衡量社会福利改善与否的标准。

根据上节的内容，可将在帕累托最适度概念的基础上得出的关于“最优” 或“最适度” 资源配置的必需的条件概括为以下三种情况。

1. 消费和交换的最优条件

消费和交换的最优化是指所有消费者的福利都达到了最大。帕累托最优要求产品在消费者之间的分配达到最优。分配的最优化是通过交换产品实现的，并且交换可以在任意两个消费者之间进行(当然，在现代社会中，绝大多数交换都是通过货币媒介的间接交换)。按照帕累托最优标准，消费意义上的帕累托最优应该是两个消费者所拥有的任意两种商品之间的边际替代率相等，即

$$MRS_{X,Y}^{A} = MRS_{X,Y}^{B} = \cdots = \frac{P_X}{P_Y} \tag{6-23}$$

从上面的一般均衡分析中已经了解，当这个条件满足时，消费者已经不可能通过改变产品的分配使一部分人的效用增加，同时又不使其他人的效用减少，这正是帕累托最优的判断标准。这意味着消费者的均衡点位于埃奇沃斯盒状图中的契约曲线上，满足了帕累托最适度的含义。因为一旦偏离契约曲线，交换双方的福利都会减少。

2. 生产的最优条件

假定消费者们对物品的消费不会满足，并假定每个消费者的效用水平是独立于他人的消费量的，那么任何一种消费品的数量增加而其他消费品的数量并不减少，就能使至少一个消费者的效用增加而不使其他消费者的效用减少。因此，生产的帕累托最优要求每种产品的产出水平在其他产品的产出水平为既定时都达到最大。

帕累托最优要求生产要素在不同产品部门的投入达到最优。在一般均衡分析中已经谈到，只有埃奇沃斯方框中契约曲线上的点才代表资源的有效配置，即已达到生产可能性边界之上，无论如何改变资源配置都不可能提高一种产品的产量而不减少另一种产品的产量。契约曲线上的点都符合这样的条件：生产两种产品的两种要素的边际技术替代率相等。当满足这个条件时，生产要素在生产者之间的分配就达到了帕累托最优状态，也就是说，不可能通过生产要素的重新分配使某些生产者的产量增加，同时又不使其他生产者的产量减少。这个条件可以表示为：

$$MRTS_{L,K}^{X} = MRTS_{L,K}^{Y}$$

3. 生产和消费的最优条件

生产和消费的最优化是指在生产要素充分利用条件下生产出来的产品产量组合，

恰好与消费者效用最大化的产品消费量组合完全一致。现在把对消费者和生产者导出的各项帕累托条件推广到将经济作为一个整体来考虑，即综合消费者和生产者两方面的因素。一般的帕累托最优的条件是：消费者心目中的两种产品的边际替代率等于生产这两种产品的边际转换率，即

$$MRS_{X,Y} = MRT_{X,Y} \tag{6-24}$$

当这一条件成立时，无论如何改变资源配置都不可能提高效用水平。这一结论也可推广到许多种产品，即帕累托最优要求消费者对于任何两种产品的边际替代率都等于这两种产品的生产的边际转换率。

本章小结

完全竞争理论的假设是市场结构理论分析的基本出发点，完全竞争厂商是市场价格的接受者，厂商根据产品价格进行产量决策，短期均衡存在盈利、盈亏平衡和亏损三种可能的情况，长期均衡只能获得正常利润。在完全竞争要素市场上，厂商根据边际生产力(率)决定要素的需求量。市场一般均衡研究所有商品的供求及其价格均衡。帕累托最优包括交换最优、生产最优和生产与交换最优。

复习思考题

1. 解释下列概念：市场，市场结构，完全竞争，停止营业点，厂商短期供给曲线，平均收益，边际收益，边际物质产品，边际产品价值，边际要素成本，一般均衡，帕累托最适度。

2. 区别各类市场的最重要的标志是什么？试述四种市场结构的特征。

3. 试述完全竞争市场的基本假设条件。

4. 为什么完全竞争市场中的企业不愿也没有必要为产品做广告？

5. 在完全竞争条件下，利润最大化原则 $MR = MC$ 在短期分析中为什么可表示为 $MC = P$？

6. 生产要素市场有何特点？

7. 边际生产力的含义是什么？

8. 资源配置达到帕累托最优状态的基本条件有哪些？

9. 某完全竞争厂商生产某产品的成本函数为 $TC = 40 + 30Q - 6Q^2 + Q^3$，假设产品的市场价格为66元。求：

1)利润极大时的产量及利润数额；

2)如果市场价格进一步降到30元，厂商的经营结果；

3)如果市场价格进一步降至20元，企业是否考虑停业。

10. 某完全竞争厂商的成本函数为 $LTC = 111q - 1.2q^2 + 0.01q^3$，市场对该产品的需求函数为 $Q = 6\,000 - 20P$。假设行业内厂商生产规模相同，试求长期均衡条件下厂

商的数目。

11. 某完全竞争厂商的短期生产函数为 $Q=36L+L^2-0.01L^3$，已知产品的价格为0.1元，劳动 L 的工资率 $w=4.8$ 元。当固定成本为50元，试求厂商最大利润额。

12. 在产品和要素市场上，完全竞争厂商雇佣一个劳动日的价格为20元，生产情况如下表所示。如果产品价格为10元，那么，应雇佣多少个劳动日？

劳动日数	3	4	5	6	7	8
产品产量	6	11	15	18	20	21

第七章 不完全竞争

从理论上讲，只要不是完全竞争的市场，必然或多或少地带有一定程度的垄断性质。垄断竞争和寡头市场都属于这种类型，被统称为不完全竞争市场，而与完全竞争市场相对应的另一个极端就是完全垄断市场。本章将分别讨论这三种不完全竞争市场。

第一节 完全垄断产品市场

一、市场条件

1. 基本假设

所谓完全垄断(complete monopoly)，又称独占，是指市场处于完全由一家厂商所控制，或者说是指市场上只有一个供给者的市场结构。monopoly一词来源于希腊文monospolein。前者意指单个，后者指众多，合起来就是单个的生产者面对众多的消费者。完全垄断市场的基本特征如下：

① 行业中只有一个厂商，厂商与行业合为一体，厂商就是行业；

② 厂商生产及出售的商品没有相近的替代品，需求的交叉弹性等于零；

③ 市场上存在着进入障碍，任何厂商难于进入市场；

④ 厂商不是价格的接受者，而是价格的制定者(price maker)，他可以利用各种方式决定价格，以达到垄断的目的。

总之，垄断厂商由于不存在竞争对手，因而完全排除了竞争。为了对完全垄断市场有较全面的认识，这里还需指出两点。第一，完全垄断厂商(行业)并不意味着同整个社会经济环境相隔绝。完全垄断只是说明在某种商品供给上只有惟一一个厂商，但并不排斥垄断厂商提供的产品与其他产品之间存在着竞争。第二，在现实经济生活中，大多数商品之间都存在某种可替代性，只是相互可替代的程度不同罢了，因而完全没有替代品的垄断产品是罕见的。但在某种商品市场上，个别厂商如果能排斥其他竞争者，控制该商品的供给，进而控制商品的价格，就可以认为是垄断厂商。比如，完全由政府控制的邮政业务，铁路国有化条件下的铁路运输业务，由政府授予专营权的私人集团垄断的城市自来水公司、煤气公司等，都属于独家垄断。

2. 完全垄断存在的原因

导致完全垄断的原因是多方面的。一般认为主要有以下几方面：第一，对关键性原料和专门的生产技术的独家占有，使其他厂商很难在该行业内与之竞争；第二，法律赋予某产品生产的专利权，以保障其免与其他商品的竞争，比如，美国的专利法允许发明者拥有制造某种产品或使用某种特殊工艺的独占权(专利有效期为 17 年);第三,政府颁发的特许权,允许独家经营,以排除一些竞争者的竞争;第四,某些产品生产需大量固定设备投资,规模经济十分显著。这种情况一般称为自然垄断(natural monopoly)。自然垄断是指这样一些行业,由于大规模高效生产相对于整个市场需求来说非常大,以致只需要一家厂商即可满足需要,若几家厂商共同生产则很难获得利润。此外,由于地理、交通等原因,由于行业的需求不足以满足一个以上的生产者也会形成垄断,这被称为是一种近似垄断(near-monopoly)。比如,某城镇只有一家医院、一家药店、一家殡仪馆,它们都为本城镇服务,与本镇以外同类厂商的竞争程度小。

3. 完全垄断厂商的需求曲线和边际收益曲线

由于完全垄断行业只有一个厂商,完全垄断行业的需求曲线就是完全垄断厂商的需求曲线。因而,完全垄断厂商的曲线与完全竞争厂商的需求曲线不同,但却与完全竞争行业的需求曲线相似。在坐标图上表现为自左向右下方倾斜。

完全垄断厂商的总收益(*TR*)、平均收益(*AR*)和边际收益(*MR*)的含义与完全竞争厂商相同。但由于完全垄断市场的价格随产销量的增加而下降,因而完全垄断厂商的 *AR* 曲线和 *MR* 曲线与完全竞争厂商是不同的,即不是完全重合在一起的水平线,而是具有不同负斜率的两条曲线,并且 *MR* 曲线必然位于 *AR* 曲线的下方。这是因为,当产销量增加后,不仅最后增加的那个单位产品的价格比先前降低了,而且全部销售量的其他各单位的价格也比先前降低了,因而每增加销售一单位产品所带来的总收益的增量(*MR*)总是小于单位产品的售价(*AR*)。由于完全垄断厂商的 *AR* 曲线就是他所面临的需求曲线,同理,可以认为垄断厂商边际收益总是小于其销售价格。据此可以利用向右下方倾斜的需求曲线推导出垄断厂商的 *MR* 曲线。

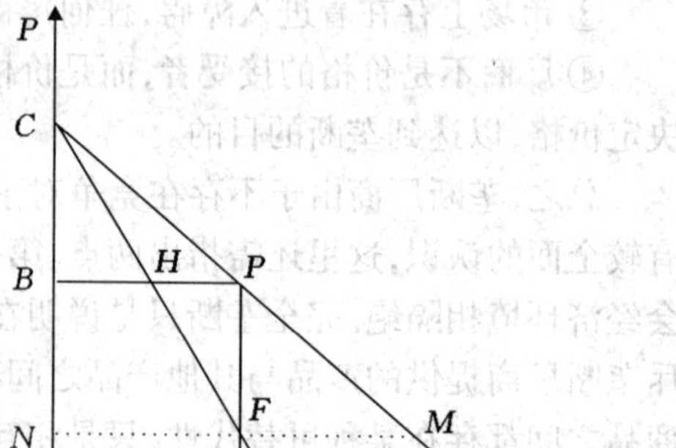

图 7-1　完全垄断厂商需求曲线与边际收益曲线的关系

如图 7-1 所示,假设完全垄断厂商的需求曲线是线性的,需求曲线 *CG* 是直线。与 *CG* 相应的边际收益曲线 *MR* 可以这样来理解:伴随完全垄断厂商的销售量的增加,在每一具体数量上的 *MR* 曲线的高度代表了在这一数量上总收益的增加量。当厂商销售量为 *OA* 时,市场价格为 *PA*,边际收益为 *FA*。此时,总收益为四边形 *OBPA* 的面积。总收益亦可以用 *MR* 曲线下面的面积 *OCFA* 表示。由于每个面积都表明同量的总收益,所以 △*BCH* 的面积等于 △*HPF* 的面积,据此可得出 $BH = HP$。*H* 为 *BP* 线的中点。总之,当需求曲线是直线时,边际收益曲线也是直线,价格轴上任一点与需求曲线相联结的平行于横轴线段的中点,即为 *MR* 曲线上的一点。如图 7-1 中的 *F* 是 *MR* 曲线上的一点,并位于 *NM* 线段的中点。它表明当销售量为 *NM* 时,市场价格为 *ON*,边际收益 *MR* 为负值。同理,*J* 是 *MR* 线上的一点,$OJ = JG$。它表明当销售量

为 OJ 时，边际收益 $MR = 0$，市场价格高于 ON。

边际收益曲线平分需求曲线和价格轴之间的任何一条水平线，表明 MR 曲线的斜率为 D 曲线和 AR 曲线斜率的两倍，这可通过收益的定义说明。当需求曲线为线性时，则 $P = a - bQ$。其中 a 为纵轴截距；$-b$ 为需求曲线的斜率。根据收益的定义

$$TR = P \cdot Q = (a - bQ)Q = aQ - bQ^2$$

有

$$MR = \frac{\mathrm{d}TR}{\mathrm{d}Q} = a - 2bQ$$

线性需求曲线与 MR 曲线的这种关系，不仅使图表的绘制变得十分容易，更重要的是，它简化了对完全垄断市场价格的分析。若需求曲线是非线性的，边际收益曲线也是非线性的。此时，边际收益曲线虽然也位于需求曲线和价格轴之间，但并不位于中点。当需求曲线凸向原点时，MR 曲线位于由需求曲线向价格轴所作垂线中点的左侧；当需求曲线凹向原点时，MR 曲线将位于需求曲线与价格轴之间中点的右侧。

4. 完全垄断厂商产品价格与需求弹性

如前所述，完全垄断厂商是市场价格的制定者，而不是接受者。既然如此，为了获取最大利润是否可以任意确定价格呢？为了回答这个问题，有必要考察产品价格与垄断产品需求弹性之间的关系。

设完全垄断厂商的需求函数为 $Q = f(P)$，总收益 $TR = P \cdot Q$，而边际收益（MR）是总收益对产量的导数，即

$$MR = \frac{\mathrm{d}TR}{\mathrm{d}Q} = \frac{\mathrm{d}}{\mathrm{d}Q}PQ = P + Q\frac{\mathrm{d}P}{\mathrm{d}Q} = P(1 + \frac{Q}{P} \cdot \frac{\mathrm{d}P}{\mathrm{d}Q})$$

由于需求的价格弹性系数 $E_{\mathrm{d}} = \frac{\mathrm{d}Q}{\mathrm{d}P} \cdot \frac{P}{Q}$，所以有

$$\frac{Q}{P} \cdot \frac{\mathrm{d}P}{\mathrm{d}Q} = \frac{1}{E_{\mathrm{d}}}$$

故

$$MR = P(1 + \frac{1}{E_{\mathrm{d}}}) \tag{7-1}$$

根据利润最大化条件

$$MR = P(1 + \frac{1}{E_{\mathrm{d}}}) = MC$$

上式可表达为

$$\frac{P - MC}{P} = -\frac{1}{E_{\mathrm{d}}} \tag{7-2}$$

这一关系为垄断厂商的定价提供了一个简单法则。等式左边的 $(P - MC)/P$ 是价格加成（markup）指数。它度量价格中超出边际成本部分的比例，并说明它应等于需求弹性倒数的相反数（由于 E_{d} 本身为负，因此该数是正值）。依据上式所反映的相互关系，还可以将产品价格直接表达为在边际成本上的一个加价，即

$$P = \frac{MC}{1 + (1/E_{\mathrm{d}})} \tag{7-3}$$

例 7.1 设某完全垄断厂商生产的产品的需求价格弹性为 - 2,边际成本为 4 美元,求该产品的市场价格。

解:该产品 $E_d = -2$, $MC = 4$ 美元,代入公式 $P = \frac{MC}{1 + (1/E_d)}$ 中,

则价格 $P = 4/(1 - 1/2) = 8$ 美元。

二、完全垄断厂商的均衡

1. 短期均衡

在短期内,垄断厂商仍然要遵循 $MR = MC$ 的原则,在一定范围内调整可变投入以实现最大利润或最小亏损。

如图 7 - 2 所示,垄断厂商在短期内的均衡同完全竞争厂商是一样的,即为了实现最大化的利润,可将产销量调整到 $MR = MC$ 的水平线上。垄断厂商总成本(TC)曲线的形状与完全竞争厂商相同,二者都受报酬递减规律的支配,只是垄断厂商的总收益(TR)曲线与完全竞争厂商的 TR 曲线不同,即不再是一条从原点出发的直线。从图 7 - 2 可知,当 TR 曲线的切线的斜率等于 TC 曲线切线的斜率时,$MR = MC$,MR 与 MC 曲线相交的交点对应的产销量(Q_0)就是能给厂商带来最大利润(π)的产销量。当产销量小于 Q_0 时,$MR > MC$,表示每增加一单位的产量带来的收益大于支出的成本,继续增产仍可增加收益,即总利润未达到最大值。反之,如果产销量大于 Q_0,$MR < MC$,表明扩大产量反而使利润总量减少。所以,$MR = MC$ 时的产销量是可以实现利润最大化的产销量。此时,市场价格为 Q_0P,单位产品成本为 Q_0C,则垄断利润(monopolist's profits)或经济利润总额 $\pi = (Q_0P - Q_0C) \cdot OQ_0$。也就是说,垄断厂商的利润等于市场价格与平均成本差额同产销量的乘积。

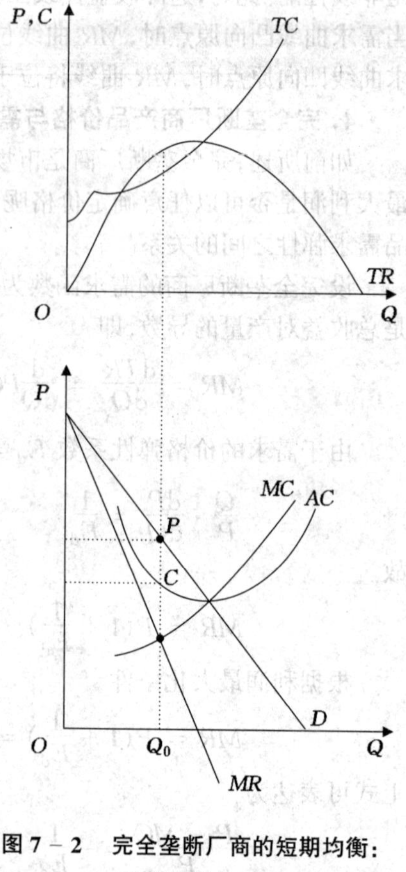

图 7 - 2 完全垄断厂商的短期均衡:利润为极大

例 7.2 设某完全垄断厂商的短期成本函数和市场需求函数分别为:$STC = 8\ 750 + 176Q - 2.93Q^2 + 0.02Q^3$,$Q = 4\ 000 - 20P$,对其经营结果进行分析。

解:由需求函数可得 $MR = 200 - 0.1Q$,由成本函数可得

$$MC = 176 - 5.86Q + 0.06\ Q^2$$

根据利润最大化原则,有

$$200 - 0.1Q = 176 - 5.86Q + 0.06\,Q^2$$

解得：$Q_1 = 100$，$Q_2 = 4$(舍去)。将 $Q = 100$ 代入需求函数，则 $P = 195$ 元，垄断利润 $\pi = TR - TC = 2\,450$ 元。

那么，在短期完全垄断厂商会不会出现没有垄断利润，甚至亏损的情况呢？从理论上讲，这种情况是存在的。

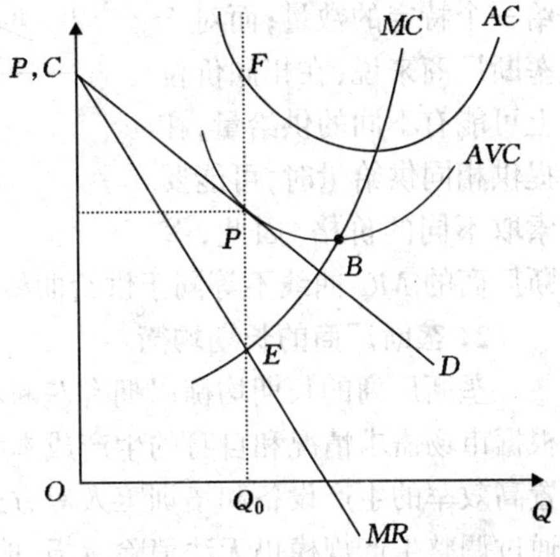

图 7 - 3　完全垄断厂商的短期均衡：亏损为最小

在图 7 - 3 中，由于市场需求疲软，产品销售价格很低，需求曲线 D 位于短期平均成本曲线 AC 的左下方。此时，厂商出现亏损。为使亏损达到最小，厂商仍然按 $MR = MC$ 的原则决定产销量和价格，短期均衡产量为 OQ_0，价格为 Q_0P。当产量小于 OQ_0 时，$MR > MC$。这意味着每增加一单位产品可使净收益（$MR - MC$）增加，从而亏损数额减少；反之，当产量大于 OQ_0 时，$MR < MC$，表明增加产销量会使亏损额增加。在图 7 - 3 中，由于平均成本 AC 大于市场价格，即 $Q_0F > Q_0P$，发生亏损，亏损额为 FP 与 OQ_0 的乘积。由于此时的短期平均可变成本 AVC 与需求曲线 D 相切于 P 点，价格 Q_0P 即平均收益仍能弥补全部的可变成本。于是，短期内厂商有可能继续生产。B 点是垄断厂商的停止营业点。如果市场价格低于 B 点，垄断厂商则关闭停产。总之，以上分析表明，在短期并不保证一定能赚得垄断利润。获得垄断利润取决于市场需求决定的可能的市场价格和成本状况。如果根据 $MR = MC$ 决定的市场价格高于 AC，厂商才能获得垄断利润；当市场价格等于 AC 时，只能获得正常利润；当市场价格低于 AC 时，出现亏损；当市场价格高于 AVC 时，可收回一部分固定成本；市场价格等于 AVC 时，厂商只能收回变动成本；当市场价格低于 AVC 时，不仅不能收回固定成本，而且不能全部收回变动成本，应停止生产。

这里需特别指出的是，在垄断市场上不存在价格和产量之间一一对应关系的供给曲线。因为产量不仅取决于边际成本，而且也取决于需求曲线的形状。需求的变动既可能导致价格改变而产量不变，也可能导致产量改变而价格不变，或者可能导致两者都发生变化。

如图 7 - 4(a) 所示，假定 MC 曲线不变。当市场需求曲线和边际收益曲线分别为 D_1 和 MR_1 时，MR_1 与 MC 曲线相交于 E 点，厂商实现最大利润的产量为 Q_0，价格为 P_1。但是，当新的需求曲线和边际收益曲线为 D_2 和 MR_2 时，均衡产量仍为 Q_0，而价格却下降为 P_2。显然，Q_0 对应着不同的价格。这些价格是由需求曲线决定的。由于需求弹性不同，厂商将在不同的价格下生产相同数量（Q_0）的产品。在图 7 - 4(b) 中，由于需求变动，导致价格为 P_0 时厂商可分别在 Q_1 和 Q_2 的产量水平上实现最大利润。需求的变动与价格、产量的相互关系也从一个侧面揭示了垄断与竞争的一个重要区别：对于完全竞争厂商及行业来说，在每个特定的价位上供给一个特定的数量；而对于垄断厂商来说，在相同价位上可能有不同的供给量，在提供相同供给量时，可能要索取不同的价格。因此，垄断厂商的 MC 曲线不等同于供给曲线。垄断市场不存在有规律性的供给曲线。

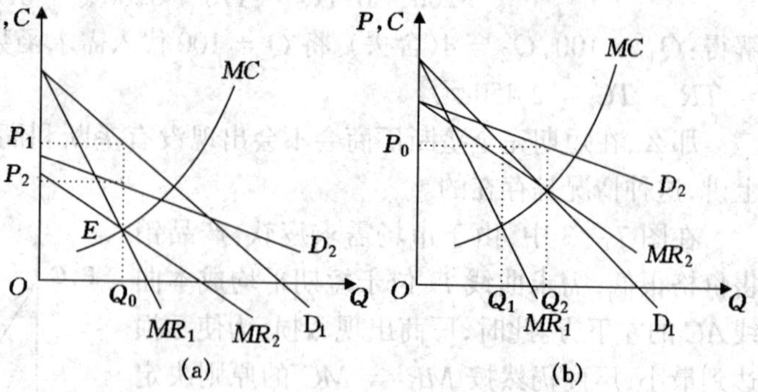

图 7－4　需求的变动与价格、产量的关系

2. 垄断厂商的长期均衡

垄断厂商的长期均衡以拥有垄断利润为基本特征。这是因为在长期垄断厂商可以根据市场需求情况和自身的生产成本水平，通过调整生产规模和扩大生产场所以及购置高效率的生产设备和培训工人等方式，来消除亏损或取得更多的利润。如果垄断厂商通过调整生产规模仍无法消除亏损，他将退出该行业。

垄断厂商长期均衡的条件是：$MR = LMC$ 和 $MR = SMC$，即 $MR = LMC = SMC$。至于垄断厂商根据上述条件到底将生产规模确定在何种水平，则依赖于市场需求状况。

图 7－5(a)(b)(c) 分别反映不同市场需求状况条件下，垄断厂商长期均衡的三种情况，即生产规模不足、规模过度和最佳规模。在图 7－5(a) 中，厂商的短期平均成本（SAC）曲线在长期平均成本（LAC）曲线的最低点 T 的左侧 B 处与 LAC 曲线相切。同时，B 点不仅位于 T 点的左侧，而且也在 SAC 曲线最低点 A 的左侧。这表明垄断厂商不仅没有使生产扩大到最佳规模的水平，而且连现有的生产规模都不能充分利用。图 7－5(b) 表明，垄断厂商为使利润达到最大值，就必须超过最佳规模进行生产，因而必须过度利用现有的生产能力。图 7－5(c) 表明，垄断厂商的长期均衡恰好是生产规模达到最佳规模下的均衡。顺便指出，如果像图 7－5(a) 和图 7－5(c) 所示，均衡点 E 向上与厂

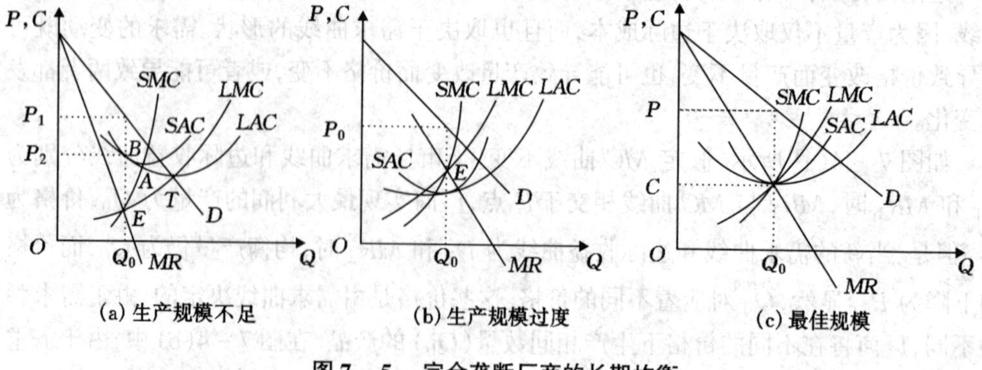

图 7－5　完全垄断厂商的长期均衡

商的 LAC 曲线下降部分或最低点相交，如果此时只有一个厂商生产某种产品，则这种情况属于自然垄断。也就是说，OQ_0 产量由一个垄断者生产，它的成本必然比由两个或两个以上的独立厂商分担时要低。这些独立厂商一旦参加该行业生产，就要在 LAC 曲线左边较高部分进行。

三、完全垄断的缺陷

一般来说，垄断和其他不完全竞争行业的经济运营效率较低。这主要表现为下述四个方面。

(1) 产出受到限制　尽管垄断厂商同竞争厂商一样，通过生产消费者所需要的商品和服务来获取利润，但获利的方式却与竞争厂商不同。如前所述，完全竞争厂商按照 $P = MC$ 来进行产量决策，而垄断厂商由于可以决定价格，故决策不仅包括产量决策，而且还包括价格决策。为了维持高价，人为地限制了产出。较高的价格侵蚀了消费者剩余，同时也造成了社会的损失。

(2) 管理松懈　垄断厂商是市场上某种商品或服务的惟一供给者，由于不存在竞争者，因而既缺乏市场激烈竞争的压力，也缺乏改善管理、降低成本的动力。特殊的市场地位以及“良好的市场环境”，使垄断厂商养尊处优、不思进取。这种由于缺乏竞争而导致的管理及运营的低效率，经济学称之为管理松懈(managerial slack)。

(3) 研究与开发投入萎缩　市场激烈竞争提供了一种激励，它促使市场参与者不断加大研究与开发的经费投入，以便开发出能更好地满足消费者需求的新产品，研制出成本更低的产品生产新技术、新工艺。但由于垄断厂商的市场特殊性，导致其更倾向于坐享现有丰厚的利润，“节约”研究与开发经费，造成技术停滞不前。

(4) 热衷于寻租　为了维持和巩固垄断地位，垄断厂商不是将宝贵的资源投在改进技术、降低成本等生产领域，而是投在非生产领域，用于遏止进入者或维持其垄断地位。垄断厂商获取的利润通常被称为垄断租金。通过寻求或维持在行业内的垄断地位来寻求和维持业已存在的租金的活动称为寻租(rent seeking)。寻租行为不仅导致资源的误配置，而且还会破坏社会经济的正常秩序。

第二节　垄断竞争产品市场

一、市场条件

所谓垄断竞争(monopolistic competition)的市场，是指厂商间存在着产品差别，竞争与垄断因素并存，并以竞争因素为主的一种市场结构。与完全竞争市场相比，垄断竞争市场最显著的特征是各厂商的产品之间存在着产品差别(product differentiation)，因而使厂商对其产品的价格具有某种控制能力，在市场上具有一定的垄断性。另一方面，在垄断竞争市场上，由于厂商的数目很多，厂商有差别的产品之间又具有很好的替代性，并且新厂商比较容易进出某一行业，因而这种市场又存在着激烈的竞争，接近于完全竞争市场。垄断竞争市场通常具有下述特征。

1) 市场上有许多厂商且存在着激烈的竞争

垄断竞争市场上的厂商一般都是中小企业,属于零售商业、服务业、手工业、修理业以及生产服装、糖果、五金制品等不需要很多资本设备和巨额货币资本的工业部门。这些厂商对市场的影响程度是有限的,不可能达到相互勾结、控制市场的地步。同时,由于各厂商生产或销售的产品间有很好的替代性,厂商之间的竞争十分激烈。

2) 厂商进入某一行业比较容易

这一点与完全垄断市场是不同的。垄断竞争市场阻碍新厂商进入的主要障碍是原有厂商业已建立起来的商业信誉。对于新厂商来说,这并不是不可逾越的壁垒。由于新厂商进入行业较为容易,从长期角度看,垄断竞争市场上的经济利润将不复存在。

3) 垄断竞争厂商生产的是"有差别的产品"

所谓"产品差别"是指从消费者(购买者)的角度看,该行业各厂商的产品存在某种差异。一些经济学家喜欢把这种产品差别区分为"真实的"产品差别和"人为的"产品差别。真实的产品差别是指产品自然特性方面的差别,比如,两种不同牌号洗衣剂的实际化学性能有差别。人为的产品差别指产品内容相同但包装材料、商标名称以及广告费用不同。当然,上述各种产品差别只代表产品差别中的一部分。例如,厂商也能根据地点的不同和产品售后服务的不同把他们的产品区别开来。

一般来说,形成产品差别的原因可概括为:① 产品质量或设计方面的差别;② 消费者对所购物品的基本性能和质量不了解引起的差别;③ 由厂商推销活动,特别是广告和相应服务所引起的商品牌号、商标或公司名称的差别;④ 提供同类商品厂商的地理位置的差别等等。经济学家认为,无论产品差别产生的原因是什么,对消费者来讲,在任何一类产品中,单个产品之间存在着较大的差异,于是消费者宁肯买某些价格高的产品而不愿买价格较低的产品,因为不同的价格反映了明显的质量差异。值得注意的是,垄断竞争市场上厂商间的产品首先是同类产品,其次才是产品间具有的差异性。因此,产品的差别并不是大到不能相互替代,但又不能完全互相替代。产品的差别可形成一定程度的垄断,差别越显著,垄断程度就越大。但另一方面,由于各厂商的产品毕竟是同类产品,比较容易替代,需求的交叉价格弹性很高,因而竞争又是十分激烈的。替代性越强,竞争程度越高。于是,在垄断竞争市场上,每个厂商既是一定程度上的垄断者,又是竞争者。

由于垄断竞争行业的各个厂商的产品既有一定差别,又有很好的替代性,导致垄断竞争厂商产品的需求曲线既不同于完全竞争厂商的需求曲线(需求弹性为无穷大的水平线),也不同于完全垄断厂商的需求曲线,而是一条斜率较低接近于水平的倾斜线。同时,进一步分析指出:任何一个垄断竞争厂商的产品实际

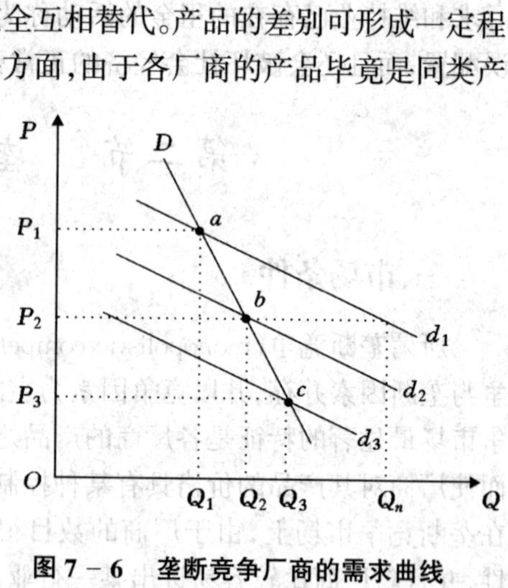

图 7-6 垄断竞争厂商的需求曲线

上存在着两条需求曲线，这可通过图7－6具体说明。

在图7－6中，d_1 和 D 是垄断竞争厂商产品的两条需求曲线。d_1 表示该行业某一厂商变动产品销售价格而行业中其他厂商并不随之改变价格情况下，某厂商产品销售价格与销售量的关系。比如，厂商在价格为 P_1 时，销售量为 Q_1，价格与其销售量在需求曲线 d_1 的交点为 a。现在假设厂商把价格降到 P_2，销售量将增加到 Q_n。这表明由于个别厂商产品销售价格下跌，而其他厂商仍维持原价，部分消费者将转向购买同类低价商品，从而使该厂商的销售量增加。同理，如果该厂商提高价格，而行业内其他厂商价格不变，该厂商就会预期到产品销售量大幅度下降。因此，需求曲线 d_1 实际上反映了个别厂商自认为像完全垄断厂商那样独立决定价格，而其他厂商不会做出反应的主观愿望。因而 d_1 曲线亦可称之为垄断竞争厂商的主观需求曲线(subjective demand curve)或预期需求曲线(expective demand curve)。

事实上，由于垄断竞争厂商之间存在着激烈的竞争，当某一厂商调整价格，其他厂商势必也要有相应举动。在此条件下，个别厂商所面临的需求曲线将不再是 d_1，而是图7－6中的 D 曲线。这是因为，如果个别厂商在价格下降到 P_2 时，行业中所有厂商产品价格都随之下跌到 P_2 水平，于是个别厂商的销售量就不会增加到 Q_n，而只能增加到 Q_2。从个别厂商原来的需求曲线 d_1 角度看，行业中所有厂商产品价格下降，意味着原来的需求曲线 d_1 向下平行移动到 d_2 曲线水平，价格与销售量在 d_2 曲线上的交点为 b。同理，如果行业中厂商与个别厂商同时将价格降低到 P_3，个别厂商的销售量将从 Q_2 增加到 Q_3，价格与销售量在 d_3 曲线上的交点为 c。连接 a、b、c 等交点，便构成需求曲线 D。它反映了行业内其他厂商的行为对个别厂商产品价格变动引起需求量变化的影响。在垄断竞争市场上，由于竞争的作用，从长期看个别厂商的产品价格变动同行业内所有厂商的产品价格变动具有趋于一致的倾向，因而 D 曲线亦可视为厂商的长期需求曲线(long-run demand curve)或行业的需求曲线。在垄断竞争市场上，产品面临两条需求曲线，这是由该市场特点所决定并独有的。

二、厂商均衡

经济学家认为，垄断竞争是现实经济生活中带有普遍性的现象，垄断竞争模型更接近于现实。在垄断竞争市场上，销售量要受到价格、质量和广告等三个因素的影响，因而可以通过以下途径实现最大利润：① 价格竞争，即通过调整价格进而确定相应的产销量；② 产品变异，即厂商通过改变产品设计、功能、包装、商标等形成产品差别，以影响消费者的需求；③ 广告竞争，即通过调整广告和其他销售活动的支出来扩大销售量，实现最大利润。后两种途径称为非价格竞争。下面依次分析。

1. 价格竞争

垄断竞争厂商短期均衡可用图7－7表示。为了决定生产多少，厂商按利润最大化原则将均衡价格定为 P_1，均衡产量为 Q_1。在均衡状况下，由于价格超过平均成本，厂商可以获得超额利润。这种情况可看成是一种垄断，因为该厂商的产品相对竞争对手来讲，存在着产品差别。

但是,只要现有厂商获得超额利润,新的竞争对手就会像完全竞争模型中说明的那样,不断地进入,直到利润趋于零。自由进出(free entry and exit)是垄断竞争与完全垄断的本质区别。随着新厂商的进入,每个厂商在该行业需求中所占的份额也不断降低,每个厂商面对的需求曲线会向左移动。

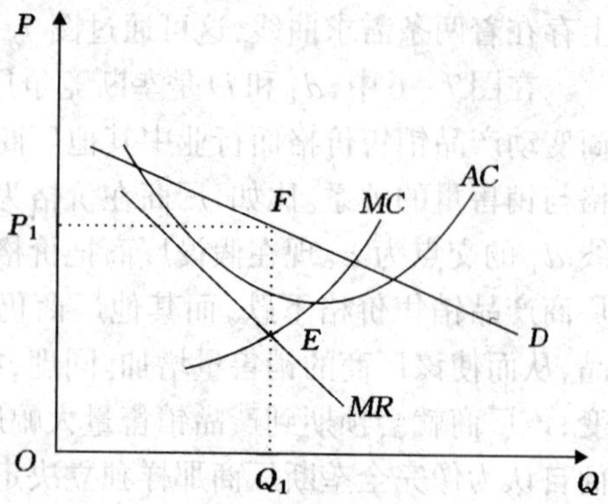

图 7－7　垄断竞争厂商的短期均衡

如图 7－8 所示,在长期中,短期均衡存在的超额利润吸引新厂商进入。每个厂商面对的需求曲线也随之向左移动,直到恰好与平均成本曲线相切于 F 点。F 点对应的均衡价格为 P_0,均衡数量为 Q_0。这表明垄断竞争厂商在长期超额利润为零,只能获得正常利润。

2. 非价格竞争

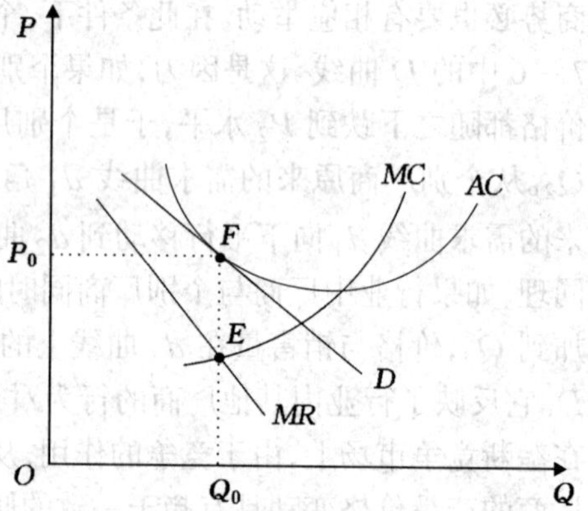

图 7－8　垄断竞争厂商的长期均衡

在垄断竞争市场上,为了实现利润最大化,除采用价格调整方法外,往往还通过产品变异形成产品差别,或调整广告及其他销售方式支出等非价格竞争的方法来达到目的。这两种方法都可能导致总成本增加。如果总收益增加量最终大于总成本增加量,厂商便会认为是有利可图的。否则,这些成本的支出就是不值得的。

张伯伦认为,厂商可以像变动价格那样改变产品的特征,即进行产品变异(product variation),以便吸引更多的顾客,扩大销售量。这实际上就是质量竞争。产品变异或变化包括改变产品的质量、功能、款式、颜色、商标、包装及附带服务等等,最终形成产品差别。一般来说,对厂商产品变异的分析可分为以下几个步骤:① 首先假定典型厂商的竞争对手在价格和产品特征方面保持不变;② 通过分析每一种产品变异的各种可供选择的价格对利润的影响,确定每一种产品变异最有利可图的价格;③ 对每一种产品变异所能得到的最大利润进行比较,并从所有产品变异中找出使利润最大化的那一种产品变异。厂商会选择这种产品变异并按能带来最大利润的可行价格出售产品。应该看到,典型产品变异都影响生产成本结构和市场需求。同时,垄断竞争行业内各厂商间的这种行为势必相互影响,从而使行业均衡点的位置发生变动。从长期看,尽管长期平均成本曲线、需求曲线将随着厂商所选择的产品特征的不同而变动,但均衡条件不变,即厂商的需求曲线与 LAC 曲线相切,经济利润消失。

调整销售费用是垄断竞争厂商的另一种非价格竞争方式。厂商的销售费用(亦称销售成本)包括各种广告费、推销员的薪金、销售部门的开支、给零售商和批发经纪人的数量折扣等等,其中最主要的是广告费用。张伯伦认为,销售成本(selling cost)对垄断竞争厂商具有特殊意义。传统的生产成本是以创造满足人们欲望的效用为目的的,而销售成本是以创造新的需求或改变人们的需求为目的。生产成本的支出增加产品的供给,而销售成本的支出则会造就产品的需求。这是两类性质完全不同的成本,不能混淆在一起。下面以广告费用为例说明销售费用增加对厂商均衡的影响。

如图 7 - 9 所示,在没有广告费用支出的条件下,厂商的需求曲线为 D_1,平均成本曲线为 AC_1,均衡产量为 Q_1,市场价格为 P_1。如果增加了销售费用,平均成本曲线将上升为 AC_2。AC_2 曲线是一条包括生产成本和广告费用的平均成本曲线。此时,可假定 MC 曲线不发生变动,因为增加的广告费用可看做增加一项固定成本。如果由此引起需求曲线上移到 D_2,则新的均衡产量为 Q_2,市场价格 P_2。在这种情况下,由于总成本支出增量少于总收益的增量,因而该垄断竞争厂商的广告费用的增加是经济有效的。但如果行业中其他厂商也同时增加广告费用,个别厂商的销售境况就不会这样理想。这些厂商的销售量可能只有少量增加,结果可能得不偿失,造成利润减少。

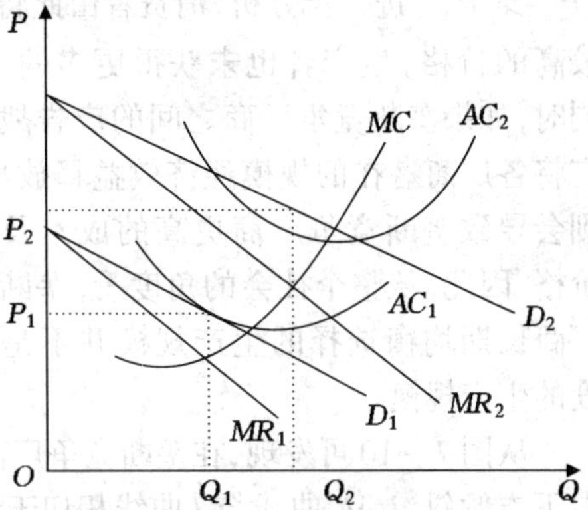

图 7 - 9　广告费用与厂商均衡

据统计,1990 年美国的广告支出为 1 300 亿美元,其中半数以上花费在全国性的广告上。这笔数额巨大的费用是浪费还是经济生活所必需,有不同意见。持赞同意见的人士认为:① 广告为消费者提供了进行合理购物所需要的大量信息,节省了搜索成本;② 广告为消费者提供了许多可替代商品或劳务的信息,削弱了垄断,加强了竞争;③ 现代社会中,包括广播、电视、报刊等在内的传播媒体几乎全部或大部靠广告取得发展资金,否则,将由得到这些服务的消费者来承担;④ 通过广告等推销活动可以提高销售数量,进而使厂商获得规模经济效益,降低产品的生产成本,可使消费者支付较低的价格。而对广告持批评态度的人士认为:① 大量的广告没有提供有用的信息,实际上所有广告的重要部分都是由诱人的产品陈述组成;② 广告一方面使某种产品的需求弹性趋于减少,另一方面由于广告支出巨大(尤其是新产品),阻碍了一些可能的竞争者进入该行业,从而加剧了垄断;③ 各种传播媒体靠广告收入来支撑,使许多内容受到刊登广告的厂商的左右;④ 大量广告费用的支出并未有效地扩大厂商的销售,相反,厂商进行广告宣传的作用往往被竞争对手的广告所抵消,导致广告费用成为社会资源的一种虚耗。

三、垄断竞争与经济效率

为探讨垄断竞争是否有利于资源配置,是否存在较高的经济效率,有必要将其与完全竞争市场比较。

如图 7 - 10 所示,P_c 和 Q_c 分别代表完全竞争厂商的均衡价格和长期均衡产量。而垄断竞争行业典型厂商的长期均衡价格和产量则是该厂商产品的需求曲线与 LAC 曲线相切之点所对应的价格和产量，即 P_m 和 Q_m。换言之，同完全竞争相比，垄断竞争导致较少的产量（$Q_m < Q_c$）和较高的价格（$P_m > P_c$）。进一步分析，消费者由此将支付较高的价格，生产者也未获得更多的利润。同时，如果垄断竞争厂商之间的广告战并没有将各厂商潜在的规模经济效益释放出来，则会导致垄断竞争厂商更高的成本及销售价格。因此，从整个社会的角度看，垄断竞争厂商长期均衡选择的生产规模并不是最适度的生产规模。

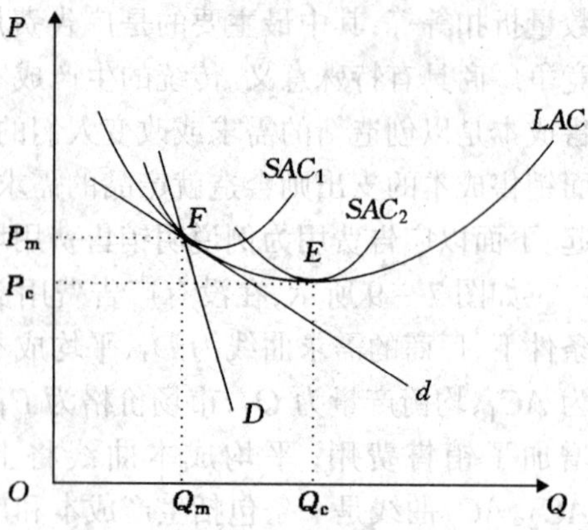

图 7－10　垄断竞争与完全竞争长期均衡的比较

从图 7－10 可发现，在垄断竞争厂商达到长期均衡状态时，由于厂商的需求曲线向右下方倾斜，LAC 曲线与 d 曲线相切于 LAC 曲线最低点的左上方（图中 F 点）。这说明，在垄断竞争厂商达到长期均衡时，LAC 曲线尚处于递减阶段，所选择的生产规模小于最优生产量的生产规模。不仅如此，垄断竞争厂商长期均衡状态下，SAC 也处于递减阶段，故生产设备并没有得到充分利用。此时，如果继续增加产量，SAC 固然可以下降，但均衡条件（$MR = MC$）将被打破，就会出现 $MC > MR$ 的情况，这对生产者显然是不利的。因此，同完全竞争相比，垄断竞争厂商达到长期均衡时存在着过剩生产能力。这种过剩生产能力表现在两个方面：一是对个别厂商而言，垄断竞争厂商总是在较小的生产规模下经营；二是对整个行业而言，存在着过剩的供给能力。由于垄断竞争行业每个厂商的生产规模均小于最优生产规模，所以一定的市场容量被分配给过多的规模较小的厂商。一旦每个厂商都能选择最优生产规模，则一定市场容量所需要的厂商数目将会明显少于垄断竞争行业的实际厂商数目。这种过度的供给能力，在现实经济生活中表现为众多生产同类产品的生产厂商，大量的零售商店、餐馆、加油站、修理门市部等等，市场上充斥着“多余”的供给者。因此，从整个社会角度看，垄断竞争市场结构占用了过多的经济资源，没有实现资源的最佳配置。

然而，赞同垄断竞争市场结构的人们却认为，垄断竞争固然存在着资源浪费的一面，但这是为了提高经济效率和增进社会经济福利所必须支付的代价，对于生产者和消费者是有利的。主要体现在下述几方面。

（1）有利于经济效益提高　对生产者来说，垄断竞争被认为是最有利于技术创新的。因为在完全垄断条件下，由于缺乏竞争对手的威胁，不容易产生重大的技术创新；在完全竞争条件下，由于缺乏足以保障技术创新收益的垄断，也不容易产生重大的技术突破。而介于两者之间的垄断竞争，既有竞争对手的威胁（压力），又有一定的垄断因素使技术创新收益得到保障（动力），因而最能促进技术创新，有利于经济效率的提高。

（2）有利于满足消费者需求　消费者认为，垄断竞争最有利于满足消费者多样化的需求。垄断竞争造成经济资源浪费的惟一根源在于产品差别,但这种产品的差别适应了消费者千变万化的需要,使消费者在消费过程中有更大的选择余地。而在完全竞争条件下,尽管资源得到了合理的配置,但产品的同质、单调难以适应消费者多样化、个性化的偏好,因而产品差别本身就是一种社会经济福利。同时,由于商标、厂商地点和服务态度等都能构成产品差别,所以垄断竞争也能够促进厂商保持商业信誉、提高产品质量、改进服务方式,从而有利于消费者。

(3) 反映现代市场经济的特点　在现代经济发展中,一般总是存在某种最优闲置生产服务能力,以便满足高峰的需求。比如,理发店的理发椅并不总是坐满的,家里的卫生间也不整天使用,加油站平时加掉的汽油比它实际储备的要少得多等等。

(4) 垄断竞争被认为是更接近经济现实的市场结构　以运输成本为例,在完全竞争条件下,假定产品同质时并没有考虑到解决生产和消费在空间上的差异性方面的支出,如果将这一因素加以考虑,那么对特定消费者来说不存在同质的产品。因为完全同质产品在不同地点购买,消费者所支付的运输成本和时间损失是不一样的。因此,完全竞争市场只能是一种理想的理论模式,而垄断竞争市场上众多的商业服务网点,不仅方便了消费者,而且从整个社会经济角度看也是运输成本的节约。

总之,权衡比较垄断竞争的得失,一些人认为,垄断竞争市场结构更接近于经济现实,具有较高的经济效率。

第三节　寡头垄断产品市场

一、寡头垄断市场特点

寡头垄断(oligopoly)亦称寡占,是指垄断与竞争因素并存,并以垄断因素为主的一种市场结构。寡头垄断不同于完全垄断,在寡头垄断市场上存在着为数不多的几家垄断性厂商,进行着激烈的竞争。它也不同于完全竞争或垄断竞争那样市场上存在着大量彼此竞争的厂商。在寡头垄断市场上,少数销售者或厂商占支配地位,其中至少有几家厂商相对于整个市场来说,大到能够影响市场价格。与完全竞争和完全垄断相比,寡头垄断是现实经济运行中最常见的市场结构。发达国家许多十分重要的行业,像汽车、石油、钢铁、重型电器设备、交通运输设备、烟草加工等四五家公司的产量占全行业产量的70% 以上。因此,寡头垄断行业被认为是高度生产集中的一类行业。

一般认为,形成寡头垄断的原因大致有以下几种。

(1) 寡头垄断组织的存在　在有些行业中,如钢铁、石油、汽车等行业,少数几家厂商为获取超额利润,避免在竞争中两败俱伤,往往以寡头垄断组织(如卡特尔) 统治市场,从而导致行业内厂商数目减少。

(2) 规模经济的作用　在一些只有大批量或大量生产才能获得规模经济收益的行业,厂商为了有效地降低成本必须不断扩大生产规模,并尽可能地接近最佳规模,在产品市场容量既定的条件下,伴随厂商生产规模的合理扩大,行业内厂商数目将变得非常少。

(3)存在进入的障碍(barriers to entry)　在许多行业中,原有厂商在生产经营规模及其他诸方面均占有绝对优势,新厂商进入成本巨大,使新厂商难于进入该行业同原有厂商竞争,从而形成寡头垄断。

根据寡头垄断厂商的产品有无差别,通常又可将其划分为纯粹寡头垄断和有产品差别寡头垄断两类。在纯粹寡头垄断市场上,同完全竞争相类似,行业中各厂商生产的产品是同质的,如水泥、木材、钢铁、尼龙、铝、铜等行业,顾客在购买这类产品时可不考虑具体牌子,只需根据产品的品种、规格等技术指标购买,不一定非要购买某一厂商生产的产品。产品的同质性使纯粹寡头垄断厂商之间依存程度很高,一家厂商变动产量和价格必然对行业内其他厂商的产销量发生直接影响,从而引起其他厂商调整经营对策。在有产品差别寡头垄断市场上,行业内各厂商生产的是有差别的产品,如汽车、家用电器、香烟等行业。顾客在购买这类产品时,既要考虑产品的各项技术指标,也要考虑产品的牌子,由此导致厂商通过广告宣传等营销手段形成产品的特点,以获取更大的利润。

与其他市场结构相比,寡头垄断市场(行业)具有下述特点。

1. 寡头垄断厂商之间存在着被认识到的相互依存性

在寡头垄断市场上,由于仅仅存在为数较少的几家厂商,而且每家厂商对整个市场的供求都具有较大的影响力,导致个别寡头垄断厂商的决策既要考虑自身的生产成本结构及市场需求,又要顾及其他厂商的行动。于是,寡头垄断厂商之间便形成一种被认识到的相互依存、相互制约的关系。这就是说,鉴于任何一个寡头垄断厂商调整价格及产量的决策,必然会对行业内其他厂商产生连锁反应,因而任何一家厂商必须依据同行业其他厂商的决策确定自己的决策。同时,又必须考虑到自己的决策所引起其他厂商的反应,并进而做出下一步决策。

2. 寡头垄断市场的价格具有相对稳定性

在寡头垄断市场上,无论产品是否有差别,一旦价格确定便很少变动。这是因为,每个寡头垄断厂商都清楚地知道,通过削价竞争来夺取其他厂商的市场,扩大自己产品的市场占有率,必然会遭到竞争对手报复,往往得不偿失,最后反而受到更大伤害。因此,为了避免在价格竞争中两败俱伤,寡头垄断厂商通常采用非价格竞争的方式来提高市场占有率和瓜分利润,致使市场价格较为稳定。寡头垄断厂商的非价格竞争与垄断竞争厂商大体近似,主要包括广告竞争和提高产品质量。

寡头垄断厂商为产品做广告,就是利用广告制造产品差别,以区别于其他厂商的产品。即使各厂商的产品是同质的,也需要作广告,使消费者在思想上认为各种牌号的产品之间存在着差别。但当某一厂商开始发动广告竞争时,其他厂商势必响应,于是厂商之间一场旷日持久的广告战便展开了。广告战的全面爆发,使广告竞争实际上变为各厂商维持各自市场份额的手段,因而寡头垄断厂商每年的广告支出数额是十分惊人的。一家寡头垄断厂商改进产品质量增加竞争力,也会引起其他厂商的竞争。比如,某一厂商提高产品的设计和质量标准,其他厂商也会效仿,有时甚至制定更高的标准。在一些行业中,质量竞争比广告竞争更加激烈。需要注意的是,从竞争的市场效应看,质量竞争比价格竞争和广告竞争要慢得多。

3. 寡头垄断厂商行为的结果具有不确定性

如前所述，为了解释价格波动，微观经济理论一般通过建立需求和供给曲线，并把二者结合在一起，就可以得出在既定需求状况和供给状况下会有的均衡价格和均衡产量。完全竞争、完全垄断和垄断竞争理论关于均衡价格和均衡产量的问题，都可以根据已知的或既定的需求曲线和成本曲线以及利润最大化原则这三个前提条件得出明确的结论，因而这三种市场结构的均衡价格和均衡产量被认为在理论上是可以被决定的，即可以从既定的前提推导出有确切数值的结果。但是，在寡头垄断市场上，由于任何厂商的行为都同竞争对手的行为密切相关，当某一厂商试图通过削价扩大销售时，能否如愿取决于其他厂商对此做出的反应。而其他厂商究竟能做出什么样的反应，该厂商事先是无法确定的。同样，其他厂商的任何决策会产生什么结果，又取决于该厂商对此会做出的反应。总之，由于寡头垄断厂商之间行为的相互依存，导致寡头垄断厂商对自己决策结果具有很大的不可预见性。这一点是寡头垄断行业不同于其他行业的另一独有的特点。

二、古诺模型

法国经济学家奥古斯汀·古诺(Augustin Gournot)在1938年出版的《财富理论的数学原理研究》一书中，最先对由两个寡头垄断厂商构成的市场(双头市场)进行了研究。在双头市场上，两个厂商生产同一产品，并都以产量为决策变量。对厂商决策的关键假设是：某厂商在选择产量时，是将竞争对手的产量作为已知的固定量，然后决定自己生产产量；厂商产品价格取决于两个厂商的总产量。

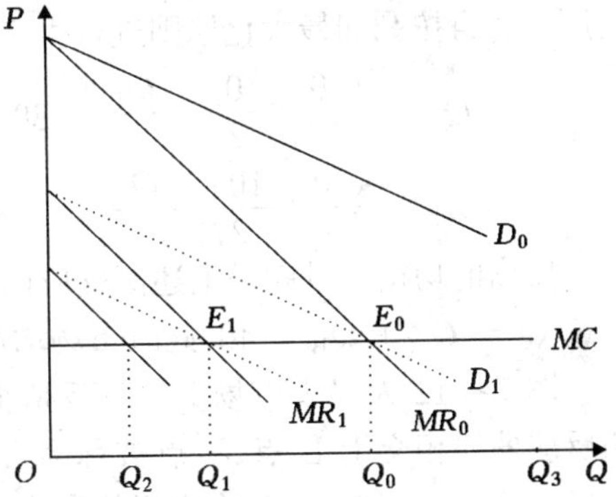

图 7-11　古诺模型：厂商的产量决策

如图 7-11 所示，假设双头市场上有厂商 A 和 B，两厂商的边际成本为一定值，A 厂商达到最大利润的产量取决于他认为 B 厂商将生产多少。如果 A 厂商认为 B 厂商产量为零，则 A 厂商的需求曲线为 D_0(即市场需求曲线)。相应的边际收益曲线为 MR_0。MR_0 与 MC 相交于 E_0，决定了 A 厂商的均衡产量为 Q_0。如果 A 厂商认为 B 厂商将生产 Q_0 产量，则 A 厂商的需求曲线将平行移动转换为 D_1。需求曲线 D_1 通过 E_0 点且与市场需求曲线 D_0 平行。与需求曲线 D_1 相对应的 A 厂商的边际收益曲线为 MR_1。MR_1 与 MC 相交于 E_1 点并决定了 A 厂商的均衡产量为 Q_1，并且 $Q_1 = \frac{1}{2}Q_0$。如果 A 厂商认为 B 厂商将生产 Q_3 的产量($Q_3 = Q_0 + Q_1$)，则 A 厂商的均衡产量为 Q_2($Q_2 = \frac{1}{2}Q_1$)。

同理，可以对 B 厂商进行同样的分析，即在给定 A 厂商生产的产量的各种假定下，确定 B 厂商的利润最大化产量。

假定双头市场的需求函数为线性函数，即 $P = a - bQ$。由于 A、B 两厂商的产量构

成行业总产量($Q_A + Q_B = Q$),故市场需求曲线为:$P = a - b(Q_A + Q_B)$

A厂商的需求函数和边际收益函数分别为

$$P = (a - bQ_B) - bQ_A$$
$$MR_A = (a - bQ_B) - 2bQ_A$$

设厂商边际成本为常数 K,根据利润最大化原则,有 $a - bQ_B - 2bQ_A = K$,故

$$Q_A = \frac{(a - K) - bQ_B}{2b}$$

上式表示A厂商的产量是B厂商产量的函数。B厂商多生产,A厂商就少生产。在利润最大化原则下,A厂商产量对B厂商产量的依赖关系,被称A厂商的反应函数。同理,B厂商的反应函数为

$$Q_B = \frac{(a - K) - bQ_A}{2b}$$

市场均衡状态可通过求解 Q_A 和 Q_B 的联立方程组获得。

假设市场需求函数为 $P = 70 - Q$,对于每单位产品 $MC = 10$。在只有A和B两个厂商的双头市场上,厂商的边际收益函数是对称的

$$MR_A = 70 - Q_B - 2Q_A$$
$$MR_B = 70 - Q_A - 2Q_B$$

当厂商各自按利润最大化原则进行生产决策时,反应函数分别为

$$Q_A = \frac{(70 - 10) - Q_B}{2} = 30 - \frac{1}{2}Q_B$$
$$Q_B = \frac{(70 - 10) - Q_A}{2} = 30 - \frac{1}{2}Q_A$$

厂商的均衡产量就是上述两反应函数联立方程组的解,即 $Q_A = Q_B = 20$,行业总产量 $Q = Q_A + Q_B = 40$。此时市场均衡价格为 $P = 70 - Q = 30$。

图7-12为双头市场上厂商反应曲线。两反应曲线相交于 E 点,E 点被称为古诺均衡(Cournot equilibrium)。在古诺均衡中,各厂商在给定竞争对手的产量时,实现了自己最大利润的产量。此时任一厂商都不会有改变产量的冲动。

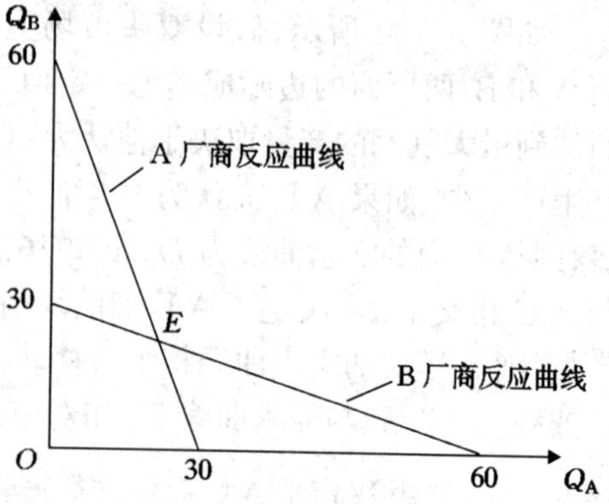

图7-12 反应曲线和古诺均衡

假如市场上只留存一个厂商(或两厂商合二为一),这样,在完全垄断条件下,根据 $MR = 70 - 2Q = 10$,均衡产量为30,价格为40;而在完全竞争条件下,市场价格下降到10,均衡产量为60。

三、斯塔克伯格模型

古诺模型讨论的是双头市场上厂商同时

做出各自产量决策的情况。德国经济学家斯塔克伯格(H. Von Stackelbery)在此基础上提出了一个新模型。他假定市场上有一个主导厂商,其他为跟从厂商。处于主动地位的主导厂商首先决定产量,而跟从厂商在看到主导厂商的产量信号以后再做出自己的产量决策。主导厂商知道跟从厂商会对其产量做出反应,故在进行产量决策时,将跟从厂商的反应也考虑进来。

仍然假设市场需求函数为 $P = 70 - Q$,边际成本均为 $MC = 10$。如果A厂商为主导厂商,B厂商为跟从厂商。B厂商的反应函数为 $Q_B = 30 - \frac{1}{2}Q_A$,将B厂商的反应函数代入市场需求函数 $P = 70 - (Q_A + Q_B)$,则有

$$P = 70 - (Q_A + 30 - \frac{1}{2}Q_A) = 40 - \frac{1}{2}Q_A$$

A厂商按利润最大化原则决定均衡产量及价格

$$MR_A = 40 - Q_A = MC = 10, \qquad Q_A = 30$$

$$P = 40 - \frac{1}{2} \times 30 = 25$$

将A厂商相应的产量及价格代入市场需求函数,有

$$P = 70 - (Q_A + Q_B)$$

$$25 = 70 - (30 + Q_B), \qquad Q_B = 15$$

B厂商将以同样价格($P = 25$)生产15单位的产品。这表明率先决策的A厂商的产量及收益是B厂商的两倍。率先做出产量决策的厂商获得一种先行者利益(first mover advantage)。

四、斯威齐模型

如前所述,寡头垄断属高生产集中度行业,几家大厂商的产量占全行业产量70%以上,从而导致厂商之间的相互依存和决策结果的不确定性(indeterminate)。这就促使厂商尽可能避免价格竞争,更多地采取非价格竞争。因而寡头垄断行业的产品价格比较稳定,厂商一般只在某些成本项目(如重要原材料、税收和工资等)提高价格,并且可以确定其他厂商都会提价前提下才调整价格,为了解释寡头垄断厂商产品价格的这种刚性(rigidity),美国经济学家保罗·斯威齐(Paul Sweezy)在《寡头垄断条件下的需求》一文中指出,寡头垄断市场价格之所以相对稳定,即具有一定的刚性,是因为这种产品的市场需求曲线不是一条平滑曲线,而是在某一价格水平出现拐点,然后折弯再向下倾斜。这样的需求曲线被称为拐折的需求曲线(kinked demand curve)。斯威齐利用拐折的需求曲线所建立的寡头垄断均衡模型,在传统理论中占有重要地位。

如图7-13所示,假设某一寡头垄断厂商产品的现行价格为 P_0,销售量为 Q_0。在价格与产量相对应的 E 点可建立两条需求曲线。需求曲线 AED_2 是假设当他改变产品价格时,竞争对手也随之改变价格的需求曲线;需求曲线 BED_1 是假设当他改变价格时,竞争对手不随之改变价格的需求曲线。斯威齐认为,任何一个寡头厂商在调整价格时,必须预期竞争对手对他的决策会做出何种反应。他进一步假定,某一厂商原有产品价格

(P_0)下调后，竞争对手的反应必然是通过降价攀比来避免丧失他们各自的市场份额(因而有关的需求曲线将是 ED_2)。一旦厂商提高价格，竞争对手不会跟随提价(有关的需求曲线将是 BE)。结果，某一寡头垄断厂商所面临的需求曲线将是 BED_2，在 E 点处有一个折弯点。E 点左侧的需求曲线(BE)富于弹性，表明该厂商产品价格超过 P_0 时，需求量会急剧减少，提高价格只是市场上个别厂商的行为；E 点右侧的需求曲线(ED_2)相当缺乏弹性，表明厂商产品价格低于 P_0 时，需求量不会急剧增加，降低价格属于众多厂商的共同行为。因此，根据斯威齐的假设，寡头垄断厂商的需求曲线是一条拐折的需求曲线(如图中 BED_2 曲线，拐折点为 E)。

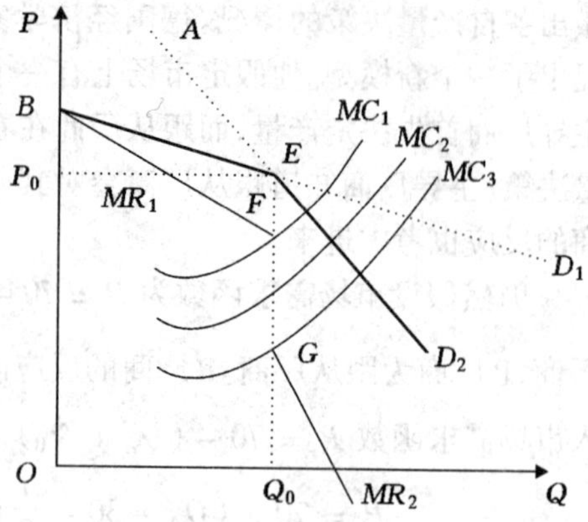

图 7－13　拐折的寡头垄断需求曲线

由于需求曲线有一个折弯点，导致与折弯点相应的产量水平上的边际收益曲线是不连续的。图 7－13 中的 MR_1 是与需求曲线 BE 对应的边际收益曲线，MR_2 则是与需求曲线 ED_2 对应的边际收益曲线。这两段 MR 曲线在与折弯点 E 对应的 Q_0 产量处出现不连续的间隙。不连续部分 FG 的长度取决于 BE 与 ED_2 需求曲线的价格弹性的差别程度。拐折需求曲线的折弯处 E 点左侧(BE 段)的弹性越大和 E 点右侧(ED_2 段)的弹性越小，则 FG 的长度越大。当 BED_2 的角度呈直角时，FG 的长度达到极大值。

在拐折的需求曲线条件下，均衡由折弯点 E 决定。因为在折弯点 E 左边的任一点上，$MC < MR$，而在 E 点的右边的任一点上，$MC > MR$，只有在折弯点，才能使利润达到最大值。这种情况被认为是对 $MR = MC$ 的一种突破。因为在 MR 的不连续区间 FG 线段，允许边际成本曲线有一定幅度的变化而不影响均衡价格 P_0 和均衡产量 Q_0，即不论厂商的边际成本是 MC_1 还是 MC_2 或 MC_3，对 Q_0 和 P_0 均不产生丝毫的干扰。这显然要比 $MR = MC$ 的原则更接近实际。

在利润最大化条件下，假定厂商之间不相互勾结，而是各自独立决策时，斯威齐模型对于解释寡头垄断市场价格为什么比较稳定，即表现出一定的刚性，提供了一种假说。

五、卡特尔

根据寡头厂商之间有无勾结，可将厂商行为区分为两种类型，即非勾结寡头和有勾结寡头。古诺、斯塔克伯格和斯威齐模型属于非勾结寡头，而卡特尔及价格领导属于较典型的有勾结寡头。

卡特尔一词是法语 cartel 的音译，原义为协定或同盟。在寡头垄断市场上，如果少数厂商在统筹分配市场份额，决定出售产品的价格或条件，控制出口的数量和质量，分享利润或收益，交换技术、商标或专利等方面达成公开的联合协定，则称为卡特尔。比如，石油输出国组织(OPEC)就属于较典型的卡特尔。在卡特尔内部，卡特尔的成员一般授权给卡特尔中心机构，让它决定实现最大共同利润的总产量和销售价格，并有权在卡特尔成员中分配产量限额和利润份额。卡特尔的目标通常有两个:一是使联合利润最大化,或是部门的利润最大化;二是瓜分市场,形成各成员的市场份额。

为了实现利润最大化,卡特尔的中心机构要能准确地计算出市场需求曲线和相应的 MR 曲线,并根据各厂商的 MC 曲线测算出市场的 MC 曲线,然后依据 $MR = MC$ 的原则确定市场价格和产量。为简化分析,假定市场上只有 A、B 两个寡头垄断厂商,其成本结构如图 7－14(a)(b) 所示。通过将 A、B 两厂商的 MC 曲线水平加总,可得到市场的 MC 曲线(图 7－14(c))。

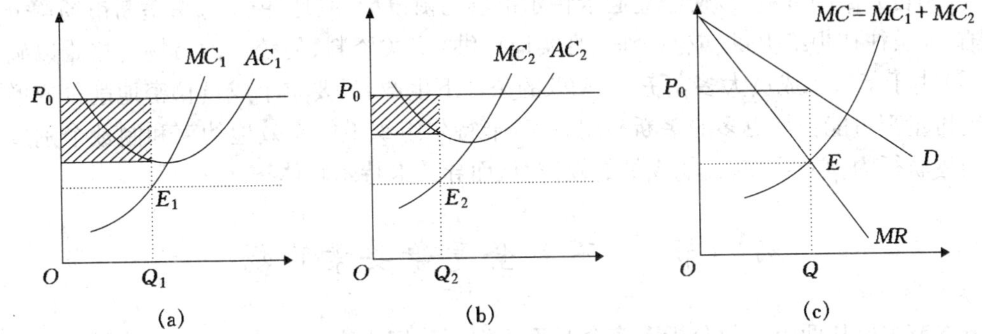

图 7－14　卡特尔的联合利润最大化

在图 7－14(c) 中,已知市场的需求曲线为 D,与其对应的市场边际收益曲线为 MR。卡特尔联合利润的均衡点由 MC 和 MR 曲线的交点 E 决定,总产量为 Q,市场价格为 P_0。每个厂商的产量由市场的边际收益曲线与各厂商的边际成本曲线(MC_1 和 MC_2)的交点(E_1 和 E_2)决定,分别为图中的 Q_1 和 Q_2。厂商的利润由图 7－14(a)、(b) 中的阴影面积表示。

事实上,各厂商实际分享的利润并不一定是图 7－14 的数量比例,而是取决于建立卡特尔时达成的协议中确定的安排。比如,为了建立有效的卡特尔,确保联合利润最大化,A 厂商也许愿意将一部分利润通过某种形式转让给 B 厂商。当然,这取决于有关厂商在协商过程中讨价还价的实力。

为了确定各厂商的市场份额,卡特尔通常采取以下方式:① 进行非价格竞争,在统一的市场价格下,各厂商可利用广告、信用、服务等手段争取销路;② 由卡特尔中心机构配给定额,一般可通过厂商的地位和竞争力、厂商原有的销售额和生产能力、厂商所处的地理区位决定各厂商占有的市场份额;③ 以卡特尔总成本最小为原则,每个厂商都在他的边际成本等于卡特尔边际成本和边际收益时确定各自的产销量,显然,这实际上就是独家垄断厂商多个工厂的短期均衡模型;④ 均分

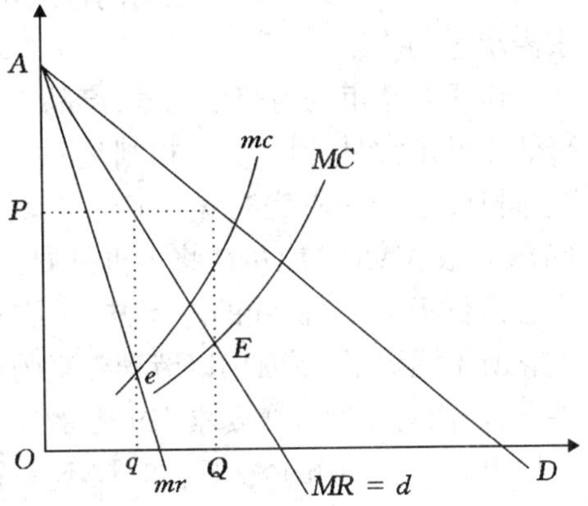

图 7－15　卡特尔的市场份额的分配

市场，比如，市场上只有两个厂商（图 7 – 15），大写的符号代表卡特尔的各种曲线，小写的符号代表两个厂商的各种曲线，从图中可发现，厂商的需求曲线 d 实际上相当于卡特尔的边际收益 MR，厂商的均衡价格就是卡特尔的均衡价格 P，厂商的均衡产量 q 即为卡特尔均衡产量的一半。这样，在均衡前提下，每个厂商都可获得 50% 的市场份额。

一般认为，卡特尔是一种不稳定的垄断联盟。它至少面临三方面的问题：① 在许多国家（如美国）法律上禁止任何公开或秘密的垄断联盟，卡特尔在这些国家被认为是非法的；② 为了实现卡特尔联合利润最大化，卡特尔的中心机构需要详尽地了解各成员生产、销售方面的资料，以便建立起卡特尔市场均衡模型，但是，由于寡头垄断市场竞争残酷，成员往往拒绝提供（或不全面、真实地提供）有关资料，使统一的市场价格难以确定；③ 由于卡特尔成员大多在 $P > MC$ 的条件下生产，只要单个成员秘密地削价或增加销售量都可能获得更多的垄断利润。一旦卡特尔组织不能有效地约束和制裁个别成员的越轨行为，必然引起其他成员的效仿，从而导致卡特尔解体。

第四节　不完全竞争要素市场

本节主要从两个方面分析不完全竞争条件下确定生产要素需求量：一是要素市场为完全竞争，而与之相关的产品市场则处于不完全竞争；二是要素与产品市场均处于不完全竞争。

一、不完全竞争产品市场要素需求量的确定

1. 厂商对一种可变要素的需求

这里所说的不完全竞争产品市场，包括除完全竞争以外的所有含有或多或少垄断因素的产品市场结构。

如前所述，在产品和要素市场皆为完全竞争条件下，厂商决定每种生产要素使用量的基本原则是：要素的边际生产力的价值形态等于要素的价格或边际产品成本，即 $MRP = P = MFC$。这一原则同样适用于在产品市场处于不完全竞争状态下厂商对要素需求量的决策。

由于要素市场为完全竞争，产品市场为不完全竞争，因而要素价格对个别厂商来说仍然是既定常量，但产品价格则是一个变量，厂商产品的需求曲线是一条向下倾斜的曲线。同时，鉴于在不完全竞争产品市场上，厂商的平均收益（AR）不再等于边际收益（MR），故 VMP 与 MRP 将不再是同一条曲线，而分离为两条曲线。一般来说，MRP 曲线总是位于 VMP 曲线的左下方，只是由于产品市场垄断程度不同，两条曲线的相对位置有所不同罢了。下面仍以劳动要素为惟一可变要素说明在不完全竞争的产品市场条件下，厂商对一种可变要素需求量的决定原则（表 7 – 1）。

由表 7 – 1 中的数据可知，在不完全竞争产品市场条件下，当厂商雇佣第 6 个单位劳动时，$MRP = w = MFC$，可获得最大利润。其分析方法同前，这里不再赘述。与完全竞争市场的厂商对一种可变要素的需求曲线可由要素的 MRP 曲线表示一样，非完全

竞争的产品市场厂商对要素的需求曲线亦可由要素的 MRP 曲线表示。

表 7－1　要素市场完全竞争、产品市场不完全竞争厂商的收益、成本和利润

劳动投入量 L	2	3	4	5	6*	7	8	9
产品产量 Q	29	37	44	50	55	59	62	64
产品价格 P	9.01	8.57	8.16	7.78	7.44	7.14	6.89	6.7
总收益 $TR = P \cdot Q$	261	317	359	389	409	421	427	429
边际物质产品 MPP	9	8	7	6	5	4	3	2
边际收益 MR	8	7	6	5	4	3	2	1
边际产品价值 $VMP = P \cdot MPP$	81	69	57	47	37	29	21	13
边际收益产品 $MRP = MR \cdot MPP$	72	56	42	30	20	12	6	2
要素价格(工资率) = 边际要素成本 $w = MFC$	20	20	20	20	20	20	20	20
固定成本 FC	50	50	50	50	50	50	50	50
总成本 $TC = FC + w \cdot L$	90	110	130	150	170	190	210	230
总利润 $\pi = TR - TC$	171	207	229	239	239*	231	217	199

注:数字右上角有 * 号的表示实现最大利润的劳动雇佣量与利润量。

如图 7－16 所示,在不完全竞争产品市场上,厂商的 VMP 与 MRP 不再是同一条曲线。根据上一节分析方法,MRP 曲线递减部分即为厂商对一种可变要素的需求曲线。它是依据 $MRP = w$ 的原则,由不同的工资率(w)与 MRP 的相交点连接而成。

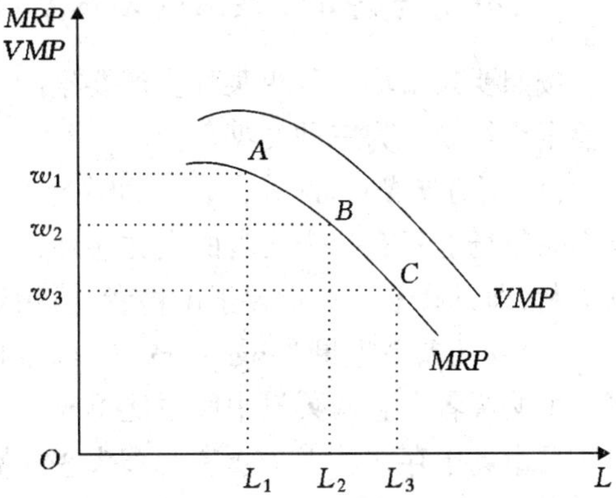

图 7－16　厂商对一种可变要素的需求曲线

2. 厂商对两种及多种可变要素的需求

假如某厂商利用资本和劳动这两种要素进行生产。他对劳动要素的需求量可用图 7－17 说明。

在图 7－17 中,MRP_1 是在不完全竞争产品市场条件下资本量既定不变时劳动的边际收益产品曲线。此时,当工资率为 w_1 时,厂商对劳动的需求量为 L_1,因而 MRP_1 曲线上的 A 点是劳动需求曲线上的一点。现假定工资率由 w_1 降至 w_2。如果厂商使用的资本量仍不变,则厂商雇佣的劳动量由 L_1 增加到 L_2。在资本和劳动具有相互替代性的条件下,若考虑到由工资率降低所引起的前述三种效应,MRP_1 曲线势必将向右边移动到 MRP_2。因此,工资率为 w_2 时,对劳动的需求量将是与 MRP_2 的 B 点相对应的 L_3。由此可知,MRP_1 曲线的 A 与 MRP_2 曲线的 B 两点(以及与其他工

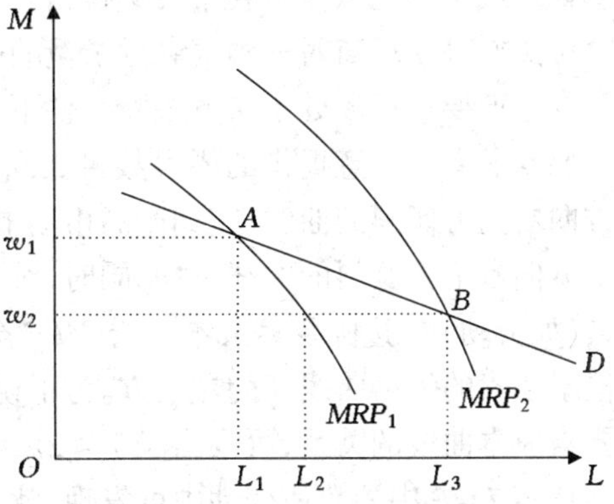

图 7－17　厂商两种要素可变时对劳动的需求

资相应之点）是厂商对劳动的需求曲线上的各个点。这意味着，图中的 D 曲线是在产品市场为不完全竞争及要素市场为完全竞争及厂商劳动和资本两种要素都可变动条件下，对劳动的需求曲线。

确定多种可变要素需求量的比例，可在上一章完全竞争市场生产要素需求量比例公式的基础上稍加改动，即可归纳出产品市场不完全竞争、要素市场完全竞争条件下厂商对多种可变要素需求量的决定原则，即

$$\frac{MP_A}{P_A}=\frac{MP_B}{P_B}=\cdots=\frac{1}{MC_X}=\frac{1}{MR_X}>\frac{1}{P_X}$$

对比上一章给出的决定原则的表达式可发现，两公式的区别在于：完全竞争产品市场上厂商的边际收益（MR_X）等于产品价格（P_X），而在不完全竞争产品市场上厂商的 $MR_X < P_X$。上式亦可改为

$$\frac{P_A}{MP_A}=\frac{P_B}{MP_B}=\cdots=MC_X=MR_X<P_X$$

二、不完全竞争要素市场要素需求量的确定

按照要素市场上购买某种生产要素的厂商数目不同，微观经济学通常将不完全竞争要素市场划分为三种类型。

（1）买方垄断（monopsony）　即在市场上对于某种要素只有惟一的一个购买者。这与产品市场上只有一个卖者的卖方垄断（monopoly）恰好对应。当然，要素市场也会有卖方垄断，即只有惟一一个要素出售者，但相对来说，要素市场的买方垄断更为普遍。

（2）买方寡头垄断（oligopsony）　即某种要素市场上只有少数几个购买者，并且任何一个购买者在总购买量中所占比重较大，可以在一定程度上影响要素市场的价格。这与产品市场中存在若干个卖者的寡头垄断恰好对应。

（3）买方垄断竞争（monopsonistic competition）　即某种要素市场存在众多买者，并且要素在不同购买者之间存在一定差异。

在这三种不完全竞争要素市场形态中，微观经济学一般均以买方垄断为考察对象说明如何决定不完全竞争要素市场价格与需求量。

1. 买方垄断厂商对一种要素需求量的确定

在生产要素市场处于买方垄断条件下，生产要素的供给曲线（它表示生产要素的价格与要素所有者愿意提供的要素数量之间的关系）的一个重要特点是：它是一条自左下方向右上方倾斜的曲线。正如产品市场上垄断厂商所销售产品的需求曲线是一条自左上方向右下方倾斜的曲线一样。同时，买方垄断要素市场的供给曲线与厂商购买某种要素（如劳动）的边际要素成本曲线 MFC 分离为两条不同的曲线，并且厂商的 MFC 曲线位于要素的供给曲线 S 的左上方。为了说明买方垄断要素市场上要素供给曲线与边际要素成本曲线的关系，可列出表 7－2。

从表 7－2 中的数值变动中可发现，就一种要素而言，伴随要素价格上升，要素供给数量（Q_s）、要素总成本（TC）以及边际要素成本（MFC）均呈上升趋势。但在增加的过

程中，由于 TC 等于要素价格与要素供给量的乘积，故 TC 值增幅最大，MFC 的增幅次之。并且，对应于不同价格水平，MFC 的数值均高于 Q_s 的数值。反映在坐标图上，MFC 曲线位于 S 曲线的左上方，如图 7－18 所示。

表 7－2　某买方垄断厂商要素供给与边际要素成本表

要素价格 P	要素供给量 Q_s	要素总成本 TC	边际要素成本 MFC
2	0	—	—
3	1	3	3
4	2	8	5
5	3	15	7
6	4	24	9
7	5	35	11
8	6	48	13
9	7	63	15

依据买方垄断要素市场上的 MFC 曲线和要素的 S 曲线，再结合要素的 MRP 曲线，便可确定买方垄断厂商对要素的需求量及相应价格。下面以劳动要素为例说明。

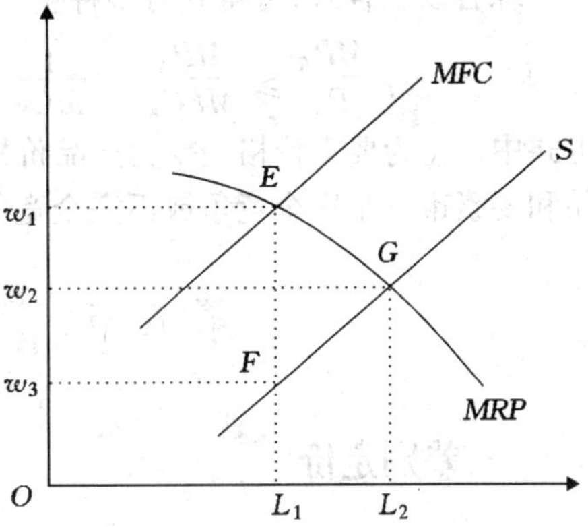

图 7－18　买方垄断要素市场：要素价格和使用量的决定

在图 7－18 中，MRP 曲线为买方垄断厂商雇佣劳动要素的边际收益产品曲线。按照 $MRP = MFC$ 的原则，MRP 曲线与 MFC 曲线相交于 E 点，由此决定厂商实现最大利润的雇佣量为 L_1。EL_1 与劳动的供给曲线 S 相交于 F 点，由此决定每单位劳动的工资率为 w_3（$w_3 = FL_1$）。这就是说，买方垄断厂商对劳动要素的使用量为 L_1，而所支付的要素价格仅为 w_3。这一点明显不同于完全竞争要素市场。在完全竞争要素市场上，要素的供给曲线 S 与 MFC 曲线是同一条与横轴平行的水平线；要素价格取决于该曲线与 MRP 曲线的交点。在图中，如果要素市场属于完全竞争市场，要素价格将是 w_2，与其相对应的要素使用量则是 L_2。两者相比，买方垄断市场的要素价格较低（$w_3 < w_2$），要素使用量较少（$L_1 < L_2$）。这与上一章的分析结果一致。图中边际收益产品超过要素价格的部分，即矩形 w_1w_3FE 的面积被称为买方垄断利润（monopsony profits）。英国经济学家琼·罗宾逊（Joan Robinson）1933 年在《不完全竞争经济学》一书中，将这种买方垄断厂商购买劳动要素获得的买方垄断利润，连同产品市场上卖方垄断厂商利润（即垄断利润）称为对劳动的剥削。

2. 不完全竞争要素市场上厂商对多种生产要素的需求

前已论及，在产品市场上厂商对两种或两种以上生产要素之间需求量的比例确定的条件为

$$\frac{MP_A}{P_A}=\frac{MP_B}{P_B}=\cdots=\frac{1}{MC_X}=\frac{1}{MR_X}\geqslant\frac{1}{P_X}$$

如果处于完全竞争的产品市场,上式右端取等号;若处于不完全竞争的产品市场,上式右端则取不等号。

现在再着重分析要素市场在完全竞争要素市场条件下,由于 $MFC_A = P_A$(要素价格),故

$$\frac{MP_A}{MFC_A}=\frac{MP_B}{MFC_B}=\cdots=\frac{MP_Z}{MFC_Z}$$

上式表明,在完全竞争要素市场上,厂商选择多种生产要素的投入比例和实现成本最小化的条件,是使每种生产要素的 MFC 与相应的 MP 的比值均相等。

当要素市场为不完全竞争状态时,由于 $MFC > P$(要素价格),厂商对 A 要素需求量选择的条件为

$$\frac{MP_A}{P_A}>\frac{MP_A}{MFC_A}$$

综合以上各式,可得到对多种生产要素需求量选择的一般公式,即

$$\frac{MP_A}{P_A}\geqslant\frac{MP_A}{MFC_A}=\frac{1}{MC_X}=\frac{1}{MR_X}\geqslant\frac{1}{P_X}$$

上式中,P_A 为要素价格,P_X 为产品价格。至于公式两端到底取等号或不等号,要依据产品和要素市场是完全竞争或不完全竞争状态而定。

第五节　厂商的定价策略

一、差别定价

1. 差别定价的含义

差别定价(price discrimination)又称价格歧视,是指厂商在相同时间内以相同产品向不同的购买者索取不同的价格,或指在充分考虑生产、销售以及风险的变动后,相同产品的销售价格与其边际成本不相称。一般来说,同一产品以不同的价格出售,取决于购买者的收入水平、消费偏好、性别、年龄、地理位置、产品本身的性质、服务和时间以及取得替代品的难易程度等。比如,医生和律师依据服务对象的收入水平收费;厂商对少量购买者的较高价格,对大买主的优惠价格和折扣;同一商品较高的国内售价和较低的国外售价(倾销);商业网点少的偏僻地区或地点价格高,繁华地区和地点价格低;长途电话、旅游、旅馆高峰时间服务的较高价格,非高峰时间或淡季的较低价格;精装书比平装书卖价更高。但这些价格差别并不单纯反映生产成本的差别。

2. 市场条件

厂商实行差别定价的市场条件包括两方面。

1) 相互完全隔绝的市场

相同产品索取不同价格的前提条件是,首先将市场分割为若干子市场,否则,谁也

不会购买高价同质产品。分割市场的方式包括技术的、社会的、经济的、法规的等多种。比如,电力公司通过安装相应的电力计量装置(峰谷表)对高峰和低谷不同时间段收取不同价格;利用市场存在的不完全性,进行多重产品定价;利用关税有效地将国内与国外市场分割等等。分割后的市场还要有效地控制,以避免人们在低价市场购进,然后在高价市场卖出。

2) 各市场之间需求弹性存在差异

如果某厂商将同一产品投放在两个被分割的市场上,并以不同的价格销售出去,客观上要求该产品在两个市场上具有不同的需求弹性。这可以用 $MR = P(1 + \frac{1}{E_d})$ 的另一转换形式 $P = MR\frac{E_d}{E_d + 1}$ 说明。

假设 X 市场的需求弹性为 -2,Y 市场的需求弹性为 -3,则

$$P_X = MR_X\frac{-2}{-2+1} = 2MR_X$$

$$P_Y = MR_Y\frac{-3}{-3+1} = 1.5MR_Y$$

再假定该厂商产品的边际成本为 4 元,那么,根据利润最大化原则,$MR_X = MC = MR_Y$,故

$$P_X = 2MC \qquad P_Y = 1.5MC$$

所以

$$P_X = 8, \qquad P_Y = 6$$

因此,厂商应在需求弹性较大的 Y 市场上制定较低的价格,在需求弹性较小的 X 市场制定较高的价格。一旦两个市场的需求弹性相等,两市场的价格也必须相等。

3. 价格差别的程度

厂商对同一产品索取不同价格的程度,可分为 3 个级别,即一级价格差别、二级价格差别和三级价格差别。

1) 一级价格差别

一般来说,只有完全垄断厂商才能实施一级价格差别,并且他熟知每个消费者对任何数量的产品愿意并能够支付的最高价格,即需求价格,他就可以依照每个消费者的需求价格逐个制定差别价格,即无限细分市场,从而将每个消费者的剩余全部榨光。这就是一级价格差别(first degree price discrimination),亦称为完全价格差别(perfect discrimination)。

图 7-19 表明,垄断者能够对销售产品的每一个单位索取最高的价格。当消费者购买第一单位时,价格为 P_1;购买第二单位时,价格为 P_2;购买第 n 单位时,价格为 P_n。按照通常的市场交易价格,如果消费者购买 Q_n 产品,只需全部按照 P_n 价格付款,厂商获得的总收益 $TR = P_n \cdot Q_n$,即四边形 OP_nAQ_n 的面积;而采取一级价格差别的厂商,却按照消费者的需求价格逐个索价,"要买就这个价,不买拉倒"(this price or nothing)。于是,厂商的收益等于四边形 OP_nAQ_n 的面积及三角形 P_nBA 的绝大部分面积。如果价格

和数量都是连续函数，则厂商的总收益等于四边形 OP_nAQ_n 的面积再加上三角形 P_nBA 的面积，结果消费者从购买 Q_n 数量产品中本应得到的消费者剩余（即阴影部分）都被厂商所榨光。在实行完全价格差别之后，原有的需求曲线或平均收益曲线就成为边际收益曲线，其均衡点 E 向右上方移动到 A 点。一级价格差别的典型事例是身处偏僻山村的医生根据求医者支付能力和愿意支付的最高价格，在提供相同的治疗服务之后收取不同的医疗费。

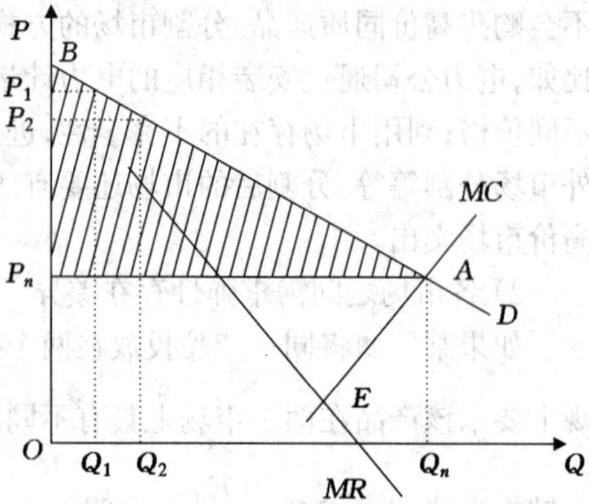

图 7－19　一级价格差别

2）二级价格差别

二级价格差别（second degree price discrimination）是指厂商把产品分成若干个组，按组制定不同的价格，这样可以榨取相当一部分消费者剩余。

二级价格差别与一级价格差别没有本质上区别，差别仅仅在于二级价格差别较为粗糙。从图 7－20 可见，二级价格差别所包含的步骤与厂商索价种类（P_1、P_2 和 P_3）比一级价格差别要少得多。此时，厂商榨取的消费者剩余（相当于阴影部分）要比一级价格差别少。一般来说，当某种商品或劳务市场内部的购买者数量增加时，二级价格差别就会更多地出现。在现实经济生活中，二级价格差别往往是以大宗交易时每单位价格较低的所谓“下降税率表”的形式表现出来。比如，某些电力公司对居民每一追加的用电量要价较低，使用任何数量电力的居民都可以在较低的价格下消费更多的电量。二级价格差别通过提供数量折扣吸引更多的消费。这种数量折扣阶梯式地被制造出来，它也称为多方面定价。

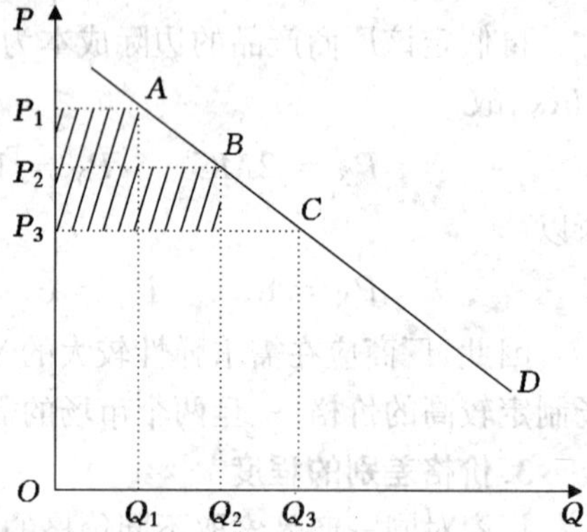

图 7－20　二级价格差别

3）三级价格差别

三级价格差别（third degree price discrimination）是指厂商在不同市场上对同样的商品索取不同的价格。具体来说，为了获取更多的利润，必须使销售到所有市场上的产品边际收益等于边际成本。如果任一市场的 $MR > MC$，利润就能够通过扩大销售（降低价格）而增加；反之，如果任一市场上的 $MR < MC$，利润可以通过削减销售（提高价格）而增加。在此条件下，将总销售量分配到各个市场，然后按照各市场不同的需求弹性分别制定不同的价格。

三级价格差别的最简单的分析性例证，是厂商在两个独立市场上出售某种现货。为获取最大利润，在两个市场同时销售时，每个市场销售量应调整到使两个市场的边际收益相等的水平，这是等边际原理的另一种表现形式。

在图7－21中，假定某一厂商将产品市场分割为A、B两个子市场，厂商的边际成本固定不变。两市场的边际收益曲线分别与 MC 水平直线相交于 E_A 和 E_B。在 E_A 和 E_B 处，$MR_A = MC = MR_B$，两市场的数量分别为 Q_A 和 Q_B，价格分别为 P_A 和 P_B。从图形上看，随产品数量增加，边际收益递减。假如此时厂商在A市场上多卖一单位产品，则B市场就要少卖一单位产品，而A市场多卖一单位产品所增加的收益（即 MC 与 MR_A 的差额值），必然少于B市场少卖一单位产品所减少的收益（即 MR_B 与 MC 的差额值）。反之亦然。因此，使厂商收益最大的销售比例，必然满足每个市场中边际收益都相等的这一条件。

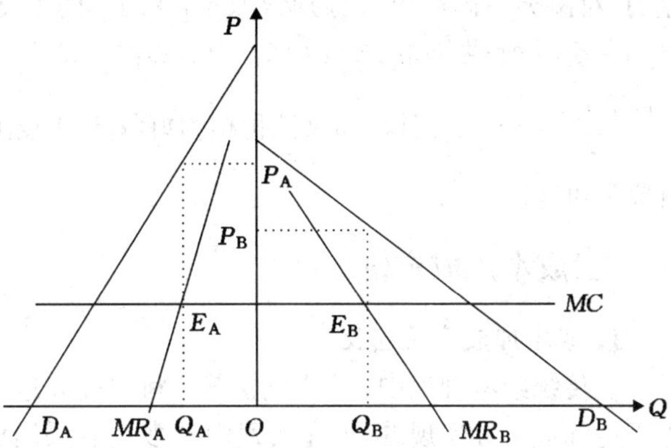

图7－21　三级价格差别

4. 差别定价的作用

（1）将消费者剩余据为己有　厂商采取差别定价策略，可以不同程度地将消费者剩余据为己有。这被认为是对消费者的一种剥削。同时，在实行差别定价条件下，厂商比只定一个价时向市场提供了更多产品，并且消费者剩余的丧失与厂商产销量的扩大呈正比例变动。比如，在一级价格差别中，厂商榨光全部消费者剩余，其产品的需求曲线成为边际收益曲线，厂商的产销量与完全竞争厂商的产销量完全相同。

（2）充分利用生产能力　差别定价可以充分利用生产能力，提高资源配置的效率。比如，电力公司实行差别定价后，提供给本来具有自行开发电源的商业用户的价格低于提供给居民的价格。从而使电力公司增加了总的生产能力，并且使这种能力得到充分的利用。假定价格没有提高到超过过去最大负荷前的定价水平，只要在非用电高峰期间得到的收益足以补偿为增加生产能力而支出的可变成本及一部分固定成本，价格差别就可以改进资源的配置。

（3）差别定价可以使某种产品或劳务的供给成为可能　在图7－22中，D_1 和 D_2 分别代表两类购买者对某一产品的需求曲线，并且需求曲线 D_2 的弹性比 D_1 大，产销该产品的厂商所面临的市场需求曲线是 D_1D_m 折弯曲线，是由 D_1 和 D_2 水平加总得出的。它与需求曲线 D_1 部分重合，直到 D_2 开始的那个价格为止。从图中可见，厂商的 LAC 曲线在任何地方均高于市场需求曲线 D_1D_m。这意味着如果厂商实行

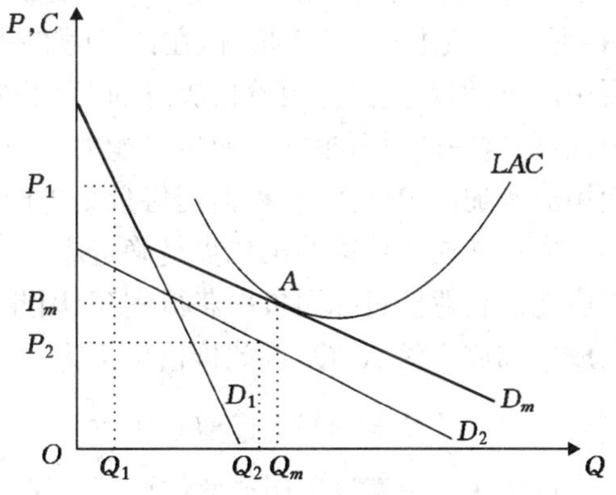

图7－22　价格差别使供给成为可能

单一价格，没有一种价格可以抵偿长期平均成本，从而该行业无法生存。如果采取价格差别，对两类不同需求者分别索取 P_1 和 P_2 的价格，利润最大时的数量分别为 Q_1 和 Q_2，垄断者所供给的总数量为 $Q_m(Q_1+Q_2)$。它在加权平均的价格 $P_m(P_m=\frac{Q_1P_1+Q_2P_2}{Q_m})$ 上销售。如果该价格恰好等于 A 点上的长期平均成本，则该产品的供给就成为可能。

二、成本加成定价

1. 成本加成定价含义

在传统经济理论中，假设企业谋求利润最大这一目标是通过把产量定在边际收益等于边际成本处实现的。但在实践中许多企业采用成本加成定价法(cost-plus pricing)，即指所定的价格应能涵盖取得或生产产品的成本，再加上足以使企业按目标回报率获得的利润。

成本加成定价法的优点是，首先，它有利于价格稳定。这是人们所需要的，因为变动价格需要支付资源，而且可能引发竞争者做出对自己不利的反应；其次，成本加成定价法的计算公式很简单，便于操作；第三，成本加成定价能为价格变动提供正当理由。想要提高价格的企业可把成本增加作为自己的理由。但是成本加成定价法也在许多方面受到批评。批评者认为它是根据成本计算出来的，并没有考虑需求条件。这一缺点因所采用的成本数据可能有误而加重。成本加成定价法使用的是历史或会计数据，不是增量或机会成本。

2. 定价方法

成本加成定价法包括两个步骤。首先，必须确定购买或生产产品或服务的成本。总成本由可变成本和固定成本组成。需要计算的是平均成本，即

$$AC = AVC + AFC$$

$$AVC = \frac{VC}{Q}, AFC = \frac{FC}{Q}$$

式中：AC 是平均成本；AVC 是平均可变成本；VC 是可变成本；AFC 是平均固定成本；FC 是固定成本；Q 是产量。但在计算时有一个问题：实行成本加成定价，在计算价格时要用产量，但产量又是由价格决定的。为了避免这一问题可以用一个假定的产量，一般情况下，这一产量可根据企业生产能力的一定百分比来定。例如，多年来通用汽车公司使用成本加成定价法，它根据销售量是生产能力的 80% 的假设计算平均成本。

成本加成定价法的第二步是确定成本加成。正如前面讲过的，总的目标是确定的价格应能使企业按目标回报率获得利润。因此，如果要赚得的总利润为 X 元，每单位产量的成本加成将为 X/Q。因此价格可定为

$$P = AVC + AFC + \frac{X}{Q}$$

例 7.3　一家汽车制造商估计下一年度可变成本为10亿美元，固定成本为15亿美元。在定价时，假定销售量是企业每年 200 000 辆生产能力的 80%，即 160 000 辆。投资

30 亿美元,希望的目标回报率为 15% 。如果按成本加成定价,每辆车应定什么价格?

解:30 亿美元、15% 的目标回报率要求企业每年能获得总利润 4.5 亿美元。计算是根据假定的销售量 160 000 辆来进行的。因此,平均固定成本、平均可变成本和单位利润为

$$AFC = \frac{1\ 500\ 000\ 000}{160\ 000} = 9\ 375 \text{ 美元}$$

$$AVC = \frac{1\ 000\ 000\ 000}{160\ 000} = 6\ 250 \text{ 美元}$$

$$\frac{X}{Q} = \frac{450\ 000\ 000}{160\ 000} = 2\ 813 \text{ 美元}$$

因此,如果把每辆车 2 813 美元的利润加到 15 625 美元平均固定和变动成本上去,就得出每辆车的价格为 18 438 美元。

三、价格领导

1. 价格领导的含义

价格领导(price leadership)亦称领价制,是指一个行业的价格通常由某一厂商率先制定,其他厂商跟着定价或变价。

2. 价格领导产生的原因

价格领导厂商一般依据其地位和实力确定价格。如果地位十分稳固,他将按自己的均衡点确定价格,否则,他将寻求一个多数厂商都能接受的价格。那么,为什么其他厂商要跟着定价或变价呢?首先,避免价格战。当领导厂商变价后,如果不跟着削价,就会减少市场份额;如果不跟着涨价,就意味着相对降价,有可能引发价格战,导致两败俱伤。其次,坐享其成。在进行价格决策时,需要大量的信息,而信息的收集、整理和分析又需要相应的费用。在这种情况下,一些厂商宁愿让其他厂商从事这方面的活动而坐享其利,成为价格变动的搭便车者(free rider)。再次,中小企业可以规避风险。一些较小的厂商,市场预测能力较差,如果跟着定价或变价能获得合理的利润,就可以规避独立定价或变价的风险,因而也乐于接受价格领导。

3. 价格领导厂商类型

根据价格领导厂商的具体情况,一般可分为下述三种类型。

1) 大厂商的价格领导

这一价格领导模型的基本假设条件是,行业内占支配地位的大厂商制定价格,并容许其他厂商按此价格销售他们所要销售的产品,然后大厂商再按此价格销售市场需求量的余额。或者说,大厂商制定一个使利润最大的价格,而让其他厂商按照这一价格销售他们想销售的数量。

在图 7 – 23 中,S_1 曲线代表小型厂商的市场供给曲线。该曲线是由小厂商各自边际成本曲线水平加总而得;市场需求曲线为 D。假定价格为 P_1 时,小厂商所提供的产量恰好等于市场全部需求量 P_1G。因而,当市场价格为 P_1 时,大厂商的供给量为零,故 OP_1 是大厂商需求曲线的纵截距。当价格为 P_2 时,小厂商将只能提供 P_2A 数量产品,

大厂商将提供其余部分。这样，从市场需求曲线D减去P_2到A点的水平距离，就得到大厂商的需求曲线上的B点。换言之，$BC = P_2A$。当大厂商将价格定为P_3时，小厂商什么也不能提供(由于规模小，成本高)，大厂商将供给全部市场需求量(P_3F)。市场需求曲线与大厂商需求曲线相交于F点。在图中，大厂商的需求曲线为P_1BFD。此时，大厂商的边际收益曲线为MR，边际成本曲线为MC。按照$MR = MC$的原则，大厂商在E点达于均衡，均衡价格为OP_2，均衡产销量为OQ_2，而且这一均衡是稳定的。因为作为价格接受者，小厂商的行为是被动的。

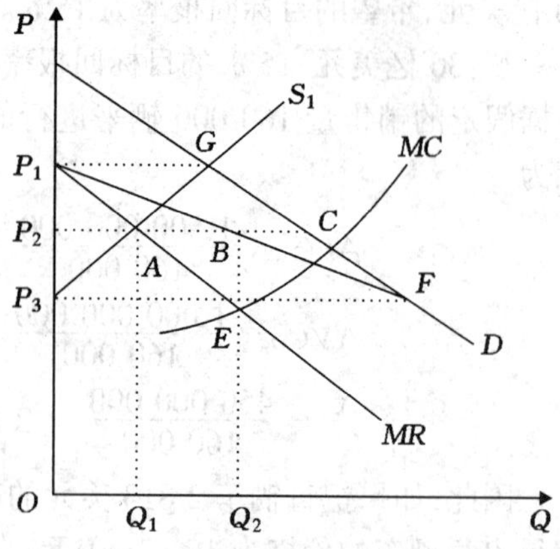

图7－23　占支配地位厂商的领导价格

2) 低成本厂商的价格领导

在某些行业，率先确定价格的有时是行业成本最低的厂商。此时市场均衡情况如图7－24所示。

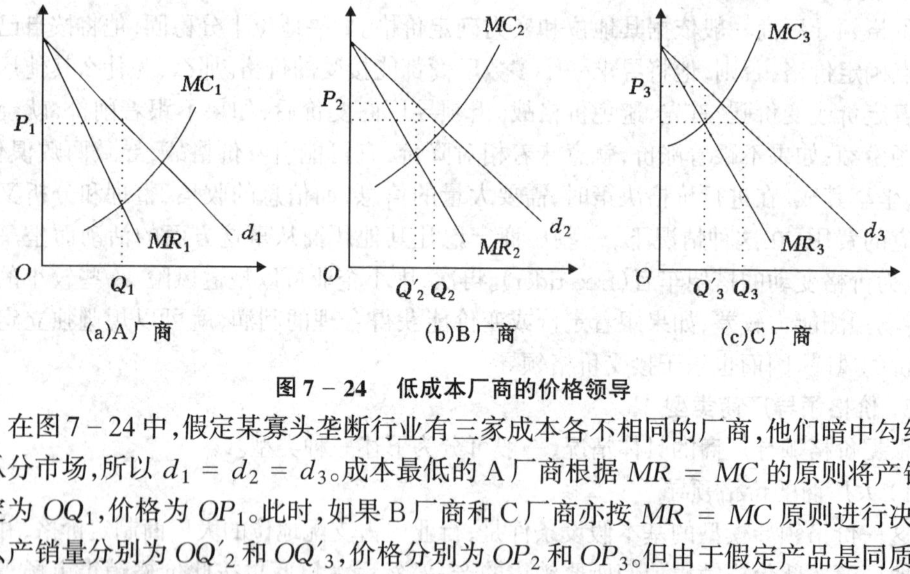

图7－24　低成本厂商的价格领导

在图7－24中，假定某寡头垄断行业有三家成本各不相同的厂商，他们暗中勾结共同瓜分市场，所以$d_1 = d_2 = d_3$。成本最低的A厂商根据$MR = MC$的原则将产销量确定为OQ_1，价格为OP_1。此时，如果B厂商和C厂商亦按$MR = MC$原则进行决策，那么产销量分别为OQ'_2和OQ'_3，价格分别为OP_2和OP_3。但由于假定产品是同质的，B厂商和C厂商若按自己的愿望分别以OP_2和OP_3的价格销售产品，可能什么也卖不出去，所有的消费者都会跑到按OP_1价格销售产品的A厂商那里去(假定A厂商能提供更大的产量)。从而导致高成本的B、C两家厂商只能跟在低成本的A厂商后面将价格定在OP_1，提供OQ_2和OQ_3数量的产品，低成本厂商便成为市场价格的领导者。这意味着高成本的B、C两厂商通过牺牲一部分利润以避免与低成本的A厂商进行价格竞争。B、C两厂商实际所获利润小于最大利润。

3) 晴雨表型厂商的价格领导

在这一模型中,价格的产生往往表现为其他厂商效仿某厂商定价的过程。领先变动价格的厂商被称为是“晴雨表型厂商”(barometric firm)。该厂商不一定是占支配地位的大厂商或低成本的厂商。晴雨表型厂商之所以具有领价的地位,主要在于其他厂商认为该厂商对市场情况了解得比较清楚,预测比较准确,在行业中具有一定的威信,因而愿意追随他来定价和变价,而且确信这样可使价格竞争降低到最低限度。正如美国经济学家乔治·斯蒂格勒所评论的那样,晴雨表型厂商“之所以能够支使其竞争对手依附于自己的价格,仅仅是因为自己的价格比较及时地反映了市场状况”①。

四、多产品定价

差别定价理论可以引申到对一个垄断厂商的多种产品确定价格,但必须具备两个前提条件:一是厂商的生产资源可以很容易地用来制造其他产品,这就是说,该厂商的相当一部分设备是通用型的,而管理人员和工人又一专多能;二是该厂商常有一些闲置的设备或未充分利用的设备。在此前提下,就可以考察多种产品的定价问题了。

假如某一个厂商只生产一种产品,并且生产设备利用率仅有 60% ~ 70% 。尽管产品的 $MR = MC$,但利用闲置的生产能力进行有效的生产,就可以生产其他产品,而不使 MC 增加得很多。同时,只要生产第二种产品的市场需求在厂商的 MC 以上,闲置生产能力用于生产第二种产品就有现实意义。依此类推,其他闲置的生产资源可用于第三种产品、第四种产品等等。

图 7 - 25 表示如何利用三级价格差别的定价原则确定厂商生产的四种产品在各自市场上的最优产销量和销售价格的情况。设四个产品的市场需求曲线分别为 D_1、D_2、D_3 和 D_4,产销量分别为 OQ_1、OQ_2、OQ_3、OQ_4。当该厂商生产和出售的每一种产品的数量能使它们的边际收益彼此相等,并且等于总产量的边际成本时,即 $MR_1 = MR_2 = MR_3 = MR_4 = OE$,厂商的利润就可以实现最大化。图中与数量轴平行的直线 EMR 是等边际收益线,它与各市场的边际收益曲线相交,据此可确定各市场的销售量和各市场的销售价格 P_1、P_2、P_3 和 P_4。

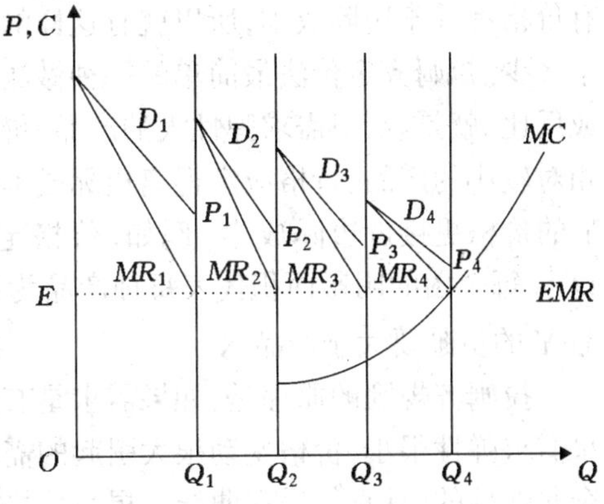

图 7 - 25 多种产品的定价

五、拉姆齐定价法

除非企业的增量收入预期会超过它的增量成本,否则就不应生产任何产品。但如果存在共同成本,厂商还必须决定哪些产品的定价会高于增量成本和高多少。对于受管制

① 斯蒂格勒:《折弯的寡头需求曲线和价格刚性》,载《政治经济学杂志》第55卷;第445~446页,1947年10月。

的厂商(它们的利润最高额是受限制的)和非盈利企业(它们只期望能补偿成本就行)来说,需要使用拉姆齐定价法(Ramsey pricing)进行这种决策。

假定有某厂商生产两种产品X和Y。产品X的需求弹性比产品Y大,它们的边际成本都是常数。如果X和Y都按边际成本定价(分别为 P_X 和 P_Y),那么,X 的需求量为 Q_X,Y 为 Q_Y(见图 7 – 26)。但由于企业的共同成本未包括在边际成本中,总收入就会小于总成本。

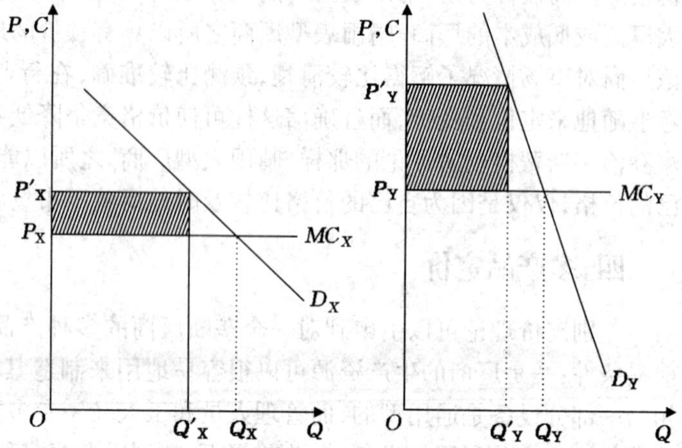

图 7 – 26 拉姆齐定价法

为了使总成本得到补偿,两种产品中至少有一种产品的定价高于边际成本。但是任何高于边际成本的定价都会导致资源配置的低效率。如果目标是高效率,就需要有一种"次优"的定价方案。在对资源配置的消极影响最小的同时,允许厂商至少不盈不亏。

如果厂商生产多种产品,拉姆齐定价法可用来指导为每种产品定价。由于并不是所有价格都等于边际成本,所以就有这样的问题:每种产品的定价应高于或低于其边际成本多少。拉姆齐定价法最简单的一种做法是,价格高于边际成本的距离应当与需求弹性成反比。就是说,对需求弹性大的产品,价格应定得与边际成本较近;反之,对需求弹性相对较小的产品,价格应定得离边际成本较远。在图 7 – 26 中,产品 X 的价格应比产品 Y 的价格更接近边际成本。例如,价格定为 P'_X,需求量为 Q'_X;定为 P'_Y,需求量为 Q'_Y。每个图的阴影面积代表每种产品为补偿企业的共同成本能做多少贡献。注意,产品 Y 的贡献要大于产品 X。

拉姆齐规则的原理是:如果需求是有弹性的,提高价格会使需求量大量减少;但如果需求弹性很小,价格变动很大引起的需求量的变化却很小。从极端看,如果需求是完全非弹性的(垂直的需求曲线),提高价格就不会引起需求量的变化。因此,对这些非弹性需求的产品来说,尽管定价偏离边际成本很远,资源配置上的低效率却是最小的。

六、新产品定价

当一种新产品上市时,由于不了解市场需求,垄断企业往往按照不同顾客、不同时间的需求弹性不同,采取高价与低价两种定价策略。

1. 撇油法

这是一种在开始阶段采用高价的短期定价策略,以便将浮在面上的油先撇起来。新产品投放市场采取高价,初期的产品高价存在一个愿意支付高价的客户群。等到竞争对手想挤入分享利润时，再逐步降价。降价后又会吸引新的客户群。由于在高价阶段已经积累了经验和经济实力，成本下降，降价后仍然有利可图，而竞争对手却不敢贸然进入。例如，新化妆品上市、首轮电影放映、新小说出版，都以家庭收入高、需求弹性小的顾客为重点，采取高价出售，过一阶段后再降价，以适应家庭收入低、需求弹性大的广大顾客。

2. 渗透法

这是一种在开始阶段采用低价的短期定价策略，以便渗透并占领市场。有些需求弹性较大、具有规模经济的日用品，采用这种方法能够迅速打入市场并扩大规模，而且低价也能避免对手的激烈竞争。等到已经占领市场并成为名牌以后，再逐步提高价格。

本章小结

与完全竞争相对应，市场上存在着完全垄断行业。在短期，完全垄断厂商不一定保证获利。当其从短期过渡到长期时，拥有垄断利润才是基本特征。垄断存在着限制产出、管理松懈、研究开发萎缩和热衷于寻租等弊端。除完全竞争和完全垄断行业之外，市场上普遍、大量存在着的是不完全竞争行业(包括垄断竞争和寡头竞争)，它们构成现代市场经济的现实主体。垄断竞争广泛存在于商业服务业，更倾向于竞争，竞争方式也较灵活。寡头垄断更倾向于垄断，厂商间的相互依存性和竞争结果的不确定性是其区别于其他类型厂商的主要特点。迄今为止，尚未有分析寡头垄断行业普遍适用的一般性模型。经济学家只是根据寡头垄断某一方面的特征，提出了许多具体的分析模型。伴随社会经济发展以及市场竞争激烈程度的加剧，市场结构理论的应用性研究更多地体现在研究厂商定价策略上。

复习思考题

1. 解释下列概念：垄断，垄断竞争，自然垄断，销售成本，寡头垄断，古诺均衡，价格领导，卡特尔，差别定价，撇油法，成本加成定价。
2. 垄断厂商一定能获得垄断利润吗，为什么？
3. 消费者欢迎产品差别化吗，为什么？
4. 完全垄断企业是否可以任意决定产量和价格？
5. 试述完全垄断市场条件。
6. 在价格领导模型中，为什么其他厂商愿意跟着价格领导厂商定价？
7. 寡头垄断行业的价格为什么具有刚性？
8. 不完全竞争要素市场上要素需求量是如何决定的？
9. 垄断竞争厂商为何同时面对两条需求曲线，它们各自在什么情况下生效？
10. 试述垄断竞争的市场条件。
11. 寡头垄断产生的原因及其特点有哪些？

12. 某垄断厂商在两个市场上出售产品，两市场的边际收益函数分别为 $MR_1 = 37 - 3Q_1$，$MR_2 = 40 - 2Q_2$。如果 $MC = 16$，$FC = 150$，求最大利润。

13. 某垄断企业的成本函数为 $TC = 10Q + 0.5Q^2$，产品的需求函数为 $P = 90 - 0.5Q$，试求企业的经营结果。

14. 假设某厂商所面对的市场需求函数为 $Q = 53 - P$，平均成本和边际成本均为5元，试求：

1) 完全竞争条件下，产量、价格和利润数额；

2) 完全垄断条件下，产量、价格和利润数额。

15. 某厂商在两个市场上销售产品，市场需求函数分别为：$P_1 = 14 - 2Q_1$，$P_2 = 10 - Q_2$，厂商的边际成本为2元。

1) 求两市场的销售量及价格各为多少？

2) 实行差别定价或统一定价对利润水平有何影响？

16. 已知垄断竞争行业典型厂商的需求函数和长期成本函数分别为 $P = A - 0.1q$，$TC = 0.0025q^3 - 0.5q^2 + 384q$。其中，$P$ 为价格，A 为行业内厂商的数目，q 为厂商的产量。试求长期均衡条件下，典型厂商的均衡价格和均衡产量及 A 的数值。

17. 假设双头市场上厂商的行为遵循古诺模型，他们的成本函数分别为：

$$TC_1 = 0.1q_1^2 + 20q_1 + 100\,000$$

$$TC_2 = 0.4q_2^2 + 32q_2 + 20\,000$$

两厂商生产相同产品，市场需求函数为 $Q = 4\,000 - 10P$。根据古诺模型，试求：

1) 厂商1和厂商2的反应函数；

2) 市场均衡价格和两厂商的各自产量；

3) 每个厂商的利润数额。

第八章 信息不完全的市场

前面探讨了完全竞争模型和不完全竞争模型。完全竞争模型与真实的经济生活并不一致，包括张伯伦和罗宾逊夫人在内的经济学家提出了不完全竞争理论，试图利用竞争的不完全性来补充竞争模型，缩小现实经济生活与市场竞争模型之间的差距。在完全竞争乃至某些不完全竞争市场模型中，总是假定消费者和厂商具有完全信息(perfect information)，买卖双方知道自己所有的机会集合。伴随信息经济学的发展，人们发现完全信息的假设是不符合事实的。市场信息往往是不完全信息(imperfect information)。通过将不完全信息引入模型，进一步缩小了现实经济生活与市场竞争模型之间的差距。这是对传统市场竞争模型的第二次修正。信息不完全市场被认为能更好地反映现代市场竞争行为，已成为现代经济学中发展最为迅速的领域之一。

第一节　不完全信息

一、信息不完全

1. 信息的含义及特征

一般来说，信息是客观世界事物运动的状态及其变化方式的反映。迄今为止，经济学对信息尚无完全统一的定义。按照信息论的观点，信息是指经过加工的、可以影响决策的数据。信息分为四种类型：对客观事物运动状态及其变化方式进行描述的描述性信息；用来反映人类主观感受的客观事物运动状态及其变化方式的可能性的概率性信息；通过逻辑判断和数理计算对客观事物运动状态及其变化方式的趋势做出预测的推理性信息；为了达到某种目的进行人为渲染的宣传性信息。

(1) 真实性　真实性是指在现实生活中存在大量的消息，但是只有那些真实反映客观存在的消息才是信息。虽然在现实生活中，有些虚假的消息被人们当做信息使用，但是从本质上讲，那些不能真实反映客观存在的虚假消息不是信息。信息和消息的根本区别也在于此。

(2) 模糊性　模糊性是指信息的已知程度总是有限的。一些信息可以用具体的数据、图表和文字描述，而另一些信息只能停留在感性状态——只能意会，不可言传。例如“手感”、“火候”等概念。即使可以用语言和文字表述的信息，也不一定很精确，如质量好、价格低就是比较模糊的信息。

(3) 时效性　时效性是指有些信息只是在特定的时期甚至是特定的时点有用，例如天气预报、考试的试题、招投标的标底等，一旦过了有效期限，就一文不值了。

(4) 对象性　对象性是指一条消息对于一些人来说是信息，而对于另一些人来说就不是信息。例如，时装的最新潮流对于生活富裕的人群来说就是信息，而对于尚未解决贫困的人群来说就不是信息。

(5) 共享性　共享性是指一种新的方法、技术、理论、政策，只要不属于专利权的范畴就可以被任何人使用。例如，政府征收利息税，这个信息大家都可以使用，并且不具有竞争性和排他性。

(6) 可转化性　可转化性是指信息可以转化为物质和能源。因此，信息是有价值的。

2. 信息市场

信息可以转化为资源和物质。比如，当人们确切知道某地区存在着大量的原油，就会节省巨额勘探费用，如果掌握信息的人没有能力进行开发，也可将这种信息出售给有能力进行开发的人。因此，信息是有价值的。信息的价值就是为了获取信息而支付的费用。从这种意义上，可以将信息视为一种商品。因此，信息也像知识一样可在市场上进行交易。事实上，知识是信息升华的结果，也是一种浓缩的系统化了的信息。目前的经济亦被称为信息经济。信息经济在信息技术层次上有数字经济、网络经济甚至比特经济等称谓。信息内容上则有知识经济、智能经济或智力经济等称谓。现代经济的发展方向就是知识经济。

信息是一种特殊的商品，信息市场与传统意义上的商品市场有着较大的差别。消费者在购买普通商品时，销售者竭力向购买者提供商品信息。而信息商品则完全不同。信息具有共享性，一旦人们了解了信息的内容，就失去了为信息付费的动机，因此，信息的出售者不愿意向购买者展示信息的内容。同时，对购买者来说，由于信息具有模糊性、对象性和时效性等不确定因素，在购买前无法了解信息的真实价值，于是有理由对信息出售者持怀疑态度。

与普通的市场相比，信息市场在某些情况下还存在着基本的信用问题。在普通的商品市场上，购买者会认为出售者出售商品是为了获取利润。然而在信息市场上，信息的购买者可能会想，既然信息的出售者了解这条信息，那他为什么不利用信息去赚取利润呢？他是否也无法确定信息的真实性呢？

更为重要的是，即使信息购买者购买到了他认为物有所值的信息，他所得的信息也仍然是不完全的。有些信息的成本过于昂贵，它所带来的收益与付出的成本不相称。因此，取得完全信息几乎是不可能的，信息市场远远不是完全的市场。

3. 信息搜索模型

现实经济生活中存在着大量的信息，那么人们如何从中得到对自己有使用价值的信息呢？现实市场不像完全竞争模型假定的那样，市场的供求双方都清楚他们的机会集合，产品同质同价，一物一价，而是普遍存在着分散性。同一质量的产品由于品牌或厂家经营策略的不同而价格不同，甚至同一产品由于不同地区的消费水平、消费者偏好、竞争环境的不同而存在不同的价格。人们不能将价格的差别完全归结于质量因素，这种情况下，通常认为普遍存在着价格分散(price dispersion)。完全竞争模型的经济主体看到的只是市场价格，厂商之间、厂商与消费者之间、消费者之间的相互关系都被忽略了，对各种人为的和非人为的不确定因素都没有考虑。

人们为了获取某种商业信息的行为过程称为搜索（search）。在信息市场上，由于信息商品存在质量分散性和价格分散性，导致信息搜索的必要性和普遍性。信息搜索是有成本的经济活动，就是说，人们购买一种产品的成本，不仅包括产品本身的价格，还包括搜索该产品所花费的费用。因此，经济主体必须对信息搜索的成本和收益进行分析比较，才能确定是否进行搜索，搜索的规模多大。

如图8－1所示，图中横轴代表搜索量，用时间 T 表示，纵轴表示搜索的预期边际收益 MR。一方面，人们总是从最有希望找到目标的位置开始搜索，随着搜索范围的扩大，逐步转向希望比较小的区域。因此，搜索的预期边际收益随着搜索量的增加而下降（图中的 MR_1 曲线）。另一方面，随着搜索范围的扩大，边际成本也将上升（即图中的 MC 曲线），因为人们花费在搜索上的时间越多，在其他方面花费的时间就越少，从而在搜索上每花费一小时的机会成本就会增加。人们最后所选择的搜索量将位于 T_1 点，因为在该点预期的边际收益恰好等于边际成本。

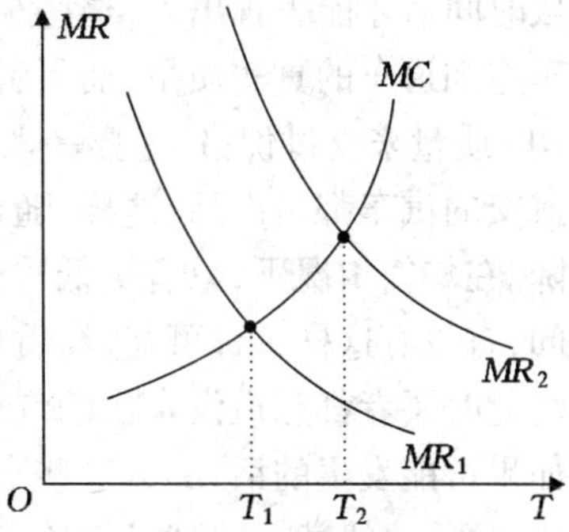

图 8－1　信息搜索

随着质量分散性或价格分散性的加剧，一般会增加搜索的收益——找到质优价廉的商品的概率更大，从而预期的边际收益曲线将向上移动（图中 MR_2 曲线表示质量或价格分散性加大时的预期边际收益），搜索量则从 T_1 增加到 T_2。

厂商知道搜索是有成本的。他们提高价格不会失去所有的顾客，反之降低价格也不会赢得所有的顾客。这就是说，厂商面对的需求曲线是向下倾斜的，因而竞争必然是不完全的。

二、"柠檬"市场与逆向选择

1."柠檬"市场

质量的分散性是指同一类产品由于生产厂家、原料产地等因素的不同而拥有不同的质量。鉴别质量差异要付出成本，有时这种成本甚至大于不同质量产品之间的成本差额。在一些质量分散性较为显著的市场上，由于鉴别成本过高，客户不能或不愿鉴别产品质量的差异。这种市场上的价格不是"以质论价"，客户只愿意以市场的平均质量支付价格。这就形成了一种特殊的市场，这种市场称为"柠檬"市场（lemons market），即次品市场。

二手车市场就是一个典型的"柠檬"市场。市场上的所有旧车的质量具有很大的不确定性，外表相似的汽车可能在性能上有较大的差距。汽车的买主也不可能对旧车的质量进行全面的了解。2001 年诺贝尔经济学奖得主、加州大学伯克利分校的阿克洛夫（G. Akerlof）对二手车市场进行了详细的研究，以不完全信息为基础，开创了逆向选择理论的先河。

2. 逆向选择(adverse selection)

在二手车市场上,阿克洛夫发现旧车的卖主比买主拥有更多的有关产品质量的信息。也就是说,买主与卖主之间存在着信息不对称(asymmetric information)。信息不对称可以从两个角度来划分:一是不对称发生的时间,二是不对称信息的内容。发生在合同签订之前的信息不对称,即在合同签订之前隐藏某些信息,结果导致事与愿违,被称为逆向选择。

在二手车市场上,一些车的质量比另一些质量差,但是这些车的毛病只有在使用一段时间后才能表现出来,这些车称为次品。买卖双方对二手车质量信息存在不对称,老车主知道车的真实质量,而买者不知道,只知道车的"平均"质量,所以只愿意按照"平均"质量来支付价格。这样一来,质量高于"平均"水平的卖者会退出市场,市场上真正成交的汽车都是次品。这样,随着高质量旧车的退出,整个市场的平均质量就会随之下降。在均衡情况下,只有更低质量的旧车成交,这种现象称为逆向选择效应。人们可能会问,有没有这样一种可能,高质量的旧车会在次品售完后进入市场以较高价格成交,因为此时买者都知道没卖出的汽车都是高质量的?事实上这种情况是不可能发生的,因为如果可能发生的话,那么这些次品的拥有者就不会以低价格售出,而会等待价格上升后再出手,这样就又回到了初始状态。

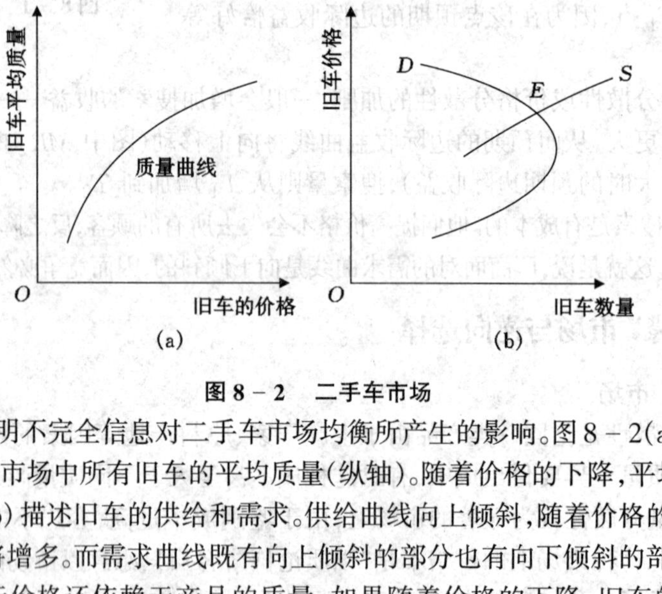

图 8-2　二手车市场

图 8-2 说明不完全信息对二手车市场均衡所产生的影响。图 8-2(a) 描述在不同价格(横轴)下,市场中所有旧车的平均质量(纵轴)。随着价格的下降,平均质量也不断下降。图 8-2(b) 描述旧车的供给和需求。供给曲线向上倾斜,随着价格的上升,市场中出售的旧车也将增多。而需求曲线既有向上倾斜的部分也有向下倾斜的部分。这是因为需求不仅依赖于价格还依赖于产品的质量。如果随着价格的下降,旧车的质量迅速恶化,那么需求量就会下降 —— 因为消费者要支付大量的维修费用。

许多市场都具有非对称信息的特征。与完全信息相比,这种市场上的卖主和买主都要少得多。经济学家称之为稀薄(thin)市场,在某些极端情况下甚至是不存在市场。图 8-3 描述了一个信息不对称市场是如何消失的。图中,卖者拥有自己产品质量的完全信息,具有确定的供给曲线 S。而买者不了解产品的实际质量,只能根据产品的"平均"质量确定一条"平均"需求曲线 D_1。对于此时的均衡价格 P_1 来说,质量较高的产品收不回成本，而低质量的产品拥有超额利润。高质量的产品退出市场，导致整个市场平均质量水平下降，需求曲线下移到 D_2，均衡价格降到 P_2。这时，只有更低质量的产品才能存在。如此循环，需求曲线移到 D_3。这时，所有产品都不能收回成本，有行无市，整个市场也就不存在了。逆向选择使次品驱逐良品，从而破坏了整个市场。

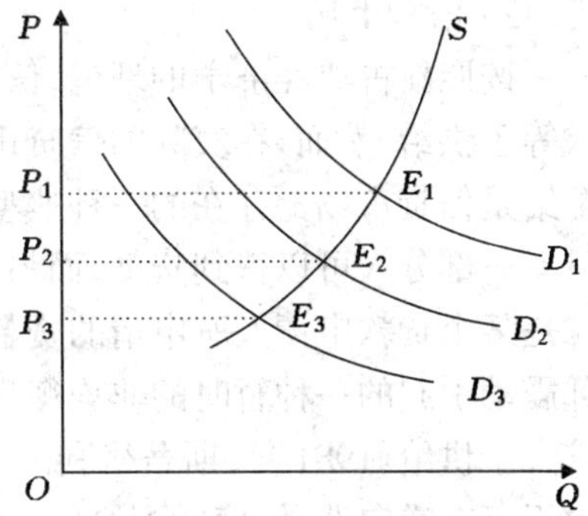

图 8－3　稀薄市场

3. 逆向选择的影响

1) 保险市场

据说，"逆向选择"这一术语最早来自于对保险市场的研究。保险公司不可能了解每个客户的所有风险信息，所以保险费的金额只能依据具有可比性且成本较低的因素确定。例如：健康保险依赖于客户过去的医疗记录和客户的年龄、性别。对具有相同特征的客户群收取相同的保险费。

假设保险购买者只有高风险或低风险两种类型。用 P_h 和 P_l 分别表示两种类型消费者的出事概率。如图 8－4 所示，U_h 表示高风险类型的无差异曲线，U_l 表示低风险类型的无差异曲线，A 为不参加保险时的收入状态。保险公司不知道消费者的真实类型，只知道消费者属于高风险和低风险的概率分别为 u 和 $1-u$。所以，在完全保险的情况下，保险公司按照消费者的平均风险的无差异曲线收取 k 的保险金，出事后支付投保人 Δx。保险公司的期望利润为 $E\pi = u(k - P_h\Delta x) + (1-u)(k - P_l\Delta x)$，零利润曲线介于 AH 与 AL 之间。如果消费者得到完全保险(fully insured)，满足零利润约束的保险合同在 N 点。然而 N 点不是一个均衡点，低风险类型的消费者的效用低于他不参加保险的效用。那些实际风险较低的客户要么决定自我保险 —— 停止购买任何公司的保险，要么转向另一家收费较低的保险公司。而那些实际风险较高的客户由于不愿自我保险 —— 知道自己出事的概率大，也不能转投其他公司 —— 其他公司更了解他的风险信息，于是盯住这家保险公司不放。随着低风险客户的离开，保险公司承担的平均风险增大。当保险公司感到向某个群体收取的保险费太低时，它就试图提高保险费。随着保险费用的提高，情况可能严重恶化，以至于增加的保费收入不足以抵消随着风险加大而多付出的赔偿金。以上分析的一个基本结论是：在保险市场上存在着逆向选择。那么如果低风险的客户一定会被高风险的客户逐出保险市场的话，保险市场不就消失了吗？为什么保险市场会存在呢？那是因为以上现象出现的前提条件是完全保险。如果是部分保险(partially insured)，即一部分的风险由客户自己承担，低风险客户是会留在市场中的。

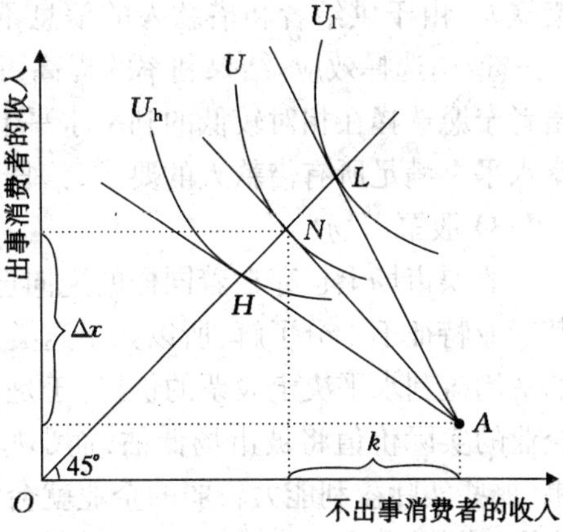

图 8－4 保险市场的逆向选择

2) 信贷市场

按照新古典经济学的理论,信贷市场价格(利率) 的自动调整会使对信贷资金的需求等于供给。然而,在实际的信贷市场上却普遍存在着信贷配给(credit rationing)。信贷配给是信贷市场上存在的一种典型现象,主要指两种情况:一是在所有的贷款申请人中只有一部分人可以得到贷款,而另一部分人即使愿意付出更高的利息也无法得到贷款;二是某个贷款申请人所申请的贷款金额只能被部分满足。传统经济学将其解释为由外部震动引起的一种暂时的非均衡现象,或者解释为由政府人为规定的利率上限导致需求大于供给。1981 年,斯蒂格利茨(Stiglitz) 和温斯(Weiss) 证明,即使没有政府的干预,由于存在逆向选择,信贷配给也可以作为一种长期均衡存在。直观地来说,信贷市场的供给者(一般是银行) 的期望收益不仅依赖于贷款的利率,而且依赖于借款人还款的概率。因此,供给者不仅关心利率水平,而且更关心贷款的风险。如果贷款风险与利率水平不相关,在资金的需求大于供给时,供给者可以通过提高利率增加自己的收益,不会出现信贷配给问题。然而那些愿意支付较高利息的借款人正是那些预期还款可能性低的借款人。由于供给者和借款人的信息不对称,提高利率将使低风险的借款人退出市场——逆向选择效应。结果利率的提高可能降低而不是提高供给者的预期收益,所以供给者宁愿选择在相对较低的利率水平上拒绝一部分贷款要求,而不愿选择在较高的利率水平上满足所有借款人的要求,信贷配给就出现了。

3) 股票市场

股票市场上也存在着同样的逆向选择问题。对于一个新兴的产业来说,由于人们对其行业特征不十分了解,所以如果这类产业中的企业发行股票时,人们只能按照该行业的平均盈利水平决定股票的价格。于是,就如同旧车市场一样,那些实际盈利能力较强企业的实际价值将被市场低估,而那些实际盈利能力较弱的企业则被市场高估了。结果,那些实际盈利能力较弱的企业就会发现,他们通过发行新股来筹集资金开发项目可享有极低的成本。这些公司就会不断地通过发行新股进行资本扩张。而那些实际价值被市场低估的企业,则发现他们发行新股得不偿失,不得不放弃发行新股。而在股票市场上,那些不断发行新股的企业会被认为是具有活力的成长型绩优股而受到投资者的追捧。然而随着时间的流逝,新兴产业的光环开始褪色了。一旦更多的投资者了解到企业的真实能力,那些低能力企业的股价就会一落千丈,泡沫也就随之破灭了。

4. 信号传递

由于信息不对称导致的逆向选择使帕累托最优交易不能实现,严重影响了市场的存在。逆向选择出现的原因是因为买卖双方的信息不对称。人们提出了许多方式使拥有信息优势的一方将信号(signal) 传递给信息劣势的一方,或者后者采取某种方式诱使前者展示自己拥有的信息,实现交易的帕累托改进。如果一种信号可以对不同产品进行区分,这种信号被称为有效信号。一般认为,有效信号及其传递方式主要有以下几种。

1) 广告宣传

销售方可以通过广告这一手段向购买方传递产品质量的信号。广告在提供可选择信息方面有重要的经济功能。按照广告的不同作用,通常将广告分为信息性广告

(informative advertising) 和说服性广告(persuasive advertising)。前者的目的是向消费者提供产品的特征、价格、功能、地点等信息。后者是使消费者对某类产品产生偏好,甚至提供给消费者"虚假信息",使他们认为实际上不存在差别的商品之间存在差别。广告既是不完全竞争的原因,也是不完全竞争的结果。如果广告可以在消费者心目中形成产品差别的印象,那么厂商就会面对向右下方倾斜的需求曲线,出现不完全竞争;如果存在不完全竞争,广告就可以用来增加对厂商产品的需求。广告的目的不仅是通过形成产品差别的印象来改变需求曲线的斜率,而且要移动需求曲线。

2) 质量凭证

销售方可以通过各种有说服力的凭证显示自己商品的质量,例如著名商标、政府和社会组织的认证、行业评比的成绩等。这些凭证之所以可以进行信号传递,是因为它们具有较高的权威性、可比性和可信性。但是当这些凭证也可以买卖时,它们就失去了信号传递的作用,假凭证就会将真凭证逐出市场。因此购买方对于销售者的凭证必须进行仔细甄别。政府也要对凭证严加管理。如果凭证不能传递真实信息,整个社会的信用基础就会受到破坏。

3) 企业形象

销售方可以通过店堂装饰、人员着装等外部形象传递企业形象,从而间接传递商品的质量信息。人们可以看到,汽车销售商花费大笔费用装修展厅用来说明他们的经济实力;银行人员的着装一般都以深色为主,给人以可信赖的感觉;而 IT 企业的人员着装则个性化较强,给人以充满活力和开拓创新之感。

4) 分类合同

当合同双方难以确定对方信息的真实性时,可以采用合同多样化的方法,通过合同附加条款在事后加以鉴别。例如:签订附带质量承诺的合同,即在购买货物时先付全部货款的一部分;如果使用后证实质量符合合同要求,再付余下的货款,否则不再付款,或者承诺质量不符合标准的可以在一定时间内退换、维修等。火灾保险也可以分为几个档次。对防火设备齐全、防火制度完善的单位收费较低;反之,收费较高。这样,可使火灾发生概率不同的单位以不同的费用加入保险。

5) 以价格甄别质量

一般来说,消费者除了根据厂商显示的信号甄别商品的质量外,还可以利用价格甄别质量,即借助价格的高低把握质量信息。比如,在其他条件不变的前提下,伴随某种商品价格的降低,商品的平均质量水平在降低,这意味着消费者购买到低质量商品的可能性在加大。反之,如果厂商采用的原材料和生产工艺都是上乘的,商品价格就不会过分低廉。厂商当然也知道理性消费者会借助价格甄别质量。因此,生产经营优质产品的厂商往往对降价策略持十分谨慎的态度,以避免陷入"低价低质"的信号传递误区。

6) 标准化

这里所指的标准化,是对大量、批量提供的产品和服务通过制定、发布和实施标准,达到统一,以获得最佳信号传递秩序和社会效益。对工业产品而言,主要的标准化形式是简单化、统一化、系列化、通用化,以及在这些形式基础之上发展起来的组合化等。基于各种标准化形式，供求双方在一定程度上消除了信息不对称，使信号传递具有可比性和可信性。在商业领域，特许经营、加盟连锁的商业业态也被认为是一种标准化形式。在某一连锁经营体系中的任何店铺，消费者均可享受到同一化的服务及优惠。

7）教育信号

不同市场信号显示的内容可能不同。在劳动力市场，雇员要比雇主对自己的工作能力（生产率）了解得更多。那么，雇主应根据何种信号判断雇员的生产率水平呢？教育甄别理论认为，教育基本上是作为一种衡量工作能力的尺度和信号，而不是作为获得能力的证据。教育是一种代表雇员更高生产率的信号。教育最主要的作用就像一个双层过滤器，一是对申请入学者的遴选，二是对通过或未通过某一层次教育的学生进行区分。以高等教育为例，经过双层过滤和筛选，不管大学生所学专业与其所从事的工作是否对口，雇主有理由相信，经过教育的双层过滤器甄别的雇员总比未经过过滤的雇员具有较高的生产率。于是，教育被视为一种有效的甄别信号。不仅如此，教育信号还是一种十分经济的信号。因为，若雇主需要逐一对雇员进行实际生产率评估时，显然需要支付大量的时间和成本，而一纸文凭则给雇主提供了一种明显的信号。因此，雇主愿意对具有较好教育背景的雇员支付较高的工资。

三、道德风险与机制设计

1. 道德风险

信息不对称现象发生在合同签订之前称为逆向选择，信息不对称发生在合同签订之后则称为道德风险（moral hazard）。道德风险是指在交易协议签订之后，交易一方利用多于另一方的信息，有目的地损害另一方的利益而增加自己利益的行为。当然，在经济学家看来，这并不是道德问题，而是一个激励问题。如果人们只承担行为后果的一部分，或者根本不承担责任，那么他的积极性理所当然会发生变化。

以火灾保险为例，由于火灾造成很大的损失，人们纷纷加入火灾保险。保险公司按照过去的“平均”火灾发生率和火灾损失情况确定保险费。但是，一旦合同签订之后，人们的防火积极性就会减弱，可能就会减少防火器材的购买，减少防火人员的配置，防火意识也渐渐会淡薄。这样就会导致火灾的发生概率加大，保险公司支付的保险金就有可能超过原有的预算。另一方面，当保险金额超过实际资产价值时（例如经济的萧条，引起房地产价格的下降），人们对发生火灾后的救火行为就失去了积极性，甚至会故意纵火。当然，后者可以通过法律制裁，但是对于前者，保险公司就无可奈何了。因为保险公司无法观测到所有投保人的行为，或者说想要观测到所有投保人行为需要付出的成本太大了，远远大于保费的收入。

这种合同签订后隐藏行为的道德风险同逆向选择一样会严重影响市场的存在。那些采取了完善的防范措施的客户，看到没有完善措施的客户照样得到了赔偿，就失去了采取防范措施的积极性，这样事故发生的概率就会加大，保险公司不得不付出更多的赔偿，所以保险公司不得不提高保费甚至拒绝承保。

2. 机制设计

为了解决事后的道德风险问题,人们设计了种种机制避免灾害的发生,使合同双方都得到适当的激励和约束来履行合同。具体的做法因条件而异,通常有以下几种。

(1) 市场解决法　即通过市场价格来解决道德风险的问题,也就是根据合同执行人事后的实际执行情况决定最终的执行价格。例如:请打印社打印文章,每千字 6 元,24 小时后交货,同时规定每错一个字扣 0.2 元,晚交每一小时扣 2 元。这份合同对于打印社及时、准确打印有着内在的激励和约束,就可以避免道德风险,使客户满意地拿到打印件。当然,现实中的大多数交易远比这要复杂得多。

(2) 合同解决法　即根据有关的法规签订有效的合同,详细规定交易的各种条件。通常,在合同中要有"例外"条款,即在发生各种意外和不可抗力的情况下如何执行合同。这些处理意外事件的应变条款(contingency clauses) 主要包括付款额和交货时间的变化。合同解决法试图通过合同明确每一方在每一种情况下的权利和义务来解决道德风险问题。然而,由于信息的不完全和不对称,没有人能考虑到所有的偶发因素。即使有人可以做到这一点,也要花费巨额成本,得不偿失。因此,任何合同都是不完备的,只能部分地解决道德风险问题。

(3) 信誉解决法　信誉(reputations) 在提供激励方面发挥着重要的作用。信誉是一种保证,即使信誉不会给人们带来实际利益,人们也会清楚地了解一种商品或一个企业表现不佳会使信誉受损。信誉向供货方提供了生产优质产品的激励,向购买方提供了得到质量保证的激励。在信誉比较重要的市场上,竞争往往是不完全的。就是说,即使两种产品是同质的,那些具有较好信誉厂商的产品价格也要高于那些信誉较差厂商的产品价格。在有些时候,建立信誉的必要性成为进入市场的主要障碍。在相同价格水平下,消费者往往会选择具有良好信誉的厂商而不是尚未建立信誉的新进入者。有些著名的商标之所以能够形成数以亿计的无形资产,原因主要就在于有良好的信誉。因此,合同的执行人不愿意以破坏合同(道德风险) 而得到的短期利益来影响自己的长远利益。职业道德、企业精神也属于信誉解决法之列。

第二节　博弈论的基本知识

由于市场上普遍存在着信息不完全、不对称的现象,传统理论的市场结构与真实的市场结构有着巨大的差异。因此研究具有不同目标或偏好的个体的决策行为的博弈论(game theory) 日益成为主流经济学的一部分,甚至可以说已成为现代经济学的基础。

一、博弈论的发展过程

博弈论是研究在决策主体行为相互依存、相互制约条件下的决策以及这种决策均衡问题的理论。博弈论为分析涉及两个或更多的参与者,并且他们的决策会相互影响的状况提供了一般的研究方法。因此,博弈论有时也被称为对策论。

博弈论力图通过研究定量的模型和简单的例子解释现实生活中的现象。虽然许多例子与现实生活相比被简单化了，但从简单到复杂、从个别到一般是任何一种理论研究都采用的方法。

近代博弈论始于泽莫罗(Zermelo)、波雷尔(Borel)、冯·诺依曼(Von Neumann)的研究工作。1944年，冯·诺依曼和摩根斯坦(Morgenstern)合著的《博弈论与经济行为》(The Theory of Games and Economic Behaviour)一书是博弈理论的奠基性著作。他们对理性的决策者应该如何行动做了一些假设(肯定性或替代性公理)，假设参与人可以对某种具有线性效用的商品进行“转移支付(side-payment)”，证明了作为一个理性的决策者，一定使用某种方法对他所关心的各种可能结果赋予效用函数。他的最终决策总是选择自己的预期效用最大化。根据预期效用最大化，他们提出了双人零和博弈的最小最大原则，即一个参与人在计算他的保障支付水平时，首先计算他运用每一个混合策略将得到的最小支付，所有这些最小支付的最大值即为保障支付水平。这一原则成为以后博弈论发展的理论基础。20世纪50年代合作博弈发展到了鼎盛时期，纳什(John F. Nash)和夏普利(L. S. Shapley)提出的“讨价还价”模型，吉里斯(Gillies)和夏普利关于合作博弈中“核(core)”的概念，以及其他人的贡献推动了合作博弈的研究。

纳什在1950年发表的《n人博弈的均衡点》(Equilibrium Points in n-Person Game)，以及1951年发表的《非合作博弈》(Noncooperative Games)两篇关于非合作博弈的重要文章，提出了纳什均衡概念，奠定了现代非合作博弈论的基石。

20世纪60年代，泽尔滕(R. Selten)将纳什均衡的概念引入动态分析，提出了“精炼纳什均衡”概念。海萨尼(J. Harsanyi)将不完全信息引入博弈论的研究，提出了“海萨尼转换”。到了80年代，克瑞普斯(D. Kreps)和威尔逊(R. Willson)合作发表了关于动态不完全信息博弈的重要文章《持续均衡》(Sequential Equilibria)，1982年他们又与米尔格罗姆(P. Milgrom)、罗伯茨(J. Roberts)一起发表了《有限次重复囚徒困境博弈中的理性合作》(Rational Cooperation in the Finitely – Repeated Prisoner’s Dilemma)，提出了著名的“四人帮”模型。以上学者的贡献使博弈论的理论体系逐渐完善了起来。1994年诺贝尔经济学奖授予了纳什、泽尔滕和海萨尼。

二、博弈论的基本概念

博弈论的基本概念包括局中人、行动、信息、策略、支付、结果和均衡。他们之间的关系是：局中人、策略和支付是一个博弈的基本要素，局中人根据信息采取行动，局中人、行动和结果统称为“博弈规则”。博弈分析的目的就是使用博弈规则预测均衡。

1. 局中人

一个博弈指的是涉及两个或更多个参与人的局势。博弈所涉及的参与人被称为局中人。当然局中人可能是个体(自然人)，也可能是团体，例如企业、国家甚至是国家联盟。他的目的是将自己的期望效用最大化。通常的博弈中都假设局中人是理性的和智能的。一个决策者在追求目标时所做的决策能够前后一致，就称他为理性的决策者；当分析一个博弈时，如果决策者知道对此博弈所可能知道的一切，并能够做出对这一局势所可能做出的一切判断，就称他为智能的决策者。

当然,所有局中人都具有完美的理性和智能性的假设在现实生活中几乎不可能实现。但是另一方面,也要对与此假定不一致的理论表示怀疑。假设一个理论预测中的一个局中人经常对局势做出错误判断而采取错误行动,那么随着对局势了解的加深,这个理论将失去有效性。

为了方便分析,通常在分析不完全信息博弈时将"自然"(nature)也作为一个局中人看待,自然决定参与人的特征,如产品成本、个人的偏好等等。参与人知道自己的特征,但不知道其他参与人的特征,只知道其他参与人特征的概率分布。一般用 $i = 1,2,\cdots,n$ 表示参与人,N 代表自然。

2. 行动

行动是局中人在博弈的某个选择点做的选择。行动可能是离散的,如做广告和不做广告;也可能是连续的,如产量的决定。一般用 a_i 表示第 i 个局中人的一个特定行动,$A_i = \{a_i\}$ 表示可供局中人 i 选择的所有行动的集合。在 n 人博弈中,n 个局中人的行动的有序集 $a = (a_1,\cdots,a_i,\cdots,a_n)$ 称为博弈的一个行动组合。

行动的顺序是博弈的一个重要概念,行动顺序的变化往往可以改变博弈的结果。按照局中人同时或先后行动,博弈分为静态博弈和动态博弈。不同的行动顺序意味着不同的博弈,特别是在不完全信息博弈中,后行动者可以通过先行动者的行动了解先行动者的特征,从而在博弈中取得有利地位。

3. 信息

信息是指局中人对于博弈局势的知识,特别是关于其他局中人的特征和行动的知识。这里要区分两个概念:"完美信息"(perfect information)和"完全信息"(complete information)。完美信息是指一个局中人确切了解其他局中人的行动选择;完全信息是指一个局中人确切了解其他局中人的行动,不包含任何的不确定性。完全信息的假定要强于完美信息,即完全信息一定是完美信息,反之则不成立。

博弈论中有关信息的另一个假设是"共同知识"(common knowledge)。按照奥曼的说法,如果每个局中人都知道某个事实,每个局中人都知道每个局中人都知道,如此等等,从而形如"(每个局中人都知道)^k 每个局中人都知道它"的语句对 $k = 1,2,\cdots$,都成立,就称这个事实为这个博弈局中人之间的共同知识。相对地,一个局中人的私人信息是指一个他知道但所有其他局中人不知道的知识。

4. 策略

策略是局中人在给定信息集的情况下的行动规则。它规定局中人在博弈的每个决策点上选择什么行动。策略规定局中人在已知其他局中人的行动的时候采取什么相应的方案。策略是局中人的"相机行动方案"(contingent action plan)。这里要注意的是,策略是行动的规则而不是行动的本身。作为一种行动规则,策略必须是完备的。这就是说,即使发生了局中人没有预料到的情况,策略也要给出该情况下相应的行动选择。

纯策略(pure strategies)是指一个策略规定局中人在每个给定的情况下只选择一种特定的行动;混合策略(mixed strategies)是指一个策略规定局中人在给定的情况下以某种概率分布随机地选择不同的行动。混合策略可以定义为纯策略空间上的一个概率分布。

一般地，用 s_i 表示第 i 个局中人的一个特定策略，$S_i = \{s_i\}$ 代表第 i 个局中人的所有策略集合。如果 n 个局中人每人选择一个策略，n 维向量 $s = (s_1,\cdots,s_i,\cdots,s_n)$ 称为一个策略组合，其中 s_i 是第 i 个局中人选择的策略。

5. 支付

在博弈论中，支付是指在一个特定的策略组合下局中人得到的确定效用水平，或者是指局中人得到的预期效用水平。在博弈中，局中人都是按照支付来选择策略的。假定每一个局中人的偏好都可以用一个预期效用函数表示，目标是选择自己的策略使预期效用最大化。

一般用 u_i 表示第 i 个局中人的支付，$u = (u_1,\cdots,u_i,\cdots,u_n)$ 为 n 个局中人的支付组合。博弈的一个基本特征是一个参与人的支付不仅取决于自己的策略选择，而且取决于博弈中其他局中人的策略选择，即 u_i 是关于所有局中人的策略选择的函数：

$$u_i = u_i(s_1,\cdots,s_i,\cdots,s_n)$$

6. 结果

结果是局中人按照策略选择行动后得到的，是博弈分析者的兴趣所在，如均衡策略组合、均衡行动组合、均衡支付组合等。

7. 均衡

均衡是指博弈中所有局中人的最优策略组合，一般记为：

$$s^* = (s_1^*,\cdots,s_i^*,\cdots,s_n^*)$$

其中 s_i^* 是第 i 个局中人在均衡情况下的最优策略。这个均衡定义是博弈论中各种各样均衡概念的共同特征。一个博弈可能拥有多个存在，缺乏惟一性是博弈论的一个主要问题。

需要注意的是，博弈论中的均衡与一般均衡理论中的均衡是不一样的。一般均衡理论里的均衡是指由个体行为最优化导致的一组价格。而从博弈论的角度来讲，这组价格只是均衡的结果，均衡是指所有个体的行为规则的组合。

三、博弈论的分类

由于博弈是一个涉及多种要素的复杂理论体系，经济学家从不同角度出发，对博弈做出了多种分类。比较常见的有以下几种。

1. 合作博弈和非合作博弈

按照博弈中局中人相互作用的关系，博弈可以分为合作博弈和非合作博弈。合作博弈是指所有局中人在相互博弈时能够形成一个具有约束力的契约。反之，如果形不成契约或者形成的契约不具有约束力，就称之为非合作博弈。例如在寡头垄断市场，如果寡头之间形成一个协议，共同最大限度地垄断利润，而且他们严格遵守协议，就是合作博弈。但是，如果寡头之间无法形成协议，或者不是所有寡头都有积极性来执行协议，每个寡头都只按照自己的利润最大化来安排自己的行动，就是非合作博弈。

值得注意的是，合作博弈强调整体理性、效率、公平，非合作博弈强调个体理性，其结果可能是无效的。合作博弈的局中人不能按照自己的效用函数决定自己的行动，而要按照所有局中人的集体效用函数采取行动。然而由于博弈的局中人都是理性的、智能的，所以集体效用函数也要考虑到个体效用函数。简单说，就是制定契约要充分考虑到个体的利益。契约的制定过程实际上是一个非合作博弈过程，即合作博弈要以非合作博弈为基础。正是因为以上原因，现在经济学家谈到的博弈通常是指非合作博弈。

2. 静态博弈和动态博弈与完全信息博弈和不完全信息博弈

按照局中人在博弈状况中行动的时间点，可以将博弈分为静态博弈和动态博弈。静态博弈是指局中人同时采取行动或虽然行动有先后之分，但是后行动的一方并不能从先行动的一方的行动中得到有关博弈的任何信息的博弈状况。动态博弈是指局中人的行动有先后顺序，后行动的一方可以从先行动的一方的行动中了解他的有关信息，从而采取相应的行动。

按照局中人对参与博弈的其他局中人的特征类型，策略组合以及支付函数等有关知识的了解程度，可以将博弈划分为完全信息博弈和不完全信息博弈。如果所有局中人的特征类型、策略组合、支付函数等全是博弈的共同知识，则该博弈是完全信息博弈；否则，称之为不完全信息博弈。

经济学家通常将以上两个角度结合起来，将博弈划分为四个类型，即完全信息静态博弈、完全信息动态博弈、不完全信息静态博弈、不完全信息动态博弈。以下具体介绍这四个类型的博弈，以及他们所对应的四个均衡，即纳什均衡(Nash equilibrium)、子博弈精炼纳什均衡(subgame perfect Nash equilibrium)、贝叶斯纳什均衡(Bayesian Nash equilibrium)和精炼贝叶斯纳什均衡(perfect Bayesian Nash equilibrium)

3. 简单博弈和重复博弈

按照局中人在博弈中选择行动的次数，博弈可以分为简单博弈和重复博弈。如果局中人只进行一次行动的选择则为简单博弈；如果一个博弈中，局中人要多次进行行动的选择，即同样结构的博弈进行多次就属于重复博弈。重复博弈又分为有限次重复博弈和无限次重复博弈。值得注意的是，重复博弈的结果不是简单博弈结果的机械重复。要采取与研究简单博弈不同的方法研究重复博弈。

第三节 简单博弈和纳什均衡

简单博弈的局中人只进行一次行动的选择，不用考虑行动给自己和其他局中人带来的影响。因此，对简单博弈的研究相对容易，简单博弈也就成为了博弈论的基础知识。

一、完全信息静态博弈

完全信息静态博弈是博弈中最为简单的一类。它有两个特点：一是局中人同时选择行动；二是所有博弈信息都是共同的知识。在这类博弈中，策略和行动是一个概念。

首先定义 n 人博弈的概念：该博弈每个局中人有有限个纯策略；对于每一个局中人可以选择的纯策略，每个局中人都有确定的支付函数与之对应；混合策略为纯策略的概率分布；支付函数即为各局中人的期望，它是各局中人选择不同的纯策略的概率的多重线性形式。

研究博弈的目的就是预测博弈的均衡结果。纳什在1951年证明，在 n 人博弈中存在一个均衡，由所有局中人的最优策略组成。这个均衡称为纳什均衡。纳什均衡是完全信息静态博弈均衡解的一般形式。如何在博弈的众多策略组合中寻求纳什均衡呢？下面不妨由易到难逐步进行分析。

1. 占优策略均衡

首先考虑一种特殊的博弈。在该类型博弈中，一个局中人的最优策略与其他局中人的策略选择无关。也就是无论其他的局中人选择什么策略，该局中人选择的策略都是不变的。这个策略即为"占优策略"(dominant strategy)。如果所有局中人在博弈中都存在占优策略，那么由所有占优策略组成的策略组合称为占优策略均衡。占优策略均衡并不要求"理性"是共同知识，即不要求每个局中人知道其他局中人是理性的。因为，只要局中人自己是理性的就会选择占优策略。占优策略均衡是一种纳什均衡。

如果将 s_i^* 称为局中人 i 的占优策略，那么占优策略也可以表述为：如果对于所有的 i，s_i^* 是 i 的占优策略，即 $u_i(s_i^*, s_{-i}) > u_i(s_i', s_{-i})$。所有的 $s \neq s_i^*$ 被称为劣策略，s_{-i} 表示 i 以外所有局中人的策略组合。那么，策略组合 $s^* = (s_1^*, \cdots, s_n^*)$ 称为占优策略均衡。下面采用"囚徒的困境"来说明这一问题。

两疑犯被指控同谋犯罪(如抢银行或盗窃未遂)。公诉人将二犯分开关押，然后分别向他们承诺：如果一个人坦白罪行而另一个拒不交代，那么坦白的将视为有立功表现而获得自由，另一个将被判10年有期徒刑；如果两个人都坦白，那么两人各判刑5年；如果都不坦白，则两人各判刑1年。两个疑犯的支付矩阵如表8－1所示。

表8－1　囚徒的困境

囚犯B ＼ 囚犯A	坦白	不坦白
坦白	－5，－5	0，－10
不坦白	－10，0	－1，－1

在这个博弈中，每个局中人都有两个策略，即坦白和不坦白。人们可以轻易得出结论，对于每个理性的局中人来说，坦白都是最优策略。如果疑犯B选择了坦白，那么疑犯A坦白的支付为－5，选择不坦白的支付为－10。因此，理性的疑犯A当然会选择坦白。如果疑犯B选择不坦白，那么疑犯A坦白的支付为0，选择不坦白的支付为－1，因此理性的疑犯A还是会选择坦白。就是说"坦白"是疑犯A的占优策略。

囚徒的困境这一博弈的惟一纳什均衡解就是(坦白，坦白)，然而可以看到这个结果不是一个帕累托有效结果，通常人们将这种均衡称做无效(inefficient)均衡。理性的局中人选择了一个比较差的结果，没有选择到整体的最优解(不坦白，不坦白)。作为理性个体的局中人追逐个体的最优却导致了整体的非最优，这就反映了个体理性与整体理性的冲突。这与传统经济学中个体理性与集体理性一致的概念是不同的。所以，现代经济学解决个体理性与集体理性之间冲突的方法不是强求个体理性服从集体理性，而是制定一种机制,在满足个体理性的前提下达到集体理性。

从另一个角度来看,即使两个疑犯订立一个攻守同盟,这个攻守同盟也没有任何约束性,因为它构不成纳什均衡,局中人得不到任何激励来遵守这个约定。这就是说,如果没有外在的强制约束力,一个协议只有构成一个纳什均衡才是有效的,即在给定其他人遵守协议的情况下,没有人会选择违背协议的行动。任何一种制度的安排要发生效力必须是一种纳什均衡,否则这种制度安排就不能成立,这就是制度经济学的理论基础。

另外还可以发现,在以上的例子中,为了方便讨论,忽略了许多博弈的信息,例如两疑犯的血型、年龄、性别以及他们之间的关系和他们的性格类型等等。在博弈论中,将这些被忽略掉的"非博弈理论"(non game theoretic) 细节称为环境变量(environmental variables)。在博弈中,人们不能先验地认为这些环境变量不改变博弈的结果。例如两疑犯是父子关系,那么他们选择的策略很可能就是不坦白。

囚徒的困境这一博弈类型在许多情况下都会出现,例如冷战时期,美苏双方都认为如果不进行扩军就会导致对方的军事优势,而自己扩军对方不扩军就会导致自己的军事优势,于是展开了军备竞赛。即使双方都知道执行裁军协议对双方都有利,但自利动机促使他们做出继续扩军的选择。寡头竞争、公共品的供给等都属于这一博弈类型。

占优策略均衡可能不是惟一的,如"偏好差异" 博弈。例如,夫妻两人要度周末,丈夫希望去看球赛,而妻子希望去购物中心。支付矩阵如表 8 - 2 所示。

表 8 - 2　偏好差异

丈夫 / 妻子	看球	购物
看球	1,3	0,0
购物	0,0	3,1

在这个博弈中,夫妻双方的占优策略就是在一起度周末。这样就产生了两个均衡,即夫妻双方一同去看球或一同去购物。

2. 重复剔除占优均衡

在每个局中人都有占优策略的情况下,占优策略均衡是一个合理的结果。然而在绝大多数博弈中,占优策略是不存在的,无法得到占优策略均衡。尽管如此,人们可以利用占优逻辑,使用"重复剔除严格劣策略(iterated elimination of strictly dominated strategies)"的方法来解决以上问题。这里首先说明几个概念:无论其他局中人选择什么策略,如果局中人 i 选择策略 s_i 的预期效用小于选择其他策略的预期效用,那么,称 s_i 是局中人i 的强劣策略;如果对于局中人 i 的两个选择s_i' 和s_i'',无论其他局中人采取何种策略,局中人采取 s_i' 得到的预期效用小于采取 s_i'' 的预期效用,即 $u_i(s_i', s_{-i}') < u_i(s_i'', s_{-i}'')$。

那么策略 s_i' 严格劣于策略s_i''。通常 s_i' 称为相对于s_i'' 的劣策略;s_i'' 称为相对于s_i' 的占优策略。如果局中人采取 s_i' 得到的预期效用小于等于采取s_i'' 的预期效用,即 $u_i(s_i', s_{-i}') \leqslant u_i(s_i'', s_{-i}'')$,那么称 s_i' 是一个弱劣策略,或称 s_i'' 是一个弱占优策略。

重复剔除严格劣策略方法是这样的:首先找出某个局中人的劣策略,然后把这个劣策略剔除掉，重新构造一个不含该劣策略的新博弈，然后再剔除掉新的博弈中某个局中人的劣策略，如此循环往复，直到剩下一个惟一的策略组合，就是这个博弈的均衡解，称为重复剔除占优均衡。下面考虑"智猪博弈" 的例子。

现代化养猪厂的猪圈里养着一大一小两头猪。猪圈的一边有一个猪食槽，另一边安有一个按钮来控制食物的供应。猪每拱一下按钮会有 10 单位的食物落入猪食槽中。拱一下按钮需要扣除 2 个单位作为成本。如果大猪去拱按钮，那么小猪先到达猪食槽，吃到 4 单位的食物，大猪后到吃到 4 单位的食物。如果小猪去拱按钮，那么大猪先到达猪食槽，吃到 8 单位的食物，小猪后到吃不到食物。如果大猪、小猪同时去拱按钮，那么大、小猪同时到达猪食槽，大猪吃到 4 单位的食物，小猪吃到 2 单位的食物，如果大、小猪都不去拱按钮，那么两头猪都吃不到食物。两头猪的食物补充矩阵如表 8 - 3 所示。

表 8 - 3　智猪博弈

大猪 \ 小猪	拱按钮	等待
拱按钮	4,2	4,4
等待	8,0	0,0

之所以将这个博弈称为智猪博弈，是因为这里假设两头猪都是理性的，符合博弈局中人的条件。于是可以看出，在这个博弈中，大猪没有占优策略。如果小猪的策略是"等待"，那么大猪的最优选择是"拱按钮"；如果小猪的策略是"拱按钮"，那么大猪的最优选择是"等待"。人们不可能利用占优策略找出这个博弈的均衡结果。

现在利用重复剔除的方法来解决以上问题。首先，可以发现小猪拥有一个占优策略，就是"等待"。无论大猪采取什么策略，小猪的策略"拱按钮" 是一个劣策略。因此，可以将小猪"拱按钮" 这个策略除去。那么在这种情况下，大猪的最优选择就是"拱按钮"，于是(拱按钮，等待) 就是这个博弈的惟一均衡。

从这个博弈中人们发现，多劳者不多得。在实际的生活中同样有类似的例子。股市中有大户和散户两种类型的客户。由于大户的收益和风险要比散户大得多，如果收集信息进行分析的成本是固定的话，那么大户就相当于大猪要担负起信息的搜集和分析工作，而小户类似于小猪，只要"跟庄" 就可以得到收益。市场中大企业和小企业也是一样。开发新产品对大企业是值得的，对于小企业则得不偿失。于是市场上往往是大企业开发新产品，而小企业则进行模仿。另外，公共品的提供以及股东对公司的监督等等都近似于智猪博弈的类型。

与占优策略均衡不同，重复剔除占优策略要求"理性" 是所有局中人的共同知识。大猪正是知道小猪是理性的不会选择拱按钮，才做出了自己去拱按钮的选择。如果大猪不知道小猪是否是理性的，那么大猪很可能希望小猪不是理性的，会去拱按钮而选择"等待"。

需要注意的是，这里使用的是剔除严格劣策略，只有这样均衡的结果才与剔除的顺序无关，因为如果策略 s_i' 严格劣于策略 s_i'' 对于所有 s_{-i} 成立，那么对于一部分 s_{-i} 也成立。但是如果剔除的是弱劣策略，那么得到的均衡结果就可能与剔除的顺序有关。不妨分析一个抽象的例子。假设局中人有 A 和 B。他们的策略分别是 X_A、Y_A、Z_A，和 X_B、

Y_B、Z_B，支付矩阵如表 8 – 4 所示。

表 8 – 4　重复剔除占优均衡

B \ A	X_A	Y_A	Z_A
X_B	3,8	2,6	2,8
Y_B	1,8	1,6	1,7
Z_B	1,8	1,6	1,9

在这个博弈中，如果剔除的顺序按照 Z_B、Z_A、Y_A、Y_B 进行，那么得到的重复剔除占优均衡是(X_B，X_A)；如果剔除的顺序按照 Y_A、Y_B、X_A、Z_B 进行，那么得到的重复剔除占优均衡是(X_B，Z_A)。正是由于这个原因，人们一般要剔除严格劣策略。

3. 纳什均衡

在相当多的博弈中，通过重复剔除劣策略的方法也无法得出均衡解，每个局中人的最优策略都依赖于其他局中人的策略。没有一种策略严格劣于另一种策略。考虑以下的例子：两个养殖专业户在市场不景气的情况下，针对是否扩大规模展开博弈。他们的支付矩阵如表 8 – 5 所示。

表 8 – 5　养殖博弈

养殖户B \ 养殖户A	扩大	不扩大
扩大	– 2, – 2	2,0
不扩大	0,2	0,0

表中的数字为收入增加的预期值。所以会出现负值，是因为市场的需求有限，养殖户无法收回投资。在这个博弈中，可以发现没有一个劣策略存在，博弈双方的最优选择完全依赖于对方的策略选择。如果养殖户 A 选择扩大养殖规模，那么养殖户 B 的最优选择就是不扩大养殖规模；如果养殖户 A 选择不扩大养殖规模，那么养殖户 B 的最优选择就是扩大养殖规模。同理，如果养殖户 B 选择扩大养殖规模，那么养殖户 A 的最优选择就是不扩大养殖规模；如果养殖户 B 选择不扩大养殖规模，那么养殖户 A 的最优选择就是扩大养殖规模。为了得到这个问题的均衡解，就要引入纳什均衡的概念。

纳什均衡是指 n 人博弈中，在给定其他人策略的情况下，每个人选择自己的最优策略(个体的最优策略也可以不依赖于其他局中人的策略)。所有人选择的最优策略构成的策略组合称为纳什均衡。纳什均衡也可以表述为，对于每一个局中人 i 来说，如果 s_i^* 是在给定其他局中人的策略 s_{-i}^* 的情况下的最优策略，即 $u_i(s_i^*, s_{-i}^*) \geqslant u_i(s_i, s_{-i}^*)$($s_i$ 为 i 除了 s_i^* 以外其他的任何选择)，那么策略组合 $s^* = (s_1^*, \cdots, s_n^*)$ 是一个纳什均衡。从以上定义中可以看出，纳什均衡一定是一个使用重复剔除严格劣策略的方法所不能剔除的策略。可以这样来理解纳什均衡：当一个纳什均衡形成以后，所有的局中人都得不到激励破坏这个均衡。可以用这个方法来检验一个策略组合是不是一个纳什均衡。例如，在囚徒的困境里，(不坦白，不坦白) 就不是一个纳什均衡，因为如果给定同伙选择不坦白，自己选择不坦白的支付是 – 1，选择坦白是支付是 0，因而不坦白不是自己的最优策略。类似的(坦白，不坦白) 和(不坦白，坦白) 都不是纳什均衡。而(坦白，坦白) 是一个纳什均衡。当然,当局中人很多或局中人的策略空间很多时,进行这个检验的复杂程度是可以想像的。如果是 4 个局中人, 每人有 4 个策略选择的话就要进行 256 次检验。

例 8.1 假设有一个博弈的支付矩阵如表8 – 6 所示。试分析其中是否具有纳什均衡。

表 8 – 6 纳什均衡

B \ A	X_A	Y_A	Z_A
X_B	$\underline{3,0}$	0,2	$\underline{0,3}$
Y_B	2,0	$\underline{\underline{4,4}}$	2,0
Z_B	$\underline{0,3}$	0,2	$\underline{3,0}$

解:首先考虑局中人 A 的较优策略集,对于 B 的每一个给定策略,找出 A 的占优策略,并在其对应的支付下画一道线;然后考虑局中人 B 的较优策略集,对于 A 的每一个给定策略,找出 B 的占优策略,在其对应的支付下画一道线。最后在矩阵中画有两条线的方格对应的策略组合就是一个纳什均衡。在表 8 – 6 中(Y_B, Y_A) 就是一个纳什均衡。

可以发现,有的博弈不存在以上定义的纳什均衡。例如将表 8 – 6 支付矩阵中的(Y_B, Y_A) 的支付改为(1,1),那么上例的支付矩阵中没有一个方格画有两道线,即不存在任何一个纳什均衡。再举一个较为实际的例子。在营利场所播放歌曲要交纳版权费。现在假设需要交纳的版权费是 4,版权单位进行检查的成本为 10。如果被检查出没有交纳版权费,补交后再罚款 8。假设版权单位只考虑经济利益,那么这个检查博弈的支付矩阵如表 8 – 7 所示。

表 8 – 7 检查博弈

版权单位 \ 播放场所	交纳	不交纳
检查	– 6, – 4	2, – 12
不检查	4, – 4	0,0

如果播放单位不交版权费,那么版权单位的最优策略就是检查;如果版权单位进行检查,那么播放单位的最优策略就是交版权费;如果播放单位交版权费,那么版权单位的最优策略就是不检查;如果版权单位不进行检查,那么播放单位的最优策略就是不交版权费,如此等等。可以看出,以上问题不存在先前定义的纳什均衡。为了解决这个问题有必要讨论混合策略纳什均衡。为了有所区分,这里将先前定义的纳什均衡称做“纯策略纳什均衡”。

混合策略是指一个策略规定局中人在给定的情况下以某种概率分布随机地选择不同的行动。在静态博弈里,混合策略可以理解为局中人在不同的行动之间的随机选择。假设局中人 i 有 k 个纯策略可供选择,σ_{ij} 为 i 选择第 j 个纯策略的概率。概率分布 $\sigma_i = (\sigma_{i1},\cdots,\sigma_{ik})$, $\sum\sigma_{ij} = 1$,称为局中人 i 的一个混合策略。

在纯策略中,局中人的支付对于任何给定的策略组合取一个确定值。而在混合策略中则不同,由于每个局中人并不知道其他局中人的实际策略选择,所以支付具有不确定性。现在用期望效用解决这一问题。一般用 $v_i(\sigma) = v_i(\sigma_i, \sigma_{-i})$ 表示局中人 i 的期望效用。

最优混合策略是指在给定其他局中人的混合策略的条件下可以使自己预期效用最大化的混合策略。

根据以上的定义可以将纳什均衡重新表述为,对于每一个局中人 i 来说,如果混合策略 σ_i^* 是在给定其他局中人的混合策略 σ_{-i}^* 的情况下的最优混合策略,即 $v_i(\sigma_i^*, \sigma_{-i}^*) \geqslant v_i(\sigma_i, \sigma_{-i}^*)$($\sigma_i$ 为 i 除了 σ_i^* 以外其他的任何选择),那么混合策略组合 $\sigma^* = (\sigma_1^*, \cdots, \sigma_i^*, \cdots, \sigma_n^*)$ 是一个纳什均衡。

可以看出,纯策略可以看做混合策略的一个特例,例如局中人 i 选择第 j 个行动作为自己的纯策略,也可以看做是选择了 $(\sigma_{i1}, \cdots, \sigma_{ij}, \cdots, \sigma_{in})$,$\sigma_{ij} = 1$,$\sigma_{in}(n \neq j) = 0$ 的混合策略。

特别是当以上定义中不等号严格成立时,称做强纳什均衡。按照奥曼的定义,一个强纳什均衡就是这样一个纳什均衡:其中不存在局中人的一个非空集合,能在预期到其余局中人都保持他们的均衡策略时,通过一起背离均衡策略而使用他们另外的某个策略组合而获得更大的收益。

例 8.2 试根据表8-7 给出的检查营利场所播放版权博弈情况,分析说明如何求出博弈的混合纳什均衡解。

解:假设版权单位检查的概率为 α,那么不检查的概率就是$(1-\alpha)$;播放单位以概率 β 来选择交纳版权费,那么不交纳版权费的概率就是$(1-\beta)$用 b 表示版权单位,f 表示检查单位。版权单位的期望效用函数为

$$v_b(\sigma_b, \sigma_f) = \alpha(-6\beta + 2(1-\beta)) + (1-\alpha)(4\beta + 0(1-\beta))$$

为了使版权单位期望效用最大化,对其求微分。得到版权单位最优化一阶条件为:

$$\frac{\partial v_b}{\partial \alpha} = 2 - 12\beta = 0,$$

解得 $\beta^* = 1/6$。同理,播放单位的期望效用函数为

$$v_f(\sigma_b, \sigma_f) = \beta(-4\alpha + (-4)(1-\alpha)) + (1-\beta)[-12\alpha + 0(1-\alpha)]$$

为了使播放单位期望效用最大化,对其求微分。得到播放单位最优化一阶条件为

$$\frac{\partial v_f}{\partial \beta} = 12\alpha - 4 = 0$$

解得 $\alpha^* = 1/3$。

就是说,版权单位以 1/3 的概率选择检查,2/3 的概率选择不检查;播放单位以 1/6 的概率选择交纳版权费,以 5/6 的概率选择不交纳版权费。在更为普遍的情况下,可以理解为在所有的播放单位中有 1/6 的单位交纳版权费,5/6 的单位不交。版权单位随机抽出 1/3 的播放单位进行检查。所以,可得出这个问题的混合策略纳什均衡,即版权单位选择混合策略(1/3,2/3);播放单位选择混合策略(1/6,5/6)。

当然,还可以从另一个方面来说明 $\alpha^* = 1/3$,$\beta^* = 1/6$ 确实是一个纳什均衡。如果播放单位交纳版权费的概率大于 1/6,那么版权单位有一个占优策略就是不检查。然而

如果版权单位选择不检查,播放单位又产生了一个占优策略就是不交纳版权费。如果播放单位不交纳版权费,那么版权单位的占优策略就是检查。如此循环下去,可见$\beta > 1/6$无法构成纳什均衡。与此同样的逻辑$\beta < 1/6$同样无法构成纳什均衡。类似地,$\alpha < 1/3$,$\alpha > 1/3$,同样都无法构成纳什均衡,所以只有$\alpha = 1/3$,$\beta = 1/6$才能构成纳什均衡。

从以上的讨论中可以发现,如果想构成一个纳什均衡,在一方的最优混合策略确定时,另一方必须没有占优的纯策略,即他的可选择纯策略的预期收益一样,这样可以得出混合策略均衡的另一个较为简单的解法,这里还是使用检查博弈的例子。

播放单位交纳版税的概率为β,版权单位选择检查和不检查的期望收益为:

检查$(\alpha = 1), \pi_b(1,\beta) = -6\beta + 2(1-\beta)$

不检查$(\alpha = 0), \pi_b(0,\beta) = 4\beta + 0(1-\beta)$

$\pi_b(1,\beta) = \pi_b(0,\beta)$

解得$\beta^* = 1/6$。

同理,版权单位检查的概率为α,播放单位选择交纳版权税和不交纳版权税的期望收益为:

交费$(\beta = 1), \pi_f(1,\alpha) = -4\alpha + (-4)(1-\alpha)$

不交费$(\beta = 0), \pi_f(0,\alpha) = -12\alpha + 0(1-\alpha)$

$\pi_f(1,\alpha) = \pi_f(0,\alpha)$,

解得$\alpha^* = 1/3$。

得到的混合策略纳什均衡与上一种解法的解一样。

以上讨论的是不存在纯策略纳什均衡,而存在混合策略纳什均衡的例子。其实很多博弈既存在纯策略均衡也存在纳什均衡。在表8－2所示的博弈中,除了给出的两个纯策略纳什均衡外,还有一个混合策略纳什均衡:丈夫以1/4的概率选择购物,3/4的概率选择看球;妻子以3/4的概率选择购物,1/4的概率选择看球。威尔逊在1971年发表的论文《n人博弈的均衡计算》(Computing Equilibria of n－Person Game)证明,几乎所有有限博弈都有有限奇数个纳什均衡。

图8－5　均衡的关系

到目前为止,依次介绍了4种均衡,即占优策略均衡、重复剔除占优均衡、纯策略纳什均衡和混合策略纳什均衡。每一种均衡都是后一种均衡的特例,即每一种均衡都是后一种均衡的子集。它们的关系如图8－5所示。

4. 纳什均衡的多重性

研究博弈的目的就是要通过分析局中人的策略选择,最终预测均衡的结果。然而,与偏好差异博弈类似,许多博弈拥有多个纳什均衡。在实际的博弈中,哪个博弈结果会最终出现呢？当一个博弈具有多个均衡结果时，如果这些均衡中的任何一个使所有的局中人都可以预测到它，那么这个均衡将成为最终的均衡结果。这个均衡被称为焦点均衡。

在一个博弈中，什么原因使局中人可以预期到某个特定的均衡结果呢？谢林(Schelling)曾证明，在一个具有多重均衡的博弈中，趋向于把局中人的注意力集中到一个均衡的任何事情，都可以使他们全部预期并随之实现这个均衡。谢林称这个现象为焦点效应(focal point effect)。

要找出最终成为博弈结果的焦点均衡，往往就要考虑在建立博弈模型时被略去的环境变量。这个环境变量常与历史传统、文化背景，以及局中人的个人特征有关。例如在偏好差异博弈中，假如传统上妻子总是服从丈夫，即使夫妻双方没有感到迫使他们遵守这个传统的压力，他们最终的均衡结果也可能是(看球，看球)；而假如这个丈夫是一个"妻管严"那么他们最终的均衡结果很可能是(购物，购物)。

焦点均衡还往往与博弈发生的时间、地点有关。在偏好差异的例子中，如果这个周末恰好是丈夫的生日，那么他们的最终的均衡结果可能是(看球，看球)。如果发生博弈时夫妻双方已经在购物中心了，那么他们最终的均衡结果很可能是(购物，购物)。

在某些博弈中，焦点均衡还可能由策略本身的性质确定，如表 8－8 所示。

表 8－8　焦点均衡

B \ A	X_A	Y_A	Z_A
X_B	2,0	0,0	0,2
Y_B	0,0	1,1	0,0
Z_B	0,2	0,0	2,0

在表 8－8 博弈中有三个纳什均衡，即一个纯策略纳什均衡和两个混合策略纳什均衡。因为混合策略纳什均衡的随机性和支付的不确定性，最终局中人的选择会聚焦到(Y_B, Y_A)这个纯策略纳什均衡上来。一般地，在其他情况相同的情况下，在一个均衡中，策略的简单性和稳定性会使这个均衡更为聚焦。

效用支付的内在性质也可以决定一个博弈的焦点均衡。例如，有两个局中人在 0 到 100 之间提出一个数字。如果两个局中人提出的数字之和小于 100，那么他们得到相应数字的货币；如果两个局中人提出的数字之和大于 100，那么他们什么也得不到。即博弈的纯策略集为

$$S_1 = S_2 = \{x \in N \mid 0 \leqslant x \leqslant 100\}$$

$$\text{支付函数为 } u_i(s_1, s_2) = \begin{cases} s_i, s_1 + s_2 \leqslant 100 \\ 0, s_1 + s_2 > 100 \end{cases}$$

这个例子有许多纯策略均衡和混合策略均衡，然而纯策略均衡(50,50)会成为焦点均衡。因为它既是帕累托有效的，又是对局中人公平的。也就是说，两个局中人都知道(50,50)是公平、有效的均衡，因此(50,50)具有强烈的内在聚焦性质。可以看出，支付的公平和有效可以决定博弈的焦点均衡。

另一种让所有的局中人都聚焦到一个均衡的简单方法就是博弈各方在博弈前进行

协商,尽管这个协商可能无法达成一个有约束力的契约。例如,在偏好差异中,丈夫和妻子事先进行协商,丈夫提出周末的球赛非常关键,那么最终的纳什均衡很可能就是(看球,看球)。这种在博弈前进行的协商称为局前通信。当存在进行局前通信的可能性时,如果一个非局中人能够在协商中向所有局中人建议他们应该实施某个均衡,而使这个均衡成为焦点均衡,这个非局中人被称为"焦点仲裁人"(focal arbitrator)。在偏好差异中,夫妻的婚姻介绍人就很可能成为焦点仲裁人。

当不同的因素将博弈聚焦于不同的均衡时,如何确定实际博弈中出现哪个均衡呢?这个问题只能从人类的感觉心理学和局中人的文化背景角度回答。从博弈论的角度来说,文化规范可以被定义为一个社会用于确定博弈局势的焦点均衡的规则。

二、完全信息动态博弈

动态博弈与静态博弈的区别就是博弈的局中人在行动上有先后之分。先行动的局中人不仅要考虑采取某个行动时自己的支付函数,而且要考虑自己采取该行动会给后行动的局中人带来何种影响。后行动的局中人则可以通过先行动的局中人的行动,了解有关先行动的局中人的有关信息,从而采取使自己支付最优化的行动。

1. 动态博弈的展开型表述方式

在上面静态博弈的分析中,是通过局中人的集合、每个局中人的策略集合以及每个策略的支付函数表述一个博弈的状况。这种表述形式一般被称为策略(strategic)型表述或正规(normal)型表述。在讨论静态博弈时,经济学家习惯用策略型表述来表示一个博弈。然而,在表述一个动态博弈时,策略型表述有时太过繁琐,所以一般用展开(extensive)型表示。例如,有两个厂商针对是否进行新产品开发进行博弈。假设新产品的市场需求有大、小两种情况。在不同的市场需求情况下,他们各自的支付矩阵如表8-9所示。

表8-9　新产品开发博弈

新产品市场需求小

厂商B \ 厂商A	开发	不开发
开发	-2,-2	2,0
不开发	0,2	0,0

新产品市场需求大

厂商B \ 厂商A	开发	不开发
开发	2,2	4,0
不开发	0,4	0,0

博弈的行动顺序如下:厂商A先行动,选择开发或者不开发。在厂商A行动后,自然选择新产品市场需求的情况(大或小)。最后,厂商B通过观察厂商A自然的选择后,决定自己的选择(开发或不开发)。这个博弈,可以用展开型表述方式表示。

图8-6是一个博弈树图。所有局中人的行动集合由这个树的一个枝(branch)(连接两个点之间的线段)集来表示。每个枝连接的点称为结点(nodes)。图中最左边的结

点，在它之前没有枝与其相连，称为树的根(root)，而最右边的8个结点，没有枝在其后与其相连。这类结点被称为终结点(terminal nodes)。而其他中间的点有超过一个枝在其后与其相连。如果选择由局中人控制，就将这类结点称为决策结点(decision node)；如果选择取决于机会，则将这类结点称为机会结点(chance node)。博弈中所有可能发生的情况都可以由一组由根通过决策结点或机会结点达到终结点的枝来表示。这组枝被称为路径(path)。在博弈实际发生过程中通过的路径称为局路径(path of game)。研究博弈的目的就是试图通过分析去预测这条局路径。首先在每个结点和枝上进行标注。标注按照以下规则进行：

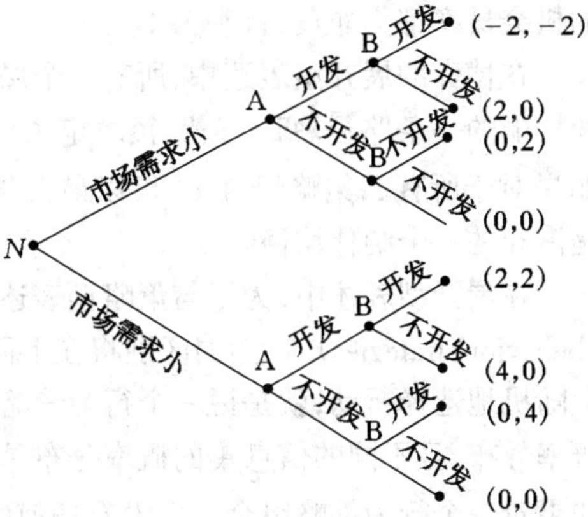

图 8－6 产品开发博弈的展开型表示

① 每个非终结点旁标有控制这个结点选择结果的局中人的标号，特别当这个结点是机会结点时，如果认为是“自然”进行选择，就标注“N”。

② 在每个枝上，标注在该枝之前与它相连的结点控制人的所有可能行动选择，如果这个结点是机会结点，还要标注所有这些选择的机会概率。

③ 在每个终结点上，标有 n 维向量(u_i)，其中数 u_i 表示局中人 i 在这个结点成为最终结果时以某种效用尺度度量的支付。用这个 n 维向量表示当这个结点称为最终结果时，所有局中人各自的支付。

④ 在一个局中人所控制的结点上还要标注该局中人拥有的信息状态(一般在信息状态前加一个小数点与局中人标号相连)，即当一条路径通过该结点时，控制该结点的局中人拥有的信息。通常情况下假定博弈满足完美记忆(perfect recall)，即只要局中人一行动，他就会记忆起在此博弈中他所能知道的全部信息，包括其他局中人的行动和自己的行动。

⑤ 所有控制人和信息状态都相同的结点组成的集合称为信息集，在图中通常将一个信息集中所有的结点用虚线框围起来。

显然，博弈的展开型表述包括以下要素：

① 局中人的集合：$i = 1, \cdots, n$，用 N 表示虚拟的局中人“自然”。

② 局中人的行动次序：哪个局中人先行动，哪个局中人后行动。

③ 局中人的行动空间：在每个决策或机会结点，有哪些行动可供该结点的控制人选择。

④ 局中人的信息状态：每次在进行行动选择之前，控制决策结点的局中人知道的关于这个博弈的所有信息。

⑤ 局中人的支付：在行动结束后，每个局中人得到的支付。

⑥ 机会选择的概率分布：机会结点上，自然进行选择的每种可能情况的概率。所有

的机会概率都为非负,且和为1。

在博弈的展开型表述中,所有 n 个局中人的纯策略组合 $s=(s_1,\cdots,s_n)$ 被表示为博弈树上的一条路径。每一条路径决定了一个所有局中人的支付向量 $u=(u_1,\cdots,u_n)$。如果对于所有 i,策略组合 s_i^* 可以最大化 $u_i(s_i,s_{-i}^*)$,那么这条路径所表示策略组合 s^* 是博弈的一个纳什均衡。

在展开型表述中,为了与策略型表述的混合策略相区别,将混合策略称为行为策略(behavior strategies)。它们的区别将在下面讲到。行为策略是指局中人在每一个信息集上随机地选择行动,就是说一个行为策略规定了对应的每一个信息集的行动集合上的概率分布,且不同的信息集的概率分布是独立的。一般用 b_i 表示局中人 i 的行为策略。如果对一个行为策略组合 b^*,没有任何的局中人可以通过选择其他行为策略组合而获得更大的期望效用,即 $v_i(b_i^*,b_{-i}^*)\geqslant v_i(b_i,b_{-i}^*)$,那么行为策略组合 $b^*=(b_1^*,\cdots,b_n^*)$ 是一个行为策略纳什均衡。

尽管扩展型表述和策略型表述具有完全相同的纯策略空间,混合策略与行为策略在概念上也有所不同。卢斯和雷费在合作发表的《博弈和决策》(Game and Decisions) 中使用了以下的类比来形象说明两者之间的区别和联系:如果纯策略是一本操作手册,其中每一页告诉局中人在一个特定的信息集上如何行动,那么纯策略空间就是一座包括所有操作手册的图书馆。混合策略是每本书被随机取下的概率密度;而行为策略类似单独的一本书,它的每一页给出一个随机的选择。虽然混合策略和行为策略在概念上有所不同,但是库恩证明了在具有完美回忆的博弈中,混合策略与行为策略是等价的。在这里等价是指,对于其他局中人的所有策略,行为策略和混合策略在支付上定义了同样的概率分布。

2. 子博弈精炼纳什均衡

在动态博弈中如何寻找纳什均衡,如何预测哪个均衡将最终实现?考虑表 8-9 所示的例子:假设自然以概率1选择了市场需求小,那么这个博弈的策略型表述如表 8-10 所示。

表 8-10 新产品开发

厂商A \ 厂商B	a	b	c	d
开发	-2,-2	-2,-2	2,0	2,0
不开发	0,2	0,0	0,2	0,0

由于厂商A先进行选择,所以厂商A只有两个策略,即开发或不开发。然而厂商B有四个策略(注意:与静态博弈不同,动态博弈中的策略和行动不是等同的):策略 a 是厂商A开发,我就开发,厂商A不开发,我也开发;b 是厂商A开发,我就开发,厂商A不开发,我就不开发;c 是厂商A开发,我就不开发,厂商A不开发,我就开发;d 是厂商A开发,我就不开发,厂商A开发,我还是不开发。用 a、b、c、d 代表以上四个策略,便得出以上的支付矩阵。

可以发现,在这个博弈中有三个纯策略纳什均衡,那就是(开发,c)、(开发,d)、(不开发，a）。那么哪个均衡会是在实际博弈中出现的呢？

首先分析（开发，d），厂商B选择的策略 d 实际上可以看成是无论厂商A进行何种选择，厂商B都不开发新产品。但由于博弈是动态的，厂商B后进行行动的选择。如果厂商A选择不开发，那么厂商B的最优选择是开发。所以策略 d 实际上是不会被厂商B所选择的。策略 d 实际上是一个不可置信的策略，或者称为无效策略。

再来考虑（不开发，a）。厂商B选择策略 a 实际上可以看成是无论厂商A进行何种选择，厂商B都开发新产品。那么作为理性的和智能的局中人，厂商A认为厂商B会采取这个策略吗？当然不会。因为在厂商A选择了开发新产品后，理性的厂商B当然会选择不开发。如果理性是共同知识，厂商A知道厂商B是理性的，他就会开发新产品。既使在博弈进行前，厂商B威胁说他要执行 a 策略，那么在没有其他影响因素的情况下，厂商B的这个威胁也是不可置信的威胁。厂商A不用理会这个威胁，只要进行新产品开发，就可以迫使厂商B选择自己不开发新产品的行动。

那么，只有最后一个均衡（开发，c）才是这个博弈的一个合理的均衡结果。厂商B的策略是合理的：如果厂商A开发，那么他的最优选择就是不开发；如果厂商A不开发，那么他的最优选择就是开发。而厂商A作为理智的局中人可以了解自己的选择对厂商B的影响，理所当然的会选择开发新产品，从而得到2单位的支付。

通常用"子博弈精炼纳什均衡"（subgame perfect Nash equilibrium）来称谓最后这一个均衡。子博弈精炼纳什均衡是由泽尔滕在1965年提出的，目的就是通过剔除那些包含不可置信威胁的纳什均衡，从而预测到具有合理性的均衡结果。子博弈精炼纳什均衡要求局中人在他所控制每个决策结点上的行为规则都是根据他的信息状态所能做出的最优选择。

子博弈是原博弈的一部分。它本身可以作为一个独立的博弈进行分析。为了保证子博弈本身对应于原博弈中一种可能出现的情况，并且可以作为一个独立的博弈进行分析，必须满足以下两个条件：

① 一个子博弈必须由一个单结点的信息集开始。因为如果一个信息集中有多个结点，那么局中人知道自己处于该信息集的某个状况，但是并不确切地知道自己处于哪个决策结点，因此无法进行独立的分析。

② 一个子博弈的信息集和支付向量都直接继承原博弈。也就是说，子博弈一个信息集中的所有结点，必须在原博弈中属于同一个信息集；子博弈的支付函数是原博弈支付函数在子博弈上的遗留部分。

如果不满足上述两个条件，对一个子博弈的研究就失去了意义。如果在原博弈中不可能出现的情况在子博弈中变成了可能，在原博弈中不了解的信息在子博弈中变成了了解，那么子博弈的均衡结果就不是原博弈的均衡结果了。在满足了上述两个条件后，当原博弈进入到某个子博弈时，就可以考察一个特定的纳什均衡是否在子博弈上也构成一个纳什均衡。如果一个原博弈的纳什均衡在它的所有子博弈上也构成纳什均衡，这个均衡就称为子博弈精炼纳什均衡。

同样，可以类似地定义行为策略子博弈精炼纳什均衡。如果一个博弈的纳什均衡是惟一的,那么这个纳什均衡一定是一个子博弈精炼纳什均衡。但是如果不是惟一的,则有些纳什均衡无法构成子博弈精炼纳什均衡。

仍以表8－10表示的市场需求小条件下开发新产品的例子说明子博弈精炼纳什均衡的概念。这个博弈可以用展开型表述为如图8－7所示。

该博弈有三个子博弈:一个是原博弈自身;另外两个如图8－7中的(2)和(3)所示。在上面的讨论中已经知道这个博弈有3个纳什均衡,那就是(开发,c)、(开发,d)、(不开发,a)。现在检验哪个博弈符合子博弈精炼纳什均衡的要求。子博弈(2)中厂商B的最优选择是不开发,子博弈(3)中厂商B的最优选择是开发。那么厂商B采取a策略,即无论厂商A开发与否都进行新产品开发,在子博弈(3)上构成纳什均衡,但是在子博弈(2)上却无法构成纳什均衡。同理,厂商B采取d策略,即无论厂商A开发与否都不进行新产品开发,在子博弈(2)上构成纳什均衡,但是在子博弈(3)上却无法构成纳什均衡。所以它们都不是子博弈精炼纳什均衡。只有当厂商B选择c策略,即如果厂商A开发,自己不开发;如果厂商A不开发,自己开发。在子博弈(2)和子博弈(3)上都是纳什均衡。当然在子博弈(1)上也是一个纳什均衡。所以,(开发,c)是这个博弈惟一的子博弈精炼纳什均衡。

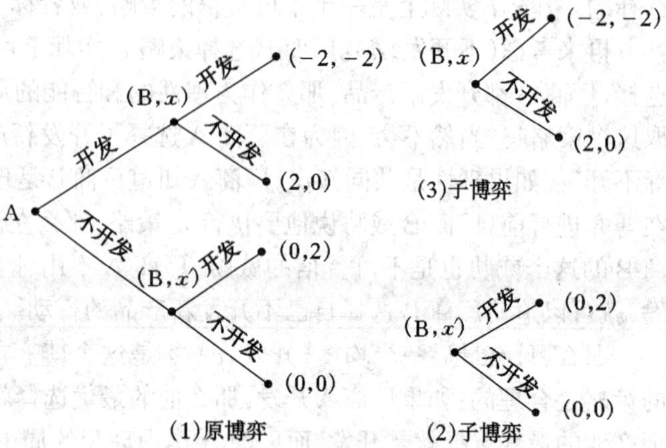

图8－7　新产品开发的子博弈

3. 逆向归纳法和前向归纳法

对于有限完美信息博弈(完美信息博弈指所有信息集都只有一个结点的博弈),一般使用动态规划中的逆向归纳法(backward induction)找出有限博弈的子博弈精炼纳什均衡。因为有限完美博弈的每个决策结点都可以作为子博弈的起始点。这里从最后一个子博弈开始一步一步向前推导。

首先找到博弈的最后决策结点的集合,也就是直接与终结点相连的那些结点。选择在每个决策结点上,控制决策结点选择的局中人的最优选择,即找到以该决策结点为初始点的子博弈的纳什均衡。

然后向前寻找到与刚才找到的结点直接相连的结点,找出控制决策结点选择的局中人的最优选择,即找到以这些决策结点为初始点的子博弈的纳什均衡。

如此重复进行,一直到整个博弈树的根。每一步都可以得到对应子博弈的纳什均衡,而且每一个子博弈的纳什均衡都是该子博弈的子博弈精炼纳什均衡,所以最后一步得到的纳什均衡也就是这个博弈的子博弈精炼纳什均衡。

例8.3　图8－8是将一个动态博弈进行展开型表述,试分析说明如何找出最后的决策结点的最优选择，即找到子博弈精练纳什均衡。

解：根据图8－8所示情况，首先在那些不是最优选择的枝上画上两道，然后将这些结点和划去的枝略去，再向上寻找决策结点，将最终的支付看成这些决策点策略的支付。比如，可以直接将厂商A开发的支付视为(2,0)，不开发的支付视为(0,2)，再找出这些决策点的最优选择。如此重复进行，最后一条从根到终结点的没有画道的路径就是这个博弈的一个子博弈精炼纳什均衡。图8－8中(开发，不开发)就是一个子博弈精炼纳什均衡。

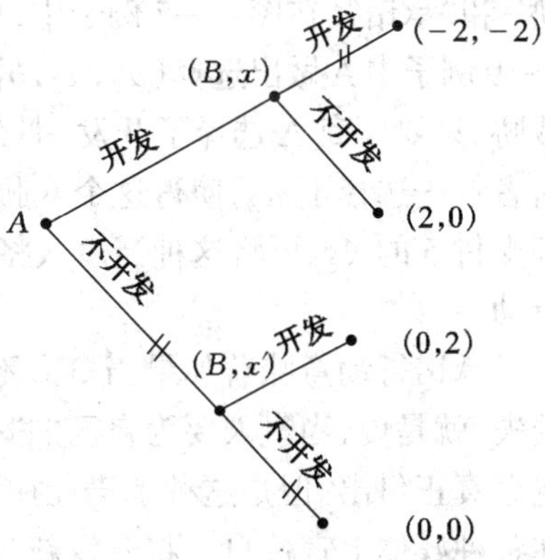

图8－8　子博弈精练纳什均衡

根据以上说明可以发现，用逆向归纳法求解子博弈精炼纳什均衡的过程，实际就是重复剔除劣策略方法在展开型上的应用。从最后一个决策结点开始，依次剔除每个子博弈的劣策略，最后剩下的策略组合就是子博弈精炼纳什均衡。同重复剔除劣策略方法一样，逆向归纳法的前提假设"所有的参与人是理性的"这一信息是共同知识。

逆向归纳法的理论基础是要求局中人在博弈的初始阶段就预料到任何有关局中人在博弈结束时的行为。与之相反，科尔伯格(Kohlberg)和莫顿斯(Mertens)在1986年提出了前向归纳(forward induction)原则。前向归纳原则认为，在一个子博弈中，局中人的行为选择可能依赖于在子博弈发生之前的那部分博弈中能为其所用的选择。先来构造一个抽象的博弈例子，博弈树如图8－9所示。

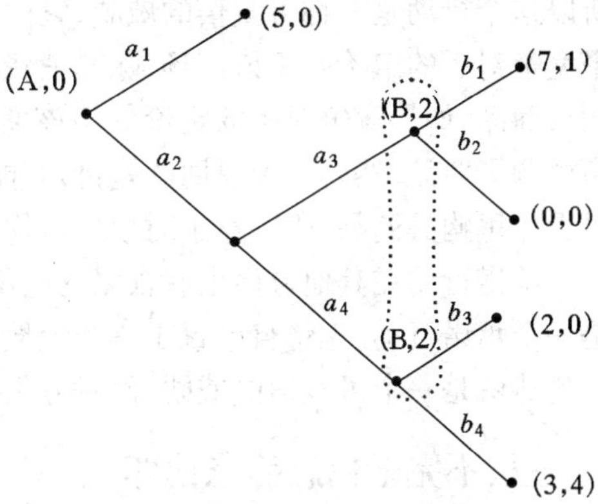

图8－9　前向归纳博弈

考虑其中(A,0)这个结点。在这个结点所表示的状态中，局中人B知道局中人A的第一个选择是行动a_2，但是不知道A的第二个选择是a_3还是a_4，所以在以这个结点为起始点的子博弈中，似乎不存在纯策略纳什均衡，只有一个混合策略纳什均衡。然而可以发现，局中人A在这个子博弈所有终结点上得到的支付只有一个点大于其选择策略a_1时得到的支付，那么作为理智的局中人B在进行策略选择就会当然考虑到局中人A之所以会选择a_2就是希望通过(a_3,b_1)这条路径使自己得到的支付最大化。那么，局中人A既然选择了a_2，就会以概率1选择a_3。这时局中人B的最优选择就是b_1。同理，局中人A知道局中人B是理性的。如果他选择了a_2，就会提供给B足够的信息而使局中人B只能选择b_1。所以他当然会选择a_2而不是选择a_1，从而使自己多得到一单位的支付。所以通过前向归纳法可以得出，这个博弈的惟一纳什均衡解为(a_2,a_3,b_1)。

4. 承诺和威胁

将图8－7和图8－9的两个例子做比较，可以引出经济学中的两个重要概念"威胁”和“承诺”。在图 8－7 例子中，厂商 B 做出的选择 a 策略的态势就是一个威胁；在图 8－9 例子中 A 做出选择(a_2,a_3,b_1)的态势也是一个威胁。然而前者是一个不可置信的威胁。只要厂商 A 选择了开发，那么任何一个理智的厂商 B 都不会选择开发新产品。而后者首先选择了 a_2，使得这个威胁就是一个可置信的威胁，因为 A 已经放弃了可以得到支付 5 的 a_1。可将这种当事人将自己的威胁策略变成可置信的威胁的行动称为承诺行动。

承诺行动意味着如果当事人不把这个威胁变成实际的行动的话，就会蒙受更大的损失。就是说，当事人要为自己的“失信”付出成本，虽然在大多数情况下这种成本不一定会真正付出。但是这种承诺往往可以改变博弈的结果。在图 8－7 例子中，如果厂商 B 在各种媒体上宣传自己将开发新产品，并拨出进行新产品开发的启动资金，那么博弈的结果很可能就是厂商 A 不开发，厂商 B 开发。

在商业实践中，保证最低价是一个常用的承诺。在一些大型的商场中经常会看到所谓的“保证最低价”条款。就是说，如果消费者在规定的期限内发现在该商场购买的商品高于其他商场出售的同种商品，那么该商场将退还差价，并给予一定比例的补偿。由于法律的限制和对信誉的影响，商场在向消费者公布了这一条款后是不可能不实行的，所以这个行动是一种可置信的威胁，它向竞争对手发出的威胁是不要进行降价竞争。如果竞争对手的定价高于该商场，除非消费者不了解具体情况，否则不会去竞争对手那里购买商品。如果竞争对手的定价低于该商场，那么理性的消费者会去“保证最低价”的商场购买商品，然后得到退回的差价，并能得到补偿作为额外的收获，还是不会去竞争对手那里购买商品。所以竞争对手的最优选择就是选择和该商场制定同样的价格。

承诺行动在其他方面也有很多的应用，如中国古典兵法中的“置之死地而后生”就是一个承诺行动。先将自己置于一个绝地，等于放弃了退却的策略选择。于是，与对方决一死战就是一个可置信的威胁，而对方很可能因为考虑到损失过大而放弃进攻了。

三、不完全信息静态博弈

以上论述的是完全信息博弈。完全信息是指所有局中人的支付函数是所有局中人的共同知识。就是说，每个局中人都了解其他局中人的类型和行为偏好。然而在实际的博弈情况中，局中人之间的相互了解肯定不是十分透彻的。由于信息不对称和信息不完全是普遍存在的，对不完全信息情况下的博弈进行分析是十分重要的。一个不完全信息博弈是指一个博弈在局中人能够开始计划他们在博弈中所采取的策略的最初时间点上，某些局中人就已经具有了关于这个博弈的不为其他局中人所知的私人信息。

1. 海萨尼转换

在不完全信息博弈中，一个局中人并不知道其他局中人的类型，就是说他无法对其他局中人的行为偏好和支付函数做出准确的判断。这个局中人不知道其他局中人在这个博弈中会采取什么策略，那么他也就无法找出自己的最优策略。

假设在一个完全垄断的市场中有一在位者。现在有一个企业要在这个市场上与在位者展开竞争，这个企业被称为进入者。在位者的产品成本是他的私人信息，人们只知道有高、低两种可能。进入者有两个策略选择，即进入或不进入。在位者也有两个策略选择，即默许和斗争。他们各自的支付如表 8－11 所示。

表 8－11　市场进入博弈

在位者产品成本高

在位者 / 进入者	默许	斗争
进入	40,60	－20,0
不进入	0,100	0,100

在位者产品成本低

在位者 / 进入者	默许	斗争
进入	30,90	－20,120
不进入	0,150	0,150

分析上面的例子可以发现，如果在位者的产品成本高，进入者选择进入，那么在位者会选择默许；如果在位者的产品成本低，进入者选择进入，那么在位者会选择斗争。如果是完全信息，在位者的产品成本是共同知识，那么进入者的选择就很简单了。然而现在进入者不知道在位者的实际成本情况，就像是在与两个局中人(一个高成本，一个低成本)中的一个在博弈一样。由于进入者不知道究竟谁是他博弈的对手，他无法决定自己的策略。

为了解决以上问题，海萨尼提出了“海萨尼转换”。这个方法是通过引入“自然”作为一个虚拟的局中人，自然首先行动决定局中人的类型，局中人自己知道自己的类型，而其他的局中人不知道，这样一个不完全信息博弈就被转换为完全但不完美博弈。上述例子经过转换后如图 8－10 所示。

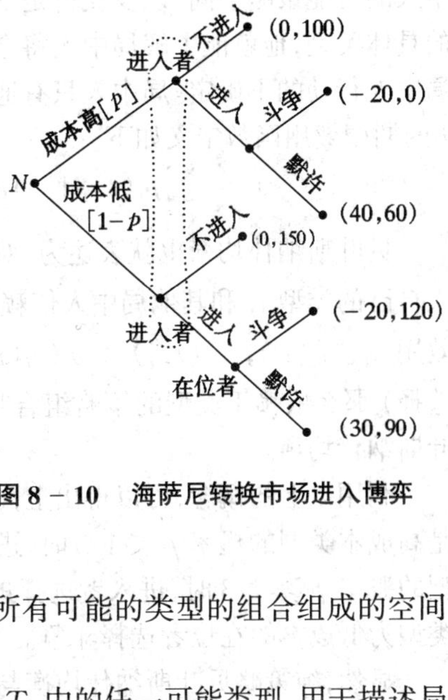

图 8－10　海萨尼转换市场进入博弈

图 8－10 中 p 表示进入者认为在位者为高成本的概率。经过海萨尼转换，就可以对一个不完全信息博弈进行研究。一个不完全信息博弈通常包含以下 5 个要素。

① 局中人的集合：N 和 $i = (1,\cdots,n)$。特别注意要包含虚拟的局中人 N。

② 所有局中人的类型空间：就是指每个局中人所有可能的类型的组合组成的空间 $T = (T_1,\cdots,T_n)$。

③ 条件概率：条件概率 $p_i = p_i(t_{-i} \mid t_i)$，$t_i$ 是 T_i 中的任一可能类型，用于描述局中人 i 在已知自己属于 t_i 的情况下，对其他局中人类型的不确定性。

④ 每个可能类型的策略空间：$C = (C_1(T_1),\cdots,C_n(T_n))$。局中人 i 的策略空间要依赖于其类型(为了与完全信息相区别，这里用 C 来表示)。

⑤ 支付函数：$u = (u_1, \cdots, u_n)$。注意这里的支付函数是一个从$(C \times T)$到实数集 R 的函数。就是说，对于任何一个类型和策略的组合，效用函数都确定一个实数与之对应。

2. 贝叶斯纳什均衡

贝叶斯纳什均衡是完全信息静态博弈中的纳什均衡在不完全信息静态博弈上的延伸。一个贝叶斯均衡为每一个局中人的每一个类型都确定了一个行动或随机策略，使得每个局中人的每个类型在知道自己的类型却不了解其他局中人类型的情况下，都可以将自己的期望效用最大化。通常将不完全信息静态博弈称为静态贝叶斯博弈。

静态博弈的前提条件是博弈双方同时采取行动，或者虽然行动有先后，但是后行动的一方无法从先行动的一方的行动中得到有关博弈的任何信息。然而，由于在研究静态贝叶斯博弈时引入了虚拟的“自然”作为局中人，所以静态贝叶斯博弈就有了行动的先后。在静态贝叶斯博弈中，“自然”这个虚拟的局中人首先行动，它选择局中人的类型向量。局中人知道自己的具体类型，不知道其他局中人的具体类型，只知道在已知自己类型的条件下其他局中人类型的条件概率。然后所有参加博弈的局中人同时选择自己的行动。可以看出，如果所有的局中人只有一个可能的类型，那么静态贝叶斯博弈就是一个完全信息静态博弈。所以，静态贝叶斯博弈可以说是完全信息静态博弈的扩展。

在静态贝叶斯博弈中，尽管局中人不知道其他局中人的具体类型，但却知道所有局中人的可能策略空间，以及支付是如何与类型和行动相关的。就是说，当他知道局中人的具体类型，他就能了解局中人将会采取什么样的行动。然而由于信息的不完全导致了局中人行动的不确定。局中人只有通过将自己的期望效用最大化进行选择行动。局中人 i 的期望效用函数定义如下。

$$v_i = \sum_{t-i} p_i(t_{-i} \mid t_i) u_i(c_i(t_i), c_{-i}(t_{-i}); t_i, t_{-i})$$

贝叶斯纳什均衡也就表述为，对于每一个局中人 i 来说，如 $c_i^*(t_i)$ 是在给定局中人自己的类型 t_i 和其他局中人依赖于类型策略 $c_{-i}^*(t_{-i})$ 的情况下的最优策略，即期望效用 $v_i(c_i^*(t_i), c_{-i}^*(t_{-i}) \geqslant v_i(c_i(t_i), c_{-i}^*(t_{-i}))$，($c_i(t_i)$ 为 i 除了 c_i^* 以外其他的任何选择）那么依赖于类型的策略组合 $\{c_i^*(t_i)\} = (c_1^*(t_1), \cdots, c_n^*(t_n))$ 是一个纯策略贝叶斯纳什均衡。

利用以上的概念，可以得出上面市场进入博弈的贝叶斯均衡：当进入者认为在位者是高成本类型的概率 $p < 1/3$ 时，进入者选择不进入；当进入者认为在位者是高成本类型的概率 $p \geqslant 1/3$ 时，进入者选择进入。真实类型为高成本的在位者选择默许，而真实类型为低成本的在位者选择斗争。

显然，纯策略贝叶斯纳什均衡与混合策略纳什均衡有许多相似的地方。例如，它们都必须最大化局中人的期望效用。海萨尼在 1973 年证明：完全信息静态博弈的混合策略纳什均衡可以解释为不完全信息静态博弈中的纯策略静态贝叶斯均衡的极限。假设夫妻双方对对方的偏好程度都不是十分了解，这在现实情况中也是十分合理的。一个人对另一个人的了解总是不完全的，你可能知道对方喜欢足球，但你往往不能确切地知道对方喜欢的程度。如果双方都去看球，那么丈夫的效用是$3+m$，这个m只有丈夫知道；如果双方都去购物，那么妻子的效用是$3+w$，这个w只有妻子知道。夫妻双方的共同知识是m、w在$[0,x]$上均匀分布。那么这个博弈的支付矩阵如表8－12所示。

表8－12　不完全信息的偏好差异

丈夫 / 妻子	看球	购物
看球	$1, 3+m$	$0, 0$
购物	$0, 0$	$3+w, 1$

首先来构造一个贝叶斯均衡。存在一个$m^* \in [0,x]$和一个$w^* \in [0,x]$，如果满足$m \geqslant m^*$，那么丈夫选择看球；如果$w \geqslant w^*$，那么妻子选择购物。因此，丈夫选择看球的概率$p_m = 1 - m^*/x$，妻子选择购物的概率$p_w = 1 - w^*/x$。现在求解m^*和w^*。

丈夫选择看球的期望效用为：

$$(3+m^*)(w^*/x) + (0)(1 - w^*/x) = (3+m^*)(w^*/x)$$

丈夫选择购物的期望效用为：

$$(0)(w^*/x) + (1)(1 - w^*/x) = 1 - w^*/x$$

由于博弈是对称的$w^* = m^*$，得到

$$w^* = m^* = (-4 + \sqrt{16+4x})/2$$

这就是说，在不完全信息下，丈夫认为妻子会选择购物或妻子认为丈夫会选择看球的概率均为$1 - \dfrac{-4+\sqrt{16+4x}}{2x}$。

当$x \to 0$时，利用求极限的方法对上式的分子和分母分别求导，可以得到上述概率收敛于3/4，与完全信息静态博弈的混合策略纳什均衡一致。贝叶斯纳什均衡在很多领域中（如拍卖、招投标、机制设计）都得到了应用。

四、不完全信息动态博弈

动态博弈的特点是博弈的局中人行动有先后顺序，后行动的局中人可以根据先行动的局中人的行动采取相应的行动。在不完全信息条件下，后行动的局中人实际上是从先行动的局中人的行动中了解先行动局中人的有关信息，修正自己对先行动局中人的可能类型的概率分布，然后选择自己的最优行动，使自己的期望效用最大化。

1. 先验概率和后验概率

在不完全信息博弈中，一个局中人所选择的最优策略依赖于他对其他局中人类型的概率分布。在博弈的起始阶段，一个局中人对其他所有局中人的每个可能类型给出一个概率，将这个概率称为先验概率（prior probability）。随着博弈的进行，其他局中人的行动为该局中人提供了其他局中人所处类型的信息。这个局中人要根据其他局中人的行动修正自己的先验概率。这个根据其他局中人的行动而确定的概率称为后验概率（posterior probability）。

仍以市场进入的博弈为例，在位者在产品的定价上有三个行动选择，即高价、平价、

低价。进入者可以通过观测到在位者的定价了解有关信息。博弈分为两个阶段，第一阶段是在位者选择自己的产品价格，得到的支付如表 8 – 13 所示。

表 8 – 13　市场进入博弈

在位者价位 / 成本	高价	平价	低价
高	100	70	0
低	140	150	130

在这里，产品成本低的在位者选择平价得到的支付大于高价，是因为价格降低导致销量增加，从而使利润上升。在博弈的第二阶段，进入者选择进入或者不进入，在位者选择默许或斗争。为了更为直观地进行分析，将这个博弈的策略型表述进行了简化，博弈双方的支付矩阵如表 8 – 14 所示。

表 8 – 14　简化的市场进入博弈

在位者成本 / 进入者	高	低
进入	40,60	– 20,120
不进入	0,100	0,150

如果博弈进入第二阶段，且进入者认为在位者是高成本类型的概率 $p < 1/3$ 时，进入者选择不进入；当进入者认为在位者是高成本类型的概率 $p \geqslant 1/3$ 时，进入者选择进入。真实类型为高成本的在位者选择默许，而真实类型为低成本的在位者选择斗争。然而，这时进入者所认为的关于在位者类型的概率是已经被在位者的行动选择修正过的后验概率了。所以在博弈的第一阶段，在位者就要考虑到自己的选择不仅要影响自己在第一阶段的利润，而且会影响进入者对在位者的成本类型判断的概率分布，进而影响进入者的决策，从而影响自己在第二阶段的利润。

可以发现，这类博弈问题用贝叶斯均衡解决是不够的。因为贝叶斯均衡中使用的条件概率是在事先给定的已知条件，在博弈中不能修改。而在这个博弈中，局中人有关类型的概率是可以根据其他局中人的行动修正的。那么先验概率和行动是如何来修正后验概率就是要研究的问题了。

局中人如何通过观测其他局中人的行动修正自己的先验概率称为局中人的修正法则。一般认为，理智的局中人使用贝叶斯公式作为自己的修正法则。贝叶斯公式的数学表达式为：

$$P(A \mid B_i) = \frac{P(A \mid B_i)P(B_i)}{\sum_{k=1}^{n} P(A \mid B_k)P(B_k)} \tag{8 – 1}$$

就是说，如果一个局中人 A 观测到另一个局中人 B 选择了行动 C，那么 A 就会修正他认为 B 是类型 t 的概率。他认为 B 是类型 t 的后验概率为：他认为 B 是类型 t 的先验概率乘以 B 是类型 t 且会选择行动 C 的概率，与 B 是所有的可能类型下选择行动 C 的概率总和之比。通过贝叶斯公式，后验概率与行动和先验概率就有了合理的联系，以上的博弈问题也就变得可以解决了。

2. 精炼贝叶斯均衡

对于完全信息动态博弈，可以用子博弈精炼纳什均衡剔除包含不可置信威胁的纳什均衡。利用同样的逻辑思维，将每一个信息集开始的博弈的剩余部分称为一个“后续博弈”(continuation game)。如果一个均衡满足在给定每个局中人关于其他局中人类型的后验概率分布的条件下，局中人的策略组合在每一个后续博弈上便构成贝叶斯均衡，那么称这个均衡为精炼贝叶斯均衡。

精炼贝叶斯均衡要求每一个信息集上的决策者必须有一个定义在该信息集中所有决策结点上的概率分布，并且根据上一个信息集决策者的行动选择按照贝叶斯公式修正自己的概率。由于局中人修正法则是共同知识，所以局中人的策略和精炼贝叶斯均衡实际上是均衡策略和均衡信念(概率分布)的结合。就是说：给定均衡信念，均衡策略是最优的；给定均衡策略，均衡信念是根据均衡策略和贝叶斯公式得到的。

精炼贝叶斯纳什均衡定义为：精炼贝叶斯均衡是一个策略组合 $c^*(t) = (c_1^*(t_1), \cdots, c_n^*(t_n))$ 和一个后验的概率组合 $\tilde{P} = (\tilde{P}_1, \cdots, \tilde{P}_n)$，满足：

① 对于所有局中人 i，在每一个他所控制的信息集 h 选择的策略组合为最优。

② 均衡时的后验概率是使用贝叶斯公式从先验概率观测到的局中人行动和最优策略组合得到的。

第一个条件保证每个局中人 i 的策略在所有从信息集 h 开始的博弈后续博弈上都是贝叶斯均衡。第二个条件是贝叶斯公式的运用规则，说明如何使用贝叶斯公式将先验概率转换为后验概率。如果博弈不断地进行下去，那么第 n 次博弈的后验概率就是第 $n+1$ 次博弈的先验概率，都要通过贝叶斯转换将先验概率转换为后验概率。这两个条件说明在精炼贝叶斯均衡中，后验概率与策略是相互依赖的。逆向归纳法的理论基础是：要求局中人在博弈的初始阶段就预料到了任何有关局中人在博弈结束时的行为，也就不能成立了。所以只能使用前向法对博弈进行分析和预测。

仍以市场进入为例。进入者以 p 为先验概率认为在位者是高成本类型。修正法则是：如果观测到在位者选择高价则修正自己的先验概率为后验概率 $\tilde{p} = 1$，因为如果在位者的成本类型为低的话，他肯定不会选择高价位；如果观测到在位者选择平价则无法为其行动提供任何信息。因为高成本类型可能通过伪装成低成本类型吓退进入者，以获取更大的利润；如果观测到在位者选择低价则修正自己的先验概率为后验概率 $\tilde{p} = 0$，因为一个高成本类型的在位者是不会选择低价的(考虑到资金的时间价值)。

首先讨论进入者先验概率 $p < 1/3$ 时的情况。在位者发现如果自己选择高价，那么进入者的后验概率就会变成 1。相应地，进入者就会选择进入市场。这时在位者得到的支付是第一阶段的 100 和第二阶段的 60，总共 160 个效用单位。然而如果他采取平价，那么进入者无法得到任何信息，后验概率等于先验概率。上面已经讨论过，如果进入者认为在位者的成本类型为高成本的概率小于 1/3，进入者选择不进入市场。那么在位者得到的支付是在第一阶段的 70 和第二阶段得到的 100，总共 170 个效用单位。因此，对于在位者来说，选择平价是最优选择。同理，在给定策略和后验概率的情况下，成本类型为低的在位者也会选择平价，得到 300 单位的支付。这时的精炼贝叶斯均衡为：高成本

和低成本类型的在位者都会选择平价作为自己的最优策略。而进入者选择不进入作为自己的最优策略。这种类型的均衡称为混同均衡(pooling equilibrium)。因为不同类型的局中人选择了相同的行动,局中人得不到使自己区别于其他局中人的激励。

下面再来考虑一下进入者的先验概率 $p \geqslant 1/3$ 时的情况。如果高成本的在位者这时还选择平价,那么因为无法改变进入者的先验概率,进入者认为在位者的成本类型为高成本的概率不小于 1/3 时,进入者选择进入市场。那么在位者得到的支付是在第一阶段的 70 和第二阶段得到的 60,总共 130 个效用单位。而在位者发现如果自己选择高价,虽然进入者的后验概率就会变成 1,进入者还是会选择进入市场。但这时在位者得到的支付是第一阶段的 100 和第二阶段的 60,总共 160 个效用单位。这时在位者的最优选择就是采取高价位。与之类似,低成本类型的在位者如果选择了平价,那么也无法改变进入者的先验概率。同样道理,进入者选择进入市场,那么低成本类型在位者得到的支付是在第一阶段的 150 和第二阶段得到的 120,总共 270 个效用单位。然而低成本类型的在位者发现如果自己选择低价,那么进入者的后验概率就会变成 0,进入者不会选择进入市场。这时在位者得到的支付是第一阶段的 130 和第二阶段的 150,总共 280 个效用单位。这时低成本类型的在位者的最优选择就是采取低价。这时的精炼贝叶斯均衡就是:如果是高成本类型,在位者选择高价;如果是低成本类型,在位者选择低价。进入者观测到在位者选择低价就不进入市场,如果观测到在位者选择高价就进入市场。这种类型的均衡称为分离均衡(separating equilibrium),因为不同类型的局中人选择了不同的行动,局中人得到了使自己区别于其他局中人的激励。

在不完全信息动态博弈里,先行动的局中人的行动实际上是起传递信息的作用。上例中的在位者选择低价就是为了将"我是低成本企业"这一信息传递给进入者。然而,如果一种行动可以传递信息的话,必须不能或难于被其他类型的局中人模仿。也就是说,一个可以传递信息的行动必须是要付出成本的。上例中的在位者为了将"我是低成本企业"这一信息传递给进入者,就选择了低价,而不是单阶段最优选择平价,付出了 20 个效用单位的支付。

第四节　重复博弈和序贯博弈

上面对简单博弈进行了分析。然而,在实际的经济生活中,博弈是一个不断进行的过程,局中人之间的博弈存在着回合(rounds)或时间点的一个序列。就是说,博弈在反复进行。某个博弈的结果也将影响与之相连的下一个博弈的结果。某个回合或某个时间点进行的博弈称为单阶段博弈。反复进行的博弈不改变博弈的结构,这类博弈就被称为重复博弈(repeated game)。在反复进行的博弈中,如果前一个回合的行动选择改变了随后子博弈的结构,这类博弈就称为序贯博弈(sequential game)。为使读者更方便地理解重复博弈和序贯博弈,以下使用博弈论中的两个著名博弈——"囚徒的困境"和"讨价还价"进行阐述。

一、囚徒困境的重复博弈

重复博弈从重复的次数上可以划分为有限次重复博弈和无限次重复博弈。只要博弈的所有局中人不知道哪一次博弈是最后一次博弈，这种重复博弈即为无限次重复博弈。对有限次重复博弈和无限次重复博弈的分析方法是不一样的。

1. 有限次重复博弈

如果博弈是有限次重复进行的，在完全信息下，可以采用逆向归纳法对博弈的结果进行分析和预测。读者可以根据囚徒困境博弈的支付矩阵表 8 - 1 进行分析。

这里将博弈中的支付单位由“年”变成“天”。做出这样的改动是为了使博弈的重复在逻辑上具有合理性。如果假设疑犯 A、B 知道他们在一生中被抓到 50 次，就是说这个重复博弈有 50 个回合，那么疑犯在这 50 个回合的博弈中，每个回合会采取什么行动使自己的效用最大化呢?从最后一个回合的博弈开始进行分析。

如表 8 - 1 所示，由于知道这个回合是最后一个回合了，所以疑犯 A 和 B 都会选择“坦白”使自己的效用最大化。再来分析第 49 个回合，疑犯 A 如果选择“坦白”，疑犯 B 选择“坦白”或“不坦白”时，疑犯 A 得到的支付是当期的效用 - 5 或 0 与下期效用 - 5 之和。就是说疑犯 A 得到的支付是 - 10 或 - 5。疑犯 A 如果选择“不坦白”，疑犯 B 选择“坦白”或“不坦白”时，疑犯 A 得到的支付是当期的效用 - 10 或 - 1 与下期效用 - 5 之和。就是说疑犯 A 得到的支付是 - 15 或 - 6 都要大于疑犯 A 选择“坦白”的支付。所以，疑犯 A 的最优选择就是坦白。类似地，疑犯 B 也会选择“坦白”作为自己的最优行动。所以在第 49 个回合的均衡策略也是(坦白，坦白)。以此类推，在这个博弈的所有回合中，均衡策略都是(坦白，坦白)。

通过以上的例子可以发现以下规则：如果一个重复博弈中单阶段的纳什均衡是惟一的，那么在有限次重复博弈中，重复并不改变均衡的结果。也就是说，一个 T 次重复博弈的子博弈精炼纳什均衡是其中任意一次简单博弈的纳什均衡重复 T 次。

值得注意的是，单阶段博弈的纳什均衡是应该惟一的，如果不是(例如偏好差异博弈)，上述结论则不能成立。

2. 无限次重复博弈

如果博弈无限次地重复进行下去，人们不知道哪一次博弈是最后一次博弈，也就无法用逆向归纳法对博弈展开分析，这时只能使用前向法分析博弈。

这里先介绍贴现因子 δ 的概念。贴现因子 δ 可以理解为在一次博弈发生后，下一次博弈发生的概率。就是说，在囚徒的困境中两个疑犯再碰到一起进行犯罪的概率。贴现因子 δ 也可以理解为局中人对重复博弈的耐心程度，就是说，在囚徒的困境中一个疑犯有多大的兴趣与另一个疑犯再次合作。现在看一下重复博弈中的一个著名的策略“针锋相对”(tit to tat) 在贴现因子 δ 为多大时，可以形成一个均衡。

针锋相对策略是这样一个策略：局中人在第一回合选择有利于双方的行动，然后在 t 回合选择的行动就是对手在 $t-1$ 回合所选择的行动。即如果对手在上一个回合选择了对其有利的行动，那么该局中人在下一个回合就采取相应的行动来报答对手；如果对手在上一个回合选择了对其不利的行动，那么该局中人在下一个回合就采取相应的行动惩罚对手。假设在囚徒的困境中，疑犯A遵循针锋相对策略，疑犯B在知道疑犯A的类型的情况下，如果贴现因子δ接近1(即双方很可能会再合作)，就会选择坦白作为自己的最优选择。因为如果选择坦白在这一回合得到的效用增加远远小于在今后的回合中受到的惩罚，那么每一个回合的实际均衡就是(不坦白，不坦白)。如果贴现因子δ接近0(就是说双方再次合作的机会很小)，就会选择不坦白作为自己的最优选择。因为如果选择坦白在这一回合得到的效用增加可能会大于在今后的回合中受到的惩罚。贴现因子δ在多大的情况下可以让针锋相对策略阻止对手选择坦白呢?

假设疑犯B在第一回合选择坦白，以后的所有回合都选择不坦白。那么他在第一回合得到的支付是0，第二回合得到的支付是-10，以后所有回合得到的支付是-1。那么他得到的所有支付是：

$$0+(-10)\delta+\sum_{k=3}^{\infty}(-1)\delta^{k-1}=-10\delta+\frac{(-1)\delta^2}{1-\delta}$$

如果他选择一直不坦白，那么他得到的所有支付就是：

$$\sum_{k=1}^{\infty}(-1)\delta^{k-1}=\frac{(-1)}{1-\delta}$$

为了阻止疑犯B选择坦白，疑犯A的针锋相对策略就需要：

$$\sum_{k=1}^{\infty}(-1)\delta^{k-1}\geqslant 0+(-10)\delta+\sum_{k=3}^{\infty}(-1)\delta^{k-1}$$

解以上方程可得$\delta\geqslant 1/9$。就是说，如果$\delta\geqslant 1/9$，只要预测到另一个局中人使用的策略是针锋相对，那么没有一个局中人会第一个偏离针锋相对的策略而获得更大的收益，因此针锋相对就是一个均衡。

但是这个均衡却不是一个子博弈精炼纳什均衡，因为作为一个精炼纳什均衡即使在所给定的策略下具有零概率的行动发生了，也应该是一个纳什均衡。假设两个疑犯都采取针锋相对策略，如果假设疑犯B偶然在第一回合中选择坦白，疑犯A在贴现因子$\delta\geqslant 1/9$的情况下，没有激励去惩罚对手。如果惩罚对手，疑犯A得到的支付是：

$$(-10)+0\delta+(-10)\delta^2+0\delta^3+(-10)\delta^4+\cdots$$

而疑犯选择原谅对手的错误，在第二回合中给对手一个改正的机会还是选择不坦白，以后再采取针锋相对的策略的话，疑犯A得到的支付是：

$$(-10)+(-1)\delta+(-1)\delta^2+(-1)\delta^3+(-1)\delta^4+\cdots$$

当$\delta\geqslant 1/9$时发现，疑犯A选择原谅对手得到的支付要大于惩罚对手得到的支付。所以针锋相对策略不是一个子博弈精炼纳什均衡。

再看囚徒博弈的另一个策略“冷酷策略”(grim strategy)。所有采取冷酷策略的局中人的行动规则就是：在第一回合中采取有利于双方的策略，如果观测到对手没有采取损害自己的行动就继续采取这个行动，一旦发现对手采取损害自己的行动就选择相应的行动惩罚对手，以后无论怎样都不会改变自己的行动。

例 8.4 试证明冷酷策略既是一个纳什均衡也是一个子博弈精炼纳什均衡。

首先采用证明针锋相对策略是一个纳什均衡的方法来证明在 $\delta \geqslant 1/5$ 的条件下，冷酷策略是一个纳什均衡。已知疑犯 A 采取冷酷策略，如果疑犯 B 在某个回合中选择了坦白，那么他在这个回合博弈后得到的支付就是：

$$0 + \sum_{k=1}^{\infty}(-5)\delta^{k} = \frac{-5\delta}{1-\delta}$$

如果选择不坦白，那么他在这个回合博弈后得到的支付就是：

$$\sum_{k=0}^{\infty}(-1)\delta^{k} = \frac{-1}{1-\delta}$$

为了阻止疑犯 B 选择坦白，疑犯 A 的冷酷策略就需要：

$$\frac{-1}{1-\delta} \geqslant \frac{(-5)\delta}{1-\delta}$$

解得 $\delta \geqslant 1/5$。就是说，如果 $\delta \geqslant 1/5$，只要预测到另一个局中人使用的策略是冷酷策略，那么没有一个局中人会第一个偏离冷酷策略而获得更大的收益，因此冷酷策略就是一个纳什均衡。

然后，冷酷策略不仅是一个纳什均衡，还是一个子博弈精炼纳什均衡。因为在冷酷策略下，所有的子博弈可以被划分成两类：一类没有任何局中人坦白，另一类至少有一个局中人在一个回合中选择坦白。上面已经证明冷酷策略在第一类子博弈中构成纳什均衡。在第二类子博弈中，依据冷酷策略，局中人在每个回合重复简单博弈的均衡策略（坦白，坦白），所以也是该子博弈的纳什均衡。这也就证明了，若 $\delta \geqslant 1/5$，冷酷策略是无限次囚徒的困境博弈的一个子博弈精炼纳什均衡。当然这个博弈还有其他子博弈精炼纳什均衡。例如，在每个博弈回合中都选择（坦白，坦白）也是一个子博弈精炼纳什均衡。

不难发现，采取了冷酷策略后，疑犯们做出了帕累托最优选择（不坦白，不坦白）。他们摆脱了简单博弈时的困境。出现这种情况的原因可以解释为：如果博弈重复无限次，那么所有短期的投机行为的收益都是微不足道的。局中人都得到激励，为自己建立一个乐于合作的声誉，同时也得到激励惩罚对方的投机行为。

进一步分析，可以得到以下的无名氏定理（folk theorem）。之所以称为无名氏定理是因为这个定理在被严格的陈述发表之前，作为一种共识已为博弈理论家所熟知。

G 为一个 n 人单阶段博弈，$G(\infty,\delta)$ 为一个以 G 为单阶段博弈，δ 为贴现因子的无限次重复博弈，s^* 是 G 的一个纳什均衡，$e=(e_1,e_2,\cdots,e_n)$ 是 s^* 决定的支付向量，$v=(v_1,v_2,\cdots,v_n)$ 是一个任意可行的支付向量，V 是可行支付向量的集合。那么，对于任何满足 $v_i > e_i$ 的 $v \in V(\forall i)$，存在一个贴现因子 $\delta^* < 1$，使得对所有 $\delta \geqslant \delta^*$，$v=(v_1,v_2,\cdots,v_n)$ 是一个特定的子博弈精炼纳什均衡。

简单地说，无名氏定理是说，在无限次重复博弈中，如果局中人的贴现因子足够大，那么任何满足个体理性的可行的支付向量都可以通过一个特定的子博弈精炼纳什均衡得到。

3. 不完全信息重复博弈

在上面的两个问题的讨论中，有限次重复博弈和无限次重复博弈有着不同的均衡结果。而在一般的数学理论中,无限应该是有限的极限值。就是说,无限次重复博弈中出现的均衡结果,必然是在有限次重复博弈中可能出现的。然而,采取冷酷策略得到的均衡结果(不坦白,不坦白),在有限次重复博弈中是无法在任何一个回合中实现的。这也就形成了泽尔滕提出的"连锁店悖论"(chain store paradox)。

为了解开这个悖论,克瑞普斯、米尔格罗姆、罗伯茨、威尔逊用 KMRW 模型重新构造有限次重复囚徒困境,使这些有限次重复博弈具有惟一的均衡,且随着重复次数趋于无穷大,均衡结果收敛于无限次重复博弈的均衡。这个模型的基本思想是局中人存在一个小概率的备择状态,而其他局中人对这个状态具有不完全信息。

仍以囚徒的困境为例来说明 KMRW 模型。如果疑犯 A 有一个很小的概率,是一个执行针锋相对策略的机器(可以理解为一个讲义气的人)。那么疑犯 A 就有两种可能的类型,即机器、理性的人,概率分别为 p 和 $1-p$。为了简单化这个模型,假设疑犯 B 只有一个类型,就是理性的人。理性的人在博弈中可以选择任何使自己效用最大化的行动。机器严格按照针锋相对策略来选择行动。之所以用针锋相对作为机器的策略,是因为一旦疑犯 A 选择偏离了针锋相对策略的行动,就暴露了自己的类型是一个理性的人。

首先来看重复博弈进行两个回合的情况,从博弈的最后阶段(第二个回合)开始分析。在这个回合里,如果疑犯 A 的类型是理性的就会选择坦白,如果疑犯 A 的类型是机器就会选择疑犯 B 在上个回合(第一个回合)的行动,而疑犯 B 的惟一的最优选择就是坦白。在第一回合,如果疑犯 A 的类型是理性的就会选择坦白,如果疑犯 A 的类型是机器就会选择不坦白。疑犯 B 知道疑犯 A 的类型可能是机器的概率为 p,假设贴现因子 δ 为 1,那么疑犯 B 选择坦白的期望效用就是:

$$[(0)p+(-5)(1-p)]+(-5)=5p-10$$

疑犯 B 选择不坦白的期望效用就是:

$$[(-1)p+(-10)(1-p)]+[(0)p+(-5)(1-p)]=14p-15$$

通过计算可以得出,如果 $p \geqslant 5/9$,疑犯 B 选择"不坦白"的效用要大于选择"坦白"的效用。就是说,如果疑犯 B 认为疑犯 A 是一个机器的概率不小于 5/9,那么他在第一个回合中选择"不坦白"。同理如果疑犯 B 的信息是不完全的,理性的疑犯 A 也可能在第一个回合中选择"不坦白"。

利用同样的方法对重复 3 次、4 次、……、n 次的博弈进行分析,就可发现,随着重复博弈次数的增加,p 的值在不断变小。据此可以得到以下结论。

如果假定两个疑犯的类型都是不完全信息,就是说两个疑犯是执行针锋相对策略的机器的概率 p 大于 0 时,无论可能性 p 多小,只要重复博弈的次数足够多,博弈就会出现均衡——(不坦白,不坦白)。

一般地,有如下 KMRW 定理。在 T 回合重复囚徒博弈中,如果所有的疑犯都有 $p>0$ 的概率是机器类型(严格按照一个即定的策略选择行动),如果 T 足够大,那么存在一个 $T_0<T$,使得下列策略组合构成一个建立贝叶斯均衡:所有理性的疑犯在 $t \leqslant T_0$ 阶段选择合作(不坦白),在 $t>T_0$ 时刻选择不合作(坦白);非合作回合的数量($T-T_0$)只与 p 有关,而与 T 无关。

KMRW 定理为实际生活中观测到的大量现象提供了有利的解释，例如它可以解释寡头市场上的合谋行为，也可以解释“连锁店悖论”。

4. 策略的进化

在研究博弈中可以发现，一个博弈可能有很多个均衡，一个局中人采取不同的策略都是一个均衡。例如，在重复的囚徒困境中，针锋相对是一个均衡，冷酷策略是一个均衡，永远坦白也是一个均衡，那么策略之间的关系是怎样的呢？在实际的博弈中局中人又是如何进行选择的呢？

如何在许多策略中选择一个最终实现的策略是一个困扰博弈理论家多年的问题。阿克塞尔罗得(Axelrod) 在 1984 年提出了一种方法，试图用生物进化的准则进行分析。他将所有选择一个策略的局中人看做一个种群，他们的繁殖能力与采取该策略的效用成正比。这样人们就可以用生物进化的观点对各种博弈的策略进行研究。阿克塞尔罗得理论的一个重要概念就是抵制(resistance)。一个策略 σ 对另一个策略 τ 的抵制被定义为满足 $0 \leqslant \lambda \leqslant 1$ 且满足下式的最大值：

$$u_i((\lambda\tau_{-i} + (1-\lambda)\sigma_{-i}), \sigma_i) \geqslant u_i((\lambda\tau_{-i} + (1-\lambda)\sigma_{-i}), \tau_i) \qquad (8-2)$$

策略 σ 对策略 τ 的抵制可以理解为，在拟订使用策略 σ 的动物种群中突变出使用策略 τ 的动物，经过若干代的繁殖后，在这个种群中使用策略 σ 的比例。

以重复的囚徒博弈为例。如果两个局中人都选择针锋相对类型，那么他们得到的支付就是 $-1/(1-\delta)$；如果两个局中人都选择总是坦白类型，那么他们的支付就是 $(-5)\delta/(1-\delta)$；如果一个是针锋相对类型，另一个是总是坦白类型，那么他们得到的支付分别是 $(-10)+(-5)\delta/(1-\delta)$ 和 $0+(-5\delta/(1-\delta))$。选择总是坦白策略对选择针锋相对策略的抵制 λ 就是满足下式的最大值：

$$\begin{aligned}&\lambda(0+(-5)\delta/(1-\delta))+(1-\lambda)(-5)/(1-\delta)\\&\geqslant \lambda(-1/(1-\delta))+(1-\lambda)(-10+(-5)\delta/(1-\delta))\end{aligned}$$

通过代数运算可以得到 λ 的值是 $5(1-\delta)/4$。在 δ 接近于 1 时，λ 趋近于 0。同样，也可以算出，在 δ 接近于 1 时选择总是针锋相对对选择总是坦白策略的抵制 λ 趋近于 1。因此，针锋相对策略具有进化优势。就是说，如果有针锋相对策略类型的局中人出现在总是坦白的群体中，如果博弈重复的次数是无限的，那么最后这个群体中的所有个体都将选择针锋相对作为自己的行动规则。可以这样解释上述结论，因为针锋相对策略的最终效果对于整体来说是最优的，所以疑犯乐于与持针锋相对策略的伙伴合作，并选择自己相应的最优策略，而且他们所受的惩罚较小，这样他们犯罪的概率就较大(持针锋相对策略的疑犯在外面犯罪时，持总是坦白策略的疑犯被关在监狱里)。

这一个结论与克瑞普斯、米尔格罗姆、罗伯茨、威尔逊关于有限重复囚徒困境博弈中针锋相对策略有着惊人的相似之处。所以，阿克塞尔罗得认为，在许多社会系统中，有望逐渐形成合作互惠的局面，达到帕累托最优。

二、讨价还价博弈

上述分析说明，合作博弈要以非合作博弈为基础。在进行合作博弈之前，所有想要合作的局中人要进行非合作的谈判来制定合作的规则。谈判的过程实际上就是所有局中人进行讨价还价的过程。

纳什在1950年发表《讨价还价问题》(The Bargaining Game)一文,证明存在一个讨价还价解满足帕累托有效性、个体理性、尺度协变性、无关选择对象的独立性和对称性这五个公理。这个解被称为纳什讨价还价解(Nash bargaining solution)。后来理论界所有对讨价还价问题的研究都是在纳什研究的基础上进行的。

1. 轮流出价的讨价还价模型

讨价还价的过程实际上是这样一个不断出价还价的过程:一个局中人选择一个报价,另一个局中人选择接受还是不接受,然后另一个局中人选择一个报价,这个局中人选择接受还是不接受,如此循环,直到出现一个双方都可以接受的价格。

鲁宾斯坦提出了一个关于讨价还价的一般模型。在这个模型中,对报价的次数没有有限的限制,然而每个局中人都具有某种时间成本,所以局中人的支付取决于所接受的报价和达到所接受的报价的回合数。

可以这样理解鲁宾斯坦提出的模型:两个局中人分一块蛋糕,局中人1先提出一个方案,如果局中人2接受了这个方案博弈结束,如果不接受的话,局中人2出一个方案,如果局中人1接受了这个方案博弈结束,如果不接受,局中人1再提出一个方案。如此反复进行,直到一个局中人的出价被另一个局中人接受为止。这就是说局中人1在所有的奇数回合出价,局中人2在所有的偶数回合出价。鲁宾斯坦证明,他的子博弈精炼纳什均衡是惟一的。

如果不考虑时间成本,那么局中人将拒绝所有使自己不能得到整个蛋糕的方案。然而时间是有成本的,这里用贴现因子 δ 表示时间成本的贴现率。

首先讨论有限回合的讨价还价博弈。用 x_1 表示局中人1出价时局中人1得到的份额,那么局中人2得到的份额就是 $(1-x_1)$;用 x_2 表示局中人2出价时局中人1得到的份额,那么局中人2得到的份额就是 $(1-x_2)$;局中人1和局中人2的贴现因子分别为 δ_1 和 δ_2。因为博弈是有限的,需要利用逆向归纳法求解子博弈精炼纳什均衡。假设博弈进行的回合数为2,那么最后均衡的结果就是(0,1),就是说局中人2得到整个蛋糕。考虑到时间价值,局中人2得到一个蛋糕的效用相当于在上一阶段得到 $(1)\delta_2$ 个蛋糕的效用。那么在前一个回合(第一回合)局中人2将拒绝所有 $(1-x_1)<(1)\delta_2$ 的提议,接受所有 $(1-x_1)\geqslant(1)\delta_2$ 的建议。局中人1在这时的最优选择就是按照 $(1-\delta_2,\delta_2)$ 的比例分割蛋糕。如果假设博弈进行的回合数为3,那么最后均衡的结果就是(1,0),就是说局中人1得到整个蛋糕。考虑到时间价值,局中人1得到一个蛋糕的效用相当于在上一阶段得到 $(1)\delta_1$ 个蛋糕的效用。那么在前一个回合(第二回合)局中人1将拒绝所有 $x_1<(1)\delta_1$ 的提议,接受所有 $x_1\geqslant(1)\delta_1$ 的建议。局中人2在这时的最优选择就是按照 $(\delta_1,1-\delta_1)$ 的比例分割蛋糕。这时局中人2得到 $(1-\delta_1)$ 个蛋糕的效用相当于在上一阶段得到 $(1-\delta_1)\delta_2$ 个蛋糕的效用。那么在前一个回合(第一回合)局中人2将拒绝所有 $(1-x_1)<(1-\delta_1)\delta_2$ 的提议,接受所有 $(1-x_1)\geqslant(1-\delta_1)\delta_2$ 的建议。那么局中人1在这时的最优选择就是按照 $(1-(1-\delta_1)\delta_2,(1-\delta_1)\delta_2)$ 的比例来分割蛋糕。以此类

推,可以得出任何给定的 $T < \infty$ 的子博弈精炼纳什均衡。

下面再来讨论一下无限回合轮流出价的均衡结果。因为回合的次数是无限的,逆向归纳法是无用的。但是正是因为回合的次数是无限的,任何一个从局中人1出价的回合开始的子博弈等价于整个博弈,故可以使用有限阶段逆向归纳法的逻辑寻找子博弈精炼纳什均衡。

假设在第三个回合,局中人可以得到的最大支付是 M,那么根据在有限回合轮流出价中的方法,可以得出局中人1在第一回合的最优选择是自己得到 $1-(1-\delta_1 M)\delta_2$ 的份额。由于子博弈和原博弈是等价的,所以 $M = 1-(1-\delta_1 M)\delta_2$,解得

$$M = \frac{1-\delta_2}{1-\delta_1\delta_2} \tag{8-3}$$

所以这时,局中人的最优选择就是提出按照 $(M,(1-M))$ 的方案分割蛋糕。

再来证明这个均衡是惟一的。假设在第三个回合,局中人可以接受的最小效用是 m,还是根据在有限回合轮流出价中的方法,可以得出局中人1在第一回合的至少会选择自己得到 $1-(1-\delta_1 m)\delta_2$ 的份额。由于子博弈和原博弈是等价的,所以 $m = 1-(1-\delta_1 m)\delta_2$,解得

$$m = \frac{1-\delta_2}{1-\delta_1\delta_2} \tag{8-4}$$

$M = m$,所以均衡结果是惟一的。

由于上述的均衡结果与重复的次数无关,所以无限回合讨价还价博弈问题的惟一子博弈精炼纳什均衡就是:局中人1在任何奇数回合要求得到 $(1-\delta_2)/(1-\delta_1\delta_2)$ 的份额,在偶数回合接受任何大于或等于 $\delta_1(1-\delta_2)/(1-\delta_1\delta_2)$ 的份额,拒绝其他份额。局中人2在任何偶数回合要求得到 $(1-\delta_1)/(1-\delta_1\delta_2)$ 的份额,在偶数回合接受任何大于或等于 $\delta_2(1-\delta_1)/(1-\delta_1\delta_2)$ 的份额,拒绝其他份额。如果理性作为共同知识,那么博弈双方在第一个回合就会达成协议,博弈也就结束了。这就是序贯博弈与重复博弈的区别。

2. 讨价还价模型分析

人们在实际的经济生活中,经常会碰到讨价还价类型的博弈。各种各样的谈判都可以利用讨价还价模型进行分析。

在实际谈判过程中,由于信息的不完全性,任何局中人也无法确切知道对方的贴现因子,所以初期谈判实际上只是博弈双方通过对方的要价修正自己对对方类型判断的后验概率,一旦双方对对手的了解达到某个程度后,谈判也就随之结束了。如果一个局中人可以先于对手确定对方的贴现因子,那么他就在谈判中处于有利地位,甚至可以操纵谈判的结果。所以人们不要指望在谈判的初期就得到满意的结果,因为博弈的各方都可能会采取各种假象掩盖自己的真实类型。即使一个局中人表现出了自己的真实类型,由于信息的不完全性,其他的局中人也不会确信这个类型就是那个局中人实际的类型。

双方对对手的类型有了比较确定的了解后,还可以发现,人们对谈判的耐心程度决定谈判的最终效用分配。越有耐心的局中人得到的支付就越大。因为讨价还价博弈的子

博弈精炼纳什均衡结果是按照$[(1-\delta_2)/(1-\delta_1\delta_2), 1-(1-\delta_2)/(1-\delta_1\delta_2)]$的比例划分效用。如果$\delta_1$是(0,1)之间一个确定值，那么随着$\delta_2$的值的增大，$(1-\delta_2)/(1-\delta_1\delta_2)$的值不断的变小。当$\delta_2=1$时，值为0，就是说局中人1不得不将所有的效用都分配给局中人2。如果δ_2是(0,1)之间一个确定值，那么随着δ_1的值的增大，$(1-\delta_2)/(1-\delta_1\delta_2)$的值不断变大。当$\delta_1=1$时，值为1，就是说局中人1要将所有的效用都分配给自己，而局中人2还不得不接受这个分配。可以这样理解以上均衡，由于某局中人具有无限的耐心，其他的局中人只好将所有的效用分配给他，以避免自己在无休止的谈判中花费时间和精力。所以如果能让谈判对手确认自己的贴现因子大于自己实际的贴现因子，那么局中人可以得到额外的效用。所以在谈判的过程中，局中人往往要表现得比自己的真实类型更有耐心。

确定对手的类型后，如何选择谈判的策略，是主动提出报价让对方接受呢?还是等待对方的报价，自己接受呢?当双方的贴现因子δ一样且不等于1，那么局中人1得到的支付份额为$1/(1+\delta)$，大于局中人2得到的份额$\delta/(1+\delta)$。所以，如果博弈的双方发现自己的贴现因子δ与对方一样，那么他们都会抢先提出报价，取得“先动优势”。可将这个理论推广，证明如果双方的类型已经确定，先行动的一方拥有“先动优势”。

假设A、B两个人进行谈判，双方的贴现因子分别为δ_a、δ_b，那么A选择先出价的效用为：

$$(1-\delta_b)/(1-\delta_a\delta_b)$$

等待对方出价的效用为：

$$1-(1-\delta_a)/(1-\delta_a\delta_b)=\delta_a(1-\delta_b)/(1-\delta_a\delta_b)$$

因为$0\leqslant\delta_a\leqslant 1$，先出价的效用永远不小于等待对方出价的效用，所以A会选择先出价，就是说以局中人1的身份进入博弈。同理B也要抢先出价。所以在一个谈判中如果发现已经了解对方的类型之后，就要抢先报价，使自己处于有利地位，取得“先动优势”。

本章小结

信息不完全市场被认为能更好地反映现代市场竞争行为，已成为现代经济学中发展最为迅速的领域之一。信息不对称现象发生在合同签订之前称为逆向选择，发生在合同签订之后则称为道德风险。为了保证合同正常执行，人们提出了若干解决办法。博弈论是研究在决策主体行为相互依存、相互制约条件下的决策以及这种决策均衡问题的理论。按照局中人在博弈状况中行动的时间点，可以将博弈分为静态博弈和动态博弈。按照局中人对参与博弈的其他局中人的特征类型、策略组合以及支付函数等有关知识的了解程度，可以将博弈划分为完全信息博弈和不完全信息博弈。考虑时间与信息两个维度，可以将博弈划分为完全信息静态博弈、完全信息动态博弈、不完全信息静态博弈、不完全信息动态博弈等四个类型。与四种博弈相对应具有纳什均衡、子博弈精炼纳什均衡、贝叶斯纳什均衡、精炼贝叶斯纳什均衡等四个均衡，研究均衡的存在及其解法有利于深化对博弈的认识。在实际的经济生活中，博弈又是一个不断进行的过程，某个博弈的结果将影响下一个博弈的结果。某个回合或某个时间点进行的博弈称为单阶段博弈；反复进行的且不改变博弈结构的博弈称为重复博弈；而反复进行的并改变了后序子博弈结构的博弈称为序贯博弈。现代博弈理论的问世，使经济学在传统局部均衡分析和一般均衡分析之外，多了一种理解经济问题和其他社会事物本质关系和内在规律的更为有效的分析工具。

复习思考题

1. 解释以下概念：道德风险，逆向选择，共同知识，信息不对称，局中人，纳什均衡，重复博弈，序贯博弈，分离均衡，混同均衡，子博弈。

2. 保险公司在制定保险赔偿时，通常不会100%赔偿客户的损失，利用本章介绍的理论解释这一现象。

3. 如果你有一辆旧车希望出售，如何才能卖出理想的价格，试举出五种以上的方法。

4. 我们经常会发现同一种商品在不同的商场的售价不同，利用有关的信息知识解释这一现象。

5. 在广告中，经常会出现一些名人，然而利用这些名人做广告要比利用一般的演员花费更多的费用。试解释为什么还要这样做。

6. 试述完全信息与完美信息的异同。

7. 在下表所表示的博弈中，找出重复剔除的占优均衡。

	X	*Y*	*Z*
A	4,3	5,1	6,2
B	2,1	8,4	3,6
C	3,0	9,6	2,8

8. 一个小偷偷了五个人的钱，还没有消费就被警察抓住了，但是所有的钱被混在一起了，如何解决这一问题。利用博弈论的知识制定一个方法，确定如何分配这笔钱。(这五个失主都选择说实话是该博弈的纳什均衡)

9. 有三个人的脸都是脏的，但是没有镜子，每个人只能看到其他两个人的脸。这时另外一个说，你们其中至少一个人的脸是脏的，然后依次问三个人，你知道你的脸脏吗？他们的回答分别是什么？每次回答后，共同知识的集合有什么变化？

10. 试述占优策略均衡、重复剔除占优均衡、纯策略纳什均衡、混合策略纳什均衡之间的关系。

11. 丈夫和妻子独立地做出出门是否带伞的决策，他们知道下雨和不下雨的可能性相同。支付函数如下表所示。

下雨时

	丈夫带伞	丈夫不带伞
妻子带伞	−2，−2	−2.5，−3
妻子不带伞	−3，−2.5	−5，−5

不下雨时

	丈夫带伞	丈夫不带伞
妻子带伞	-1,-1	-1,0
妻子不带伞	0,-1	1,1

出门前不知道是否下雨，丈夫先决策，妻子在观察到丈夫是否带伞后再决策。画出这个问题的博弈树，找出子博弈精炼纳什均衡。

12. 有这样一个故事：古时候，两个女人争夺一个孩子，都说这个孩子是自己亲生的。国王于是将那个孩子带到两个母亲面前说："既然分不清这个孩子是谁的，那么就将这个孩子劈成两半，一人一半好了。"这时一个女人说："陛下，就这样做吧。"另一个女人说："陛下，不要这样做，把孩子给她吧。"国王这时说："第二个女人是孩子的亲生母亲。"你认为这个故事里的假母亲具有理性的预期吗？如果假母亲意识到国王在试探她们，杀掉孩子是不可置信威胁，那么国王的方法会有效吗？

13. 有这样一个博弈，局中人1先行动，局中人2只知道局中人1属于类型 a 和类型 b 的概率各为 50%；局中人1选择行动 L 或 R；然后局中人2选择行动 U 或 D。博弈的支付矩阵如下表所示。

局中人的真实类型是 a

	局中人1选择 L	局中人1选择 R
局中人2选择 U	1,1	2,2
局中人2选择 D	0,2	0,0

局中人的真实类型是 b

	局中人1选择 L	局中人1选择 R
局中人2选择 U	0,0	0,1
局中人2选择 D	1,0	1,1

画出这个博弈的博弈树，给出该博弈的所有纯策略分离均衡和混同均衡。

14. 一个两个局中人的静态完全信息博弈的支付矩阵如下表所示：

	L	R
U	a,b	c,d
D	e,f	g,h

当 a、b、c、d、e、f、g、h 满足什么条件时，上述博弈存在：(1) 占优策略均衡；(2) 重复剔除占优均衡；(3) 纯策略纳什均衡。

15. 政府对税收进行检查，已知应纳税款为 a，检查的成本为 c，罚款是 f，$a+f>c$。试问当政府机关的检查概率是多大时，纳税人不会逃税。

16. 在一个只有两个寡头企业双头市场上，两个寡头进行价格的竞争。其中 p_1 是企业1的价格，p_2 是企业2的价格。企业1的利润函数是：

$$\pi_1 = -(p_1 - ap_2 + c)^2 + p_2$$

企业2的利润函数为：

$$\pi_2 = -(p_2 - b)^2 + p_1$$

求：(1) 两个企业同时决策时的纯策略纳什均衡；(2) 企业1先决策时的纳什均衡；(3) 企业2先决策时的纳什均衡。

17. 假设一个企业雇佣一个长生不老的经理，经理如果努力工作，每年可以为企业创造利润100万，如果不努力有30%的概率为企业创造利润100万，70%的概率为企业创造利润50万。企业的政策是，只有在上一年的利润达到100万时，才和经理签订下一年的合同。经理实行年薪制，如果经理努力工作的成本是0.1万，不努力工作成本是0，离开企业后每年得到的政府救济是0.05万，贴现因子为95%。那么经理的年薪为多少时，经理会一直努力工作？

第九章 市场与政府

第一节 市场失灵与政府的微观经济职能

一、基本竞争模型

在人类社会经济发展过程中，理论上阐述稀缺资源的有效配置始于市场的方式，即在市场价格机制的作用下实现社会经济资源的配置。

1776年，古典经济学奠基人亚当·斯密(Adam Smith)出版了他的著名论著《国民财富的性质和原因的研究》，对市场机制配置资源的动因及实现方式进行了经典的概括。斯密指出："人类几乎随时随地都需要同胞的协助，要想仅仅依赖他人的恩惠，那是一定不行的。他如果能够刺激他们的利己心，使有利于他，并告诉他们，给他做事，是对他们自己有利的，他要达到的目的就容易得多了。…… 我们每天所需要的食物和饮料，不是出自屠夫、酿酒家或烙面师的恩惠，而是出于他们自利的打算。…… 我们不说自己有需要，而是对他们有利。" 斯密认为，当个人为了他们自己的利益而努力时，他们就是在为全社会的经济生产做最大的努力。斯密用"看不见的手"(invisible hand) 形容自利行为如何给社会带来利益。当然，这只手也在分配人间的幸福与灾祸。

1937年，科斯教授发表了新企业理论的奠基著作《企业的性质》，运用"交易成本"的概念，揭示了企业存在的内在原因，阐述了人类配置社会经济资源的第二种方式—— 企业方式。

由于经济资源的稀缺性，客观上要求个人和厂商必须做出抉择。大部分经济分析的基本前提是理性选择(rational choice) 假设，即在个人和厂商拥有合理的、明确的偏好和目标，以及对如何达到这些目标有合理认识的条件下，个人和厂商的行为具有一致性。

出于理性选择、公平竞争以及竞争效率的考虑，经济学家提出了市场经济理想的竞争模型—— 基本竞争模型。基本竞争模型由以下三部分组成：

① 理性的、追求自身利益最大化的消费者；

② 理性的、追求利润最大化的厂商；

③ 完全竞争的市场。

提供恰当的激励是一个基本的经济问题。基于基本竞争模型，市场机制就像一架精巧的机器自发地协调经济和有效地配置资源。市场经济中的各经济利益主体通过价格系统(price system) 得到了不同商品或服务相对稀缺性的信息和很好的激励。利润向厂商提供生产顾客所需商品和服务的激励；工资向劳动者提供工作的激励；产权也向人们提供重要的激励,它不仅使人们乐于投资和储蓄,而且使资源得到最佳利用。

鉴于现实经济运行远不是基本竞争模型描述的那样理想和完美,故基本竞争模型的意义旨在揭示竞争模型的预测与实际观测结果之间的重要差异,从而激励人们结合市场现实运行提出有效的、切合实际的具体模型。

二、市场失灵

在现实经济运行中,市场机制表现出自身难以克服的许多缺陷,市场经济没有达到经济效率的状态,即市场失灵(market failure)。于是,市场经济国家都不同程度地植入政府的干预和调节,以克服市场机制本身存在的缺陷。市场失灵主要有下述表现。

1. 难以克服的经济波动

市场经济经常受到经济波动(通货紧缩和通货膨胀)的困扰,需要依赖政府的宏观经济政策予以调节。但从实际效果看,政府的经济政策虽然可在一定程度上"熨平"经济波动,但却无法从根本上消除,并且有时会出现失业和通货膨胀并存的滞胀(stagflation)局面。

2. 垄断和不完全竞争造成效率的降低

完全的或纯粹的竞争事实上是不多见的,更多的则是不完全竞争或有限竞争以及垄断。如前所述,垄断使产出受到限制;导致管理松懈、不思进取;使R&D萎缩,抑制了技术进步;热衷于寻租行为,使社会经济资源出现误配置。尽管有限竞争的低效率状况比垄断要弱些,但仍存在这样或那样缺陷。比如,不完全竞争厂商为了遏止新进入者,将宝贵资源用在削弱竞争力量和提高价格的活动上,以及保持过剩生产能力方面;不是全力以赴地降低成本,而是将精力放在如何提高竞争对手的成本上,或将资金投入到非信息性(说服性)的广告上等等。

3. 外部性形成不正确的产出和价格

市场机制有效率地配置资源(或者说基本竞争模型充分发挥作用),是建立在消费者和生产者的行为不影响他人福利的基础之上。但是,即使存在竞争,市场提供的某种物品也可能过多,而另一些物品可能过少,其原因之一是存在外部性(externality)。所谓外部性是指当个人或厂商的行为直接影响到他人,却没有得到补偿或给予支付的情况。也可以说,外部性是一个经济主体的行为对另一个经济主体的福利产生的效果,而这种效果并没有从货币或市场交易中反映出来。外部性亦可称为毗邻影响或外部效应,其实质是行为主体(个人或厂商)没有承担其行为所带来的全部后果。例如,最典型的负外部性是企业没有按照排污规范组织生产,在节省了大笔排污费用的同时,造成了环境污染,从而导致较大的产出和较低的价格。

4. 市场机制无法有效提供公共物品

在社会经济中,总有一部分物品或服务是免费为公众提供利益并为每个人平等享用。这类物品或服务被称为公共物品。公共物品(如气象信息)的特点是使额外的享用者的边际成本等于零,而要排除个人获得公共物品却要花费巨大的代价。于是,有效率地配置资源的原则就是免费提供公共物品给想要它的任何人。公共物品的这种特性阻碍了市场机制发挥作用,使市场机制失灵。

5. 市场机制导致收入不均等

按照边际生产力理论,要素的边际生产力决定要素的报酬。而有效率的生产,则要求生产中的要素投入组合根据要素的相对稀缺性适时变动。市场机制对稀缺要素定价高,对富裕要素定价低,形成收入分配不均等。同时,基本竞争模型着眼于市场竞争效率,但却不考虑要素能力分布的不均等。

6. 信息不完全

基本竞争模型发挥正常功能的前提条件之一,是生产者和消费者在决策时拥有充分的信息。而事实上,厂商与个人之间存在着双向的信息不对称,厂商并不能洞悉消费者的全部需求,而消费者也不可能知晓全部的商品信息。这种信息的不对称还体现在市场运行的方方面面,导致市场机制不能有效发挥作用。

三、政府的微观经济职能

在多数情况下,市场机制能够较好地激发个人和厂商追求经济利益的活力,解决资源的配置问题,"市场机制可以自发配置资源"的观点得到了充分的认可和信赖。同时,现实市场经济运行中存在的缺陷,也使大多数人相信,某些问题是市场自身力量无法解决的。在这些市场失灵的领域,需要政府出面对经济进行干预。这就涉及政府在微观经济领域的主要职能——调节资源配置和解决市场失灵。概括起来主要有以下几个方面。

1. 提供立法和法律制度的体系

一般认为,法律体系的作用主要在于为解决各种争端提供一个程序,而不是去管理契约(交易)的细节末枝。如果没有一套程序行使法权,并产生合理的、可预测的影响,就不能保证微观经济主体有效地从事经营活动。对法律问题进行经济分析的一个传统领域是反垄断法。为了确保竞争性市场、限制对市场的控制和抑制限制性做法等,一些国家针对大企业的市场势力专门制定一系列法律。比如,美国在联邦和各州都有反托拉斯法,并且由刑事和民事法庭来贯彻执行。政府不仅采取措施肢解现有的垄断,而且阻止厂商获得过度的市场势力。

2. 调节外部性

由于外部性产生于使用的资源没有付费、提供的好处没有得到报酬,需要政府在这方面发挥作用,具体做法放在后面讨论。

3. 提供公共物品及服务

公共物品的特性阻碍了市场机制的作用,为公众所需要而个人及厂商又不愿提供的公共物品,必须由政府来提供。本章第三节将进一步讨论。

4. 制定公共政策对收入进行再分配

政府调节收入分配的主要手段是税收。纳税人具体缴纳税收数量由政府确定的课税税种和相应税率决定。发挥税收对收入再分配调节作用的一个前提条件,是具有一个完善良好的税收体系。进一步的讨论请参见十二章第二节。同时,政府在财政支出方面,可以采取相应的福利计划和失业补助、困难救助等转移支付方式进行收入再分配。

那么,政府采取怎样的方式才能实现这些职能,或者说政府怎样才能有效地履行这些职能呢?一般来说,可采取的选择主要有:政府直接行动、为厂商提供激励、强令厂商采取合意的行动以及命令与管制等。

第二节　外部性

一、外部性的基本类型

1. 正外部性与负外部性

当存在外部性时,一方的经济活动对另一方产生的影响可能是有利的,也可能是不利的。于是,按照外部性后果的不同,将外部性区分为正外部性和负外部性。

当一方的经济活动对另一方产生有利的影响时,称为正外部性。例如,当一个房主将他的房屋修饰一新,并种植许多美丽的鲜花时,所有的邻居都会因这一活动而受益。然而,房主在做装修决策时可能并不会把这些收益考虑在内,或者说所有的邻居并没有为自己的收益而支付费用。关于正外部效应的另一个例子是消防设备的交易。一所学校从消防设备的经销商那里购买了一批消防设备,除了学校的师生员工以及消防设备的经销商从中受益之外,学校附近的房屋所有者也会因减少火灾蔓延的风险而受益,但他们并没有为这笔消防设备的交易支付任何费用。显然学校和消防设备经销商的这项经济活动对周围的房屋所有者来说产生了正的外部性。

当一方的经济活动对另一方产生不利的影响时,称为负外部性。例如,一家化工厂向邻近河中排放废液,河中的鱼越来越少。这样,使捕鱼为生的渔民的生活日益艰辛。然而,厂商在做出这一决策时,并没有向渔民付出外在成本进行补偿的愿望,因此工厂的经济活动对渔民产生了负的外部性。又如,设计不当的高层建筑遮蔽了低矮建筑物的阳光。如果大厦的建造者无需为这样的经济行为向被遮阳建筑物的使用者支付费用,这同样是一种负的外部效应。

2. 生产外部性与消费外部性

按照外部性产生的原因,可将外部性分为生产外部性与消费外部性。

(1) 生产活动产生的正消费外部性　某厂商的生产活动使消费者受益。如厂商的一项自主知识产权带来生产率大幅度提高,使得该厂商在追求自身经济成就的同时,能够以较低的价格出售质量较好的产品,购买者因此得到正的消费外部性。

(2) 生产活动产生的正生产外部性　某厂商的生产活动使其他厂商受益。如某厂商一项科技发明不仅使自己受益,使产品生产成本大大降低,而且也使下游生产流程的相关厂商获得科技含量高、质优价廉的投入品。同时,也激励其他厂商加大 R&D 投入,提高市场竞争能力。

(3) 生产活动产生的负消费外部性　某厂商的生产活动使消费者受损。如厂商未按质量标准及环保、卫生等规范生产相关产品,会给消费者带来负外部性。非环保的装修材料等均属此列。

(4) 生产活动产生的负生产外部性　某厂商的生产活动使其他厂商受损。如河流上游厂商向河流排放污染物,影响了渔业厂商的正常生产活动,甚至使生产无法进行。

(5) 消费活动产生的正消费外部性　消费者的消费活动使其他消费者受益。教育既是人力资本投资,又是一种消费活动。具有良好教育背景的人能够得到较理想的工作、较高的薪酬等。但教育消费产生的利益并不仅仅局限于受教育者本人。教育消费会产生良好的外部性,与教育良好的人士交往可以得到较多的启示、建议和指导。一般来说,在一个教育程度高的社会中,民主气氛较好,犯罪和暴力较少。

(6) 消费活动产生的正生产外部性　消费者的消费活动使厂商受益。如消费者在消费过程中的攀比行为不仅使相关生产厂商销售收入大增,而且为相关厂商提供了获取规模经济收益的良好市场条件。

(7) 消费活动产生的负消费外部性　消费者的消费活动使其他消费者受损。如消费者购买了某一商品,使具有虚荣心理已购买该商品的其他消费者受损,在虚荣效应的作用下,先期购买者甚至放弃对该商品的正常消费。

(8) 消费活动产生的负生产外部性　消费者的消费活动使厂商受损。如消费者偏好的改变减少了对传统产品的需求;消费者收入的提高普遍减少了对低档商品的购买并彻底告别了吉芬品,从而对相关厂商产生负生产外部性。

3. 时间外部性与空间外部性

按照外部性的时空结构,可将外部性分为时间上的外部性和空间上的外部性。时间外部性是指目前的某项经济活动对未来时期可能造成的额外收益或损失。空间外部性则是指某项经济活动在一定空间上对周围经济主体造成的额外收益或损失。时间外部性一般是对经济活动的未来影响,而空间外部性一般是对经济活动的现实影响。而经济的可持续发展需要将这两种外部性通盘考虑,充分发挥其正效应,最大限度地抑制负效应。

4. 货币外部性与技术外部性

按照外部性能否通过市场进行交易,可将外部性分为货币外部性和技术外部性。凡是能够通过市场价格体现出的外部性,称为货币外部性。凡不能通过市场价格体现出的外部性,则称为技术外部性。技术外部性是市场无效率的重要成因。货币外部性和技术外部性的划分进一步厘清了外部性概念。因为并非所有的生产或消费活动对其他的生产或消费活动产生的影响都可以称为外部性。比如,电视机厂商通过调整竞争策略,强化了自身的技术实力,大大扩展了自己的市场份额,从而影响到了其他厂商的经济利益,但这样的影响是反映在市场价格中的,是竞争的必然结果,不属于外部性的范畴。显然,是否通过市场机制体现某种经济行为的效应是判断是否属于外部性范畴的关键。

上述分析表明,外部性首先是一种人为的活动。非人为的事件(如风调雨顺或自然灾害)带来的额外收益或损失不能称为外部性。其次,外部性是某项活动的主旨之外所派生出来的效应。例如,工厂排放污染物,目的是追求最大限度地降低成本,而不是追求污染环境的效果。换句话说,厂商是为赚钱而污染,而不是为污染而污染。外部性在一定程度上排除了主观故意。再次，外部性涵盖了生态环境等与社会经济福利有关的一切生物和非生物的影响。

二、外部性对资源配置的影响

外部性的存在使社会脱离最有效的生产状态，使市场机制无法很好地实现优化资源配置的基本功能，这是经济无效率的重要原因。

例如，某厂商在生产过程中要排放一定数量的烟尘，烟尘对周围居民的健康造成危害，是一种负外部性。假设该厂商的生产函数是固定比例的，即不能改变它的投入产出比，要减少烟尘的排放量就只有降低产出。图 9 – 1 给出了该厂商做生产决策时面临的供给曲线和需求曲线（D）。如果将所有的成本（包括外部成本）都考虑进去，厂商会以边际社会成本（MSC）为依据进行生产决策。Q^* 是最优的产出水平，P^* 是产品价格。但厂商的决策则是以边际私人成本（MPC）为依据，而不考虑外部成本。这样，Q_1 将是确定的产出水平，P_1 是产品的价格。从社会的角度看，该厂商的产出太多了，有效的产出水平应当是依边际社会成本确定的社会最适量 Q^*，而不是依边际私人成本确定的产出量 Q_1。正是由于外部性的存在，厂商的生产成本小于社会成本，使得社会成本曲线总在供给曲线之上，导致形成不正确的价格和产出，产生无效率。

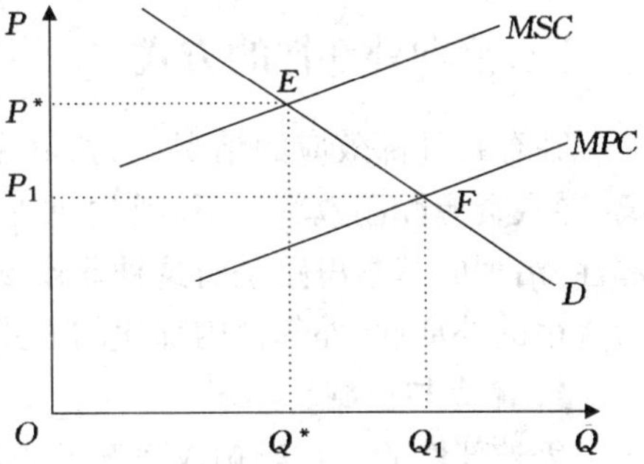

图 9 – 1　厂商制定生产决策时的供求曲线

图 9 – 1 反映的是负外部性的影响，那么正外部性对资源配置的影响又会怎样呢？假设某个群体要对注射疾病防疫针进行决策。明显的事实是疫苗接种不仅能使接种者减少疾病传染的可能，而且可以使没有接种疫苗的人也减少被传染的可能。图 9 – 2 给出了人们在做注射疾病防疫针决策时所面临的供给曲线（S）和需求曲线。如果将所有的收益（包括外部收益）都考虑进去，人们会以边际社会收益（MSR）为依据进行决策。Q^* 是其最优的消费水平，P^* 是最优价格。但人们的理性决策往往考虑个人收益，以边际私人收益（MPR）为依据进行消费决策。这样，Q_1 将是确定的消费水平，P_1 是支付的价格。从社会的角度看，该群体消费的太少了，有效的消费水平应当是依边际社会收益确定的社会最适量 Q^*，而不是依边际私人收益确定的产出量 Q_1。正是由于正外部性的存在，这种产品的生产和销售会呈现不足状态，消费量小于社会最适量，价格低于合理价格，产生无效率。

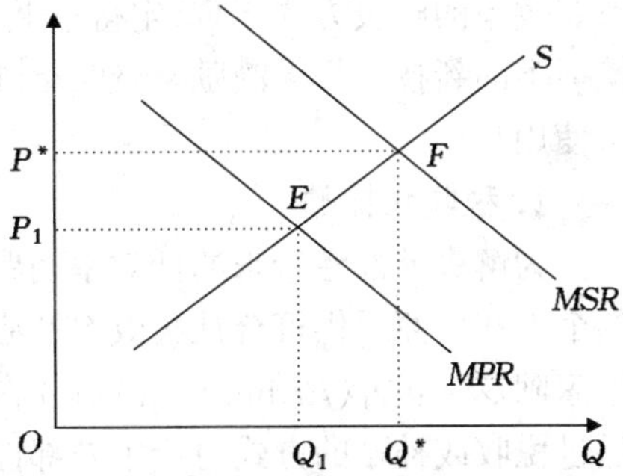

图 9 – 2　注射疾病防疫针决策时的供求曲线

外部性既导致短期的无效率，也导致长期的无效率。如前所述，市场机制通过信息和价格提供激励。当产品的市场价格高于生产的平均成本时，就吸引新厂商进入到该竞争性产业，而当价格低于平均成本时，亏损厂商便会退出。在长期均衡中，如果市场价格等于长期平均成本，产业总供给等于市场总需求，产业内留存下来的厂商恰好与市场需求吻合。但是，如果存在负外部性，平均私人生产成本低于平均社会成本，市场价格传导机制发生扭曲。结果，一些低效率生产厂商能够继续滞留在产业中，造成社会资源的误配置。同理，正的外部效应则导致相对少的厂商留存在产业内，提供较少的产出量。总之，外部性的存在导致资源配置无法达到帕累托有效。

三、治理外部性的方式

在存在外部效应的情况下，边际私人成本（收益）与边际社会成本（收益）发生偏离，导致资源配制效率低下。因此，要实现市场机制的有效运行，必须治理经济活动的外部性。治理的基本思路是将这种非市场性的影响内在化，或者说，将技术的外部性转化为货币的外部性。外部性内部化的方式主要有以下几种。

1. 命令与控制

负外部性的存在影响或降低了公众福利，治理外部性问题需要政府干预。政府可以采取的基本对策是提供法律、法规和公共政策。比如，提供有关环保、食品、药品、出版物、专利等法规；制定公共场所禁止吸烟、汽车厂商尾气排放标准、噪音控制标准、卫生防疫等规制。这些对策被称为命令与控制方法（command and control approach）。

命令与控制的方式通常可以产生比较显著的效果，因为对产生外部性的部门和个人来讲，违反政府权威的成本往往非常昂贵。但是，这种方式在实践中还存在种种缺陷。比如，有些规制不能反映或适合所有的行为主体各自的具体情况，标准定得过高往往导致非效率的解决方式出现，定得过低又失去意义。同时，命令与控制不能为开发减轻环境损害的新技术提供激励。显然，单纯的命令与控制对经济效率的扭曲作用很大，应慎重使用。

2. 税收和补贴

为解决外部性带来的低效率问题，政府可以通过税收和补贴的方式向产生外部性的个人和厂商提供符合社会效率的激励或约束。税收和补贴的方式最初是由英国经济学家阿瑟·庇古（Arthur C. Pigou）在其1920年出版的《福利经济学》一书中提出来的。通过税收或补贴的方式对产生外部性的经济活动施加影响，使外部效应内在化的方式被称为庇古税。根据庇古的分析，在边际私人收益与边际社会收益、边际私人成本与边际社会成本相背离的情况下，社会福利受到了损失，于是应由政府采取适当的经济政策，消除这种背离。政府应采取的经济政策是：存在负外部性时，对负外部性的产生者征收相当于外部成本的税收；存在正外部性时，给予正外部性的产生者提供相当于外部收益的财政补贴，鼓励其把产出量扩大到社会最大效率的水平。在利润最大化的原则之下，相关的部门和个人会调整自己的生产和消费，最终使边际私人收益与边际社会收益、边际私人成本与边际社会成本相一致，实现外部效应的内在化。税收和补贴的方式在经济活动中得到广泛的应用。在基础设施建设领域采用的“谁投资，谁受益”的政策；环境保护领域采用的“谁污染，谁治理”的政策，都是庇古理论的具体应用。目前，排污收费制度已经成为世界各国环境保护的重要经济手段，其理论基础也是庇古税。

当然，税收和补贴的方式也存在一些局限性。第一，政府是税收和补贴的执行主体，要代表公共利益自觉对产生外部性的经济活动进行干预。然而，事实上，公共决策存在很大的局限性，是否有足够的激励与约束，保证政府科学行政、理性决策，也存在很大的问题。第二，政府必须知道引起外部性和受它影响的所有部门和个人的边际成本或收益，拥有与决定帕累托最优资源配置相关的所有信息，以便制定出最优的税率和补贴。但是，现实中的政府也并不是万能的，他不可能拥有足够的信息。从理论上讲，庇古税是完美的，但实际的执行效果与预期存在相当大的偏差。第三，政府干预本身也是要花费成本的。如果政府干预的成本支出大于外部性造成的损失，从经济效率角度看消除外部性就不值得了。

3. 企业运作方式

企业运作方式基于对利润最大化的追求。如果能够通过某种方式使厂商承担(享受)外部性所带来的额外损失(收益)，那么，厂商就会调整原有决策，改善资源配置。以化工厂和养鱼业为例，如果化工厂在生产过程中向附近河流排放废液，河流下游的渔业生产便会遭受损失，二者的产出呈反比。当二者独立经营时，养鱼场只能承担化工厂造成的这种额外成本。如果二者同属于一家公司或同一出资者，那么，化工厂给养鱼场带来的额外成本则属于公司的内部成本。显然，通过企业合并的方式，可以使外部性内部化。公司在进行化工产品生产决策时，出于自身利益，就不得不考虑污染成本，进而改善总体生产计划。这种改善会带来帕累托有效配置。

例 9.1　假设化工厂和养鱼场都属竞争行业，化工产品价格 $P_C = 60$，鱼的价格 $P_F = 42$，化工厂和养鱼场的成本函数分别为 $TC_C = Q_C^2$，$TC_F = Q_F^2 + Q_CQ_F$。试分析两厂商独立经营及合并经营时的经营结果。

解：独立经营时，化工厂的 $MC_C = 2Q_C$，$60 = 2Q_C$，最优产量为 $Q_C = 30$，利润 $\pi_C = 900$。

养鱼场的 $MC_F = 2Q_F + Q_C$，$42 = 2Q_F + Q_C$，最优产量为 $Q_F = 6$，利润 $\pi_F = 36$
合并经营时，公司的总成本为 $TC = Q_C^2 + Q_F^2 + Q_CQ_F$，则有

$$MC_C = 2Q_C + Q_F = 60$$
$$MC_F = 2Q_F + Q_C = 42$$

解以上方程组，得 $Q_C = 26$，$Q_F = 8$，公司总利润 $\Pi = 948$。而在各自经营时，总利润只有 936。两厂商合并后，化工厂的污水仍为养鱼场的成本，合理调整化工厂产出后，外部性被内部化。此时，厂商的成本充分考虑了社会成本，资源配置效率提高了。

如果上例中两厂商原本是各自经营的。根据分析，两厂商都有积极性进行企业购并重组，因为以各自产出效益为基数核算的企业购并价格，对合并后的公司总是有利可图的。即使双方不进行相互购并重组，由于合并效益大于各自经营效益，也会有第三方进行购并重组。当然，以企业运作方式解决外部性问题也存在局限性。比如，如果上例中化工厂和养鱼场的所在地拥有为数众多的各类厂商以及大量居民，试图通过企业合并解决外部性问题就十分复杂了。

4. 产权方式

产权方式解决外部性的理论基础来自于著名经济学家罗纳尔德·科斯提出的产权理论。科斯在其《社会成本问题》论文中一反以政府干预解决外部效应的传统,认为外部性造成的损害具有"相互性质"。他说:"人们一般将该问题视为甲给乙造成损害,因而所要决定的是:如何制止甲?但这是错误的。我们正在分析的问题具有相互性,即避免对乙的损害将会使甲遭受损害,必须决定的真正问题是:允许甲损害乙,还是允许乙损害甲?关键在于避免较严重的损害。"因此,"在设计和选择社会格局时,我们应考虑总的效果"。

科斯提出了不同于庇古的新思路。科斯认为,如果产权是明确界定的,而且谈判协商等交易成本为零,则无论初始由哪一方拥有产权,都能带来资源的有效配置。后来诺贝尔经济学奖获得者乔治·斯蒂格勒(George Stigler)将科斯的这一思想命名为科斯定理(Coase Theorem)。

科斯列举事例阐述这一著名的科斯定理。在一个"失散的牛群毁坏邻近地区作物的问题"中,假设养牛者与种谷者在毗邻的土地上经营,且两块土地之间没有篱笆相隔,结果养牛者的牛群常到谷地里去吃谷,养牛者从中受益而种谷者受损。种谷者在自己土地上修筑篱笆的费用为800元,种谷人作物的价格为每吨100元,牛群头数与每年作物损失的关系如表9-1所示。

表9-1　牛群头数与每年作物损失的关系

牛群头数	年作物损失(吨)	增加一头牛造成的作物损失(元)
1	1	100
2	3	200
3	6	300
4	10	400

若任凭牛群吃谷,那么在边际上,谷地受损的价值就一定会大过牛的增值。这样,养牛的私人成本与社会成本不相等,社会福利没有达到最大化。按照庇古传统,解决此外部性的办法或是养牛人补偿种谷人,或是政府对养牛人征税以减少牛群的数量,或禁止养牛人在此养牛,或政府将这两块土地收归国有,由国家统一经营,或将养牛人和种谷人合并,将总收入以最合理的方法分给他们两人。科斯则另辟新径,从自愿协商的角度,按权利界定的原则,在两个相反的假定下,探讨了养牛人究竟是否有权利让牛群吃谷。

科斯的第一假说:养牛人并没有权利让牛群吃谷,即种谷的收益是种谷人的私有产权。这样,如果养牛人让其牛群越界吃谷,种谷人就有权利收费。但如果养牛人认为支付的赔偿费高出了修篱笆的成本,养牛人会同意修筑篱笆来约束牛的行为。但只要养牛人饲养的牛在4头以下,赔偿谷物的损失就要比修筑篱笆更省钱。至于篱笆究竟筑在哪里,则要视具体情况而定,并不一定在两块地的交界。假若因牛群吃谷而得到的收入在边际上大过谷物的损失值,或者谷物遭受损失的值很高,以致出售未受损害的谷物小于耕种整个土地的全部成本,只要假定交易费用为零,那么种谷者与养牛人就会自愿订约,种谷者在得到养牛人的补偿前提下愿意接受牛群吃谷的损失。如果情况相反,假若牛群吃谷的增值在边际上小于谷物的损失，那么养牛人就不愿意按市价给予种谷人补偿。这样，种谷人与养牛人也会互订合约，或是修筑篱笆，或是限制牛群的数量。不过这时篱笆的位置或约束牛群数量都是以谷物的市价而定。在边际利益等于边际损失时，两块地的总收入会达到最大化，从而使土地资源的使用效率达到最高。

科斯的第二假说：养牛人有权让牛群吃谷，即虽然种谷者可在自己的地上种谷，但养牛人有让牛吃谷的权利。种谷人的损失随牛群的扩大而增加。种谷人为避免谷物受损，就要向养牛者支付赔偿费，以使养牛者减少乃至取消养牛。种谷人支付的赔偿费等于受损谷物的价值。例如，养牛人有三头牛，种谷人愿意支付 300 元钱给养牛人，希望他把养牛的头数减少到 2 头；愿意支付 500 元钱将养牛的头数减少到 1 头，支付 600 元钱使他放弃养牛。这里种谷人每年支付的费用最多不会超过修篱笆的成本 800 元。也就是说，种谷人所支付的赔偿费与养牛者对损害负有责任时支付的赔偿费相同。对养牛者来说，不论是向种谷人支付赔偿费，还是接受种谷人的赔偿费，这些费用都作为养牛的一部分成本，牛群规模都一样。这样，在互订合约下，篱笆位置的选择和牛群约束的数量恰恰跟第一假说相同，即边际上牛群吃谷的增值跟谷物的损失相等，两块土地的总收入也达到最大化。

从科斯的两个相反的假说中可以得出一个相同的结论，即不管权利属于谁，只要明确界定产权关系，经济活动的私人成本与社会成本必然相等，外部性便被内部化了。虽然权利属于谁的问题会影响财富的分配，但是，如果交易费用为零，则无论权利如何安排，都可以通过市场的交易活动和权利买卖者互订合约而达到资源的最佳配置。

科斯定理问世后，许多经济学家对产权理论进行了广泛的研究。有人认为，科斯是说，不管产权归谁，无成本谈判总能达到同一个帕累托配置。另一些人则认为，科斯只是说，不管产权归谁，无成本的谈判总能达到某一个帕累托配置，但不一定是同一个帕累托配置。后来经济学家研究证明，在一般情况下，后一种解释是正确的。

经济学家张五常对种植和养蜂之间的外部性进行了深入研究①。他发现，蜜蜂从不同植物中采集花粉酿造的蜂蜜产量是有差别的。比如，苹果园提供的蜂蜜产量比较低，蜜蜂在苹果园里生产的蜂蜜除供自身生存外所剩无几，而豆科作物提供的蜂蜜产量则比较高。从种植场和养蜂场合作利益角度看，双方生产所带来的外部性是不同的。苹果园要付费请养蜂场将蜂房放在果园内，而养蜂场则需要付费给豆科作物的所有者以获取放养许可。种植场和养蜂场的生产活动尽管都产生外部性，但关键是要拒绝对方享受正外部性并不困难。由于蜜蜂飞翔范围有限，蜂房若不放置在植物附近，蜜蜂就无法正常生产。于是，如果一方不付费，苹果园就请不来养蜂场的蜂房；养蜂场的蜜蜂也无法在豆科作物上采集花粉。不仅如此，由于双方对外部性带来的损益十分清楚，故可以就双方的合作达成协议。种植和养蜂的外部性固然是一个特殊的案例，但对依据产权理论解决外部性问题具有重要的启发意义。

以科斯定理为代表的产权理论为解决市场的外部性问题提供了一条新的思路。这

① Steven N. S. Cheung, The Fable of the Bees: An Economic Investigation, The Journal of Law and Economics, v. 16, April, 1973.

一理论认为，从根本上讲，外部性是因为产权不明晰或界定不恰当造成的，所以不一定必须通过管制、税收或是补贴的方式消除社会成本或收益与私人成本或收益之间的差异。要做的事情只是明确地界定并保护产权，相关的市场交易随后产生，无论最初的权利如何分配，有关各方总可以达成一种协议，在这种协议中每个人的状况都可以变好。这样，通过产权的方式，可以实现外部效应内在化，使资源配置达到最优的状态。

尽管以产权方式解决外部效应的理论近年来得到不断的丰富和发展，但在解决实际问题时也存在一定局限性。第一，产权方式的应用前提是产权明晰并受到充分的保护，而事实上，与外部效应相关联的产权往往难以界定或者界定成本很高。产权不明晰，产权方式往往失去效力。第二，产权方式需要考虑交易费用的问题。自愿协商是否可行，取决于交易费用的大小。如果交易费用高于社会净收益，那么，自愿协商就失去意义。当外部效应涉及的利益各方人数众多时，达成有效的协议尤其困难，因为协调每个人的代价高昂。于是，科斯认为，一旦考虑到进行市场交易的成本，合法权利的初始界定就必然会对经济运行的效率产生影响。显然，科斯定理的更现实的意义在于：不同的产权制度和法律制度，将导致社会资源配置的不同效率。显然，为提高社会经济资源配置的效率，政府的重要职责之一，就是尽可能地明确界定社会经济生活中的各种产权，以及提供相应的法律体系。

第三节　公共物品

大部分物品是通过市场配置的，消费者为得到这些物品而支付费用，生产者因提供这些物品而得到收益。对这些物品来说，价格是引导消费者和生产者进行决策的信息。但是，对于公共物品而言，情况会有所不同。公共物品是具有极端正外部性的特殊物品。当公共物品生产出来以后，人们往往只愿意享受公共物品带来的效用，而没有人愿意为消费它而支付费用。由于生产者难以收费或收费成本太高，使得生产成本无法收回，造成市场供应不足。在这种情况下，政府可以对提供公共物品进行干预，增进整体的社会经济福利。

一、公共物品的含义及特点

按照不同特性，可以把经济中的各种物品分为私人物品（private goods）和公共物品（public goods）两大类。私人物品是指那些具有竞争性和排他性，能够通过市场价格机制达到资源优化配置的产品。公共物品则是指那些具有非竞争性（nonrival）和非排他性（nonexclusive），不能依靠市场力量实现有效配置的产品。这种物品具有极端正外部性，所以亦可称为公用品或共用品。

既有排他性又有竞争性的私人物品在市场中随处可见。考虑一个苹果的例子。苹果具有排他性，是因为可以阻止别人吃。一个人拥有一个苹果，只要不把苹果给别人，其他人无法再拥有这个苹果。苹果具有竞争性，是因为如果把苹果吃掉，别人就不能再吃到同一个苹果。鞋子也是私人物品，因为一双鞋不可能同时供两个以上的人消费，而且，若想拥有一双鞋就必须付费，否则无权消费。经济中大多数物品都是像苹果和鞋子这样的私人物品。

公共物品则是具有非竞争性和非排他性。公共物品的非竞争性是指，消费者对某一公共物品的消费不会减少其他人的消费量。公共物品一般都具有不可分割的性质。由于这种不可分割性，使公共物品在产生拥挤之前，增加额外一个消费者的消费，不会引起生产成本的任何增加，即消费者人数的增加所引起的边际成本等于零。例如，路灯可以为所有行人照明，照明费用不因行人的增加而增加；海面上的灯塔一旦建起，可以为所有的过往船只指示航向，增加过往船只的数量并不需要额外增加维护灯塔的成本。在不拥挤的条件下，多一个人或少一个人通过桥梁，也不会带来维护成本的增加或减少。

公共物品的非排他性是指，不能把任何一个人排除在消费公共物品的行列之外。不论一个人是否为这种产品支付费用，他都可以使用这种产品。对于任一消费者 i 来说，可支配的公共产品的数量 X_i 就是该产品的总量 X，即 $X = X_i$。公共物品一旦生产出来，任何个人都可以自由消费，而不需经过其他人或组织的许可。人们不能根据某人是否支付了费用来决定他的消费资格，要采取收费的方式限制任一消费者对公共物品的消费也是非常困难，甚至是不可能的。一国的国防一经建立，就不能排斥该国任一公民从国家安全中受益；不管人们是否对环保工作做出贡献，每个人都得益于清洁的空气和洁净的水源。

如前所述，有效生产状态必须满足 $MR = MC$ 原则。公共物品的非竞争性使 $MC = 0$，于是，$MR = 0$。这意味着产品应该免费提供，但谁又会免费提供这样的产品呢？理性人假定决定了公共物品无法依赖私人提供，即无法通过市场机制对公共物品的生产进行有效配置。

如图 9 - 3 所示，假设市场上只有两个消费者 A 和 B。他们既消费私人物品，又消费公共物品。D_A 和 D_B 分别是他们的需求曲线。在私人物品市场图(a)，消费者 A 和 B 的需求曲线水平相加，便得到市场需求曲线 D。如果市场供给曲线为 S，则供求均衡点为 E，均衡数量为 Q_0。如果是公共物品图(b)，由于非竞争性和非排他性的存在，消费者消费同等数量的同一物品，不同消费者对公共物品愿意支付的价格之和，构成该公共物品的价格。于是，市场需求曲线是由消费者 A 和 B 的需求曲线垂直相加而得。在公共物品的供给量为 Q_0 时，消费者愿意支付的价格分别为 P_A 和 P_B，支付的总价格为 P_0。

上面是在假定每个消费者公共物品的需求曲线存在的条件下，讨论了公共物品的需求价格的决定，但实际上这种讨论没有多

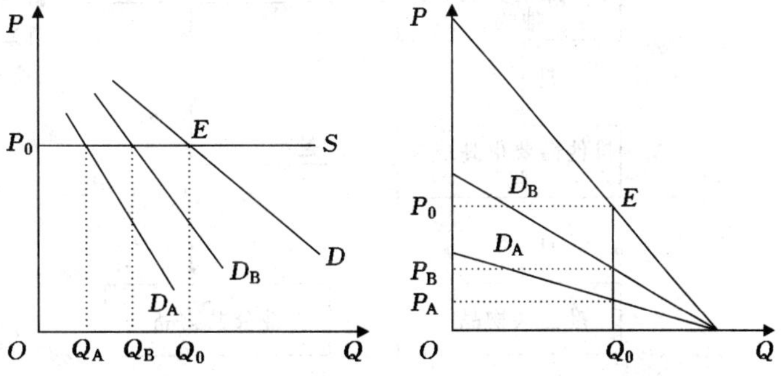

(a) 私人物品　　(b) 公共物品

图 9 - 3　公共物品与私人物品的需求曲线

大的现实意义。因为公共物品的需求曲线是虚构的。首先,消费者通常并不十分清楚自己对公共物品的需求价格,不能准确地陈述对公共物品的需求与价格的相互关系;其次,即便是消费者了解自己对公共物品的偏好程度,出于自利考虑,为了少支付或不支付,消费者通常会低报或隐瞒自己对公共物品的真实偏好。他们在享用公共物品时都试图充当免费乘车者(free rider),不支付而获取利益。由于单个消费者对公共物品的需求曲线不会自动显示出来,故无法将个人需求曲线加总得到公共物品的市场需求曲线,并进而确定公共物品的最优数量。

当然,尽管在实际上难以通过公共物品的供求分析确定它的最优数量,但却有理由说,市场自身提供的公共物品通常低于最优数量,即市场机制分配在公共物品的生产资源是不足的。而对于私人物品资源配置则不存在这种问题。在竞争性的私人物品市场上,生产者之间的竞争将保证消费者面对的是等于商品边际成本的价格,消费者在既定的商品产出量上展开竞争。某一消费者消费一单位商品的机会成本,就是在该市场价格上卖给其他消费者的同样一单位商品。于是,没有哪个消费者会享有低于市场价格实现交易的好处。但是,由于公共物品的非竞争性,任何一个消费者消费一单位商品的机会成本总为零。这意味着,没有任何消费者可为他所消费的公共物品去与其他人竞争。如果消费者认识到他自己消费的机会成本为零,他就会尽量少支付给生产者以换取消费公共物品的权利。一旦所有消费者均照此行事,则消费者群体支付的数量就将不足以弥补公共物品的生产成本,导致公共物品的低产出,甚至零产出。

二、公共物品基本类型

不同公共物品的非竞争性与非排他性程度是不同的。根据程度不同,公共物品又被划分为纯公共物品、准公共物品与公共资源。图 9－4 给出了识别不同物品的基本思路。

根据图 9－4,可以将各种物品的基本特征进行概括如表 9－2 所示。

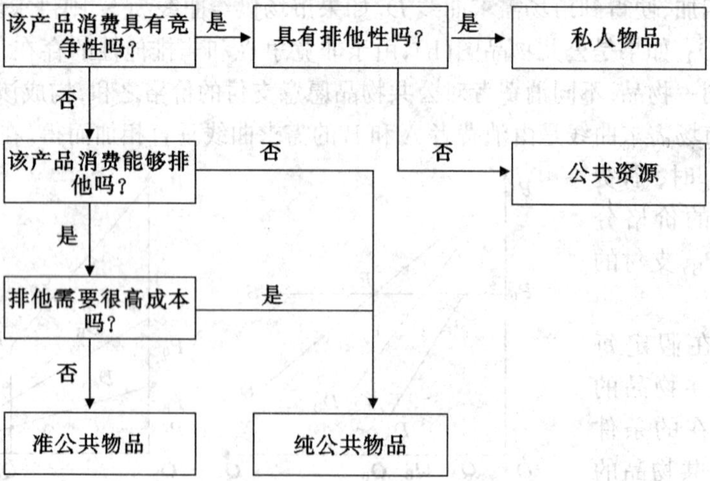

图 9－4　公共物品的识别

图 9－4 和表 9－2 表明,同时不具有非竞争性和非排他性的物品,属于私人物品,市场价格机制可以很好地对其生产和消费进行有效配置;具有非竞争性,但不具有非排他性的物品,属于准公共物品,市场价格机制在一定程度上可以对其进行调节;不具有非竞争性,但却具有非排他性的物品,属于公共资源;同时具有非竞争性和非排他性的物品,则属于纯公共物品。

表 9－2 各类物品的基本特征

	非竞争性	非排他性	现实中的例子
私人物品			市场交易的各种商品
准公共物品	★		教育、医疗、交通等
公共资源		★	森林、空气、矿藏等
纯公共物品	★	★	国防、法律、灯塔等

1. 纯公共物品

纯公共物品(pure public goods)具有完全的非竞争性与完全的非排他性。严格地讲,同时具备非竞争性与非排他性这两种特征的纯公共产品并不很多。国防和外交被认为是具有这两种特征的纯公共物品的典型。一旦要保卫国家免受外国入侵,就不可能排除任何一个人不享有这种国防的好处,而且,当一个人享受国防的好处时,他并不减少其他任何人享受这样的好处。任何公民都可以从国家的外交成功中受益,而且他同样不会减少其他人从中得到的好处。公海上的灯塔也同时具有这两种特征的物品,所有过往船只都可以免费得到灯塔指引方向的好处,而且多一只或少一只船经过,并不会增加或减少灯塔的维护费用。城市里的焰火表演也具有纯公共物品的特性,因为要排除任何一个市民观看焰火是不可能的,同时,多一个人观看焰火表演,并没有增加额外的成本。因此,通常焰火表演都是由政府提供的。此外,诸如法律制度、公共安全、交通安全、气象预报、时事新闻以及基础科学研究等,都属于纯公共物品。

2. 准公共物品

准公共物品在一定程度上具有非竞争性,但可以排他。准公共物品的例子很多,比如消防、医疗、教育、交通、邮电、加密电视信号、互联网以及其他的基础设施等等。例如消防,要排除失火的房屋于这种服务之外是很容易的,消防部门只要袖手旁观,让房子烧下去就行了,但消防是非竞争性的,消队员大部分时间都在等待,因此多保护一所房子并不会减少其他人可以得到的保护。歌剧院和足球场也是准公共物品,因为能够给这些场所的坐位制定价格,收取费用,观众不买票就不能进去,具有排他的性质。同时,在所有的位子没有坐满之前,增加若干观众并不会增加成本,又具有非竞争性的特点。不拥挤的火车、通过能力足够大的桥梁也具有非竞争性,而且可以做到排他。桥牌俱乐部、围棋俱乐部等也可视为准公共物品,因为这类产品或服务可以排他,在成员不是很多的情况下也具有非竞争性。

由上面的分析可知,准公共物品与纯公共物品具有明显的差异。准公共物品的特征主要包括:① 在一定范围内具有非竞争性,增加消费者并不增加使用成本,达到某一消费数量以后才具有消费的竞争性;② 可以有效地做到排他。通常对消费进行收费是可行的,收费成本并不高昂。准公共物品的这些特性也被称为“俱乐部物品”。经济学中有对准公共物品进行分析的“俱乐部理论”。所谓俱乐部是这样一种组织，即对其成员提供分享的集体品。集体品的成本由全体成员共同分摊，分摊费用的方法可以采用平均分担规则，也可以采用有差别的分担规则。俱乐部供给机制主要是针对具有排他性和非竞争性的准公共物品提出的。其典型的费用分担规则是会员费的形式。

俱乐部理论最早源于对拥挤的道路征收通行费的讨论。假设某地在相同方向并列两条公路，一条路况良好，另一条路况较差。如果道路是免费使用，一定会造成优良路段的拥挤与劣等路段的空闲，引起资源的闲置与浪费。鉴于这种情况，有人主张对优良道路征收通行费，以限制道路的使用者数量。交纳费用者具备了使用道路的资格，实际上组成了使用优良道路的“俱乐部”，而没有加入俱乐部的人只能使用劣等道路。

现代俱乐部理论主要研究准公共物品的配置效率，主要有以下几个方面：① 最优成员数与最优准公共物品的数量；② 俱乐部的形成方式，是类似于市场交换的分权自愿，还是类似于政治的强制性；③ 俱乐部成员的构成是同质，还是有差别的；④ 俱乐部之间如何实现均衡。

詹姆斯·布坎南(James M. Buchanan)的内部俱乐部理论认为：在俱乐部无交易成本的基础上，俱乐部达到最优需要符合以下条件：① 俱乐部混合物品与私人物品的边际替代率等于边际转换率；② 俱乐部成员数与私人物品间的边际替代率等于边际转换率；③ 每个成员从俱乐部提供的私人物品和公共物品的消费中获得最大化的效用；④ 在自愿的基础上加入俱乐部的成员应该是同质无差别的，共享利益，共担成本。俱乐部是自愿形成的，成员的流动也是自由的，通过流动使俱乐部成员大体均质，效率最高。于是，个人是均衡的，集体也是均衡的，俱乐部达到最优。

一般俱乐部理论则认为，如果俱乐部既考虑成员，又考虑非成员和非同质性，即从社会的角度来分析，俱乐部成员的效用受私人物品消费量、俱乐部物品消费量和拥挤程度三大因素的影响，但只要俱乐部达到增加一单位准公共物品给俱乐部成员带来的边际收益和边际成本相等；俱乐部增加一位成员时给该成员带来的边际收益与给其他成员带来的边际成本相等；某俱乐部成员每增加一单位对俱乐部物品的利用率时带给自己的边际收益与带给他人的边际成本相等三个条件后，俱乐部内部、外部就处于均衡和最优状态。

总之，俱乐部理论主要有三个结论：① 成员的偏好越相同，俱乐部越理想，越能实现准公共物品的有效配置；② 俱乐部规模经济的前提条件是成员的人均成本持续下降；③ 俱乐部的最优规模相对于全部人口越大则越不稳定，越小则越稳定，越有吸引力。

俱乐部理论被广泛应用于具有排他性和非竞争性的准公共物品的分析，例如保龄球馆、高尔夫球场、游泳池、读书会等。该理论也为高速公路、桥梁等基础设施以收费方式限制负荷量提供了理论基础。

3. 公共资源

公共资源具有竞争性和非排他性。公共资源的非排他性表现在，任何人使用它都可以免费；公共资源的竞争性体现在，一个人使用共有资源减少了其他人对它的享用。例如，海洋中的鱼类资源就具有竞争性。当一个人捕到鱼时，留给其他人可捕的鱼就少了，捕捞者的不断增加会减少可供捕捞的鱼的数量，但这些鱼具有非排他性，因为几乎不可能对渔民所捕到的鱼收费。正是由于这样的特性，公共资源往往会被过度的开发和使用。公共资源的例子很多，土地矿藏、野生动物、公共绿地、已经开始拥挤的渔场等等。

经济学上著名的"公共地悲剧"很好地说明了公共资源的特性。考虑下面的例子：假定有两家林木加工企业，共同采伐一片森林作为各自的生产原料。森林是公共资源，任一家企业都不拥有对这片森林的排他性所有权，这两家企业会如何行动呢？每个企业都知道过度采伐产生的问题：采伐的努力越大，所采伐的林木越多，林木的蓄积量就越少，结果是未来能采伐的林木即使没有耗竭也会大大减少。但两家企业理性的决策却是尽量多的采伐林木，而不会顾及可能产生的后果。因为森林是公共资源，具有竞争性，一家多采伐一棵树木，另一家就会丧失采伐这棵树的机会。每多采伐一棵树，只承担未来成本的一小部分，而没有承担全部损失。因此，理性的决策会是过度采伐，从而造成对公共资源的破坏。

从上面的分析可知，公共资源有自己的特殊的问题。当一个人使用公共资源时，他减少其他人对这种资源的享用。如果这样资源没有办法做到排他，就会导致对这种资源的过度使用。

在现实社会经济生活中，精确地将所有的经济物品都按照上述标准加以分门别类不大可能，因为一些物品根据情况的不同，可以在纯公共物品、准公共物品、公共资源与私人物品之间变换。比如，居民家中订阅的报纸，属于私人物品；在办公室报夹上的报纸，属于准公共物品；在街头报栏中的报纸，属于纯公共物品；而从资源回收利用的角度看，废报纸又属于公共资源。相似的情况还有灯塔。灯塔可以为过往的船只指引方向，使船只避开有暗礁的水域。灯塔提供的这种收益是非竞争和非排他的，多一艘船只使用，并不会增加其成本，同时也很难排除任一船只的使用。因此，经济学家通常把灯塔归入公共物品的行列。但是，在一些情况下，灯塔又非常接近于私人物品。比如，私人在海岸上拥有的灯塔，为过往船只提供服务，但并不向它们收取费用，而是从附近的港口得到补偿。这些物品通常被称为混合物品。

除此之外，考虑到某些方面的原因，对物品还会有其他分类。在某些特定领域，政府认为个人偏好反映的价值应该由其他价值所取代，政府有权利和责任将这种价值"强加"给消费者，政府需要发挥一种父爱主义(paternalism)的作用，即在对待某些物品的消费上，政府可以做出比个人更好的选择。比如，政府强制消费的物品(像义务教育、防疫注射等)被称为公益物品(merit goods)；政府强制禁止消费的物品(像毒品、色情书刊和色情音像制品等)被称为公害物品(merit bads)。

三、公共物品的提供方式

面对公共物品市场机制失灵的状况，政府介入就成为一种必然的选择。公共物品和准公共物品应由政府组织和安排，政府的主要职责就是提供社会需要的公共物品，创造社会经济正常而有效运行的基本条件。但政府提供不等于政府直接经营企业生产全部公共物品。许多通常认为只有政府投资提供的公共物品和准公共物品的项目，都可以通过公开招标的方式承包给私营部门投资经营；对于一些已经由政府投资建成的项目，也可以通过管理合同、租赁协议等方式改为企业经营。政府直接生产和经营公共物品，往往会导致低效率。这是因为：① 政府直接经手公共物品企业，由于没有私人部门与之竞争，处于垄断地位，从而导致第七章所分析的垄断带来的种种弊端；② 政府直接经营公共物品生产企业，由于没有利润动机的激励，导致生产低效率；③ 政府部门经营公共物品企业的支出来自预算，部门利益及重要性竞争会导致预算膨胀和失衡，损害了公共部门的效率。因此，政府只能提供公共物品，而不是直接生产公共物品。政府提供公共物品的主要方式如下。

1. 政府提供公共物品的基本方式

不管消费者是有偿消费，还是无偿消费，公共物品的生产总是要支付成本的。如上所述，提供公共物品是政府的重要职责。提供公共物品所花费的成本要由政府来承担，或通过政府实现合理承担。于是，政府提供公共物品的问题就转化为政府采取何种方式对公共物品的生产成本进行补偿。一般来说，成本补偿的具体方式主要有以下三种。

(1) 以税收方式进行补偿　在政府承担公共物品供给的条件下，不需要消费者直接支付代价，比如，国防、公共安全、法律等。这些公共物品的消费表面上看是完全免费的，所有人可以共享，并且不付分文，其实，政府可以通过征税的形式获得提供这类公共物品所需费用，消费者实际上还是支付了费用。

(2) 以价格方式进行补偿　社会经济生活中，有一部分公共物品是由政府或其他公共部门提供的，只不过这些公共物品的流通是借助市场实现的，即政府将这些公共物品提供到市场，并获得市场供给价格，消费者在支付相应价格后进行消费。这种方式一般适合于准公共物品，比如，邮电、交通、供水、供电、有线电视等等。

(3) 以补贴加收费的方式进行补偿　在由政府管理的公共物品供给部门中，有时考虑到社会公平、稳定等因素，往往也采取政府对公共物品给予部分补贴，余下部分按较低价格收费的方式进行成本补偿，比如教育、医疗等。

2. 私营部门提供公共物品的基本方式

对于大部分准公共物品，政府通常通过预算或政策安排给私营部门进行生产。一般有以下具体方式。

(1) 签订合同　政府与私营企业通过签订合同经营公共物品，是提供公共物品最普遍、最一般的方式，适用于提供具有规模经济性的准公共物品，比如交通基础设施建设、公用行业等的准公共物品。

(2) 授予经营权　在发达市场经济国家，许多公共领域都按这种方式委托私营企业提供和经营公共物品，比如自来水、煤气、供电、电话等等。此外，还有许多公共项目也是采取这种方式进行生产经营的，比如，电视台、广播电台、电影制作、报刊等等。

(3) 经济资助　政府可通过签订合同和授予经营权由私人部门提供公共物品，但鉴于公共物品市场低收益的特性，政府往往对私营企业生产公共物品进行经济资助。这种资助表面上看付给了私营企业，实际上有利于社会公众。政府经济资助的形式多种多样,比如津贴补助、无偿赠款、优惠贷款、减免税收、直接投资等等。财政补贴的主要公共领域是科学技术、住宅、教育、卫生、保健、复员军人、图书馆、博物馆等等。

(4) 政府参股　政府参股的具体方式主要有收益风险债券、收购股权、国有企业经营权转让、公共性参与基金。政府参股方式主要应用于高速公路、堤坝、发电站、铁路、电信系统、港口等。

(5) 社会自愿服务　从传统上讲,几百年来西方国家在许多公共领域从来就允许社会各团体和个人持合法执照经营。鼓励人们提供自愿服务,只要遵守宪法和有关法律,不管是个人、团体、宗教、慈善事业、股份公司、企业家、基金会、境外公司、组织、个人等等,均可提供自愿服务。

四、公共资源的保护

公共资源是指那些不具有排他性,但使用者数量无限增加时就具有竞争性的物品,例如,空气、水、森林、土地、野生动物、鱼类、草原、矿藏等等。对许多产权较为模糊的公共资源来说,外部性往往带来资源过度耗费,对经济可持续发展构成巨大挑战。公共资源不当使用的例子很多,但几乎所有例子都产生了与共有地悲剧一样的问题:私人决策者过分地使用公共资源。政府通常管制其行为或实行收费,以减轻过度使用的问题。

起源于蒙古的沙尘暴,直接影响了中国华北地区的空气质量,同时,也影响韩国和日本,引起人们的关注。

鲸鱼具有商业价值,而且,任何人都可以到公海里捕捉鲸鱼。每个人很少具有为下一年保留物种的激励。正如过分放牧可以毁坏村镇的共有地一样,过分捕鲸也会摧毁有商业价值的海洋生物。

海洋仍然是最少受管制的公共资源之一。有两个问题使之不易解决。第一,许多国家进入了海洋,因此,任何一种解决的方法都要求持有不同价值观的各国之间进行国际合作。第二,由于海洋如此浩瀚,实施任何协议都是困难的。结果,捕鱼权通常是引起国与国关系紧张的缘由。

在美国国内,有各种旨在保护野生动物的法律。例如,政府对钓鱼与打猎的许可证收费,并规定捕鱼和打猎季节的期限。美国通常要求渔民把小鱼放回水中,而且,猎人只能捕杀有限量的动物。所有这些法律都减少了共有资源的使用,并有助于保持动物种群。

显然,对公共资源的合理利用问题,已不仅仅是某一地区或某一国家的资源配置问题,而是一个全球化了的问题。鉴于它涉及面广、内容庞杂,这里只是从公共资源保护的角度讨论如何治理环境污染的有关问题。

一般来说,环境污染的治理应由政府出面组织实施,并借助市场机制解决。这主要包括政府规定排放标准和征收排放费以及对开放市场实行许可证交易制度。

1. 最优污染标准的确定

从理论上讲,人们在利用公共资源时,对公共资源零污染是最理想的。但是,在一定的技术经济条件下,某一产业在生产产品或提供服务过程中,不可避免地会造成污染。

若试图实现零污染,除非不允许该产业存在。实践中最理想的污染程度只能是较轻度的污染。那么,用什么标准来衡量这种污染程度呢?如前所述,个别厂商最优产出条件是边际收益等于边际成本,而基于全社会角度考虑,社会产出的最优条件则是边际社会收益等于边际社会成本。由于污染也是一种产品,只不过是一种有害的产品,故其产出的最优条件也应是公共资源污染的边际社会收益等于边际社会成本。

那么,该怎样理解边际社会收益和边际社会成本呢?在个别厂商的生产活动不产生外部性的时候,厂商的私人成本与社会成本一致。如果厂商的行为形成外部性,私人成本与社会成本就产生了偏差。仍举上面化工厂的例子。该厂商生产化工产品的全部成本等于生产成本与污染造成的损失之和。利用图9-5讨论边际社会收益与边际社会成本的相互关系,进而说明最优污染标准的确定。

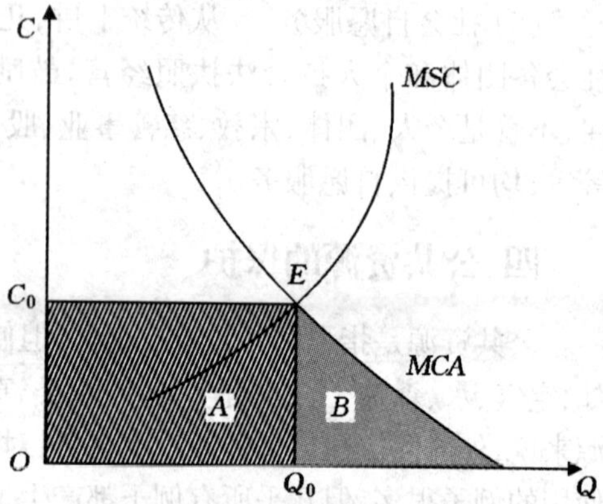

图9-5 最优污染水平

在图9-5中,横轴表示化工厂排放废液的数量,纵轴表示污染造成的边际成本或降低污染所支出的成本。*MSC* 曲线表示污染造成的边际社会成本。这个成本伴随化工厂废液排放数量的增加而增加。有关研究表明,对空气或水域等公共资源,低度污染一般没有什么损害,一旦污染超过一定程度,对环境的损害及治污成本将急剧增加。*MCA* 曲线表示减少废液排放的边际成本。它衡量厂商安装污染控制设备的附加成本。*MCA* 曲线是向右下方倾斜的,因为在少量减少废液排放时,支付的成本较低,而在大量减少废液排放时,需要对生产流程进行改进。改进的代价昂贵,使边际成本会急剧增加。

当污染所造成的边际社会成本与减低污染的边际成本相等时,即 *MSC* 曲线与 *MCA* 曲线相交于 E 点时,污染程度达到最优水平。此时,社会最优污染量是 Q_0。在 E 点右侧,污染程度严重,污染造成的边际社会成本大于降低污染的边际成本,继续降低污染使社会受益。在 E 点的左侧,污染程度较低,清除污染的边际成本大于污染本身所造成的社会边际成本,污染量可以适当增加,直至达到 Q_0 的水平。

2. 制定排放标准和征收排放费

确定了最优污染标准后,政府以此为依据制定控制污染的标准。政府可以将化工厂的废液排放的数量规定为 Q_0。一旦化工厂的实际排放量超过了 Q_0,政府将处以高额罚款,甚至采取其他强制性措施(经济的、刑事的)。排污标准的颁布,将促使厂商在充分考虑外在性的前提下进行生产决策。只有产品价格高于平均生产成本加上治污费用时,进入该产业才是有利可图的。

与此同时,政府采取征收排污费用的办法控制废液的排放,使化工厂商造成的外部性内部化。排污费是按照平均每单位排污量征收的。在图9-5中,对每单位排污量征收 C_0 数额的排污费,在行政、经济、法律等手段作用下,使污染符合社会最优水平,即排污

量控制在 Q_0 的水平。在单位污染排放费用为 C_0 的条件下，无论污染量超过或未超过 Q_0 的标准，对化工厂商来讲都是不利的。当污染量超过 Q_0 时，厂商降低污染的边际成本低于污染排放费用，厂商减少污染是有利可图的；当污染量低于 Q_0 时，厂商降低污染的边际成本高于污染排放费用，厂商增加污染则是有利可图的。于是，厂商宁可上缴排污费也不愿支出巨额成本降低污染。所以每单位 C_0 数额的排污费将激励有效率的行为，厂商会自动地把排污量控制在 Q_0 水平上，从而实现成本最小化。此时，厂商支付长方形 A 所表示的排污费和 MCA 曲线以下的三角形 B 的排污成本。

3. 污染许可证交易

政府对付污染造成的外部性的另一手段是利用可转让许可证制度。这种制度安排可将政府管制与厂商自主选择很好地结合起来。首先，厂商必须拥有许可证才能排污，每张许可证明确规定了排放数量，无证排放或超量排放都将受到重罚。其次，许可证可在厂商间进行交易。具有较高的 MCA 的厂商，倾向于支付较高价格购买许可证；而具有较低的 MCA 的厂商，则愿意在许可证管理方面花费较低的代价。

为了建立一个可转让排放许可证的市场，政府首先需要确定合适的污染水平，就像确定排放标准一样。然后政府便可出售一定数量的可转让排放许可证，所有的许可证允许可排放的污染总量就是政府认为的合适的污染水平。为了说明可转让许可证是如何运行的，可设想某产业只有 A 和 B 两个厂商，两厂商的 MCA 曲线如图 9－6 所示。

假设政府决定将污染控制在 2 个单位之内，政府便出售允许排放 2 单位的许可证。厂商自主进行选择，既可以购买许可证来排放污染物，也可以选择自己清除污染。在图 9－6(a) 中，如果 A 厂商没有购买许可证，他必须为排放的第 1 单位的污染支付 8 元的清污费用，为排放第 2 单位的污染支付 12 元的清污费用。于是，A 厂商清除 2 单位污染的总成本是 20 元。如图 9－6(b) 所示，B 厂商清污成本要高于 A 厂商。他清除第 1 单位的污染支付 12 元的清污费用，为清除第 2 单位的污染支付 16 元的清污费用。B 厂商清除 2 单位污染的总成本是 28 元。

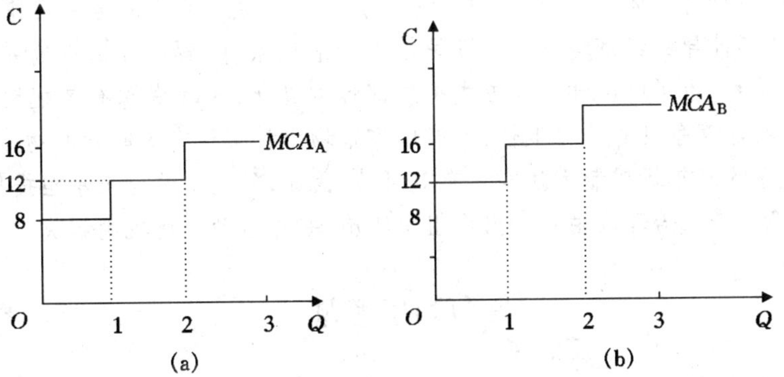

图 9－6　可转让许可证市场

如果政府只出售一张允许排放 2 单位污染的许可证，对该产业来讲，最优的选择是 A 厂商自己清除 2 单位的污染，成本是 20 元。否则，若是要求 B 厂商清除 2 单位的污染，成本将上升到28元,社会福利会下降。实际上,这也是一个竞争性的可转让许可证期望达到的结果。如果政府允许将该许可证进行市场拍卖,A厂商的出价不会超过20元,而B厂商的出价可以达到28元。但实际上,B厂商的出价无须达到28元,因为当报价达到20元时,A厂商就退出了竞价。B厂商可以20元或稍高的价格购买到允许排放2单位污染物的许可证,而A厂商必须自己清除污染,整个市场达到了最优状态。这样整个社会以最低的代价实现了2个单位污染的排放。

在可转让许可证制度下,购买许可证的厂商通常是最没有能力减少污染的厂商。如果有足够多的厂商和许可证,一个竞争性的许可证市场便会发展起来。在生产均衡时,许可证的价格等于所有厂商降低污染的边际成本,政府选择的排放水平会以最低成本实现。于是,那些降低污染的边际成本较低的厂商会选择减少污染;而那些降低污染的边际成本较高的厂商则会选择购买更多的许可证,从而,减少了污染的排放。

可转让许可证交易的前提条件是,政府对污染标准及该地区合理的污染水平有准确的把握。污染标准及合理的污染水平的确定需要从技术、经济、社会等方面进行动态、科学的测评。在此基础上,还要注意实施中可能出现的各种问题。比如,许可证交易虽然提高了控制污染的效率,但容易使污染程度的分布失去控制。由于生产厂商地理集聚度、产业特点等因素,许可证自由交易的结果或许使某一地区的污染排放十分集中,以致污染超过最高限量,严重危害居民健康和生态环境,所以直接的污染标准的控制又是必不可少的。

本章小结

提供恰当的激励是一个基本的经济问题。基于基本竞争模型,市场经济中的各经济利益主体通过价格系统得到了信息和很好的激励。但是,市场经济也不是万能的,市场机制存在着各种缺陷,需要政府发挥微观经济职能,提高全社会资源配置效率。在社会经济生活中,当行为主体(个人或厂商)没有承担其行为所带来的全部后果时,就产生了外部性。外部性导致经济运行无法满足帕累托最优条件。解决外部性的基本思路是,通过政府的干预、市场解决和产权方式将外部性内部化,实现资源有效配置。公共物品是指那些具有非竞争性和非排他性,不能依靠市场力量实现有效配置的物品。公共物品的特性决定了依赖市场机制无法实现有效供给,因此,只能由政府来承担提供公共物品的责任。环境污染的治理应由政府出面组织实施,并可借助市场机制解决。

复习思考题

1. 解释以下概念:基本竞争模型,市场失灵,外部性,时间外部性,空间外部性,货币外部性,技术外部性,科斯定理,公共物品,准公共物品,公共资源,公益物品,公害物品,污染许可证交易。

2. 市场机制本身存在哪些缺陷?

3. 政府的微观经济职能有哪些?

4. 简述外部性的基本类型。

5. 外部性对资源配置的影响有哪些?

6. 治理外部性的方式有哪些?

7. 简述公共物品的特点及其类型。

8. 政府提供公共物品的主要方式有哪些?

9. 如何控制对公共资源的污染?

10. 假设在一个三人社会中,个人对公共物品的需求函数分别是 $P_1 = 100 - 3q$, $P_2 = 200 - 4q$, $P_3 = 400 - 10q$。需求曲线表达了每个人愿意为一单位公共物品支付的最大数额。当公共物品的边际成本等于20元时,试求公共物品的社会最优产量。

11. 某化工厂商的边际成本函数为 $MC = 3Q$,生产污染给社会带来的社会边际成本函数是 $MSC = 2Q$,产品需求函数为 $P = 420 - Q$。

1) 如果该厂商属于竞争性厂商,求产量和价格。

2) 考虑到污染成本,社会最优产量是多少?

3) 为使厂商产出与社会最优产出一致,政府对每单位产品征收多少污染费?

12. 如果上题中的厂商属于垄断厂商,请回答上题中的1)和3)。

第五篇　宏观经济分析

第十章　宏观经济变量及其衡量

从本章开始讲解宏观经济学。宏观经济学与微观经济学的一个基本差别是它们研究的对象和经济变量不同。微观经济学研究单个市场,而宏观经济学研究总量市场,并体现在产量和价格上。从微观经济学看,描述电视市场可以简单地用电视台数作为产量,电视价格也是单一的,不存在需要进一步研究的问题。宏观经济学研究的总量市场的总产量包括电视在内所有产品和劳务的产量,所以如何衡量总产量本身就成为一个问题。总量市场的价格也不仅仅是电视的价格或其他任何单个产品的价格,而是包括电视在内所有产量和劳务的价格,如何定义和测量总量产品市场的价格,也是宏观经济学首先要研究的问题。本章的内容就是定义总量产品市场的总产量和价格水平以及它们的测度方法,并在此基础上给出总需求和总供给的初步概念。

第一节　国民收入及其核算

宏观经济学将一个国家的经济活动作为一个整体,并以此当作研究对象。国民收入就是用来衡量一个国家在一定时期内经济活动成果的一个指标。具体地说,国民收入是用于衡量一个国家在一定时期内投入的生产要素生产出的各种产品和劳务的价值或者由此形成的收入的数量指标。由于采用的资料来源不同以及内容上的差别,因此在世界各国的国民收入核算体系中具有不同的国民收入衡量指标。这些指标都是衡量一国经济活动总量的,具有不同的含义和用途,主要包括国内生产总值(gross domestic product,简称 GDP)、国民生产总值(gross national product,简称 GNP)、国民生产净值(net national product,简称 NNP)、国民收入(national income,简称 NI)、个人收入(personal income,简称 PI)、个人可支配收入(disposable personal income,简称 DPI)。鉴于当前世界各国主要采用 GDP 进行宏观经济分析和比较,下面将主要介绍 GDP 的定义和核算方法,再介绍其他指标的定义以及与 GDP 的关系。

一、国内生产总值及其核算

1.国内生产总值(GDP)

国内生产总值是度量一定时期内一国境内生产的所有最终产品和劳务的市场价值总和的。理解这个定义,要从以下几个方面考虑。

第一,GDP是衡量某一既定时期内生产所创造的价值。通常这个时期是一年或一个季度或者一个月。

第二,GDP衡量的生产价值是在一个国家的地理范围之内。在这个范围内的所有经济主体(包括外国的企业和外国人)生产的产品和劳务的价值都在核算范围内,这就是所谓的"属地法"。

第三,GDP是对一国经济活动的全面衡量,包括在该经济中生产并在市场上出售的所有产品和劳务。

第四,GDP包括现期生产的产品与劳务,但是不包括不是现期生产的产品,例如现期发生的二手货交易价值就不计入GDP。

第五,GDP只计算最终产品(final products)的价值,而不包括中间产品(intermediate goods),目的是避免对中间产品的重复计算。所谓最终产品是指最后使用者购买的产品和劳务,包括用来生产的资本品和用来消费的消费品。中间产品是指作为生产要素继续投入生产过程中的产品和劳务。

第六,GDP核算的是产品和劳务的市场价值,即通过市场交换实现的产品和劳务价值。虽然是现期生产的作为最终产品的产品和劳务,如果它没有进入市场,就不计入GDP。

2.GDP的基本核算方法

根据以上GDP定义进行的GDP的核算方法,称为生产法。该核算方法有两种。

(1)增加值(value added)法　企业生产的增加值即企业对原料和未成品加工后形成产品新增加的价值,是产品销售收益与为生产该产品购买的中间产品支出费用之差额。将所有企业的增加值加总,就得到GDP。例如棉花生产者产出棉花的增加值为2 000万元,生产棉纱企业用这些棉花纺纱,产值为5 000万元,则棉纱企业增加值为3 000万元,所以 $GDP = 2\ 000 + (5\ 000 - 2\ 000) = 5\ 000$ 万元。

(2)最终产品法　将各个生产企业生产最终产品的市场价值加总,就得到GDP。在上面的例子中,棉花生产者生产的棉花是棉纱生产企业的原材料,不是最终产品,只有棉纱生产企业生产的棉纱是最终产品,故其价值5 000万元就是GDP。

3.国民收入恒等式与GDP核算

1)国民收入恒等式

GDP除了表示增加值和最终产品价值之外,还表示总支出(aggregate expenditure)和总收入(aggregate revenue)。总支出指用于购买一国之内所有新生产的各种产品和劳务的支出总和。总收入是各种生产要素所有者和政府从一国之内所有新生产的产品和劳务中获得各种收入的总和。总支出是GDP作为一种市场价值实现的依据,有1元钱的产品或劳务的价值实现,就必然有1元钱的支出。因此,总支出必然等于GDP。同时,根据市场经济原则,买方的支出当然成为卖方的收入,因此总支出必然等于总收入。据此,可以得到国民收入恒等式,即GDP等于总收入,也等于总支出。

根据国民收入恒等式,可以得到两种新的GDP核算方法,即支出法和收入法。

2)支出法

支出法是从支出的角度,将一定时期内按市场价格计算的对最终产品和服务的支出数额加总,形成GDP。在一国国民经济实际运行中,社会经济对最终产品和服务的支出分为四大部分,即消费、投资、政府购买和净出口。

(1)消费支出(C) 消费是指家庭对最终产品和服务的购买。家庭消费支出可进一步划分为三部分,即耐用品(如彩电、空调、冰箱、汽车等)支出、非耐用品(如食品、服装、电力、报刊等)支出、服务(如理发、医疗、教育等)支出。

(2)投资支出(I) 投资支出是指企业购买资本品的支出。在实际核算中,投资支出包括固定资产投资和企业存货两部分。固定资产投资包括商业固定资产投资和住宅投资。企业存货是指企业存货的增加量,这部分按习惯计入GDP,也可以保证按支出法核算GDP与按生产法核算GDP协调一致。

(3)政府购买支出(G) 政府购买是指政府对国内外最终产品和劳务的购买。政府购买既包括政府在国防以及基础设施(如道路、桥梁等)方面的支出,也包括向政府公务员支付薪金。但是并不是说政府支出的全部都是政府购买支出,政府支出中的转移支出(transfer payment)不体现为对产品和劳务的购买,而是支付给企业或者家庭,并成为它们支出的一部分。关于政府购买支出与转移支出的具体区别,请参见第十三章中"财政与财政政策"的有关内容。

(4)净出口($X-M$) 净出口是指出口额(X)与进口额(M)的差额。出口是一个国家的商品和服务输出到国外,并由国外的消费者、生产者和政府对其进行购买;进口是本国居民、厂商和政府对外国产出的商品和服务进行购买。当一国贸易出现顺差时($X>M$),净出口为正值;出现贸易逆差时($X<M$),净出口为负值。出口额反映了外国购买者对本国当期产出的产品及服务的购买,是本国GDP的组成部分。进口额反映了本国对外国产品和服务的购买,而不是对本国产品和劳务的购买支出,不是本国GDP的组成部分。因为在计算消费支出和投资支出时已经将该项支出计算在内,用支出法测算GDP时就应将这部分流向国外的支出予以剔除,以保证所有的支出只发生在国内产出的产品和服务上。

综上,用支出法核算GDP的公式是:

$$\text{GDP}=C+I+G+(X-M) \tag{10-1}$$

式中,C为消费;I为投资;G为政府购买;$X-M$为净出口。

3)收入法

收入法是从收入的角度将一定时期内所有参与生产过程的生产要素所有者的收入数额加总,再加上企业间接税及折旧,便形成GDP。参与社会生产过程的生产要素所有者的收入包括工资、利息、租金、利润。在生产过程中,由于政府的作用导致一部分收入转移,主要是产品生产和流通过程中发生的流向政府的间接税支出。由于间接税没有计入工资、利息、利润、租金等生产要素收入中,但是已经包含在产品和劳务价格中,所以应该加上。另外,企业生产过程中发生的折旧的核算也是一个重要问题。所谓折旧(discount)是指一定时间内资本消耗的价值。会计上允许折旧计入商品价格,以补偿资本的消耗,因此是GDP的组成部分。但折旧毕竟是对已消耗价值的一种补偿,因此实际上生产要素所有者并没有获得这部分销售收入,所以在核算GDP时应该加上。

综上,用收入法核算GDP的方法是:

国内生产总值(GDP) = 工资 + 利息 + 租金 + 利润 + 折旧 + 间接税

二、国民收入的其他指标及其核算

1. 国民生产总值(GNP)

国民生产总值是指一国国民拥有的劳动和资本等生产要素在一定时期内所创造的最终产品和劳务的市场价值总量。GDP和GNP的差别在于它们使用了不同的统计原则,GDP使用了属地法(国土原则),而GNP使用了属人法(国民原则)。属地法指凡是在本国国土上新创造的产品和劳务都是本国的国民收入,而属人法则指凡是本国国民拥有的生产要素创造的产品和劳务都是本国的国民收入。

根据"本国生产要素在本国创造的收入 = GDP - 本国付给其他国家生产要素在本国获得的收入 = GNP - 本国生产要素在国外获得的收入",可知GDP = GNP - (本国付给其他国家生产要素在本国获得的收入 - 本国生产要素在国外获得的收入)。定义NFP为国外要素支付净额,它等于本国付给其他国家生产要素在本国获得的收入减去本国生产要素在国外获得的收入,则可以得到:GDP = GNP - NFP。显然,如果NFP为正值,则表明国外生产要素在本国创造的价值高于本国生产要素在国外创造的价值,GDP小于GNP。

鉴于一般情况下GDP和GNP差别不大,在以后的宏观经济分析中不考虑它们的细微差别,并主要使用GDP的概念。

2. 国民生产净值(NNP)

国民生产净值是指国民生产总值扣除折旧之后的国民收入。之所以建立这个指标,主要是考虑折旧并没有成为新的收入,没有成为一个社会新的消费对象,也没有形成新的资本,而只是资本消耗的补偿。因此,NNP实际上更加能够反映一个国家一定时期内新创造产品和劳务的数量和价值。

3. 国民收入(NI)

国民收入指一国一定时期内用于生产的各种生产要素得到的全部收入总和,即工资、利息、租金、利润和企业留利的总和。应该注意的是,这里的国民收入是一个狭义的概念,与使用GDP、GNP等多种指标表示的广义国民收入概念不同。

从收入法核算GDP的公式中可以看出,国民收入就是扣除折旧和间接税之后的国内生产总值。

4.个人收入(PI)

个人收入是指居民个人从各种来源得到的收入总和,是国民收入分配给个人的部分,即国民收入中扣除企业留利和企业直接税(如企业所得税、社会保险税)后的剩余部分。

5.个人可支配收入(DPI)

个人可支配收入是指居民个人可实际使用的全部收入,它等于个人收入中进行各项社会性扣除之后(如个人所得税、养老保险等)的剩余部分,加上居民个人从政府得到的转移支付。

在宏观经济分析中,经常使用的是个人可支配收入的概念,因此这里对个人可支配收入与国民收入、GDP 的关系作进一步介绍。

一般地,关于可支配收入(DI)与国民收入(NI)以及国内生产总值(GDP)的关系如下:

DI = PI - 个人所得税和其他社会性扣除

= NI - 社会保险税 - 企业所得税 - 企业留利 - 个人所得税和其他社会性扣除 + 转移支付

= NI - T(三种税收之和) + TR(转移支付) + 企业留利

= NI - T + TR(假定企业留利 = 0)

= NI - NT(NT 为净税收,等于税收减转移支付)

如果将间接税也考虑在净税收中,同时不考虑折旧,则可以得到:PI = GDP - NT。如果用 Y、Y_d 表示 GDP 和个人可支配收入,NT 表示为 Y 的一个比例 t,则有:

$$Y_d = Y(1 - t) \tag{10-2}$$

即可支配收入等于国内生产总值减税收,这是以后建立消费函数以及国民收入均衡方程的重要依据。

三、国民收入核算资料的应用及其缺陷

1.国民收入核算资料的应用

由于国民收入核算资料是反映一个国家整体经济活动的综合性指标,因而得到了广泛的应用。

首先,它是政府经济文件的主要参考依据。如美国总统经济顾问委员会协助起草的总统的经济咨文、预算咨文以及财政部、农业部、劳工部的政府文件、专题报告等均要以国民收入核算数据为主要参考依据。有关国际组织如世界银行、国际货币基金组织在对各国经济进行分析、考查时,同样离不开相关统计数据。

其次,它可作为衡量一国经济实力的核心指标,并据此进行国际比较。目前国际上通常用 GDP 总量,特别是人均 GDP 数值来反映一个国家社会经济增长水平和国民富裕程度。同时,GDP 也被用作衡量一国国民经济福利水平的指标。在国别经济分析中,有关指标被用来衡量发达国家和发展中国家的收入差距,从而为各国制定和执行经济政策提供依据。

第三,它可作为反映一国经济周期变化的指标。政府宏观经济政策的出台与调整,要针对经济周期处于何种阶段(繁荣或萧条)而定,而判断的依据主要是国民收入核算的总量指标。比如,在美国一旦 GDP 指标连续两个季度处于下降或停滞态势,经济学家就认为有迹象表明经济会发生衰退。

第四,它可作为进行经济活动和经济预测分析的依据。在现实经济运行中,不仅政府组织进行经济活动分析和预测,而且大企业、银行、学术机构和期刊等都聘请专业人士进行经济分析与预测,有关研究工作均离不开统计指标。

第五,它是宏观经济学进行总量经济研究时所必需的数据,是进行总量平衡关系分析的数据信息起点。

2.国民收入核算指标的缺陷

国民收入核算体系本身及其核算指标在发挥其核算功能过程中,还存在一些缺陷。这主要体现在以下几方面。

首先,GDP 不能全面地反映一国经济活动总量。标准的 GDP 核算只衡量市场销售时的价格和数量,但是在经济活动中,有许多活动(如家务劳动等)不进入市场,没有市场价格,就不能计入一国 GDP;日常生活中发生的以物易物的活动,由于游离于货币经济之外,也不被计入 GDP;地下经济、黑市交易等,逃避了官方的统计,也无法计入 GDP。显然,从这一角度看,GDP 低估了一国实际经济收入。但是,从另一角度看,GDP 往往又高估了一国经济活动的实际社会价值。比如,一国在一定时期内投资兴建了具有外部效应的工业项目,如造纸厂、印染厂、发电厂、化工厂等,新建项目被计入 GDP。但这些厂商在实际运行中,往往带来对周围环境或生态系统的破坏,降低了周边居民生活质量,而这些负的外部效应并未计入 GDP。

其次,GDP 不能很好地衡量精神收入。精神收入反映了人们在取得收入和收入支出消费过程中心理上的愉悦或不愉悦的状态。例如,从事 R&D 工作的专业人士取得薪金(货币收入)并用其购买商品和服务(物质收入)。而在这一过程中,许多科研人员还从他们所从事的工作中得到精神上的愉悦和满足(精神收入)。他们喜欢不断地探索科技奥秘,喜欢经常与其他科研人员接触,喜欢按个人的习惯及偏好自由地支配时间,喜欢生活在良好的科研氛围之中。而在这一过程中,有的人可能厌倦了自己单纯为收入而进行的工作。显然,对于十分看重工作和消费过程中精神收入的人们来说,现行 GDP 统计方式并未全面反映出他们的收入状况。此外,GDP 无法对整个社会所享受的闲暇进行评估。比如,对工资率相同的劳动者群体来说,由于他们工作地交通状况、工作环境条件、工作小时等不同,实际所获得的闲暇是完全不同的,而这种差异在 GDP 统计中无法得到体现。

第三,在 GDP 核算中,对耐用消费品的处理有待完善。诸如洗衣机、汽车之类的耐用消费品,当其产出时,就被计入当期的 GDP。但作为耐用品要在若干年内发挥作用,这种统计处理方法意味着在产出的当年所有的耐用品都被用完了,以后各年不产生任何收入。从经济周期的角度看,衰退时期往往 GDP 被低估了,因为即使当期不产出耐用消费品,但耐用品使用者实际得到的真实收入(劳务)并不为零;而在繁荣时期耐用品产出速度快于其被消耗的速度，该时期的 GDP 又被高估了。

第四，用人均 GDP 衡量和比较各国经济发展水平也存在一些问题。GDP 指标的一个重要用途，就是用它进行国别经济比较，比较时通常采取人均 GDP 指标。但这样做存在着很大的不科学成分。一是由于各国实际市场价格水平不同，导致按市场价格计算的人均 GDP 相同的两个国家的实际经济福利相差悬殊；二是由于气候和社会习惯不同，即使人均 GDP 相同的两个国家，国民需求和实际生活状况差异也是很大的；三是人均 GDP 并不能反映不同经济结构、产出结构下的国民实际消费水平，比如军品生产与民品生产的比例，当一个国家军品生产比例过高，即使人均 GDP 较高，但国民实际享有的消费水平并不与其较高的人均 GDP 相匹配；四是人均 GDP 只是一个平均数，它并不能真实地反映一国（尤其是基尼系数较高的国家）国民实际收入分配状况及实际生活质量。

国民收入核算资料反映了一国经济活动总体水平的某些情况，但却不是全部的情况。为此，现实中启用了一些新的核算和评价指标。比如，针对 GDP 尚不能全面衡量社会福利状况，人们采用诸如识字率、婴儿死亡率、人口预期寿命等指标来反映社会福利；针对 GDP 没有反映随着经济增长而可能出现的环境恶化的情况，联合国创造了一套新的国民收入核算体系，即绿色 GDP（green GDP）。绿色 GDP 是从传统 GDP 中剔除掉自然资源基础的减少、生产的生态成本、环境污染成本等方面的成本之后的产品和服务价值总和。提出绿色 GDP 的概念，旨在将经济增长对环境和自然资源的某些消极影响与 GDP 有机结合起来，从而使 GDP 变动情况更好地反映一国社会财富的变动情况。

第二节　一般价格水平及其测度

微观经济学研究单个市场的价格，使用个别价格；而与整个经济产出量即国民收入相对应的宏观经济的价格是一般价格水平，它应该包含所有市场价格的信息或者是一种代表性信息。将不同产品及其不同价格统一起来的指标是物价指数。宏观经济就是用物价指数来反映一般价格水平的。物价指数将包含不同商品价格的价格水平表示出来。通货膨胀也是指一般价格水平的变化，而且也是用价格指数的变化率衡量的。所以，一般价格水平的概念及其测度方法有重要意义。

本节介绍两种物价指数的核算方法（可变权数的物价指数和固定权数物价指数）以及最常用的两种物价指数（消费物价指数和 GDP 缩减指数）。

一、固定权数物价指数和消费物价指数

1. 固定权数物价指数

测度宏观经济的一般价格水平的基本思想是将产品的重要性（如数量）作为权数，将各种产品分别按不同时期的价格加总，以比较不同时期价格水平。根据权数不同选择核算方法，有固定权数物价指数和可变权数物价指数的区别。

固定权数价格指数（简称 FI）是指选择一揽子固定种类和数量的产品和服务，比较

它们按当年价格和基年价格购买的花费。由于将固定产品和劳务的数量作为权数,所以称为固定权数的物价指数,用公式表示为:

$$FI=\frac{\text{一揽子固定商品和劳务按当年价格计算的价值}}{\text{一揽子固定商品和劳务按基年价格计算的价值}}\times 100$$

所谓一揽子固定商品和劳务就是选取的某些产品和劳务,根据它们在经济中的重要性不同,确定不同的数量,在计算时作为权数。计算当年的固定权数物价指数,首先要计算一揽子固定商品和劳务按照当年价格计算的市场价值总和,其次要计算一揽子固定商品和劳务按照基年价格计算的市场价值总和,最后计算二者的比率,就是当年的价格指数,它表示当年总价格水平和基年总价格水平的比较。

2.消费物价指数

消费物价指数(简称 CPI) 是最常用的一种物价水平衡量方法。它衡量的是消费品的一般价格水平,使用的是固定权数物价指数计算方法。

计算消费物价指数的步骤和方法如下。①确定一揽子消费品,例如苹果和橘子,假定它们在消费支出中的比重分别是 60%和 40%,就显示了两种商品的相对重要性,相应可以确定苹果的数量是 3 千克,而橘子的数量是 2 千克,作为权数。②找出每种商品在基年和当年的价格。③计算一揽子消费品在不同时期的费用。④根据固定权数物价指数计算公式计算出 CPI,即

$$CPI=\frac{(3\times\text{当年苹果价格})+(2\times\text{当年橘子价格})}{(3\times\text{基年苹果价格})+(2\times\text{基年橘子价格})}\times 100$$

例如,假定 2002 年苹果价格是 2 元/千克,橘子价格是 2.4 元/千克,2003 年价格分别是 2.2 元/千克和 3 元/千克。如果以 2002 年的价格指数是 100,2003 年的价格指数是 116.7,表明消费品一般价格上涨了 16.7%。

应该注意的是,消费品物价指数仅仅表示消费品而不是全部商品和劳务的一般价格水平,而且消费品物价指数是选取有代表性的消费品计算的。

二、可变权数物价指数和 GDP 缩减指数

1.可变权数物价指数

可变权数物价指数(简称 VI)测算的是当年生产的商品和劳务的价值与同样的商品和劳务按基年价格计算的价值之比。由于当前生产的商品和劳务数量总是变动的,因此该物价指数称为可变权数物价指数。用公式表示就是:

$$VI=\frac{\text{当期生产的商品和劳务按当年价格计算的价值}}{\text{当期生产的商品和劳务按基年价格计算的价值}}\times 100$$

2.名义 GDP 和实际 GDP

考虑到不同时期价格水平的变化,如果每一年的 GDP 都按照当年的价格分别计算,实际上它们之间就是不可比的。当年产品和劳务按照当年市场价格测算的 GDP 称为名义 GDP(nominal GDP)。GDP 核算的目的是计算一个国家一定时期内的经济产出量。如果各个年份的 GDP 不可比,就无法反映真实的经济发展状况。如果每一个年份计算 GDP 时都使用某一年(称为基年)的价格,则每年的 GDP 就是可比的,因为这时

GDP 反映的是不同时期产品和劳务数量的变化。当年生产的产品和劳务按照基年的价格(称为不变价格)计算的 GDP 称为实际 GDP(real GDP)。因此实际 GDP 是可比的。

3.GDP 缩减指数

和实际 GDP 不同,同一年份的名义 GDP 反映了各种商品和劳务价格变化的一般结果。根据可变权数物价指数公式可知,名义 GDP 和实际 GDP 之比就是一种可变权数的物价指数,称为 GDP 缩减指数(GDP deflator,也称 GDP 消胀指数)。

$$\text{GDP 缩减指数}=\frac{\text{名义 GDP}}{\text{实际 GDP}}\times 100 \tag{10-3}$$

而实际 GDP 可以表示为:

$$\text{实际 GDP}=\frac{\text{名义 GDP}}{\text{GDP 缩减指数}}\times 100 \tag{10-4}$$

在宏观经济学中,不仅 GDP 有名义值和实际值的差别,而且诸如投资、消费、工资、货币、利率等都有名义值和实际值的差别。所有这些变量的名义值和实际值都可以用一般价格水平联系起来,即

$$\text{实际值}=\frac{\text{名义值}}{\text{一般价格水平}} \tag{10-5}$$

这里的一般价格水平为物价指数除以 100。

第三节　总需求与总供给

在了解了国民收入和一般价格水平的基础上,本节介绍宏观经济中总需求和总供给的概念。但是,正像在微观经济学中的需求曲线和供给曲线是在消费者行为和企业行为的分析中获得的一样,总需求曲线和总供给曲线也是在宏观经济的总需求分析和总供给分析中逐渐获得的。本节仅介绍关于总需求和总供给的基本概念,而总需求和总供给分析是宏观经济学逐步展开的内容。

一、总需求和总供给的概念

在市场经济中,如同任何一个市场存在市场供给和需求一样,一个国家也存在整个经济的需求和供给,这就是总需求和总供给。

1.总需求

总需求(aggregate demand,简称 AD)是指一个国家一定时期内整个社会愿意购买并且有能力购买的商品和劳务总量(表现为对与整个国民收入对应的产品和劳务的需求)。总需求是有效需求,它不仅是整个社会对产品和服务需求的欲望,而且必须具有相应的支付能力。

从国民收入核算的角度看,总需求实际上就是指计划的总支出,即所有经济主体对各种商品和服务的支出计划。总需求由四个部分组成:

$$AD=AE=C+I+G+NX \tag{10-6}$$

注意,这里的总支出(AE)与国民收入核算中的总支出的构成部分是一致的,但是

它们有着重大的差别。这里的总支出是计划的总支出，是一种支出计划，是总需求，因此是“事前的”；而国民收入核算中的总支出是已经发生的购买支出，因此是“事后的”。事后的总支出是实现了的总需求。

2. 总供给

总供给(aggregate supply，简称 AS)是指一个国家一定时期内所有经济主体所愿意生产的商品和劳务的总量(也表现为国民收入)。总供给与一个国家一定时期的生产能力有关，比如一个国家不可能超出现有最高生产能力提供供给。

从国民收入核算的角度看，总供给实际上就是计划的总收入，即所有商品和劳务的生产者愿意提供的商品和劳务的数量所对应的国民收入，而且它们之所以愿意生产和提供，是因为它们要获得相应的收入。所以，总供给就是一个经济计划的总收入。与国民收入核算中的总收入的不同在于总供给是“事前的”。

3. 宏观经济学上的短期总供给与长期总供给

宏观经济学研究总供给也区分短期与长期，但是其意义与微观经济学中的短期和长期不同。宏观经济学上的短期和长期是根据潜在 GDP 来定义的。潜在 GDP 是指一国一定时期内所有资源充分利用时所能创造的 GDP。宏观经济学上的短期指潜在 GDP 不变，而长期则是潜在 GDP 发生变化。相应地，宏观经济学的主要内容是短期(潜在 GDP 给定)内国民收入的决定问题以及长期中潜在 GDP 的增长即经济增长问题。

二、总需求曲线和总供给曲线的初步概念

1. 总需求曲线

总需求曲线是表示在其他条件不变的情况下，总需求和一般价格水平的关系。一般认为总需求曲线是向右下方倾斜的曲线。当其他条件(例如货币总量)不变时，一般价格水平上升，货币购买力相对降低，所以总需求减少；一般价格水平下降，购买力相对上升，总需求增加。

在总需求曲线(图 10－1)中，横轴表示整个经济对国民收入(用 Y 表示)的总需求，纵轴是一般价格水平，用 P 表示。

除了一般价格水平之外，总需求构成部分的变化以及其他影响总需求的因素将导致总需求曲线的移动，例如政府购买增加将使总需求曲线向右移动。

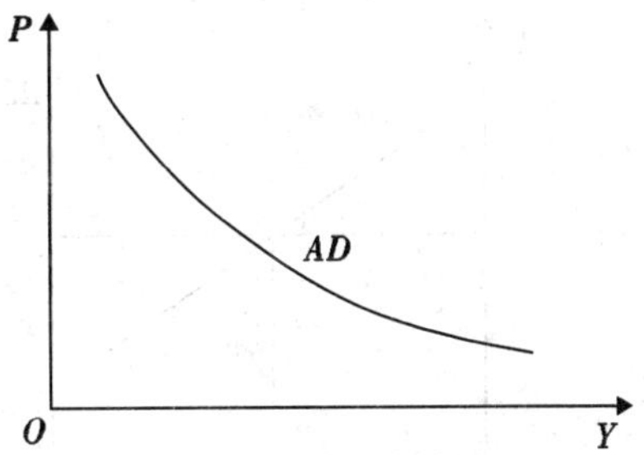

图 10－1　总需求曲线

2. 总供给曲线

总供给曲线包括短期总供给曲线和长期总供给曲线。在长期中，一国经济的产品和劳务供给取决于资本与劳动的供给，以及用来把资本与劳动变为物品与劳务的生产技术。由于一般物价水平并不是影响这些实际 GDP 的长期决定因素，所以，长期总供给曲线是一条垂线。关于短期总供给曲线是什么形状的曲线是宏观经济学的一个重大理论问题。正是凯恩斯与古典经济学对短期总供给曲线形状的认识不同，导致了凯恩斯革命和宏

观经济学的产生。

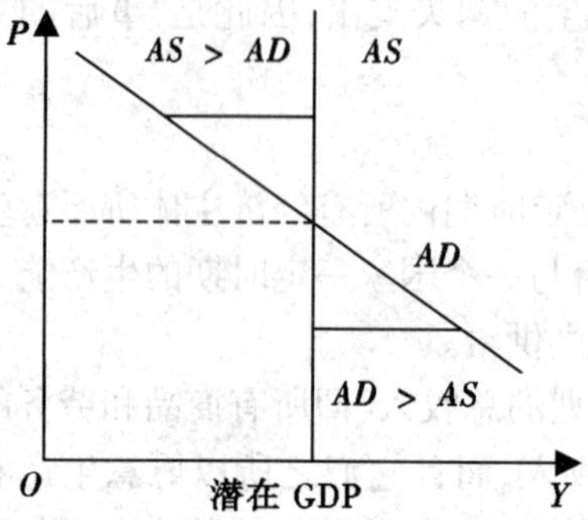

图 10 - 2　古典经济学的短期总供给曲线

古典经济学认为,短期总供给曲线是垂直的,其位置就是短期潜在 GDP,不受物价水平的影响,而是物价水平使总需求调整到与潜在GDP一致的水平上,如图10 - 2所示。如果总需求大于总供给,则价格水平上升,使总需求缩小,直到等于总供给;如果总需求小于总供给,则一般价格水平下降,使总需求扩大,直到等于总供给。在达到均衡时,均衡的产出必然等于潜在 GDP。这样的话,市场就必然能够使宏观经济达到潜在 GDP。

凯恩斯则认为,在达到潜在 GDP 之前,有闲置的资源(例如失业的劳动力、开工不足的工厂、没有转化为投资的储蓄等)没有充分利用,因此即使增加生产和扩大供给,也不会导致一般价格水平上升。或者说,在资源没有充分利用时的一个价格水平上都存在一系列的供给量,如图 10 - 3 所示。

从图中可以看出,在达到潜在 GDP 之前的均衡国民收入(Y)并没有充分利用社会的生产资源,例如可能存在失业。但是市场机制已经发挥了作用,总需求和总供给已经达到了均衡,市场本身无法改变这种状况。

一般来说,随着生产的扩大,需要更多的劳动力和其他生产投入,工资和其他投入的价格上涨是比较正常的,当然在资源闲置的时候价格上涨的速度比较缓慢,接近凯恩斯的萧条模型;而在接近潜在 GDP 时,价格上升的速度将很快,在达到潜在 GDP 之后,增加供给需要付出相当多的价格水平上升代价,甚至即使价格上涨,供给也无法增加,这是古典经济学的情形。在这两种情况之间,随着供给增加,价格水平平缓上升。因此,一般总供给曲线的形状如图 10 - 4 所示。

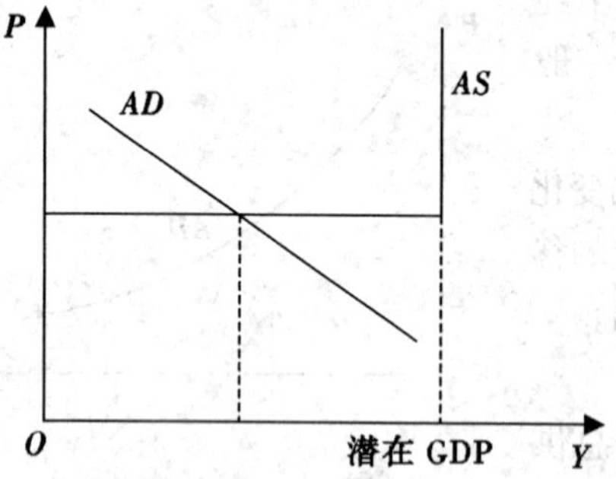

图 10 - 3　凯恩斯萧条模型

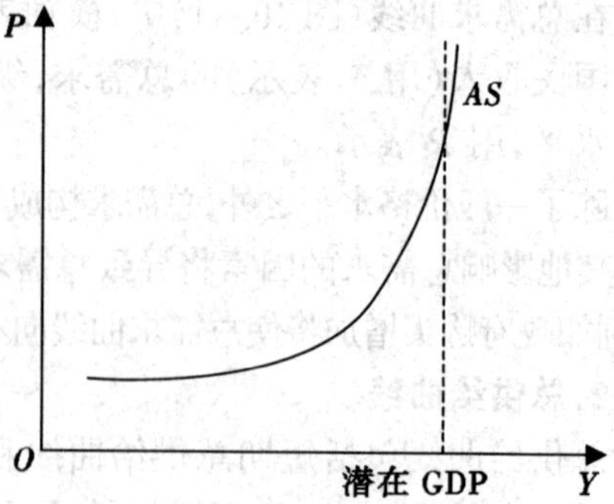

图 10 - 4　短期供给曲线的一般形状

本章小结

本章介绍宏观经济学的基本概念,即总供给、总需求以及反映它们的宏观经济变量

(国民收入、一般价格水平)。国民经济核算体系是用来提供特定的时期内一国实际经济活动及其成就的系统记录。国民收入核算是宏观经济分析的基础。国内生产总值是衡量经济运行情况的一个重要指标。国内生产总值可以从生产、收入和支出三个角度或者说用三种不同的方法来计算。国民收入核算资料具有重要的应用价值,同时,也存在一些缺陷。

复习思考题

1.请解释以下概念:国内生产总值,国民生产总值,折旧,个人收入,个人可支配收入,政府购买支出,物价指数,固定权数的物价指数,可变权数的物价指数,GDP缩减指数,消费物价指数,名义GDP,实际GDP,总需求,总供给,潜在GDP,宏观经济学中的长期和短期,总需求曲线,总供给曲线。

2.试述GNP、NNP、NI、PI、PDI之间的关系。

3.国民收入核算方法有哪些?

4.试述国民收入核算资料的应用及其缺陷。

5.GDP作为衡量一国社会福利的指标存在一些缺陷,试概括说明有哪些对社会福利有积极影响或消极影响但是没有计入GDP的因素。

6.为什么政府转移支出不计入GDP而将间接税计入GDP?

7.如何理解国民收入恒等式?

8.假设一个经济环境中有A、B、C三个厂商,A厂商年产5 000,卖给B厂商200,C厂商2 000,卖给消费者2 800。B厂商年产500,全部卖给消费者。C厂商年产6 000,卖给A厂商3 000,其余卖给消费者。试求GDP是多少?如果只有C有折旧500,那么国民收入是多少?

9.以下给出的是假设的某国某年的国民收入统计资料。请计算:1)国民收入;2)国内生产净值;3)国内生产总值;4)个人收入;5)个人可支配收入。

假设的某国国民收入统计资料

项目	收入(亿元)
资本折旧	3 564
雇员薪金	18 663
企业支付的利息	2 649
间接税	2 663
个人租金收入	341
公司利润	1 648
非公司企业业主收入	1 203
红利	664
社会保险税	2 530
个人所得税	4 021
政府支付的利息	1 051
政府转移支付	3 475
个人消费支出	19 919

第十一章 简单国民收入决定模型

国民收入是宏观经济的核心概念,国民收入决定理论则是宏观经济学的核心理论。本章介绍简单国民收入决定理论。所谓简单国民收入决定理论是研究在产品市场上和在给定的假设条件下,如何通过总供给与总需求的均衡,决定均衡国民收入的理论。这一理论揭示了诸如在短期宏观经济中总需求对均衡国民收入的决定作用、乘数原理等宏观经济运行机制,为进一步解释宏观经济在低于潜在GDP水平中运行的原因和制定相应的宏观经济政策提供理论依据。

第一节 宏观经济均衡条件及其表现形式

一、宏观经济及其均衡条件

1.宏观经济的经济主体和总量市场

宏观经济学将经济主体分为四个部分,即家庭部门、企业部门、政府部门和国外部门。家庭部门的经济行为是消费支出、提供劳动和储蓄并获得报酬、纳税和获得政府的转移支付;企业部门的经济行为是生产产品并获得销售收入和利润、投资支出、纳税和获得政府补贴;政府部门的经济行为是征收税收、进行购买支出和转移支出;国外部门是虚构的,其经济行为包括国内企业的进口(最终体现在家庭部门的消费支出、企业的投资支出和政府的购买支出之中)和出口(即外国对本国商品和劳务的购买)。

根据宏观经济学研究的需要,可以建立两部门经济、三部门经济和四部门经济模型。两部门经济是指只存在家庭部门和企业部门的经济,三部门经济是指存在家庭部门、企业部门和政府部门的经济,而四部门经济是指存在家庭部门、企业部门、政府部门和国外部门的经济。

宏观经济学研究的市场都是总量市场,包括产品市场、劳动力市场、资本市场(主要是货币市场)和国际市场。根据宏观经济学的研究需要,有时仅仅研究产品市场,例如总需求和总供给本身就是产品市场的概念;有时同时研究产品市场和货币市场;有时同时研究产品市场、货币市场和国际市场,而在研究总供给、就业、经济增长时则要考虑劳动力市场。

2.产品市场宏观经济均衡条件和均衡的国民收入

与任何一个市场在需求等于供给时达到均衡一样,在总量产品市场上,宏观经济均衡的条件也是总需求等于总供给,即 $AD = AS$。在宏观经济均衡时的国民收入就是均衡的国民收入(Y),此时 $Y=AD=AS$。

二、宏观经济均衡条件的表现形式

根据国民收入核算理论和国民收入恒等式,宏观经济均衡条件可以写成以下两种形式:① $Y=AD=AE$,因为事后的国民收入正好是实现了的总需求、计划的总支出;② 总支出等于总收入,并表现为储蓄等于投资。这是国民收入恒等式的必然要求。

1.两部门经济

两部门经济是指由家庭部门(消费者)和企业部门(生产者)所构成的经济社会系统。在两部门经济中,不存在税收、政府支出以及国际贸易。

在宏观经济达到均衡时,从支出角度看,国民收入等于实现的消费支出加投资支出,即

$$Y=C+I \tag{11-1}$$

该式从总需求方面考虑宏观经济均衡条件。

从收入角度看,国民收入等于总收入,而总收入的一部分用于消费,余下部分转为储蓄,即

$$Y=C+S \tag{11-2}$$

根据总支出等于总收入,则有 $C+I=C+S$,于是

$$I=S \tag{11-3}$$

$I=S$ 就是储蓄-投资恒等式。储蓄-投资恒等式是基于国民收入核算的角度,反映经济活动事后的储蓄与投资恒等关系。这种恒等关系不是针对某一个人、厂商或部门而言的,而是指整个两部门经济存在着储蓄-投资的恒等关系。

2.三部门经济

三部门经济是在两部门经济的基础上,引进政府部门后所构成的封闭经济系统。在三部门经济中,政府的经济活动体现在:一方面,政府通过向居民和厂商征税形成政府收入(T);另一方面,政府通过对商品和劳务的购买(G),以及对居民和企业的转移支付等方式形成政府转移支出(TR)。

在三部门宏观经济均衡时,从支出角度看,国民收入等于消费支出、投资支出以及政府购买支出的总和,即

$$Y=C+I+G \tag{11-4}$$

该式是从总需求方面考虑的三部门经济的宏观经济均衡条件。

从收入角度看,在三部门经济实际运行中,居民的收入除了用于消费、储蓄之外,有一部分作为税收上缴政府。因此,三部门的国民收入从总收入的角度看由用于消费的收入、用于储蓄的收入和政府获得的收入(税收)组成,即

$$Y=C+S+T \tag{11-5}$$

在三部门经济中,总支出等于总收入,即 $C+I+G=C+S+T$。等式两边消去 C,有 $I+G=S+T$,就是

$$I=S+(T-G) \tag{11-6}$$

这里的$(T-G)$代表了政府储蓄,因为T是政府净收入,G是政府购买支出,二者差额即为政府储蓄,政府储蓄既可为正,也可为负。于是等式$I=S+(T-G)$体现了三部门经济中储蓄(私人储蓄与政府储蓄的总和)与投资之间的恒等关系。

3.四部门经济

四部门经济是在三部门经济的基础上,加入国外部门后所构成的开放经济系统。

在宏观经济均衡时,从支出角度看,国民收入等于消费、投资、政府支出和净出口的总和,用公式表示为

$$Y=C+I+G+(X-M) \tag{11-7}$$

该式是从总需求方面考虑的四部门经济的宏观经济均衡条件。

从收入角度看,国民收入表示为$Y=C+S+T$。这里,$C+S+T$的含义与上述三部门经济相同。

在四部门经济中,总支出等于总收入,即$C+I+G+(X-M)=C+S+T$,公式两边消去C,有$I+G+(X-M)=S+T$,即

$$I=S+(T-G)+(M-X) \tag{11-8}$$

这里,S代表私人储蓄,$(T-G)$代表政府储蓄,而$(M-X)$则代表外国对本国的储蓄。因为站在本国的立场上,进口(M)代表其他国家出口商品并取得的收入,出口(X)代表其他国家从本国购买商品和劳务并向本国支出收入,$(M-X)$表示本国流向国外的收入和外国流向本国收入的差额,就是国外对本国的储蓄。当$M>X$时,本国的收入流出大于流入,形成外国的储蓄;反之,则形成外国的负储蓄。于是,等式$I=S+(T-G)+(M-X)$体现了四部门经济中的总储蓄(私人、政府和国外)与投资之间的恒等关系。

三、简单国民收入决定模型的建立

为了说明均衡国民收入是怎样决定的,下面从最简单的情况开始建立模型。简单国民收入决定模型包括以下假定条件。

① 只有总量产品市场,没有货币市场,市场交易都是实物交易。当然如果存在货币的媒介作用,而且价格水平保持不变,也不改变这一假设的实质。

② 在总需求的构成中,只有消费是内生变量(即模型本身能够确定其状态的变量),而政府投资支出、购买支出和出口是外生变量(即不是模型本身能够确定其状态的变量)。

③ 经济制度能够以不变的价格提供相应的供给量。就是说,社会总需求的变动只会引起产量的变动,而不会引起价格的变动。这实际上就是凯恩斯萧条模型,显示了社会存在闲置资源导致经济萧条的情况(图 10-3)。

④ 不考虑折旧,并假定企业留利为 0。这样,在两部门经济中,GDP、GNP、NI、PI、PDI 就都是一致的。如果用Y表示 GDP,宏观经济均衡的条件就是式(11-1)表示的$Y=C+I$或者式(11-3)表示的$I=S$。

在以上假定之下,均衡国民收入就是与总需求相一致的国民收入。均衡国民收入正

好满足社会的消费需求、投资需求、政府购买需求和净出口需求。在四部门经济中，均衡国民收入决定于 $Y = AD = C + I + G + NX$（图 11－1），即总需求将决定均衡国民收入，总需求的变动将引起均衡国民收入的变动，这也是简单国民收入决定模型的基本结论。

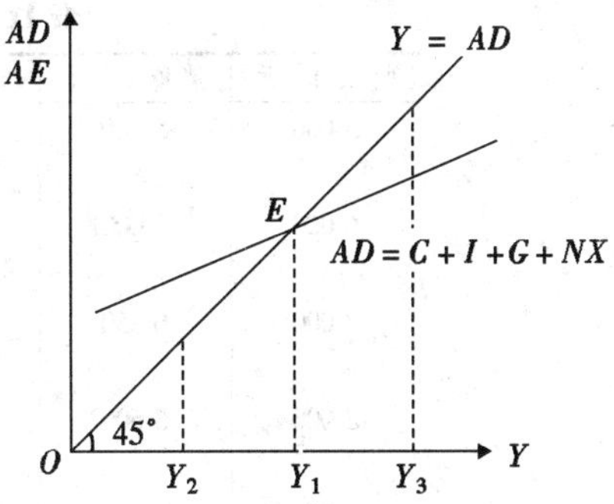

图 11－1　简单国民收入决定模型

在图 11－1 中，横坐标（Y）表示均衡国民收入；纵坐标表示总需求（AD）和总支出（AE），二者是一致的；45°线表示总需求等于总供给，$AD = AE = C + I + G + NX$ 表示与不同均衡国民收入相对应的总需求即有效需求（有效需求指有相应国民收入作保障、能够实现的总需求），称为总支出曲线（之所以不称为总需求曲线是因为总需求曲线已经定义为对应不同的价格水平的总需求，实际上在不考虑价格问题时，总支出计划和总需求是一致的）；E 点表示在给定总支出计划时，由总需求和总供给均衡决定（由于总支出曲线与 45°线相交）的均衡国民收入和实际总支出。可见，在前面的假定条件下，给定总支出计划（总需求），就决定了均衡的国民收入。这就是简单国民收入决定模型的基本原理。

第二节　消费和储蓄

在简单国民收入决定模型中，对于两部门经济和三部门经济，都只有消费是内生变量。在四部门经济中，由于进口与国民收入相关，所以 NX 也是内生变量。为了理解简单国民收入决定模型，需要先认识这些内生变量的决定因素。

一、消费函数

消费是总需求中最为主要的部分，在现实的经济生活中，决定人们消费行为的因素很多，比如收入水平、商品价格水平、相关商品价格、利率水平、信贷市场状况、消费者的心理因素、消费者的年龄、风俗传统等等。根据凯恩斯的理论，在所有影响消费行为的因素中，收入水平是决定性因素。因此，可以将收入水平从诸多的影响因素中抽出来进行单独分析。

按照凯恩斯的理论，在收入和消费之间存在边际消费倾向递减的心理规律，即伴随着收入的增加，消费也会随之增加，但是消费的增加不及收入增加得多。为了说明消费与收入之间这种相互变动的规律，凯恩斯引进了消费函数和消费倾向的概念。消费函数表示在其他因素不变的条件下，消费支出和国民收入之间关系的函数。消费函数用以下公式表示：

$$C = C(Y) \tag{11-9}$$

现在假定某国居民的消费与国民收入之间存在表 11－1 所示的数量关系。

表 11－1　某家庭的消费函数

收入 Y/元	消费 C/元	边际消费倾向(MPC)	平均消费倾向(APC)
5 000	5 100		1.02
		0.90	
6 000	6 000		1.00
		0.85	
7 000	6 850		0.98
		0.75	
8 000	6 600		0.83
		0.69	
9 000	7 290		0.81
		0.54	
10 000	7 630		0.76

表 11－1 中的第一行表示，为了维持基本生活，居民需要消费一些生活必需品，比如粮食、衣物等等。在刚性消费作用下，尽管家庭的收入只有 5 000 元，但还是要消费 5 100 元，导致该家庭处于入不敷出的情况。第二行表示，当收入为 6 000 元时，消费也是 6 000 元，这个家庭的收支达到了平衡。第三行表示随着收入的增长，该家庭开始有了储蓄的意愿，将 150 元储蓄，只消费了 6 850 元。接下来的几行表明随着收入的增加，家庭的消费不断增加，但是消费的增加不及收入增加得多。

平均消费倾向(average propensity to consume，简称 APC)是任一收入水平上的消费支出与收入之比。它表示平均地说，每 1 元钱的收入中有多大比例用于消费，即表 11－1 中的第四列。平均消费倾向表示为

$$\mathrm{APC} = \frac{C}{Y} \tag{11-10}$$

当 APC = 1 时，表示全部收入用于消费，储蓄为零；当 APC > 1 时，表示消费大于收入，出现负储蓄；当 APC < 1 时，表示消费小于收入，剩余收入即为储蓄。

边际消费倾向(marginal propensity to consume，简称 MPC)是指增加 1 元钱的收入，有多大比例将用于消费。表 11－1 中的第三列就是边际消费倾向。边际消费倾向可表示为增加的消费与增加的收入之比

$$\mathrm{MPC} = \frac{\Delta C}{\Delta Y} \tag{11-11}$$

若消费函数是连续的，那么上述公式可以表述为消费对收入的导数：

$$\mathrm{MPC} = \frac{\mathrm{d}C}{\mathrm{d}Y} \tag{11-12}$$

根据表 11－2 可以得出消费曲线，如图 11－2 所示。

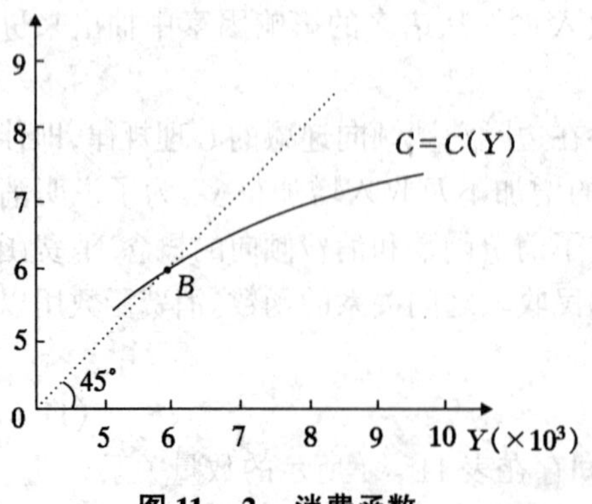

图 11－2　消费函数

在图 11－2 中，伴随着消费曲线不断向右延伸，曲线上各点的斜率将越来越小，就是说边际消费倾向是不断递减的。平均消费倾向也是递减的，但是平均消费倾向总是大于边

际消费倾向，即"边际"的变动总是先于"平均"的变动。这与微观经济学中的边际效用递减是完全类似的。

如果消费和收入之间存在线性关系，即边际消费倾向是一个常数。消费函数可表示为

$$C = a + bY \quad (a > 0, 0 < b < 1) \tag{11-13}$$

其中常数 a 是自生消费(autonomous consumption，或自主消费)或刚性消费，即不随着收入变化而变化的那部分消费。对家庭来说，自生消费是基本的食物、衣服和住所；对国家而言是社会所需要的基本消费。bY 为派生消费(induced consumption)，是指由于收入增加而导致的消费，b 就是边际消费倾向，表示每增加一单位的收入，人们所增加的消费量。因此，式(11－13)的经济含义是：消费等于自生消费与派生消费之和。

如图11－3所示，当消费与收入之间呈线性关系时，消费函数就是一条向右上方倾斜的直线，消费函数上的每一点的斜率都相等，并且大于0小于1。

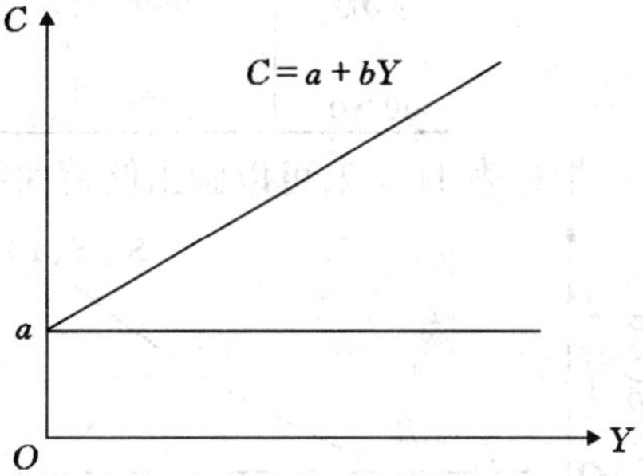

图11－3　线性消费函数

值得注意的是，宏观经济学的研究对象是整个社会经济，社会消费函数是家庭消费函数的总和。国民收入分配的一些因素都将影响社会消费函数。

(1) 国民收入的分配　根据边际消费倾向递减规律，收入越高的人边际消费倾向就越低，所以国民收入的分配越是不平等，社会的消费曲线就越是向下移动。

(2) 政府的税收政策　如果政府征收所得税时采取累进税制，那么就会将高收入者可能用于储蓄的收入变成政府收入，然后以政府转移支付等方式形成公众的收入，最终用于消费。尤其是当高收入者的同量收入转移给低收入者时，由于二者的边际消费倾向的差异，导致社会中的消费数量增加，社会消费曲线向上移动。

(3) 公司未分配利润在利润中所占的比例　分配给股东的利润中必定有一部分被用于消费，因此，公司未分配利润占总利润的比例越大，消费就会越少，消费曲线会向下移动。

以上讨论的消费函数是假定消费是人们收入水平的函数，只是消费函数最简单的形式，经济学家称之为凯恩斯绝对收入消费理论。在经济学的不断发展中，其他的经济学家对其进行了修改和补充，提出了其他的理论，如杜森贝利的相对收入假说、弗里德曼的永久收入假说和莫迪利安尼的生命周期假说等等。

二、储蓄函数

储蓄函数是与消费函数密切相关的，储蓄是收入中没有被消费的部分。既然存在边际消费倾向递减规律，与其相对应也就存在边际储蓄倾向递增规律了。储蓄与收入之间的关系就是储蓄函数，可用下式表示：

$$S = S(Y) \tag{11-14}$$

储蓄是收入与消费之差，利用表 11－1 的数据可以得出表 11－2。

表 11－2　某家庭储蓄表

收入(元)	储蓄(元)	边际储蓄倾向(MPS)	平均储蓄倾向(APS)
5 000	－100		－0.02
		0.10	
6 000	0		0
		0.15	
7 000	150		0.02
		0.25	
8 000	1 400		0.17
		0.31	
9 000	1 710		0.19
		0.46	
10 000	2 370		0.24

根据表 11－2，可以画出储蓄曲线，如图 11－4 所示。

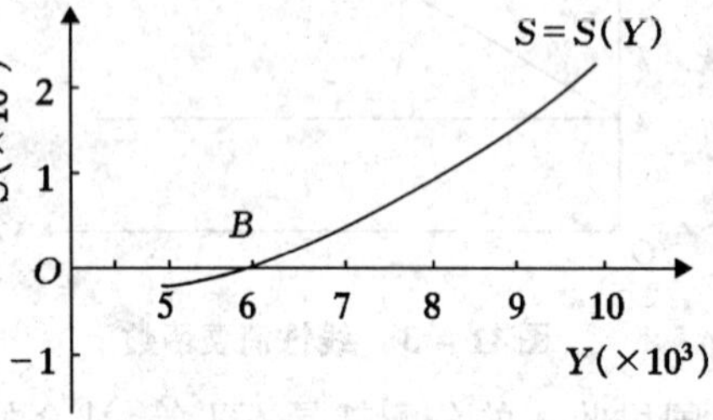

图 11－4　储蓄函数

在图 11－4 中，B 点是储蓄曲线和横轴的交点，表示这时消费和收入相等，即收支平衡。随着储蓄曲线向右上方延伸，它的纵截距越来越大，表示随着收入的增加储蓄在不断增加，且增加的幅度越来越大。

将任一收入水平上的储蓄与收入之比，称为平均储蓄倾向（average propensity to save，简称 APS），即表 11－2 中的第四列。平均储蓄倾向可表示为

$$APS = \frac{S}{Y} \tag{11-15}$$

将新增加的储蓄与新增加的收入之比，称为边际储蓄倾向（marginal propensity to save，简称 MPS），即表 11－2 中的第三列。边际储蓄倾向可表示为

$$MPS = \frac{\Delta S}{\Delta Y} \tag{11-16}$$

若储蓄函数是连续的，那么上述公式可以表述为

$$MPS = \frac{dS}{dY} \tag{11-17}$$

同消费函数一样，如果储蓄和收入呈线性关系，由于 $S = Y - C$，$C = a + bY$，因此储蓄函数可以表示为

$$S = Y - C = Y - (a + bY) = -a + (1 - b)Y \tag{11-18}$$

由于储蓄被定义为收入和消费之差，所以消费函数与储蓄函数之间存在密切的联系。首先，消费函数和储蓄函数之和等于收入，即 $C + S = a + bY + [-a + (1 - b)Y] = Y$；其次，平均消费倾向与平均储蓄倾向之和恒等于 1，即 APC + APS = 1；第三，边际消费倾向与边际储蓄倾向之和恒等于 1，即 MPC + MPS = 1。

第三节　两部门经济的均衡国民收入决定

一、两部门的简单国民收入决定原理

在两部门经济中，只有企业和家庭，因此宏观经济变量只有国民收入、消费、储蓄和投资。在静态国民收入决定分析模型中，投资在产品市场上是外生变量。由于没有政府并假定不考虑折旧，所以 GDP = NI，表示为 Y。由于假定企业留利为 0，国民收入全部分配给家庭部门，成为可支配收入，并按照边际消费倾向将其中一部分用于消费，另一部分用于储蓄。如果存在一个国民收入，一部分用于满足消费支出需要，另一部分用于满足投资支出需要，则该国民收入在消费需求和投资需求不发生变化的条件下也不发生改变，就是均衡国民收入。从另一个角度看，如果存在一个国民收入，按照边际消费倾向分配的储蓄正好转化为投资，则该国民收入也是均衡的国民收入。如果消费函数、投资不发生变化，则该国民收入将不发生变化。

根据前面关于简单国民收入决定模型假定条件，再结合以上关于两部门经济的情况，可以将均衡国民收入决定模型用图 11－5 表示。

在图 11－5 中，在均衡位置 E 上，作为总需求的家庭消费支出和企业投资支出之和正好等于国民收入（Y_1）。如果不在均衡水平上，例如在总需求高于均衡收入水平（如 Y_2）的位置上，需求量大于产量，企业将扩大生产。实际上此时总需求大于总供给，企业将扩大生产以满足更高的消费需求。如果总需求在低于均衡收入水平（如 Y_3）的位置上，需求量小于产量，企业将减少生产。实际上此时总需求小于总供给，因此企业将减少生产。

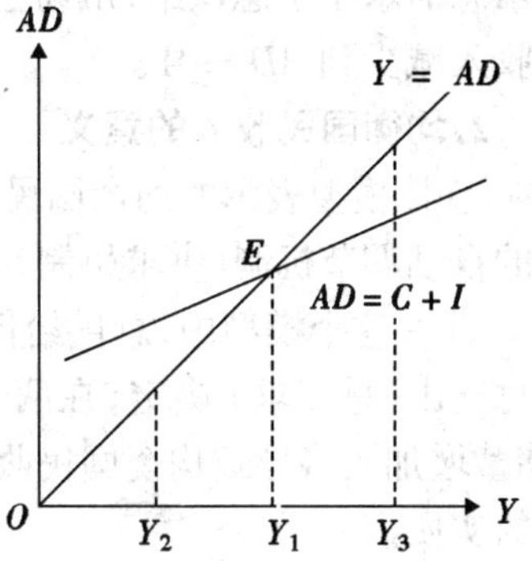

图 11－5　两部门简单国民收入决定模型

二、均衡国民收入决定及其意义

1. 均衡国民收入决定

求解两部门经济的均衡国民收入有两种方法，一种是 $Y = AD$ 法，另一种是 $I = S$ 法。它们都是产品市场总需求等于总供给均衡条件的不同表示形式。下面分别用两种方法求解两部门经济的均衡国民收入。

1）$Y = AD$ 法

根据均衡条件 $Y = AD = C + I$ 以及消费函数 $C = a + bY_d = a + bY$，可以得到均衡国民收入为：

$$Y = \frac{a + I}{1 - b} \tag{11-19}$$

2) $I = S$ 法

将 $I = S$ 和 $S = Y - C = a + (1 - b)Y$ 联立求解，可以得到与支出法计算公式(11 - 19) 一样的均衡收入。

例 11.1　已知某一经济系统(只有企业和家庭两个部门) 的社会消费函数是 $C = 200 + 0.8Y$，计划投资为 100 亿元。该经济系统均衡的国民收入、消费和储蓄分别是多少？

解：该经济系统的边际消费倾向为 0.8，自发消费是 200，计划投资为 100。则由于总需求和总供给的调整，达到均衡的国民收入为：$Y = (200 + 100)/(1 - 0.8) = 1\,500$ 亿元。此时消费水平是 1 400 亿元，储蓄 100 亿元(等于投资)。

利用该例题的数字，可以进一步分析不均衡状态如何向均衡状态调整。假定国民收入不在均衡水平上，$Y_2 = 1\,400$，这时总消费支出为 $C = 200 + 4/5 \times 1\,400 = 1\,320$，总需求为 $AD = C + I = 1\,420$，$AD > Y$，表示总需求大于总供给。从而企业库存减少，为获得更多利润，将扩大生产，增加产量，导致国民收入增加。这种调整直到 $AD = Y$ 为止。

假定 $Y_3 = 1\,600$，则 $C = 200 + 4/5 \times 1\,600 = 1\,480$，$AD = C + I = 1\,580$，$AD < Y$，表示总需求小于总供给，市场上存货增加，产品卖不出去，企业会紧缩生产，最终使得国民收入减少到 $AD = Y$。

2. 均衡国民收入的意义

① 该模型表示的均衡国民收入是使 $AD = Y$ 或者 $AD = AS$ 的均衡产出，是依靠市场的自动调节机制(供求机制) 实现的。

② 在这个模型中，总供给仅表现为一条与横轴夹角为 45° 的线，均衡产出水平完全由总支出(总需求) 决定，在两部门经济中就是由($C + I$) 决定的。如果消费需求降低(储蓄增加)，将导致均衡国民收入降低，使经济陷入衰退和萧条。这正是凯恩斯萧条模型的实质。

③ 但是，这个均衡的国民收入并没有说明一定达到潜在 GDP 水平。所以，依靠市场机制不能保证充分就业、充分利用资源和经济有效增长。

例 11.2　接着例11.1，假定某一年，人们忽然变得节俭了，消费倾向从 0.8 降低到 0.6，投资支出计划没有改变，均衡国民收入、消费、储蓄将分别是多少？

解：由于边际消费倾向的改变，消费函数变为 $C = 200 + 0.6Y$，原来的宏观经济均衡将被打破。如果按照原来的国民收入水平，新的消费支出计划是 $C = 200 + 0.6Y = 1\,100$，即消费从 1 400 降低为 1 100，而储蓄由 100 提高到 400。由于企业部门的投资需求没变，这时将导致 $S > I$，$AD < AS$，宏观经济失衡。

在新的消费函数和总需求计划下，$Y = (200 + 100)/(1 - 0.6) = 750$。此时，$C = 650$，$S = 100 = I$，均衡国民收入将减少一半。

传统道德都是提倡勤俭持家的，但是这只对经济中的个体是美德，在宏观经济中，如果储蓄不能转化为投资，过多储蓄将降低国民收入产出水平或者消费水平。这就是“节俭的悖论”。

我国明代陆楫观察到了崇奢黜俭的益处，说：“予每博观天下之势，大抵其地奢则其民必易为生，其地俭则其民必不易生也。”一个宏观经济是循环往复的过程，生产依靠消费、投资拉动，如果消费需求减少，而投资又没有增加，经济将降低产出水平。

3.边际消费倾向递减规律和经济衰退

凯恩斯非常重视总需求在决定均衡国民收入中的作用。他之所以引入消费函数，是因为他看到了边际消费倾向递减规律。凯恩斯指出："我们可以具有很大的信心来使用一条基本心理规律。该规律为：在一般情况下，平均来说，当人们收入增加时，他们的消费也会增加，但是消费增加不像收入增加的那样多。”由于边际消费倾向递减，总需求将小于供给，或者说有一部分储蓄没有转化为投资需求，是为有效需求不足。由于有效需求不足，导致经济产出水平下降，是为经济衰退和萧条。这正是例 11.2 揭示的道理。

三、投资乘数

在两部门模型中，投资是一个外生变量。假定投资增加，均衡国民收入怎样变化呢？

例如，对于例11.1中的经济系统，$C = 200 + 0.8Y$，假定计划投资由100亿元增加到200 亿元，则可以看到新的均衡国民收入从 1 500 亿元增加到 2 000 亿元，增加了 500 亿元，是投资增加量(100 亿元) 的 5 倍。一般的情况如何呢？

如果增加的投资 ΔI 作为一种需求相应产生 ΔI 的国民收入，且该社会的边际消费倾向是 b，那么在该国民收入 ΔI 中就会产生($b\Delta I$) 的消费需求。该消费需求将产生($b\Delta I$) 的国民收入。($b\Delta I$) 的国民收入同样将产生新的消费需求($b^2\Delta I$)，并形成新的国民收入。依此类推，国民收入将形成动态增加。投资增加导致的全部国民收入增量

$$\begin{aligned}\Delta Y &= \Delta I + b\Delta I + b^2\Delta I + b^3\Delta I + \cdots + b^{n-1}\Delta I \\ &= \Delta I(1 + b + b^2 + b^3 + \cdots + b^{n-1}) \\ &= \Delta I\left(\frac{1 - b^n}{1 - b}\right)\end{aligned}$$

由于 $0 < b < 1$，当 $n \to \infty$ 时，$b^n \to 0$，$\Delta Y = \Delta I/(1 - b)$。

定义增加单位投资带来国民收入增加的倍数为投资乘数(invest multiplies)，用 K 表示。根据上面的推导，得到

$$K = \frac{\Delta Y}{\Delta I} = \frac{1}{1 - b} \qquad (11 - 20)$$

由此可见，投资乘数 K 的大小与边际储蓄倾向($1 - b$)和边际消费倾向(b)有关。投资乘数与边际储蓄倾向呈反比，与边际消费倾向呈正比。边际消费倾向越大，投资乘数就越大；边际消费倾向越小，投资乘数就越小。

如果国民收入是投资的函数，根据式(11 - 19)，可以得到

$$K = \frac{\mathrm{d}Y}{\mathrm{d}I} = \frac{1}{1 - b} \qquad (11 - 21)$$

值得注意的是，从理论分析的角度看，投资乘数对国民收入的确具有成倍扩张的作用，但欲使投资在现实经济活动中真正发挥这种成倍扩张的作用，还需要具备如下一些条件。

(1) 社会存在闲置的生产能力和失业工人　假如某一经济系统中不存在过剩的生

产能力，或是投资的增长超出了生产能力的闲置程度，那么，新增加的投资以及由此而引起的新增加的消费，就不会刺激产量和收入的增加，反而引起物价上涨。

(2) 边际消费倾向和边际储蓄倾向保持相对稳定　如前所述，投资乘数扩张程度的大小取决于边际消费倾向和边际储蓄倾向的大小。保持边际消费倾向和边际储蓄倾向稳定是投资乘数正常发挥作用的前提条件。比如，投资增加往往会引起利率上升，利率上升激励储蓄而抑制消费，同时，利率上升意味着投资成本提高。在这种情况下，会一定程度地抵消投资增加所能引起的收入的增加，影响了消费的增加，从而妨碍了投资乘数作用的正常发挥。

(3) 货币供应数量　由中央银行决定的某一时期的货币供应数量，对投资乘数正常发挥作用影响也很大。比如，在货币供应数量过少时，由于无法适应投资和消费支出的增长，投资和消费的增加就会导致货币需求增加和利率上升。利率提高会激励储蓄而抑制投资，进而影响投资乘数作用的充分发挥。

(4) 政府的财政政策　政府的税收和支出政策对投资乘数的作用也有较大的影响。这在以下三部门经济模型中可以得到印证。

第四节　三部门和四部门国民收入决定

一、三部门经济的国民收入决定

1.均衡国民收入的决定

将两部门经济引入政府部门之后，就变成三部门经济。在三部门经济中，均衡国民收入决定也有两种表示方法。① 支出法，$Y = C + I + G$；②$I = S$法，此时为 $I = S + (T - G)$ 或者 $I + G = S + T$。

三部门经济中新的变量是政府购买支出、税收、转移支出。税收通常会有两种形式。一种是固定税，即不管国民收入是多少，都按一个固定的值收税，用 T 来表示；另一种是比例税，即按照国民收入的一个固定的比例征收，用 $T = tY$ 表示。这两种税收对应的均衡收入是不同的。

首先来看一下采取固定税的情况。假设课征的固定税为 T，消费函数是 $C = a + bY_d$（Y_d 是税后的实际收入，$Y_d = Y - T$）。那么三部门的均衡公式 $I + G = S + T$ 就可以转化为

$$I + G = -a + (1 - b)(Y - T) + T$$

解方程可得

$$Y = \frac{I + G + a - bT}{1 - b} \tag{11 - 22}$$

再来看一下比例税。假设课征的比例税为 tY，消费函数是 $C = a + bY_d$（Y_d 是税后的实际收入，$Y_d = (1 - t)Y$）。那么三部门的均衡公式 $I + G = S + T$ 就可以转化为

$$I + G = -a + (1 - b)(1 - t)Y + tY$$

解方程得

$$Y = \frac{I + G + a}{1 - b + bt} = \frac{I + G + a}{1 - b(1 - t)} \quad (11-23)$$

例 11.3 假设消费函数为 $C = 2\,000 + 0.8Y_d$，投资 $I = 1\,000$，政府购买 $G = 2\,000$。分别求采取固定税（$T = 800$）和采取比例税（$t = 6.25\%$）两种税制下的国民均衡收入。

解：如果采取固定税，国民收入

$$Y = \frac{1\,000 + 2\,000 + 2\,000 - 0.8 \times 800}{1 - 0.8} = 21\,800$$

如果采取比例税，国民收入

$$Y = \frac{1\,000 + 2\,000 + 2\,000}{1 - 0.8 + 0.8 \times 0.0625} = 20\,000$$

2. 三部门经济中的乘数

在三部门经济中，由于加入了政府部门，不仅投资的支出变动会有乘数效应，而且政府购买支出、税收和转移支付的变动，都会引起乘数效应。

1）投资乘数

在固定税的情况下，投资乘数大小与两部门的一样。在比例税的情况下，投资乘数变小，为

$$K_I = \frac{1}{1 - b(1 - t)} \quad (11-24)$$

2）政府购买支出乘数

政府支出乘数（K_G）是用来反映政府支出变动与其引起的国民收入变动的倍数关系。

在定量税的条件下，设 b 为边际消费倾向，政府公共支出变动通过乘数作用引起的国民收入变动为

$$\begin{aligned}\Delta Y_G &= \Delta G + b\Delta G + b^2\Delta G + \cdots + b^{n-1}\Delta G \\ &= \Delta G(1 + b + b^2 + \cdots + b^{n-1}) \\ &= \Delta G\left(\frac{1 - b^n}{1 - b}\right)\end{aligned}$$

由于 $0 < b < 1$，当 $n \to \infty$ 时，$b^n \to 0$

$$\Delta Y_G = \Delta G\left(\frac{1}{1 - b}\right)$$

所以政府支出乘数

$$K_G = \frac{\Delta Y_G}{\Delta G} = \frac{1}{1 - b} \quad (11-25)$$

可见，政府购买支出乘数与投资乘数相等。该式也可以式（11-22）求微分得到。

在比例税的条件下，通过对（11-23）式求微分得到：

$$K_G = \frac{1}{1 - b(1 - t)} \quad (11-26)$$

3) 政府税收乘数

政府税收乘数(K_T) 是用来反映税收变动与其引起的国民收入变动的倍数关系的。政府税收的减少意味着居民个人可支配收入的增加,由此而增加的消费是增加的个人可支配收入与边际消费倾向的乘积。于是,政府税收变动通过乘数作用引起的国民收入变动为

$$\Delta Y_T = -(\Delta T + b\Delta T + b^2\Delta T + \cdots + b^n\Delta T)$$
$$= -b\Delta T\left(\frac{1-b^n}{1-b}\right)$$

当 $n \to \infty$ 时, $b^n \to 0$,

$$\Delta Y_T = -b\Delta T\left(\frac{1}{1-b}\right)$$

所以政府税收乘数

$$K_T = \frac{\Delta Y_T}{\Delta T} = -\frac{b}{1-b} \qquad (11-27)$$

税收乘数是负值,表明收入随税收的增加而减少,随税收减少而增加。税收乘数等于边际消费倾向与边际储蓄倾向之比的负值。

4) 平衡预算乘数

平衡预算乘数(K_B) 是用来反映政府收支同时等额增减的情况下,政府收支变动对国民收入的综合效应。由式(11-25)和(11-27)可知,同时等额变动政府支出与税收所引起的国民收入综合效应为

$$\Delta Y = \Delta Y_G - \Delta Y_T$$
$$= \Delta G\left(\frac{1}{1-b}\right) - b\Delta T\left(\frac{1}{1-b}\right)$$
$$= \Delta G\left(\frac{1}{1-b} - \frac{b}{1-b}\right)$$
$$= \Delta G$$

于是,平衡预算乘数为

$$K_B = \frac{\Delta Y}{\Delta G} = \frac{\Delta Y}{\Delta T} = 1 \qquad (11-28)$$

由此可见,政府平衡预算仍具有扩张效应。当经济衰退时,扩大平衡预算规模有助于减少失业,提高国民收入;在充分就业或经济过热时,增加平衡预算会引起或加剧通货膨胀。税收乘数的绝对值小于政府支出乘数的绝对值,其差额刚好为 1。这是因为政府支出增加额直接被用于国民收入;而政府减少税收时,居民增加的个人可支配收入只有一部分用于消费,其余转为储蓄。税收与政府支出变动对国民收入影响的这种乘数效应差额是由政府购买形成的,故政府的转移支付和债务支付不具有平衡预算的乘数效应。

5) 转移支出乘数

以前讨论政府的经济活动时,将政府转移支出一并考虑在税收之中,将税收称为净税收,是税收减转移支出。在三部门经济中,如果将税收和转移支出分开,考虑比例税额

的情况,则消费函数就是 $C=a+b(Y-tY+TR)$,均衡国民收入为 $Y=C+I+G=a+b(Y-tY+TR)+I+G$,即

$$Y=\frac{a+I+G+bTR}{1-b(1-t)} \tag{11-29}$$

转移支出乘数(K_{TR})指增加单位政府转移支出带来国民收入增加量的倍数。在比例税的情况下,转移支出乘数为

$$K_{TR}=\frac{b}{1-b(1-t)} \tag{11-30}$$

二、四部门经济的国民收入决定

1.均衡国民收入的决定

随着经济全球化的不断进行,世界各国的经济都是不同程度的开放经济。在开放经济中,一国均衡的国民收入不仅取决于国内的消费、投资和政府支出,还取决于净出口,即国民收入

$$Y=C+I+G+(X-M)$$

在总需求中,引入进出口的概念,是因为家庭、企业、政府的全部支出不一定会全部用在购买本国商品上。家庭会购买国外的消费品,企业会购买国外的设备,政府会购买外国的武器。同样,生产出来的消费品也不可能全部用于国内的消费。所以 $C+I+G+(X-M)$ 才是对本国产品的真正需求。与其他变量一样,进出口的变动也会影响国民收入。

一般认为,当国民收入水平提高时,可以假定 $(X-M)$ 会减少;当国民收入水平减少时,$(X-M)$ 会增加。这是因为,出口 X 是由国外的购买力所决定的。本国无力决定,所以一般将其视为一个外生变量 $\overline{X}$。进口会随着本国收入的提高而增加,因为本国的收入提高以后,人们对进口消费品和投资品的需求就会增加。这样可以将进口写成收入的一个函数:

$$M=M_0+\gamma Y \tag{11-31}$$

式中的 M_0 为自发进口,是和收入没有关系或者说不取决于收入的进口部分,例如本国不能生产,但又是国计民生所必需的产品。γ 是边际进口倾向,即国民收入增加 1 单位时进口增加对国民收入的比例。这样净出口方程就写成:

$$NX=\overline{X}-M_0-\gamma Y=m-\gamma Y \tag{11-32}$$

其中 m 表示自主净出口(等于自主出口减自主进口)。

假定政府购买支出(G)、政府转移支出(TR)、投资支出(I)是外生变量,那么四部门国民收入决定模型可以表示如下:

$$Y=C+I+G+(X-M)$$

$$C=a+bY_{\mathrm{d}}$$

$$Y_{\mathrm{d}}=Y-T+TR$$

$$T=tY$$

$$NX=m-\gamma Y$$

通过以上模型,可以得到四部门均衡收入为:

$$Y = \frac{a + I + G + bTR + m}{1 - b(1 - t) + \gamma} \qquad (11-33)$$

2. 四部门经济的乘数

通过均衡收入的式(11-32)可以计算四部门经济的各种乘数。可以发现,与封闭经济相比,四部门经济的乘数的绝对值变小了。就是说,投资、政府购买支出、转移支出对国民收入的影响程度变弱了。例如政府购买支出乘数变成 $K_G = \frac{\partial Y}{\partial G} = \frac{1}{1 - b(1 - t) + \gamma}$,小于三部门经济的政府支出乘数 $K_G = \frac{\partial Y}{\partial G} = \frac{1}{1 - b(1 - t)}$。

另外,在四部门经济中出现了对外贸易,其中出口也具有乘数效应。定义对外贸易乘数($K_{\bar{X}}$)为增加一单位的出口引起国民收入变动的倍数,则

$$K_{\bar{X}} = \frac{\partial Y}{\partial \bar{X}} = \frac{1}{1 - b(1 - t) + \gamma} \qquad (11-34)$$

本章小结

本章介绍宏观经济的一般均衡条件,并在此基础上介绍简单国民收入决定理论。在二、三、四部门经济中,存在着储蓄-投资的恒等关系,这些恒等关系是市场运行的必然要求。仅仅基于产品市场考察生产和收入水平决定的理论被称为简单的国民收入决定理论。该理论注明,总需求是给定社会生产资源和技术条件下的国民收入的决定因素。在封闭经济中,经济系统的产出由消费、投资和政府购买所决定。投资乘数用来反映收入的变化与带来这种变化的投资支出的变化的比率。利用相应函数及其变量可以建立起计算均衡国民收入的简单模型。

复习思考题

1. 请解释以下概念:储蓄-投资恒等式,边际消费倾向,边际消费倾向递减规律,平均储蓄倾向,节俭悖论,投资乘数,政府支出乘数,税收乘数,平衡预算乘数,对外贸易乘数。

2. 边际消费倾向和平均消费倾向都是大于0小于1吗?

3. 试述投资乘数原理的基本内容。

4. 为什么一国储蓄增加会降低经济的产出水平?

5. 影响四部门均衡收入的重要因素有哪些?分别说出这些因素的变化对均衡国民收入是如何影响的。

6. 如果政府采取比例税制,那么税率 t 的变化如何影响国民收入?

7. 一个社会的投资来源于储蓄,这正如投资-储蓄恒等式所表达的,而投资对提高均衡国民收入具有重要作用。但是,简单国民收入决定理论又表明,储蓄率提高将导致

均衡国民收入降低。这两种说法是否矛盾,你如何解释?

8.假设一个经济社会的消费函数为 $C=1\,000+0.8Y$,投资是500,求:

1)均衡收入、消费和储蓄是多少?

2)投资增加到1 000,增加的均衡收入有多少?

3)若消费函数变为 $C=100+0.8Y_d$,投资乘数变化了多少?

9.假定某个经济社会的消费函数 $C=100+0.8Y_d$,投资为50,政府购买为200,转移支付为62.5,若采用固定税收 $T=250$。求:

1)均衡的国民收入是多少?

2)投资乘数、政府购买乘数、税收乘数、转移支付乘数各是多少?

3)如果为了达到充分就业需要使国民收入为1 200,那么分别采取改变政府购买、改变税收、政府购买和税收改变同一数额三种方法来达到目的,各需多少?

4)如果采用比例税制 $T=0.25Y$,那么投资乘数、政府购买乘数和政府转移支付乘数的数值分别变为多少?

10.假设某国经济处于萧条时期,消费函数 $C=15+0.7Y_d$,税收函数 $T=6+0.2Y$,政府转移支出 $TR=2$,投资 $I=20$,政府购买支出 $G=10$。计算:

1)均衡国民收入;

2)如果充分就业的国民收入为120,需要增加多少政府购买支出才能达到充分就业?此时对消费支出有何影响?

3)在平衡预算的情况下,需要增加多少政府购买支出以实现充分就业?

第十二章 国民收入决定模型的扩展

上一章介绍了在给定某些假定条件下产品市场均衡决定国民收入的简单国民收入决定模型。本章首先引入货币市场和利率的概念，探讨货币市场和利率对均衡国民收入决定的影响，并建立产品市场和货币市场同时均衡时国民收入决定的 *IS* - *LM* 模型。之后，再考虑存在国际贸易和资本流动的开放经济中，国际收支均衡的条件和调节机制以及在产品市场、货币市场和国际收支同时均衡时国民收入决定的 *IS* - *LM* - *BP* 模型。

第一节 货币市场与均衡利率

如果将宏观经济的视野从产品市场拓展开去，首先遇到的一个宏观经济变量是利率。按照古典经济学的解释，利率是由投资需求和储蓄供给的均衡决定的。利率是投资的成本，所以投资与利率呈反方向变化；同时，利率是储蓄的报酬，所以储蓄与利率呈同方向变化。在投资与储蓄相等时达到均衡，这时的利率就是均衡利率。从另一个角度说，古典经济学认为，货币本身不受供求规律的支配，一定数量的货币发行之后，人们就使用这个数量的货币。商品价格可以自动调整，保证所有的货币都得到利用。因此，货币仅是一种交易的媒介，对一国的国民收入和就业等问题没有影响。货币是一层面纱，它可以掩盖但是不能改变它背后实际的经济运行情况。凯恩斯则提出了货币需求理论，建立了利率由货币市场供求决定的学说，并将投资与货币市场联系起来，论证了货币市场对产品市场均衡国民收入决定的影响。

一、货币概念

1. 货币的定义

现代经济学中，货币是指用来交换的金融资产。人们拥有的资产可分为两大类：一是实际资产(real asset)或物质资产(physical asset)，包括房地产、机器设备、产品、半成品、原材料、生活用品等一切有直接使用价值的物品；二是金融资产(financial asset)，包括各种以价值形式存在的财产，如货币、银行存款、各种债券、股票和其他有价证券。

但金融资产却不都是货币，只有具备如下三个特征的金融资产才是货币：一是交换媒介；二是财富的储藏手段；三是计账单位(unit of account)。根据这三种特征，在实际生活中，货币是指各国政府发行的法定货币，如美元、日元、英镑等等。因为除去前两个职能以外，只有政府法定的货币才有“计账单位” 的职能。

2. 货币的职能

一般认为,货币具有以下四种职能。

(1) 交易媒介　货币是商品交易的媒介,是一般等价物。商品经济条件下,每个人都专门生产一种商品而又需要多种商品,于是交换成为必然。要使交换有效率,就需要在商品中独立出一种称为"货币"的特殊商品,作为商品交换媒介。也就是说,出卖商品的人先将自己的商品换成货币,然后再用货币购买自己所需要的商品。货币作为商品交换的一般媒介,大大了节约交易费用。

(2) 价值尺度　货币的第二个职能是价值尺度或计价单位,即货币是不同商品价值比较的工具。货币是普遍接受的媒介,商品用货币计价十分方便。如果一个市场有 10 种商品,实行以物易物交换,每一种商品的价格都要用其他 9 种商品来表示。在一个有 N 种商品的以物易物的经济中,商品交换所需要的相对价格的数目就等于把 N 个商品配对的数目,即从 N 个商品中选 2 个商品的组合数,其公式为 $N(N-1)/2$。一个有 100 种商品的以物易物的经济需要4 950种相对价格;1 000种商品需要499 500种价格。现代社会有几百万种商品,如果以物易物则需要的价格将是个天文数字。用货币表示所有商品的价格并作为唯一的价值尺度,N 种商品只需要 N 种价格,各种商品之间的价格比较一目了然,交易费用就会大大减少。

(3) 财富储藏手段　货币的第三种职能是充当财富储藏手段,或者说一种财富持有形式。货币代表着一定量的购买力,可以用来作为储藏财富的手段。与其他实物资产相比,用货币储藏财富的特点是最为方便。货币储藏也有不安全的地方,即在通货膨胀时将贬值。

(4) 延期支付标准　延期支付标准是指货币可以作为交换双方签订合同时一致同意的支付尺度。使用货币作为延期支付标准,可以就未来的交易签订合同,记下账目,在未来的某一时间给付。货币延期支付的职能拓展了经济活动的空间和自由度。

3. 货币的形态演变

从历史上看,货币由具体的特殊商品逐步演变为抽象的价格符号,有四种不同的形态。

(1) 商品货币　商品货币(commodity money)是本身具有价值,并能作为交换媒介的实物商品,是最早出现的货币。最适于作为货币的商品是金、银之类可用较小重量代表较高价值,且质量易于确定,还能适应交易需要和任意分割的贵重金属。商品货币因其本身具有价值,除了作为交换媒介外,还有其他用途,这就保证了币值的稳定。但使用商品货币始终存在着磨损与掺假等问题,从而导致劣币驱逐良币的现象。而且,使用商品货币存在机会成本。商品货币的这些不足激励人们寻找其他可以作为交换媒介的物品,这就出现了代用货币。

(2) 代用货币　代用货币(representative money)是货币面值与币材价值不等,但可以兑换的货币。由于金银货币不便携带,近代多用可兑换的纸币(convertible paper money)作为金银的代表物,本身价值虽小,但代表着足值的金银,可以随时兑换。使用代用货币需要储备足够的商品货币(金银)作为后盾,因此称为金本位。

(3) 信用货币　信用货币(credit money) 是货币面值高于其币材价值且不能兑换的货币。信用货币具有完全流动性,能直接作为支付手段,名义价值不变。信用货币一般可以分为铸币、纸币和支票存款。铸币是为了便利小额支付和找零而铸造的硬币(又称辅币),其面值一般大于币材,可与其他信用货币等价兑换。纸币是由国家中央银行(或国家批准的私营银行) 发行的不兑换货币。纸币具有法偿地位。支票存款是指使用支票周转的银行活期存款(checkable deposits),银行见票即付现金,又称存款货币(deposit money)。它不受数额限制,大大减少了银行间的现金需要,成为当代发达国家的主要支付手段。

铸币和纸币是源于国家权力的法定流通货币,称为通货(currency) 或现金(cash)。通货是法定的国家货币(state money),支票存款则是商业银行创造的银行货币(bank money)。

(4) 近似货币　近似货币(near or quasi - money) 是指本以储藏为主要目的,但较易货币化而转为支付手段,因而具有一定流动性的金融资产。例如,定期存款和储蓄存款虽有确定的提取日期,但可以提前支取,变为现金;各种有价证券也可随时在金融市场上脱手变现。

4. 金融创新与准货币

传统的宏观经济分析把资产分为两种:用作交换媒介和价值储藏的资产(现金、支票账户) 和只用于价值储藏的资产(股票、债券、储蓄账户)。前一种类型为货币资产,后一类是非货币资产。尽管区分货币与非货币资产是一种有用的理论工具,但实际上这种区分变得越来越困难。这是因为政府对银行和其他金融机构的放松管制,还有就是因为计算机技术的进步,产生了一系列的金融创新。像支票账户这样的货币资产过去不支付利息,现在有时也可以赚到市场利率,可以和非货币资产同样适于价值储藏。像股票和债券这类非货币资产过去是不便于转卖的,现在共同基金允许存款人持有股票和债券,并能从自己账户上开支和简单地进行提款。这些获得了某种货币流动性的非货币资产称为准货币。

准货币的存在使货币需求变得不稳定。由于货币与准货币是接近于互相替代的,家庭可以轻而易举地变换自己资产的形式,所以可能会由于一些微不足道的原因而发生这种变动。而且这种变动不一定反映支出的变动。因此货币量可能给出有关总需求的虚假信号,这使货币政策的运用增加了难度。

为了解决这个问题,人们尝试使用包括准货币在内的广义货币定义。但是由于存在具有各种特征的一系列非货币资产,究竟应该把哪些次一级项目确定为"货币" 并不清楚。而且如果采用广义货币定义,中央银行控制这种货币量的能力就是有限的,因为许多形式的准货币并没有法定准备率。对中央银行来说,准货币引起的货币需求的不稳定是一个重要的实际问题。

二、货币需求

1.货币需求概念

货币具有多种不同分类和范围，本章所谈的货币定义为用来交易的媒介，等于流通中的现金和支票存款之和。所谓货币需求(money demand)，也与一般的需求一样，是指在收入水平一定的条件下愿意持有货币的数量，是有效需求，而不是指人们无条件地对货币的需求。

货币需求理论是凯恩斯建立起来的。首先，凯恩斯注意到，在价格水平不变的情况下，商品流通中用于交易的货币数量将随交易量的提高而上升。因此，如果价格不是灵活地调整，国民收入的变化(带动交易量的变化)将是决定货币需求的一个因素。

其次，凯恩斯从资产选择的角度来考察货币需求，对人们持有货币的各种动机进行了详尽的分析，进而得出了货币需求不仅受收入的影响，而且也受利率影响的结论。

凯恩斯将人们持有货币的动机，称为流动性偏好(liquidity preference)，因为货币作为一种金融资产，与其他资产相比的优点就是具有最高的流动性。所以，凯恩斯的货币需求理论也被称为流动性偏好论。他认为，人们持有货币的动机分为三类：① 交易动机(transitional motive)；② 预防动机(precautionary motive)；③ 投机动机(speculative motive)。相应地，货币需求也被分为交易性需求(transitional demand)和投机性需求(speculative demand)两部分，并构成货币需求函数。

2. 货币的交易性需求及其动机

货币的交易性需求是指企业或个人为了满足交易的需要而持有货币。从具体动机上看，可以区分为一般的交易动机和预防动机(谨慎动机)。一般的交易动机是指企业或者个人为了应付日常的交易而愿意持有一部分货币。这是由于货币的交易媒介职能导致的一种需求。例如，当工人每月领到工资后，不会把它都变成储蓄或定期存款，而总会留出一部分工资以货币(现金或支票存款)的形式持有，以备日常的开销。预防动机是指企业或个人为了应付突然发生的意外而持有货币。凯恩斯认为，未来是充满不确定性的，人们不可能把一切支出都计算好，并据此决定持有多少货币，而总要在日常支出计划之外，留出一部分机动的货币，来应付诸如生病、原材料涨价之类的突发事件，或者捕捉一些意料之外的购买机会(如商品降价等)。

无论出于一般的交易动机还是出于预防动机，单个经济主体的交易性货币需求都是同收入成正比的，而从整个宏观经济看，交易性货币需求同国民收入也是成正比的。当然，影响人们交易性货币需求的因素可能很多，但主要还是取决于收入的多少。

3. 投机性货币需求

所谓投机性货币需求是指人们为了在某一适当的时机进行投机活动而愿意持有一部分货币。定义中已经包含了这种需求产生的动机。提出投机性货币需求的概念是凯恩斯的贡献。认识投机性货币需求的概念，需要了解资产选择理论。假定人们能够以货币和生息资产这两种形式来持有财富，后者可以用政府债券作代表。因此，影响财富在这二者之间进行分配的因素也就是影响货币投机性需求的因素。

影响人们在货币和生息资产之间选择的因素，主要取决于这两种资产能给人们带来多少预期报酬。持有货币的预期报酬率为0(在凯恩斯生活的时代，支票存款是不付利息的，所以他做出这个假定是很自然的。这里仅仅比较两种资产的相对报酬率，货币的预期报酬率是否为0并不重要)。与货币不同的是，债券等生息资产却可能有两种报酬：利息和资本利得。利息收入取决于利率的高低；资本利得则是指债券的卖出价和买入价之间的差额，也与利率相关。

首先，债券的价格与利率成反向变化。利率越高，债券的价格就越低，反之亦然。假定一种债券的利息率是5%，票面价值100元，那么在市场利率(存款利率)为5%时，100元债券的价格就是100元。假定市场利率上升到6%，也就是说如果有100元的存款可以获得6元的收益，但是债券的收益是固定的5元，因此债券的价格必然下降，使其利息率达到6%才有人买，这时100元债券的价格应该是满足 $P \cdot 0.06 = 5$，故 $P = 5/0.06 = 83.3$ 元。一般地，债券价格(P_B)与市场利率(r)之间的关系是：$P_B = D/r$，其中 D 是债券利息，r 表示市场利率。

其次，由于资本利得取决于债券的价格变化，而债券价格变化又取决于利率，因此是购买债券还是持有货币将与利率有关。例如，甲现在买入一张债券，三个月后利率下降了，债券就能升值，甲就可以获得一笔资本利得；反之，如果三个月后利率上升，就将蒙受损失。预期资本利得的大小取决于预期的利率波动。那么，人们又是如何预测未来利率波动的呢?凯恩斯假定，每个人头脑中都会有一个利率的“安全水准”。当利率高于这个安全水准时，人们就预期它将下降，也就是预期债券价格将上升，因此当前应该购买债券，以期将来卖出取得收益，这时就减少了货币需求。当利率低于安全水准时，人们预期利率将上升，债券价格降下降，这时出于利益的打算，人们将减少债券的持有以避免损失，而更多地持有货币，增加了货币需求。

因此，至少有两个理由表明投机性货币需求与利率成反向变化。首先，当利率较高时，持有生息资产的利息收入较大，持有货币的机会成本太高；其次，当利率较高时，从而在未来时期内下降的可能性也越大，所以持有生息资产获得资本利得的可能性也较大。综合上述两方面看，利率越高，持有生息资产越有吸引力，货币的投机性需求越小。反之，当利率水平很低时，从生息资产上获得的利息收入还不足以补偿可能的资本损失，所以人们就宁愿持有货币。在极端情况下，当利率水平低到所有人都认为它肯定将上升时，货币的投机性需求就可能变得无限大，任何新增的货币供给都会被人们所持有，而不会增加对债券的需求，甚至导致利率进一步下降。这就是所谓的“流动性陷阱”(liquidity trap)。

4.货币需求函数

将上面的讨论归纳起来，就可以得到货币需求函数。应该注意的是，这里讨论的货币需求是实际的货币需求，而不是名义的货币需求。人们在决定持有多少货币时，是根据这些货币能够购买到多少商品来决定的，而不是仅仅看货币的面值是多少。实际货币需求(记为 L)可以用名义货币需求除以价格水平，即 M^d/P 表示，其中 P 表示一般价格水平。

其中,交易性货币需求(记为 L_1) 随实际收入(记为 Y) 的增加而增加,即

$$L_1 = L_1(Y), \frac{dL_1}{dY} > 0 \tag{12-1}$$

投机性货币需求(记作 L_2) 随利率的上升而减少,即

$$L_2 = L_2(r), \frac{dL_2}{dr} < 0 \tag{12-2}$$

把这两项合起来,就得到以下的货币需求函数:

$$\frac{M^d}{P} = L = L_1(Y) + L_2(r) \tag{12-3}$$

在由货币量和利率构成的坐标图中,可以通过将交易性货币需求与投机性货币需求横向相加,得到货币需求曲线,如图 12 - 1 所示。

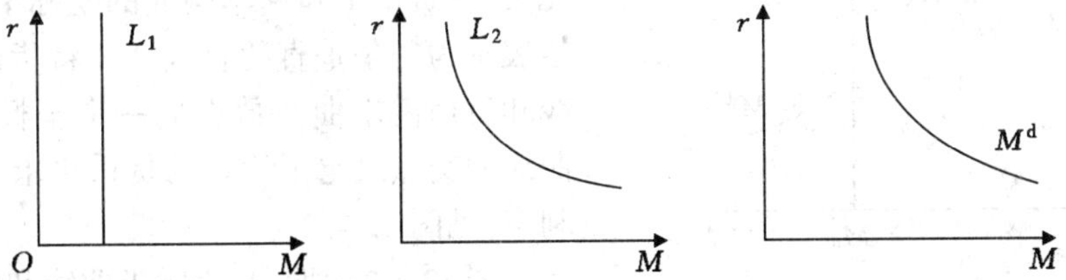

图 12 - 1　货币需求曲线

显然,由式(12 - 3) 描述的货币需求同实际收入成正向关系,与利率成反向关系。其中,货币需求对利率是否敏感是一个重大的理论问题。很多经济学家(例如凯恩斯主义者和货币主义者) 围绕这一问题展开了长期的争论。如果货币需求对利率变化没有任何敏感性,则投机性货币需求曲线与交易性货币需求曲线一样也是垂直的,最后导致整个货币需求曲线是垂直的,货币需求与利率无关,而只与国民收入有关,这是古典经济学的看法。凯恩斯认为投机性货币需求对利率是敏感的,尤其是在经济萧条时期,市场利率下降到很低的水平,人们预期利率将上升,因此减少对债券的持有,而持有货币,使货币需求增加,甚至这种需求是无穷的,导致投机性货币需求曲线是平行的,而整个货币需求曲线也极度平缓。

4. 线性货币需求函数

为了研究方便,假定交易性货币需求与国民收入成线性关系,投机性货币需求与利率也成线性关系,则线性货币需求函数

$$L = kY - hr \tag{12-4}$$

其中 k、h 都是正数,分别表示货币需求对国民收入和利率变化的敏感程度。应该强调的是,在货币需求函数中,货币需求和利率是货币市场的内生变量,而国民收入是外生变量,国民收入不是由货币市场决定的。因此,货币需求函数表示在给定均衡国民收入的条件下,货币需求与利率之间的关系。

三、货币市场均衡和利率的决定

货币供给取决于中央银行的货币政策,中央银行通过银行系统控制市场上的货币

供给数量。关于中央银行如何控制货币供给,将在第十三章介绍。在这里,假定货币供给是外生变量,在货币市场上是一个不变量。

货币市场均衡的条件是($M^d = M^s$),用 M 表示货币供应量,进一步可以写为

$$M/P = L_1(Y) - L_2(r) \tag{12-5}$$

注意,该式是用名义量表示的。如果货币供给给出的是实际量,货币市场均衡就可以写为:$L = M$。对于线性货币需求函数,如果给定货币供给量,则在货币市场均衡时就有一个均衡利率

$$r = \frac{kY}{h} - \frac{M}{hP} \tag{12-6}$$

这里的 M 表示的是名义货币量。

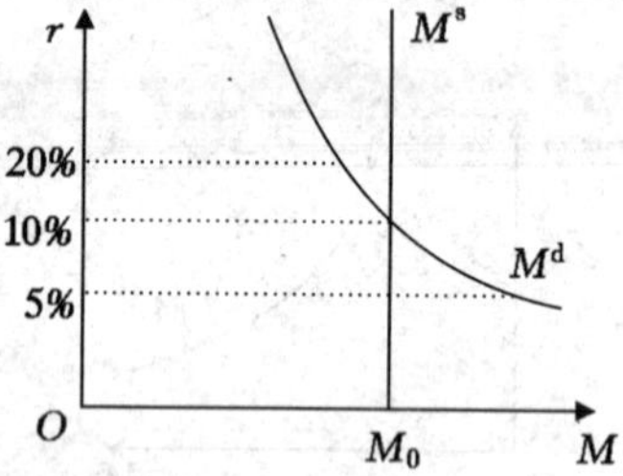

图 12－2　货币市场均衡和利率的决定

因此,在货币市场上,货币供给与利息率无关,在货币量和利率构成的坐标中,货币供给表示为一条垂直的直线 M^s。将货币供给曲线和货币需求曲线放在同一个坐标中,两条曲线的交点决定了均衡的货币供求量和均衡利率,见图 12－2。

图 12－2 表明,货币需求曲线和货币供给曲线决定了货币市场均衡利率为 10% 。如果利率水平不在均衡位置,货币市场将自动调整货币需求,使之达到均衡位置。例如,在 $r = 20\%$ 时,$M^s > M^d$,公众将增加购买债券,债券价格上升,利率下降,投机性货币需求增加,导致整个货币需求增加。这样,利率的调整使货币需求与货币供给均衡;在 $r = 5\%$ 时,$M^s < M^d$,公众将卖出债券,债券价格下降,利率上升,投机性货币需求降低,从而总的货币需求也降低,利率的调整最后使供给与需求相等。

中央银行控制的货币供给对均衡利率具有决定性的影响。如图 12－3 所示,如果中央银行增加货币供给,例如 M_0^s 增加到 M_1^s,则在原来的利率水平上货币供给大于货币需求,利率从 r_0 下降到 r_1,货币市场在较低的利率水平上达到新的均衡,$M_1^s = M_1^d = M_1$。

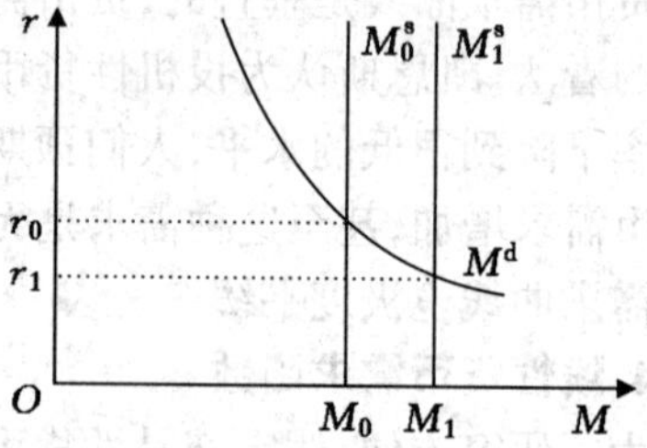

图 12－3　货币供给增加对利率的影响

第二节　投资的决定和 IS 曲线

一、投资的决定与投资方程

1. 投资的影响因素

经济学中的投资包含多种含义,既包括个人谋取未来收益的活动(如购买证券、房

地产出租)，也包括企业形成固定资产以提高生产能力和增强盈利能力的活动。在宏观经济学中，投资的定义限于企业形成固定资产的活动。因为诸如个人的证券投资等活动，最终也需要以企业形成固定资产的活动表现出来。

影响投资的因素也有很多，例如国民收入水平、预期收益率、利率、产业政策、税收制度、技术进步等，其中国民收入水平、预期收益率和利率是影响投资的重要因素。如果仅考虑这三个因素的话，投资函数可表示为：

$$I = I(Y, r, i) \tag{12-7}$$

其中，I 表示投资；Y 为国民收入；r 为利率；i 为资本的预期收益率。

现代经济是信用经济和共享经济，是发达的资本市场和信用体系下的经济。企业投资的资金来源只有很少一部分是自有资金，而相当大比例的投资支出是依靠借贷支付的，这就是间接融资。当投资人向银行借贷筹资时，必须向债权人支付利息。利息是投资的成本。因此，利率高，投资的成本就会增加，投资的数量就应随之减少；利率低，投资的成本就会减少，投资的数量就应随之增加。所以，投资和利率之间存在一种反向变化的关系。

投资的需求与资本预期收益率呈正比，即投资的预期收益率越高，投资的数量就越大，反之，则越低。在经济萧条时期，社会购买力下降，总需求不足，因此投资的预期收益率也明显下降，导致企业减缓和减少投资，使萧条进一步加剧。

国民收入与投资之间存在互为前提、互为因果的关系。因为国民收入既是以往投资活动所形成的生产能力的成果，是投资的产出物，又是新的投资得以进行的社会物质基础，投资是国民收入的转化形式。具体来说，一方面国民收入对投资产生推动作用。一国的国民收入通常分为两个部分，即消费和储蓄。储蓄是投资的来源。在储蓄倾向不变的条件下，国民收入水平越高，国民收入中用于储蓄的数额就越大，进而能用于形成投资的资金数额就越大，推动了投资的增加。同时，随着人们收入的增加，边际消费倾向递减，即边际储蓄倾向递增。这意味着储蓄的增长速度要快于国民收入的增长速度，国民收入的增长对投资产生强有力的推动作用。另一方面，国民收入对投资产生拉动作用。伴随一国国民收入的增加，消费总水平也必然相应提高，社会需求的提高对投资无论在规模上，还是在水平上(要求更多地采用新技术)都提出了新的需求，刺激投资的预期收益率上升，从而对投资产生巨大的拉动作用。

2. 投资方程

对于以上影响投资的不同因素，在分析不同问题时应各有所侧重。投资需求是国民收入形成的推动因素，这是国民收入决定要考虑的问题，而国民收入对投资的影响是经济体系自身运行的一部分，体现了国民收入变动的动态过程，因此在经济动态考察(如经济波动问题)中具有重要价值。因此，在研究国民收入决定问题时，一般不考虑国民收入对投资的影响。另外，宏观经济中的总体投资收益率与宏观经济环境有关，而且其中不确定因素很多，难于简单地在一个均衡国民收入决定的模型中予以考虑。所以，在研究均衡国民收入决定的经济模型中，一般只考虑市场利率的因素。所以有以下表示投资和市场利率之间关系的投资方程

$$I = I(r), \frac{\mathrm{d}I}{\mathrm{d}r} < 0 \tag{12-8}$$

特别地,假定投资与利率之间具有线性关系,则线性投资方程表示为

$$I = e - dr \tag{12-9}$$

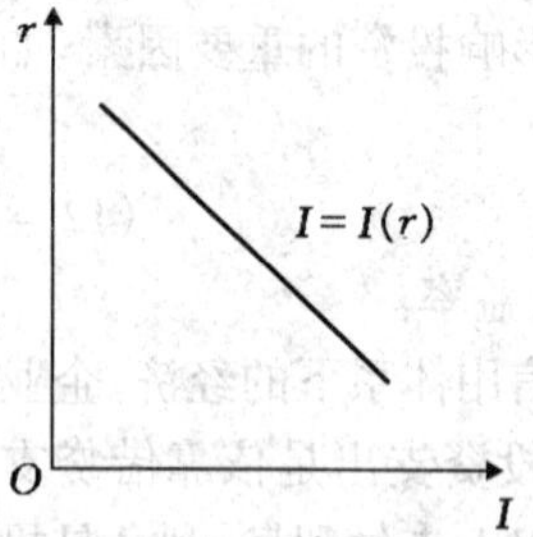

图 12－4　线性投资曲线

其中 e 为自主投资,即投资中不受利率影响的部分;d 为一个正数,反映投资对利率变动的敏感程度。d 越大,则表明投资对利率越敏感;d 越小,则表明投资对利率越不敏感。线性投资曲线的一般形状如图 12－4 所示。

二、IS 曲线

1. IS 曲线的含义

在简单凯恩斯国民收入决定模型中分析产品市场均衡时,假定投资是一个常量,实际上是假定已存在货币市场的均衡利率对应一个投资,在此基础上研究国民收入水平如何决定。根据投资方程,如果考虑货币市场的变化,那么对应一个货币市场均衡利率就应该有一个相应的投资水平,从而在产品市场上就有一个均衡国民收入。这种对应关系是用 IS 曲线表示的。

IS 曲线中的 I 和 S 分别是投资和储蓄的简称。产品市场的均衡条件用 $I = S$ 表示。IS 曲线又称为投资储蓄曲线,是表示在产品市场均衡的条件下,均衡国民收入(Y)与货币市场均衡利率(r)之间的函数关系。

2. IS 曲线的推导

在简单国民收入决定模型中,产品市场的均衡条件为 $I = S$,即投资等于储蓄,且储蓄是收入的函数,投资为一外生常量。引入投资函数后,产品市场上的均衡收入水平就不再是唯一的。因为利率水平是由货币市场决定的,而不同的利率水平都有相应的投资水平,从而有相应的均衡收入水平。与利率相联系的产品市场均衡需要满足:

$$S(Y) = I(r) \tag{12-10}$$

1) IS 曲线的几何推导

下面首先使用四象限图(图 12－5)推导 IS 曲线。图中第 Ⅱ 象限表示 $I = I(r)$,投资是利率的减函数,投资与利率成反方向变化;第 Ⅳ 象限表示 $S = S(Y)$,储蓄是收入的增函数,储蓄与收入成同方向变化;第 Ⅲ 象限表示 $S = I$,即产品市场的均衡条件;第 Ⅰ 象限表示推导出来的国民收入与利率之间的关系。

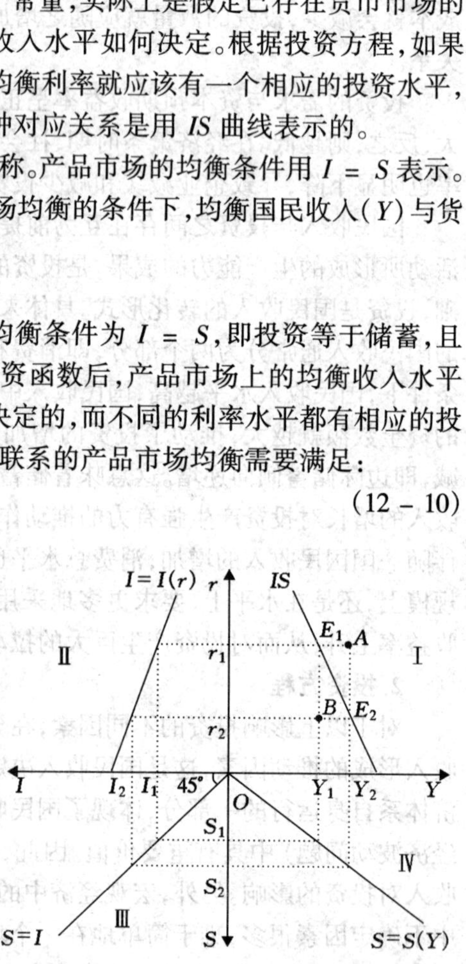

图 12－5　产品市场均衡的 IS 曲线

当货币市场的均衡利率体现为第 Ⅱ 象限中的利率为 r_1 时,根据投资方程得到相应的投资为 I_1;在第 Ⅲ 象限中的储蓄为 S_1 时,相应的收入为 Y_1;最后,在第 Ⅳ 象限中得到在 S

$= I$条件下,形成在第 Ⅰ 象限 r_1 与 Y_1 的一个组合点 E_1,表示货币市场和产品市场同时均衡的一个均衡国民收入与均衡利率组合。同理,当利率为 r_2,可以确定投资 I_2,最后得到在 $S = I$ 条件下,r_2 与 Y_2 的另一组合点 E_2,是另外一种货币均衡情况导致的结果。

连接货币市场不同均衡利率水平导致的各种均衡利率与均衡国民收入形成的不同均衡点 E_1、E_2……,就得到满足 $S = I$ 的国民收入与利率组合的轨迹即 IS 曲线。

由于产品市场并不总是处于均衡状态,因此收入与利率的组合点并不都在 IS 曲线上。例如,在图 12 – 5 中,利率 r_1 与收入 Y_2 的组合点 A 就落在 IS 曲线的右边,这表明利率高而投资过小,是投资小于储蓄的非均衡组合点;利率 r_2 与收入 Y_1 的组合点 B 又落在 IS 曲线的左边,这表示利率低而投资多,是投资大于储蓄的非均衡组合点。一般说来,凡是 IS 位于曲线右边的收入与利率的组合,都是投资小于储蓄的非均衡组合;凡是 IS 位于曲线左边的收入与利率的组合,都是投资大于储蓄的非均衡组合;只有在 IS 曲线上的收入与利率的组合,才是投资等于储蓄的均衡组合。

2) IS 曲线的公式推导

在两部门模型中,IS 曲线方程可以通过简单国民收入决定模型中加入投资函数而推导出来。根据式(12 – 9) 表示的投资方程和两部门的储蓄函数 $S(Y) = -a + (1-b)Y$,在满足 $I(r) = S(Y)$ 的条件下,可以推出

$$Y = \frac{a+e}{1-b} - \frac{d}{1-b}r \tag{12 – 11}$$

或者

$$r = \frac{a+e}{d} - \frac{1-b}{d}Y \tag{12 – 12}$$

于是,可以得到 IS 曲线的一种线性形式。

3. IS 曲线的斜率

IS 曲线向右下倾斜,表示利率与国民收入成反方向变化,即:在产品市场上,高利率对应低收入,低利率对应高收入。因为根据投资函数,利率降低,投资将增加,并通过乘数效应使国民收入成倍增加。

在两部门模型中,IS 曲线的斜率可由式 (12 – 12) 对 Y 求导得到

$$\frac{dr}{dY} = -\frac{1-b}{d} = -\frac{s}{d} \tag{12 – 13}$$

由式(12 – 13) 可见,IS 曲线的斜率取决于边际消费倾向(或说边际储蓄倾向) 和投资对利率的敏感性。因为投资是利率的减函数,所以斜率为负值,曲线向右下方倾斜。边际储蓄倾向 s 越大,由投资 I 引起的国民收入 Y 的变动就越小,即 IS 曲线斜率(指绝对值,下同) 就越大。这是乘数效应所致,s 越大,乘数就越小。反之,IS 曲线的斜率就越小,乘数越大。若边际储蓄倾向 s 既定,则 IS 曲线的斜率取决于投资对利率的敏感性。d 越大表示投资对利率越敏感,IS 曲线的斜率就越小,利率变动对国民收入的影响越大;反之,IS 曲线的斜率就越大,利率变动对国民收入的影响越小。因此,利率对国民收入的影响程度取决于投资对利率的敏感程度。

4. IS 曲线的移动

IS 曲线的移动源于总支出的变动。在两部门模型中,根据式(12 – 11),自发投资、自

发消费和投资的利率弹性、储蓄倾向的变动，都会影响 *IS* 曲线在坐标轴上的截距，从而使 *IS* 曲线发生移动。凡是使总支出增加的变动都使 *IS* 曲线右移，使总支出减少的变动都使 *IS* 曲线左移。其中，投资被认为是最重要的因素。由于技术进步，资本的边际产量将提高，意愿的资本存量增加，自主投资将增加，*IS* 曲线由 IS_1 移到 IS_2，如图 12－6 所示。这样，在任何一个利率水平上，国民收入将必然增加。

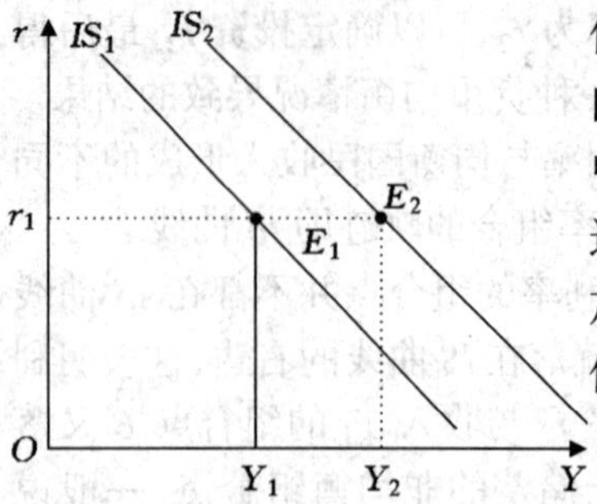

图 12－6　*IS* 曲线的移动

5. 三部门和四部门的 *IS* 曲线

将投资方程代入到三部门和四部门的国民收入均衡方程中去，就可以分别得到相应的 *IS* 曲线方程如下：

$$Y = \frac{a + G + e}{1 - b(1 - t)} - \frac{d}{1 - b(1 - t)}r \tag{12－14}$$

$$Y = \frac{a + bTR + G + e + m}{1 - b(1 - t) + \gamma} - \frac{d}{1 - b(1 - t) + \gamma}r \tag{12－15}$$

可以发现，在三部门和四部门中的政府支出乘数和投资乘数变小，表现为曲线斜率变大，曲线变陡。同时，政府购买支出、转移支出都成为 *IS* 曲线移动的因素。

第三节　*LM* 曲线和 *IS*－*LM* 模型

一、*LM* 曲线

1. *LM* 曲线的含义

货币市场均衡利率表示的是在给定均衡国民收入的条件下，货币需求等于货币供给时的利率水平。可以看出，货币市场的均衡受产品市场均衡国民收入变动的影响。给定一个均衡国民收入，在货币市场上就将有一个均衡的利率水平。*LM* 曲线就是表示货币市场均衡利率与产品市场均衡国民收入关系的。

LM 曲线中的 *L* 和 *M* 分别是货币需求和货币供给的简称，货币市场均衡的条件记为 $L = M$。*LM* 曲线，即货币供求曲线，是指在货币市场均衡的条件下，表示均衡利率（r）与产品市场均衡国民收入（Y）之间关系的函数。

2. *LM* 曲线的推导

根据第一节货币市场均衡条件的研究，将均衡国民收入作为一个变量来考虑时就得到 *LM* 曲线的表达式

$$\frac{M}{P} = L = L_1(Y) + L_2(r) \tag{12－16}$$

其中 M 是用名义值表示的货币供给量，P 表示一般价格水平。该式与式（12－5）不同的是，这里的 Y 是一个变量，而在式（12－5）中是常量。*LM* 曲线可以用几何方法和公式方法推导出来。

1) *LM* 曲线的几何推导

根据式(12 - 16)表示的均衡条件，可以在坐标图中推导出 *LM* 曲线，如图 12 - 7 所示。

在图 12 - 7 中，第 Ⅱ 象限表示货币的投机需求是利率的减函数；第 Ⅳ 象限表示货币的交易需求是收入的增函数；第 Ⅲ 象限表示货币供求均衡，由中央银行决定的货币供给用于交易性需求 L_1 和投机性需求 L_2 的各种可能的组合（L_1 与 L_2 互为余数）；第 Ⅰ 象限表示货币市场均衡时，均衡利率 r 与均衡国民收入 Y 之间的对应关系，即 *LM* 曲线。当收入为 Y_1 时，可以决定货币的交易需求 L_{11}，随之确定货币的投机需求 L_{21}，从而确定均衡利率 r_1，最后得到在货币市场均衡条件下 Y 与 r 的一个组合 E_1，表示给定一个产品市场均衡国民收入，货币市场相应存在一个均衡利率。同理，当收入为 Y_2 时，可以得到在货币市场均衡条件下 Y 与 r 的一个组合 E_2。连接各种收入水平下 Y 与 r 不同的均衡点 E_1、E_2…… 就形成货币市场均衡条件下收入与利率不同组合的 *LM* 曲线。

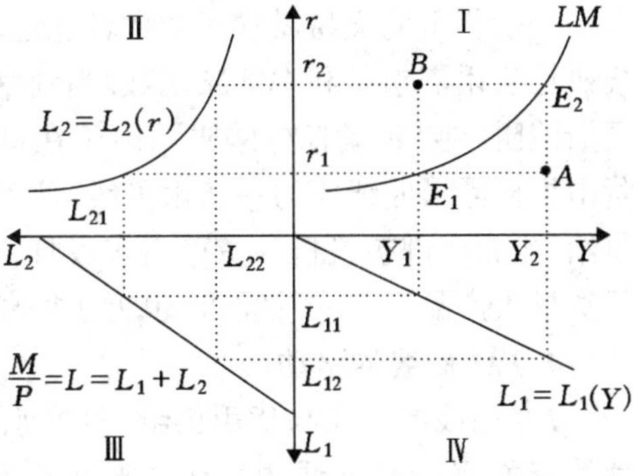

图 12 - 7　*LM* 曲线的推导

所有位于 *LM* 曲线上的点，都表明货币供求相等条件下的国民收入与利率的组合为均衡点；所有不在 *LM* 曲线上的点，均为非均衡点；凡在 *LM* 曲线右边的点都是货币需求大于供给时收入与利率的非均衡组合，如图 12 - 7 中的点 A；凡在 *LM* 曲线左边的点都是货币需求小于供给时收入与利率的非均衡组合，如 B 点。

2) *LM* 曲线的公式推导

在线性货币需求函数的条件下，*LM* 曲线方程是

$$r = -\frac{M}{hP} + \frac{kY}{h} \qquad (12-17)$$

这是 *LM* 曲线的一种线性形式。该式与式(12 - 6)形式是相同的，区别在于这里的 Y 是一个变量，而在式(12 - 6)中 Y 是一个常量。当然，式(12 - 17)也可以写为

$$Y = \frac{M}{kP} + \frac{h}{k}r \qquad (12-18)$$

3. *LM* 曲线的斜率

LM 曲线向右上方倾斜，斜率为正，表明国民收入与利率同向变化。根据式(12 - 17)对 Y 求导，得

$$\frac{\mathrm{d}r}{\mathrm{d}Y} = \frac{k}{h} \qquad (12-19)$$

式(12 - 19)表示 *LM* 曲线的斜率恒为正值。其原理是：若国民收入增加，必然引起交易性货币需求增加。由于货币供给既定，投机性货币需求必然相应减少，为此利率必然提高，促使人们自愿减少货币的投机需求，从而使收入增加和利率提高后货币的需求恰好等于货币供给。

该式还表明，货币需求对收入越敏感，斜率越大，曲线越陡峭，利率变动对国民收入的影响就越小，反之则反是；货币需求对利率越敏感，斜率越小，曲线越平缓，利率变动对国民收入的影响就越大。

一般货币的交易需求函数比较稳定，*LM* 曲线的斜率主要取决于货币的投机函数。投机性货币需求是利率的减函数。当利率很低时，货币的投机需求将无限大，这就是"凯恩斯陷阱"或"流动偏好陷阱"。由于在这个很低的利率水平上，货币投机需求无限大，货币投机需求曲线成为一条水平线，从而 *LM* 曲线也成为水平的。这时，即使增加货币供给，也将全部被投机性货币需求吸收，不能增加交易性货币需求，利率保持不变，从而无法扩大产品市场的总需求，也无法提高均衡国民收入。

4. *LM* 曲线的移动

LM 曲线的位置与货币供给、价格水平、货币需求的利率弹性、货币需求的收入弹性等有关，而 *LM* 曲线的移动主要由于货币供给而引起。如果增加货币供给，在货币市场上，利率将降低，而低利率对应更高的国民收入。这样，在任何的利率水平上，将有更高的国民收入。所以，增加货币供给将使 *LM* 曲线向右移动。在图 12－8 中，假定货币供给增加，利率下降，在原来的利率水平上，国民收入将由 Y_1 增加到 Y_2。当然，考虑到如果利率下降，投机货币需求（L_2）将增加。由于 $M/P = L_1 + L_2$，必然会降低货币交易需求增加的幅度，进而降低收入增加的幅度。因此，当货币市场的供给增加时，会使 *LM* 曲线右移，使收入增加，进而使货币的交易需求增加。但是，货币投机需求增加将限制货币交易需求的增加，使收入的增幅减小。同理，货币市场的供给减少，会使 *LM* 曲线左移，均衡利率上升，均衡收入减少，但收入减少的幅度也将受到货币投机需求的限制而减小。

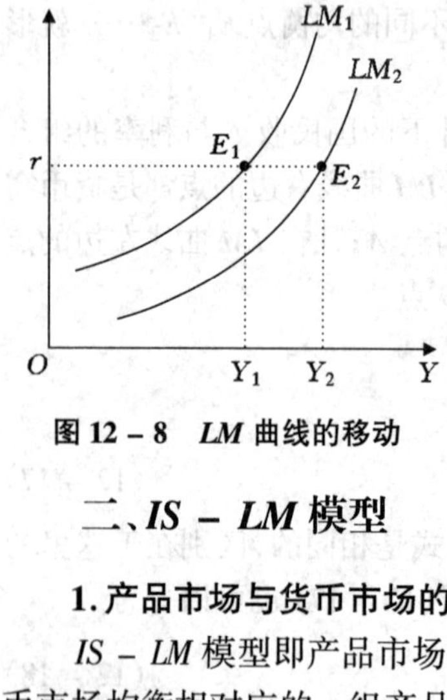

图 12－8　*LM* 曲线的移动

二、*IS*－*LM* 模型

1. 产品市场与货币市场的共同均衡

IS－*LM* 模型即产品市场和货币市场共同均衡的模型。如前所述，*IS* 曲线表示与货币市场均衡相对应的一组产品市场均衡，即产品市场均衡的一系列国民收入与利率的组合。*LM* 曲线表示与产品市场均衡相对应的一组货币市场均衡，即货币市场均衡的一系列利率与国民收入的组合。将图 12－5 中的 *IS* 曲线与图 12－7 中的 *LM* 曲线叠加起来，便得到图 12－9。*IS* 曲线与 *LM* 曲线交点 *E* 表示的收入与利率的组合是产品市场与货币市场同时均衡的均衡利率 r_e 和均衡国民收入为 Y_e，即在产品市场上满足 $I = S$，在货币市场上满足 $L = M$。

由式（12－10）和式（12－17）给出的 *IS* 曲线和 *LM* 曲线，可以解出均衡的国民收入和利率：

$$Y_e = \frac{hP(a+e)+\mathrm{d}M}{hP(1-b)+\mathrm{d}kP} \quad (12-20)$$

$$r_e = \frac{hk(a+e)-M(1-b)}{h(1-b)+\mathrm{d}kP} + \frac{\mathrm{d}kM(h-P)}{hP(1-b)+h\mathrm{d}kP} \quad (12-21)$$

2. 均衡的调整过程

由于产品市场与货币市场都难以处于均衡状态，两个市场就更难同时实现均衡。但是，在没有达到两个市场同时均衡的状态下，通过市场机制的调整，将从不均衡逐步趋向均衡。

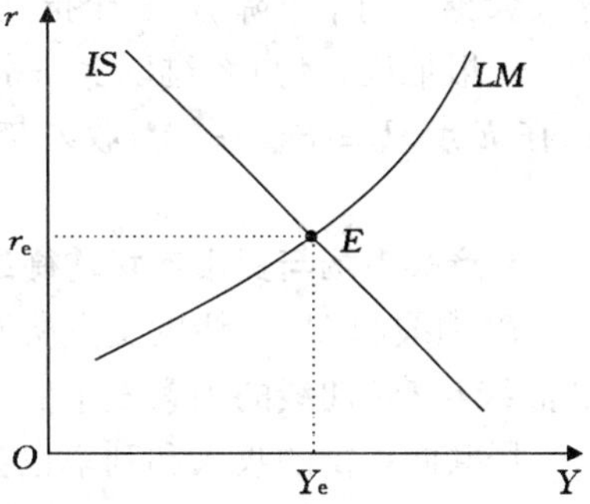

图 12－9　产品市场与货币市场同时均衡的 IS－LM 模型

由不均衡到均衡的调节过程，就是利率与国民收入的变动过程。这一调整过程的假设前提是：第一，产品市场不均衡会导致收入变动，若投资大于储蓄会导致收入上升，若投资小于储蓄会导致收入下降；第二，货币市场的不均衡将导致利率变动，若货币需求大于货币供给会导致利率上升，若货币需求小于货币供给会导致利率下降。

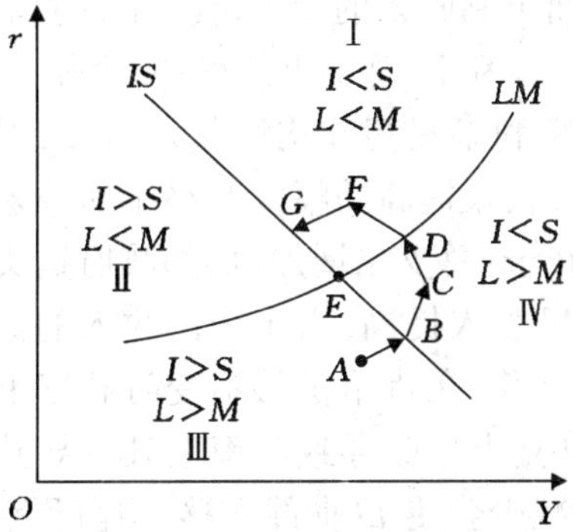

图 12－10　从不均衡到均衡的调整过程

在图 12－10 中，*IS* 曲线和 *LM* 曲线把坐标平面分成了 Ⅰ、Ⅱ、Ⅲ、Ⅳ 四个区域。区域 Ⅰ、Ⅳ 位于 *IS* 的右方，表示投资小于储蓄；区域 Ⅱ、Ⅲ 位于 *IS* 的左方，表示投资大于储蓄；区域 Ⅲ、Ⅳ 位于 *LM* 曲线的右方，表示货币需求大于货币供给；区域 Ⅰ、Ⅱ 位于 *LM* 曲线的左方，表示货币需求小于货币供给。所有这些区域上的利率与收入的组合都是不均衡的。

在图 12－10 中，*A* 点既不在 *IS* 曲线上，又不在 *LM* 曲线上，表明此时产品市场不均衡，货币市场也不均衡，收入与利率的组合处于两个市场都不均衡的状态。怎样才能由不均衡到均衡呢？根据市场机制调整的假设前提可以看出，*A* 点位于区域 Ⅲ，该区域在 *IS* 曲线的左边，意味着 $I > S$，存在着产品的过度需求，这会推动收入增加；同时，该区域又在 *LM* 曲线的右边，意味着 $L > M$，存在货币的过度需求，这会推动利率上升。这两个推动的合力，就会推动 *A* 点向右上方移动，直至 *B* 点。

B 点位于 *IS* 曲线上，$I = S$，表明符合产品市场的均衡条件，收入不会发生变化。但 *B* 点处于 *LM* 曲线的右边，意味着 $L > M$，货币需求大于供给，利率将进一步上升，直至区域 Ⅳ 里的 *C* 点。

但是 *C* 点位于 *IS* 曲线的右方，意味着 $I < S$，存在过度生产，收入将下降。同时，*C* 点还处于 *LM* 的右方，意味着 $L > M$，存在货币的过度需求，这会继续推动利率上升。两个推力的合力，就会推动点 *C* 向左上方移动，直至 *D* 点。

D 点位于 *LM* 曲线上，$L = M$，表明货币市场达到均衡，利率不会发生变化。但 *D* 点

仍在 *IS* 曲线的右边，投资仍小于储蓄，收入会继续减少，直至位于区域Ⅰ的 F 点。

区域Ⅰ位于 *IS* 曲线的右边，意味着 $I < S$，继续存在产品的过度供给，这会推动收入继续减少。同时，该区域又在 *LM* 曲线的左边，意味着 $L < M$，存在货币的过度供给，这又会推动利率下降。这两个推动的合力，又会推动点 F 向左下方移动，直至 G 点……

一般地说，A 点经过以上一系列的变动后，最后会收敛在 *IS* 曲线与 *LM* 曲线的交点 E。在 E 点，$I = S$，$L = M$，收入与利率都不再变动，达到产品市场与货币市场的共同均衡。

3. 产品市场与货币市场均衡的变动

IS 曲线和 *LM* 曲线的交点所确定的收入和利率的均衡组合并非一成不变。当决定 *IS* 曲线与 *LM* 曲线的因素发生变动时，*IS* 曲线与 *LM* 曲线就会相应变动，产品市场与货币市场共同均衡的收入和利率也会随之变动。

1) *IS* 曲线的移动

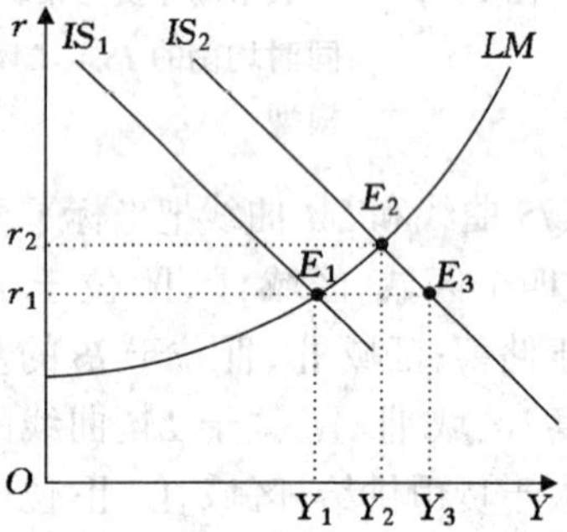

图 12－11　*LM* 曲线移动对均衡的影响

在图 12－11 中，原来的均衡点为 E_1，设 *LM* 曲线不变，总支出的增加使 *IS* 曲线由 IS_1 移到 IS_2。由于货币供给不变，在收入增加的同时，将导致利率提高，并限制投资的增加，进而限制收入的增加，使 Y_1 只能增加到 Y_2，显然，$Y_2 < Y_3$。因此，总支出的增加，会使 *IS* 曲线右移，并导致均衡利率提高和均衡收入增加，但由于货币市场的约束，收入提高的幅度要小于简单宏观经济模型。其原因在于：总支出增加（例如政府购买支出增加）将导致国民收入提高；由于国民收入的提高，交易性货币需求上升，在货币供给不变时利率上升，投资减少。这种总支出扩张导致利率上升并导致投资减少的现象称为挤出效应。同样的道理，总支出的减少会使 *IS* 曲线左移，均衡利率下降，均衡收入减少，但收入减少的幅度受货币市场约束而减小。

2) *LM* 曲线的移动

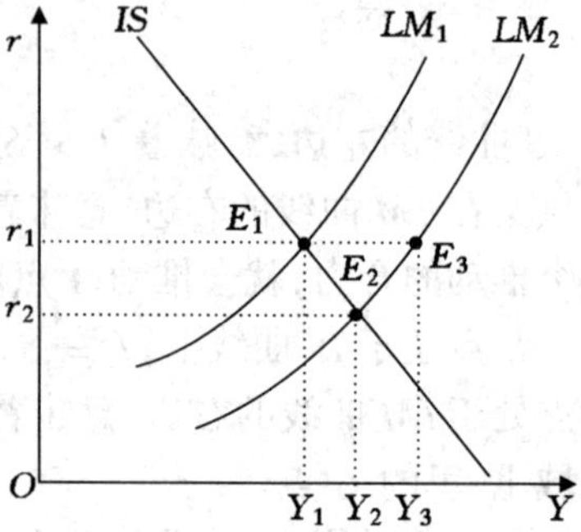

图 12－12　*IS* 曲线移动对均衡的影响

在图 12－12 中，原来的均衡点为 E_1，设 *IS* 曲线不变，货币供给的增加使 *LM* 曲线由 LM_1 右移到 LM_2。若货币投机需求不变，收入本应与增加的货币交易需求等比例增长，由 Y_1 增加到 Y_3。但是，受产品市场的约束，*LM* 曲线右移会使利率下降，刺激货币的投机需求，而货币投机需求的增加必然降低货币交易需求增加的幅度，进而降低收入增加的幅度，使 Y_1 只增加到 Y_2，显然，$Y_2 < Y_3$。因此，当货币市场的供给增加时，会使 *LM* 曲线右移，使收入增加，进而使货币的交易需求增加。但是，货币投机需求增加将限制货币交易需求

的增加，使收入增加的幅度减小。同理，货币市场的供给减少，使 LM 曲线左移，均衡利率上升，均衡收入减少，但收入减少的幅度也将受到货币投机需求的限制而减小。

3) IS 曲线与 LM 曲线同时移动

在现实经济中，IS 曲线与 LM 曲线往往同时发生移动。两者可能同向移动，也可能反向移动；移动的幅度可能相同，也可能不同。这种错综复杂的情况，会使收入与利率的均衡组合千变万化。对这些不同组合情况，可以用类似供求变动对市场均衡影响的方法来分析。

4. IS - LM 模型的政策意义

IS - LM 模型研究的是在给定政府决策变量（政府购买支出、政府转移支出、税收和货币供给量）的条件下，依靠市场的供求机制达到均衡状态的条件和结果。该模型表明，宏观经济与微观经济一样，都能依靠市场机制达到一个均衡状态。认识产品市场和货币市场的均衡条件和结果，就是揭示了宏观经济运行的机制。

但是，与微观经济市场运行的合意结果（至少在完全竞争的条件下如此）不同的是，宏观经济均衡结果并没有表明它是合意的，例如它并没有说明均衡的国民收入就是潜在 GDP。实际上刚好相反，宏观经济学有时表明的是，宏观经济均衡的结果往往不是合意的结果，例如可能是经济衰退的一种均衡，而正因为它是一种均衡结果，市场机制本身就不能克服这种经济衰退。这时，需要政府进行干预，其手段包括调整政府收入和支出的财政政策以及调整货币供应量的货币政策。而 IS - LM 模型的意义在于它表明，即使是政府干预，也必然要通过市场机制实现政策目标。

例 12.1 假设货币需求 $L = 0.2Y - 10r$，货币供给 $M = 200$，消费函数 $C = 60 + 0.8Y_d$，税收 $T = 100$，投资函数 $I = 150$，政府支出函数 $G = 100$。试求：① IS 和 LM 方程以及均衡收入、利率和投资；② 政府支出从 100 增加到 120 时，均衡收入、利率和投资会有何变化？③ 是否存在挤出效应？

解：① 由已知条件得 IS 曲线为 $Y = C + I + G = 60 + 0.8(Y - T) + 150 + 100 = 1\,150$；LM 曲线为 $0.2Y - 10r = 200$，即 $Y = 1\,000 + 50r$，将 IS 和 LM 方程联立，得均衡收入 $Y = 1\,150$，均衡利率 $r = 3$，投资为常数 $I = 150$。

② 政府投资增加到 120，IS 曲线为 $Y = C + I + G = 60 + 0.8(Y - 100) + 150 + 120 = 1\,250$，与 LM 曲线 $Y = 1\,000 + 50r$ 联立，得均衡收入 $Y = 1\,250$，均衡利率为 $r = 5$，投资仍为 $I = 150$。

③ 当政府支出增加时，由于投资没有变化，故不存在挤出效应。这是因为已知条件假设投资是一个常量，IS 曲线是一条垂直于横轴的直线。

例 12.2 假定某国经济的消费函数是 $C = 0.8(1 - t)Y$，税率 $= 0.25$，投资函数 $I = 900 - 50r$，政府购买支出 $G = 800$，货币需求 $L = 0.25Y - 62.5r$，实际货币供给为 $M/P = 500$。回答下面的问题：① 写出该经济的 IS 曲线方程和 LM 曲线方程。② 计算均衡国民收入和均衡利率。③ 假定政府认为在上述均衡状态下，存在着失业和经济衰退，决定增加政府购买支出 100，均衡国民收入和利率变为多少？④ 评价政府购买支出是否存在对投资的挤出效应。

解:① 这是一个三部门经济。在产品市场上,根据均衡方程 $Y = C + I + G$,得 $Y = 0.8(1 - 0.25)Y + 900 - 50r + 800 = 0.6Y - 50r + 1\ 700$,得 IS 曲线:

$$Y = 4\ 250 - 125r$$

在货币市场上,根据 $L = M/P$,有 $0.25Y - 62.5r = 500$,就是 LM 曲线。

② IS、LM 方程联立得均衡利率和均衡国民收入分别为:$r = 6$,$Y = 3\ 500$。

③ 假定政府认为 3 500 的收入水平存在经济衰退和失业,试图增加政府开支 100,此时的 IS 方程为 $Y = 4\ 500 - 125r$,LM 方程不变,得到均衡的国民收入是 11 000/3,均衡利率是 20/3。

④ 从投资看,原来是 600,政府购买支出增加后变为 1 700/3,减少了 100/3。其原因是由于政府购买支出增加导致利率从 6 上升到 20/3。因此,存在挤出效应。

第四节　总需求－总供给模型

本节进一步放宽假设,假定一般价格水平是可以变化的,探讨这种情况下总需求和总供给与一般价格水平之间的关系以及市场均衡条件下的国民收入决定。

一、总需求曲线的推导及变动

1.总需求函数(曲线)的含义及相关效应

总需求是社会对产品和劳务的需求总量,即对总产量或国民收入的需求,也就是计划的总支出。总需求由消费需求、投资需求、政府购买的需求和国外对本国商品和服务的需求构成。在不考虑国外需求的情况下,经济社会的总需求是指在价格、收入和其他经济变量既定条件下,家庭、企业部门和政府计划支出的总量。实际上,价格水平、人们的收入水平、对未来的预期等市场因素以及税收、政府购买或货币供给等政府的决策变量(政策变量)也是总需求的影响因素。

总需求函数被定义为对总产量(国民收入)的需求和价格水平之间的关系。它表示在不同的价格水平下,社会需要多大数量的总产量(国民收入)。在以价格水平为纵坐标、国民收入为横坐标的坐标系中,总需求函数的几何图形被称为总需求曲线。总需求曲线描述了与每一个价格水平相对应的计划总支出;因此,总需求曲线可以从国民收入决定模型中推导出来。

价格水平的变化如何导致总支出水平的变化呢?

首先,价格水平上升会使人们的名义收入增加。名义收入增加会使人们进入更高的纳税档次,从而使人们的税负增加,可支配收入下降,进而使人们的消费水平下降。价格水平下降时则相反。

其次,价格水平变动,会使人们持有的货币及其他以货币固定价值的资产的实际价值提高或降低,人们会变得相对富有或贫穷,于是人们的消费水平就相应地增加或减少,这种效应称为实际余额效应(或者财富效应)。

再次,价格水平上升,将导致利率上升,进而导致投资和总支出水平下降。价格水平上升时，人们需要更多的货币进行交易。从通常的意义上看，价格水平越高，商品和劳务就越昂贵，所需交易的现金就越多。可见，货币的名义需求是价格水平的增函数。如果货币供给没有变化，价格上升使货币需求增加时，利率就会上升。利率上升，会使投资水平下降，因而总支出水平和收入水平下降。在宏观经济学中，将价格水平变动引起利率同方向变动，进而使投资和产出水平反方向变动的情况，称为利率效应。

因此，总需求与价格水平成反方向变化。

2. 总需求曲线的推导

首先说明如何根据简单收入决定模型推导总需求曲线。

图 12－13 中，当价格水平为 P_0 时，总支出或均衡的收入为 Y_0，于是在(b) 图中就得到与价格 P_0 相对应的 Y_0，即(b) 图中的 A 点。A 点就是总需求曲线上的一点。当价格水平发生变动，例如从 P_0 上升到 P_1 时，在构成总支出的其他因素不变的情况下，价格上升将导致消费支出和投资支出下降，从而使总支出水平下降，表现在(a) 图中，总支出从 AE_0 下降到 AE_1，从而使均衡的收入从 Y_0 下降为 Y_1，于是又得到了(b) 图中的 B 点。B 点也是总需求曲线上的一点。将 A、B 等这样得出的点用曲线连接起来，便得到(b) 图中的总需求曲线 AD。

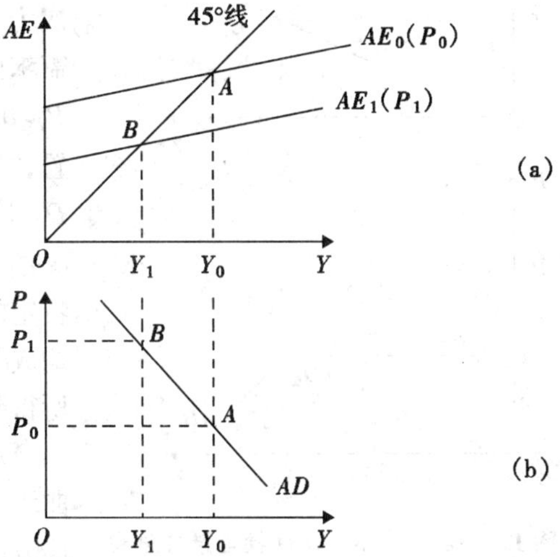

图 12－13　从简单收入决定模型导出总需求曲线

从(b) 图中可以看出，总需求曲线是向右下方倾斜的，价格水平越高，总需求量或者说均衡总支出水平越低。

另外，总需求曲线反映的是产品市场和货币市场同时处于均衡状态时，价格水平和产出水平的关系。因此，总需求曲线也可以从 $IS-LM$ 图形中推导出来。总需求函数同产品市场与货币市场有关。换句话说，总需求函数也可以从产品市场与货币市场的同时均衡中得到。以两部门经济为例，这时 IS 曲线的方程为：

$$S(Y)=I(r) \tag{12-22}$$

LM 曲线的方程为：

$$\frac{M}{P}=L_1(Y)+L_2(r) \tag{12-23}$$

在上面两个方程中，如果把 Y 和 r 作为变量，而把其他变量特别是 P 当做参数来对这两个方程联立求解，所求得的 Y 的解式中将包含 P 这一变量。在该解式中，如果将国民收入和价格水平作为变量考虑，则表示不同价格(P) 与不同的需求量(Y) 之间的函数关系，即总需求函数。

在 $IS-LM$ 模型中，一般价格水平被假定为是一个常数。在价格水平固定不变且货币供给为已知时，*IS* 曲线和 *LM* 曲线的交点决定有效需求，从而也是均衡的收入(产量)水平。现用图 12－14 说明怎样根据 *IS*－*LM* 图形推导总需求曲线。

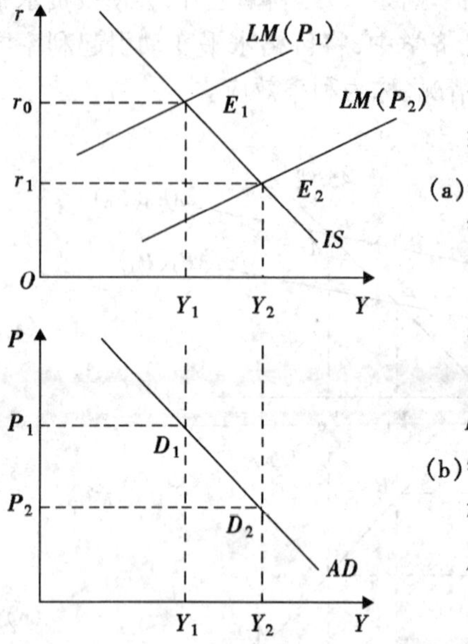

图 12－14　从 *IS*－*LM* 模型推导总需求曲线

图 12－14(a)为 *IS*－*LM* 图，(b)图表示价格水平和需求总量之间的关系，即总需求曲线。当价格 P 的数值为 P_1 时，*LM* 曲线 $LM(P_1)$ 与 *IS* 曲线相交于 E_1。E_1 点所表示的国民收入和利率顺次为 Y_1 和 r_1。将 P_1 和 Y_1 标在(b)图中便得到总需求曲线上的一点 D_1。现在，假设 P 由 P_1 下降到 P_2。由于 P 的下降，*LM* 曲线移动到 $LM(P_2)$ 的位置，它与 *IS* 曲线的交点为 E_2，又可在下图中找到 D_2。按照同样的程序，随着 P 的变化，*LM* 曲线和 *IS* 曲线可以有许多交点，每一个交点标志着一个特定的 Y 和 r。于是就有许多 P 与 Y 的组合，从而构成了(b)图中的一系列点。把这些点连在一起所得到的曲线便是总需求曲线 *AD*。

从以上对总需求曲线的推导中看到，总需求曲线表示社会的需求总量和价格水平之间的相反方向变化的关系。总需求曲线是向右下方倾斜的。向右下方倾斜的总需求的曲线表示，价格水平越高，需求总量越小；价格水平越低，需求总量越大。

当价格水平变动时，考察产品市场和货币市场如何做出反应将有助于理解产量和价格水平之间的反向关系。价格水平的提高使货币需求提高(即居民由于价格上涨而需要比原来持有更多的货币余额)，但由于货币量保持不变，于是货币市场出现了非均衡状态，利率提高。伴随着较高的利率，投资支出下降，从而导致产量下降。相反，较低的价格水平使货币需求下降，进而导致利率下降，较低的利率刺激了投资，从而导致产量的提高。

2. 总需求曲线的移动

在图 12－15 的(a)图中，*IS* 曲线和 *LM* 曲线对应于一定的货币数量和价格水平 P_0。均衡点为 E，在(b)图的 *AD* 曲线中有与之对应的 E 点。假定政府支出增加，其结果是 *IS* 曲线向右移动。在原来的价格水平下，新的均衡点为 E'。此时，利率提高，收入增加。在(b)图中，也画出对应的 E' 点。E' 点是新的总需求曲线 *AD* 上的一点。*AD* 曲线反映了政府支出增加对经济的影响。可见，在一个既定的价格水平下，政府支出增加也就意味着总需求的增加。

实际上，总需求方面任何因素的变动都会引起总需求曲线的移动，比如消费、投资、政府支出、出口、名义货币供给量、税收额、税率、进口、实际货币需求等因素的自发变动。其他因素不变时，消费、投资、政府支出、出口、名义货币供给量的自发增大会使总需求曲线向右上方移动；反之，则总需求曲线向左下方移动。税收额、税率、进口、实际货币需求等因素的自发增加会使总需求曲线向左下方移动;反之,则总需求曲线向右下方移动。

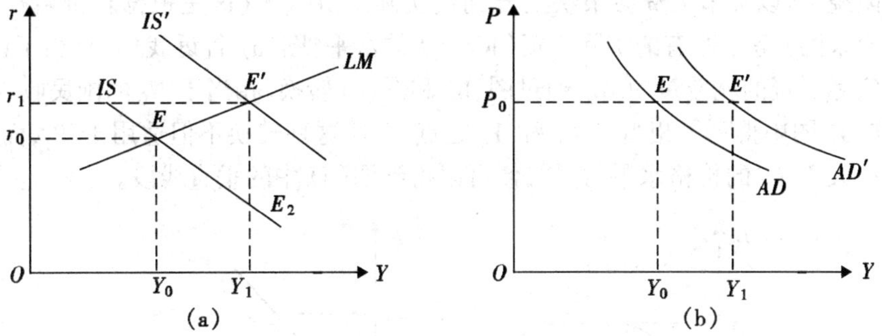

图 12-15 总需求曲线的移动

另一方面,总需求曲线只是给出了价格水平和以收入水平来表达的总需求水平之间的关系,并不能决定价格水平和均衡的总需求水平。

二、短期总供给曲线的推导

为了说明整个经济中价格水平和总产出水平是如何决定的,还需要引出另一个分析工具,即总供给曲线。第十章已经初步介绍了总供给曲线的一些基本概念,这里介绍总供给曲线的推导以及对总供给曲线产生不同看法的原因。

1.凯恩斯主义的总供给曲线的一般形式

凯恩斯模型的总供给曲线是一种短期总供给曲线,是依据凯恩斯的货币工资下降具有"刚性"的假设条件得出来的。这一假设条件的含义是:工人们会对货币工资的下降进行抵抗,但却欢迎货币工资的上升,因此,货币工资只能上升,不能下降;另一方面,由于工人们具有"货币幻觉",即只看到货币的票面数值而不注意货币的实际购买力,所以他们会抵抗价格水平不变的情况下的货币工资下降,但却不抵抗货币工资不变下价格水平的提高。尽管两种情况都会造成实际工资下降,然而,由于工人们具有"货币幻觉",所以工人们会对相同的后果采取迥然不同的态度。总之,在工资的下降具有"刚性"的假设条件下,西方经济学家按照劳动市场的理论得出了凯恩斯主义的总供给曲线。西方经济学教科书往往用图形转变的办法推导以上所说的凯恩斯主义总供给曲线。下面简单说明总供给曲线的推导方法。

如图 12-16 所示,(a) 图表示总量劳动力市场,充分就业的实际工资水平和就业量分别为(W/P_0)和 N_0。劳动供给曲线和劳动需求曲线决定了实际就业量,NS 和 ND 相交于均衡点 E。(b) 图是生产函数,即 $Y=f(N,\overline{K})$(对于短期来说,资本数量固定不变)的图形,表示就业量和国民收入之间的关系。该图表明,当就业量为 N_0 时,相应的国民收入为 Y_0(即潜在 GDP)。(c) 图的斜线是一条 45°线,表示把 Y_0 的数值从纵轴转换到横轴。(d) 图表示价格 P 与产出 Y 之间的对应关系即总供给曲线。当 W 不变时,任何大于 P_0 的价格水平,都会使(a)图的实际工资下降到小于(W/P_0)的水平。在这种情况下,假如在相当于(a)图(W/P_1)的实际工资水平上,劳动的需求大于劳动的供给。这时,企业之间会争相雇用劳动者,从而会提高货币工资水平。按照假设条件,货币工资的上升不会受到阻挠,所以货币工资会很快上升到使实际工资水平(这是根据新价格水平(P_1)而计算出来的)等于原有的实际工资(W/P_1)的水平。图(a)告诉我们,相当于(W/P_1)水平的实际工资的就业量为 N_0。通过图(b)和图(c)转换,相当于 N_0 的国民收入为 Y_0,因此,在(d)图中得到了相当于 P_0 和 Y_0 之点。上述这种转换不但适用于 P_1,而且也适用于任何大于 P_0 的价格水平。这样,便可以得到图(d)中的垂直线段。

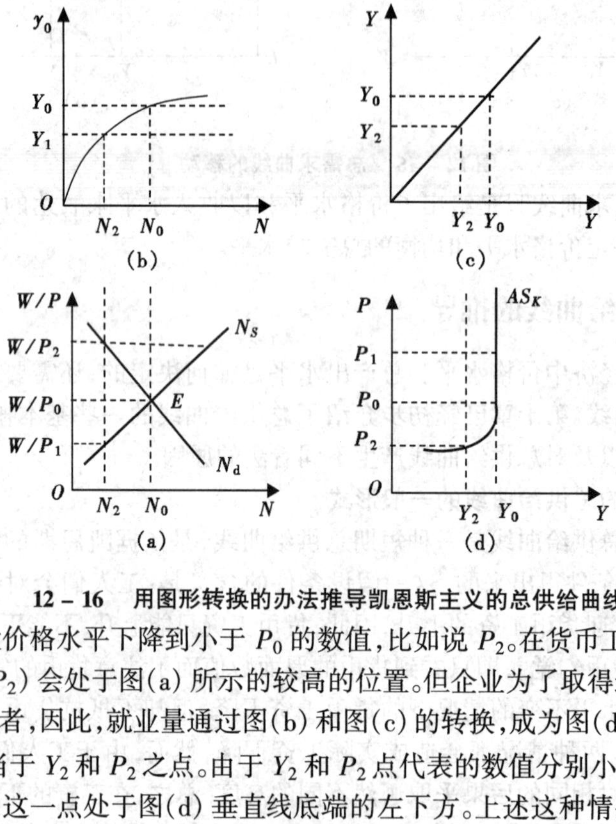

12 - 16　用图形转换的办法推导凯恩斯主义的总供给曲线

现在,假设价格水平下降到小于 P_0 的数值,比如说 P_2。在货币工资不变的情况下,实际工资(W/P_2)会处于图(a)所示的较高的位置。但企业为了取得最大利润只能雇用 N_2 数量的劳动者,因此,就业量通过图(b)和图(c)的转换,成为图(d)中的 Y_2。这样,得到图(d)中相当于 Y_2 和 P_2 之点。由于 Y_2 和 P_2 点代表的数值分别小于 Y_0 和 P_0 点所代表的数值,所以这一点处于图(d)垂直线底端的左下方。上述这种情况不但适用于 P_2,而且也适用于任何小于 P_0 的价格水平,因此,得到图(d)中向左下方倾斜的线段。把倾斜线段和垂直线段连接在一起便是凯恩斯主义的总供给曲线。西方经济学家也把正斜率的总供给曲线看做一般的短期总供给曲线,而把凯恩斯本人理论中所涉及的情况归结为一种极端的或者说特殊的总供给曲线。

2. 凯恩斯主义的总供给曲线的特殊形式

西方学者往往对凯恩斯主义的总供给曲线做进一步简化,把该曲线向左下方倾斜的部分当做一条水平线,即把水平线作为向左下方倾斜部分的近似值,如图 12 - 17 所示。

图中由垂直和水平线段组成的曲线也称为反 L 形总供给曲线。它的意义是:在到达充分就业国民收入(Y_0)以前,经济社会大致能以不变的价格水平提供任何数量的国民收入,而在到达 Y_0 之后,不论价格水平被提高到何种程度,该社会的国民收入也不会增长,而有可能出现通货膨胀的现象。

该曲线也被称为凯恩斯萧条模型的总供给曲线。因为,在严重的萧条状态时,由于存在着大量闲置不用的劳动力和资本、设备,所以当整个社会的生产量或国民收入增长时,价格水平和货币工资会大致保持不变。因此,总供给曲线是一条水平线,一直到充分就业时为止。这种短期总供给曲线就是第十一章研究的简单国民收入决定理论的假设条件。

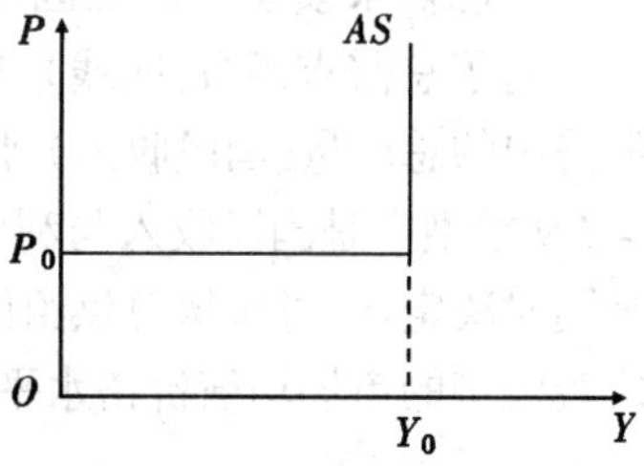

图 12－17　简化的凯恩斯主义总供给曲线

3. 供给曲线的变动

总供给曲线是由生产函数(技术水平、劳动生产率)和劳动市场的就业量共同决定的。当有关因素发生变动时,总供给曲线就会发生变动。

1) 生产函数发生变动时,总供给曲线的移动

假定其他情况不变,经济中出现中性技术进步,也就是说,这种技术进步只会影响劳动的平均生产率,而不影响其边际生产力,也没有发生劳动就业量的增加或减少,在此时产出将增加,总供给曲线向右移动。

2) 当劳动需求曲线移动时,总供给曲线的变动

如果其他条件都相同,而技术进步会使平均劳动生产力和边际劳动生产力同时都得到提高,劳动需求曲线和生产函数都会发生向右上方的移动,从而使总供给曲线向右上方移动。

其他情况不变时,如果资本存量增加,就可能使劳动的边际生产力增加,同时对劳动的需求也会增大,使劳动需求曲线发生向右上方移动,最终使总供给曲线向右上方移动。

3) 当劳动供给曲线移动时,总供给曲线的变动

劳动的供给取决于劳动者的劳动意愿和偏好,也取决于人口和劳动力的多少。劳动者的劳动意愿和偏好越强烈,劳动力数量越多,劳动供给就越多;反之,劳动供给就越少。劳动供给的变化显然会影响总供给函数和总供给曲线。

假定人们在收入增加之后,更注重休闲,则劳动供给就会减少,劳动供给曲线就会向左上方移动,导致产出减少和总供给曲线向左上方移动。

4) 供给冲击所造成的价格上涨引起的总供给曲线移动

由于总供给曲线反映总产量或总收入与价格水平之间的关系,所以,任何因素所引起的价格变动,至少都会在短期内影响总供给,造成总供给曲线的变动。比如,石油等重要生产资源的世界性紧缺(不管它是由于客观生产方面的原因,还是 OPEC 国家的特定政策) 将会引起石油价格的普遍上涨。当一般物价水平出现上涨后,总供给曲线也将发生移动。如果同时出现生产的萎缩,则总供给曲线的移动会有更大的幅度。

三、总供求模型

1. 总供求模型与均衡国民收入

有了总需求函数(曲线)与总供给函数(曲线)之后,就可以将二者结合起来研究宏观经济中的总产量(国民收入)水平决定的问题。与简单国民收入决定模型不同的是,在 *IS* – *LM* 模型中是国民收入与利率水平同时决定,而在 *AD* – *AS* 模型中是国民收入与价格水平同时决定。通过求解总供给函数和总需求函数的联立方程,就可以得到在具体条件下的宏观经济的市场均衡价格水平和总产量水平。总供求模型的几何表示如图 12 – 18 所示。

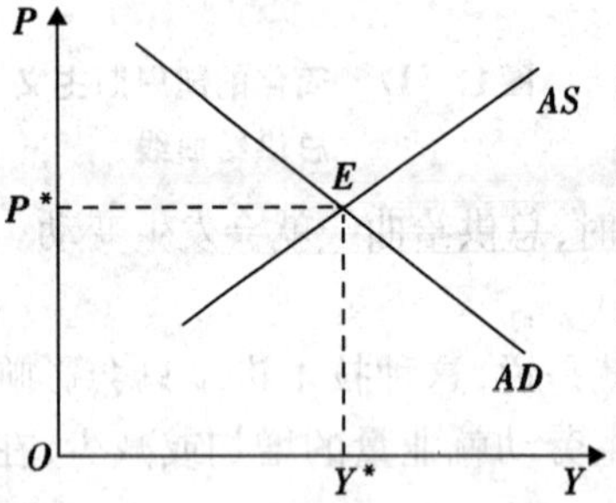

图 12 – 18　总供求模型与均衡国民收入水平的决定

实际上,图 12 – 18 表示的是一般情况的总供求模型。其主要特征是供给曲线向右上方倾斜,斜率为正值。这种类型适应于一般的经济情况。它表明,无论是供给方面的力量还是需求方面的力量,都会改变均衡国民收入水平。但是,凯恩斯宏观经济学和古典经济学对此则有不同的看法。

1) 凯恩斯宏观经济学的总供求模型

这类总供求模型也称凯恩斯萧条模型。其主要特征是供给曲线呈水平形状,斜率为零。这种类型适合凯恩斯所探讨的经济萧条情况。在这种情况下,经济的供给充分(也就是说经济中存在充分的闲置资源),价格水平不会因供给增加而发生变化。经济中的总产量主要由总需求方面的力量来决定。这就是说,总需求曲线的变动是影响总产量变动的基本原因。凯恩斯萧条模型可以用图 12 – 19 表示。

2) 古典经济学的总供求模型

古典经济学认为,国民收入总会保持在充分就业的位置上,总是达到潜在 GDP 水平,因此总供给曲线是垂直的,与此相对应的总供求模型是古典经济学的总供求模型。这种类型的总供求模型适合于经济达到充分就业的情况,也适合于在长期中经过调整之后所达到的理想经济状态。这时,总需求水平的变动将只会影响物价水平,而不会影响总产量,总需求水平的变动仅是造成价格水平变动的原因。该模型可以用图 12 – 20 表示。

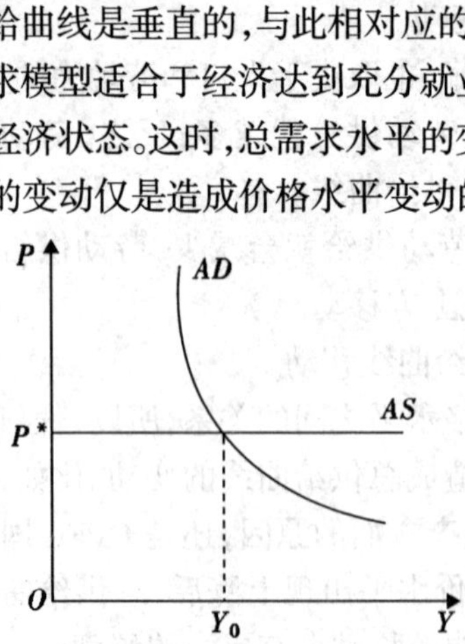

图 12 – 19　凯恩斯萧条模型

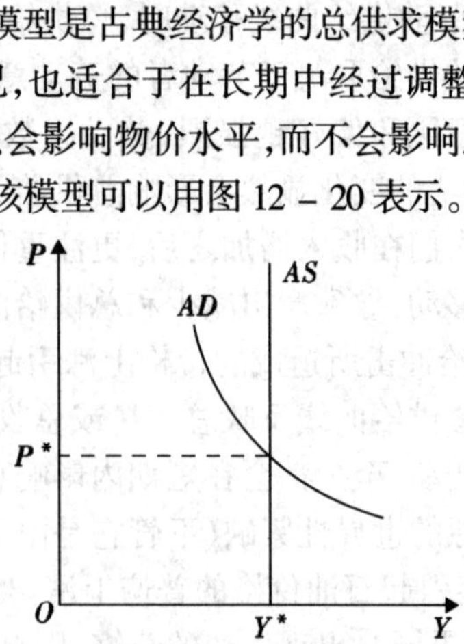

图 12 – 20　古典经济学的总供求模型

2. 总需求变动对国民收入的影响

通过总供求模型可以分析总需求变动对国民收入和价格水平的影响。

在一般总供给曲线情况下，经济活动被扰动和受到冲击（如受国际环境的影响，国外进口需求减少）导致总需求曲线移动时，对国民收入变动的影响程度取决于总供给曲线所处的不同阶段，而且对价格水平的影响也大不相同。

在总供给曲线的平坦部分，存在着过剩的生产能力。这时，不管什么原因所引起的总需求曲线的移动，比如图 12 – 21(a) 图中从 AD_1 移动到 AD_2，都将导致均衡国民收入较快增加，而且只伴随着价格较小幅度的上升。在总供给曲线的陡峭部分，经济接近于现有生产能力的最大限度，这时总需求曲线不管由于什么原因所引起的移动，比如在图 12 – 21(b) 图中从 AD_3 移动到 AD_4，均衡国民收入增加缓慢，而价格却显著上升。

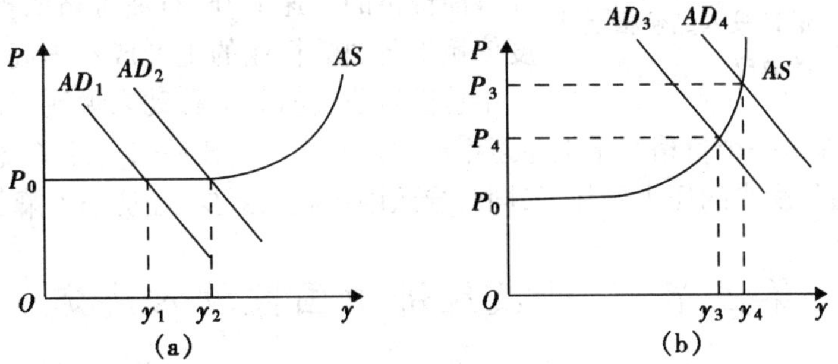

图 12 – 21　总需求曲线移动的不同效应

3. 总供给变动对国民收入的影响

总供求的 $AD - AS$ 模型不仅能清楚地说明总需求曲线移动的效应，而且还能说明总供给曲线移动的效应，这是 $AD - AS$ 模型比 $IS - LM$ 模型具有的优势。

图 12 – 22 说明了当外在原因引起的对总供给的扰动和冲击导致总供给曲线移动的效应。这里考虑的是由于经济中企业的设备投资增加而造成生产能力增大的情形。这时，总供给曲线将向右移动，从 AS_0 移动到 AS_1。如果经济最初运行在总供给曲线的陡峭部分而且总需求曲线是相当无弹性的，例如图中的 AD_1，那么总供给的增加就意味着新的均衡价格水平将明显低于初始价格水平。另一方面，如果经济最初运行在总供给曲线的平坦部分，比如图中的 AD_0，则总供给曲线移动的效果不大。这是因为总供给曲线的平坦部分表示经济中存在着过剩的生产能力。新追加的生产能力对于生产的均衡数量和均衡价格水平的影响都很小。

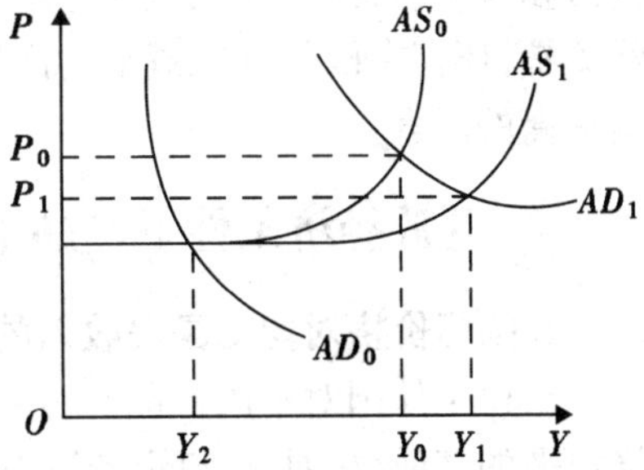

图 12 – 22　生产能力增加的效应

图 12 – 23 描述了从国外购买的投入品（比如石油）价格上涨对总供给产生的冲击效应。这时总供给曲线会向上移动。从微观角度来解释就是，为了使厂商愿意生产与以

前相同的产量,他们必须能得到更高的产品价格。从图中可以看出,即使这时经济存在过剩的生产能力(即 AD 曲线与 AS 曲线的交点处于 AS 曲线的水平部分),价格水平也会上升。

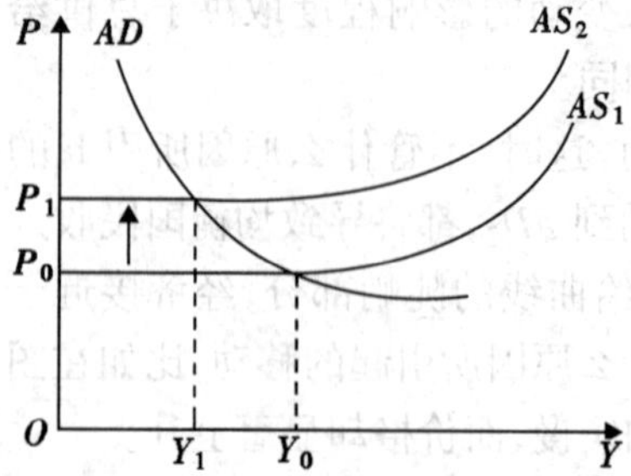

图 12 – 23　进口投入品价格上涨的效应

20 世纪 70 年代初期,美国经济受到的石油供给冲击的影响被认为是一个典型事例。那次冲击主要是由于石油输出国组织(OPEC)在 1973 年决定对输出到美国和其他某些西方国家的石油数量加以限制造成的。最初的限制是出自政治上的考虑,不久他们就认识到自己具有一种真正的经济力量(至少在短期内是这样)。他们对石油供应的限制很快造成了世界石油价格的迅速上升。石油价格的提高使许多高度依赖于石油的行业的生产成本提高。这个结果可以用总供给曲线的向上移动来说明。面对更高的石油价格,厂商在每一个价格水平上愿意生产的产量水平都比原来降低了。总供给曲线的向上移动使通货膨胀的压力增加了,同时导致国民收入减少,经济陷入萧条。

第五节　开放经济中国民收入决定

在简单国民收入决定模型和 $IS-LM$ 模型中,很多研究是在三部门经济中展开的,即使讨论了四部门经济,也只考虑了进出口,而且仅仅将本国国民收入作为影响进出口的因素。实际上,两部门经济和三部门经济都是封闭经济,考虑国外部门的四部门经济是开放经济,而开放经济条件下一国国民收入决定的因素除了国民收入之外,还有本国价格和世界价格(贸易国)的差异及汇率因素。此外,开放经济条件下,一国不仅存在国际贸易,还存在国际资本流动的问题。国际资本流动同国际贸易一样,也是影响国际收支平衡的因素。

一、开放经济条件下产品市场均衡

1. 国际价格对均衡国民收入的影响

出口是外国对本国产品和劳务的购买,所以,出口的多少取决于本国和外国相对价格水平的高低。相对于外国价格水平的本国价格水平下降时,出口就会增加。

进口的多少也取决于本国和外国相对价格水平的高低。在其他条件不变时,相对于外国价格水平的本国价格水平上升时,进口就会增加;相对于外国价格水平的本国价格水平下降时,进口就会减少。

由于净出口是出口减去进口,所以净出口的变化与国际价格影响出口的方向相同,而与影响进口的方向相反。总起来说,净出口与本国价格成反向变化,与国外价格成同向变化。

2. 汇率及其对均衡国民收入的影响

由于国际经济是通过货币交换进行的，而各国使用不同的货币，这样就需要确定不同货币之间的比价关系，这就是汇率。汇率是用一种货币来表示的另一种货币的价格。通过汇率，各个国家的商品、劳务和金融资产的价值可以进行比较，从而使国际经济交往得到以实现。从数学关系来看，汇率是一个国家的货币与另一个国家货币相互折算、兑换的比例。这样，汇率就有两种标价方法。

(1) 直接标价法　即以1单位的外国货币作为标准，折算为一定数额的本国货币来表示的汇率。例如，对中国来说，假定1美元(外国货币)可以兑换8元人民币(本国货币)，汇率就是8。

(2) 间接标价法　即以1单位的本国货币作为标准，折算为一定数额的外国货币来表示的汇率。例如，对中国来说，假定1元人民币(本国货币)可以兑换0.125美元(外国货币)，汇率就是0.125。本章使用的汇率是间接标价法的汇率，用 E 表示。汇率上升，表示本国货币升值；汇率下降，表示本国货币贬值。

汇率对进出口业具有影响。当汇率上升时，单位本国货币所能换得的外国货币的数量就会增加，本国的商品对于外国人来说就变得比较昂贵，同时，外国商品对于本国居民来说变得比较便宜。所以，这时本国的出口就会减少，进口就会增加。当汇率下降时，单位本国货币所能换得的外国货币的数量就会减少，本国的商品对于外国人来说就会比较便宜，外国的商品对于本国居民来说就变得比较昂贵。所以，这时本国的出口就会增加，进口就会减少。总起来说，汇率提高(本国货币升值)不利于净出口，而汇率降低(本国货币贬值)有利于净出口。

3. 开放条件下产品市场均衡国民收入决定和 *IS* 曲线

根据以上分析，可以写出出口函数和进口函数如下：

$$X = X(P, P_f, E)\left(\frac{\partial X}{\partial P} < 0, \frac{\partial X}{\partial P_f} > 0, \frac{\partial X}{\partial E} < 0\right) \tag{12-24}$$

$$M = M(Y, P, P_f, E)\left(\frac{\partial M}{\partial Y} > 0, \frac{\partial M}{\partial P} > 0, \frac{\partial M}{\partial P_f} < 0, \frac{\partial M}{\partial E} > 0\right) \tag{12-25}$$

式(12－24)是出口函数，式(12－25)是进口函数。其中，X 代表出口，M 代表进口，P 代表本国价格水平，P_f 代表外国价格水平，E 代表汇率，Y 代表本国国民收入。净出口(NX)是出口减去进口，所以净出口同时受进口和出口的影响。特别地，净出口方程可以写成

$$NX = X - M = q - \gamma Y - nE\frac{P}{P_f} \tag{12-26}$$

其中，q、γ、n 均为正值参数，其中(EP_f/P)也称为实际汇率。为了明确开放经济对均衡国民收入决定的影响，采用 $IS-LM$ 均衡分析方法研究开放条件下的产品市场均衡条件。假定：① 不考虑投资支出的收入效应；② 不考虑转移支付；③ 政府支出为固定量 G；④ 其他因素(比如外国国民收入)的变化对外国进出口的影响从而对本国进出口的影响不予考虑。采用线性方程来表示有关函数，有

$$Y = C + I + G + (X - M) \tag{12-27}$$

$$C = a + b(Y - T) \tag{12-28}$$

$$I = e - dr \tag{12-29}$$

式(12－26)、(12－27)、(12－28)、(12－29)决定均衡国民收入为

$$Y = \frac{a + e + G + q - bT}{1 - b + \gamma} - \frac{dr - nE(P/P_f)}{1 - b + \gamma} \tag{12-30}$$

或者

$$r = \frac{1}{d}(a + e + q + G - bT - nE\frac{P}{P_f}) - (\frac{1 - b + \gamma}{d})Y \tag{12-31}$$

这就是开放条件下的产品市场均衡方程，即开放条件下的 *IS* 曲线。从该方程可以看出，利率仍然与国民收入成反向变化，即 *IS* 曲线是向右上方倾斜的。但是，*IS* 曲线在纵坐标上的截距受到实际汇率的影响。汇率上升，截距减少，*IS* 曲线向左移动；汇率下降，截距增加，*IS* 曲线向右移动。

在汇率、价格水平和政府购买支出保持不变时，可以求出 *IS* 曲线的斜率，即有

$$\frac{\mathrm{d}r}{\mathrm{d}Y} = -\frac{1 - b + \gamma}{d} \tag{12-32}$$

与封闭情况下相比，由于存在进口，上式分子中增加了 γ，因而 *IS* 曲线斜率的绝对值增大了。换言之，与封闭情况下相比，*IS* 曲线变得更加陡了。

二、国际资本流动的影响因素与资本净流出函数

开放经济中不仅存在进出口贸易，还存在跨国投资活动。跨国投资具体表现为直接投资、购买债券、借贷等，宏观经济学称其为国际资本流动(这里的资本不仅包括实物资本，还包括金融资本)。

国际间的资本流动是各国间相互购买和销售资本的结果。公众会根据国内外利率水平的差异，将资产持有量在国内外资产之间进行分配。在国内外利率水平既定的情况下，个人会实现国内外资产持有量的均衡。在资产水平既定的情况下，本国或外国的利率发生变动，会引起资产的重新分布，从而引起资本流动。本国从外国购买或向外国出售资产、资本的流出和流入决定于本国与外国利率水平的相对水平。在其他条件不变时，如果相对于外国利率水平的本国利率水平上升，资本流出就会减少，资本流入就会增加，于是，资本的净流出就会减少；反之，资本的净流出就会增加。

定义本国的净资本流出是本国购买外国资产的支出减去外国购买本国资产的支出的差额。因此，本国的净资本流出与本国利率反向变化，与国外利率同向变化，即

$$F = F(r_f, r) \quad (\mathrm{d}F/\mathrm{d}r < 0, \mathrm{d}F/\mathrm{d}r_f > 0) \tag{12-33}$$

其中，F 代表本国资本的净流出；r_f、r 分别表示国外利率和国内利率。特别地，

$$F = \sigma(r_f - r) \tag{12-34}$$

其中 σ 是正值常数。式(12－34)是净资本流出的线性形式。

三、国际收支平衡与 *BP* 曲线

本国出口和资本流入会增加本国的货币收入，而本国进口和资本流出会导致本国

货币支出。本国从国外收入的货币减去本国向外国支出的货币，所得差额就是国际收支余额。换言之，就是用出口减进口（等于净出口），再减资本净流出（等于资本流出减流入）。国际收支余额（BP）用本国货币表示时有

$$BP = NX - F \tag{12-35}$$

一国的国际收支平衡就是指国际收支余额为0，即 $BP = 0$。如果 $BP > 0$，称为国际收支顺差，也称为国际收支盈余；如果 $BP < 0$，则称为国际收支逆差，也称为国际收支赤字。可以看出，当国际收支平衡时，国际收支余额为零，净出口必须等于净资本流出。

当国际收支平衡时，$BP = 0$，一般地有

$$NX = F \tag{12-36}$$

即

$$X(P, P_f, E) - M(Y, P, P_f, E) = F(r_f, r) \tag{12-37}$$

特别地，根据式(12-26)、(12-34)和(12-36)，有

$$q - \gamma Y - nE\frac{P}{P_f} = \sigma(r_f - r) \tag{12-38}$$

也可以变换为

$$r = \frac{\gamma}{\sigma}Y + \left(r_f + \frac{n}{\sigma}\frac{P}{P_f} - \frac{q}{\sigma}\right) \tag{12-39}$$

式(12-39)表明了国际收支平衡时国民收入与利率之间的关系，称为国际收支均衡函数。在其他参数和变量固定的前提下，以利率为纵坐标，国民收入为横坐标，国际收支均衡函数的几何图形表示为国际收支曲线，即 BP 曲线。从国际收支均衡函数可以看出，BP 曲线斜率为正，向右上方倾斜。

在外国的价格水平、汇率和国内价格水平既定的情况下，如果国际收支余额为零，国民收入与和利率之间的关系可以利用净出口函数、净资本流出函数和国际收支平衡条件在坐标上推导出来，如图12-24所示。

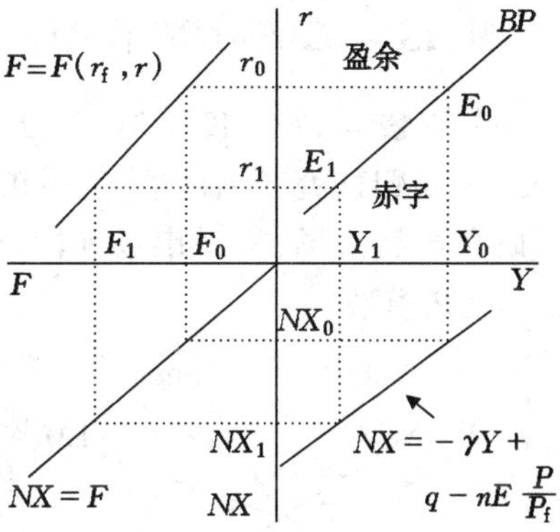

图12-24　BP 曲线的推导

在图12-24中，横轴的右半轴代表国民收入，左半轴代表资本的净流出；纵轴的上半轴代表利率，下半轴代表净出口。由于资本的净流出与利率反方向变动，所以资本的净流出曲线在第Ⅱ象限中是一条向左下方倾斜的曲线。在外国的价格水平、汇率和国内价格水平既定的情况下，净出口会随着国民收入增加而减少。因此，净出口曲线在第Ⅳ象限中是一条向右上方倾斜的曲线。当利率为 r_0 时，资本的净流出是 F_0。为了使国际收支平衡，净出口必须是 NX_0，这要求国民收入水平为 Y_0。于是，可以在利率-国民收入空间上得到点 E_0，它所代表的利率和收入组合使当期的国际收支实现平衡。当利率为 r_1 时，资本的净流出是 F_1，为了使国际收支平衡，净出口必须得到 NX_1，这要求国民收入水平为 Y_1。于是，又可以在利率-

国民收入空间上得到点 E_1，它所代表的利率和收入组合也使当期的国际收支实现平衡。连接点 E_0 和点 E_1，就可以得到 *BP* 曲线。

BP 曲线上的任何一点代表的利率和收入组合都可以使当期的国际收支实现平衡。换言之，把国际收支保持不变时收入和利率组合的轨迹称作 *BP* 曲线。

这条曲线的经济含义可以解释为，当国民收入水平提高时，进口增加，净出口减少，为使国际收支差额保持不变，资本的净流出应该减少，这要求利率水平上升。当国民收入水平减少时，进口减少，净出口增加，为使国际收支差额保持不变，资本的净流出应该增加，这要求利率下降。所以，在国际收支差额保持不变的情况下，国民收入水平和利率之间存在着正相关关系。换言之，*BP* 曲线的斜率是正的，即向右上方倾斜。

不在 *BP* 曲线上的任何一点所代表的利率和国民收入的组合都不能使国际收支实现平衡。具体来说，在 *BP* 曲线下方的各点都存在国际收支赤字。因为这反映的是资本流出过多或者进口过多从而使净出口过少。在 *BP* 曲线上方的各点都存在国际收支盈余。因为这反映的是资本净流出过少或者进口过少从而使净出口过多。只有在 *BP* 曲线上的各点国际收支才能平衡。

在导出 *BP* 曲线时，是假定某些因素保持不变。如果这些因素发生变化，*BP* 曲线位置就会发生移动。可以看出，净出口减少将使 *BP* 曲线向左移动，净出口增加将使 *BP* 曲线向右移动；当汇率提高时，*BP* 曲线向左移动，汇率降低时，*BP* 曲线向右移动。至于价格变化的影响则比较复杂。当国内价格水平因为需求增加而上升时，实际进口会增加。如果外国价格水平和汇率不变，用本国价格表示的名义进口也会增加。国内价格水平上升时，实际出口会减少。但是，名义出口变化则决定于出口价格弹性的大小。

四、*IS* – *LM* – *BP* 模型

将式(12 – 17)、(12 – 31)、(12 – 39) 表示的 *LM* 曲线和 *IS* 曲线、*BP* 曲线绘在图 12 – 25 中，可以研究产品市场、货币市场和国际市场同时均衡的问题和均衡国民收入决定。研究产品市场、货币市场和国际收支同时均衡时的国民收入决定问题，就是 *IS* – *LM* – *BP* 模型。

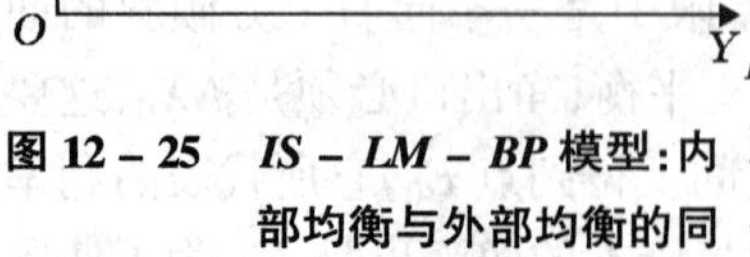

图 12 – 25　*IS* – *LM* – *BP* 模型：内部均衡与外部均衡的同时实现

IS 曲线反映的是产品市场均衡条件，*LM* 曲线反映的是货币市场均衡条件，*BP* 曲线反映的是国际收支平衡条件。产品市场和货币市场同时均衡是经济的内部均衡。均衡的国民收入和利率是由内部均衡决定的。国际收支平衡是经济的外部均衡。换言之，*BP* 曲线上的点反映的就是外部均衡条件。如果 *IS* 曲线和 *LM* 曲线的交点即内部均衡点 *E* 处于 *BP* 曲线上，经济就同时实现了内部均衡和外部均衡（称为三重均衡）。也就是说，上述方程中存有三个变量（国民收入、利率和实际汇率），将有唯一解。这时的国民收入就是三个市场同时均衡的均衡国民收入，如图 12 – 25 所示。

如果 *IS* 曲线和 *LM* 曲线的交点即内部均衡点 *E* 处于 *BP* 曲线的上方，宏观经济中就出现了国际收支盈余，如图 12－26 所示。如果 *IS* 曲线和 *LM* 曲线的交点即内部均衡点 *E* 处于 *BP* 曲线的下方，宏观经济中就出现了国际收支赤字，如图 12－27 所示。

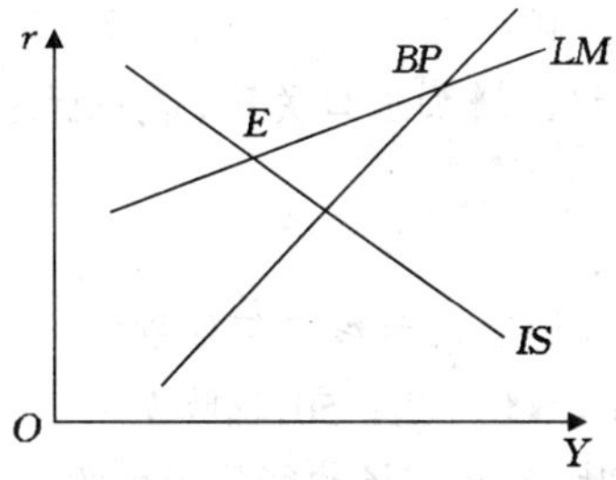

图 12－26　国际收支盈余下的内部均衡

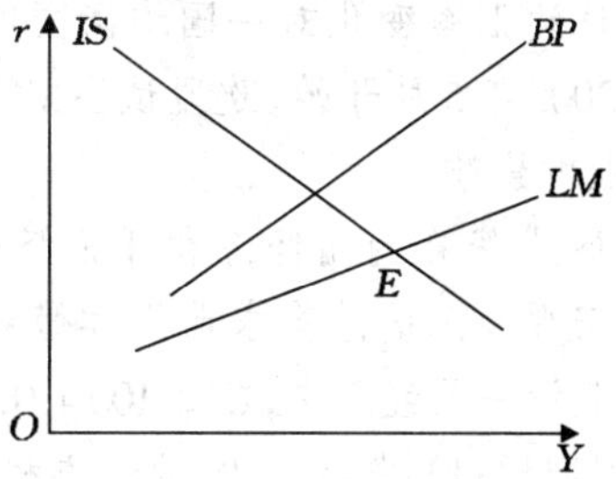

图 12－27　国际收支赤字下的内部均衡

当没有同时实现内部均衡和外部均衡时，政府就需要采取相应的稳定化政策。而且，即使宏观经济达到了产品市场、货币市场均衡和国际收支平衡，也并不意味着宏观经济就是合意的，同简单国民收入决定理论表明的结果相类似，均衡国民收入可能是低于潜在 GDP 的国民收入，可能存在过多的失业和经济衰退，需要政府进行干预。

本章小结

本章介绍国民收入决定的扩展模型，包括产品市场和货币市场同时均衡模型（*IS*－*LM* 模型）、总供求模型（*AS*－*AD* 模型）以及产品市场、货币市场和国际收支同时均衡模型（*IS*－*LM*－*BP* 模型），其中还涉及投资决定模型、利率决定模型、产品市场均衡模型（*IS* 曲线）、货币市场均衡模型（*LM* 曲线）、净出口决定模型、净资本流出决定模型、国际收支均衡模型（*BP* 曲线）等。各种模型中蕴涵着宏观经济分析的基本概念、基本理论和进行宏观经济调节的政策依据。在这些模型中，有三个问题应该引起重视。一是考察产品市场和货币市场同时均衡，是通过投资将收入和利率联系了起来，而其中的关键是凯恩斯关于货币投机需求理论，将货币需求和利率联系了起来。与此相联系，货币需求对利率变动是否敏感也就成为一个重要问题。二是各种模型中的曲线的斜率、位置、形状具有重要的政策含义。例如，*LM* 曲线可以分为三个区域，在不同的区域，财政政策和货币政策的效果就不一样。三是各种模型都是为了阐明某个或若干个宏观经济变量的变化规律，以阐明相应的宏观经济问题。但是每一个模型都有自身的局限性，不能涵盖宏观经济的全部问题。因此，在利用这些模型进行宏观经济分析时，要根据实际需要选择适当的模型。

复习思考题

1. 解释下列概念：货币，货币需求，货币需求函数，交易性货币需求，投机性货币需求，流动性陷阱，*IS* 曲线，*LM* 曲线，净资本流出，国际收支余额，*BP* 曲线，国际收支顺差，国际收支逆差，汇率。

2. 分析 IS 曲线和 LM 曲线的斜率有何意义？

3. 假定货币需求函数为 $M^d/P = kY - hr$，LM 曲线的斜率与 k、h 有何关系？

4. 试述汇率变化对一国均衡国民收入的影响机制？

5. 2005年5月开始，欧盟试图对从中国进口纺织品增加进口关税，请分析这对中国纺织行业的影响。

6. IS 曲线在封闭经济和开放经济中有何不同？

7. 宏观经济的总需求曲线和微观经济学中的市场需求曲线有何区别？

8. 假设一国经济中，$C = 100 + 0.75Y_d$，$I = 125 - 600r$，$G = 50$，税收 $T = 20 + 0.2Y$。解答下列问题：1) 推导出 IS 曲线方程；2) $r = 15\%$ 时，产品市场均衡的国民收入是多少？如果充分就业的国民收入是 $Y_f = 465$，需要增加多少政府支出才能实现充分就业？

9. 假定某经济中的消费函数是 $C = 0.8(1 - t)Y$，税率 $t = 0.25$，投资函数 $I = 900 - 50r$，政府购买 $G = 800$，货币需求函数为 $L = 0.25Y - 62.5r$，货币供给 $M = 500$。求：1) IS 曲线方程；2) LM 曲线方程；3) 产品市场和货币市场同时均衡时的国民收入和利率。

10. 假定一国的宏观经济模型为：消费函数 $C = 100 + 0.75Y$，投资函数 $I = 20 - 2r$，货币需求函数 $L = 0.2Y - 0.5r$，货币供给 $M = 50$，价格水平 P。求：1) 总需求函数；2) 价格水平为 5 时的总需求；3) 如果存在政府购买支出 50 时的总需求函数；4) 货币供给增加 20 时的总需求函数。

11. 在不考虑资本流动和汇率变化的情况下，已知一国的产品市场宏观经济模型如下：$Y = C + I + X - M$，$C = 40 + 0.8Y$，$I = 50$，$X = 100$，$M = 30 + 0.2Y$，$Y_f = 500$，Y_f 为充分就业的国民收入。求：1) 外贸乘数；2) 产品市场均衡时的国民收入和进出口；3) 使贸易平衡的国民收入；4) 实现充分就业时的进出口。

12. 已知某国净出口方程为：$NX = 150 - 0.2Y + 0.8E\dfrac{P}{P_f}$，均衡国民收入为 $Y = 1\,500$，消费函数 $C = 100 + 0.7Y$，$I = 350$。在不考虑政府部门的情况下，分别计算相对价格水平为 2 和 1 时的汇率水平和外贸收支平衡情况。

第十三章 宏观经济政策

国民收入决定理论表明,市场机制下的经济体系能够得到均衡的国民收入,但是均衡的国民收入并不一定是社会资源得到充分利用的潜在GDP,而可能是一种经济衰退的均衡。宏观经济学产生和发展的基本点就在于它阐明国家对经济进行适当干预的必要性,在于宏观经济政策理论的提出和运用。本章介绍宏观经济政策的基本原理,包括政府实行经济干预的财政体制和货币银行体制、宏观政策手段以及宏观经济政策的选择。

第一节 公共财政

政府是经济体系的一部分。本节的目的是阐述政府的经济行为是如何产生的以及这些经济行为如何影响经济体系的运行。弄清这两方面问题是认识政府宏观经济政策的理论基础。总体上说,政府的经济行为包括公共支出、公共收入以及公共收支计划(即政府预算)。

一、公共支出

公共支出(public expenditures)是指政府为履行职能而支出的各种资金。如果政府决定以一定的数量和质量向社会提供公共物品和服务,那么公共支出实际上就是政府进行这些活动付出的成本,或者说公共支出是政府行为的成本。公共支出的数额大小及其变动,反映了政府介入社会经济生活的规模和范围以及政府对社会经济生活的影响程度。

1.公共支出的分类

公共支出根据不同的目的和标准有不同的分类,从理论研究和实际应用的角度看主要有两种分类,即理论分类和预算分类。

1)理论分类

按公共支出的性质,可以将公共支出分为政府购买和转移支付。政府购买反映了政府购买物品和服务的活动,既包括政府进行日常政务活动的支出(如行政管理费),也包括政府进行投资的支出(如政府各部门的投资拨款)。在政府购买过程中,政府同其他经济主体一样,以物品或服务的购买者身份出现在市场,付出资金,得到相应的物品和服务,因而对社会生产、就业以及总需求产生直接影响。不同的是,政府购买并运用这些物品和服务的目的,是履行政府的经济职能,满足公共需要,而家庭和企业购买物品和劳务是为了满足私人需要。政府购买支出反映了公共部门占用社会资源的要求。由于公共部门运用了这部分社会资源,就排除了私人部门运用这部分资源的可能性。因此,这类支出应计入 GDP。政府的转移支付表现为资金无偿、单向转移,包括支付养老金、债务利息、补贴、失业救济金等。在政府转移支付过程中,政府付出了资金,却没有获得相应资源,政府充当了国民收入再分配的组织者,将国民收入在社会成员之间进行再分配。因此,政府转移支付对国民收入分配产生直接影响,而对社会生产、就业以及总需求的影响则是间接的。

2)预算分类

公共支出反映了政府部门在履行职能时支配和使用的资源,即政府行为的成本。从政府财政预算编制出发,有必要按政府职能及其机构组织的设置,从统计核算的角度将公共支出进行分类。一般划分为行政管理支出(如国家首脑、权力及行政机构、司法及公安机构的管理费用等)、国防支出(如军事装备、人员给养、军事科研、对外军援等支出)、文教科技卫生支出、社会保障支出(如失业保险、养老保险、伤残救助、社会救济等支出)、经济建设支出(如国营企业、公共经济、农业援助、物资储备、对外经济援助等支出)、外交事务支出(驻外使领馆、国际会议、国际组织、外事机构等支出)、环境保护和自然资源支出、政府债务支出(如公债利息、公债清偿、公债管理等支出)以及其他支出。

2.公共支出的增长

1)瓦格纳定律

伴随一国国民经济的发展以及社会进步,政府职能的着力点也相应发生变化。纵向考察政府职能的演变过程,就会发现政府职能的着力点首先由政治职能向经济职能转变,然后再由经济职能向社会管理职能转变。在这一演变发展过程中,政府的活动范围不断扩大,公共部门的支出不断增加。进入 20 世纪以来,世界各国政府的公共支出,无论是绝对量还是占国民生产总值的比重呈上升态势。有关统计资料表明,1900 年英国的公共支出为 2.8 亿英镑,1995 年上升为 2 927 亿英镑;美国的公共支出则由 1890 年的 8 亿美元上升到 1995 年的 15 907 亿美元。目前,经济合作和发展组织(OECD)各成员国的政府支出占 GDP 的比重均在 30%以上。

19 世纪德国经济学家瓦格纳通过对当时欧洲国家以及日本、美国公共支出的考察,研究了政府公共支出占国民生产总值比重的变化,提出了"政府活动扩张法则"(The Law of Expanding State Activity)。这一法则概括了各国公共支出不断增长的趋势,反映了当时各国公共支出的实际情况,而且也适用于解释 20 世纪各国公共支出的增长状况。后来,一些经济学家对瓦格纳的观点进行了研究,将其研究成果概括为"公共支出不断上升的规律"(Law of Rising Public Expenditure)或"瓦格纳定律"(Law of Wagner)。

瓦格纳对政府公共支出增长的分析主要基于以下几点。首先,伴随社会经济的发展,需要不断完善国内外法律规章,以提供市场机制发挥作用所必需的"社会环境条件"。其次,工业化发展过程中伴随而来的管理集中化、劳动力专门化以及经济结构和经济当事人之间关系的日益复杂化,要求公共部门活动加强。第三,在物质生产部门劳动生产率提高方面,规模较大的公营企业要比规模较小的私营企业优越,政府从事物质生产的经济活动越来越多。第四,政府提供的公共物品和服务的范围越来越大,诸如教育、卫生、交通、银行、城市公用事业等项目,一般具有自然垄断的属性,投资数额大,且具有很强的外部效应。考虑到社会公众利益,客观上要求政府介入其中,提供相应的物品和服务。

综上所述,瓦格纳认为,政府活动不断扩张所导致的公共支出的不断增长,是社会经济发展的一个客观规律。"瓦格纳定律"是基于经验分析得出的结论,反映了19世纪公共支出不断增长的趋势。但瓦格纳将国家假设为"像单一的个人那样从事活动",似乎这种类似个人一样的国家活动与其他社会成员没有必然的联系。这是瓦格纳定律的主要局限,从而导致其不能全面反映政府公共支出的变动情况以及由此带来的影响。

2)公共支出增长原因分析

瓦格纳关于公共支出不断增长的理论提出后,人们发现,在一个较长的历史时期内,公共支出的绝对量不断增长的确是客观趋势,并且具有普遍性。因此,对于公共支出增长原因的分析就十分必要了。一般来说,导致公共支出增长的原因可从需要与可能两方面分析。

从公共支出需求的角度看,导致公共支出增长的主要原因如下。

(1)经济干预的加强　政府大规模地介入经济始于1929~1933年西方经济危机之后。第二次世界大战期间,政府的经济管制扩大了公共开支规模。战后,伴随各国经济在通货膨胀和萧条之间波动,政府对经济的干预不断加强,公共支出急剧膨胀。

(2)军备的加强　为了捍卫国家主权,保卫领土完整,国防开支必不可少,而现代科技发展引致了国防建设投资规模增加。有些国家穷兵黩武谋取海外利益,军备支出更加与日俱增。

(3)政府机构的增扩　随着社会进步和经济、文化的发展,政府不仅要承担妥善处理经济事务的职责,更要承担社会公共事务的管理与服务的职责。面对动态、复杂的社会巨系统,客观上要求国家职能不断健全,范围不断扩大。庞大的国家机器运转需要巨额经费支持,公共支出不断增加。

(4)社会福利事业的发展　第二次世界大战以后,各国经济社会发展进入新的阶段,各国政府的一项重要职责就是不断完善社会福利事业。随着社会福利事业规模的日益扩大,用于这方面的公共支出也相应增加。社会福利支出主要包括两大类,一类是公共教育、公共保健、社会文化等项支出;另一类是各种财政补贴、补助、养老金、失业救济金、捐赠、债务利息等直接用于补助居民的公共转移支出。前者可以提高居民的文化与健康水平,有利于促进社会劳动生产率的提高,属于人力资本投资;后者对于保障社会公平、维护社会稳定具有重要作用。

从财政资源供给的角度看,导致公共支出增长的主要原因有:①经济发展、国内生产总值及财政收入增加;②税收征管机制不断完善以及从课征间接税为主扩大到以课征直接税为主,课税范围扩大;③发行公债更为便利和经常化。金融体系完善、资本市场的发展为公债发行提供了便利条件。公债发行已成为各国政府进行总需求管理的重要手段。

二、公共收入

1.公共收入的含义及原则

公共收入(public revenue)亦称为财政收入或政府收入,是指政府为履行职能而筹集的资金。对于公共收入,首先应将其视为一个过程,公共收入的形成是政府将企业、家庭的部分收入转移到公共部门的过程;其次,公共收入体现了国家进行国民收入再分配和调节国民收入初次分配的管理职责,反映了国家与社会公众、各类组织的分配关系。

公共收入的筹集过程实际上是政府所提供的物品或服务成本的分配过程。从社会公平与社会效率的角度看,公共收入的筹集必须遵循一定原则,主要包括支付能力原则(ability to pay principle)和受益原则(benefit principle)。

支付能力原则是指政府所提供的物品或服务成本的分配,要与社会成员的支付能力相互关联。这一原则反对不分收入的高低而平均分摊政府所提供的物品或服务的成本,主张多收入者多支付,个人所得税实行累进税率就体现了这一原则。如果这一原则能够得到很好地贯彻,再通过财政的转移支付,就可以在一国国民财富既定的前提下,提高社会成员的整体福利水平。

受益原则是指政府所提供的物品或服务的成本分配,要与社会成员从政府所提供的物品或服务中获得的利益相互关联。按照受益原则,公共收入中的规费和使用费是最理想的形式,因为规费和使用费具有类似价格的功能,能直接将物品或服务的成本分配给消费者。

2.公共收入的形式

公共收入通常可分为税收、公债和其他收入三大类,其中税收是公共收入的主要形式。

1°税收

税收是国家为了履行职能,按照法律规定的标准,强制地、无偿地取得财政收入的一种形式。

1)税收的特征

与其他财政收入形式相比,税收具有强制性、无偿性和固定性三个基本特征。税收的强制性是指税收是国家凭借政治权利,以法律的形式强制课征,应纳税者必须履行纳税义务,应纳而不纳要受到法律制裁。税收的无偿性是指国家征税后,既不需要偿还,也不需要对纳税人支付任何代价,税收的无偿性是以强制性为条件的。税收的固定性是指在国家征税之前,预先规定了征税对象和征税的数额或比例,税收的固定性有利于保证国家财政收入的稳定,也有利于维护纳税人的合法权益。总之,税收的强制性决定着税收的无偿性,而税收强制性和无偿性又要求税收具有固定性。这三者是统一的,缺一不可,否则就不是税收。

2)税收的要素

税收制度具有三个基本要素,即纳税人、课税对象和税率。纳税人亦称纳税义务人,或称纳税主体,是法律规定的直接负有纳税义务的单位或个人,亦称法定直接纳税人。纳税人可以是自然人(公民个人和个人合伙),也可以是法人(依法成立并能独立行使法定权利和承担法律义务的社会组织)。法律上的纳税主体和经济上的纳税主体有所不同,经济上的纳税主体是税收的实际负担人或称负税人,法定直接纳税人与负税人不一定完全一致,这涉及税收负担的转嫁与归宿问题。只有当纳税人不能将所纳税款转嫁他人时,才成为完全的负税人。课税对象亦称课税客体,是国家征税的基本依据,即明确对什么征税。课税对象规定着征税的范围,是确定税种的前提条件,不同的课税对象决定了税收的不同种类以及各种税收的征收特点。比如,所得税的课税对象是所得;财产税的课税对象是财产。课税对象的数量表现称为课税基数或计税依据。比如,所得税的课税对象是所得额,但这只是质的规定性。为了明确纳税人到底应纳多少税,还需要依据税法规定计算出特定纳税人所得额是多少,即明确课税对象的计税依据。课税对象的计税依据的计量单位有两种,一种是按财产或商品的实物单位计量,另一种则是按货币单位计量。采用前者来计量征税称为从量税,采用后者则为从价税。税率是税额与课税对象数额之间的比例。税率是税收制度的一个核心要素,在课税对象既定的前提下,税额和税负的大小取决于税率的高低。税率的高低直接关系到国家财政收入和纳税人的负担。税率在实际操作中具体分为比例税率、累进税率、累退税率和定额税率。比例税率是不论课税对象的数额大小,只规定一个课税比例的税率。累进税率是按照课税对象数额的大小,规定不同等级的税率,课税对象数额越大,税率越高。累进税率进一步又可分为全额累进税率和超额累进税率。全额累进税率是随课税对象数额的增加而增加,全部应税数额都适用相应的最高等级的税率课征。超额累进税率是将课税对象的数额划分为若干等级部分,对每个等级部分分别规定相应的税率,分别计算税额,然后加总即为应征税额。累退税率是按照课税对象数额的大小,规定不同等级的税率,课税对象数额越大税率越低。定额税率是按单位课税对象直接规定一个固定税额。定额税率通常适用于从量定额征收。比如,一辆汽车计征一定的牌照税,一个杂货店计征一定的营业执照税,每进口一桶酒计征一定的进口税等。

3)税收的分类

构成一个国家完整税收体系的各个税种,根据不同的标准有不同的分类。

根据课税对象的不同,可以将税收划分为所得税、流转税、财产税等。所得税是直接依据纳税人的所得额或收益额征收的税,如个人所得税、企业所得税;流转税(商品税)是依据商品或劳务买卖中的流转额或增值额课征的一种税,如营业税、增值税、消费税;财产税是对纳税人拥有或支配的财产课征的一种税,如房地产税、遗产税。

根据税负能否转嫁,可将税收分为直接税和间接税。直接税税负难以转嫁,间接税税负可以转嫁。

根据税收的计征标准,可分为从价税和从量税。从价税按课税对象的价值量计税,从量税按课税对象的实物量计税。

根据课征对象所在市场不同分为产品税和要素税。课征对象在产品市场上的税是产品税,在要素市场上的税是要素税。

根据税收与价格的关系可分为价内税和价外税。价内税的税额是计税价格的组成部分,如中国的消费税;价外税的税额不是计税价格的组成部分,如中国的增值税。

根据税收的用途可分为一般税和特定税。一般税是满足一般财政支出需要的税收,特定税是用于特定财政支出需要的税收,如社会保障税。

根据课税所采取的税率分为累进税、比例税和定额税。

根据税收的归属关系,可分为中央税、地方税和共享税。

4)税收的原则

在现代市场经济发展过程中,政府对宏观经济运行的调控作用及力度不断加大,税收在国民收入中无论是绝对量还是相对量都十分可观。比如,在美国经济中,每生产 3 美元就有 1 美元归政府所有,社会公众对政府如何征收公共收入给予了极大的关注。2001 年诺贝尔经济学奖得主、美国经济学家约瑟夫·斯蒂格利茨(Joseph E. Stiglitz)从健全的税收制度应具有的特点的角度,阐述了现代税收的原则①。斯蒂格利茨的观点代表了税收原则的现代解释。他认为一个税收制度是否健全的评价标准应是公平、效率、管理便捷、灵活性和透明度②。

(1)公平　公平是评价税收制度的首要标准。税收公平具体体现为两个原则:一是横向公平(horizontal equity),即经济境况相同或相似的人,应当缴纳相同或相似数量的税额;二是纵向公平(vertical equity),即经济境况好的人与经济境况差的人相比,应当缴纳更多的税额。显然,公平原则是建立在支付能力的基础之上,同等能力应该同等奉献(equal sacrifice)。

(2)效率　所有的税收都会对社会经济生活产生影响,高税率会挫伤公众工作和储蓄的积极性,会妨碍经济运行的效率。因此,税率要适当,筹集税收给纳税人造成的成本应当最小。税收制度应尽可能不干扰正常社会经济秩序和社会资源配置的效率。同时,税收的效率原则还体现在,税收制度的许多规定具有鼓励某些经济活动而抑制其他经济活动的功能。比如,所得税制度允许用幼儿保育费来抵冲应纳税额,这意味着政府用这种办法对幼儿实行补贴。同理,当厂商投资于 R&D 项目时,这些开支就可能降低他们的应纳税额。这类安排被称为税收补贴(tax subsidies)。政府的税收补贴就如同政府直接将资金投入到幼儿保育或 R&D 方面一样。对政府来讲,由税收补贴造成的收入损失被称为税收支出(tax expenditure),也称税式支出。

(3)管理便捷　税款的征收与税制的管理对政府和纳税人来说都是有成本的。为了保证税收公平并具有效率,税法变得更加复杂。高税率使个人和厂商值得花精力去设法避税。税法正是从政府与纳税人之间的博弈中演变而来:每当发现一种新的减少纳税的办法,就会修改税法,堵塞漏洞;而当另一个漏洞出现时,又会进行另一项修改……于是,一方面,现代税收制度表现出国家的税法汇编可谓卷帙浩繁,复杂的税法使

---

① 参见斯蒂格利茨著《经济学》(第二版),中国人民大学出版社,2000 年 9 月,第 480 - 486 页。
② 应该注意的是,与经济学的观点不同,财政学一般的观点是:效率和公平是现代财政学的两大基本原则。

逃税变得日益困难;另一方面,复杂的税法似乎又难以做到管理便捷。因此,所谓的管理简便,只能是在税法出色地履行其各项原则基础之上管理便捷。

(4)灵活性　灵活性是指税收制度能伴随社会经济环境的变化而调整,即税率可根据客观需要适时调整。

(5)透明度　一个健全的税收制度应该使每个纳税人知道为什么纳税。透明度原则类似于“真实广告”原则,既然纳税人是公共物品或服务的消费者,纳税人应当知道自己(以及其他纳税人)为了得到物品或服务要付出的代价。

2°公债

公债是政府为了履行职能的需要,依据信用原则,有偿、灵活地取得公共收入的一种形式。

1)公债的特点

与税收相比,公债具有以下特点。①公债发行的基础是国家的信用。正是基于这种信用,资金持有者自愿购买,不具有强制性。显然,尽管公债发行也是将社会上的一部分资源转移到公共部门形成公共收入的过程,但与税收相比不同的是,政府发行公债不是凭借政治权利,而是以债务人的身份出现在市场上,筹措为履行职能需要的资金。②公债发行是有偿的。政府通过发行公债取得的公共收入必须按期偿还,并支付利息。③公债发行具有灵活性。公债的发行不像税收那样,通过法律形式预先规定。是否发行公债、何时发行、发行多少、期限长短等,完全由政府根据公共收支的状况决定,具有很大的灵活性。

2)公债的功能

从历史上看,公债是作为弥补公共收支差额产生的。当公共支出大于公共收入即出现财政赤字时,弥补财政赤字便成为公债的最基本职能。但是应该看到,弥补财政赤字的方式有多种,比如增加税收、增发货币、发行公债。发行公债仅仅是弥补财政赤字的诸多方式之一。那么,为什么说弥补财政赤字是公债的最基本职能呢?这需要将公债与其他形成公共收入的形式作一比较。增加税收可以增加公共收入弥补财政赤字,但增税受到经济发展状况和经济周期(财政赤字多发生在通货紧缩时期)的客观限制。如果无视经济状况而强行提高税率或增设税种,则无异于竭泽而渔,最终导致税源枯竭。同时,增加税收会招致纳税人的反对,改变税制要受到立法程序的制约,短期内难以奏效。增发货币固然可以增加公共收入,但过多发行货币势必导致通货膨胀。相比之下,通过发行公债弥补财政赤字,可以有效地规避政治和经济风险。

当然,公债发行的本身也是一柄双刃剑,有利也有弊。如果发行的时机和规模不当,同样会形成社会资源配置的逆调节,造成对宏观经济正常运行的伤害。这可以从两方面加以说明。一方面,当社会业已实现了充分就业,国民收入 Y 一定,收入扣除消费形成的储蓄($S=Y-C$)给定,由于 $S=I+(G-T)$,政府因 $G>T$ 而举债,这将引致社会公众用储蓄资金购买公债,而不是通过储蓄将资金借给企业进行生产性投资,结果这种政府举债(尤其是大规模举债)将挤出了企业生产性投资,这称为“挤出效应”(crowding out effect),并导致社会生产能力的萎缩,影响了经济增长。另一方面,当社会没有达到充分就业,政府举债增加公共支出的作用是吸收社会闲置资源而产生有效需求,将诱导社会生产能力的扩张,刺激有效需求,增加就业岗位,并借助乘数效应成倍数地放大收入,同时,新增收入在扣除正常消费后,将引致储蓄增加,于是便出现了“挤入效应”(crowding in effect),即新增投资不仅仅来自于储蓄存量,还来自于政府举债所带来的储蓄流量。

此外,从经济可持续发展的角度看,由于政府举债形成的公共收入用于当代人,而偿债义务由后代人承担,由此导致代际间因公债(尤其是长期公债)出现收入分配不公平的状况。1986年诺贝尔经济学奖得主詹姆斯·布坎南(James M. Buchanan)运用其首创的公共选择理论,解释了西方国家产生巨额财政赤字的政治原因。他认为财政赤字通过发行巨额公债来平衡,财政赤字使得所有经济利益为当代人,即今天的投票人和政治家所得,而后代人有些在当前的决策中尚未拥有投票权的人,却要承担起大部分成本。

3)其他公共收入形式

除了税收和公债外,政府还可以通过其他方式取得公共收入,这主要包括四个方面。

(1)政府引致的通货膨胀(government induced inflation) 这是指政府为弥补大量公共支出而扩大货币供给,造成货币贬值、物价上涨。政府引致的通货膨胀实质上是一种社会资源的再分配,其分配效应是将私人部门占有的一部分资源转移到公共部门。这同税收功效是一样的,只不过采取了较为隐蔽的形式,故被人们形容为“通货膨胀税”。政府引致的通货膨胀通常是通过向中央银行透支或借款的途径而发生的。

(2)规费 规费是政府部门为居民提供某种特定服务或实施行政管理所收取的手续费或工本费,主要包括两大类。一类是行政规费,是政府部门在从事各种行政服务性活动是所收取的费用。具体包括内务规费(如户籍规费)、外事规费(如护照费)、经济规费(如商标登记费、商品检验费、度量衡鉴定费)、教育规费(如毕业证书费)和其他行政规费(如会计师、律师、医师等的执照费)。另一类是司法规费,主要是诉讼规费(如民事诉讼费、刑事诉讼费)、非诉讼规费(如财产转让登记费、结婚登记费、出生登记费、遗产管理登记费、继承登记费等)。确定政府各种规费收费标准的理论依据主要有两个方面。一是成本原则,即根据政府部门提供相应服务所需成本来确定规费的收取标准。二是受益原则,即根据居民从政府部门提供的服务中所获取收益的大小确定规费的收取标准。

(3)使用费 使用费是指社会公众在使用了特定公共设施或公共服务后所交纳的费用。按照受益原则,使用者享受了政府提供的特定公共物品或服务,就应为此支付一定的费用,也就是说为受益付费。政府提供的特定公共设施主要指公路、桥梁、供水系统、下水道、娱乐设施等,公共服务主要指公共保健、疫苗接种等。政府收取的使用费实行专款专用,仍然要用于特定公共设施的建设与维护。同时,政府收取的使用费一般低于所提供的公共物品或服务的成本,差额部分由政府补贴。政府收取使用费,除了可以为政府筹集一部分公共收入外,更重要的是,使用费收取过程的本身就是政府对公共物品实施有效管理的过程。收取一定的使用费,有利于治理特定公共设施的“拥挤”现象,提高社会公共设施的资源配置效率。

(4)捐赠　政府的公共收入有时也可能来自个人或组织的捐赠。这种捐赠往往发生在特殊的场合或背景下。比如,在战争或自然灾害发生时期,政府为了向贫困家庭提供救助而建立特别基金,并希望人们对基金提供捐赠。在平时,政府也鼓励个人或组织帮助提供原本属于政府职能范围的公共物品或服务。在公共教育、医疗保健等具有显著正外部性的领域,经常会得到来自个人或组织的捐赠。捐赠作为一种公共收入的形式,一方面基于捐赠者的公益价值取向,另一方面,捐赠者得到了政府的激励,比如税收减免等。

三、政府预算

政府的收支决策是通过预算的编制过程完成的。在预算的编制过程中,一方面要考虑公共收支的合理规模及其结构问题;另一方面,要考虑财政资源配置对社会经济的影响。

1.预算的含义及功能

预算是政府在每一个财政年度的公共收支一览表。简言之,预算是政府的公共收支计划。政府预算的功能主要体现在三个方面。一是反映了政府的公共收支状况。预算是按一定的标准将公共收入和公共支出分门别类地列入特定的表格,反映了政府的各项收入的筹措和使用的情况。二是反映了政府活动的范围。预算的编制是政府对公共收支的计划安排,预算的实施过程就是政府的公共收入筹措和使用的过程,预算的执行结果形成决算。因此,预算反映着政府介入社会经济生活的范围、规模和程度。三是体现出对公共支出的控制。预算必须经过国家立法机关的审批才能奏效,并最终形成国家的重要法律文件,从而使政府的支出被置于公民、代议机关的监督和制约之下,通过这一机制形成了对公共支出规模的有效控制。

2.预算的形式和方法

预算在形式上可以分为单式预算和复式预算。单式预算是政府所有的公共收支计划通过一个统一的计划表格来反映,不以特定种类的收入满足特定支出的需要。早期的政府预算均采用单式预算。伴随社会经济发展和政府职能不断扩大,单式预算已无法反映政府活动的全貌,单式预算就演变为复式预算。复式预算是指公共收支计划通过两个或两个以上的表格来反映,在不同的表中有特定的收支对应关系。

预算在编制方法上可以分为基数法预算和零基法预算。基数法预算是政府的收支计划在前一年预算基础上,参照本年度社会经济发展加以调整而确定。零基法预算是政府在编制本年度预算时,一切从零开始,对原有的各项开支项目重新核定,而不是停留在修改上一年度预算或审查新增项目上。

3.预算理论

从世界各国公共财政的发展历程看,政府预算的理论主要有以下三种。

1)平衡预算

平衡预算是将市场自动平衡观念应用于政府财政的传统理论,基本出发点和归宿是追求没有赤字(deficit)的收支平衡预算。平衡预算理论在实践上有两种表现形式。一是年度平衡预算。在年度平衡预算应用的初期,侧重于消极的量入为出,即估计每年能够取得多少公共收入,然后据此决定公共支出。后来演变为积极的量出为入,即估计公共支出的需求规模,再决定公共的收入。这种理论的局限性在于,一旦公共收入不能按预算完成或需要追加公共支出,财政的收支平衡将受到影响。尤其是现代经济社会已发展成为动态、复杂的巨系统,刻意追求年度收支平衡可能引发经济波动。二是周期平衡预算。周期平衡预算是根据经济周期的波动提出的预算。在经济萧条时,增加公共支出,刺激经济复苏;在经济繁荣时,减少公共支出,抑制过热的经济。在一个经济周期内,政府财政以丰补欠,实现收支平衡。相对于年度平衡预算来说,周期平衡预算视野较宽、较灵活,追求的是一个较长期限内的均衡,带有一定的政府干预色彩,比较接近于功能预算。但这种方法由于很难准确估计衰退和繁荣的时间和程度,财政盈亏更不会相等,故实施起来较为困难。

2)功能预算

功能预算理论的核心是相机抉择(discretionary approaches),其理论的出发点强调政府应关注一国经济增长状况,而不必拘泥于预算的平衡,政府财政收支状况应服从、服务于宏观经济的调控。具体来说,政府财政预算不在于追求一般意义上的收支平衡,而在于追求没有通货膨胀的充分就业。为了实现这一目标,预算既可以是盈余的,也可以是赤字的。当国民收入低于充分就业水平时,政府应该实行扩张性财政预算,通过减少税收或发行公债以增加公共支出,实行赤字财政刺激投资和消费,实现充分就业。反之,当经济繁荣时,政府应该实行紧缩性财政预算,通过减少公共支出和增加公共收入来抑制需求的过快增长,缓解或消除通货膨胀压力。但这种预算思想也遭到了人们的质疑,在某些情况下,减税可能不会有力地刺激消费,消费者担心未来并认为减税不可能是持久的,于是,要将一部分额外资金储存起来。当预算赤字出现后,政府不得不转向资本市场为赤字筹款,企业和私人的投资将被挤出,用增加赤字的代价换取政府公共支出的增加。如果挤出了等量私人投资,对经济就不会有刺激作用。

3)充分就业预算

充分就业预算理论亦称结构性预算理论,是指政府按照当经济接近自然失业率(5%左右),即充分就业或高就业时政府应有的公共收入安排公共支出。这种预算理论认为,实际的财政收支受经济波动的影响,因而不必重视实际财政收支,只有充分就业预算的应有收支,才能真正体现财政政策的作用。这一理论在实施时有两个原则,一是充分就业下的预算平衡,即按95%左右的人都有工作的前提条件下设定税率,以便使预算收支能够平衡;二是边际预算平衡原则,即额外支出由额外税源来弥补,预算盈余通过减税来消除。但充分就业预算不一定促成充分就业,实施时往往导致充分就业预算赤字。

第二节　财政政策

财政政策是指政府根据既定经济发展目标,通过财政收入和财政支出的变动,以影响宏观经济活动水平的经济政策。财政政策是由支出政策、公债政策和税收政策等构成的一个完整的政策体系。财政政策是政府调控经济活动的主要政策之一,基本目标是维持充分就业、维持物价稳定和促进经济增长。

一、财政制度的内在稳定器

一般认为,现代财政制度具有自动调节国民经济的功能:在通货紧缩时,可阻止经济进一步衰退;在通货膨胀时,可抑制经济进一步扩张。无需改变政府政策就能使政府的财政收入和支出自动变动,从而自动减少国民经济波动,这种稳定经济的机制被称为内在稳定器(built in stabilizer)或自动稳定器(automatic stabilizer)。这种自动调节经济的机制主要体现在以下几方面。

1.个人所得税制度

个人所得税的征收有一个起征点或免征额,采取累进税率,具有自动调节和内在稳定的作用。具体来说,在萧条时期,由于商品积压、开工不足、失业增加,导致国民收入和个人收入下降。这时,纳税人适用的边际税率在自动下降,不仅符合纳税规定的人数在减少,而且适用于较高税率的人数也相应减少,累进所得税减少的幅度往往会超过个人收入的减少幅度,进而抑制了个人可支配收入的下降,使经济不致过度衰退。反之,在通货膨胀时期,国民收入和个人收入增加,适用的个人所得税的边际税率自动增加,税收的增加幅度会超过个人收入的增加幅度,从而抑制了消费和投资的过度增长,抑制了通货膨胀。

2.公司所得税制度

公司所得税的征收与个人所得税一样,也不是对企业的全部销售收入征税,应税所得允许依法扣除很多生产和销售成本,因此也相当于具有一定的起征点或免征额,并且有的国家采取累进税率,因此也同样具有自动调节经济的内在稳定作用。这种作用与累进税制度对个人所得税调节一样,在萧条时期抑制公司利润的下降速度,在通货膨胀时期抑制了厂商投资需求的过度膨胀。

3.政府转移支付制度

包括失业救济金和各种福利在内的转移支付的变化,伴随经济周期的循环变动而变动。失业救济金和各种福利支出的发放都有一定标准,发放的总量取决于失业人数和居民家庭的实际收入状况。在经济萧条时期,随着国民收入下降,个人收入也下降,失业人数增加。于是,符合享受失业救济金和困难补助条件的人数增加,政府转移支付的数额自动增加,从而有利于抑制消费支出的急剧下降,防止经济衰退的进一步加剧。反之,在经济繁荣时期,随着国民收入增加,就业人数和个人收入的增加,符合接受失业救济金和各种福利的人数在减少,政府的转移支付自动减少,从而抑制了消费支出的过快增长,缓解了通货膨胀压力。

4.农产品价格维持制度

农业是国民经济的基础产业,政府对农业产业的扶持通常体现在对农产品的价格实行补贴或支持方面,即政府通过制度安排,将农产品的价格维持在一定的水平上。在经济萧条时期，随着农产品价格下降，为维持政府对农产品的支持价格，政府用于收购剩余农产品的财政支出增加，政府购买农产品增加了农场主的收入，有利于维持其消费水平，同时，也形成农产品的国家储备或出口；在经济繁荣时期，农产品价格上涨，政府抛售农产品以平抑价格，政府在控制农产品价格上涨的同时，也增加了财政收入，使社会总需求的膨胀得到遏制。

上述分析表明，现代财政制度的内在稳定器对经济的稳定和调节作用的大小取决于以下三个因素。一是个人所得税和公司所得税的起征点。起征点越低，稳定和调节作用的力度就越大。二是税率的累进程度。累进程度越高，税收对收入的稳定和调节作用力度就越大。三是转移支付的规定条件。取得转移支付的规定条件越低，政府的转移支付的调节余地就越大，稳定和调节作用的力度就越大。

当然，内在稳定器在发挥作用时，也存在局限性。它必须与财政政策和货币政策协调配合，共同对经济运行施加影响，单凭自身作用不足以稳定经济。因为当经济出现通货膨胀或萧条时，内在稳定器只能缓解经济过热或过冷的程度，但却无法改变经济运行的总趋势。

二、相机抉择的财政政策

财政制度的自动稳定器是通过该制度适应经济状况而自动调整公共支出和收入，从而起到稳定经济的作用。但是仅仅依靠财政制度本身很难实现宏观经济目标，政府还必须根据经济状况，有选择地调整公共支出和收入，干预宏观经济的运行，实现宏观经济目标，这就是相机抉择的财政政策。

1.相机抉择财政政策的手段

这个手段包括财政支出、财政收入两个方面的手段。财政支出方面主要是调整购买支出和转移支出。例如1998年到2005年，中国运用增发建设国债、扩大政府投资支出的手段，促进了国民经济持续快速健康发展，使国债和国家投资成为我国经济增长的“助推器”。同时，增加消费性支出和为公务员增加工资对促进消费需求增长起到了积极作用。

财政收入方面主要是税收，包括开征新税或取消原有税种，调整征税范围、税率、税基。例如，我国1994年进行税制改革时针对投资过热的经济环境设立了生产型增值税。增值税的税基为销售收入减中间投入品的成本。而从2004年开始，为促进投资的发展，决定向消费型增值税转型，将增值税税基改为销售收入减中间投入品成本、固定资产投资成本，缩减税基，减轻企业增值税负担。

2.相机抉择财政政策的类型

根据财政政策对总需求的影响方向，可以将财政政策划分为扩张性财政政策、紧缩性财政政策和中性财政政策。扩张性财政政策是对总需求起扩张性作用的财政政策，表现为政府扩大财政支出和减税，目的是增加总需求，抑制经济衰退；紧缩性财政政策是对总需求起紧缩性作用的财政政策，表现为政府缩减财政支出和增税，目的是减少总需求，抑制经济过热；中性财政政策是不对总需求规模产生扩张或收缩作用的财政政策,以不影响现有总需求与总供给的均衡状态。

例 13.1 中国财政政策的演变

1998 年以来,中国为应对亚洲金融危机,一直实行积极的财政政策。这种政策的实质是以发行公债支持的扩张性财政政策。1998 ~ 2003 年,中国累计发行长期建设国债 8 000 亿元,主要用于基础设施建设,扩大国内需求。据测算,国债每年拉动 GDP 增长 1.5 ~ 2 个百分点。

2004 年,中国原本计划增发 1 400 亿元长期建设国债,但在年初的本年度财政预算安排中,将 1 400 亿元规模调减到了 1 100 亿元。这可以看作是积极财政政策逐渐淡出的信号之一。

2005 年"两会"期间,中国决定开始实施稳健的财政政策。稳健的财政政策实质是中性财政政策。具体地说,就是适当减少财政赤字,适当减少长期建设国债发行规模,近期中央财政赤字规模大体保持在 3 000 亿元左右。而且,要按照科学发展观和公共财政的要求,着力调整财政支出结构和国债资金投向结构,不再重点投入基础设施建设,对与经济过热有关的直接用于一般竞争性领域的"越位"投入,要退出来、压下来;对属于公共财政范畴的,涉及财政"缺位或不到位"的,不仅要保,而且还要加大投入和支持的力度。按照既立足当前,又着眼长远的原则,在继续安排部分国债项目投资,整合预算内基本建设投资,保证一定规模中央财政投资的基础上,适当调减国债项目投资规模,腾出一部分财力,用于大力推进体制和制度改革创新,为市场主体和经济发展创造一个相对宽松的财税环境,建立有利于经济自主增长的长效机制。

3. 相机抉择财政政策运用的基本原则

凯恩斯宏观经济学主张通过实施需求管理,消除经济波动,政府对宏观经济调控采取"逆风行事"的策略,即逆经济周期波动的方向实施政策:在经济衰退时实行扩张性财政政策,在经济繁荣时实行紧缩性财政政策,在宏观经济正常运行时实行中性财政政策。

根据简单国民收入决定理论,在三部门经济中,国民收入的均衡条件是:

$$Y = C + I + G = C + S + T \tag{13-1}$$

上式所决定的国民收入均衡水平,并不一定就是充分就业的国民收入均衡水平(Y_F)(图 13-1)。如果国民收入均衡水平为 Y_1,则存在紧缩缺口 FE_F,需要政府采取扩张性财政政策;如果国民收入均衡水平为 Y_2,则存在膨胀缺口 E_FH,需要政府采取紧缩性财政政策。

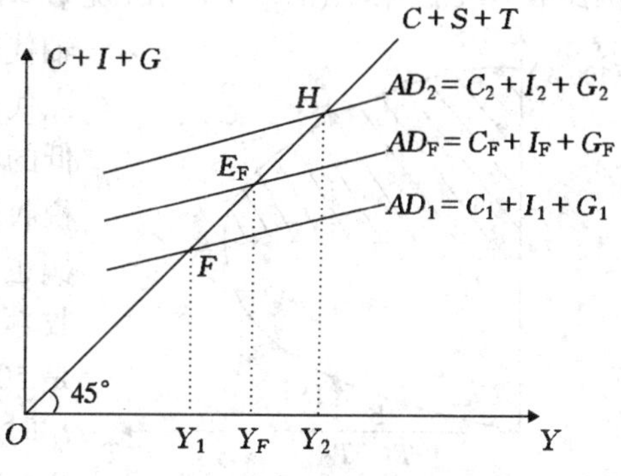

图 13-1 需求管理的财政政策

凯恩斯需求管理的财政政策实际上是将宏观经济运行分为经济衰退和经济繁荣两种情况,主张政府针对不同的情况分别采取扩张性和紧缩性的财政政策。扩张性财政政策就是在经济衰退时，通过增加政府支出 G、减少税收 T，以扩大消费 C_1 和投资 I_1，从而刺激总需求 AD_1 上升到充分就业所要求的总需求 AD_F，实现达到充分就业的均衡国民收入水平 Y_F。紧缩性财政政策就是在经济繁荣时，通过减少政府支出 G、增加税收 T，以减少消费 C_2 和投资 I_2，从而抑制过热的总需求由 AD_2 下调到 AD_F，实现达到充分就业的均衡国民收入水平 Y_F。

三、关于财政政策选择的不同观点

财政政策常常是经济学家们争论得最激烈的问题。对于财政政策运行的特征，以及政府应当通过财政政策在经济活动中扮演怎样的角色，一向是众说纷纭，这里介绍凯恩斯经济学之外的两种观点。

1. 供给学派的财政政策

供给学派是20世纪70年代中期在美国兴起的一个经济学派。该学派针对政府实行凯恩斯需求管理政策而出现的“滞胀”(stagflation) 局面，着重从供给管理的角度研究政府的经济政策。尽管该学派尚未形成完整的理论体系，但由于其经济主张被后来的美国里根政府所采纳，因而对实际经济生活产生了较大的影响。

1) 理论观点

供给学派认为，凯恩斯需求管理政策是错误的。一方面，需求增加不一定形成实际产量的增长，政府支出增加的是非生产性供给，很可能增加货币量，引起物价上涨，储蓄率下降，这又导致利率上升，影响投资的增长和技术进步。只要需求的扩张超过实际生产的增长，通货膨胀就不可避免，在这种情况下，生产停滞或下降，形成滞胀局面。另一方面，政府的高税收政策严重挫伤了厂商生产积极性和劳动者劳动的积极性，使储蓄减少，利率上升。而高税收必然使投资萎缩，导致生产增长缓慢，削弱商品在国际市场上的竞争力，造成国际收支赤字增加，加剧通货膨胀。同时，政府的高边际税率不仅挫伤了厂商和居民的积极性，而且政府也未必从高税率中得到好处(税收额)。供给学派的代表人物阿瑟·拉弗(Arthur Laffer) 提出的拉弗曲线(Laffer curve) 说明了这一点。

拉弗曲线是用来说明税率与税收额相互关系的一条曲线。由于税收额 T 等于税率 t 与国民收入 Y 的乘积($T = tY$)，故税率降低并不一定会减少税收额。在图 13－2 中，横轴代表税收额，纵轴代表税率。在拉弗曲线上，A 点代表较高的税率和较低的产出量，B 点代表较低的税率和较高的产出量，但二者给政府带来的税收额是完全相同的。同理，C 点和 D 点的税收额也是完全相同的。在 E 点，税率为 t_e 时，政府税收额 T_e 达到最大，t_e 为最优税率。拉弗认为，t_e 不是 50%，t_e 最终由民意所决定。当实际税率低于 t_e 时，公众愿意以劳动代替闲暇，以储蓄和投资代替消费，因此，税基增大，税收额增加；当实际税率高于 t_e 时，公众宁愿以闲暇代替劳动，以消

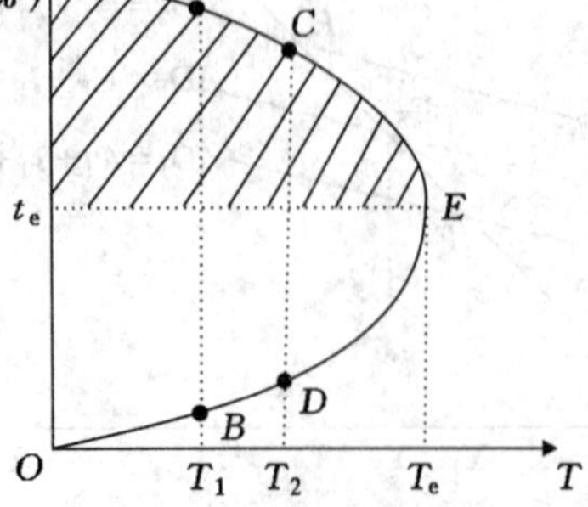

图 13－2　拉弗曲线

费代替投资，并设法逃税，导致税基缩小，税收额反而减少。所以高于 t_e 的税率被称为是“税收禁区”（即图中阴影部分）。如果政府在“税收禁区” 征税，不仅不能有效增加税收额，白白承担骂名，而且还极大地挫伤公众积极性，降低经济活力，导致生产率下降，难以形成有效供给。

2) 政策主张

供给学派的政策主张主要体现为“三减一稳”，即：减税（降低税率）以刺激供给；减少政府的公共支出，以解决赤字财政问题；减少政府的干预和政府对企业的管理规制，以充分发挥市场的调节作用；稳定币值，实行限制性的货币政策，建议恢复金本位。

3) 政策效果

供给学派的政策主张，对于里根和克林顿执政期间的美国经济发展起到了一定的积极作用。但在实践中也暴露了供给学派政策理论的种种缺失。比如，减税对社会公众的刺激作用毕竟是有限的，减税未必会增加储蓄和生产性投资；减税往往刺激了社会需求的增加；减税主要削减了边际税率，对高收入者更有利，形成“劫贫济富”。

2. 卢卡斯批判

1981 年，美国芝加哥大学教授乔治 · 卢卡斯（George Lucas）发表了“关于使用计量经济方法进行政策评估的批判” 论文。卢卡斯认为，传统的政策制定方法未能充分考虑预期对经济政策的作用。预期在经济活动中的作用是辩证的，预期会影响社会公众的经济行为，而预期又取决于多种因素，其中包括政府的经济政策。社会公众的预期是对政府经济政策变动做出的反应，并对政府政策形成反作用，从而抵消政策效应。显然，这对凯恩斯学派所主张的积极干预政策提出了有力的批判。政策制定过程通常首先根据历史记录来测定经济结构，即函数关系和常数结构变量，然后再输入政策变量值，用这个函数关系去预测未来的产出值。或预先确定一个理想的未来产出目标值，再通过函数关系来确定政策变量值。这种看似严谨的政策制定过程具有致命的缺失，即错误地将结构变量都看作是常量。这些结构变量实际上是一组行为变量，会随人们对经济环境的反应而发生变化，将它们视为常量则意味着无视社会公众对经济环境的反应，这显然是不科学的。事实上，在社会经济生活中，社会公众都会有意识地收集与自身利益相关的各种信息，并做出理性地调整其经济行为。在此前提下，政府所制定并实施的各种政策都会被社会公众所觉察并做出反应。

在凯恩斯学派看来，总供给曲线是没有生命力的。而卢卡斯则认为，总供给曲线是可变的，富有生命力的，它会对政府的政策做出反应，政策的制定者必须正确地认识和把握这种反应。凭借对凯恩斯学派经济政策的批判，卢卡斯奠定了在新古典宏观经济学中的重要地位。

第三节　银行体系和货币供给

一、银行体系

宏观经济学一个重要内容是分析货币市场上货币供给与需求以及决定均衡利率。在货币市场上，市场的参与者除了一般工商企业、各种机构和个人(可以统称为货币市场上的公众)之外，银行体系是最为重要的。这一体系包括中央银行、商业银行和其他金融机构。

(一) 中央银行

虽然中央银行也被称作"银行"，但它并非一般意义上的银行，而是一种政府管理机构。它的目标不是利润最大化，而是维护整个国民经济的稳定和发展。中央银行的出现要比一般的银行晚得多，但是自二战结束以来，中央银行制度已经为世界各国普遍采用，并在各国的金融体系管理、货币政策实施等方面占据着核心地位。了解中央银行的特点、职能和作用，有助于把握整个金融体系的运作，并为货币供给、货币政策等方面的讨论奠定基础。

1. 中央银行的特点

与商业银行相比，中央银行具有三个方面的特点：① 不以营利为目的；② 不经营商业银行和其他金融机构的业务；③ 具有服务机构和管理机构的双重职能，而且中央银行服务的对象是政府、商业银行和其他金融机构，而不是一般的存贷客户。同时，中央银行是代表政府管理金融的机构，政府赋予它很多职权，并通过它执行政府货币政策。

2. 中央银行的职能

中央银行的基本职能，一般被归纳为发行的银行、银行的银行和政府的银行三个方面。中央银行正是通过这些职能来影响货币供给量、利率等指标，实现其对金融领域和整个经济的调节。

1) 发行的银行

中央银行是发行的银行。这包括两方面的含义：首先，中央银行垄断银行券的发行权；其次，中央银行作为货币政策的最高决策机构，在决定一国的货币供应量方面具有至关重要的作用。

中央银行制度的一个基本特点是由中央银行垄断银行券的发行。中央银行发行的银行券作为现钞(即纸币)在全国范围内流通①。发行银行券是中央银行最重要的资金来源。中央银行发行的银行券，一部分形成银行等金融机构的库存现金，大部分则形成流通中的现金。

---

① 除了现钞之外，流通中的现金还包括少量硬币。硬币的铸造和发行在有的国家(如中国)由中央银行负责，有的国家(如美国)则由财政部负责。

由于印刷银行券的费用和银行券的面值相比是微不足道的,因此拥有银行券发行权的中央银行就掌握了一种重要的收入来源,即铸币收入(seigniorage)①。这种收入又通过中央银行利润上交的形式转化成中央政府的财政收入。因此,中央银行独占银行券发行的最终结果是使政府掌握了一笔巨大的财源。许多时候,通过增加铸币收入来应付政府开支往往成为短视的当政者所面对的不可抗拒的诱惑,其结果是经济逐步陷入通货膨胀的深渊。

2) 银行的银行

中央银行与一般商业银行一样,也办理存、贷款。但它的业务对象不是一般的企业和个人,而是商业银行和其他金融机构,所以它又被称作银行的银行。具体说来,这一职能主要包括三个方面。第一,集中保管各商业银行及其他存款机构的准备金。为了保证存款机构的清偿能力,各国的银行法规一般都要求存款机构对其存款保留一定比例的准备金,即法定准备金②。这些准备金(包括一部分超额准备金)除一小部分以库存现金的形式持有之外,大部分要交由中央银行保管。各存款机构在中央银行设立准备金账户,以在中央银行存款的形式持有其绝大部分准备金。在多数国家,存款机构在中央银行的存款是没有利息收入的,但中国的中央银行对存款机构的存款支付利息。第二,组织全国范围内的清算。由于各存款机构都在中央银行设有准备金账户,中央银行便可以通过借记或贷记它们的准备金账户来完成存款机构之间的款项支付。例如,若A银行要支付100万美元给B银行,中央银行只要在A银行的账户上减少100万美元,而在B银行的准备金账户上增加100万美元即可。对于同城或同一地区的支票,一般只由中央银行结算双方交换之后的差额。异地之间的支票清算则由中央银行的清算中心统一办理。随着金融电子化的发展,许多大笔资金的划拨并不是通过支票来进行,而是通过中央银行或商业银行同业之间建立的电子资金转账系统进行。第三,充当最后贷款人。当某一金融机构面临资金困难,而别的金融机构又无力或不愿对它进行援助的时候,中央银行将扮演最后贷款人的角色。中央银行对商业银行的贷款可以通过对商业银行办理的贴现票据进行再贴现的方式进行,所以这种贷款又被笼统地称为贴现贷款,其利率则称为贴现率③。通过调整贴现率,中央银行可影响整个社会的资金供求状况和利率。因此,中央银行的最后贷款人角色有助于形成一个富有弹性的货币供给机制,同时也是防止银行倒闭的一道"防波堤"。

3) 政府的银行

中央银行作为政府银行的职能主要包括四个方面。第一,代理国库。即经办政府的财政预算收支,充当政府的出纳,政府的收入和支出都通过财政部在中央银行开设的各种账户进行。第二,充当政府的金融代理人,代办各种金融事务。例如代理国债的发行和

---

① 铸币收入原是指在金本位制下,人们将持有的金属送到铸币厂铸成等值金币时应向享有铸币特许权的人支付的小额税收,现在则用来指货币的币面价值超出其生产成本的部分。由于现钞和硬币的生产成本和它的币值相比是微不足道的,所以经常被忽略不计。

② 随着金融自由化的发展,这一规定也有了例外,例如英国和加拿大的商业银行就没有法定准备金要求。

③ 事实上,现在的中央银行在向商业银行发放贷款时,有很多并不是采取再贴现的形式,但它们也都被称为贴现再贷款。

还本付息;代理政府保管黄金及外汇储备或办理黄金及外汇的买卖业务;代表政府参加国际金融组织,出席国际会议,从事国际金融活动;充当政府顾问,提供有关金融方面的信息和建议等。第三,为政府提供资金融通,以弥补政府在特定时间内的收支差额。其融资方式有两类,即直接向国家财政提供贷款或透支和在证券市场上购买国债。一般说来,中央银行对财政的直接贷款或透支在期限和数额上都受到较严格的限制,例如美国就不允许联邦储备系统直接对财政部发放贷款。这样做主要是为了避免使中央银行沦为弥补预算赤字的工具,从而使货币发行失控。因此,在正常情况下,政府的长期负债主要依靠发行国债的方式筹集。中央银行可在一级市场或二级市场上买入国债[①],这是中央银行控制货币供给的重要方式。第四,作为国家的最高金融管理当局,实施金融行政管理,其内容主要包括:制定有关的金融政策和法规;依法对金融机构的设置、撤并等进行审批和注册;对金融机构的业务范围、清偿能力、资产负债结构、存款准备金交存等情况进行定期或不定期检查等。

(二) 商业银行

商业银行是一个国家银行体系的主体。商业银行是由国家有关机构审核批准的接受存款、发放贷款的企业,其经营目的是为了营利。现代商业银行以短期信用为主,从事信贷、汇兑、结算、储蓄、信托等极其广泛的业务。

1. 存款业务

存款是商业银行吸收外来资金的业务,也称负债业务,主要包括以下方面。① 活期存款。活期存款是商业银行主要的存款业务。企业存入活期存款,目的不在获取利息,而是利用支票办理结算,因此,银行往往不付利息或利息很少,而以免费办理支票业务作为代价。② 定期存款和储蓄存款。定期存款和储蓄存款都有一定期限,不开支票,到期还本付息。但储蓄存款只针对居民个人。③ 可转让存款单。可转让存款是商业银行为吸引资金而开出的具有可转让性质的定期存款凭证。银行可用之于中期放款,储户既可获取较高的利息收入,又能在市场上转让,具有较好的流动性,很受大企业欢迎。

2. 贷款业务

贷款业务是银行运用资金提供短期信用以取得收益的业务,也称资产业务,主要包括以下方面。① 票据贴现。商业银行买进未到期的商业票据,同时从票面金额中扣除贴现利息,待票据到期后,银行再向付款人收取现金。② 一般贷款。指商业银行按一定的税率将资金贷给客户以获取收入的业务。一般贷款按不同的期限而有不同的利率。③ 抵押贷款。商业银行取得一定抵押品为保证的贷款。借款人到期偿还贷款时,向银行支付利息,并取回抵押品。④ 通知贷款。通知贷款又称活期贷款。它是商业银行对经纪人以其拥有的债券为抵押品的贷款,利率较低,双方并不实现约定偿还期限,随时通知随时偿还。⑤ 证券投资。商业银行也利用存款进行投资。为避免风险,银行投资主要限于政府短期公债,既可取得利息收入,也可保持一定的变现能力。

---

① 在有的国家,如中国,中央银行在一级市场上认购包销国债是不允许的。

3. 商业银行的中间业务和表外业务

商业银行的主要业务是通过吸收存款等方式获得资金(负债业务),然后再把所获资金用于放款或购买证券(资产业务),并从中获得利差收入。但是除此之外,商业银行还利用其自身在机构、资金、技术、信誉、信息等方面的优势,为客户提供广泛的服务,并从中获取手续费收入。特别是20世纪七、八十年代以来,由于直接金融市场的发展,商业银行的贷款业务有所萎缩(例如在1970年,美国商业银行的贷款总额为美国GDP的74%,到1990年这一比值仅为48%),其他业务在银行业务中的地位则变得重要,手续费收入也越来越成为商业银行收入的重要来源(例如1982年,美国所有参与存款保险银行的手续费收入仅占其利息收入和手续收入总额的8.5%,1990年这一比值则达到17%)。

商业银行的其他业务大体可以分为两类,一类是中间业务,另一类则是表外业务。所谓中间业务,是指商业银行以中介人的身份代客户办理各种委托事项,并从中收取手续费的业务。这主要包括结算业务、租赁业务、信托业务、代理业务、信用卡业务、代保管业务和信息咨询业务等。

商业银行的表外业务是指对银行的资产负债表没有直接影响,但却能够为银行带来额外收益,同时也使银行承受额外风险的经营活动。广义的表外业务泛指所有能给银行带来收入而又不在资产负债表中反映的业务。根据这一定义,商业银行的所有中间业务也均属表外业务。狭义的表外业务则仅指涉及承诺和(或)有债权的活动,即银行对客户做出某种承诺或者使客户获得对银行的或有债权。当约定的或有事件发生时,银行承担提供贷款或支付款项的法律责任。

表外业务形式多样,但大体可以分为三类,即:贸易融通业务,包括银行承兑业务、商业信用证业务、贷款销售业务等;金融保证业务,如备用信用证业务、贷款承诺业务等;衍生工具交易,包括远期交易、期货交易和期权交易及互换协议等。

(三) 其他金融机构

随着金融事业的发展,各种非银行金融机构相继出现,但激烈的市场竞争使得这些机构与商业银行的界限越发不明显了。其他金融机构主要包括以下几种。

(1) 储蓄机构　储蓄机构以吸取居民小额存款为主,再转化为资本,大部分用于抵押贷款,也进行证券投资。储蓄存款有期限和数量限制,约占存款总额的一半左右。各国储蓄机构名称不一,如美国主要有商业银行储蓄部、储蓄信贷协会、货币市场互惠基金等机构。

(2) 投资机构　投资机构主要是发行自己的有价证券,为企业发行或包销有价证券,用于企业投资和长期信贷。投资机构包括投资公司、财务公司等多种形式,业务大同小异。

(3) 保险机构　各种保险机构通过预收保险费的方式筹集资金,并在未赔偿的保险期间,使用这些资金投资于证券市场或不动产抵押贷款。保险机构包括各种保险公司、养老基金等等。

(4) 信托机构　信托机构受个人或法人的委托,为其管理和经营货币资金或实物资产。除较大的商业银行设有信托部外,还有信托投资公司、贸易信托公司及信托商店、贸易货栈等等。

二、货币创造

前面在介绍宏观经济模型时,已经介绍了货币市场上货币需求和货币市场的均衡问题。这里将分析货币供给的内在规律。

1. 货币供给的度量

货币供应量(或货币供给)是指在一定时点上由政府和存款机构之外的经济主体所拥有的货币总量。常用的衡量货币供给的方法按货币的流动性,即货币的变现能力而划分为不同层次。综合各国的情况,货币供应量指标大致划分如下:

$$M_1 = \text{流通中现金} + \text{支票存款(以及转账信用卡存款)} \quad (13-2)$$

$$M_2 = M_1 + \text{储蓄存款(定期储蓄存款)} \quad (13-3)$$

$$M_3 = M_2 + \text{其他短期流动资产(如国库券、银行承兑汇票、商业票据等)} \quad (13-4)$$

当然,各国具体的货币层次划分并不完全相同。美国联邦储备系统(美国的中央银行)货币供应量指标为 M_1、M_2、M_3,如表 13 - 1 所示。

表 13 - 1　美国货币供给量及其构成(1995 年 12 月)　　单位:亿美元

货币层次	金　额	比　重(%)
M_1:		
通货	3 725	33.17
旅行支票	89	0.79
支票账户	7 416	66.04
合　计	11 230	100.00
M_2:		
M_1	11 230	29.71
储蓄存款	11 313	29.92
小额定期存款	9 332	24.68
货币市场共同基金及欧洲美元	5 932	15.69
合　计	37 807	100.00
M_3:		
M_2	37 807	81.28
大额定期存款	5 071	10.90
机构性质市场互助基金及其他	3 639	7.82
合　计	46 517	100.00

资料来源:斯蒂格利茨,经济学(下册),北京:中国人民大学出版社,2000,第 660 页。

为有效地实施金融宏观调控,合理地制定和选择货币政策中介目标,通过运用种类货币政策工具,促进和保证货币稳定、经济增长的货币政策目标的实现,中国人民银行决定把货币供应量作为我国货币政策中介目标之一,并于 1994 年第 3 季度开始正式确定并按季公布货币供应量指标。具体的划分方式为:

$$M_0 = \text{流通中现金}$$

$$M_1 = M_0 + \text{企业活期存款} + \text{机关团体存款} + \text{农村存款} + \text{个人持有的信用卡类存款}$$

$$M_2 = M_1 + \text{城乡居民储蓄存款} + \text{企业存款中具有定期性质的存款} + \text{信托类存款} + \text{其他存款}$$

$$M_3 = M_2 + \text{金融债券} + \text{商业票据} + \text{大额可转让定期存款单等}$$

其中 M_1 为狭义货币供应量，M_2 为广义货币供应量，M_2 减 M_1 是准货币，M_3 是根据金融工具的不断创新而设置的。

尽管存在多种货币供给量指标，宏观经济学研究货币供给定位在现金、活期存款和定期存款的范围内。实际上，货币市场上货币供给与需求只考虑了现金和活期存款两部分构成的交易性货币(M_1)，因为其具有更好的交易职能。

2. 存款准备制度和准备金率

商业银行从储户吸收存款，并用于贷款和投资。在正常情况下，一段时期内的储户存款与提款数额趋于相等，但在某些时日也可能发生取大于存的情况(如果这种情况发生，就称为挤兑)。为安全起见，银行需要提留一定比例的存款，以保证储户提款，其余的存款才能用于放贷或投资，银行提留的这部分存款，称为准备金(reserve)。

为了保障储户的存款安全，防止商业银行因挤兑而倒闭，并通过控制银行贷款规模和速度来控制货币的供给量，一般中央银行对商业银行吸收的存款规定一个最低限度的准备金，称为法定准备金(required reserve)。法定准备金占银行全部存款的比例，称为法定准备金率(required reserve ratio)。现代商业银行的存款准备金大部分存入中央银行，只有少量作为存库现金。商业银行备有的存款准备金如果超过法定准备金，超过的部分称为超额准备金(excess reserve)。

3. 存款和货币创造的过程

银行对货币的创造，表现为银行系统在法定准备率下，通过一系列存贷关系，引致存款总额增加。因为活期存款是货币供给的构成部分，因此存款的创造就是货币的创造。在以下分析中，假定活期存款完全可以用开支票的方式进行支付，因此也称支票存款。

当中央银行新发行一笔通货(或者购买一定价值的债券，从而使企业和家庭拥有的货币增加)，并流入商业银行形成初始存款(primary deposits)时，意味着银行体系增加了一笔存款准备金，经过银行的存贷机制，获得贷款者将所得贷款再次存入银行，形成派生存款(derivative deposits)。由于这种银行存款创造机制，导致银行存款总额不断增加，货币供给并不是中央银行初始发行货币的数量。

为分析方便，假设中央银行在债券市场上向甲购进公债 10 000 元，甲将其存入 A 银行，法定准备率为 20%。A 银行收到甲存入的 10 000 元现金后，按 20% 比例留存 2 000 元作为法定准备金，其余 8 000 元贷给乙。这笔贷款通过银行间转账，派生为乙在 B 银行(如果乙在 A 银行开户也是一样的) 的存款增加8 000 元。B 银行将新增存款 8 000 元的 20% 即 1 600 元留存作为法定准备金，其余 6 400 元贷给丙，派生出丙在 C 银行的贷款 6 400 元(当然也可以存在 A 或 B 银行)，如此存款、贷款、再存款、再贷款的过程一直进行下去，但是每一轮贷款金额及其派生存款总是比上一轮递减 20%，最后趋于 0，存款创造过程终止。该存款创造过程见表 13－2。

表 13－2　存款创造过程表　　单位：元

银　行	新增存款		新增存款准备金	新增银行贷款
	初始存款	派生存款		
A	10 000(甲)		2 000	8 000(乙)
B		8 000	1 600	6 400(丙)
C		6 400	1 280	5 120(丁)
D		5 120	1 024	4 096(戊)
E		……	……	……
合　计	10 000	40 000	10 000	40 000

通过这一过程，银行系统新增存款总额（包括初始存款和派生存款）为

$$10\,000 + 10\,000(1-0.2) + 10\,000(1-0.2)^2 + 10\,000(1-0.2)^3 + \cdots$$
$$= 10\,000(1 + 0.8 + 0.8^2 + 0.8^3 + \cdots)$$
$$= 10\,000 \times \frac{1}{0.2}$$
$$= 50\,000$$

3. 存款乘数

对于一般情况，用 rr 表示法定准备率。假定初始存款一开始成为银行的超额准备金，并通过货币创造过程全部转化为法定准备金（例如上面的例子中 10 000 元存款转变为银行新增存款准备金 10 000 元），记为 ΔR；存款增加额表示为 ΔD，由于 $rr \cdot \Delta D = \Delta R$，则

$$\Delta D = \Delta R \cdot \frac{1}{rr} \tag{13-5}$$

定义每 1 元的银行新增准备金变动引起的银行系统存款变动为存款乘数 k_D，则

$$k_D = \frac{\Delta D}{\Delta R} = \frac{1}{rr} \tag{13-6}$$

由此可见，存款乘数 k_D 是法定准备金率的倒数。法定准备金率越低，存款乘数越大；反之则越小。由于法定准备金率小于 1，所以存款乘数大于 1。也就是说，存款增加数将大于商业银行初始收到的准备金数（初始存款数）。

4. 存款创造过程中的"漏出"与存款乘数的不同形式

表 13－2 的计算过程中隐含三个假设。第一，当银行新增加一笔存款后，相当于银行增加了一笔超额准备金，银行将所有的准备金都贷出去，而不保留任何超额准备金。第二，没有现金从银行系统中漏出，即公众不从银行中提出现金，即使进行支付，也是将货币从一个人的银行账户转到另一个人的银行账户。第三，没有支票存款向定期存款或储蓄存款等形式转化。式（13－6）表示的存款乘数假定法定准备金是初始存款的唯一漏出（即不再参与银行存款的派生）。但是实际情况并不是如此，可能还有如下方面的漏出项目。

1）超额准备金

除法定准备金之外，银行往往还自愿保留一定数量的超额准备金。假定超额准备金

占活期存款数量保持固定的比例，称为超额准备金率，用 e 表示，则存在超额准备金时的存款乘数为

$$k_D = \frac{1}{rr + e} \tag{13-7}$$

超额准备金将使存款乘数减小，存款创造能力减弱。

2）现金外流

企业在接受贷款后，一般不会全部存入银行，往往会提取一部分现金用于支出，这部分现金将流出银行体系。假定现金流出量是支票存款的一定比例，用 c 表示，则存在超额准备和现金流出时的存款乘数为

$$k_D = \frac{1}{rr + e + c} \tag{13-8}$$

如果存在现金流出银行系统，存款乘数将再次减小，存款创造能力减弱。

3）支票存款转为定期存款

在新增支票存款中，有一部分可能转为新增定期存款。这部分新增定期存款虽未流出银行系统，但与支票存款参与存款创造不同。一般定期存款也要求一定的准备金率（rr_t），不再参与存款创造。假定定期存款占支票存款比例固定，用 t 表示。这样，经修正的存款乘数为

$$rr_D = \frac{1}{rr + e + c + t \cdot rr_t} \tag{13-9}$$

活期存款转化定期存款，存款乘数将进一步降低。由此可以看出，存款创造过程中的各种漏出，使存款乘数变得不确定，漏出越多，乘数作用越小①。

三、基础货币与货币供给

1. 基础货币及其性质

在存款创造乘数模型中，揭示了银行准备金变动同支票存款变动之间的关系，即 $\Delta D = k_D \cdot \Delta R$，而且存款乘数存在不同的情形。这个关系表明，支票存款的变动取决于存款乘数和银行准备金的变动。支票存款是货币供应量（M_1）最重要的部分，因此中央银行如果能够控制存款乘数和银行准备金，就能达到控制货币供应量的目的。但是，这一公式有两个不足：首先它未包括货币供给（M_1）中的另一个重要组成部分，即流通中现金；其次，由于流通中现金和银行准备金的转化频繁，而且取决于公众的行为，因此中央银行很难单独地控制银行准备金的数量，而只能大致地控制流通中现金和银行准备金的总额。研究货币的供应过程，重要的目的是了解和改进中央银行对货币供给的控制能力，建立货币供给与一个比较容易为中央银行控制的变量之间的联系。为此，将比较容易为中央银行控制的流通中现金（C）与银行准备金（R）之和定义为一个新的变量，即基础货币（B），也就是

$$B = C + R \tag{13-10}$$

① 关于各种存款乘数计算公式的推导，可以参见易钢、吴有昌编写的《货币银行学》(1999，第 301 ~ 304 页)。

然后，通过一个乘数（即货币乘数）将它与货币供给（M）联系起来，即：

$$M = m \cdot B \tag{13-11}$$

其中 m 即为货币乘数。基础货币（base money），即流通中现金和银行准备金的总和，通常又被称为货币基础（monetary base）。同时，由于基础货币中的银行准备金具有存款创造的功能，所以货币乘数一般都大于 1，也就是说，每 1 元基础货币的增加，将导致数倍的货币供给的增加。因此基础货币又被称为高能货币（high - power money）。

如上所述，基础货币的概念之所以如此重要，是因为它比银行准备金更容易为中央银行所控制，只要掌握了它与货币供给之间的联系，中央银行就可以利用这种联系对货币供给进行控制。在金融市场发达国家，中央银行影响基础货币变动的主要方式是在债券市场上买卖政府债券。假定中央银行买卖政府债券的对象是一家银行，那么公开市场业务的结果将只影响银行的准备金，而不影响流通中的现金。例如中央银行从一家商业银行购买 1 000 元政府债券，将使该银行的政府债券减少 1 000 元，而准备金增加 1 000 元。这时候因为流通中现金并没有什么变化，所以基础货币的变化就等于银行准备金的变化。但是中央银行也可以向一般的非银行公众买卖政府债券。当中央银行这样做时，公开市场业务对基础货币的影响就不一定等同于对银行准备金的影响了。假定中央银行向某个人购买 1 000 元的债券，同时付给他一张 1 000 元的中央银行支票。如果这位出售者将支票存入某家银行，结果将是基础货币和银行准备金都增加 1 000 元。但是如果他把这张支票拿到某家银行兑现，银行再收进这张支票，也就是获得对中央银行的 1 000 元债权的同时，付给他 1 000 元的现金。结果商业银行的准备金没有变化，但是基础货币增加了 1 000 元，因为流通中现金增加了 1 000 元。从这个例子中不难看出，中央银行的公开市场业务对基础货币的影响是确定的，每买入或卖出一定数量的政府债券，就会使基础货币发生等量的增加或减少，可能只表现为银行准备金的变动，也可能只表现为流通中现金的变动，还可以表现为二者的同时变动。

2. 货币乘数

有了基础货币这个概念之后，就可以来推导货币乘数。首先要做出一些假定。这些假定包括：① 流通中现金（C）和支票存款（D）保持固定的比率，即 $C/D = c$；② 定期存款（TD）和支票存款也保持固定的比率，即 $TD/D = t$；③ 支票存款的法定准备金率为 rr，定期存款的法定存款的准备金为 rr_t；④ 银行持有的总准备金为 R，其中超额准备金占支票存款的比率为 e。

货币供给 M 和基础货币 B 的表达式为

$$B = R + C \tag{13-12}$$

$$M = D + C \tag{13-13}$$

银行准备金 R 等于支票存款的法定准备金 $rr \cdot D$ 和非交易存款的法定准备金 $rr_t \cdot TD$ 以及超额准备金 $e \cdot D$ 之和，即：$R = rr \cdot D + rr_t \cdot TD + e \cdot D$。而 $TD = t \cdot D$，所以有，$R = (rr + rr_t \cdot + e)D$，又因为 $C = c \cdot D$，所以货币乘数为

$$m = \frac{M}{B} = \frac{D + C}{R + C} = \frac{(1 + c)D}{(rr + rr_t \cdot t + e + c)D}$$

$$= \frac{1 + c}{rr + rr_t \cdot t + e + c} \tag{13-14}$$

这个乘数中包含了现金漏出、定期存款漏出、超额储备漏出等漏出项。如果没有漏出项，银行乘数将增加，就是

$$m = \frac{1}{rr} \tag{13-15}$$

该式表明全部的基础货币都参加货币创造。如果只有现金漏出，则货币乘数为

$$m = \frac{1 + c}{rr + c} \tag{13-16}$$

3. 货币乘数与存款乘数的关系

货币乘数和存款乘数的数学公式非常相似，不同之处在于货币乘数公式中分子多了一项 c。因为货币包括流通中的现金，但不是银行存款。事实上，货币乘数和存款乘数是可以相互导出来的。假定经济中初始的银行准备金、支票存款、流通中现金均为零，那么它们的增量部分也就是全部存量，即 $k_D = \frac{\Delta D}{\Delta R}$ 与 $k_D = \frac{D}{R}$ 是相同的。当考虑到了现金的漏出之后，上式中的 R 实际上就包含了流通中的现金，已经是基础货币，而不仅是银行准备金。这样就不难理解为什么货币乘数和存款乘数的分母是一样的。

从式(13 - 14)看，只要 $(rr + rr_t \cdot t + e) < 1$，货币乘数 m 就大于1，而这一条件一般是会满足的，因此基础货币的增减将导致数倍的货币供给增减。

例 13.2　假定流通中现金同支票存款的比率 $c = 0.3$，定期存款同支票存款的比率 $t = 2.5$，支票存款的法定准备金率 $rr = 0.15$，定期存款的法定准备金率 $rr_t = 0.03$(因为定期存款不能任意支取，所以准备率要求低)，银行的超额准备金同支票存款的比率 $e = 0.02$，计算货币乘数。

解：根据货币乘数的定义，有 $m = \frac{1 + 0.3}{0.15 + 0.03 \times 2.5 + 0.02 + 0.3} = 2.385$。这表明，基础货币每增减1元，货币供给 M_1 将增减2.385元。

4. 影响货币乘数的因素

从式(13 - 14)可以看出，货币乘数的大小取决于支票存款的法定准备金率 rr、定期存款的法定准备金率 rr_t、银行的超额准备金率 e，流通中通货与支票存款的比率 c 及定期存款与支票存款的比率 t。而且，由于 rr、rr_t、e、t 等变量都出现在分母上，如果这些变量增加，将使货币乘数 m 变小。流通中现金与支票存款的比率 c 既出现在分母上，也出现在分子上，其影响不容易直接看出，但是经过简单的数学变换，可以将式(13 - 14)变为

$$m = 1 + \frac{1 - (rr + rr_t \cdot t + e)}{rr + rr_t \cdot t + e + c} \tag{13-17}$$

由于 $1 - (rr + rr_t \cdot t + e)$ 一般大于0，所以等式右边的第二项大于0，而 c 在分母的位置上，所以 c 增加将使货币乘数 m 减小①。

① 直接对式(13 - 17)求关于 c 的偏导数，得 $\frac{\partial m}{\partial c} = \frac{rr + rr_t \cdot t + e - 1}{(rr + rr_t \cdot t + e + c)^2} < 0$。

所以,从数学公式中可以得出结论:货币乘数与支票存款及定期存款的法定准备金率、定期存款及流通中现金与支票存款的比率以及银行的超额准备金率都成反向的变化关系。

第四节　货币政策

货币政策是指国家根据既定宏观经济目标,通过中央银行运用政策工具调节货币供给量和利率,以影响宏观经济活动水平的政策。货币政策作为国家干预经济活动的基本政策之一,同财政政策一样,分担着宏观经济调控的各种目标,包括充分就业、经济稳定增长、价格稳定、保持国际收支平衡等。

一、货币政策工具

一般性货币政策工具有三个:法定存款准备金率、贴现窗口和贴现率及公开市场操作。除此之外,还有若干选择性政策工具及其他政策工具。下面分别介绍。

1. 法定存款准备金率

实行中央银行制度的国家一般都实行法定存款准备金制度,并成为中央银行限制银行体系的信用和调控货币供应量的政策工具。

准备金制度建立的目的有三个方面。第一,保证银行的资金流动性和现金兑付能力。在金融业发展的初期阶段,由于同业银行间的资金拆借以及中央银行作为最后贷款人的机制尚未完全发育成熟,银行资产对临时性的现金需求弹性系数小,应变能力差,往往在资金流动性需求突发性上升或出现大量现金挤兑时发生金融恐慌和危机。法定存款准备金制度的建立为银行资产的流动性提供了一个缓冲和保险装置,这也是法定存款准备金产生的初始动机。第二,控制货币供应量。根据货币乘数理论,货币供应量是基础货币与货币乘数之积,而法定存款准备金率是决定货币乘数大小从而决定派生存款倍增能力的重要因素之一,派生存款和货币供应量对法定存款准备金率的弹性系数很大,准备率的微小变化将会导致货币供给量的大幅度增加或减少。因而法定存款准备金率成为中央银行调节货币供应量的一种手段。第三,对以直接控制为主要特征的中央银行信用体制而言,法定存款准备金制度还有助于中央银行进行结构调整。中央银行借助于商业银行缴存的准备金,通过直接贷款或调整再贷款等计划分配手段,就可以实施以结构调整为目的的信贷控制。

虽然从理论上讲,法定存款准备金率可以成为中央银行调节货币供应量的强有力的手段之一,但在实际操作中运用仍需要谨慎行事。主要原因是有二:① 法定存款准备率威力巨大,不适于作为日常的货币政策操作工具,法定存款准备金率的很小变化会造成货币供给的巨大波动,同时带有很强的宣示效应,不利于货币的稳定;② 法定存款准备金是存款机构日常业务统计和报表中的一个重要指标,频繁地调整势必会扰乱存款机构正常的财务计划和管理,同时也破坏了准备金需求的稳定性和可测性,不利于中央银行的公开市场操作和对短期利率的控制。正是由于这些原因,法定存款准备金率主要作为公开市场操作的辅助操作手段存在，作用在于形成一个稳定、可预测的准备金需求量。

2. 贴现贷款和贴现率

中央银行通过贴现窗口向商业提供的贷款即贴现贷款，其利率即为贴现率。相对于市场利率而言，贴现率是一种官定利率，常常用来表达中央银行的政策意向，具有短期性。它也是一种标准利率或最低利率，贴现率的高低对整个市场利率水平具有引导作用。此外中央银行还可以通过规定何种票据具有贴现资格来影响商业银行的资金投向。

贴现窗口的职能主要体现在信贷职能方面，贴现贷款是存款机构临时性资金需求的重要来源，也是中央银行作为最后贷款人解决银行临时性资金短缺和流动性紧张问题的重要操作手段，是维护金融体系稳定、防止金融恐慌的基本保证。贴现窗口贷款主要有三种形式：调节性贷款、季节性贷款和延伸性贷款。调节性贷款用于存款机构的临时性资金短缺，如法定存款准备金不足或其他形式的透支，利率即基础贴现率，低于同业拆借市场利率。季节性贷款主要用于筹资能力有限的小银行的季节性资金需求，如农产品收购等，利率与市场利率挂钩，高于基础贴现率。延伸性贷款则用于援救面临倒闭或经营不善的银行，属于应急性贷款，利率在30天以后与市场利率持钩，且高于基础贴现率。中央银行总的原则是不鼓励商业银行频繁地利用该窗口借款。商业银行也认为，到贴现窗口借款是经营状况不佳、筹资能力低下的标志，因此一般情况下也不使用贴现窗口。这种行为准则为中央银行在公开市场操作中调控贴现窗口的贷款形成了一个十分重要的良性机制。

在货币政策职能方面，贴现窗口不处于主要地位，属于辅助性政策工具，用以配合公开市场的操作。在20世纪30年代经济大危机以前，贴现贷款和贴现率是最主要的货币政策工具，此后贴现窗口的这种职能逐渐被公开市场操作所取代。

3. 公开市场业务

公开市场业务（open market operation）也称公开市场操作，是指中央银行在证券市场上买进或卖出债券（主要是政府债券）用于增加或减少货币供应量的一种政策手段。当中央银行认为金融市场资金短缺和需要扩大货币供应量时就买进债券，投入基础货币；反之，则卖出债券，以回笼货币，收缩信贷规模，减少货币供应量。

需要强调指出的是，公开市场业务是通过改变银行系统的准备金总量而起作用的。举例来说，当中央银行通过公开市场从一家商业银行买进债券时，实际上对自己开具了一张支票。该银行收到支票后要求中央银行解付，中央银行就将该笔付款贷记入这家银行在中央银行的准备金账户，从而创造了新的准备金，存款机构的准备金增加；反之，如果中央银行向一家商业银行卖出一笔债券，则这家银行的付款借记入在中央银行的准备金账户，导致总准备金减少。这样，中央银行通过公开市场操作，改变商业银行准备金总量，可达到改变货币供应量的目的。

同法定存款准备金和贴现窗口相比，公开市场操作的优越性是：① 中央银行通过公开市场业务可以直接调控银行系统的准备金总量，使其符合政策目标的要求；② 中央银行通过公开市场操作可以“主动出击”，避免贴现机制的“被动等待”，以确保货币政策具有超前性;③ 通过公开市场操作,可以对货币供应量进行微调,从而避免法定存款准备金政策的震动效应;④ 中央银行可以通过公开市场进行连续性、经常性及试探性的操作,也可以进行逆向操作,以灵活调节货币供应量。

但是,影响公开市场操作效果的不确定因素也是存在的,如商业周期、货币流通速度的变化等。另外,公开市场操作对准备金的影响也存在着不确定性,比如中央银行在公开市场上从非银行公共机构买入债券,对准备金的影响就取决于非银行公共机构以何种方式持有这笔款项。如果完全以现金形式持有,则银行准备金不会改变;如果以存款的形式持有,则会导致银行准备金的增加,但两种情况下基础货币的增加是一样的,这就对中央银行的准备金预测技术提出了更高的要求。

4. 选择性政策工具及其他政策工具

选择性政策工具是指中央银行采取的旨在影响银行系统的资金运用方向和信贷资金利率结构的各种措施。与上述三大政策工具侧重于货币总量调节不同,选择性政策工具希望在不影响货币总量的情况下,对某些具体用途的信贷数量产生影响。选择性政策工具主要根据特定的金融形势和经济条件做出,一般期限较短,居于补充工具的地位,主要包括消费者信用控制、证券市场信用控制、不动产信用控制。除此之外,还有直接信用控制和间接信用指导等。

1) 消费者信用控制

消费者信用控制是指中央银行对不动产以外的各种耐用消费品的销售融资予以控制。控制的主要内容包括:规定以分期付款方式购买各种耐用消费品时第一次付款的最低金额;规定分期付款的最长期限,即最长在什么时间内必须全部付清以分期付款购买的耐用消费品的全部价款;规定以分期付款等消费信贷方式购买的耐用消费品的种类,并就不同的耐用消费品规定相应的信贷条件。

控制消费者信用是控制社会总需求的重要措施之一。耐用消费品的需求往往随经济情况的变动而作周期性波动。而不加控制的消费者信用又倾向于加剧这种波动。因此,为熨平经济周期,有必要对消费者信用加以控制。另外,适当的消费者信用控制有助于引导消费,改进资源配置效率。

2) 证券市场信用控制

证券市场信用控制通常指对证券信用交易的法定保证金比率做出规定,是中央银行对以信用方式购买股票和债券所实施的一种控制措施。所谓法定保证金比率即证券购买人首次支付占证券交易价款的最低比率,也即通常所说的保证金比率。中央银行根据金融市场状况选择调高或调低保证金比率,就可以间接控制证券市场的信贷资金流入量,从而控制住最高放款额度。

实践证明,中央银行对证券市场进行信用控制控制是十分必要的。有效的信用控制既可以控制证券市场的资金供求,抑制过度投机,及时吹散金融泡沫,稳定金融市场,又可以控制信贷资金流向,改进宏观金融结构。另外,信用控制对证券市场的调控直接、灵活,而且效果显著,同时避免了对其他领域的负面影响,这是一般性政策工具做不到的。

3) 不动产信用控制

不动产信用控制是指中央银行对商业银行及其他金融机构的房地产贷款所采取的限制措施。通常的不动产信用控制包括以下几个方面的内容：① 对金融机构的不动产贷款规定最高限额，即对一笔不动产贷款的最高额度给予限制；② 对金融机构的房地产贷款规定最长期限；③ 规定首次付款的最低金额及分摊还款的最低金额等。不动产信用控制的目的在于控制不动产市场的信贷规模，抑制过度投机，减轻经济波动。因为不动产需求特别是住房消费不同于一般耐用品的消费，投资额度大、期限长，与宏观经济走势紧密相关。因此，通过不动产信用控制调控不动产需求，有利于宏观经济稳定。

4) 直接信用控制

直接信用控制是指中央银行以行政命令或其他方式，从总量和结构两个方面，直接对金融机构尤其是商业银行的信用活动进行控制。其手段包括利率最高限额、信用分配、流动性比率、直接干预。利率最高限额就是规定商业银行对定期及储蓄存款所能支付的最高利率，目的在于防止银行用抬高利率的办法竞相吸引存款以及为了取得高回报而在资产运用方面冒过高的风险。信用分配是指中央银行根据金融市场状况和客观经济形势需要，分别对各个商业银行的信用规模进行分配，限制最高数额。信用分配最早始于18世纪的英格兰银行。目前在许多发展中国家，由于资金供给相对不足，这种方法也被广泛采用。流动性比率即流动资产占存款的比率。规定商业银行的流动性比率的目的在于限制商业银行的信用扩张。商业银行为了保持中央银行规定的流动性比率，就必须缩减长期放款，扩大短期放款，这样中央银行也就达到了限制信用的目的。直接干预指中央银行直接对商业银行的信贷业务放款范围等加以干预，如直接限制放款额度、直接干预商业银行对活期存款的吸收、对业务经营不当的商业银行拒绝贴现或采取高于一般利率的惩罚性利率、明确规定各家银行的放款或投资的范围等。

5) 间接信用指导

间接信用指导经常采用的方式有道义规劝、窗口指导等。所谓道义规劝是指中央银行利用自己特殊的声望和地位，对商业银行和其他金融机构经常发出通告、指示或与各金融机构的负责人面谈，劝告他们遵守和贯彻中央银行政策。比如，在国际收支出现赤字时劝告各金融机构减少海外贷款；在房地产与证券市场投机盛行时，要求商业银行缩减对这两个市场贷款等。窗口指导的概念来自日本。日本中央银行根据产业行情、物价走势和金融市场动向，规定商业银行每季度贷款的增减额，并要求其执行。如果商业银行不按规定的增减额对产业部门贷款，中央银行可削减向该行贷款的额度，甚至采取停止提供信用等制裁措施。窗口指导作为一种货币政策工具曾在日本得到过广泛的实践。很显然，间接信用指导是通过中央银行的影响力实施的。为了保证政策效果，中央银行必须要在金融体系中拥有较高的地位和威望以及拥有控制信用的足够法律权力和手段。

二、货币政策类型和选择

根据货币政策对总需求的影响方向，可以将货币政策划分为扩张性货币政策、紧缩性货币政策和中性货币政策。扩张性货币政策是对总需求起扩张性作用的货币政策，表现为通过中央银行运用一般性货币政策工具扩大货币供给量以及放松信用控制等。紧缩性货币政策是对总需求起紧缩性作用的货币政策，表现为通过中央银行运用一般性货币政策工具减少货币供给量以及加强信用控制等。中性货币政策是不对总需求规模产生扩张或收缩作用的货币政策。

与相机抉择的财政政策相类似，货币政策的选择也遵循"逆经济风向行事"的原则。在经济收缩时，采取扩张性的货币政策，扩大总需求；在经济过热时，采取紧缩性的货币政策；在总供求基本平衡、经济不存在收缩和过热的条件下，采取中性的货币政策，不对总需求起紧缩或扩张作用。

而且，与对财政政策的选择有不同看法一样，人们对货币政策也有不同的看法。货币主义认为，货币政策应该避免主动出击，而应该考虑经济增长的需要(潜在 GDP 的增长)，货币供给应保持相应的增长，满足交易的需要，避免货币供给对宏观经济运行的干预，这样有利于经济的稳定发展和避免政府政策加剧经济波动。

例 13.3 我国存款准备金率的七次调整。

我国的存款准备金制度是在 1984 年建立起来的，近二十年来历经七次调整。

1984 年，央行根据当时我国实际情况实行差别准备金率，按存款种类核定存款准备金比率，即企业存款为 20%，储蓄存款为 40%，农村存款为 25%。

1985 年，针对当时存款准备金率偏高的情况，为促进国有商业银行资金自求平衡，央行改变了按存款种类核定存款准备金率的做法，一律调整为 10%。

1987 年，央行为适当集中资金，支持国家重点产业和项目的资金需要，又将存款准备金率从 10%调至 12%。

1988 年，存款准备金率调至 13%。以上这两次调整，对于抑制当时经济过热、物价上涨过快和货币投放过多的状况，起到了积极作用。

1998 年 3 月，央行对金融机构的存款准备金制度进行了重大改革，法定存款准备金率由 13%下调到 8%，准备金存款账户超额部分的总量及分布由各金融机构自行确定。

1999 年 11 月，为增加金融机构可用资金，抑制通货紧缩趋势，央行将法定存款准备金率由 8%下调到 6%。

2003 年 9 月，央行将法定存款准备金率由 6%调至 7%，以调控信贷走势，抑制投资过热。

第五节 财政政策和货币政策的选择及综合运用

一、财政政策和货币政策效果的理论分析

IS 和 *LM* 曲线是进行宏观经济政策分析的重要工具和基础。财政政策和货币政策则是进行总需求管理的两大基本经济政策。这两大经济政策的作用和效果都可以通过

$IS-LM$ 模型进行分析和说明。

1. 财政政策和货币政策对均衡国民收入的影响

IS 和 *LM* 的交点所决定的均衡收入不一定就是充分就业时的收入。当市场的自发调节无法实现充分就业均衡时，就需要国家运用财政政策和货币政策进行调节。具体地说，就是需要运用财政和货币政策改变 *IS* 曲线和 *LM* 曲线的位置，使它们相交于代表充分就业的国民收入的位置上。

无论是财政政策还是货币政策，都是通过影响利率、消费、投资进而影响总需求，使就业和国民收入得到调节。这些影响都可以在 $IS-LM$ 图形中看出。如果 *LM* 曲线不变，政府实行扩张性财政政策，就会使 *IS* 曲线向右上方移动，它和 *LM* 相交所形成的均衡利率和收入都高于原来的利率和收入。而实行紧缩性财政政策，则会使 *IS* 曲线向左下方移动，使利率和收入下降。相反，如果 *IS* 曲线不变，政府实行扩张性的货币政策，会使 *LM* 曲线向右下方移动，它和 *IS* 相交所形成的均衡利率低于原来的利率，而收入则高于原来的收入。而实行紧缩性货币政策，则会使 *LM* 曲线向左上方移动，使利率上升，收入减少。

2. 财政政策效果分析

尽管实行扩张性的财政政策能产生增加国民收入的效果，但是政策效果的大小却会因为 *IS* 曲线和 *LM* 曲线的斜率不同而不同。

1) *IS* 曲线位置与财政政策效果

从 $IS-LM$ 模型看，财政政策效果的大小是指政府收支变化(包括变动税收、政府购买和转移支付等)使 *IS* 曲线发生变动从而对国民收入变动产生的影响程度。这种影响程度的大小，首先因 *IS* 曲线的斜率不同而有所区别。

在 *LM* 曲线不变时，*IS* 曲线斜率的绝对值越大，即 *IS* 曲线越平坦，则 *IS* 曲线移动时收入变化就越小，即财政政策效果越小。反之，*IS* 曲线越陡峭，则移动 *IS* 曲线时，收入变化就越大，即财政政策效果越大。这种情况如图 13－3 中的(a) 和(b) 所示。

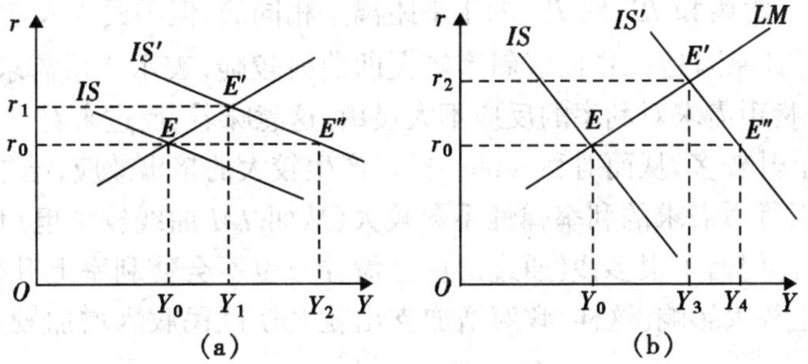

图 13－3　财政政策效果因 *IS* 斜率而不同

在图 13－3 的(a) 和(b) 中，假定 *LM* 曲线位置、起初的均衡收入和利率相同。政府采取扩张性财政政策，例如假定增加同样一笔支出 ΔG，则会使 *IS* 曲线右移到 *IS′* 的位置，右移的距离都是 EE''。EE'' 是政府支出乘数和政府支出增加额的乘积，即 $EE''=K_G\cdot\Delta G$。在图形上，如果利率不变，收入应从 Y_0 增加到 Y_2。可是，利率不可能不上升。

因为当 IS 线向右上方移动时，国民收入增加，对货币的交易需求增加，但货币供给未变（即 LM 未变），因而人们用于满足投机需求的货币必须减少，才能保证交易需求的增加。人们将满足投机需求的货币移走一部分去满足交易需求，从而造成了在原利率水平上投机性货币需求大于投机性货币供给，这必然要求利率上升。

因此，无论是在图(a)还是图(b)中，均衡利率上升了，利率的上升抑制了私人投资，这就是所谓"挤出效应"。由于存在政府支出"挤出"私人投资的问题，所以新的均衡点只能处于 E'，收入不可能从 Y_0 增加到 Y_2 和 Y_4，而只能增加到 Y_1 和 Y_3。从图形(a)和(b)可以看出，$Y_0Y_1 < Y_0Y_3$，就是说图(a)表示的政策效果小于图(b)，原因在于图(a)中 IS 曲线比较平坦，而图(b)中 IS 曲线较陡峭。IS 曲线越平坦，表示投资的利率弹性系数越大，即利率变动一定幅度所引起的投资变动幅度越大。如果投资对利率变动的反应较敏感，一项扩张性财政政策使利率上升时，就会使私人投资下降很多，即挤出效应较大。因此，IS 曲线越平坦，实行扩张性财政政策时被挤出的私人投资就越多，从而使国民收入增加得就越少，即财政政策效果越小。

2) LM 曲线位置与财政政策效果

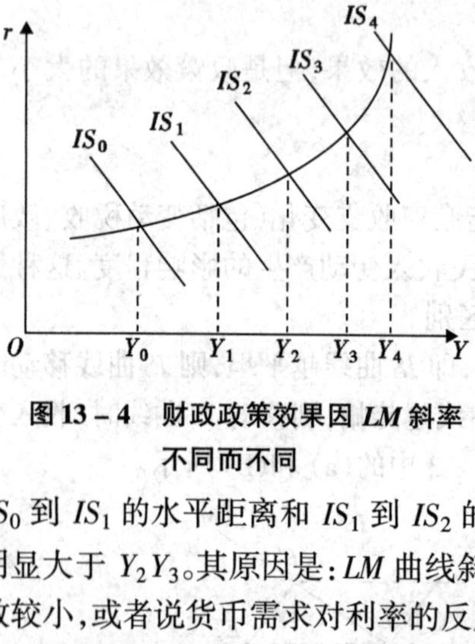

图 13－4　财政政策效果因 LM 斜率不同而不同

图 13－4 表示，财政政策效果会随着 LM 曲线斜率的不同而不同。LM 斜率越大，即 LM 曲线越陡，移动 IS 曲线时收入变动得就越小，即财政政策效果就越小；反之，LM 曲线越平坦，财政政策效果就越大。

一般说来，在经济萧条及收入和利率较低时，LM 曲线较平缓，财政政策效果就较大，而在收入水平较高、接近充分就业水平时，LM 曲线较陡峭，财政政策效果就较小。表现在图 13－4 中，政府支出同样增加 ΔG，使 IS 曲线向右移动同样距离，即 IS_0 到 IS_1 的水平距离和 IS_1 到 IS_2 的水平距离是相同的，但国民收入增加的情况 Y_0Y_1 明显大于 Y_2Y_3。其原因是：LM 曲线斜率较大即曲线较陡，表示货币需求的利率弹性系数较小，或者说货币需求对利率的反应不太灵敏。这意味着，反过来看，一定的货币需求增加将使利率上升较多，从而对私人部门投资产生较大的挤出效应，结果使财政政策效果变小。相反，当货币需求的利率弹性系数较大（从而 LM 曲线较平坦）时，政府增加支出，即使向私人部门借了很多钱（通过出售公债券），也不会使利率上升很多，从而不会对私人投资产生很大影响。这样，政府增加支出就会使国民收入增加较多，即财政政策效果较大。

可见，投资需求的利率弹性系数和货币需求的利率弹性系数对财政政策效果具有较大的影响。此外，政府支出乘数也会影响财政政策效果。较大的政府支出乘数意味着一笔政府支出会带来较多的收入增加，从而有较大的政策效果。

3) 凯恩斯主义的极端情况

由前可知，LM 曲线越平坦或 IS 曲线越陡峭，财政政策效果就越大，货币政策效果就越小。如果出现一种 LM 曲线为水平线或 IS 曲线为垂直线的情况，财政政策显然将十分有效，而货币政策将完全无效。这种情况被称为凯恩斯主义的极端情况，见图 13－5。

LM 为水平线，说明当利率降到像 r_0 这样低水平时，货币需求的利率弹性已成为无限大。这时候，人们持有货币而不买债券的利息损失将是极小的，可是，如果去买债券，则资本损失的风险极大。因此，这时人们不管有多少货币，都只想保持在手中。如果货币当局在这种情况下想用增加货币供给来降低利率以刺激投资，是不可能有效果的。处于水平阶段的 LM 曲线，称为"凯恩斯陷阱"。此时，政府实行扩张性财政政策，向私人部门借钱（出售公债），并不会使利率上升，政府支出对私人投资不会产生"挤出效应"。就是说，在凯恩斯陷阱中，政府实行财政政策十分有效。

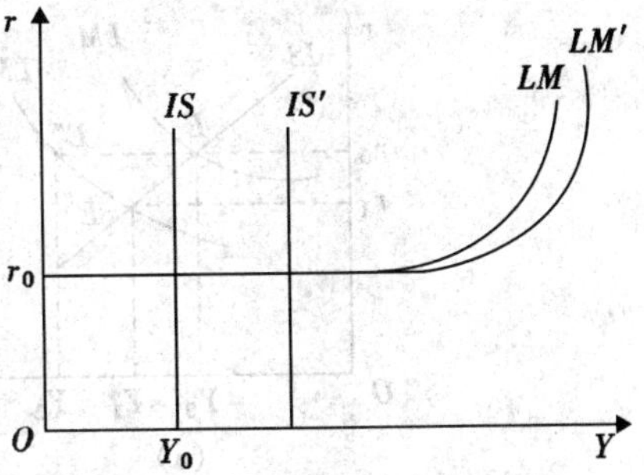

图 13－5　凯恩斯主义的极端情况

另一方面，图 13－6 表明，IS 曲线垂直时，即使 LM 曲线不是水平的，由于投资需求的利率弹性系数为零，所以不管利率如何变动，投资都不会变动。在投资需求呆滞时期，利率即使发生了变化，也不能对投资需求的利率弹性系数为零的投资发生明显的影响。可见，垂直的投资需求曲线决定了垂直的 IS 曲线。这时，即便货币政策能改变利率，但对国民收入的增加仍然不起作用。

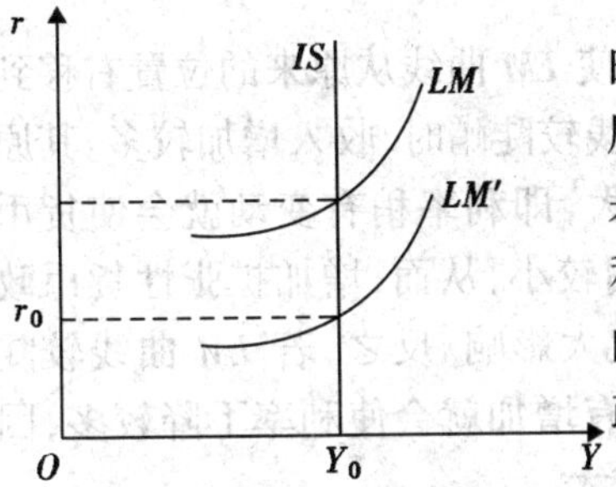

图 13－6　*IS* 曲线垂直时货币政策完全无效

凯恩斯认为，当利率较低，而投资对利率反应又不很灵敏时，货币政策效果很小，只有财政政策才能对克服萧条、增加就业和国民收入产生效果。水平的 LM 曲线和垂直的 IS 曲线的模型分析把凯恩斯这一看法推到了极致。

3. 货币政策的效果分析

1）IS 曲线与货币政策效果

货币政策的效果是指变动货币供给量的政策对总需求所产生的影响。假如增加货币供给能使国民收入有较大增加，则货币政策效果就大；反之，则货币政策效果就小。货币政策的效果同样也取决于 IS 曲线的斜率。

对 LM 曲线形状相同的情况，IS 曲线越平坦，LM 曲线移动（变动货币供给量的政策所致）对国民收入变动的影响就越大；反之，IS 曲线越陡峭，LM 曲线移动对国民收入变动的影响就越小。

图 13－7 中有两条 IS 曲线，(a) 图中的 IS 曲线较陡峭，(b) 图中的 IS 曲线较平坦。当扩张性货币政策使货币供给增加时，LM 曲线从 LM 向右移到 LM'。如果 IS 曲线较陡，国民收入增加就较少，即货币政策效果较小。而 IS 曲线较平坦时，国民收入增加较多，即货币政策效果较大。这是因为，IS 曲线较陡表示投资的利率弹性系数较小，即投资对利率变动的敏感程度较差，因此，LM 曲线由于货币供给增加而向右移动使利率下降

时，投资不会增加很多，从而国民收入也不会有较大增加；反之，当 IS 曲线较平坦时，表示投资利率弹性系数较大，因此，货币供给增加使利率下降时，投资和收入会增加较多。

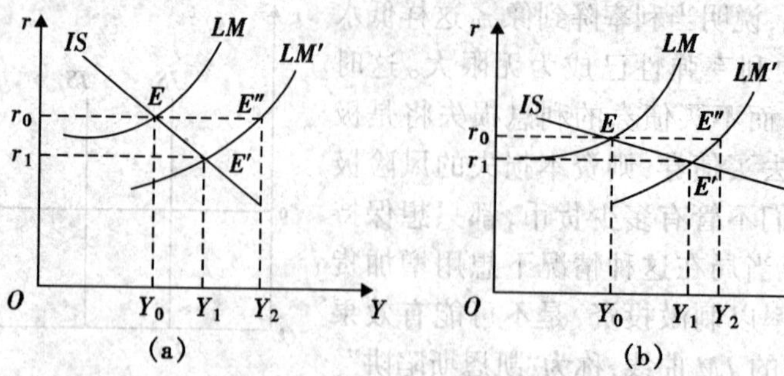

图 13－7 货币政策的效果因 IS 曲线的斜率不同而不同

2）LM 曲线与货币政策效果

当 IS 曲线斜率不变时，LM 曲线越平坦，货币政策效果就越小，反之，则货币政策效果就越大，如图 13－8 所示。

在图 13－8 中，IS 曲线的斜率相同，货币供给增加使 LM 曲线从原来的位置右移到时 LM′。如果 LM 曲线较平坦，则收入增加不多；LM 曲线较陡峭时，收入增加较多。其原因是，LM 曲线较平坦，表示货币需求受利率的影响较大，即利率稍有变动就会使货币需求变动较多，因而货币供给量变动对利率变动的作用较小，从而，增加扩张性货币政策（增加货币供给量）就不会对投资和国民收入产生较大影响。反之，若 LM 曲线较陡峭，表示货币需求受利率的影响较小，即货币供给量稍有增加就会使利率下降较多，因而对投资和国民收入有较多影响，即货币政策的效果较大。

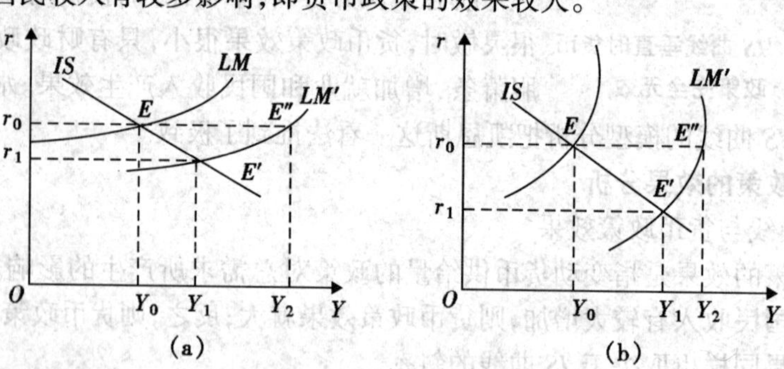

图 13－8 货币政策的效果因 LM 曲线的效率不同而不同

总之，一项扩张的货币政策如果能使利率下降较多，并且利率的下降能对投资有较大刺激作用，则这项货币政策的效果就较强，反之则弱。

3）古典的极端情况

与凯恩斯极端情况相反，如果水平的 IS 曲线和垂直的 LM 曲线相交，就出现了所谓古典的极端情况，如图 13－9 所示。

当出现古典极端情况时，财政政策完全无效，而货币政策十分有效。LM 曲线垂直说明货币需求的利率弹性系数等于零，就是说利率已达到极高的程度。这一方面使人们持有货币的成本或者说损失变得极大;另一方面又使人们看到债券价格低到了只会上涨而不会再跌的程度。因此,人们再不愿为投机而持有货币。此时,如果政府推行扩张性财政政策,只有在私人部门认为减少投资支出而借钱给政府比较合算的时候才可行。为此,利率(政府借款利率)一定要上涨到足以使政府公债产生的收益大于私人投资的预期收益。在这样的情况下,政府支出的任何增加都将伴随私人投资的等量减少。这样,政府支出对私人投资的"挤出"就是完全的,扩张性财政政策并没有使收入水平有任何改变。

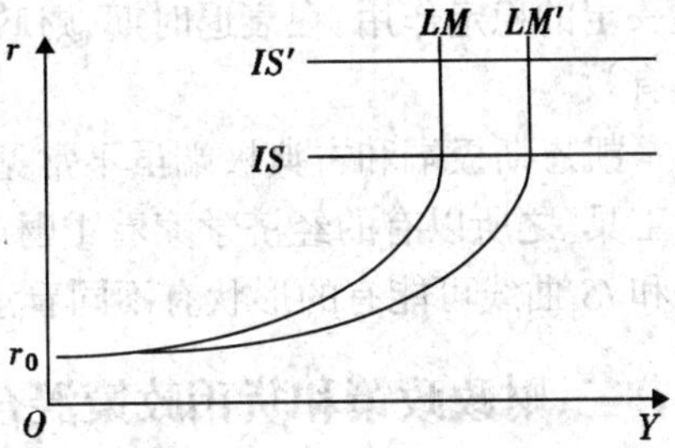

图 13-9　古典的极端情况

另外,*IS* 线呈水平形状,说明投资需求的利率弹性系数达到无限大,利率稍有变动,就会使投资大幅度变动。所以,政府因支出增加或税收减少而需要向私人部门借钱时,利率只要稍有上升,就会使私人投资大大减少,从而使"挤出效应"达到最充分的地步。

相反,如果实行增加货币供给的政策,效果就会很大。这是因为,当货币当局准备用购买公债的办法增加货币供给量时,公债价格必须上升到足够的高度,人们才愿意卖出公债以换回货币。由于对货币没有投机需求,人们将用这些出卖公债所得的货币购买其他生息资产。这些其他生息资产可以是新的资本投资(新证券),也可以是购买现有的生息证券。新的资本投资将提高生产或者说收入水平,从而提高货币的交易需要量,人们手中只要还有超过交易所需的闲置货币,总会竞相争购生息资产。于是,公债价格将继续上升,利率继续下跌,直到新投资(购买生息资产)把收入水平提高到正好把所增加的货币额全部吸收到交易需求中。假定货币当局增加的货币供给量是 Δm,k 是交易所需货币占收入的比例,即 $k = m/Y$,则均衡收入水平必定要增加到 $\Delta Y = \Delta m/k$。上述货币供给量增加所带来的实际经济生活的变化其实只是说明,由于 *LM* 曲线垂直,人们对货币没有投机需求,因此,增加的货币供给将全部用来增加交易需求。为此,它要求国民收入增加 Δm 的 $1/k$ 倍。

IS 曲线呈水平形状说明货币政策效果极大。因为 *IS* 曲线的斜率为零,投资对利率极为敏感,当货币供给增加使利率下降时,投资将极大地增加,从而使国民收入有很大增加。

图 13-9 所表示的情况之所以称为古典的极端情况,是因为古典经济学派认为,货币需求只同产出水平有关,同利率没有多大关系。货币需求对利率极不敏感,其利率弹性系数接近于零。因此,*LM* 是一垂直线,货币供应量的任何变动都对产出有极大影响。这样一来,货币政策就是唯一有效的政策。实际上,凯恩斯极端和古典极端情况都比较少见,实际情况往往是 *LM* 曲线向右上方倾斜而 *IS* 曲线向右下方倾斜,水平的和垂直的 *IM* 曲线和 *IS* 曲线充其量只是这些曲线斜率变化过程中的一个极端的或者说是特殊的阶段或区域。而介于这两种极端情况之间的是中间状态或中间区域。在大多数情况下,*IS* 曲线和 *LM* 曲线的交点是在中间区域。无论是财政政策还是货币政策,都可以对经济

起一定的稳定作用。在衰退时期，财政政策更有效，而在通货膨胀严重时期，货币政策则更有效。

凯恩斯极端和古典极端虽不常见，但为分析财政政策和货币政策效果提供了有用的工具。之所以有的经济学家看重财政政策，有的看重货币政策，就源于他们对 *LM* 曲线和 *IS* 曲线可能有的形状有不同看法。

二、财政政策和货币政策混合使用

根据以上分析可知，如果经济处于萧条状态，政府既可采用扩张性财政政策，也可采用扩张性货币政策。同样，将两种政策结合起来使用有时效果更好。

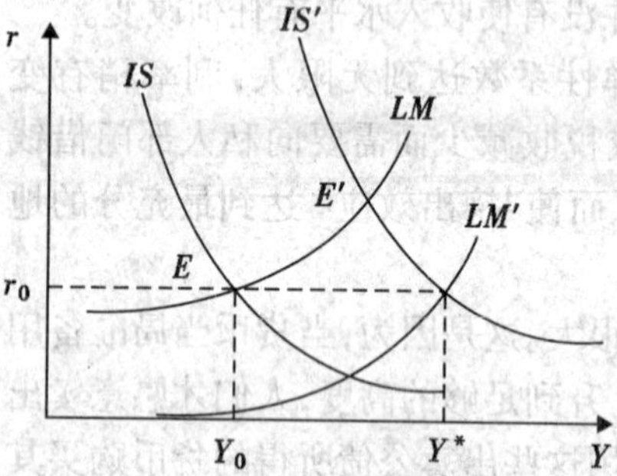

图 13－10　财政政策和货币政策的混合使用

图 13－10 中假定经济起初处于 E 点，收入为 Y_0，利率为 r_0，而充分就业的收入为 Y^*。为克服萧条，达到充分就业，政府可实行扩张性财政政策将 *IS* 曲线右移，也可实行扩张性货币政策将 *LM* 曲线右移。单独采用这两种政策虽都可以使收入达到 Y^*，但会使利率大幅度上升或下降。如果既想使收入增加到 Y^*，又不使利率变动，则可将扩张性财政政策和货币政策混合使用。如图所示，为了将收入从 Y_0 提高到 Y^*，可实行扩张性财政政策，使产出水平上升，但为了使利率不因产出上升而上升，可相应地实行扩张性货币政策，增加货币供应量，使利率保持原有水平。如果仅实行扩张性财政政策，将 *IS* 曲线移到 *IS'* 的位置，则均衡点为 E'，利率上升到 r_0 之上，发生“挤出效应”，产量不可能达到 Y^*。如果采用“适应性的”货币政策，按利率不变的要求增加货币供给，将 *LM* 曲线移到 *LM'*，则投资不被挤出，产量就可达到 Y^*。

财政政策和货币政策可有多种混合。这些混合使用的政策的效应有的是事先可以预计的，有的则必须根据财政政策和货币政策哪一个更强有力而定，因而政策效果不是确定的。例如，上图中 *IS* 曲线和 *LM* 曲线移动幅度相同，因而产出增加时利率也不变。若财政政策影响大于货币政策的影响，*IS* 曲线右移距离超过 *LM* 曲线右移距离，利率就会上升；反之，则会下降。可见，这两种政策结合使用时对利率的影响是不确定的。下表就给出了各种政策混合使用的效应。

表 13－3　财政政策和货币政策混合使用的政策效应

	政策混合	产出	利率
1	扩张性财政政策和紧缩性货币政策	不确定	上升
2	紧缩性财政政策和紧缩性货币政策	减少	不确定
3	紧缩性财政政策和扩张性货币政策	不确定	下降
4	扩张性财政政策和扩张性货币政策	增加	不确定

政府和中央银行可以根据具体情况及不同目标，选择不同的政策组合。例如，当经济萧条但又不太严重时，可采用第一种组合，用扩张性财政政策刺激总需求，又用紧缩性货币政策控制通货膨胀；当经济发生严重通货膨胀时，可采用第二种组合，用紧缩性

货币政策来提高利率，降低总需求水平，又实行紧缩性财政政策，以防止利率过分提高；当经济中出现通货膨胀又不太严重时，可用第三种组合，用紧缩性财政政策压缩总需求，又用扩张性货币政策降低利率，以免财政过度紧缩而引起衰退；当经济严重萧条时，可用第四种组合，用扩张性财政增加总需求，用扩张性货币政策降低利率以克服"挤出效应"。例如，20世纪60年代初美国为克服经济衰退，政府一方面减税，一方面采用"适应性的"货币政策，使产量增加，利率和价格基本上保持不变；到60年代末70年代初，美国经济生活中通货膨胀率过高而失业率较低，为控制通货膨胀，实行了紧缩性财政政策和紧缩性货币政策相结合的政策；70年代末80年代初，美国里根政府为克服通货膨胀和经济萧条并存的"滞胀"局面，采用了减税和紧缩通货相结合的政策，一方面刺激需求，增加供给，同时又克服通货膨胀。

在考虑如何混合使用两种政策时，不仅要看当时的经济形势，还要考虑政治上的需要。这是因为，虽然扩张性财政政策和货币政策都可增加总需求，但不同政策的后果可以对不同的人群产生不同的影响，也使GDP的组成比例发生变化。例如，实行扩张性货币政策会使利率下降，投资增加，因而对投资部门尤其是住宅建设部门十分有利。可是，实行减税的扩张性财政政策，则有利于增加个人可支配收入，从而可增加消费支出。而同样是采用扩张性财政政策，如果是增加政府支出，例如兴办教育、防止污染、培训职工等，则人们受益的情况又不相同。正因为不同政策措施会对GDP的组成比例（投资、消费和政府购买在GDP中的构成比例）产生不同影响，进而影响不同人群的利益。因此，政府在做出混合使用各种政策的决策时，必须考虑各行各业各个阶层的人群的利益的协调问题。

第六节　汇率制度和开放条件下的宏观经济政策

本节介绍开放经济条件下的宏观经济政策。首先指出，这里的宏观经济政策仍然指货币政策和财政政策。实际上，开放经济条件下的宏观经济政策还涉及对外贸易政策、对外金融政策。本章介绍的内容是在既定的汇率制度前提下，如何通过国内财政政策和货币政策实现宏观经济稳定。

一、汇率制度和外汇市场

汇率制度包括两种基本形式，即固定汇率制度和浮动汇率制度。固定汇率制度是指一国的汇率基本固定，波动被限定在一定幅度之内。在固定汇率制度下，每一个国家为本国货币确定一个固定价格，并由本国的中央银行通过外汇市场的干预来维持既定的汇率水平。浮动汇率制度是指一国的汇率由外汇市场的供求关系决定。浮动汇率制度又分为两种，即完全自由浮动和有管理的浮动汇率制度。前者指中央银行对外汇市场不采取任何的干预措施，汇率完全由外汇市场上供求力量自发决定。后者指汇率由外汇市场上供求力量决定的同时，国家对外汇市场进行各种形式的干预活动，主要是通过卖出或者购入外汇影响汇率。从1944年布雷顿森林会议建立国际货币制度到1971年，固定汇率制度在世界上占据主导地位。1971 年,美元和黄金脱钩以后,浮动汇率制度在世界上占据主导地位。

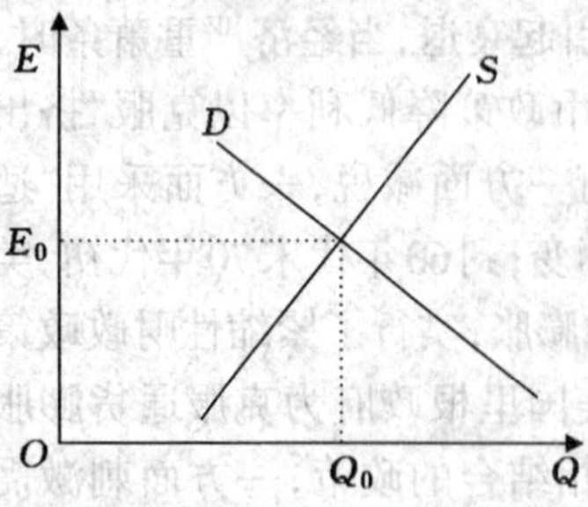

图 13－11　汇率的决定

图 13－11 表示外汇市场均衡情况。图中横轴代表一种本国货币(Q)(如人民币)的数量。纵轴代表汇率水平(E),用单位本国货币对应的外币(如美元)数量表示。曲线 D 是国外对人民币的需求曲线。当汇率下降时,中国的商品对国外来说就变得比较便宜,因此国外将会进口比较多的中国商品,国外对人民币的需求将增加,因此人民币的需求曲线是向下方倾斜的,外汇需求(对人民币的需求)与汇率成反向变化。曲线 S 是中国对人民币的供给曲线。当汇率上升时,国外的商品对中国来说就变得比较便宜,中国将进口比较多的外国商品。于是,中国对人民币的供给就会增加,这使人民币的供给曲线是向右上方倾斜的,即外汇供给(人民币的供给)与汇率成正比。

当外汇市场上人民币的供求达到均衡时,人民币的供给曲线和需求曲线相交所决定的汇率就是人民币的均衡汇率水平。当人民币的供给曲线或者需求曲线发生变动时,人民币汇率水平也会发生相应变动。这就是在浮动汇率情况下,人民币汇率水平变动的机制。这种汇率的市场机制能够自动调整国际收支平衡。

二、不同的资本流动、贸易情况下国际收支平衡的条件

除了汇率制度外,资本流动和贸易的市场化程度是决定一国国际收支平衡的重要因素。在开放经济分析中,首先假定贸易是市场化的,而资本流动程度则有更高的政府管制程度。在金融制度不发达的国家,一般可能对资本的国际流动采取更多的管制。为了分析方便,下面分别分析资本完全自由流动和完全不流动情况下的国际收支均衡机制。

BP 曲线的形状取决于斜率。在 BP 方程中,斜率项是 γ/σ。其中 σ 是一个重要的参数,反映国家之间资本流动的难易程度。σ 越大,表示国内外利率差引起的国际资本流动数量也大。反之,如果 σ 比较小,则表示该国的资本市场还不成熟,资本流动受到限制,同样的利差不会引起同样规模的资本流动。反映在 BP 曲线上,σ 越大,斜率也小,曲线越平坦;σ 越小,斜率越大,曲线越陡峭。

在资本完全流动条件下,σ 趋于无穷大,因此只有国内外利率相等,才能实现国际收支平衡。如果国内利率高于国外利率,资本就会无限流入,出现国际收支盈余,$BP > 0$。如果国内利率低于国外利率,资本就会无限流出,出现国际收支赤字,$BP < 0$。这样,为达到国际收支平衡,BP 曲线必然处于国内外利率相等的位置上,$BP = 0$,或者 $r_f = r$,是一条水平线,如图 13－12 所示。

在资本完全不流动的条件下,BP 曲线将不受资本流动引起的资本净流出因素的影响,$F = 0$。这时,国际收支平衡取决于对外贸易情况,即净出口的情况。当 $NX = 0$时,国际收支均衡,这时 BP 曲线是净出口为0的产量线。在图 13－12 中,垂直的 BP 曲线左边

表示在任何的利率水平上，国民收入低于国际收支平衡时的水平，进口水平低，出现国际收支顺差。在 BP 曲线右边的任何利率水平上，进口水平高，出现国际收支逆差。只有在 BP 曲线上，才能实现国际收支平衡。

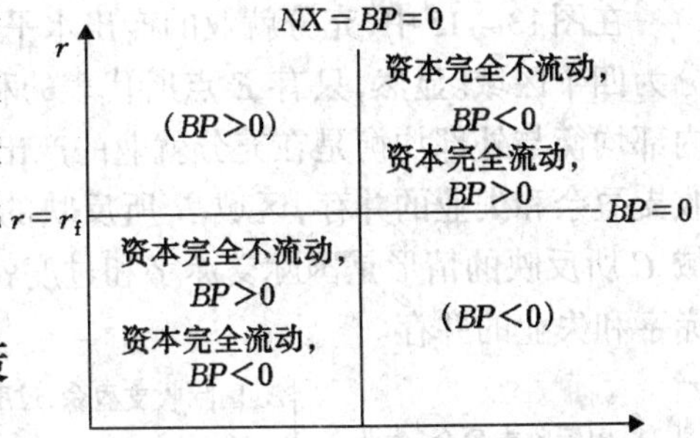

图 13 – 12　资本完全流动和资本完全不流动条件下的 BP 曲线

三、固定汇率制度下的宏观经济政策

为认识固定汇率制度下的宏观经济政策，首先要了解固定汇率制度下国际收支均衡的市场调整机制。

1. 固定汇率制度下的国际收支调整机制

在固定汇率制度下，中央银行有义务通过货币供给的扩张或收缩维持既定的汇率水平，从而使国际收支处于平衡状态。

假定经济处于图 13 – 13 中的 E_1 点。由于它位于国际收支平衡曲线 BP 的下方，因此存在着国际收支赤字，本国货币面临贬值的压力。这时，为了维持既定的汇率水平，中央银行必须出售外国货币，收回本国货币，从而使本国货币供给减少。在图中，这表现为 LM 曲线向左上方移动。这一过程会一直持续到 LM_0 移动到 LM_1。结果，国际收支赤字消除，经济同时实现了内部均衡和外部均衡。

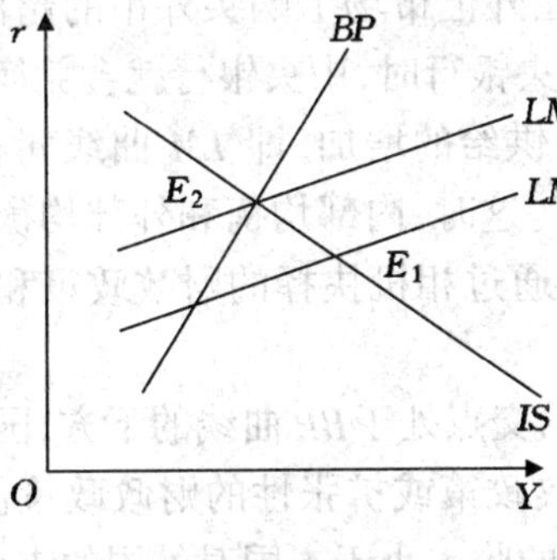

图 13 – 13　固定汇率下的国际收支调整(一)

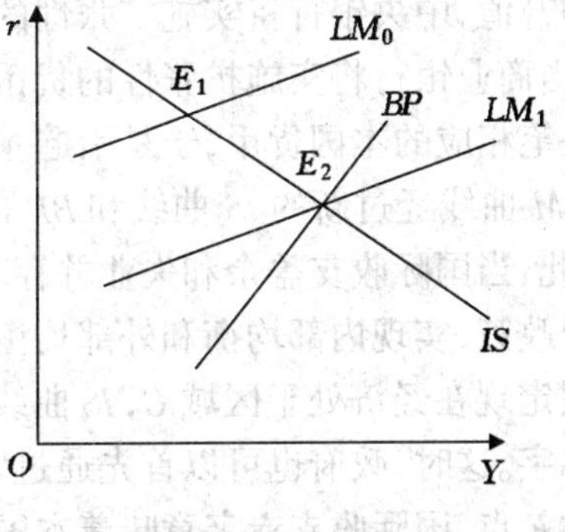

图 13 – 14　固定汇率下的国际收支调整(二)

假定经济处于图 13 – 14 中的 E_1 点，由于它位于国际收支平衡曲线 BP 的上方，因此存在着国际收支盈余，本国货币面临升值的压力。这时，为了维持既定的汇率水平，中央银行必须购买外国货币，增加本国货币供给，从而使本国货币供给增加。在图中，这表现为 LM 曲线向右下方移动。这一过程会一直持续到 LM_0 移动到 LM_1 为止。此时，国际收支盈余消除，同时实现了内部均衡和外部均衡。

2. 固定汇率制度下的宏观经济政策选择

开放经济下政府的宏观经济政策目标是使内部均衡与外部均衡在充分就业的产出水平上同时实现。因为在市场机制下，即使实现了市场均衡，但是经济产出水平并不一定达到经济的潜在产出，或说存在过多的失业或过度就业。

在图 13 - 15 中，充分就业的产出水平为 Y_f，它与 *BP* 曲线将利率与国民收入空间划分为四个区域。显然，只有 *E* 点所代表的利率和国民收入的组合才是理想的均衡点，即内部均衡与外部均衡是在充分就业的产出水平上实现的。区域 *A* 所反映的情形是国际收支盈余和失业的并存，区域 *B* 所反映的情形是国际收支盈余和过度就业的并存，区域 *C* 所反映的情形是国际支赤字和过度就业的并存，区域 *D* 所反映的情形是国际收支赤字和失业的并存。

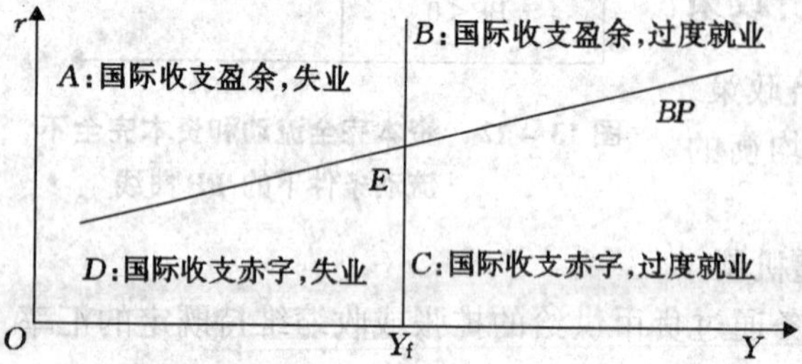

图 13 - 15　宏观经济不均衡的各种情况

假定现在经济处于区域 *A*，*IS* 曲线和 *LM* 曲线的交点处于 *BP* 曲线的上方，说明净出口超过了净资本流出，国际收支出现盈余。这时，为了把经济调整到 *E* 点，政府可以首先通过财政政策使 *IS* 曲线经过 *E* 点。在这一过程中，财政政策可能是紧缩性的，也可能是扩张性的，这决定于 *IS* 曲线的截距。具体而言，如果 *IS* 曲线的截距过大，就应该实行紧缩性的财政政策；如果 *IS* 曲线的截距过小，则不应该实行扩张性的财政政策。国际收支盈余意味着本国从外国得到的收入大于本国对外国的支出，本国的商业银行接收了超额的外币支票存款。这意味着在外汇市场上存在着对本国货币的过度需求，从而使本国货币面临升值的压力。为了避免本国货币的升值，中央银行将实施扩张性的货币政策，在外汇市场上购买外币的超额供给。例如，当商业银行将实施扩张性的货币存款存到中央银行时，中央银行就会兑换给商业银行一笔相应的本国货币，于是引起本国名义货币供给的增加，即 *LM* 曲线向右移动，直到 *LM* 曲线经过新的 *IS* 曲线和 *BP* 曲线的交点 *E*。这时，内部均衡和外部均衡同时实现。因此，当国际收支盈余和失业并存时，政府可以通过相机抉择的财政政策和扩张性的货币政策，实现内部均衡和外部均衡。

假定现在经济处于区域 *C*，*IS* 曲线和 *LM* 曲线的交点处于 *BP* 曲线的下方，国际收支出现赤字。这时，政府也可以首先通过紧缩性的财政政策或扩张性的财政政策使 *IS* 曲线经过 *E* 点。国际收支赤字意味着本国从国外得到的收入小于本国对外国的支出。这意味着在外汇市场上存在着本国货币的过度供给，从而使本国货币面临贬值的压力。为了避免本国货币贬值，中央银行将实施紧缩性的货币政策，在外汇市场上出售外币，从而抵消本国货币的过度供给。例如，当商业银行把本币存款存到中央银行时，中央银行就会兑换给商业银行一笔相应的外国货币，于是引起本国名义货币供给的减少，即 *LM* 曲线向左移动，直到 *LM* 曲线经过新的 *IS* 曲线和 *BP* 曲线的交点 *E*。这时，内部均衡和外部均衡同时实现。因此，当国际收支赤字和过度就业并存，政府可以通过相机抉择的财政政策和紧缩性的货币政策实现内部与外部均衡。

如果经济处于区域 *B*，即国际收支盈余和过度就业并存，政府可以通过相机抉择的货币政策和紧缩性的财政政策实现内部与外部均衡。如果经济处于区域 *D*，即国际收支赤字和失业并存时，政府可以通过相机抉择的货币政策和扩张性的财政政策实现内部与外部均衡。

需要强调指出的是，当政府运用财政政策和货币政策实现内部和外部均衡时，需要谋求一个既定的利率水平。而利率水平的变动会影响私人部门的投资支出，从而改变总需求和国民生产总值的构成。这意味着，如果这一既定的利率水平是不理想的，内部和外部均衡同时实现时的国民生产总值的构成也是不理想的。于是，就需要政府采取政策组合。

如果资本的国际流动是完全自由的，即资本的国际流动对利率水平的国际差异非常敏感时，*BP* 曲线就将成为一条对应外国利率水平时的平行于横轴的直线。换言之，完全的资本流动使国内和外国的利率差异完全消除。这时，中央银行的货币政策就丧失了独立性。在图 13 – 16 中，假定初始的内部与外部均衡为 E_0 点。当货币供给增加时，*LM* 曲线将从 LM_0 向右移动到 LM_1，引起国内利率水平下降。由于资本的国际流动是完全自由的，因而国内利率的下降会导致资本外流，引起国际收支赤字，本国货币面临贬值压力。在固定汇率制度下，中央银行就需要在外汇市场上出售外国货币，换回本国货币，结果引起货币供给的减少。这一过程要一直持续到 LM_1 曲线向左移动到原来的位置为止。由此可见，在固定汇率制度下，如果资本的国际流动是完全的，货币政策将失去独立性。

然而，在这种情况下，财政政策则是非常有效的。在图 13 – 17 中，假定初始的内部与外部均衡为 E_0 点。当政府实施扩张性财政政策时，*IS* 曲线向右移动到 IS_1，引起国内利率水平的上升。于是，出现资本流入，引起国际收支盈余，本国货币面临升值的压力。在固定汇率制度下，中央银行就需要在外汇市场上出售本国货币，换回外国货币，结果引起货币供给的增加。这一过程要一直持续到 *LM* 曲线向右移动至 LM_1 为止。由此可见，在固定汇率制度下，如果资本的国际流动是完全的，财政政策才是非常有效的。

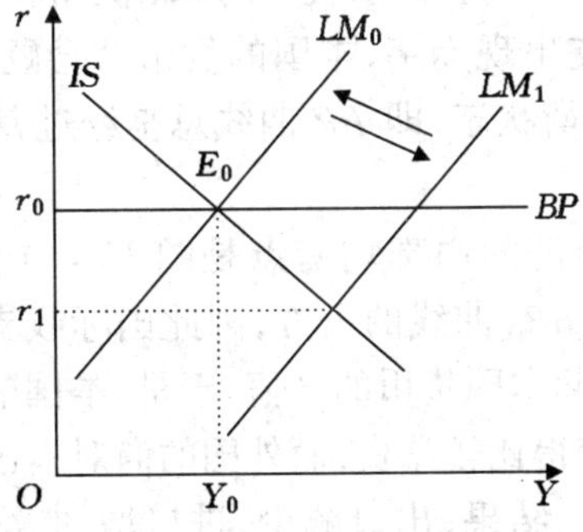

图 13 – 16　资本自由流动下的货币政策

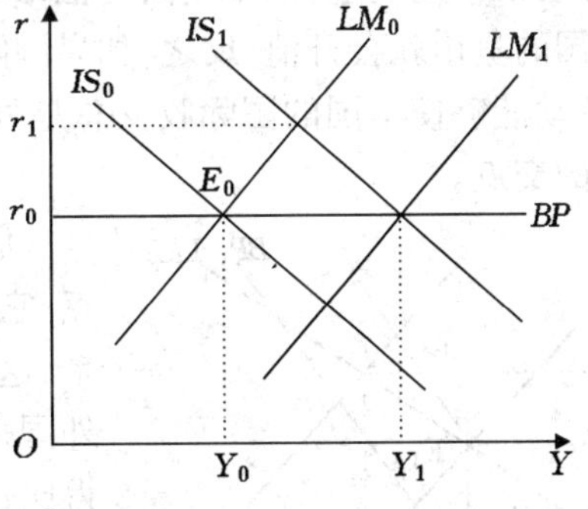

图 13 – 17　资本自由流动下的财政政策

例题13.4　某国实行固定汇率制度，允许国际资本自由流动。其开放经济模型用下列方程描述：

消费方程：$C = 100 + 0.8\ Y_d$

可支配收入：$Y_d = (1 - t)Y$

投资方程：$I = 300 - 1\,000r$

净出口方程：$NX = 195 - 0.1Y - 100E\dfrac{P}{P_f}$

产品市场均衡方程：$Y = C + I + G + NX$

LM 方程：$M = (0.8Y - 2\,000r)P$

国际收支平衡方程：$r = r_f$

其中政府购买 $G = 200$ 亿元，税率 $t = 0.25$，世界利率水平 $r_f = 0.08$，汇率 $E = 1.15$，国内外价格水平 P、P_f 均为 1。求：① 均衡的国民收入和利率以及中央银行如何确定货币供应量；② 如果政府认为以上国民收入产出过低，将政府购买扩大到 210 亿元，货币政策应如何调整？

解：① 根据已知的政府购买、税率、价格、汇率和消费方程、投资方程、净出口方程、产品市场均衡方程，可得 IS 方程为：$0.5Y = 680 - 1\,000r$；根据国际收支平衡方程和已知的世界利率，可得 BP 方程为 $r = 0.08$；联立 IS 方程和 BP 方程可得：$r = 0.08$，$Y = 1\,200$ 亿元。将该结果和价格水平带入 LM 方程，可得 $M = 800$ 亿元，即为中央银行为实现宏观经济的内外均衡所需要的货币供应量。

② 如果政府购买扩大到 210 亿元，则由 BP 方程和 IS 方程决定的均衡国民收入为 1 220 亿元，利率仍为 0.08。为保持均衡，货币供应量应为 816 亿元。也就是说，适应扩张性的财政政策，也要实行扩张性的货币政策，才能既实现宏观经济目标，又保持宏观经济均衡。

四、浮动汇率制度与宏观经济政策

1. 浮动汇率制度下宏观经济均衡机制

在浮动汇率制度下，汇率是由外汇市场上的供给和需求决定的。如果国际收支出现盈余，本国的货币就会升值。反之，如果国际收支出现赤字，本国的货币就会贬值。汇率的持续变动能够使本国的国际收支总是处于平衡状态，即 BP 曲线总是经过 IS 曲线和 LM 曲线的交点。

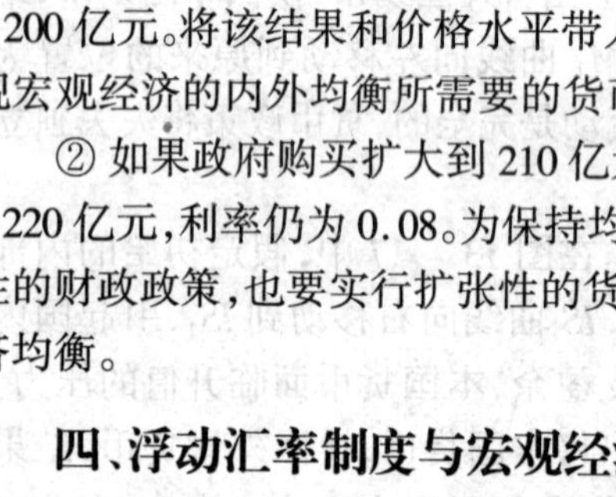

图 13－18　浮动汇率下的经济均衡(一)

假定经济的内部均衡点是图 13 － 18 中的 E 点。它处于 BP_0 曲线的上方，因此国际收支出现盈余，这会引起本国货币的升值。于是，本国的商品对外国来说变得比较昂贵，而外国的商对本国来说变得比较便宜。结果，出口减少，进口增加。净出口下降将产生两个效果：第一，IS 曲线向左移动；第二，BP 曲线向左上移动。最后，新的 IS_1 曲线和 BP_1 与 LM 曲线交于 E_1 点，内部均衡和外部均衡同时实现。

假定经济的内部均衡点是图 13 － 19 中的 E 点。它处于 BP_0 曲线的下方，因此国际收支出现赤字，这会引起本国货币贬值。于是，本国商品对外国来说变得比较便宜，而外国的商品对本国来说变得比较昂贵。结果，出口增加，进口减少。净出口的上升产生两个结果：第一，*IS* 曲线向右移动；第二，*BP* 曲线向下移动。最后，新的 IS_1 曲线和 BP_1 曲线与 *LM* 曲线交于 E_1 点，内部均衡和外部均衡同时实现。

由此可见，在固定汇率制度下和浮动汇率制度下的国际收支调整机制是明显不同的。在固定汇率制度下，中央银行为了维持既定的汇率水平，要在外汇市场上购买或出售以外币标价的资产以平衡对本国货币的供求，从而使得本国的货币政策受到制约。但是在浮动汇率制度下，中央银行没有义务维持某一个汇率水平，因此也就不需要在外汇市场上购买或出售以外币标价的资产来平衡对本国货币的供求，从而使得本国的货币政策具有独立性。

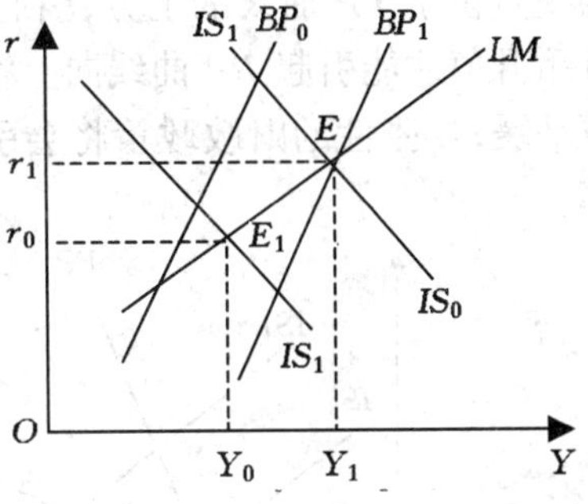

图 13－19　浮动汇率下的经济均衡（二）

如果将外汇市场的均衡条件、产品市场的均衡条件、货币市场的均衡条件、劳动市场的均衡条件和生产函数结合在一起，就可以得到一个包括国民收入、就业量、价格水平、利率和汇率五个变量的瞬时均衡。外汇市场的均衡条件在几何上就是利率－国民收入空间上的 *BP* 曲线。在浮动汇率制度下，外汇市场总是处于均衡状态，*BP* 曲线总是经过 *IS* 曲线和 *LM* 曲线交点。

2. 浮动汇率制度下的汇率调整机制

需要提出的是，纯粹的固定汇率和纯粹的浮动汇率都是理论上的假定。固定汇率仅仅在一定时期内保持不变。当经济形势发生根本性的变化时，就需要调整汇率的目标水平。浮动汇率制度也不意味着汇率完全自由浮动，政府往往要根据当时经济形势的需要对汇率水平进行调节，实行有管理的浮动汇率制度。在浮动汇率制度下，货币政策和财政政策对汇率影响是有区别的。

首先，如果采用货币政策来调节汇率，可以取得确实的效果。当货币供给增加时，*LM* 曲线向右移动，这使得国内的利率水平下降，于是资本净流出增加。同时，国民收入增加，所以进口增加。这两个效果都使外汇市场上的本国货币供给增加，引起汇率下降，即本国货币贬值。反之，如果减少货币供给，*LM* 曲线向左移动，这使得国内的利率水平上升，于是资本净流出减少。同时，国民收入减少，所以进口减少。这两个效果都使外汇市场上的本国货币供给减少，引起汇率上升，即本国货币升值。

但是，财政政策对汇率的效果是不大明显的。政府购买支出增加使利率上升，使资本净流出减少，外汇市场上的本国货币供给减少，这有助于汇率上升，即本国货币升值。但是，政府购买支出也使国民收入增加，使进口增加，外汇市场上本国货币供给增加，这有助于汇率下降，即本国货币贬值。因此，财政政策对汇率水平影响决定于这两种效果的相对大小。

如图 13－20 所示，*BP* 曲线比 *LM* 曲线陡，扩张性的财政政策会使新的内部均衡位

于 *BP* 曲线的下方，引起国际收支赤字。在这种情况下，只有汇率下降即本国货币贬值才能引起 *BP* 曲线向下移动，恢复外部均衡。换言之，如果 *BP* 曲线比 *LM* 曲线更陡，扩张性的财政政策将会引起汇率下降，而紧缩性的财政政策将会引起汇率上升。

如图 13 – 21 所示，如果 *BP* 曲线比 *LM* 曲线平缓，扩张性的财政政策会使新的内部均衡点位于 *BP* 曲线的上方，引起国际收支盈余。在这种情况下，只有汇率上升即本国货币升值才能引起 *BP* 曲线向上移动，恢复外部均衡。换言之，如果 *BP* 曲线比 *LM* 曲线更平缓，扩张性的财政政策将会引起汇率上升，而紧缩性的财政政策将会引起汇率下降。

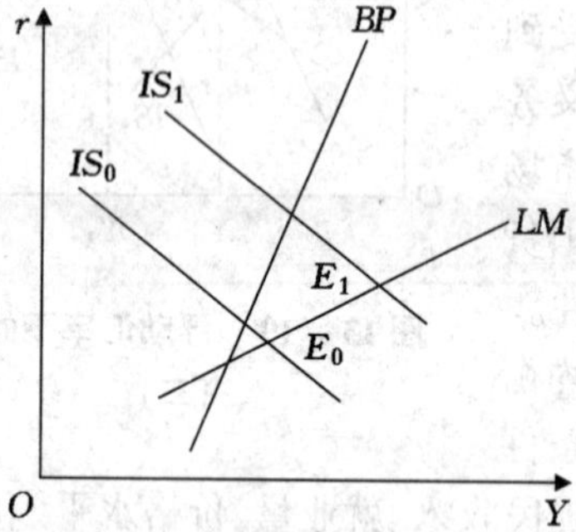

图 13 – 20　浮动汇率下的财政政策效应(一)

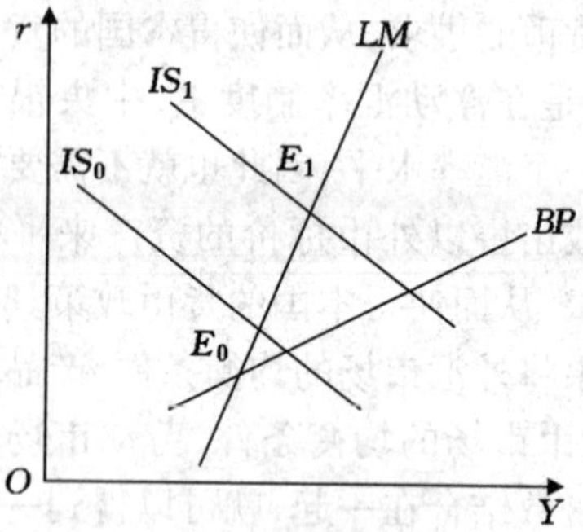

图 13 – 21　浮动汇率下的财政政策效应(二)

货币政策和财政政策对汇率水平影响的确定性差异说明，为了维持内部均衡和外部均衡的同时实现，应该主要采用财政政策促进内部均衡，即用财政政策来谋求产出和就业目标；同时，用货币政策来消除可能受到的扰动，因为货币政策在调整汇率水平方面有明显的优势。

4. 资本完全自由流动的经济稳定化政策

在浮动汇率制度和资本完全自由流动的条件下，政府可以选择货币政策实现潜在经济产出的目标，但是财政政策则无法实现这个目标。

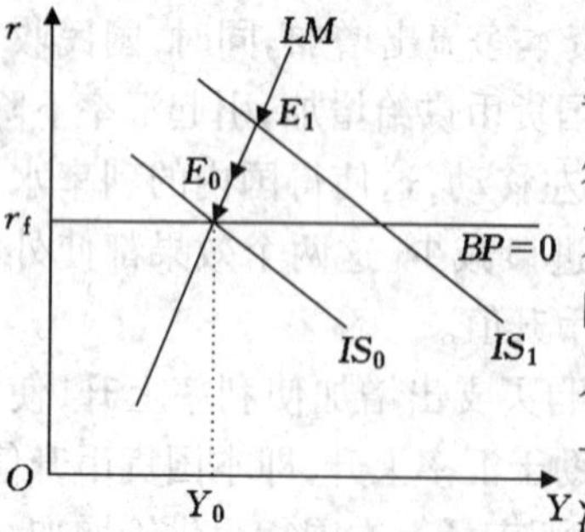

图 13 – 22　浮动汇率制度下财政政策的无效性

在图 13 – 22 中，横轴代表国民收入，纵轴代表利率。在资本完全流动条件下，国际收支平衡曲线是处于外国的利率水平上的一条水平线。经济初始均衡曲线点为 E_0。当政府实施扩张性的财政政策时，*IS* 曲线从 IS_0 向上方移动到 IS_1。国内的利率水平上升，引起资本流入，国际收支出现盈余，引起本国货币升值。货币升值进一步引起出口减少和进口增加，净出口减少；净出口的减少又会引起 *IS* 曲线向左下方移动。这一过程一直持续到 *IS* 曲线移动到原来的位置为止。由此可见，扩张性的财政政策不会改变产出的均衡水平，只是会使货币升值，从而引起净出口减少。这意味着扩张性的财政政策只会改变国民生产总值的构成。换言之,这时财政政策的挤出效应是完全的。不过这时的挤出效应是由于利率上升引起的货币升值减少了净出口,而不是减少私人部门的投资支出。

当政府实施扩张性的货币政策时,如图 13 – 23 所示,LM 曲线 LM_0 向右下方移动到 LM_1。国内的利率水平下降,引起资本外流,国际收支出现赤字,本国货币贬值。货币贬值又会引起出口增加和进口减少。净出口增加又会引起 IS 曲线向右上方移动。这一过程会一直持续到 IS 曲线移动到 IS_1 为止。可见,扩张性的货币政策会有效地改变产出的均衡水平,这是通过货币贬值从而引起净出口的增加实现的。

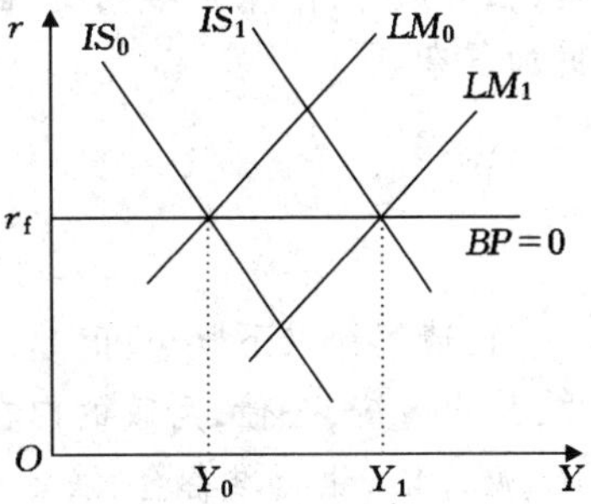

图 13 – 23　浮动汇率下的货币政策的有效性

但是,这种对本国需求的增加是建立在减少对其他国家需求的基础之上的。可见,在浮动汇率制度下,一国增加货币供给的政策具有将本国萧条和失业"出口"到其他国家的作用。因此被称为损人利己或"以邻为壑"的政策。

因此,在资本完全自由流动的情况下,固定汇率和浮动汇率使财政政策和货币政策的效果刚好相反。在固定汇率制度下,当中央银行增加货币供给时,利率下降,资本流出,货币贬值,中央银行必须用外汇储蓄换回本国货币,从而使货币供给减少到原来的水平,产出也恢复到原来的水平。当政府实行扩张性的财政政策时,利率上升,资本流入,货币升值,中央银行必须增加货币供给,从而使产出水平增加。

本章小结

本章介绍财政政策和货币政策以及在开放经济中财政政策和货币政策的运用。

财政就是政府的公共支出和公共收入活动。公共支出是指政府为履行职能而支出的各种资金,是政府执行政策付出的成本,或者说是政府行为的成本。公共收入是指政府为履行职能而筹集的一切资金。财政政策是政府根据既定经济发展目标,通过财政收入和财政支出的变动,以影响宏观经济活动水平的经济政策,是由支出政策、公债政策和税收政策等构成的一个完整的政策体系。

货币是一种交换媒介,也是一种金融资产,在现代经济中扮演着重要的角色。从历史上的各种货币形式演进到现代的金融货币制度。在由中央银行、商业银行和其他金融机构构成的金融货币体系中,商业银行是一种盈利企业,只不过提供的是金融服务;中央银行不同于一般的银行,承担着国家货币金融管理的职能,执行国家的货币政策,是货币供给的执行者。中央银行通过控制和调节货币供应量来影响利率和价格,进而影响投资、消费、进出口,实现预期的宏观经济目标。其政策工具主要有公开市场业务、调整法定准备金率和调整贴现率和贴现政策,辅助性货币政策工具包括消费者信用控制、证券市场信用控制、不动产信用控制以及直接信用控制和间接信用指导等。

财政政策和货币政策在国内经济和开放经济调控中都具有不同的选择。有时财政政策有效,有时货币政策有效,有时需要二者的搭配使用。财政政策和货币政策也发挥着稳定宏观经济、促进就业和经济增长、保持国际收支平衡的作用。与封闭经济不同的是,在开放经济中,汇率制度、国际贸易、国际间资本流动的影响使宏观经济政策的选择更加复杂。

复习思考题

1. 请解释以下概念:财政,政府购买支出,政府转移支出,政府预算,功能预算,税收,挤出效应,公债,财政的内在稳定器,财政政策,中性财政政策,拉弗曲线,货币供给,M_1,M_2,M_3,银行准备金,法定准备金,法定准备金率,存款乘数,基础货币,货币乘数,公开市场业务,中央银行的贴现贷款,窗口指导,固定汇率制度,浮动汇率制度,有管理的浮动汇率制度,自由的浮动汇率制度。

2. 政府购买支出和转移支出有何区别?

3. 瓦格纳定律的基本内容是什么?

4. 税收的基本特征和税收三要素是哪些?

5. 简述个人所得税作为财政内在稳定器的基本原理。

6. 试述相机决择财政政策的主要手段。

7. 概述政府预算理论。

8. 分析税收对投资的影响。

9. 试论凯恩斯学派与供给学派在财政政策方面的分歧。

10. 货币供给可以定义为 M_1、M_2、M_3,为什么宏观经济学主要研究 M_1?

11. 影响货币乘数的因素有哪些?

12. 什么是公开市场业务,这一货币政策工具有什么优点?

13. 为什么在经济衰退时,货币供给的变化不能带动投资的变化?

14. *IS* 和 *LM* 曲线的斜率对财政政策效果具有什么影响?为什么?

15. *IS* 和 *LM* 曲线的斜率对货币政策效果具有什么影响?为什么?

16. 设货币交易需求为 $L_1 = 0.2Y$,投机需求为 $L_2 = 2\,000 - 500r$,r 是用百分数表示的利率水平。回答下列问题:1) 写出货币需求函数。2) 当利率 $r = 6$,国民收入 $Y = 10\,000$ 亿美元时,货币需求量为多少?3) 当货币供给 $M = 2\,500$ 亿美元,国民收入 $Y = 6\,000$ 亿美元,可以满足投机性需求的货币是多少?4) 当货币供给 $M = 2\,500$ 亿美元,国民收入 $Y = 10\,000$ 亿美元时,货币市场均衡利率是多少?

17. 假定有一个没有对外开放的国家经济,消费方程为 $C = 100 + 0.8Y_d$,投资方程为 $I = 150 - 600r$。政府征收税收(T)是国民收入(Y)的函数:$T = 0.25Y$,货币需求方程为 $M^d = 0.2Y - 200r + 50$。Y_d 是可支配收入:$Y_d = Y - T_2$;r 是市场利率。现在政府支出为 $G = 100$,中央银行控制的货币供给是 $M^s = 200$。回答下列问题:1) 该国宏观经济的 *IS*、*LM* 曲线是什么?2) 产品市场和货币市场同时均衡时,国民收入和市场利率是多少?并画出示意图。3) 此时政府的收支情况如何?4) 如果政府将支出增加到 200,新的均衡国民收入和利率是多少?5) 投资是如何变化的?是增加还是减少了?解释这种变化的原因,并借此说明政府支出增加对投资的影响。6) 政府支出增加后的收支情况如何?

18. 设一经济体系的消费函数为 $C = 600 + 0.8Y$,投资方程为 $I = 400 - 50r$,政府支出为 $G = 200$,货币需求方程为 $L = 250 + 0.5Y - 125r$,中央银行控制的货币供给是 $M^s = 1\,250$,价格水平 $P = 1$。试求:1) IS 和 LM 方程;2) 均衡的国民收入和利率;3) 假定充分就业的国民收入是 5 000 亿元,如果通过增加政府购买实现充分就业,应该增加多少政府购买?4) 如果通过增加货币供给实现充分就业,需要增加多少货币供给?5) 做出 3) 和 4) 问题的图解。

19. 当一国经济处于高通货膨胀和国际收支赤字时,应采取什么样的财政政策、货币政策?

20. 试分析一国货币升值对本国进出口以及宏观经济其他方面的可能影响。

第十四章 宏观经济问题

在市场机制的作用下，宏观经济运行会出现各种不合意的情况，这就是宏观经济问题。通常宏观经济问题可以概括为经济周期性波动、失业、通货膨胀和国际收支不平衡四个方面，这实际上是短期宏观经济问题。一国经济长期发展缓慢、停滞也是宏观经济问题，这是宏观经济的长期问题，其中涉及的因素更多，被称为长期经济问题。本章介绍经济周期、失业、通货膨胀和经济增长问题形成的基本原理和应对方法。关于国际收支平衡问题在第十二章已经有所阐述，而在第十五章专门介绍。

第一节 经济周期

一、经济周期的含义和分类

1.经济周期的含义

市场经济发展的历史表明，在经济发展过程中，常常伴随着波动，而且呈现周期性变动的特征。经济周期(business circle)又称商业循环，是指经济活动(其结果表现为国民收入)沿着经济发展的总体趋势(潜在 GDP 的发展趋势)表现出的有规律的扩张和收缩。

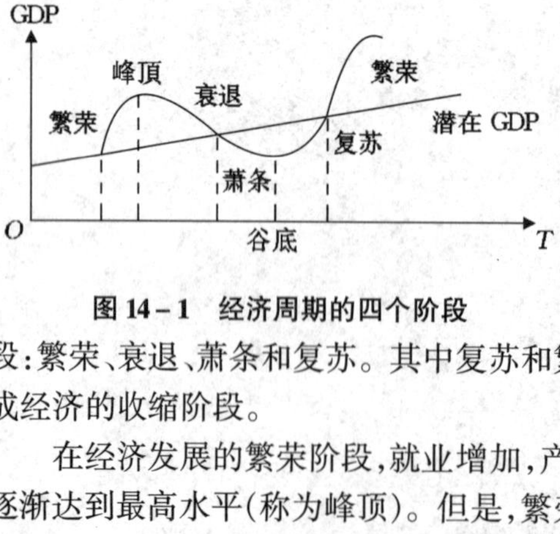

图 14－1 经济周期的四个阶段

图 14－1 是表示一个典型的经济周期变动的曲线图。图中正斜率的直线是表示经济长期增长趋势线，也就是潜在 GDP 产出的趋势线。经济在总体上保持着或快或慢的增长，所以经济增长的长期趋势线的斜率是正的。经济周期则表现为围绕趋势线的波动。一个经济周期一般可以划分为四个阶段：繁荣、衰退、萧条和复苏。其中复苏和繁荣阶段构成经济的扩张阶段，衰退和萧条构成经济的收缩阶段。

在经济发展的繁荣阶段，就业增加，产量扩大，社会总产出超过潜在 GDP 水平，并逐渐达到最高水平(称为峰顶)。但是，繁荣阶段不可能长期维持下去。当消费增长放慢引起投资减少或投资下降时，经济就会开始下滑，使经济处于衰退阶段。在衰退阶段初期，由于消费需求与生产能力偏离，使投资增加的势头受到抑制，导致投资减少，生产下降,失业增加。另一方面,在生产减少的同时,消费减少,产品滞销,价格下降,进而使企业利润减少,致使企业的投资进一步减少。这样,投资、消费和收入循环降低,经济跌落到潜在 GDP 水平之下的萧条阶段,最后降至很低的经济水平(谷底)。

萧条阶段是指经济活动在潜在 GDP 之下运行的阶段。在这一阶段存在大量的失业,大批生产能力闲置,工厂亏损甚至倒闭。但萧条时期也不可能无限延长。随着时间的推移,现有设备不断损耗,由消费引起的企业存货减少,企业将考虑增加投资。这又使就业开始增加,产量逐渐扩大,使经济进入复苏阶段。复苏阶段是指经济走出萧条阶段并转向繁荣的阶段,是经济从谷底向潜在 GDP 恢复的阶段。在复苏阶段,生产和销售回涨,就业增加,价格也有所提高,整个经济呈上升的势头。随着生产和就业继续扩大,价格上升,经济产出达到潜在 GDP 之上,进入新的经济繁荣阶段,开始新的经济周期。

2.经济周期的类型

经济学界公认的经济周期类型,是由美籍奥地利裔经济学家约瑟夫·熊彼特(Joseph Schumpeter)在 20 世纪 30 年代末划分的。熊彼特将经济周期划分为长周期、中周期和短周期三类。

长周期又称长波,指一个周期长度平均为 50 年至 70 年的经济周期。这一划分最初是由苏联经济学家康德拉季耶夫(N.D.Kondratieff)首先提出的。所以,经济长周期又称康德拉季耶夫周期。

中周期又称中波,指一个周期平均长度为 8 ~ 10 年的经济周期。经济学家们对于中周期的研究开始较早。1860 年,法国经济学家朱拉尔(C.Juglar)较早系统地分析了这种经济周期。所以,经济中周期又名朱拉尔周期。

短周期又称短波,指一个周期平均长度为 40 个月左右的经济周期。它最早由美国经济学家基钦(J.Kitchin)于 1923 年提出的。所以,经济短周期又叫基钦周期。

当然,关于经济周期还可以根据经济波动的其他特征进行分类。例如,根据经济波动的程度、经济周期各个阶段时间的相对长短等分类。

二、经济周期的成因分析

1.对经济周期成因的不同解释

经济周期成因分析是一个古老的课题。根据经济周期形成原因的不同,可以将各种对经济周期成因的解释分为三种:外因说、内因说和混合说。

1)外因说

外因说认为经济周期来源于经济系统外部的因素,例如太阳黑子说、创新经济周期理论、心理预期理论、政治周期理论等。

太阳黑子论认为太阳黑子周期性地造成恶劣的气候,使农业收成不好,影响了工商业,从而使整个经济周期性地出现衰退。随着现代经济中农业的地位下降和农业技术的发展,这种理论的解释力不断下降。

创新理论认为,创新是经济周期波动的主要原因。一项新的技术革新和发明从开发到应用要经历开发、生产、开辟市场、获取高额利润、技术扩散、大规模生产、利润降低等过程,这个过程伴随着经济上升和下降,形成经济周期。

心理预期理论认为,经济周期波动的原因在于公众心理反应的周期变化。人们对经济发展心理上的乐观预期和悲观预期的交替是经济繁荣和萧条交替的原因。人们对经济前景持乐观态度时,投资和生产增加,经济走向繁荣;人们对经济前景持悲观态度时,投资和生产减少,经济走向衰退。

政治周期理论认为,政府交替执行扩张性政策和紧缩性政策造成了经济扩张和衰退的交替出现。为了实现充分就业,政府实行扩张性财政和货币政策。但是,扩张性财政和货币政策导致的财政赤字和通货膨胀,导致经济运行的危机。于是,政府又不得不转而实行紧缩性政策,也就是人为地制造经济衰退。这就形成了政府干预经济所造成的新型经济周期。在西方发达国家,当大选来临时,在任总统和执政党为了拉选票,会迎合社会民众的要求,实行扩张性政策来制造短暂的经济繁荣。当大选结束后,政治领导人又会将民众愿望放置一旁,或者从现实出发去收拾残局和处理由经济短暂繁荣引起的后遗症。所以,经济活动就在政府大选的周期中呈现出周期变动的趋势。

2)内因说

内因说认为经济周期来源于经济系统内部的因素。在内因说理论中,经济周期是可以预测和调整的,例如消费不足理论、投资过度理论和货币信用过度理论等。

消费不足理论认为,经济衰退的原因在于收入中用于储蓄的部分过多,而用于消费的部分不足,从而导致有效需求不足,经济产出水平下降。其中一些人认为,储蓄过多和消费不足又是由于收入分配过于不均等所致,因为与可以投资的数量相比,富人得到了过多的收入。如果收入分配能够均等一些,储蓄就不会过多,消费也就不会不足。

投资过度理论认为,经济衰退的原因不是投资太少,而是投资过多。投资过多是指生产资本品的部门的增长超过了生产消费品部门的增长。经济扩张时,资本品增长的速度比消费品快;经济衰退时,资本品下降的速度也比消费品快。资本品投资的波动造成了整个经济波动。

货币信用过度理论把经济周期看做是一种货币现象,认为经济波动是银行货币供给和信用波动的结果。按照这一理论,银行货币和信用的扩张会导致利率下降,从而引起投资增加,走向繁荣;反之,银行货币和信用的紧缩会导致利率上升,从而引起投资减少,走向衰退。

3)混合说

混合说是指认为经济周期来源于经济系统内部因素和外部因素的共同影响。具体地说,经济波动的初始原因可以来自经济系统外部的某种冲击并影响总供给或总需求,而经济系统内部还有一种机制使其扩大,到一定程度又转而缩小直至消失,从而形成经济周期。混合说的代表理论是乘数－加速数相互作用理论。

2.乘数－加速数的经济周期模型

1)加速数原理

乘数原理和加速数原理都是阐明国民收入与投资之间关系的经济理论。乘数原理已经在第十一章中介绍,这里介绍加速数原理。

在宏观经济学中,产量水平的变动和它所引起的投资支出数量之间的关系被称为加速原理。一般来说,更多的产量需要更多的资本,进而需要用投资扩大资本存量。在一定的限度内,企业有可能用现有的资本通过集约使用生产更多的产品,但在任何时候,企业总认为有一个最优的资本对产量的比率。这个比率不仅在行业与行业之间差别很大,而且还随着社会技术和生产环境的变动而发生变动。为了减少复杂性,假定这个比率在一定时间内保持不变。

以 K 代表资本存量,Y 代表产量水平,v 代表资本－产量比率,即一定时期每生产单位货币价值量的产量所需要的资本存量的货币额,则有:

$$K = vY \qquad (14-1)$$

这里 K 是存量,而 Y 是流量,一般情况下,$v > 1$。假定 $v = 3$,就意味着要生产200元的 Y,就需要有600元的 K。引入时期的概念,则 $t-1$ 时期的 K 和 Y 的关系可表为:

$$K_{t-1} = vY_{t-1} \qquad (14-2)$$

如果产量从 Y_{t-1} 变动到 Y_t,则资本存量也将从 K_{t-1} 变动到 K_t,即:

$$K_t = vY_t \qquad (14-3)$$

资本存量的增加量是$(K_t - K_{t-1})$。为了增加资本存量,需要投资支出为净额。以 I_t 表示时期 t 的投资,则有:

$$I_t = K_t - K_{t-1} \qquad (14-4)$$

进而有

$$I_t = vY_t - vY_{t-1} = v(Y_t - Y_{t-1}) = v\Delta Y \qquad (14-5)$$

该方程表明,t 时期的投资额决定于产量从 $t-1$ 期到 t 期的变动量乘以资本－产量比率。如果 $Y_t > Y_{t-1}$,则在时期 t 有正的投资。因此,投资取决于产量水平的变动,变动的幅度大小取决于 v。v 越大,相同的产出就能够带来更多的投资,正是在这个意义上,资本－产量比率 v 在这里被称为加速数。

总投资由投资与重置投资构成,如果将重置投资视为折旧,则在上述方程两边同时加上折旧,便有:

$$t\text{ 时期的总投资} = v\Delta Y + t\text{ 时期的折旧} \qquad (14-6)$$

上面的方程表明,如果加速数为大于1的常数,资本存量的增加必然超过产量的增加,这正是加速数的含义。

2) 乘数－加速数模型的基本思想

乘数－加速数模型试图把外部因素和内部因素结合在一起对经济周期给出解释,同时,它也特别强调投资变动的作用。假设由于新发明(外部因素)的出现使投资增长,投资的增长将通过乘数作用使国民收入增加。当收入增加时,人们会购买更多的物品,从而整个社会的商品销售量增加。通过上面所说的加速数的作用，国民收入的增加会促进投资以更快的速度增长，而投资的增长又使国民收入增长，从而销售量再次上升。如此循环往复，国民收入将不断增大，于是社会经济便处于经济周期的扩张阶段。

但是，社会资源是有限的，收入的增长迟早会达到资源所能容许的最高限度（经济周期的峰顶）。一旦经济达到经济周期的峰顶，收入便不再增长。根据加速数原理，国民收入增长的停止意味着投资量下降为零。由于投资的下降，收入减少，从而销售量也会因之减少。又根据加速数原理，销售量的减少使得投资进一步减少，而投资的下降又使国民收入进一步下降。如此循环往复，国民收入会持续下降。这样，社会便处于经济周期的收缩阶段。

收入的持续下降使社会最终达到经济的谷底。这时，由于在衰退阶段长时期所进行的负投资，生产设备逐年减少，所以仍在营业的一部分企业会感到有必要更新设备。这样，随着投资的增加，收入开始上升。上升的国民收入通过加速数的作用又一次使经济进入扩张阶段。于是，一次新的经济周期便又开始了。

3）乘数－加速数模型

对乘数－加速数模型贡献最大的是两位诺贝尔经济学奖得主英国的约翰·希克斯和美国的保罗·萨缪尔森。其中萨缪尔森所提出的乘数－加速数模型的基本方程如下：

$$Y_t = C_t + I_t + G_t \tag{14-7}$$

$$C_t = bY_{t-1} \quad (0 < b < 1) \tag{14-8}$$

$$I_t = v(C_t - C_{t-1}) \quad (v > 0) \tag{14-9}$$

式（14－7）为引入时间因素的产品市场的均衡方程，假定政府购买 $G_t = G$（常数）。式（14－8）是简单的消费函数，它表明本期消费是上一期收入的线性函数。式（14－9）表明，按照加速数原理，本期投资依赖于本期与前期消费的改变量，其中 v 为加速数。注意，由于消费与国民收入之间是一个固定比例（b）关系，用式（14－9）表示的投资与消费关系与加速数原理（投资与国民收入的关系）是一致的。

将式（14－8）和式（14－9）代入式（14－7），可得到：

$$Y_t = bY_{t-1} + v(C_t - C_{t-1}) + G_t \tag{14-10}$$

对该模型的方程求解需用差分方程的知识，这里不予讨论。下面用具体的例子说明在加速数原理下的经济周期波动。

在表 14－1 中，假设边际消费倾向 $b = 0.5$，加速数 $v = 1$，政府每期开支 G 为 1 亿元。在这些假定下，如果不考虑第 1 期以前的情况，那么，本期消费为零，引致投资当然也为零。因此，第 1 期的国民收入总额就是政府在第 1 期的支出 1 亿元。

第 2 期政府支出仍为 1 亿元。但由于第 1 期有收入 1 亿元，在边际消费倾向为 0.5 的情况下，第 2 期的引致消费 $C_2 = bY_1 = 0.5 \times 1 = 0.5$ 亿元，第二期的引致投资 $I_2 = v(C_2 - C_1) = 1 \times (0.5 - 0) = 0.5$ 亿元。因此，第 2 期的国民收入 $Y_2 = G_2 + C_2 + I_2 = 1 + 0.5 + 0.5 = 2$ 亿元。

同样可算出第 3 期收入为 2.5 亿元，第 4 期收入为 2.5 亿元，以下各期收入也都以同样方法计算出。各期的国民收入呈现扩张和收缩的波动。

表 14－1　乘数和加速数的相互作用

时期 (t)	政府购买 (G_t)	从上期国民收入中来的本期消费 (C_t)	引致的本期私人投资 (I_t)	国民收入总额 (Y_t)	经济变化趋势
1	1.00	0.00	0.00	1.00	——
2	1.00	0.50	0.50	2.00	复苏
3	1.00	1.00	0.50	2.50	繁荣
4	1.00	1.25	0.25	2.50	繁荣
5	1.00	1.25	0.00	2.25	衰退
6	1.00	1.125	－0.125	2.00	衰退
7	1.00	1.00	－0.125	1.875	萧条
8	1.00	0.937 5	－0.062 5	1.875	萧条
9	1.00	0.937 5	0.00	1.937 5	复苏
10	1.00	0.968 75	0.031 25	2.00	复苏
11	1.00	1.00	0.031 25	2.031 25	繁荣
12	1.00	1.015 625	0.015 625	2.031 25	繁荣
13	1.00	1.015 625	0.00	2.015 625	衰退
14	1.00	1.007 812 5	－0.007 812 5	2.00	衰退

从公式(14－10)和表 14－1 可以看出，边际消费倾向(从而乘数)和加速数越大，政府支出对国民收入变动的作用也越大。

因此，在社会经济生活中，投资、收入和消费之间是相互影响、相互调节的。通过加速数，上升的收入和消费会引致新的投资；通过乘数，投资又使收入进一步增长。假定政府支出为一个固定的量，则依靠经济本身的力量自行调节，就会自发形成经济周期。经济周期中的不同阶段正是乘数与加速数交互作用而形成的：投资影响收入和消费(乘数作用)；反过来，收入和消费又影响投资(加速数作用)。两种作用相互影响，形成累积性的经济扩张或收缩的局面，形成经济波动。由此也可以推论，如果政府对经济实行正确干预，就可以改变或缓和经济波动。例如，采取适当的扩张性政策刺激投资，采取某些政策鼓励提高劳动生产率以提高加速数，以及采取某些鼓励消费的措施，就可以克服或者缓和经济波动。

第二节　失业理论

一、失业的定义和衡量

1. 失业的定义

一般地说，失业(unemployment)就是劳动者没有工作或者失去工作。实际的经济生活中存在着各种失业现象，这已成为当代社会最主要的经济问题之一。关于失业的定义，既涉及其涵盖范围的科学性问题，也涉及统计口径和国际比较问题。根据国际劳工组织的观点，失业人口是指在一定劳动年龄以上、有劳动能力、在规定的调查时间范围内没有职业或工作时间没有达到规定标准、正在寻找有报酬的工作并已在就业机构进行了登记的人员。具体地说,具有下列情况之一的属于失业者:① 工作合同已终结或暂时终止,正在寻找有报酬工作的人;② 从未受雇工作,正在寻找有报酬工作的人;③ 已退休但在一定时期内仍然工作,并正在寻找有报酬工作的人;④ 目前尚无工作,但已安排好在某一时期开始从事新工作的人;⑤ 暂被解雇而又没有薪金的人。

2. 衡量失业的指标:失业率

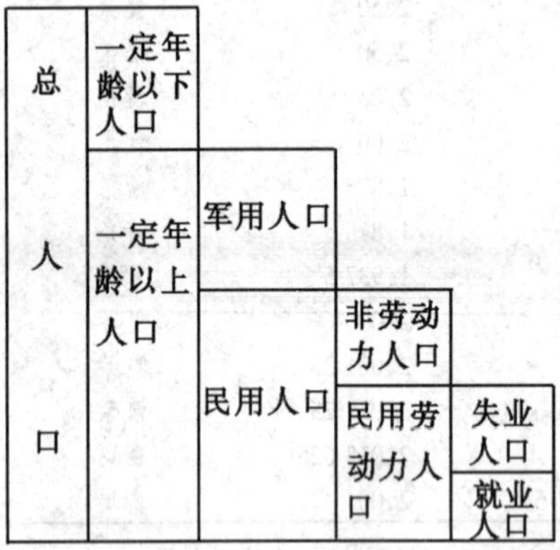

图 14-2 人口与劳动人口构成

衡量失业有绝对指标和相对指标之分。按照失业定义统计的失业人口数量是衡量失业的绝对指标,缺点是不利于地区比较、国际比较。衡量失业的相对指标是失业率。失业率是指失业人口占劳动人口的百分比。统计失业率是一件复杂的工作。在各国劳动统计中,法定劳动年龄并不一样,例如美国为 16 岁,加拿大、英国、日本为 15 岁。由于军用人员不列入劳动就业统计,需要从适龄劳动人口中减去,余下部分为民用人口。民用人口进一步分为民用劳动人口和非劳动人口。后者包括在校学生、丧失劳动能力的人、家务劳动者、服刑犯人等等。因此,严格地说,失业率为失业人口与民用劳动力人口之比,可用公式表示为:失业率 = 失业人口/民用劳动力人口。劳动人口统计指标由图 14-2 表示。

中国目前统计的失业率一般是指城镇登记的失业率。城镇登记失业人口是指非农户口、16~50(女 45)岁、有劳动能力、无业而要求工作且在当地就业服务机构登记求职的人。下表表明了从 2000 年到 2004 年中国城镇失业率的情况。

表 14-2 中国城镇登记失业率(2000~2004)

年份	2000	2001	2002	2003	2004	
失业率(%)	3.1	3.6	4.5	4.3	4.2	

3. 失业的动态结构

失业率描述的是失业的静态结构。要认识失业,还要描述失业的动态结构。所谓失业的动态结构就是劳动人口流入和流出失业人口的状态,如图 14-3 所示。

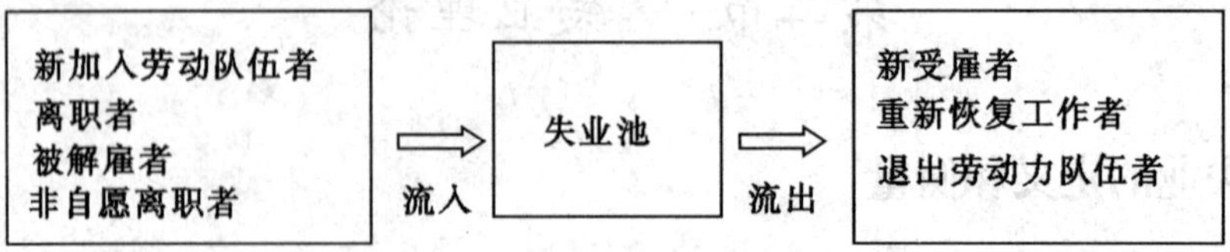

图 14-3 失业的动态结构

研究失业的动态结构具有以下意义。第一,可以考察失业人口和失业率变化的原因。从上图可以看出,如果流入失业状态(失业池)的劳动人口多于流出失业状态的人口,则失业人口增加,否则减少。如果总劳动人口数量不变,这个关系对失业率的变动也成立。第二,可以考察劳动力的流动性并评价失业问题。不同的失业人口流入和流出可以导致相同的失业率,但是在失业人口流动性和变动性大的时候,表明总是处于失业状态、沉淀于失业池中的劳动力是很少的,失业问题就相对较轻,否则失业人口总是一部分劳动力,失业问题就显得相对严重。因此,即使一个国家无法改善失业率,也可以从提高失业人口的流动率这一问题上入手解决失业问题。

二、失业的类型

根据失业的原因和性质,可以将失业分为自然性失业和经济性失业。

1. 自然性失业

自然性失业是指自然形成的失业。在通常的情况下总有一部分人不可避免地处于失业状态,具体包括以下三种情况。一是摩擦性失业。摩擦性失业是指正常经济活动中难以避免的暂时失业,产生失业的原因也是正常的,如正常劳动力流动、季节性工作变换等出现的暂时性的短期失业。二是结构性失业,即技术进步和产业结构改变使不能迅速适应这种变化的工人失业。产业结构调整后,新的产业需要新的劳动力就业,而原来的产业部门将出现衰退,需要将劳动力转移出去。但是这个过程并不是很快完成的,尤其是工人到新的产业部门就业可能还需要经过一定时间的再教育和职业培训。在这种条件下,企业存在职位空缺,而工人却不能到这些职位就业。三是自愿性失业。自愿性失业是指工人有就业机会,但由于不愿意接受现有工资水平和工作条件而形成的失业。

2. 经济性失业

经济性失业又称非自愿失业或凯恩斯失业,即工人愿意接受现行工资和工作条件,但是仍然找不到工作而存在的失业。具体包括以下三种类型。一是缺口性失业。缺口性失业是指经济发展乏力,不能为增长过快的劳动力提供充足的就业机会,导致大量的求职者找不到工作。在发展中国家,由于人口增长快和经济增长缓慢,经常存在这种失业类型。二是周期性失业。周期性失业指在经济周期的衰退和萧条阶段,由于总需求不足而导致的失业。在经济周期的萧条阶段,经济增长减缓甚至出现负增长,对劳动力需要急剧减少,在一定的工资水平下,劳动力供大于求,出现大量的失业人口,失业率急剧上升。三是隐蔽性失业。隐蔽性失业是指工人表面上有工作,但实际上并未充分发挥作用,即边际生产力低于边际产品收益,甚至趋于零。

3. 充分就业和自然失业率

自然性失业和经济性失业具有不同的性质。摩擦性失业、结构性失业和自愿性失业,反映的是经济的正常发展。因为在一个富有活力的经济系统中,科技进步、产品及产业构成不断变化,企业对劳动力数量和质量的需要不断变化,而且劳动力市场上对这种供求变化的信息和传递也不够迅速和完备,因此自然性失业属于经济活动中的正常现象。所以,一般将自然性失业决定的失业率水平称为自然失业率。自然失业率对应于潜在的GDP产出水平,一般认为自然失业率为4%~6%。相应地,一个国家充分就业不是指失业率为0的状态,而是指失业率不高于自然失业率的状态。因此,一般地,如果一个国家的失业率低于自然失业率,不存在经济性失业,就被认为已经达到了充分就业的程度。所以也可以说，充分就业是指不存在经济性失业的就业状态，是达到潜在 GDP 产出水平的就业状况。

三、失业的原因

1. 劳动力市场以及古典经济学对失业的看法

对于一个短期宏观经济，生产函数可以表示为

$$Y = f(N, \overline{K}) \tag{14-11}$$

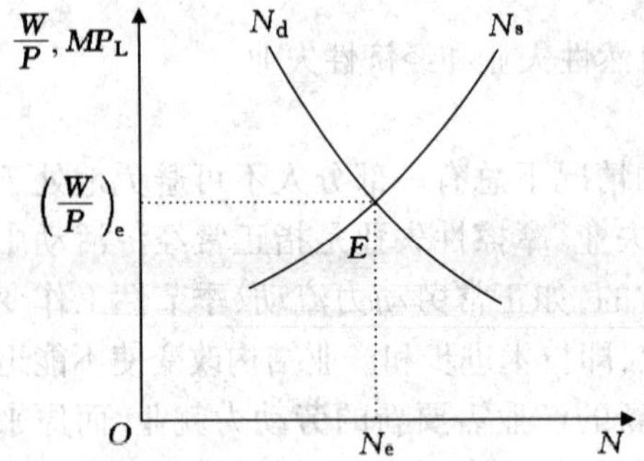

图 14－4　劳动市场均衡

式中，Y 代表总产出水平；N 代表就业量；$\overline{K}$ 代表资本存量，而且在短期内资本存量是不变的，总产出是劳动投入的函数。

因此，可以从生产函数导出劳动的边际产量函数。在完全竞争的条件下，劳动市场的均衡与其他生产要素市场的均衡没有本质区别。在图 14－4 中，横轴代表劳动的需求量和供给量，纵轴代表劳动的边际产量（MP_L）和实际工资（W/P）。由于边际报酬递减规律的作用，劳动的边际产量曲线是一条向右下方倾斜的曲线。在产品价格既定的条件下，追求利润最大化的厂商将按照劳动边际产量的价值等于实际工资的原则决定劳动需求。因此，劳动的边际产量曲线就是厂商的劳动需求曲线。用 N_d 代表劳动需求，W 代表货币工资即名义工资，P 代表一般价格水平，$\overline{K}$ 代表资本存量，则劳动需求曲线可以表示为

$$N_d = N_d\left(\frac{W}{P}, \overline{K}\right) \tag{14-12}$$

式（14－12）中的 W/P 即为实际工资。

劳动的供给是实际工资的增函数，因为实际工资越高，工人就愿意提供越多的劳动，劳动的供给量也就越大。用 N_s 代表劳动供给，则劳动供给曲线可以表示为

$$N_s = N_s\left(\frac{W}{P}\right) \tag{14-13}$$

在图 14－4 中，劳动需求曲线与劳动供给曲线的交点 E 就是劳动市场的均衡点。此时的均衡就业量为 N_E，均衡实际工资为（W/P）$_E$。

古典经济学认为，工资和物价是可以根据市场供求状况而灵活变动的，故实际工资具有完全灵活性。当实际工资高于均衡实际工资时，劳动市场供过于求，将出现失业。但失业会导致货币工资下降，货币工资下降虽然也会导致商品价格下降，但生产商品所使用的要素不仅仅是劳动，货币工资下降而引发的商品价格下降幅度必然小于货币工资本身的下降幅度（当然也可以假设价格相对不变）。由于货币工资较大幅度地下降和物价较小幅度下降的共同影响，实际工资将下降。从工人个人的角度看，失业者愿意以更低的工资水平就业，迫使总体工资水平下降，直到每一个愿意就业的工人都能够找到工作。因此，实际工资的下降使劳动力市场在没有失业的状态下（称为市场出清）达到均

衡。

2.工资刚性和失业

从以上失业类型的划分中,已经对失业存在的原因进行了初步说明,而且可发现,失业存在的原因是多方面的。下面从劳动力市场均衡的角度探讨失业的原因。

如图14－5所示,原来劳动力市场均衡处于E_0点。假定经济发生衰退,劳动力市场需求降低,表现为劳动力市场需求曲线降低,从D_0下降到D_1。按照市场供求规律,在劳动需求曲线下降的情况下,工人愿意接受比较低的工资,劳动力市场将在一个比较低的工资水平和就业量水平上达到新的均衡点E_1。这时将产生一个失业量(L_0-L_1)。这个失业量是由于经济波动引起的。如果劳动供给曲线能够下降,则可以在更低的工资水平上达到原来的就业水平。

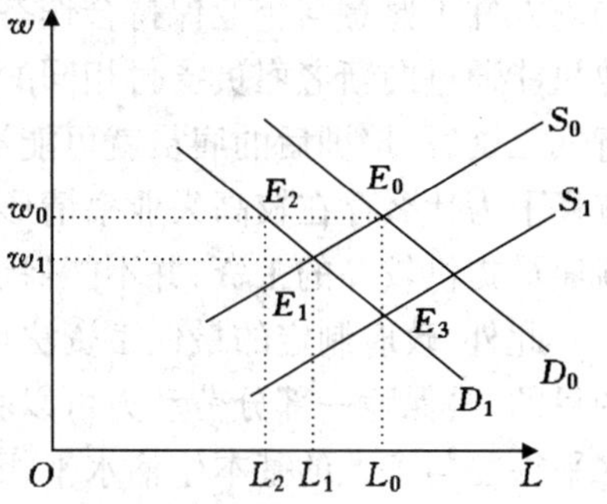

图14－5　工资刚性

但是,实践表明,实际工资率并不能对失业率的变化做出有效反应。从美国20世纪80年代以来的失业率(L)与实际工资率(w)的统计看,失业率的波动较大,而实际工资率的变化较小。也就是说,不仅劳动力供给曲线没有向下移动,而且适应劳动力需求降低的工资下降(从E_0点到E_1点)也没有发生,实际工资率没有发生相应的变化或者只有很小的变化。如图14－5所示,由于工资率w_0保持不变,导致就业量从L_0下降到L_2,失业量为L_0-L_2。

关于工资率为什么不能进行向下调整以增加就业,经济学者以各种理论进行解释,其中工资刚性理论和效率工资理论是两种有代表性的理论。

1)工资刚性理论

工资刚性理论认为,工资率具有向下刚性或黏性的特征,并不会随劳动需求的变动做出充分调整。对工资刚性存在的原因,主要有三种解释。

(1)劳动工资合同阻止了工资率降低　在一些行业中,由于工会的力量,往往可能签订有利于工人的工资合同。这些合同通常附加工资随物价指数上涨而增加的条款,但是在经济衰退时期工资率并不随之削减。这样工资只能向上调整,而不能适应经济衰退而向下调整。虽然工资合同理论不能完全解释工资刚性,不过在一些行业中仍可看做是影响工资相对稳定的重要因素。

(2)隐含合同论(implicit contract)　这种理论认为,除正式合同外,雇主与雇员之间可能达成工资率相对固定、不随经济波动调整的默契。这种默契被称为隐含合同,有别于正式合同。工人一般是回避风险的,他们愿意为一个支付稳定工资的企业工作。隐含合同意味着工资不随经济波动而充分调整。在经济不景气时,公司可能支付给工人高于市场一般水平的工资。作为回报,在经济景气上升时,工人也愿意在现有工资水平下留在该企业,而该工资水平可能低于劳动力市场均衡的工资率水平。

(3)“局内人－局外人”理论(insider－outsider theory)　所谓“局内人”是指那些已经

在特定企业工作的人,而“局外人”是那些想要到该企业工作的人。该理论强调工人的培训成本。每个企业都需要一支受过特殊培训的劳动队伍,而对新雇员(局外人)的培训是由在职工人即局内人完成的。在职工人担心在培训了新工人后,他们与企业讨价还价的地位将降低,雇主可以利用低工资工人的存在对现有工人实施降低工资。因而局内人并不愿意与企业保持合作态度,除非新雇员的利益与他们的利益一致。因此,企业只能通过向新老雇员支付相同的报酬来解决这一矛盾。另外,如果企业对新雇员实行低工资,经培训后的雇员就可能被高工资的企业“挖走”。故“局内人-局外人”理论解释了为什么存在较高失业率情形下,企业仍给新雇员支付较高工资的现象。但是为新雇员提供较高的工资,并不能保证要求就业的人都实现就业。

此外,政府制定的最低工资法也是造成工资向上刚性的一个原因。最低工资制度的目的,是保障一部分劳动力可以获得完全竞争市场条件下更高的工资,这个最低工资水平往往与工人的基本生活水平相适应。但是,由于工资高于市场均衡水平,必然导致劳动力供大于求,产生失业人口。

2)效率工资理论

效率工资是指能够保证工人有较高劳动效率的工资水平。在一定限度内,企业通过支付给工人比劳动市场出清时更高的工资,可以促使劳动生产率的提高,获得更多的利润。首先,较高的工资可以保障劳动队伍的质量。在经济衰退时期,企业的劳动需求降低,若削减工资水平,最有可能离去的往往是最好的雇员。较高的工资是维持高素质劳动队伍稳定的重要条件。其次,工资率会影响劳动者的努力程度。雇主通常并不可能完全监督工人行为,而工资就成为工人偷懒被发现因而被解雇的机会成本。工资率越高,机会成本越高。因此,较高的工资有利于减少偷懒的倾向。第三,工资影响劳动流动率。雇员离职的比率,称为劳动流动率(labor turnover rate)。降低工资率会使工人辞职的比率增加,特别是使熟练工人辞职率上升。对于企业来说,尽管在经济衰退期削减工资能够减少直接劳动成本,但这些节省并不足以抵消培训费用或雇用新熟练工人成本的增加。所以,企业愿意维持一个比较高的工资水平,以保证高效率的劳动力供给。

四、失业对经济运行的影响

失业一般是作为一种经济运行问题研究的,主要侧重于其消极影响,这也是失业对经济运行影响的主流。同时也应该看到,失业作为一种市场现象,也是实现经济调节的一部分。

1.失业对经济运行的消极影响

失业对经济运行的消极影响主要表现在三个方面。第一,失业降低了经济产出和人民收入。失业标志着经济资源没有充分利用,没有达到潜在GDP水平的经济将从总体上使人民的收入降低。第二,失业危及社会公平和社会稳定。失业标志着正常劳动收入的丧失,失业人口与劳动人口形成收入差距,导致收入分配的不公平问题。如果失业以及其带来的收入分配不公严重到一定程度,可能波及整个社会稳定。第三,增加财政负担。在现代社会,很多国家建立了失业保险和社会救济制度。失业人口的增加无疑增加财政负担。尤其是失业往往与经济衰退并行,失业增加之际正是国民收入和财政收入减少之时,因此会使财政平衡破坏、赤字增加的情况进一步加剧。

2.失业对经济的调节作用

失业作为市场经济的一部分,也表现出一定的功能和益处,具体表现在四个方面。第一,提高了劳动生产率。当技术进步和产业结构升级带来失业时,经济产出不是降低而是提高,这样劳动生产率将提高,失业成为劳动生产率提高的必要代价。第二,形成了对就业者的压力和刺激了劳动积极性。第三,成为经济自动调节的蓄水池。经济总有高涨和衰退的交替。经济高涨时,需要更多的劳动力,而失业人口就为之提供了劳动力。第四,闲暇带来了收入之外的福利。之所以存在自愿性失业,表明劳动者在对就业和闲暇的比较中认为闲暇的福利更高。即使是非自愿失业,失业也可以获得因就业而丧失闲暇的机会成本。

五、奥肯定理

美国经济学家奥肯(Arthur Okun)在20世纪60年代提出了一条经验规律,用于说明失业率与实际国民收入增长率之间的关系。奥肯发现,随着经济从萧条中逐渐恢复,产出增加的比例大于就业增加的比例。这种失业与国民收入之间关系后来被称为“奥肯定理”(Okun’s law)。奥肯定理可用公式表示为

$$u = \overline{u} - \alpha\left(\frac{Y - \overline{Y}}{\overline{Y}}\right) \tag{14 - 14}$$

式中,u为实际失业率;$\overline{u}$为自然失业率;Y为实际GDP;$\overline{Y}$为潜在GDP;α为参数,表示失业率与实际GDP变动之间的关联程度。

将式(14 - 14)稍作修改可用来说明失业率与实际GDP增长率之间的关系

$$u_t - u_{t-1} = \alpha(y_t - y_{t-1}) \tag{14 - 15}$$

式中,u_t和u_{t-1}分别代表第t年与第$t-1$年的失业率;y_t和y_{t-1}分别表示第t年和第$t-1$年的实际GDP增长率。

式(14 - 15)说明失业率与实际GDP增长率之间反方向变动。即失业率下降,实际GDP增长率增加。奥肯对当时美国经济估算的α值为2.5 ~ 3,即实际失业率增加1%,实际GDP增长率将下降2.5% ~ 3%。当经济趋于充分就业时,这一关系要弱得多,α值只有0.76。因此,α仅仅是一个经验性的估计值,考察的年份不同,失业的类型不同,α值将有所不同。此外,奥肯定理还可用来估算潜在GDP,并为计算实际GDP与潜在GDP之间的“缺口”提供了一种方法。

六、失业问题的治理对策

当失业人口达到一定数量、失业率达到一定水平时,失业导致的经济衰退和社会影响将引起人们的广泛关注,失业就成为一种社会问题。失业问题是困扰一国经济发展、造成社会问题的重要方面,治理失业、保障充分就业是政府管理宏观经济的重要职能。

由于失业的原因和造成社会问题的严重程度不同，需要针对具体情况，采取相应的治理对策。

1. 采取积极的宏观经济政策，扩大总需求

如果失业问题是由经济衰退引起的，那么失业的治理与促进经济增长的目标和手段就是一致的，需要通过采取积极的宏观经济政策来实现。经济增长将扩大对劳动力的需求，增加就业，从而降低失业率。例如可以采取降低税收、降低利率以促进投资需求，或者增加政府开支，提高居民的购买力。关于这一点，奥肯定理已经给出了经济增长和失业率降低之间的关系。

2. 加强对劳动力的培训，提高劳动力的就业技能

科技进步和产业结构的调整对劳动力提出了新的技能需求。如果劳动力不能适应这种变化，结构性失业就将加剧。为改变这种状况，政府需要制定一系列政策，来促进对劳动力的技能进行培训和其他再教育。第一，政府规定企业必须提取企业收入的一定比例用于职工培训。第二，政府为失业人员提供免费的就业培训，帮助失业者获得找到正式工作的经验和技能。第三，开展青年培训和发展职业教育。实施这个计划的目的是为那些还没有就业或者仍在接受教育的年青人提供训练和积累工作经验的机会，以更加容易找到工作。通过这一手段，能够增加未来劳动力的适应性。

3. 提供劳动力市场信息服务，促进劳动力的流动

劳动力供求信息的不完全，也是造成失业问题的原因之一。为了弥补劳动力市场信息的不完全，应该鼓励劳动力中介市场(例如职业介绍所)的发展，为就业提供信息服务。中国的户籍制度割裂了农村和城市，农村劳动力到城市就业，需要很大的迁移成本和居住成本，农村剩余劳动力无法转移。政府应该改革固定的户籍制度，尽可能为农民提供与城市居民一样的就业机会，促进劳动力的流动和转移，增加就业。

4. 建立健全失业的社会保障制度

一个社会总是存在一定的失业人口，即自然失业人口。但是，即使是自然失业人口，也不是说就不构成社会问题。随着社会经济发展，政府已经有条件为这些失业人口提供社会保障。建立健全社会保障制度，是解决失业的社会问题的重要组成部分。当然建立社会保障制度的目的并不是减少失业，而是解决失业带来的社会问题。

第三节　通货膨胀理论

本节介绍通货膨胀理论，包括通货膨胀的定义及其衡量方法和类型，通货膨胀的经济效应、形成的原因，通货膨胀和失业的关系以及通货膨胀的治理方法。

一、通货膨胀的定义和衡量

1. 通货膨胀的定义

通货膨胀(inflation)指一般物价总水平相当幅度的持续上升。首先，通货膨胀不是指个别商品价格的上升，而是物价总水平普遍性上涨。经济生活中，一些商品价格上升，一些商品价格不变,还有的商品价格下降,这是市场供求变动引起的正常现象,只有物价水平普遍上升的情况才属于通货膨胀。其次,通货膨胀是物价总水平持续性上涨。这就是说,不能将经济萧条时价格下降之后出现的复苏期的价格上升称为通货膨胀,也不能将偶然因素引起的短期物价上升称为通货膨胀。最后,如果物价上升的幅度很小,也谈不上通货膨胀。

2. 通货膨胀的衡量和通货膨胀率

通货膨胀的程度用通货膨胀率反映。通货膨胀率定义为价格指数的变动率:

$$\pi = \frac{P_t - P_{t-1}}{P_{t-1}} \times 100\% \qquad (14-16)$$

其中 π 表示通货膨胀率; P_t 是当期价格指数; P_{t-1} 是上期价格指数。

二、通货膨胀的分类

通货膨胀可以从不同角度划分为不同类型,这里介绍两种常见的分类。

1. 按照通货膨胀程度的分类

按照通货膨胀的程度,可以将通货膨胀分为五类。

(1) 潜行的通货膨胀(creeping inflation) 这种通货膨胀又称爬行的通货膨胀。如果一国经济中通货膨胀率为 1% ~ 3% ,并没有产生物价水平进一步上升的心理预期,则可视为潜行的通货膨胀。

(2) 温和的通货膨胀(mild inflation) 若年通货膨胀率为 3% ~ 6% ,可看做温和的通货膨胀。

(3) 严重的通货膨胀 若年通货膨胀率达到 6% ~ 9% ,就会对经济生活发生严重影响,称为严重的通货膨胀。

(4) 飞奔的通货膨胀(galloping inflation) 价格水平较大幅度地持续上涨,物价年均上涨率达到两位数以上,甚至高达百分之几十,但其剧烈程度仍不足以导致货币体系和经济生活的崩溃,称作飞奔的通货膨胀。

(5) 恶性通货膨胀(hyper inflation) 流通货币量的增长速度大大超过货币流通速度的增长,货币购买力急剧下降,物价水平加速度上升,称为恶性膨胀。这种通货膨胀有两个比较显著的特征:一是物价水平飞速上升,使人们对本国货币完全丧失了信心,本国货币不但完全丧失了价值储藏职能,而且也在很大程度上丧失了交易媒介功能;二是这种通货膨胀不仅严重地破坏正常的经济生活,还会导致一国货币体系和国民经济的崩溃。

2. 按照通货膨胀表现形式的分类

按照通货膨胀的表现形式,可以将其分成三种类型。

(1) 公开的通货膨胀(open inflation) 公开的通货膨胀是指完全通过物价水平上涨形式反映出来的通货膨胀。在政府对价格不进行干预的情况下,通货膨胀率完全等于公开的物价上涨率。

(2) 隐蔽的通货膨胀(hidden inflation) 隐蔽的通货膨胀是指物价水平的上升并没

有完全在官方公布的物价指数中表现出来的通货膨胀。在这种情况下，价格水平已经上升，但在政府公布的物价指数并没有得到准确或充分反映。

(3) 抑制的通货膨胀(repressed inflation)　这是指在经济生活中存在着通货膨胀，但由于政府物价管制，价格水平并未上涨。在这种情况下，由于物价水平偏低，经济中总需求过度，会出现商品普遍性短缺以及居民被迫储蓄的现象。这类通货膨胀也称为“潜在的通货膨胀”。

此外，根据不同商品价格上升差别，通货膨胀还可以分为平衡的通货膨胀和非平衡的通货膨胀。平衡的通货膨胀指所有商品的价格差不多以相同的比例上升，非平衡的通货膨胀指各种商品价格上升程度的差别很大，有的上升幅度很大，有的上升幅度很小。

三、通货膨胀的成因

1. 作为货币现象的通货膨胀

古典经济学对通货膨胀原因的解释可以用交易方程式说明。根据交易方程式 $MV = PY$，有

$$\frac{dP}{P} = \frac{dM}{M} + \frac{dV}{V} - \frac{dY}{Y} \tag{14-16}$$

式中，M 表示货币供应量；V 表示货币的流通速度；P 表示一般价格水平；Y 表示总产量。

式(14－16)表明，通货膨胀率等于货币供给的增长率加上货币流通速度的增长率，再减去实际国民收入的增长率。假定货币的流通速度保持不变，则 $dV/V = 0$。

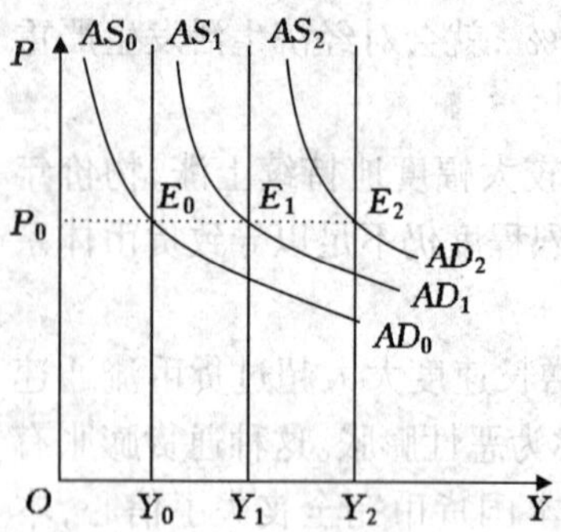

图 14－6　作为货币现象的通货膨胀

充分就业是经济的正常状态。随着时间的推移，总供给(国民收入)会随着技术进步、资本积累和劳动力供给的增加而增长，并且货币供给的增长率和实际产出(实际国民收入)的增长率相同，意味着总需求和总供给以相同的速度在增长，价格水平上涨率即通货膨胀率为零。如图 14－6所示，原来的价格水平是 P_0，总供给曲线向右移动，货币供给的增加使总需求曲线也以相同的速度向右移动，结果，价格水平保持不变。显然，当货币供给的增长率高于经济增长率时，将会发生通货膨胀。而且，货币供给增长得越快，通货膨胀也就越高。因此，在古典主义看来，通货膨胀是一种货币现象，取决于货币供应量。

货币主义关于通货膨胀原因的解释与古典经济学相似，认为通货膨胀是一种货币现象。不同之处在于，货币主义认为，在短期，货币供给的增长既会引起价格水平上升，又会导致实际产出增加；但在长期，货币供给的主要效果是价格水平的上升，即通货膨胀。

理性预期学派的解释与古典经济学也基本相同，认为通货膨胀是一种货币现象。而

且他们认为，被公众预期到的货币供给的增加只对价格水平产生影响。

2. 需求拉动的通货膨胀

凯恩斯主义宏观经济学不认为通货膨胀仅仅是一种货币现象。在短期，货币供给只是影响价格水平的因素之一，而消费、投资、政府购买支出和税收等因素的变化都会影响总需求，从而影响价格水平，这些因素的扩张性变动都会引起价格水平的上升。因此，通货膨胀不是一个简单的货币现象。

需求拉动的通货膨胀（demand – pull inflation）是指总需求超过总供给所引起的一般价格水平的持续显著上升。需求拉动的通货膨胀理论把通货膨胀解释为"过多的货币追逐过少的商品"。图 14 – 7 表示需求拉动的通货膨胀。

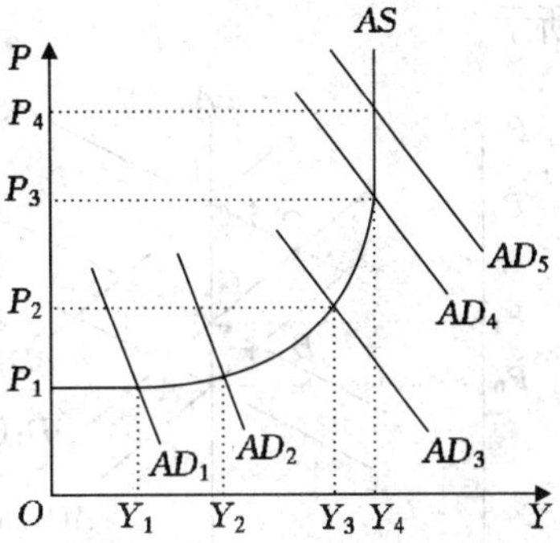

图 14 – 7　需求拉动的通货膨胀

图 14 – 7 中，横轴 Y 表示总产量（国民收入），纵轴 P 表示一般价格水平。AD 为总需求曲线，AS 为总供给曲线。在总供给曲线 AS 的水平阶段，总需求的增加不会引起价格水平的上涨，产量从零增加到 Y_1，价格水平始终稳定。总需求曲线 AD_1 与总供给曲线 AS 的交点决定的价格水平为 P_1，总产量水平为 Y_1。当总产量达到 Y_2 以后，继续增加总需求，就会遇到生产过程中一定程度上供给短缺的"瓶颈"现象，即由于劳动、原料、生产设备等的不足而使生产要素价格上升，生产成本提高又会引起价格水平的上涨 。总需求曲线 AD 继续提高时，在总供给曲线向上方倾斜的阶段达到均衡，价格水平逐渐上涨。总需求曲线 AD_3 与总供给曲线 AS 的交点决定的价格水平为 P_2，总产量为 Y_3。当生产量达到充分就业的产量 Y_4 时，整个社会经济资源全部得到利用，总需求曲线 AD_4 同总供给曲线 AS 决定的价格水平为 P_3。价格水平从 P_1 上涨到 P_2 和 P_3 的现象被称为瓶颈式的通货膨胀。在达到充分就业的产量 Y_4 以后，如果总需求继续增加，总供给无法继续增加，而只会引起价格水平的上涨。图中总需求曲线从 AD_4 提高到 AD_5 时，总产量并没有增加，但是价格水平已经从 P_3 上涨到 P_4。这完全是由于需求过度增长拉动的通货膨胀。

总需求等于消费、投资、政府支出和净出口之和。这四个变量中任何一个变化都会引起总需求的变动。当经济中没有实现充分就业时，总需求的增加不会引起通货膨胀。但是，如果经济接近充分就业，增加总需求并不会使产量变化，只会产生需求拉动的通货膨胀。不论总需求的过度增长来自消费需求、投资需求或是来自政府需求、国外需求，都会导致需求拉动的通货膨胀。需求方面变动形成的原因或冲击主要包括财政政策、货币政策、消费习惯的突然改变以及国际市场的需求变动等等。

3. 成本推进的通货膨胀

成本推进的通货膨胀，指在没有超额需求的情况下由于供给成本的提高所引起的一般价格水平持续和显著上涨。该理论强调工会和企业等社会集团的垄断力量是通货膨胀的原因，认为通货膨胀是由成本或者供给方面的原因引起的。具体可以分为三种情况。

1) 工资推进的通货膨胀(wage - push inflation)

工资推进的通货膨胀是指在不完全竞争的劳动市场上,过高的工资所导致的一般价格水平上涨。该理论认为,由于强大的工会压力,使得工资增长率大于劳动生产率的增长率,造成产品成本的提高和物价水平的上涨。在完全竞争的劳动市场上,工资率完全决定于劳动的供求,工资的提高不会导致通货膨胀。但由于劳动市场竞争不完全,工资不再是竞争性的,而是工会和雇主集体议价的结果。一旦工资的增长率超过生产的增长率,工资的提高就导致成本提高,从而导致一般价格水平上涨。工资提高和价格上涨之间存在着因果关系:工资提高会引起价格上涨,价格上涨又引起工资提高。这样,工资提高和价格上涨之间就形成了螺旋式的上升运动,即所谓工资 - 价格螺旋,如图 14 - 8 所示。

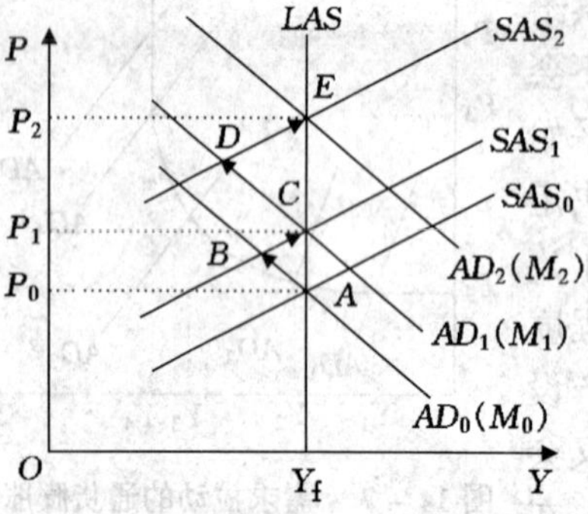

图 14 - 8　成本推进的通货膨胀

在图 14 - 8 中,横轴代表国民收入,纵轴代表价格水平。Y_f 是充分就业的产出水平,LAS 是长期的总供给曲线。起初的总需求曲线是 AD_0,短期总供给曲线是 SAS_0,经济处于充分就业状态,价格水平为 P_0。当工会的存在使经济中货币工资的总水平上升时,均衡就业量减少,引起短期总供给曲线向左移动至 SAS_1 上的 B 点。结果,价格水平上升,产出减少,出现失业缺口。为了降低失业率,中央银行将增加货币供给,使得总需求线向右移动到 AD_1。这将会引起价格水平的进一步上升。价格的上升使实际工资下降到原来的水平,工会提高货币工资的效果消失。产出也恢复到原来的长期均衡水平,即作为 SAS_1 和 AD_1 交点 C 点。与 A 点相比,C 点的产出水平没有变,但价格水平上升了。

在下一次劳资谈判中,工会将再一次要求提供货币工资,于是又会重复上述过程。结果,在长期中,价格水平的变动轨迹是图 14 - 8 中的 $A \rightarrow B \rightarrow C \rightarrow D \rightarrow E$。这就是所谓的工资与物价的螺旋上升过程。

2) 利润推进的通货膨胀(profit - push inflation)

利润推进的通货膨胀是指企业利用市场的力量谋取过高利润所导致的一般价格水平上涨。像前述工资推动通货膨胀的前提一样,不完全竞争市场是利润推动通货膨胀的前提。在完全竞争的产品市场上,价格完全决定于产品的供求,任何企业都不能通过控制产量来改变市场价格。而在不完全竞争的产品市场上,垄断企业和寡头企业为了追求更大的利润而操纵价格,把产品价格定得过高,致使价格上涨的速度超过了成本增长的速度。在一些垄断性较强的行业,如钢铁、石油化工等,垄断者人为地规定高于成本增加的垄断价格,在某些情况下会导致整个经济出现通货膨胀。

3) 进口性通货膨胀(imported inflation) 和出口性通货膨胀(exported inflation)

从开放经济角度看,一国经济中一些重要进口品价格上升,会引起以这些进口品为原料的本国产品成本的上升,从而导致价格水平上涨,这就是进口性通货膨胀。例如,20

世纪70年代的石油危机，使许多石油输入国发生了严重的通货膨胀。与此相应，如果出口迅速扩张，边际生产成本上升，国内市场的产品供给不足，导致国内物价水平上涨，这就是出口性通货膨胀。

4.结构性通货膨胀

结构性通货膨胀是指在没有需求拉动和成本推动的情况下，经济结构因素的变动也会引起一般价格水平的持续上涨。结构性通货膨胀理论将通货膨胀的成因归结为经济结构本身所具有的特点。这种社会经济结构的特点具体表现为：从生产率提高的速度看，一些部门生产率提高的速度快，另一些部门生产率提高的速度慢；从经济发展的过程看，一些部门正在迅速发展，另一些部门渐趋衰落；从经济部门与同国际市场的关系看，一些部门(开放部门)同国际市场的联系十分密切，另一些部门(非开放部门)同国际市场没有密切联系。现代社会经济结构不容易使生产要素从生产率低的部门(或日渐衰落的部门)转移到生产率高的部门(或开放部门)，但是，生产率提高慢的部门、正在趋向衰落的部门以及非开放部门在工资和价格问题上都要求"公平"，即要求向生产率提高快的部门、正在迅速发展的部门以及开放部门"看齐"，结果导致一般价格水平的上涨。

假定A、B分别为生产率提高快慢不同的两个部门，二者的产量相等。部门A的生产增长率$(\Delta Y/Y)_A$为3.5%，工资增长率$(\Delta w/w)_A$也为3.5%。此时，全社会的一般价格水平不会因为部门A的工资提高而上涨。但是，当部门B的生产增长率$(\Delta Y/Y)_B$是0.5%，而工资增长率$(\Delta w/w)_B$因向部门A看齐也达到3.5%时，这就使全社会的工资增长率超过了生产的增长率。

当两个部门在经济中的比重相同时，全社会平均的工资增长率就是：

$$(\Delta w/w) = [(\Delta w/w)_A + (\Delta w/w)_B] \div 2 = 3.5\%$$

而全社会平均的生产增长率

$$(\Delta Y/Y) = [(\Delta Y/Y)_A + (\Delta Y/Y)_B] \div 2 = (3.5\% + 0.5\%) \div 2 = 2\%$$

这样，全社会工资增长率超过生产增长率1.5%，工资增长率超过生产增长率的百分比就是价格上涨率或通货膨胀率。上述分析同样适用于在工资问题上渐趋衰落的部门向正在迅速发展的部门看齐、非开放部门向开放部门看齐的情况。

最后应该指出，理论上可以从需求拉动和成本推进、结构变动等不同角度分析通货膨胀的成因，但是在实践中，通货膨胀到底是需求拉动型的还是成本推进型的，是很难分清的。任何实际的通货膨胀过程，极少是单一因素造成的，大多数通货膨胀都是需求和供给两方面因素的共同作用。此外，如果经济中大多数人都预期到同样的通货膨胀，那么这种预期就很可能变成通货膨胀的原因。换言之，在这一过程中，需求拉动的通货膨胀引起了成本推进的通货膨胀，成本推进的通货膨胀又进一步引起了需求拉动的通货膨胀，并由此形成了恶性的螺旋式工资和物价的攀升。

四、菲利普斯曲线：通货膨胀与失业的关系

通常研究通货膨胀问题时往往与失业率联系在一起，菲利普斯曲线是讨论两者间

关系的一个重要曲线。菲利普斯曲线的发展大致经历了三个阶段：第一阶段，从 1958 年菲利普斯曲线提出到60 年代得到经济学界的承认，是该曲线的原始模型阶段；第二阶段，20 世纪 60 年代后期，货币主义者采用自然失业率假说，提出了短期与长期菲利普曲线的区分；第三阶段，主要是理性预期学派对菲利普曲线的否定，认为失业率与通货膨胀率间不存在稳定性关系。

1. 菲利普斯曲线的来源与含义

1958 年，新西兰经济学家菲利普斯(A. W. Phillips) 研究英国 1661 ~ 1913 年工资率与失业率的实际资料时发现，这两个变量存在着非线性的负相关稳定联系。他断定，1913 ~ 1957 年间两者关系的稳定联系也同样存在。在图 14 - 9 中，横轴表示失业率(U)，纵轴表示货币工资增长率($\Delta W/W$)，PC 曲线为菲利普斯曲线，表示货币工资增加率与失业率之间存在着此长彼消的关系。当失业率 $U = 5\%$ 时，货币工资增长率 $\Delta W/W = 0$；在失业率降低为 2%时，货币工资增长率为 3%。

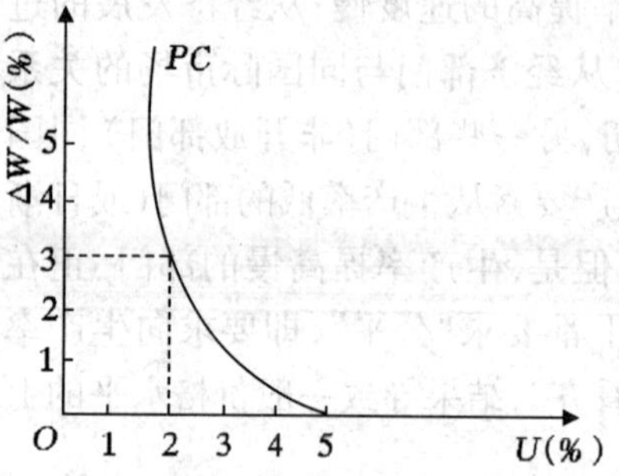

图 14 - 9　原始普利斯曲线

萨缪尔森和索洛在 1960 年发表的论文中，用通货膨胀替换了货币工资增长率，这样菲利普斯曲线便表示为失业率与通货膨胀率之间的交替。这是因为，成本是决定价格的基础，而在短期中，工资是影响成本进而影响价格的重要因素。通常，工资与价格之间存在固定的比例关系，故可用通货膨胀率($\Delta P/P$) 代替货币工资增长率($\Delta W/W$)。用菲利普斯曲线表示通货膨胀率和失业率的关系，为政府决策者们提供了一份可在不同失业率与价格水平之间进行选择的“菜单”。决策者根据当时经济形势需要，可以用高失业率换取低通货膨胀率或以高通货膨胀率换取低失业率，两者不可兼得，必须有所取舍。经济现实中必然存在一个“社会可接受的” 失业率和通货膨胀率。当失业率超过“社会可接受的” 程度时，就宁肯使通货膨胀率提高一点，把失业率降下来；在通货膨胀超过“社会可接受的” 程度时，就宁肯使失业率提高一点，把通货膨胀率降下来。他们认为，根据美国 20 世纪以来的统计资料，要使工资增长不超过生产率的增长，必须有 5% ~ 6%的失业率；而要达到当时经济学界普遍接受的充分就业水平(即失业率不高于 3%)，就必须以 4% ~ 5%的通货膨胀率为代价。因而，3% ~ 4%的失业率和 4% ~ 5%的物价上涨率便成为 20 世纪 60 年代“社会可接受的”范围和宏观经济调节目标。

2. 关于菲利普斯曲线的争论

从 20 世纪 60 年代后期开始，对菲利普斯曲线所表示的失业率与通货膨胀率之间的替代关系提出了种种疑问，并引起争论。

1) 菲利普斯曲线的移动

一些西方学者认为，新的经济数据表明，通常所说的那种菲利普斯曲线已经完全破产了。失业率与通货膨胀率之间关系是不精确、不稳定的。另一些学者则不同意这种看法，他们用菲利普斯曲线发生了移动来解释。

如图 14 - 10 所示，他们认为原来的菲利普斯曲线 PC_1 失效，代之以新菲利普斯曲线 PC_2。新曲线与旧曲线的主要区别在于位置右移。这表明两者之间的替代关系依然存在，不过现在与每一失业率联系在一起的是比过去高一些的通货膨胀率。菲利普斯曲线的移动主要是劳动市场的结构发生了变化。其一，劳动力的数量和构成发生了变化。二次大战后生育高峰出生的人进入工作年龄，开始涌入劳动市场，使劳动供给迅速增加。妇女就业比例增长和青年工人比例上升，使劳动力结构发生了变化。通常，青年工人及妇女的工作转换率与失业率较高，结果使菲利普斯曲线出现移动。其二，个人工作转换速度发生了变化。一方面，失业救济金制度的实施，使部分失业者减少了寻求工作的动力，增长了失业时间；另一方面，有关限制企业随意解雇工人法律的制定使得企业不太愿意雇用新工人，这些都使得摩擦性失业上升。其三，科学技术的发展，使许多工作岗位技术性更强，使结构失业人数增长。这样，与原来通货膨胀相对应的失业率提高了。

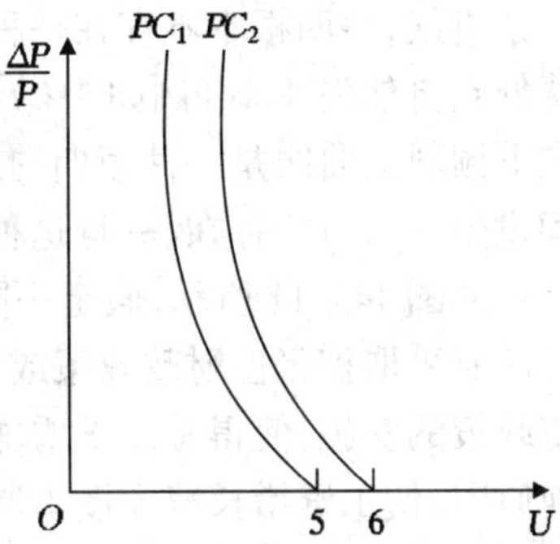

图 14 - 10　菲利普斯曲线的移动

2) 附加预期的菲利普斯曲线与长期菲利普斯曲线

弗里德曼等人对菲利普斯曲线提出了批评。他们认为，菲利普斯曲线忽视了人们对通货膨胀预期的作用，进而提出了附加预期的菲利普斯曲线。弗里德曼认为，原来意义上的菲利普斯曲线不能代表失业和通货膨胀之间的长期稳定关系，它将随着人们对通货膨胀预期的变化而移动。短期内，失业率与通货膨胀率之间会表现为不同的替代关系。工人和企业注重的不是名义工资，当劳资双方谈判新工资协议时，他们必将预期新协议期间通货膨胀的情况。如果双方都认为新协议期物价将上涨 5%，那么名义工资也将上涨 5%，以保持实际工资不变。因此，工资率上涨反映两方面内容：其一，由原菲利普斯曲线所说明的，失业率越低，名义工资增加越快；其二，人们预期通货膨胀率越高，名义工资增加越快。由于工人对通货膨胀的预期，而要求增加工资是可以理解的，否则价格上涨会降低他们的实际工资。只要工资与产品价格同比例增加，实际工资率将保持不变，雇主也会同意增加工资。由此，他们提出短期菲利普斯曲线的概念。这里所说的"短期"是指从预期到需要根据实际通货膨胀做出调整的时间间隔。短期菲利普斯曲线是预期通货膨胀率保持不变时，表示通货膨胀率与失业率之间的取舍关系，如图 14 - 11 中的曲线 PC_1、PC_2。由此可知，短期菲利普斯曲线随人们对通货膨胀的预期而移动。

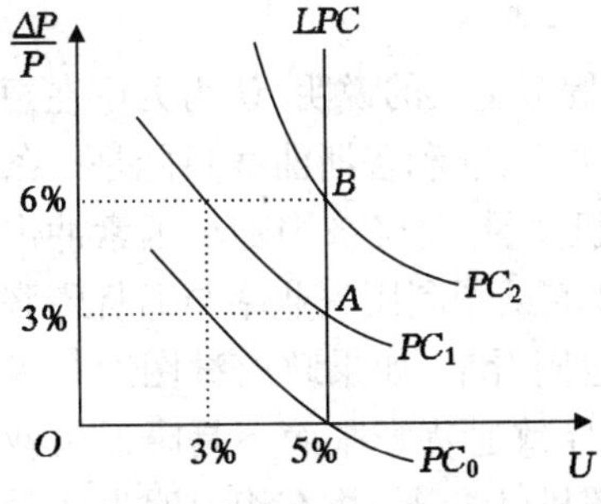

图 14 - 11　短期和长期菲利普斯曲线

依照弗里德曼的观点，一国经济总是趋于某种"自然失业率"。短期菲利普斯曲线将趋于较稳定的长期菲利普斯曲线。在经济处于自然失业率水平时，除非受到外界因素的作用，否则既不会产生通货膨胀，也不会导致经济衰退。在图形上，他们将长期菲利普斯曲线画成一条直线，表明根本不存在一种失业与通货膨胀率之间的长期替代关系，能够将失业率降低到自然失业率（例如5%）以下。在他们看来，表示通货膨胀与失业率之间联系的向下倾斜的曲线是一种短期的或过渡性的现象，它只是在预期的和实际的价格变动之间发生矛盾时才存在。一旦这种矛盾消失，向下倾斜的菲利普斯曲线也就不存在了。

如图14－11所示，假定一国经济处于失业率5%、通货膨胀率3%的状况，假定这时政府采取扩张性财政政策或货币政策力争使失业率降低到5%以下。由于扩张性经济政策的实施，使得总需求增加，导致物价水平上升为6%。如果这时由于合同或者其他原因，使工资增长速度慢于通货膨胀率上升速度，便发生了实际工资下降。由于货币幻觉的存在，工人可能一时将名义工资的提高看做实际工资的上升，增加劳动供给；雇主会把产品价格上升看做自己产品相对价格上升，从而增加雇佣工人。这样一来，就会发生图中短期菲利普斯曲线 PC_1 显示的情况，即失业率由5%下降为3%，而以较高的通货膨胀率为代价，可以换取较低的失业率。

但这种情况只能是短期的。经过一段时间，工人们将会发现物价上升和实际工资率下降，这时他们便要求提高货币工资率。从图上看，在新的一轮劳动合同谈判中，如果工人们坚信通货膨胀率会持续下去，至少要求按照6%的通货膨胀率增加工资。从雇主的角度看，货币工资率的上升意味着产品相对价格并没有相应上升，故会减少工人与产量，由此推动短期菲利普斯曲线向上移动，与5%失业率对应的不再是3%的通货膨胀率，而是6%的通货膨胀率。这一过程不断地循环，便产生一条与自然失业率重合的长期菲利普斯曲线（*LPC*）。该曲线表明，不管通货膨胀率有多高，失业率将保持不变。

在经济决策上，政府或许可以使经济短期内的失业率低于自然失业率，但从长期来看，所付出的代价是越来越高的通货膨胀率。甚至只是为了短期降低失业率，却将付出较高的代价。这是因为，人们对通货膨胀的预期会被固定下来，政府为了得到一个时期较低的失业率，不得不为持续上升的通货膨胀付出很大代价，必须使失业率达到足够高的水平，以降低通货膨胀。为抵消对通货膨胀的预期所增加的失业量，可能远高于初始时所降低的失业量。这就是说，初始时政府试图把失业率降到自然失业率之下，而结果却造成了更多的失业。

3)理性预期学派对菲利普斯曲线的看法

理性预期学派既反对凯恩斯主义的观点，也不同意货币主义的说明，认为无论在短期或长期中，失业与通货膨胀之间都不存在稳定的交替关系，菲利普斯曲线只能是一条垂直线（如图14－11中的 *LPC*）。实际失业率是一个随机变量，是经济中随机因素冲击造成的，并不是由通货膨胀系统地产生的。因而，政府任何试图利用失业率与通货膨胀率的稳定替代关系制定政策的做法都是靠不住的。在他们看来，如果政府试图通过提高通货膨胀率来降低失业率被公众完全预期到，那只会导致通货膨胀而不是降低失业率；如果公众无法预期，则是对失业率发生影响的一种随机性冲击，并不能说明失业与通货膨胀之间存在稳定交替关系。理性预期学派还认为，这种情况在今天是不可能出现的，因为人们已经形成了对失业与实际工资率水平的理性预期。在政府刺激经济时，比如增加货币供给量，只会引起通货膨胀上升（如图 14－11 中，由 A 点升为 B 点），失业仍处于原来水平。

五、通货膨胀的经济效应

通货膨胀是能够广泛扩散影响的经济过程，每一个经济活动的参与者和经济单位都会在某种程度上受到它的影响。

1.通货膨胀对收入分配的影响

在现实经济中，产出和价格水平是一起变动的，通货膨胀通常会伴随着扩大的实际产出。为了独立地分析通货膨胀对收入分配的影响，假定实际收入是固定的，然后研究通货膨胀如何影响人们的实际收入。

首先，通货膨胀对于货币收入固定的人不利。有固定收入的人的实际购买力将随着价格上升而下降，通货膨胀必然会使这些人的生活水平相应降低。相反，那些取得变动收入的人，则会从通货膨胀中得益，这些人的货币收入在价格水平和生活费用上涨之前已经开始。例如，在扩张的行业中工作并有强大工会支持的工人，他们或者因为在工资合同中签订有工资随生活费用上涨而提高的条款，或是有强有力的工会能够代表他们与雇主进行谈判，在每个新合同中都能得到大幅度的工资增长。如果产品价格比资源价格上升得快的话，从利润中得到收入的企业股东和其他所有者也能从通货膨胀中获利，因为企业的收益将比成本增长得更快。

其次，通货膨胀对储蓄者不利。储蓄者存款的名义利率如果不变，随着价格上涨，存款的实际价值或购买力就会降低。而且，利息税是按名义利息征收的，存款人将因此受到损害。

第三，通货膨胀使债务人和债权人之间发生收入再分配。通货膨胀依靠牺牲债权人的利益而使债务人获利。假如，甲向乙借入 1 万元，一年后归还，而这段时间内如果价格水平上升一倍，那么一年后甲归还给乙的 1 万元就只相当于借出时实际价值的一半了。

以上是假定借贷双方都没有预期到通货膨胀的影响。实际上，通货膨胀对收入与财富再分配的影响与通货膨胀是否预期到有关。人们预期的通货膨胀率和实际的通货膨胀率相同的通货膨胀被称为预期的通货膨胀(expected inflation)。人们预期的通货膨胀率小于实际的通货膨胀率的通货膨胀被称为非预期的通货膨胀。严格地说，非预期的通货膨胀会引起实际收入的重新分配。

非预期的通货膨胀也会引起财富的再分配。财富可以分为货币资产和非货币资产。如果资产本身或者其收益的名义值是固定的，这种资产就是货币资产，如现金、活期存款、定期存款和债券等。如果资产本身或者其收益的名义值不是固定的，这种资产就是非货币资产，如房产、股票等。在通货膨胀时期，货币资产收益的名义值保持不变，而非货币资产的名义值会随着价格水平的上升而上升。因此，非货币资产在通货膨胀时期能够保值，货币资产在通货膨胀时期不能保值。由于通货膨胀会同时减少货币资产和货币债务的实际价值，所以，拥有货币资产的债权人在通货膨胀中受损，而拥有货币债务的债务人在通货膨胀中受益。

如果通货膨胀是预期的通货膨胀,人们将会采取相应的保护措施,使通货膨胀对收入和财富的再分配效应降低到最小程度。比如,当工人预期到通货膨胀时,他们将会在签订工资合同时要求与通货膨胀率相同的货币工资增长,或者要求合同中包含生活费用指数条款,把货币工资的增长和消费者物价指数联系起来,从而抵消通货膨胀对实际收入的不利影响。当居民预期到通货膨胀时,会用货币资产购买实际资产进行保值。

2.通货膨胀税

通货膨胀税的概念用来专门分析通货膨胀如何使政府成为通货膨胀的受益者。其原因是:第一,政府是净的债务人。在通货膨胀时期,财富从债权人向债务人转移,这会给政府带来好处;第二,通货膨胀还会使政府在累进制的税收制度中受益。因为在一般情况下,税收的基础是名义值。发生通货膨胀以后,即使家庭和厂商的实际收入没有改变,但名义收入的增长也使得他们当中一部分名义上成为高收入者。于是,这些人适用的所得税率提高了,实际收入的更大比重以税收的形式转移到政府手中。由此可见,在通货膨胀时期,政府支配的资源增加,而公众支配的资源减少。因此,通货膨胀有一种类似政府增加税收的效果。这也就是所谓的通货膨胀税的含义。

3.通货膨胀对产出的影响

由于价格是市场体制下资源配置的信号,因此通货膨胀将对产出和国民经济产生影响。这主要有以下三种情况。

(1)需求拉动的通货膨胀促进了产出水平的提高　温和的或爬行的需求拉动通货膨胀对产出和就业有扩张性效应。假设总需求增加,经济复苏,那么将造成一定程度的需求拉动的通货膨胀。在这种条件下,产品的价格在工资和其他资源的价格变动之前上升,扩大了企业的利润。利润的增加刺激企业扩大生产,从而产生减少失业和增加国民产出的效果。

(2)成本推进的通货膨胀会引起产出和就业下降　假定在原来的总需求水平下,经济实现了充分就业和物价稳定。如果发生成本推动的通货膨胀,则原来总需求水平所能购买的实际产品的数量将会减少。当成本推动抬高物价水平时,既定的总需求只能在市场上支持一个较小的实际产出。所以,实际产出将下降,失业上升。美国在20世纪70年代的经济情况就证实了这一点。1973年末,石油输出国组织把石油价格翻了两番,成本推动的通货膨胀的后果是美国1973~1975年的物价水平迅速上升。与此同时,美国的失业率从1973年的不到5%上升到了1975年的8.5%。

(3)恶性通货膨胀将导致经济崩溃　首先,随着价格持续上升,居民和企业都会预期有通货膨胀。为了避免储蓄和现有收入的贬值,宁愿在价格进一步上升前增加消费,从而产生过度的消费购买。在这种条件下,储蓄和投资都会减少,进而使经济增长率下降。其次,生活费用随着通货膨胀而上升,劳动者将要求提高工资。他们不但会要求增加工资以抵消过去价格水平所造成的损失,而且要求工资水平能够补偿未来通货膨胀所带来的损失。这样,企业增加生产和扩大就业的积极性将逐渐丧失。再次,企业在通货膨胀率上升时会力求增加存货,以便在以后按高价出售。这种通货膨胀预期还可能鼓励企业增加新设备。不过,企业这些行为在无法筹措到必需的资金时将会停止。因为,银行会在适当的时机拒绝继续为企业扩大信贷,而且银行的利率也会上升,企业得到贷款会越来越难。当企业被迫减少存货时,生产就会收缩。最后,当出现恶性通货膨胀时,人们会完全丧失对货币的信心,货币就不能再履行交换和储藏的职能。这时,任何一个有理智的人将不愿再花精力去从事财富的生产和正当的经营,而会用更多的精力考虑如何尽快把钱花出去或进行种种投机活动。此时,人们的经济行为扭曲,市场经济机制也无法正常运行,甚至可能导致大规模的经济混乱和衰退。

4.通货膨胀对投资的影响

通货膨胀效应会产生抑制投资、扭曲投资结构的效果。这主要与折旧计提方法和存货利润有关。企业可以在税前计提折旧,但是计提折旧依据的不是重置成本,而是历史成本。通货膨胀时历史成本小于重置成本,所以折旧计提没有反映厂房设备的真实消耗,公司的利润被过高估计,企业也就实际上上缴了比较多的收入税。这说明,通货膨胀引起公司税后利润下降。结果,企业缺乏投资的积极性。同时,在通货膨胀时期,厂房设备的历史成本与重置成本的差额随着时间的推移而增加,即使厂商投资,也会倾向于投资那些短期项目,从而使投资结构受到扭曲,给未来的经济成长带来不利的影响。

存货价值的会计处理方法对企业的利润水平,进而对企业的税收负担具有明显的影响。在通货膨胀时期,当企业采用先进先出法时,利润就会被高估,引起税后利润的下降;在企业采用后进先出法时,利润就会被低估,从而使税后利润上升。从先进先出法向后进先出法转变要调整成本,而且会引起报告的利润水平下降,因此,许多企业继续采用先进先出法。

5.通货膨胀增加交易成本

通货膨胀还会带来诸多不确定性。在通货膨胀时期,人们不知道价格是否会继续上涨,也不知道什么时候会降下来。因此,在通货膨胀时期,人们不愿意签订长期的合同,经济资源更多地被用于短期方面,人们会尽量少持有货币。因此,家庭和厂商都会在资产管理和商品交易等方面支付更多的交易费用,甚至浪费比较多的经济资源。这会对社会的产出水平带来不利的影响。

六、通货膨胀的治理

治理通货膨胀有凯恩斯主义、新凯恩斯主义和货币主义等不同的思路。这些思路之间的争论集中在对付通货膨胀的政策主张以及治理通货膨胀的成本上。

1.用经济紧缩降低通货膨胀

凯恩斯主义者对菲利普斯曲线持赞同态度,因而他们所提出的治理通货膨胀的政策主张首先是促使经济沿着菲利普斯曲线移动,以暂时的经济紧缩换取通货膨胀的降低。政府通过实施紧缩性经济政策,不论是货币政策还是财政政策或是双管齐下,都可以使总需求降低,减缓通货膨胀的压力。总需求下降也减少了对劳动的需求,从而产生更多的失业,降低工资增长的压力。所以,不论通货膨胀是由于需求拉动还是成本推进引起，降低总需求总是一种治理通货膨胀的有效措施。在具体的操作方法上，存在着两种政策可以选择，即渐进主义的政策与激进主义的政策。

1）渐进主义政策

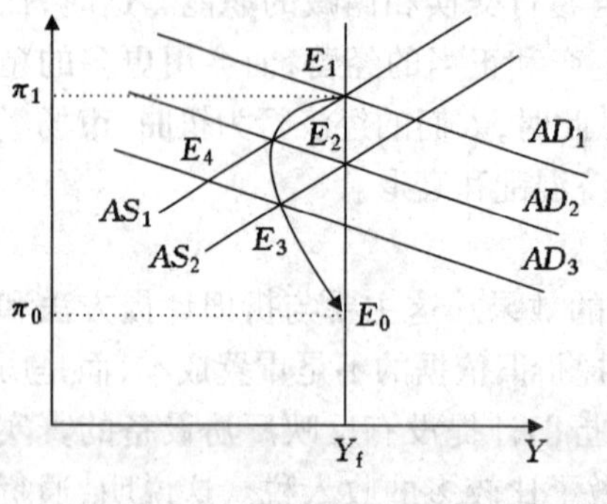

图 14－12　用经济衰退降低通货膨胀：渐进主义和激进主义

渐进主义解决方案的基本特征是以较小的失业和较长的时间来降低通货膨胀率。图 14－12 显示了渐进主义方法降低通货膨胀率的情况。

在图 14－12 中，经济最初处于动态总需求曲线 AD 和总供给曲线 AS 的交点 E_1 点，这时通货膨胀率是较高的。政府用紧缩性的经济政策使总需求曲线由 AD_1 下移至 AD_2 上，使经济沿着总供给曲线 AS_1 从 E_1 点移动较小距离至 E_2 点。与 E_2 点较低的通货膨胀率相对应，短期总供给曲线下移到 AS_2。接着进一步实施紧缩性政策，使经济运行到 E_3 点，总供给曲线再次下移，这个过程不断持续下去。最后，经济运行到 E_0 点时，产量回到潜在水平，同时通货膨胀率达到了预期的目标。在这一调整过程中，尽管失业始终处在正常水平之上，但并没有大规模的经济衰退。

2）激进主义政策

与渐进主义的特征相反，激进主义是以短期内较高的失业率来降低通货膨胀率。在表示渐进主义降低通货膨胀率的图 14－12 中，经济最初处在 E_1 点所对应的状态上。这时的通货膨胀率为 π_1，为使通货膨胀率回落到 π_0 的目标水平上，政府用力度较大的紧缩性经济政策使总需求下移，比方说一次性达到 AD_3，经济由 E_1 点直接移动到 E_4 点。可以看出，由此造成的经济迅速衰退的程度要远远大于渐进主义的情形。

通过比渐进主义政策造成更大程度通货膨胀率的降低，激进主义政策使得短期总供给曲线下移了更大的距离。随着这种紧缩性政策的实施，经济较迅速地回落到充分就业及较低的通货膨胀率的 E_0 点上。激进主义政策造成了较大规模的经济衰退，但通货膨胀率的下降也迅速得多。

2. 新凯恩斯主义的政策主张

新凯恩斯主义者认为，使经济沿着菲利普斯曲线运行的方法治理通货膨胀需要付出增加失业的高昂代价，而且菲利普斯曲线并不总是固定不变的。因此，他们主张通过政府政策使菲利普斯曲线移动，具体的政策处方包括以下几个方面。

1）收入政策

通过对工资的控制达到对物价控制的政策被称为收入政策，是政府针对成本推进的通货膨胀，为了降低一般价格水平上升的速度而采取的强制性或非强制性的限制货币工资和价格的政策。其目的在于影响或控制价格、货币工资和其他收入的增长率。执行收入政策的主要手段是：① 对工资和价格进行管制，例如政府规定不经政府有关部门同意，企业和工会不得提高工资和商品价格，这是最强硬的措施；② 对工资和价格进行指导,即由政府规定工资和价格的指导指标,工会和企业参照执行。

大多数经济学家都反对限价的方法。首先,人为地限制产品和劳务的价格不利于资源的有效配置。因为,市场经济的资源配置依赖价格信号。其次,这种做法没有触及通货膨胀的深层原因,如对商品的超额需求。再次,这种控制是难以实施的,而且通常会导致不同程度的低效率。比如,工资被控制时,雇主可以通过对职位重新分类而绕过控制。增加秘书的工资也许是违法的,但是提升秘书到一个"新"的岗位增加薪水就不违法了。强行限价还存在着另一个困难。因为通货膨胀是所有商品的价格一起上涨,而不是每个商品的价格分别上升。即使价格总水平没有上涨或上涨很少,各种商品的相对价格也在不断地变化着。如果物价控制要持续相当长时间的话,它必须允许这些相对价格的变动。如果不这样的话,低于均衡价格的那些商品就要发生短缺。

2) 道义劝说

政府另一种治理通货膨胀的办法是使用非正式的工资和物价控制方法。政府不直接控制物价和工资,而是试图劝说企业和工人不要涨价或要求增加工资。例如政府编制物价和工资的指导线,希望工人和企业能够遵守。政府还可以通过是否购买该企业的产品来约束那些不听从劝告的企业。

3) 改变人们对通货膨胀的预期

道义劝说的办法之所以能够奏效,很大程度上是因它打破了人们通常的心理预期。这种预期在使通货膨胀得以持续方面具有重要作用。如果工会和企业坚信每个人都会屈从政府压力,他们就会愿意缓和自已对工资的要求和提价的要求。但是,这一点也正是道义劝说不那么可靠的地方。因为人们很难对市场的心理反应做出预测。

实际上,从某种角度讲,货币政策也具有劝说作用。因为中央银行可以借助货币政策让人们确信它对通货膨胀的强硬立场。如果中央银行能够成功,那么它就打破了人们对通货膨胀的预期,工资增长会降低,工资 - 物价螺旋上升也会被打破。如果通货膨胀被打破,就不必再采取紧缩信贷的政策,因为这种紧缩政策对产出和就业都有负面影响。

政府的政策能够成功,部分得益于人们相信它可以成功。如果人们相信政府所采取的治理通货膨胀的行动是能够成功的,这种信心和预期本身就有助于消除通货膨胀。相反,如果人们认为政策不可能奏效,那么通货膨胀就不可能被打破,通货膨胀就可能会持续下去。

3. 货币主义的政策主张

货币主义者特别强调治理通货膨胀的成本。这就是说,对于是否有必要达到自然失业率,取决于治理通货膨胀的成本和失业的成本有多大,而决策者要权衡这些成本,又必须知道菲利普斯曲线的形状和位置。货币主义者认为,从长期看菲利普斯曲线是垂直的,这意味着降低一点失业率就会使通货膨胀率迅速上升,而且将失业率降到自然失业率以下的任何好处都只是暂时的。对于治理通货膨胀,货币主义者的政策主张十分简单,即政府将货币供给的增长控制在一个固定的比率。这个比率必须能够保证价格水平在长期中是稳定的。这一政策主张被称为"单一规则"(single rule)的货币政策。

4. 治理通货膨胀方法的比较

既然通货膨胀的降低总会以经济衰退为代价，那么，这一替代如何衡量呢？对此，宏观经济学引入了牺牲率的概念。所谓牺牲率是指(作为反通货膨胀政策结果的)GDP 损失的累积百分比与实际获得的通货膨胀率的降低量之间的比率。假定一项政策在 3 年时间内使通货膨胀率从 10% 降到 4%，代价是第 1 年产量水平低于潜在水平 10%，第 2 年低 8%，第 3 年低 6%。GDP 的总损失是 24%，通货膨胀率降低了 6%(10% - 4%)，于是牺牲率为 24% ÷ 6% = 4。

凯恩斯主义者认为，货币主义者过分强调了治理通货膨胀的成本。由于现代经济社会已广泛采用指数化政策，通货膨胀的成本不会很高。而且，如果菲利普斯曲线是垂直的，反击通货膨胀就不会增加失业。在凯恩斯主义者看来，治理通货膨胀的确是有成本的。这个成本就是失业增加，因为菲利普斯曲线至少在短期内不是垂直的。此外，凯恩斯主义者认为“单一规则”货币政策过于简单，政府应该使用各种经济政策治理通货膨胀，包括不同的货币政策。

从预期通货膨胀的影响来看，激进主义政策具有非常有利的一点是引导企业以降低通货膨胀率为目标。激进主义政策似乎比渐进主义政策更令人可信。而一种可信的政策会增强公众的信心，相信它会最终获得成功。因此，它比渐进主义更能清楚地体现出政策变化。实际上，对政策已经改变的信念本身也会降低预期通货膨胀率，并由此引起短期菲利普斯曲线的向下移动。

第四节 经济增长理论

经济增长问题的实质是社会潜在生产能力的长期变化趋势问题。宏观经济学对这类问题有两种互相补充的分析方法。一种是经济增长模型，它把增长过程中的因素(例如要素供给、技术进步、生产率增长和投资)之间的互动关系模型化，利用模型说明经济增长的动力、源泉和制约因素。另一种方法是经济增长的核算，把不同因素对产量增长的贡献程度数量化。这两种方法构成了宏观经济学中分析经济增长问题的基本框架和方法。本节首先介绍影响经济增长的一般因素，之后介绍经济增长的贡献分析模型和经济增长模型，最后介绍促进经济增长的对策。

一、经济增长和经济增长率

1. 经济增长及其特征

美国经济学家 S.库兹涅茨指出：“一个国家的经济增长，可以定义为给居民提供种类日益繁多的经济产品的能力长期上升，这种不断增长的能力是建立在先进技术以及所需要的制度和思想意识之相应的调整的基础上的。”因此，经济增长是一国生产能力的长期上升，具体表现在潜在 GDP 的提高上。在宏观经济学的具体运用中，经济增长通常被规定为实际 GDP 的增加。

实际上，经济增长不仅表现在 GDP 的数量变动上，还表现在经济的其他方面。

(1)经济增长的数量特征　具体包括总产量(GDP)、人均产量(人均 GDP)和劳动生产率的增长。

(2)结构特征　具体包括经济结构的变动(如产业结构升级)、社会结构(如城市化)与文化观念的改变(如生活节奏)。

(3)国际扩散特征　在经济全球化的条件下,经济增长往往能够在世界范围内迅速扩大。但是经济增长国际扩散的结果,并不意味着世界各国平均共享经济增长的成果,经济增长从一个地区扩张到另一个地区、从一个国家扩张到另一个国家。世界经济增长是不平衡的。发达国家和地区的经济增长对落后国家和地区有扩散效应和极化效应两种相反的作用。扩散效应是指发达国家和地区的经济增长给其他落后地区创造更多的就业机会和收入增长,从而缩小国家和地区间的发展差距;而极化效应是指落后国家和地区的劳动力、资本、资源受要素收益差异的影响而向发达国家和地区流动,从而不利于落后国家和地区的发展,导致发展差距进一步扩大。

2.经济增长率

经济增长的程度可以用增长率来描述。如果用 Y_t 表示 t 时期的总产量,Y_{t-1} 表示 $t-1$ 期的总产量,则总产量的增长率

$$G_t = \frac{Y_t - Y_{t-1}}{Y_{t-1}} \tag{14-17}$$

如果用 y_t 表示 t 时期的人均产量,y_{t-1} 表示 $t-1$ 期的人均产量,则人均产量的增长率

$$g_t = \frac{y_t - y_{t-1}}{y_{t-1}} \tag{14-18}$$

一般来说,某个变量年增长率为 $X\%$,则该变量在 $70/X$ 年内翻一番,因而称为“70规则”。从这一规则看,如果甲国经济增长率为 1%,它的 GDP 翻一番需要 70 年,而乙国经济增长率为 3%,翻一番时间仅为 70/3 或 23 年。也就是说,即便甲乙两国人均收入起点水平大体相同,2 个百分点的增长率差别却在 100 年后会导致 3~4 倍的巨大收入差别。这充分表明了经济增长率的重要性。

应该注意经济增长与经济发展概念的区别。如果说经济增长是一个“量”的概念,那么经济发展就是一个比较复杂的“质”的概念。经济不仅包括经济增长,而且包括国民的生活质量以及整个社会经济结构和制度结构的总体进步。总之,经济发展是反映一个经济社会总体发展水平的综合性概念。在宏观经济学中,重点研究经济增长问题。

二、经济增长因素分析

1.影响经济增长的一般因素

影响经济增长的因素有很多,下面分别定性阐述。

1)自然资源和自然条件

自然资源指自然界提供的作为生产过程投入品的资源,如耕地、河流、森林、矿产资源等等。自然资源分为可再生资源与不可再生资源两类。丰富的自然资源对于经济发

展具有积极作用。例如,美国早期经济发展,相当程度得益于辽阔的疆域和广袤的耕地资源。某些中东国家如科威特、沙特阿拉伯等产油国生活富裕,主要原因是由于这些国家地下幸运地蕴藏了大量石油资源。

自然条件包括地理位置和气候条件等。可以观察到,除了极少数外,被陆地包围、没有海岸线的国家一般比较贫穷,因为被陆地包围地区运输成本很高,发展国内市场和进行国际贸易比较困难。另外,温带国家与热带国家在成为高收入国家的机会上差距悬殊。世界上高收入人口大约99%处于温带地区。

有关地理和气候因素影响经济水平缺乏有说服力的研究证据,但地理位置与经济增长之间至少存在统计相关性。但也应该看到,自然资源对经济发展的作用是有限的。自然资源匮乏的国家也可能创造很高的生产率并享受富裕生活水平。日本资源极为匮乏,然而由于成功利用国际分工和贸易条件,加上勤奋努力,结果变成富裕国家。相反,无论是处于温带地区或是拥有海岸线,仍有不少国家处于相对落后状态。

2)物质资本

物质资本是用来生产商品和劳务的技术设备及其附属物的存量,又简称资本。工具、专业化设备等资本条件,能够极大地提高一个社会的生产率。资本存量是一国经济发展和生活水平的重要因素。发达国家人均资本存量比较高,而不发达国家人均资本存量比较低。

今天的资本存量是昨天投资的结果,未来资本存量部分取决于现在的投资。通过资本积累提供物质资本是一国经济增长的根本途径。储蓄是资本积累的源泉。如果今天的国民收入全部用于消费,就无法形成新的物质资本,经济就无法增长。政府可以运用税收、利率等经济手段鼓励本国企业和国民积累与投资,还可以实施开放政策鼓励外国资本进入本国投资,作为解决本国资本不足问题的补充措施。

3)人力资本

人力资本是指劳动者通过教育、培训和实际经历获得的知识和技能。它们附着在劳动者个人这一特殊载体上并表现为劳动者素质的差异。人力资本不像物质资本那样具有可直接观察的实际形态,但是二者对生产率和经济发展影响却具有相似之处。经济学家同样把人力资本看做生产要素,认为它们能够有效地提升一个劳动者或国家生产产品和提供服务的能力或效率。像增加物质资本需要积累和投资一样,增加人力资本也需要投资,如教育、培训投入。

4)经济开放

20世纪五六十年代很多发展中国家实行进口替代的内向型政策,试图在避免与外部世界发生不断深化的经济互动前提下提升本国经济发展水平。这些政策通常对于国际贸易进行大量关税和非关税限制,希望由此发展国内民族工业,并赶超发达国家经济,但鲜有成功。经过对几十年经济发展绩效的分析,现在大多数经济学家认为,出口导向的外向型政策更加有助于穷国经济发展。减少对贸易的限制,扩大开放,从参与全球经济体系过程中学习,是经济长期发展的必要条件。出口品通常是比较具有资源优势和生产机会成本比较低的产品,而进口的产品通常不具有资源优势因而生产机会成本比较高，所以贸易实现的交换通常会提高交换双方的资源配置效率，提升给定资源限制下人们的生活水平，促进经济发展。此外，贸易还促进信息交流沟通，使贸易参与国的企业和人民加深对于外部世界的了解，这对经济长期发展具有重要意义。

5)技术进步

只有储蓄积累而没有技术进步的经济，由于资本边际收益递减，其增长过程存在上限，在达到某个较高收入水平时就会出现停滞。经济持续增长的必要条件是技术进步。技术进步不仅改善了既有产品的生产方法，提高了劳动生产率，还提供了新的产品，创造了新的市场，使经济活动的范围扩大。可以说，技术进步是现代经济长期增长的发动机。

6)经济制度

经济制度是有关经济体制和政策安排的总和。它所涉及的中心问题是如何合理界定市场与政府的边界以及充分发挥它们的作用。

通过计划经济实现长期经济增长和福利改善目标具有难以克服的困难，而市场经济体制虽然存在很多问题，但是在总体上具有不可被政府行为替代的基本经济功能，因而应当充分发挥市场机制作用。政府应当承担监管者和规则制定者的责任，而不应充当所有者和经济活动直接决策者。历史经验表明，计划经济扼制经济活力，难以克服信息处理和协调的困难，因而长期绩效普遍不如市场经济制度。因此，充分发挥市场机制作用是谋求长期经济增长的条件。

2.宏观生产函数和经济增长率的分解

宏观经济学通常用宏观生产函数研究经济增长的源泉。宏观生产函数可以表示为

$$Y_t = A_t f(L_t, K_t) \tag{14-19}$$

式中，Y_t、L_t 和 K_t 依次为 t 时期的总产出、投入的劳动量和投入的资本量；A_t 代表 t 时期的技术状况。依据上述生产函数，可以得到一个描述投入要素增长率、产出增长率与技术进步增长率之间关系的方程，称为增长率的分解式，即

$$G_Y = G_A + \alpha G_L + \beta G_K \tag{14-20}$$

式中，G_Y 为产出的增长率；G_A 为技术进步增长率；G_L 和 G_K 分别为劳动和资本的增长率；α 和 β 为正值参数，分别表示劳动和资本的产出弹性。从增长率分解式可知，产出的增加可以用三种因素解释，即劳动增长、资本增长和技术进步。换句话说，经济增长的源泉可被归结为劳动和资本的增长以及技术进步。

为了强调教育和培训对经济增长的贡献，还可以把人力资本作为一种单独的投入写进生产函数。所谓人力资本就是体现在个人身上的、获取收入的潜在能力的资本。它包括天生的素质和通过后天教育训练而获得的技能。把人力资本(H_t)作为一种单独投入时，生产函数可被写为

$$Y_t = A_t f(L_t, K_t, H_t) \tag{14-21}$$

式中，H_t 为人力资本。这样，影响经济增长的因素就增加了一个。

3.经济增长因素的贡献分析

经济增长是复杂的经济和社会现象。影响经济增长的因素很多，正确地认识和估计

这些因素对经济增长的贡献,对理解现实的经济增长和制定促进经济增长的政策都至关重要。因此,经济增长因素分析就成为现代经济增长理论的重要组成部分。很多经济学家都投入到了这方面的研究,做出了重要的贡献。

20世纪50年代,诺贝尔经济学奖获得者、美国麻省理工学院罗伯特·索洛根据美国1909 ~ 1949年间的数据,对经济增长的源泉和因素进行了分析,得出了令人惊奇的结论:在这个时期,每工作小时的产品增长中,超过80%的部分是由技术进步引起的。索洛采用了下面的方程分析影响经济增长的各种因素的贡献:

$$\frac{\Delta Y}{Y} = (1-\theta)\frac{\Delta N}{N} + \theta\frac{\Delta K}{K} + \frac{\Delta A}{A} \qquad (14-22)$$

该公式是式(14 - 20)的一种特殊形式。其中 Y 代表产出量;$(1-\theta)$ 和 θ 分别代表产品中劳动力和资本的收入份额;N 代表就业的劳动力;K 代表所使用的资本量;A 代表技术水平。劳动或资本的贡献等于它们各自的增长率乘以该投入在收入中所占的份额。技术进步或者全要素生产率的增长由该方程的右边第三项($\Delta A/A$)代表。全要素生产率的增长率是在所有投入不变的情况下,作为生产技术进步的结果而导致产量增加的幅度。

索洛认为,产量增长的源泉在于资本增长、劳动力增长以及技术进步。他通过研究得出,在1909 ~ 1949年期间,美国GNP的年平均增长率为2.9%,其中0.32%归于资本积累的贡献,1.09%归于劳动力投入增长的贡献,剩余的1.49%来源于技术进步。而且,按照人均产量计算的1.81%的增长率中,有1.49%来自于技术进步。

索洛测算技术进步对经济增长所做贡献的方法,被称为"剩余(余值)法"。其中的技术进步贡献率称为"索洛剩余"。索洛方法对分析经济增长问题是一个重要的贡献。不过,这种方法显然存在着不足,它有可能将资本、劳动之外的因素都当做技术进步处理。

三、哈罗德经济增长模型

为了对经济增长进行解释,经济学家建立了很多的理论模型。哈罗德模型对研究经济增长理论具有开创性的贡献。经济学家多马提出的经济增长模型与哈罗德模型非常接近,一般称为哈罗德 — 多马模型。

哈罗德模型的假设前提是:① 全社会只生产一种产品;② 储蓄 S 是国民收入 Y 的函数,即 $S = sY$,这里的 s 代表社会的储蓄倾向(储蓄率),即储蓄在国民收入中所占有的份额;③ 生产过程中只使用两种生产要素,即劳动 L 和资本 K;④ 劳动力按照一个固定不变的比率增长;⑤ 不存在技术进步,也不存在资本折旧问题;⑥ 生产规模报酬不变。

哈罗德认为,一个社会的资本(存量)和该社会的总产量或实际国民收入之间,存在着一定的比例,这一比例被称为资本 - 产量比(v)。以 K 和 Y 分别表示资本和产量(国民收入),则有

$$K = vY \qquad (14-23)$$

产量随着资本的增长而增长。假设二者的增长量依次为 ΔY 和 ΔK,二者之比被称为边际资本 - 产量比。如果原来的资本 - 产量比等于边际资本 - 产量比,就有:

$$\Delta K = v\Delta Y \tag{14-24}$$

由于不存在折旧,资本存量的增量 ΔK 等于净投资(I),因此,上面的式子就可以写成

$$I = v\Delta Y \tag{14-25}$$

按照凯恩斯的理论,只有当投资等于储蓄即 $I = S$ 时,也就是说储蓄全部用于投资时,经济活动才能达到均衡状态。哈罗德进一步提出,在经济增长过程中,同样只有实现了 $I = S$ 这一条件,经济才能实现均衡增长。根据 $I = v\Delta Y$ 式和 $S = sY$,可以得到

$$v\Delta Y = sY \tag{14-26}$$

或者

$$\frac{\Delta Y}{Y} = \frac{s}{v} \tag{14-27}$$

式(14 - 27) 即哈罗德模型的基本方程。它表明,要实现均衡的经济增长,国民收入增长率就必须等于社会储蓄倾向与资本 - 产量比二者之比。如果上述基本方程中的 v 是资本的实际变化量与国民收入的实际变化量的比率,那么在一定储蓄比例之下导出的国民收入增长率被称为实际增长率,用 G_A 表示。于是,式(11 - 27) 可写为

$$G_A = \frac{s}{v} \tag{14-28}$$

哈罗德认为,进行经济动态发展的探讨,需要考虑企业家的预期和企业满意等心理因素。如果把资本 — 产量比 v 理解为企业家意愿中所需要有的资本 - 产量比,用 v_r 表示,那么基本方程就可以写为

$$G_W = \frac{s}{v_r} \tag{14-29}$$

这里的增长率是与企业家所需要的资本 - 产量比 v_r 相适合的经济增长率,也是企业家感到满意的增长率,哈罗德把它称为“有保证的增长率”,用 G_W 表示。

如果实际经济增长率等于企业家感到满意的增长率,实际资本 — 产量比必然等于企业家所需要的资本 — 产量比,或者说,如果国民收入按照 G_W 比率增长,那么与实际产量或实际收入的增长相联系的实际资本增量就会等于企业家感到满意的资本增量。由于积累或资本增量实际上取决于投资者的意愿,所以,只要国民收入按照 G_W 这个增长率增长,就会使企业家保持愿意进一步实现类似增长的心理状态,从而国民收入就会年复一年地按照 G_W 增长下去。正是基于这个原因,哈罗德把 G_W 称为“有保证的增长率”。

但是,哈罗德的经济增长模型遇到了两个不容易解决的问题。第一个问题是经济沿着均衡途径增长的可能性是否存在,或者说,在实际经济活动中,是否存在着一条像哈罗德所描述的均衡增长途径。这个问题又被称为“存在性问题”。

经济的实际增长率是许多各不相同的决策者的预期、决策和外部环境等多种因素共同作用的结果。因此,人们没有理由期望经济会长期按照“有保证的增长率” 增长下去。同时,经济增长还应该考虑就业水平这一因素,要说明经济的实际增长率与劳动力增长率二者之间的关系。哈罗德认为,要实现劳动力的充分就业,国民收入的增长率就

必须等于劳动力的增长率。因此，要实现经济有保证的、充分就业的均衡增长，就必须满足：

$$G_A = G_W = \frac{s}{v} = \frac{s}{v_r} = n = G_n \tag{14-30}$$

这里，n 为一国的人口增长率。式(14－30)表明了一国经济实现充分就业均衡增长的必要条件。哈罗德把符合上述条件的增长率称为“自然增长率”，用 G_n 表示。显然，$G_n = n$ 是社会所能达到的最大的、“最适宜的”增长率。如果式(14－30)所要求的条件得到满足，那么经济活动就会按照式(14－30)中的比率增长。一方面，在现实经济活动中，这种情况是有可能出现的，所以，实现充分就业均衡增长的可能性是存在的。但另一方面，由于储蓄比例、实际资本－产量比和劳动力增长率分别是由不相同的因素独立地决定的，因此，除非偶然巧合，这种充分就业的均衡增长是不会出现的。总之，哈罗德认为，虽然 $G_A = G_W = G_n$ 这种理想的充分就业均衡增长的途径是存在的，但是，一般说来，实现这种理想的可能性极小。也就是说，在一般情况下，经济很难按照均衡增长途径增长。

第二个问题是，经济活动一旦偏离了均衡增长途径，是否能够自动地趋向于均衡增长途径。这个问题被称为“稳定性问题”。考察实现有保证的增长率的条件 $G_A v = s = G_W v_r$ 可以看到，只有当实际的资本—产量比 v 等于合意的资本—产量比 v_r 时，经济的实际增长率 G_A 才会等于有保证的增长率 G_W。如果 G_A 大于(或小于) G_W，那么，v 就会小于(或大于) v_r。也就是说，一旦实际增长率大于(或小于)有保证的增长率，企业的固定资产和存货就会少于(或多于)企业家所需的数量。相应地，企业家将增加(或减少)订货，增加(或减少)投资，从而使实际产量水平进一步提高(或降低)，使实际增长率 G_A 与有保证的增长率 G_W 之间进一步提高(或降低)，使得 G_A 进一步大于(或小于) G_W。因此，实际增长率与有保证的增长率之间一旦发生偏差，经济活动不仅不能自我纠正，而且还会产生更大的偏离。这个结论被称为哈罗德的“不稳定原理”，也有人将哈罗德模型的不稳定性说成是“刃锋理论”。这意味着，经济增长很难稳定在一个不变的速度上，不是连续上升，便是连续下降，呈现出剧烈波动的状态。

四、促进经济增长的对策

经济增长是发展中国家向发达国家迈进的根本途径。根据以上经济增长因素分析和经济增长模型的分析，可以从以下方面确定一国经济增长的战略。

1. 改善技术进步和生产率的政策

一般说来，政府推动和改善经济增长的最好政策就是推动和促进教育的发展，推动提高人力资本的培训工作。一支高度熟练的劳动大军显然是成功提高生产率的关键因素，而技术进步的一个重要影响因素就是技术研究和创新开发的投资。

教育和技术的研究与开发都具有溢出效应，它们都可以带来超过研发者私人收益之外的社会收益。如果通过自发的机制，个人和厂商在教育和研究上选择的支出水平将低于社会最优水平，政府就可以考虑通过拨款或提供补贴刺激这些活动。例如对研究和实验活动实行税收抵免政策，为研究和开发支出提供税收方面的激励。

2. 刺激资本形成的政策

长期以来，刺激经济增长的政策几乎完全集中在刺激资本形成上，因为资本存量的增加定会促进经济增长。经验和研究已经证明，在数量上，每一个百分点的资本增长将大约增加 0.3 个百分点的产出增长。而为了将产出每年提高一个百分点，资本存量每年就必须提高 3.3 个百分点。当然，新工厂和机器的增加，可能会带来促进生产率提高的额外的技术创新。

在经济条件的恰当组合下，投资的大量增长是有可能的。1962 年，美国的投资处于衰退状态。当时的美国总统肯尼迪实行了第一个投资税抵免政策，以刺激社会投资。这一刺激资本形成的政策，加上当时普遍的扩张条件，使美国的投资额从 1962 年的 3 060 亿美元增加到 1966 年的 4 010 亿美元，增长约 30%。

3. 增加劳动供给和就业的政策

根据经验分析，就业增长对经济增长的影响是资本增长的两倍多。就业量每增长一个百分点，将使产量增长提高 0.7 个百分点。也就是说，为使产出增长率每年增加 1%，就业量每年需要增加 1.4%。个人收入所得税的减免是加强对就业的激励和促使人们努力工作的一个途径。因为，个人收入所得税的提高会减少工人的工作所得，从而降低工人的工作积极性。所以，个人收入所得税的减免就能够改善激励，提高工作积极性。美国在 1981 年和 1986 年通过生效的税收减免政策，就是以这一理论为基础的。

另外，正像解决失业问题的对策一样，促进就业的政策也是提高生产能力的途径。具体地说，这些对策包括对残障人士开办企业的优惠政策、对中小企业吸收失业人员的优惠政策、设立就业中介服务机构、设立劳动培训机构和组织就业培训等。

4. 政府投资支出对经济增长的影响

政府投资支出一般会投向公共设施和基础设施。公共设施和基础设施为私人投资的增长创造了条件，有利于经济增长。同时，对于发展中国家来说，由于市场不发达，私人投资能力有限，需要国家投资发挥更大的作用，甚至不限于在公共设施和基础设施领域，也包括能够带动国民经济发展的基础产业和主导产业，例如制造业、能源工业、化学工业、钢铁工业等。

当然，这种增加基础设施的政府公共投资政策也有副作用。当政府采用赤字财政来扩大政府支出的财政政策时，经济中通常会由于利息率的上升而对私人投资产生挤出效应。这样，如果从长期考虑的话，这种情况造成的私人投资的减少将会影响经济增长。

5. 推进市场化改革，为经济增长提供制度条件

实践证明，经济制度对经济增长具有重要影响，具体表现为一个好的经济制度能够为经济增长提供充分的激励，为资源配置提供良好的机制。对于发展中国家来说，在市场机制不健全的情况下，政府是发挥促进市场完善的作用，还是代替市场进行投资建设，代替市场机制的调节作用，是两个不同的途径。尽管说在短期内政府代替市场履行一些经济职能是可行的，但是从长期来看，政府只有着眼于市场体系的建设，才能提供经济增长的有效保证。

此外,为提高人均收入水平,限制人口的快速增长也是经济政策的一个重要选择。

本章小结

本章研究宏观经济问题(包括经济周期、失业、通货膨胀和经济增长)的基本概念、原理和解决对策。

经济周期是指经济活动沿经济增长的总体趋势所经历的周期性扩张和收缩,包括繁荣、衰退、萧条和复苏循环往复的四个阶段。经济周期可划分为长周期、中周期和短周期。

对于经济周期的解释有外因说、内因说和混合说。乘数-加速数模型将经济系统内部的乘数机制和加速数机制结合起来,并考虑经济系统外部因素的影响,对经济运行的周期性做出了较好解释。

失业是在市场机制作用下宏观经济问题在劳动力市场上的表现。失业的衡量和分类、成因是失业研究的重要问题。失业分为自然性失业和经济性失业。自然性失业包括自愿性失业、摩擦性失业和结构性失业,而经济性失业包括缺口性失业和周期性失业。根据奥肯定理和国民收入决定理论,要降低失业率,需要采取相应的政策和措施。

通货膨胀可以根据其程度、表现形式和成因进行分类。通货膨胀是宏观经济问题在总需求和总供给之间矛盾的反映,也与货币市场密切相关。通货膨胀对经济运行产生扭曲作用,破坏经济的正常运行。菲利普斯曲线表明,低失业率和低通货膨胀率二者不可兼得。对菲利普斯曲线的不同认识,导致了治理通货膨胀不同的政策主张。

经济增长反映经济运行的长期趋势,定义为一国潜在 GDP 的增加,用经济增长率来反映。影响经济增长的因素有自然资源和自然条件、物质资本、人力资本、经济开发程度、技术进步和经济制度等。经济增长因素的贡献分析表明,技术进步是经济增长中重要的决定因素。经济增长模型研究经济增长的内在机理。哈罗德经济增长模型强调了储蓄在经济增长中的作用。

复习思考题

1. 解释下列概念:经济周期,加速数,自然性失业,自愿性失业,摩擦性失业,经济性失业,结构性失业,工资刚性,效率工资,通货膨胀,需求拉动的通货膨胀,成本推进的通货膨胀,结构性通货膨胀,恶性通货膨胀,通货膨胀税,奥肯定理,菲利普斯曲线,经济增长,有保证的经济增长率,自然增长率。

2. 假设一个国家经历了生产率的下降,即一些因素对生产函数产生不利影响,思考下列问题:1)劳动力需求曲线如何变动? 2)如果劳动力市场处于均衡状态,生产率的这种变动如何影响劳动力市场的就业状况和实际工资水平? 3)如果工会阻止实际工资下降,影响的结果如何?

3. 考虑一个具有科布—道格拉斯生产函数的经济,且 $Y = K^{1/3}L^{2/3}$,假设该经济有

1 000个单位的资本和1 000个单位劳动的工人。回答以下问题:1) 写出描述该经济中劳动力需求作为实际工资和资本存量函数的方程。2) 如果实际工资可以调整使劳动力供求平衡,实际工资是多少?就业量、产出和总工资是多少?3) 如果立法机关关注工人的福利,规定向工人支付1单位产品的实际工资。如何将这种工资与均衡工资进行比较?4) 立法机关不能指定企业以规定的工资雇佣多少工人。那么,上述法律对劳动力市场有何影响?

4.沿着菲利普斯曲线移动和菲利普斯曲线的移动在宏观经济政策上具有什么意义?

5.政府使用冻结物价和控制工资的方法治理通货膨胀有什么弊端?

6.为什么通货膨胀会有惯性?

7.如果失业率与GDP之间存在如下规律:$(Y-Y^{*})/Y^{*}=-3(u-u^{*})$,回答以下问题:1)假定自然失业率为6%,1995、1996、1997年的失业率分别是4%、5%和6%,分别计算各年的GDP缺口;2)如果1996年的实际GDP是2 500亿元,计算当年的潜在GDP水平。

8.一种观点认为,通货膨胀是一种货币现象,控制了货币供给就能控制通货膨胀,请评价这种观点。

9.一种观点认为,轻微的通货膨胀是经济发展的润滑剂,你同意吗?阐述你的理由。

10.假设一个经济中存在的菲利普斯曲线是:$\pi=\pi_{-1}-0.5(u-0.06)$,其中π表示通货膨胀率(π_{-1}表示前一时期的通货膨胀率),u表示失业率。问:1)自然失业率是多少?2)为了使通货膨胀率减少5%,必须有多少周期性失业?3)如果现在通货膨胀率是10%,试图降低到5%,请设计两种方案。

11.美国克林顿政府时期的美国联邦储备委员会副主席布林德曾经写道:"达到美国和其他工业化国家所经历的低而温和的通货膨胀率看来是非常合适的,重感冒总比癌症好,作为理性的个人不愿意为了治疗头痛而做手术。但是,作为一个整体,我们在常规上是用经济上相等的手术(高失业)来治疗通货膨胀这种感冒。"你理解这段话的意思是什么?他倡导的观点的政策含义是什么?

12.为什么哈罗德经济增长模型被称为"刃锋理论"?

13.如何用加速数和乘数相互作用的原理解释经济周期。

14.试述通货膨胀对经济运行的影响。

15.试述一国促进经济增长的一般对策。

第十五章 国际经济

随着科学技术的发展与信息时代的来临，世界各国经济之间的关系愈加密切，国与国之间的经济往来主要表现为：商品与服务的对外贸易以及生产要素的跨国流动，尤其是资本的国际流动(前者可用国际贸易理论说明，后者则可用国际金融理论说明)。这两种表现都离不开国际经济组织的作用。

第一节　国际经济组织

国际经济组织是国际经济一体化的产物，是国际经济一体化的制度载体。

一、国际经济一体化

所谓国际经济一体化(integration of world economy)是指世界由于经济全球化和自由化发展而连成一体，并且具有与其相适应的制度安排，按照市场经济的规则管理全球经济。

1. 经济全球化

经济全球化(globalization of world economy)是指生产要素的配置已经超出民族国家的范围，在更大的区域甚至全球范围内实现优化配置。经济全球化要求各国更加开放，经济更加市场化，从而使各国经济相互依赖程度提高，以实现世界经济一体化。

经济全球化的主要动因为：一是以信息技术为中心的科技革命成果迅速转化为生产力，导致了生产国际化，加速了创新技术的扩散；二是跨国公司迅速发展，其贸易和投资是以全球战略为目的的，它将产品价值链各个环节布局于世界各地，以充分利用各地的技术、资本、劳力、市场，使生产要素能够在全球范围内优化配置；三是贸易和投资自由化成为各国吸引跨国公司的基本国策，阻碍生产要素全球自由流动的壁垒大大降低，通过贸易和投资的传导机制，极大地推动了经济全球化；四是国际经济组织的推动，尤其是国际货币基金组织(International Monetary Fund，IMF)、世界银行(World Bank，WB)、世界贸易组织(World Trade Organization，WTO)起到了关键作用，它们使经济全球化能够有序进行，使各国都从中得到好处。与此同时，欧盟、北美自由贸易区、亚太经合组织等区域性经济合作组织也起到了不可忽视的作用。

经济全球化的积极作用主要体现在：首先，通过资源优化配置、技术全球扩散、产业结构升级促进了全球经济增长；其次，促进了贸易与投资自由化，贸易自由主义成为国际贸易的理论基础，WTO已将世界货物贸易进一步规范化，并首次将服务贸易、知识产权和投资等纳入到多边规则中;第三,有利于减少国际冲突和加强国际协调与合作。经济全球化使各国卷入到更深层次的国际分工中,经济上越来越相互依赖,各国为自身利益尽量采用协商与对话来处理国与国之间的关系,大大约束了国际冲突,而国际协调也尽量通过国际机构和国际会议进行。

但是,经济全球化又是一柄双刃剑,有利有弊。其弊端主要表现为几方面。首先是此起彼伏的金融危机。金融业高度发展是经济全球化,尤其是贸易和资本自由化的必然要求,但随着金融交易量的剧增以及金融创新,金融业的管理不能适应金融的快速发展,使金融危机不断发生,发达国家也不能幸免,如日本的金融危机、拉美金融危机、亚洲金融风暴等。其次,发展中国家为了遵守由发达国家主导制定的国际经济规则付出了沉重的代价,比如,信息技术产品协议、环境保护协议等。第三,发展中国家由于竞争劣势而蒙受巨大损失,最不发达国家经济状况进一步恶化,如面对全球竞争导致本地企业的损失,大量引资面临的通货膨胀、汇率风险、偿债风险、人才外流以及腐败滋生等等。

2. 经济自由化

经济全球化配置资源是基于市场经济的方式,因此,经济自由化成为经济全球化的内在运行机制,具体包括贸易自由化和投资自由化。

二战以来的贸易自由化是全面的自由化,包括进出口关税大幅度下降(发达国家降到4%)、非关税壁垒大大削弱、国民待遇和最惠国待遇普遍实行、发展中国家的贸易利益受到一定程度的保护、贸易自由化措施适用的范围不断扩大(延伸到服务贸易、知识产权和投资)等。

在投资自由化方面,各国都在采取积极的措施,一方面大量引资,另一方面又积极对外投资,使得世界直接投资额迅速增加并超过了世界贸易额。在国际经济组织和地区经济合作组织的努力下,全球性投资规范框架和规则逐步形成。跨国公司的作用空前加强,成为推进投资自由化的主导力量。进入20世纪90年代以来,跨国企业的最新动向是不谋求控股和兼并,而是根据核心知识共享的原则采取非股权参与模式打造全球价值链,在核心竞争力互补的基础上实现大联合,形成更加超级的跨国公司虚拟集团,比如跨国公司间在信息技术和生物技术上的战略联合加快了新兴产业发展。

二、国际经济一体化的空间形式

经济全球化和自由化使国际经济在空间上分阶段实现一体化,按照进程大致可分为自由贸易区、关税同盟、共同市场、经济联盟等四种空间形式。

1. 国际经济一体化的空间形式

(1)自由贸易区(free trade area,FTA) 在这种形式下,集团所有成员都对对方产品取消关税,但同时在制定对非成员国的贸易政策方面依然保持各自的独立性,如不同的对外关税和贸易壁垒。应该说这是一种初级的经济一体化,因为非成员国可以先将自己的产品出口到保护水平最低的成员国,再通过转运(transshipment)出口到保护水平较高的其他成员国中。例如,北美自由贸易区和拟议中的中国－东南亚自由贸易区等。

(2)关税同盟(customs union)　在关税同盟内部,成员间的所有关税被取消,且集团对非成员实行统一的外部商业政策。此外,集团在同非成员国进行的所有贸易协定的谈判中都作为一个整体行事。共同外部关税(common external tariff)消除了非成员国进行转运的可能,比如,安第斯集团、东南亚国家联盟、阿拉伯马格勒布联盟等。

(3)共同市场(common market)　作为共同市场成员国之间的所有内部关税都被取消,对非成员国实行统一的对外贸易政策,并且成员国之间要素流动的所有壁垒均被取消,但同时也意味着各国经济的国内控制权受到进一步削弱,如加勒比共同市场、中美洲共同市场、独联体、中非国家经济共同体、西非国家经济共同体、南美共同市场等。

(4)经济联盟(economic union)　经济一体化最全面的形式是经济同盟,它除了要具备共同市场的特征外,还要求所有成员国经济制度一体化与经济政策的相互协调,但相互独立的政治实体依然存在,经济同盟一般都成立几个超国家的机构,其决策对所有成员国都具有约束力。当经济联盟发展到采用统一货币时,就成了货币同盟(monetary union),如欧盟。

2. 国际经济一体化的效应分析

随着全球经济在空间上日趋一体化,经济效应也日益表现出来,具体地说是静态效应和动态效应。

1)经济一体化的静态效应(static effects of economic integration)

经济一体化的静态效应包括贸易创造效应(trade creation)和贸易转移效应(trade diversion)。所谓贸易创造是指由经济一体化所引起的产品来源地从资源耗费较高的本国生产者转向资源耗费较低的成员国生产者。

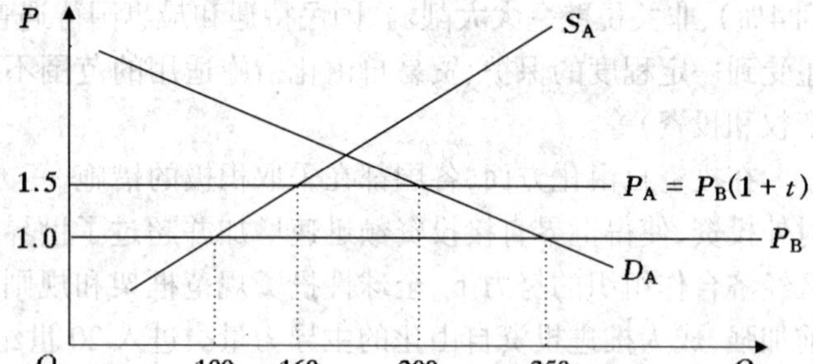

图 15-1　贸易创造

如图 15-1 所示,在经济一体化前 A 国产品价格为 1.50 美元(等于 B 国 1.00 美元的价格加上 50%的关税)。A 国从 B 国进口 40 个单位(200-160),在 A 国与 B 国结成一体化的情况下,关税被取消,价格降到 1 美元。A 国现在从 B 国进口 150 单位(250-100),增加的进口中,有 60 个单位(160-100)是替代先前的本国生产,另外 50 个单位(250-200)则反映 A 国消费者在 1.00 美元的新价格水平上增加的消费。

贸易转移是指产品来源地从资源耗费较低的非成员国生产者转向资源耗费较高的成员国生产者。虽然结盟国效率低于非成员国,但由于二者一致对非成员国征收较高的关税,致使结盟国的商品在内部取消关税后有一定的竞争力出口到该国市场,而非成员国的出口因关税过高而被排挤出去。

2)经济一体化的动态效应(dynamic effects of economic integration)

经济一体化的动态效应实质就是西托夫斯基(T. Scitovsky)和德纽(J. F. Deniau)的大市场理论。其核心是通过扩大市场获得规模经济、实现技术利益、使竞争更加激化等。大市场的效应具体表现为:一是取得规模经济,由于市场骤然扩大,成员国之间经过分工后能够取得规模经济;二是实现外部经济,正在扩张的企业可以集中精力执行核心职能,而把其他一些任务外包给其他企业,结果由于实现专业化而产生了显著的效益;三是促进技术进步,大厂商因扩大了市场份额能更自由地从事研发活动,推动技术更快进步;四是提高竞争程度,削弱一体化前存在的垄断势力,使资源从成本昂贵的厂商和产业转移到成本低廉的厂商和产业中去,同时人们的竞争意识和组织结构也会发生变化;五是扩大了投资,激励内部和外部的投资者增加在成员国的投资,并带来要素流动的动态效益。

三、国际经济一体化的组织形式

与国际经济一体化空间形式相吻合的组织形式是欧盟(European Common, EC)、北美自由贸易区(North American Free Trade Agreement, NAFTA)、亚太经济合作组织(Asia Pacific Economic Cooperation, APEC)等。它们处于经济一体化空间形式的不同阶段中。

1. 欧盟

欧盟作为世界最著名经济一体化的组织形式也经历了由低级到高级的发展过程。其前身最早可追溯到1951年在巴黎条约基础上建立的欧洲煤钢共同体,参加国为比利时、法国、联邦德国、意大利、卢森堡、荷兰等。1958年在罗马条约基础上建立了欧洲共同体,此后成员国扩展到15国,1993年11月起,欧盟正式成立,标志着欧洲经济一体化的最高形式——经济联盟的诞生。2002年欧盟实现了经济联盟的货币统一,欧元成为欧盟统一使用的货币。欧盟在协调成员国经济上表现为调节目标的超国家性(生产要素自由流动)、调节主体的超国家性、调节对象的超国家性(加盟国必须让出部分主权)、调节内容的超国家性和调节手段的综合性(如财政、货币、汇率、关税、非关税、法律、行政等手段)等特点。

2. 北美自由贸易区

1989年1月1日美加自由贸易协定正式生效。该协定决定消除两国间所有的双边关税。1994年1月1日美国、加拿大和墨西哥签署的北美自由贸易协定正式生效,三方决定在15年内取消三个成员国间的关税,同时大幅度削减非关税壁垒。北美自由贸易区具有贸易自由化、区域经济贸易发展优先、冲突协调制度化的特征。

3. 亚太经济合作组织

1989年11月亚洲与环太平洋地区12国在澳大利亚堪培拉召开的部长会议上发起成立APEC,此后包括中国在内,APEC增至18个国家和地区,每年召开一次首脑会议,1994年在印度尼西亚茂物与会领导人签署了《茂物宣言》,正式确立了APEC组织在2020年以前实现贸易和投资自由化的长远目标以及达到这一目标的时间表,届时APEC将成为世界上最大的,也是最充满活力的自由贸易区。目前,APEC具有松散性、政府主导契约性、多层次性、渐进性、水平与垂直分工交叉性等特点,处于经济一体化形式中最初级的形态。

四、世界贸易组织

国际经济一体化的有序进行离不开世界经济组织,尤其是世界贸易组织(WTO)的协调。

1. 含义及宗旨

WTO是具有法人资格的国际经济组织,拥有自己的法律框架、完备的组织结构和议事规则,对全球的贸易以及与贸易有关的投资行为进行规范,解决贸易纠纷。WTO的宗旨是,提高生活水平,保证充分就业,大幅度和稳定地增加实际收入和有效需求,扩大货物和服务的生产与贸易,按照持续发展的目的,最优运用世界资源,保护和维护环境,并以不同发展水平下的各自需要的方式分别采取各种相应的措施。WTO的职能是促进《建立世界贸易组织协议》和多边贸易协议的执行管理和运作,为成员国提供多边谈判的论坛和谈判成果执行机构,管理争端解决的规则和程序的谅解,管理贸易政策的审议机制,为达成全球经济政策的一致性而与其他国际经济组织进行合作。

2. 基本原则

(1)贸易自由化原则　各成员方通过多边贸易谈判,降低和约束关税,取消其他贸易壁垒,尤其是数量限制(如配额、进出口许可证等),消除国际贸易中的歧视待遇,扩大本国市场准入度。

(2)非歧视原则　此原则又称无差别待遇,每个成员方应在国际贸易中以对等的方式对待所有其他成员方,这包括最惠国待遇和国民待遇。前者指成员方给予另一方的贸易优惠条件和特许必须自动给予所有成员方;后者指除关税外,在征收国内税和有关国内销售、购买、运输、分配所使用的法律法规方面对进口品待遇不低于国产品。

(3)稳定发展贸易的原则　要求成员方提供良好的贸易环境以利创造更多的贸易和投资机会,并通过以下途径解决:第一,各方通过谈判减让关税,达成关税减让表;第二,承诺开放服务市场,各方通过谈判逐一按不同的服务部门做出市场准入承诺,达成市场准入表;第三,减少非关税壁垒,尽量以关税保护本国产品,减少数量(配额)限制;第四,成员方公布进出口贸易与服务有关的法律和规章,即透明度原则。

(4)公平贸易原则　当一成员方倾销(低于国内价或低于成本价出口)和补贴(政府用直接或间接的手段补贴出口产品)损害另一成员方利益时,受损害的成员方在查证落实并裁决后可以采取征收反倾销税和反补贴税的方式来减少损害。

(5)对发展中国家予以照顾的原则　这包括允许发展中国家用较长的时间履行义务或有较长的过渡期,允许其在履行义务时有较大的灵活性,规定发达国家给予发展中国家技术援助和优惠的关税税率(普遍优惠制)。

(6)多边主义原则　要求缔约方必须无条件地选择以"一篮子"方式签署参加其管辖的《乌拉圭最后文件》。

(7)保护原则　具体包括如下原则。①关税保护原则,即允许缔约国对国内产业实行一定程度的保护,但只能通过关税作为惟一的保护手段来保护本国产品,而不应采取其他非关税措施保护。②例外原则,允许缔约方在特殊情况下,作为例外寻求对某项义务的"豁免"。这些例外包括国际收支平衡例外(国际收支严重不平衡)、保护幼稚产业例外(对有潜力的初建的产业予以保护)、保障条款(某具体产业受进口冲击而需实行临时性进口限制)、关税同盟或自由贸易区例外(贸易区内成员国间优惠,非成员国不享受)、安全例外(为国家安全或社会道德而公布禁止某些商品的进口)、发展中国家特殊优惠例外(发展中国家关税制度有更大的关税弹性,允许出口适度补贴)。

3.运作方式

(1)组织机构　主要有部长会议、总理事会、理事会、委员会、贸易协议设置机构和秘书处。

(2)决策方式　WTO采用协商一致的决策原则,即在做出决议的会议上,没有任何一个与会成员方对拟通过的决议正式提出反对意见。当协商一致原则没有达成时,则将采用投票决定,在部长会议和总理事会上,成员均有一票投票权,并以多数得票为准。

(3)运作特点　一是加强和发展了多边贸易体制。WTO明确提出了建立完整、灵活、持久的多边贸易体制是其发展的目标,不仅强化了关税及贸易总协定(GATT)的基本原则,更将适用的范围明显扩大到纺织品、农产品、服务贸易、知识产权、国际投资等。二是WTO成为法律健全的国际组织,是一个具有法人地位的机构,对其所有成员国具有严格的法律约束力,与其他国际组织在法律上处于平等的地位。三是完善了争端解决机制,建立了综合争端解决机制的各种程序,并加强了对实施裁决的监督,对问题的解决办法和期限都有明确的条款,因此争端解决更加运作有力。由于程序中包括60天磋商期和庭外调解,使很多冲突都未达到专家小组最后裁决阶段。

五、国际金融组织

在国际经济一体化中,扮演重要角色的另一类组织是国际金融组织,主要包括国际货币基金组织(IMF)和世界银行(WB)。

1.国际货币基金组织

IMF成立于1946年3月,它与世界银行集团、世界贸易组织共同构成国际经济秩序的三大支柱,主要负责货币金融事务,总部设于美国华盛顿。

(1)宗旨和职能　IMF的宗旨是建立永久性的国际货币机构以促进国际货币合作、促进国际贸易扩大和平衡发展、促进汇率稳定以维持会员国之间的正常汇兑关系、协助会员国建立国际收支中经常账户的多边支付制度并消除外汇管制、通过贷款解决会员国国际收支困难以协助会员国改善国际收支。根据上述宗旨,IMF有三项基本职能:一是就成员国的汇率政策与经常项目有关的支付以及货币的兑换性问题确立一项行为准则,并实施监督;二是向国际收支发生困难的成员国提供必要的资金以使他们遵守上述行为准则;三是向成员国提供国际货币合作和协商的场所。

(2)组织机构　理事会是IMF的最高决策机构,成员通常由各成员国的财政部长或央行行长担任，每9个月举行一次年会。执行董事会由总裁和执行董事组成，共22人，总裁兼任主席，由执行董事会选举产生，执行董事有指定的执行董事和选举产生的执行董事之分，即在IMF的份额为前五名的成员国可以各指定一名执行董事，其余成员由成员国选举产生，每两年举行一次。IMF的活动由会员国投票决定，其投票权主要取决于它们的份额。每个会员国有基本票数250票，每10万美元的份额在基本票数上增加一票。

(3)业务活动　IMF的业务活动主要涉及汇率监督、融通成员国之间的资金以平衡各国国际收支。其贷款特点是：只向会员国政府发放贷款，贷款资金仅限于弥补国际收支逆差，贷款规模同借款国份额相联系，贷款方式特殊(借款国以本国货币购买外汇或按规定提用外汇)，还款采用外汇购买本国货币的方式，贷款期限5～10年。其贷款的条件反映在财政政策上是要求贷款接受国削减预算的财政赤字、缩减政府开支、改革税收、实行紧缩性财政政策；在金融政策上，要求贷款接受国的中央银行控制信贷供应量，规定中央银行的贴现率和银行的准备金率，并强调汇率稳定措施；在外债政策方面，主要规定外债的最高限额，特别强调对短期外债的控制等等。

2. 世界银行

与IMF同样重要的国际金融组织是世界银行(WB)。只有IMF的会员国才能申请加入世界银行。1956年和1960年，WB又先后建立了两个附属机构，即国际金融公司(IFC)和国际开发协会(IDA)，1965年、1988年又分别成立了投资争端国际中心(ICSID)和多边投资担保机构(MIGA)。这些机构共同组成了世界银行集团，总部设在华盛顿。

(1)宗旨和主要任务　WB的宗旨是对用于生产目的的投资提供便利以协助会员国复兴与开发，以保证或参加私人贷款和投资的方式促进私人对外投资，采用鼓励国际投资开发会员国生产资源的方法促进国际贸易的长期平衡发展，并在提供贷款保证时与其他方面的国际贷款配合。WB的主要任务是向会员国提供长期贷款，促进战后复兴和发展中国家发展生产、开发资源，从而起到配合IMF贷款的作用。

(2)组织机构　理事会是WB的最高权力机构，由各会员国选派理事组成。其职责是批准接纳新会员国、增加或减少银行资本、终止会员国资格、决定银行净收入的分配和其他重大事项等。执行董事会负责处理日常事务，21名执行理事中，有5名常设理事由持股最多的美、英、德、法、日指派。WB行长为该机构首脑。每个会员国均有250票的基本投票权，另外，每认缴10万美元的股金就增加1票。WB的资金来源于会员国交纳的股金、WB历年纯收入积累的资金、国际资本市场上发行的债券收入、出让债权的收入。

(3)基本业务　WB的贷款主要包括对会员国政府或经政府担保的私人企业提供的长期贷款、为会员国担保长期贷款或参加商业银行对会员国的长期贷款、派遣专家帮助会员国制定经济发展政策和确定建设项目投资计划以及其他技术援助。

WB贷款的特点是只发放给会员国的政府及企业(须由政府担保)，申请贷款一般要与工程项目相联系，用途较广。贷款以美元记值，贷款期限一般7年，最长可达30

年，贷款利率一般较市场利率低，贷款数额不受会员国份额限制，贷款专款专用并接受世界银行的监督和检查。

第二节　国际贸易

世界经济组织的协调，使国际贸易和国际金融得以有序进行，而协调国际贸易又成为世界经济组织的主要任务。

一、国际贸易的概述

1.国际贸易的含义和分类

(1)国际贸易的含义　国际贸易(international trade)是商品和劳务在国与国之间的交换活动。国际贸易值是以货币表示的各国对外贸易额，通常用美元表示，国际贸易的商品结构是指各类商品在进口额或出口额中的比重。国际贸易的地理方向(direction of international trade)是指各地区国家的出口额(进口额)占世界出口额(进口额)的比重。就一国而言，是指该国进出口商品的流出、流入方向，表明该国同世界各地区国家的贸易联系程度。

(2)国际贸易的分类　按商品的移动方向可以将国际贸易分为出口贸易(export trade)、进口贸易(import trade)和过境贸易。按商品的物质形态分为有形贸易(visible trade)和无形贸易(invisible trade)，有形贸易包括初级产品和制成品贸易两大类，无形贸易包括运输、装卸、保险、金融、旅游、技术等贸易。按出入边境划分为总贸易和专门贸易，以国境为标准的国际贸易就是总贸易(general trade)，以关境为标准的国际贸易就是专门贸易(special trade)，例如在保税区的商品虽进入国境但未进入关境，可记入总贸易而不是专门贸易。按贸易是否有第三国参加可分为直接贸易(direct trade)和间接贸易(indirect trade)。前者是指商品生产国与消费国直接买卖商品的行为，后者是指商品的消费国不能从生产国直接购买，而只能通过第三国购买，对第三国来说就是转口贸易。它与过境贸易不同之处在于转口贸易的第三国参与了商品交换并获得盈利，而过境贸易的第三国只收取少许的手续费，并没有参与商品的交换。按照清偿工具可划分为现汇贸易(cash settlement)和易货贸易(barter trade)。

(3)国际贸易的形式　国际贸易主要分为固定组织形式和非固定组织形式的贸易。

①固定组织形式的贸易方式是指在特定地点按照一定的组织规则进行的贸易，可分为商品交易所、国际商品拍卖中心、国际博览会和展览会等组织形式。

②非固定组织形式的贸易方式是指超越固定市场范围的贸易方式，可以分为单纯商品购销方式、对等贸易形式、加工贸易形式、租赁贸易形式、代理、包销与定销、电子交易等。

2.国际分工与国际贸易

国际分工(international division of labor)是国际贸易的基础，国际分工的深化推动了国际贸易的发展。

(1)国际分工的类型　国际分工是指世界上各国之间的劳动分工,是社会分工由国内向国外的延伸,具体表现为生产的国际化和专业化。国际分工的类型是指各国参与国际分工的形式,反映各国在国际分工体系中所处的地位。按照价值链分工可以划分为纵向分工和横向分工。纵向分工是将同一价值链的不同增值环节分置于不同的国家;横向分工则是将不同的价值链分别由不同的国家生产经营。按照分工国的经济发展水平,可以将国际分工划分为垂直分工和水平分工,垂直分工是指经济发展水平不同的国家之间的分工,如发达国家与发展中国家在制造业和初级产品上的分工;水平分工则主要是指经济发展水平相同的国家之间的分工,如西方国家工业部门之间的技术互补型分工。

(2)国际分工与国际贸易的发展　二次大战以后,随着第三次和第四次科技革命的浪潮,发达国家出现了制造业空心化的趋势,国际分工一方面表现为发达国家牢牢控制着价值链战略环节的核心技术,如掌握电子、信息、服务、软件、宇航、生物工程、新能源新材料、海洋工程等高新技术,从知识产权贸易和国际投资收益中获取巨额增值;另一方面,他们又将以制成品生产为主的非战略环节外包出去,使发展中国家逐渐成为价值增值较低的制成品生产国。国际分工因之发生质的飞跃,由二战前以横向分工和水平分工为主要类型演变为以纵向分工和垂直分工为主要类型。例如,20 世纪 90 年代初,日本彩电大多数还在本土生产。到 2000 年,日本名牌彩电的国外生产比重超过 80%。但是,日本厂商向国外转移的几乎都是彩电的组装系统和个别的元器件,而彩电的核心技术及其研发仍由本国厂商控制。

因此,国际贸易也随之变化,具体表现为:一是国际贸易规模出现快速增长;二是国际贸易的商品结构发生了质的变化,即工业制成品的比重超过了初级产品的比重、科技含量高的生产资料制成品比重超过了消费资料的制成品比重和服务贸易比重迅速上升;三是发展中国家的制成品出口快速增长;四是超国家的经济组织逐渐建立,贸易协调机制加强;五是贸易保护的政策逐渐让位于公平贸易的政策,自由开放的贸易政策逐渐被普遍认可。

从以上分析可以发现,国际分工一直是以发达国家为动力核心发展起来的。但是,在当今,引领国际分工潮流的主体正由传统追求母国利益的小规模公司演变为追求全球战略的超国家大规模跨国公司。同时,在知识经济时代,知识的先进期和保密期越来越短,发展中国家吸收和发展高新技术、创建新产业的能力也在迅速增强,并力图跨越技术的阶梯,发展自己的核心技术。这两种力量有可能带来国际分工新的巨变。

二、古典贸易理论

国际分工和贸易的发展是有一定规律的,古典贸易、现代贸易、跨国公司主导贸易等理论从不同的角度探讨了这些规律。其中古典贸易理论主要包括绝对优势理论、比较优势理论和要素禀赋理论。

1.亚当·斯密的绝对优势理论

斯密的绝对优势(absolute advantage)理论认为,每一个国家都按照自己绝对有利的生产条件进行专业化生产，然后彼此交换，则对所有进行交换的国家都是有利的，这将使各国资源、劳动力和资本得到最有效的利用，大大提高劳动生产率和增加物质财富。

表 15-1　劳动需求量与绝对优势

	布	酒
英国	1 小时/码	4 小时/桶
葡萄牙	2 小时/码	3 小时/桶

表 15-1 说明英国生产布的效率高于葡萄牙，而葡萄牙生产酒的效率高于英国。英国可以专门从事布的生产，葡萄牙则可以专门从事酒的生产，则英国仅用 3 码布可以换取 1 桶酒，较国内贸易的 4 码布换 1 桶酒获得更多好处。同理，葡萄牙仅用 1/3 桶酒就可以换 1 码布，较国内贸易 2/3 桶酒换 1 码布也获得了较多的好处。因此两国贸易应是正和博弈(positive - sum game)，所有的参与者都在游戏中获得收益。实质上，各国按照绝对最有利的条件生产就是按照绝对成本的高低进行分工，故该理论也称为绝对成本说。据此，斯密提出了自由放任(laissez faire)的思想，认为政府职责在于保证市场以一种不受约束的方式自由地运作，一国贸易政策也应如此。

2. 大卫·李嘉图的比较优势理论

大卫·李嘉图(David Ricardo)主张英国即使粮食生产效率优于其他国家，也应该大量进口粮食，而专注于生产和出口具有比较优势的纺织品上，这就是比较优势(comparative advantage)理论。该理论的基本假设是：任何一国都有一个固定的资源禀赋水平，生产要素不能在国际间流动，劳动是同质的，商品的相对价值取决于它们的相对劳动投入量，各国的技术条件是给定的，单位产品的生产成本是不变的，经济在完全竞争状态下运行，政府对于经济采取放任态度，运输成本为 0，两国只进行两种商品贸易。

表 15-2　比较成本分工产生的收益表

		西班牙	英国	合计
分工前	葡萄酒	100 工人劳动一年生产 1 单位	90 工人劳动一年生产 1 单位	2 单位
	毛呢	120 工人劳动一年生产 1 单位	80 工人劳动一年生产 1 单位	2 单位
分工后	葡萄酒	220 工人劳动一年生产 2.2 单位		2.2 单位
	毛呢		170 工人劳动一年生产 2.125 单位	2.125 单位

比较优势说认为，每一个国家不一定要在某种产品成本上处于绝对有利地位时才展开对外贸易，也可以生产和出口那些成本相对较低，即处于相对优势的商品。

从表 15-2 可知，英国生产毛呢和葡萄酒的劳动效率均强于西班牙，但相对来说，毛呢生产 1 单位价值耗费的劳动力更少，具有相对于葡萄酒生产的优势，而西班牙生产这两种产品的劳动效率均低于英国，但生产葡萄酒比生产毛呢更具比较优势。因此，英国可以专门生产毛呢 2.125 个单位，而西班牙可以专门生产葡萄酒 2.2 个单位。这样英国除国内消耗 1 单位毛呢外，可以用 1～1.125 单位的毛呢换取 1～1.2 单位的葡萄酒。而西班牙除国内消耗 1 单位葡萄酒外，也可以用 1～1.2 单位的葡萄酒换取 1～1.125单位的毛呢。两者具体的交换比例取决于两种商品在各国的供需状况。但无论如何，两国都从国际贸易中获得了更多的好处。

可见，在劳动和资本要素不能在国际间自由流动的情况下，按比较优势进行国际分工并自由贸易能获得三个好处：其一，能使劳动配置合理，提高劳动生产效率，增加生产总量；其二，在两国耗费的劳动总量不变情况下，通过国际分工和贸易，可以提高两国的消费水平；其三，双方都可以节约社会劳动。

将劳动时间乘以相应的工资率，并给定汇率，则对国家 1 的出口商品 j 的条件可表示为：

$$a_{1j}W_1e < a_{2j}W_2 \tag{15-1}$$

式中：a_{1j} 表示国家 1 的每单位产品 j 的劳动投入量；W_1 表示以国家 1 的货币表示的国家 1 的工资水平；e 表示国家 2 的货币对国家 1 的货币的汇率；a_{2j} 表示国家 2 的每单位商品 j 的劳动投入量；W_2 表示以国家 2 的货币表示的国家 2 的工资水平。

假设所有的运输成本都由进口商支付，运输成本以其劳动投入量计量，则国家 1 出口商品 j 的条件为：

$$(a_{1j} + tr_j)W_1e < a_{2j}W_2 \tag{15-2}$$

其中，tr_j 是以劳动小时数计算的每单位商品 j 的运输成本。

比较优势理论实质是机会成本理论。如前所述，英国的劳动力可以用于毛呢生产，也可以用于葡萄酒生产。当其用于毛呢生产时，葡萄酒生产的收益就构成生产毛呢的机会成本(单位劳动力的机会成本为 1/90)。由于毛呢生产的单位劳动收益为 1/80，大于其机会成本，因此，英国就倾向于将要素投向高于其机会成本的用途上。而西班牙也是如此进行生产。

表 15－3　美国 1996 年贸易差额的构成　　(单位：百万美元)

贸易品种	粮食饲料饮料	工业原料	投资品	零部件
贸易差额	19 789	－56 723	23 959	－166 583

资料来源：U.S. Department of Commerce, Survey of Current Business, April 1997.

表 15－3 说明，尽管美国在上述四种商品上都有优势，但是仍以具有比较优势的粮食饲料饮料和投资品为主要生产产品以换取他国的工业原料和零部件。

比较优势理论是自由贸易的重要理论基础，不仅论证了强国开放贸易的好处，而且也为弱国参与世界贸易提供了理论依据，促进了世界贸易的发展。但是比较优势论专注于静态分析，并假定所有的劳动都是同质的，又忽视生产要素的国际流动性以及社会经济制度的变迁，故无法解释当代大量的国际分工和国际贸易现象。

3. 俄林－赫克歇尔的要素禀赋理论

20 世纪 30 年代，瑞典经济学家埃利·赫克歇尔(Eil Filip Heckscher)及他的学生——1977 年诺贝尔经济学奖得主伯蒂尔·俄林(Betil Gotthard Ohlin)提出了生产要素禀赋论(简称 H－O 理论)，重点从生产的角度阐明国际贸易的发生。H－O 理论的假设条件是：①生产要素在各国内是完全自由流动的，但在各国间不能自由流动；②生产技术相同;③两国有两种同质产品与两种同质要素,两国拥有的生产要素初始水平给定,且各不相同;④消费者偏好相同;⑤规模收益不变;⑥要素密集程度(different factor intensities)固定;⑦市场完全竞争;⑧两国间商品自由流动,无运输成本与贸易壁垒等限制。

H-O理论的主要内容,可从以下三方面加以表述。

(1)两国按照生产要素丰裕与稀缺程度进行国际贸易　只要两国间存在商品价格的差异,国际贸易就会发生,而商品价格差异源于成本的绝对差异。成本绝对差异是由两个原因造成的:一是生产要素的供给不同,即两国的要素禀赋不同;二是商品所包含的要素密集程度不同。资本丰裕的国家将出口资本密集型商品,进口劳动密集型商品;反之,劳动丰裕的国家将出口劳动密集型商品,进口资本密集型商品。这使得双方都从贸易中获得好处。

(2)两国的贸易使两国的生产要素的相对价格均等　两国的贸易是因为两国的要素价格不等产生的。随着贸易的发展,一国会越来越多地使用相对丰富而价格相对较低的要素。该丰富要素的需求也因此持续上升,要素价格不断上涨。该国也会越来越多地进口密集使用且该国稀缺的要素商品,则该国稀缺要素的需求会越来越少,要素价格也不断下降,直到两国要素的相对价格差异不存在时,贸易才会停止。

(3)关于要素的丰裕与稀缺问题　两国的贸易将使丰裕要素的拥有者收入水平上升,而稀缺要素拥有者的收入水平下降。假定贸易前后经济都能维持充分就业,劳动丰裕国家开始贸易时,其资本价格下跌而劳动价格上升,由于要素成本的增加等于产品价格的增加,故劳动价格的上升幅度就会高于使用劳动密集的产品价格的上升幅度,而资本价格的下降幅度就会高于使用资本密集的产品价格的下降幅度,收入分配向有利于丰裕要素的所有者方向移动。这就是贸易对收入的放大效应(magnification effect)。因此,相对丰裕要素的所有者就倾向于自由贸易,而相对稀缺资源的所有者则倾向于贸易保护。这就不难解释,为什么在美国,农场主倾向于自由贸易而劳工部门则寻求贸易保护。

H-O理论根据贸易各国的生产要素丰裕程度来解释国际贸易格局是有说服力的,同时还对一国如何利用本国的资源优势参与国际分工和国际贸易有指导意义,该理论还解释了自由贸易政策对于促进国际分工合作的必要性。但是H-O理论的很多假设条件不符合实际,同时也无法解释要素禀赋相同而需求格局相近的国家之间的贸易。

三、现代贸易理论

1.列昂惕夫之谜

1973年诺贝尔经济学奖得主,美国经济学家瓦西里·列昂惕夫(Vassily W. Leontif)对H-O理论深信不疑。为了证实这一理论,他运用他首创的投入产出法计算了1947年、1951年的美国200个行业的生产和贸易资料,计算结果却使他始料不及。他发现在美国每一百万美元的进出口商品中,出口品的有机构成(即固定成本与可变成本之比)低于进口替代品(即国内生产的与进口产品相竞争的产品)的有机构成。

如表 15－4 所示，按照要素禀赋理论，资本丰裕的美国应该出口有机构成高于进口替代品有机构成的物品，但事实恰好相反，出口品资本含量少，而劳动含量多。这就是著名的列昂惕夫之谜(Leontif's paradox)。

表 15－4　1947 年美国主要净出口与净进口行业以及资本与劳动的比率　(美元/工人)

净出口	资本劳动比	净进口	资本劳动比
批发贸易	7 638	农业与渔业	29 689
机动车辆	10 447	橡胶	17 848
纺织编织印染	10 738	原油天然气	29 508
采煤	8 491	食品(罐头、冷冻等)	15 635
特殊工业机械	10 439	原生铜	20 080

资料来源：Derived from data in W. W. Leontief, Domestic Production and Foreign Trade: The American Capital Position Re－Examined, in Jagdish Bhagwati, ed, International Trade: Selected Readings (Middlesex, English: Penguin, 1969).

显然，产生"列昂惕夫之谜"的原因是由于美国工人具有比其他国家工人更为熟练的技术和更高的劳动生产率(大约是其他国家的 3 倍)，因此美国的劳动需换算成世界一般劳动，这样美国反而成了劳动力资源相对丰富的国家，理应以劳动密集型产品交换资本密集型产品。该理论直接引发了人力资本论、技术差距论、产品生命周期论等一系列新理论的产生。

2. 产业内贸易理论

美国经济学家格鲁拜尔(H. G. Grubel)等人提出了产业内贸易理论(intra－industry trade)。该理论指出，相似产品的贸易发生在生产结构相同、消费结构相似的国家之间。首先，当两国生产结构相似时，即使生产的产品同质，价格也一样，但由于运输、储存、销售、包装、性能、外形或品牌等的差异，也会引起相似产品的互相贸易，两国制造商会各自努力寻求对同一产品集团的产品制造某一方面的差异，这既能形成规模经济，又能在细分市场中占领一席之地；其次，收入水平相同的国家有相似的需求结构，即重叠需求(overlapping demand)。这些国家倾向于将自己的产品出口到相似需求的国家中去，以便容易找到市场并形成规模经济。产业内贸易理论解释了目前愈益深入的国际水平型分工。

3. 技术差距贸易理论

美国经济学家波斯纳(M. Posner)的技术差距贸易理论(technology gap trade theory)认为，产品从创新到模仿生产的时间称为模仿时滞，具体又可分为需求时滞(因消费者不熟悉导致新产品不能替代老产品的时滞)、反应时滞(进口国因新产品冲击而改革生产方式的时滞)、掌握时滞(仿制国开始生产到进口为 0 的时间间隔)。新产品总是在工业发达国最先问世，在国内销售之后进入国际市场，在利用模仿时滞保持一段时间的出口后，产品逐渐被模仿国所生产。

4. 产品生命周期理论

美国经济学家弗农(Raymond Vernon)应用产品生命周期理论把比较优势理论动态化，提出了国际贸易产品生命周期理论(product cycle theory)。国际贸易的产品生命周期包括三个阶段。第一个阶段是产品创新阶段(new product stage)，创新国将创新的产品在国内市场销售的同时，也不断增加出口。第二阶段是产品成熟阶段(maturing product stage)，非创新国开始模仿和进口替代，使创新国出口增长速度下降。第三阶段是生产标准化阶段(standardized product stage)，模仿国开始出口该新产品，创新国的垄断地位丧失，出口量大幅下降，直到模仿国完全取代创新国占领第三国市场，与此同时，创新国成为该产品的进口国。

按照这一理论，发达国家由于拥有技术和贸易优势，可以以固定的速度持续有序地开发新产品，即技术周期的变动是靠资本富裕国家来持续推动的，而发展中国家则缺乏或者没有产品创新能力，因此每种新产品的国际贸易都要经历由发达国家发明、创新、出口，然后技术转移到发展中国家，发展中国家再向发达国家出口等四个阶段。

产品之所以能够按照生命周期有序地进行动态贸易转移，原因有二。一是生产要素密集程度随产品生命周期而动态变化，因此发达国与发展中国家的比较优势也在发生变化，即存在动态比较优势(dynamic comparative advantage)。在产品创新阶段，科研人员和熟练工人在再生产要素中占很大比重，产品的知识技术密集程度较高，只适合于发达国家生产；在产品成熟阶段，资本和管理的重要性跃居首位，产品为资本密集型，发展中国家只能通过购买专利、引进外资和管理才能模仿，因此发达国仍然大规模出口，发展中国家则只能进口替代；在生产标准化阶段，产品生产日益标准化，非熟练劳动要素密集使用，产品逐渐转变为由发展中国家生产然后出口到发达国家。二是市场需求随产品生命周期而动态变化，产品创新阶段的价格高，多属奢侈品，只适合于收入水平较高的国家，成熟阶段的产品是耐用消费品，适合于中等收入国家的需求。而在生产标准化阶段，产品价格下降，变为必需商品，适合于发展中国家的需要。

5. 极化效应理论

面对二战后富国与穷国日渐扩大的差距，1974 年诺贝尔经济学奖得主、瑞典经济学家冈纳·缪尔达尔(Gunnar Myrdal)认为，当某一个地区在外部资本、人才大量进入并取得较快的繁荣发展时，就会更加吸引周边地区的人才和资金进入该地区，结果导致周边地区逐渐衰落，贫富分化日益悬殊。在自由贸易的条件下，发达国家将成本低廉的工业品输往贫穷国家，挤垮了当地的小规模工业和手工业，加快了贫穷国家的资金、人才和资源向富裕国家的流动。因此，贸易互利只在经济水平相同的国家才会发生，发展中国家只有实行贸易保护才能有利于自身的经济发展。

6. 工资差异说

法国经济学家伊曼纽尔(A. Emmannuel)认为，国际间资本流动基本上是自由的，但是劳动力却很少自由跨国界流动，这就造成富国的工资水平高于穷国。由于世界市场资本存在平均利润化的趋势，如果穷国与富国资本的平均利润率都是相同的，那么，富国的高生活水平是因为从穷国那里获取了更多的利润，因此工资的不平等是不平等交换的原因。

7. 自由贸易战略说

美国经济学家安妮·克鲁格曼(Anne Krugman)提出发展中国家的进口替代贸易战略是导致其不断发生经济危机的原因，因为在这种贸易政策下，一国必然实行高估汇率抑制出口的政策,这会导致一系列的官僚主义汇率和贸易管制制度,不仅更多的人想方设法逃避管制、而且企业普遍缺乏竞争力以及外汇短缺。当本币对内贬值积累到一定程度后将引起对外大幅贬值,从而导致金融危机。与此相反,选择开放的贸易政策能促进国内企业增强竞争力,出口导向的产业能够迅速形成产业群落。

四、跨国公司主导贸易理论

随着无国界经济主体——跨国企业的崛起,国际贸易理论正进行新的升华。跨国公司(transnational corporation,TC)是指在一个以上的国家拥有或控制生产流程,由一个中央战略决策中心按照全球战略目标进行战略部署,使各个跨国界实体分享资源和责任的同时协调进行经营活动的企业。跨国公司是生产国际化的产物,它将一个企业内部生产的各个环节分布于不同的国家生产。因此,跨国公司没有母国概念,是从全球战略出发进行价值链国际分工,是超国家的经济实体。跨国公司的发展对国际贸易正产生着深远的影响。

1. 跨国公司的特征

(1)有母国公司但无母国利益　通常跨国公司由母公司(总公司)和分布在各国的一定数量的分公司、子公司组成。前者的注册地就是母国,后者所在地就是东道国。目前,全球跨国公司的母公司达到6万多家,控制着50多万家附属公司。但跨国公司追求的是全球利益而不是母国利益。例如,诺基亚在全球经济不景气时裁减母国员工,增加东道国员工。

(2)跨国公司是超国家的经济实体　跨国公司通常是在一个或几个部门居于垄断地位的国际化大企业,拥有先进的技术和管理经验、多样化的产品、雄厚的资金、较高的商业信誉、惊人的销售规模。跨国公司目前占到世界GNP值的40%以上,占世界贸易的60%、技术转让的75%、技术开发费的90%。

(3)公司内部实现以核心业务为基础的全球一体化经营　跨国公司的管理原则是集中决策、分散经营。集中决策以实现全球整体利益,分散经营则灵活利用各地资源和市场优势进行国际分工。尽管跨国公司产品趋于多样化,生产经营环节散布全球,但都是围绕加强核心能力展开的,都有自己的核心业务。

(4)跨国公司发展五个阶段　一般来说,跨国公司都要经历间接出口、直接出口、专利转让和技术合作、直接投资、外包连锁等五个发展阶段最终成为全球大规模企业。尤其是外包连锁是跨国企业成熟的标志。表明它已将自己纳入到全球价值链的分工中,并着眼于全球战略。

2. 跨国公司的经营策略

(1)全球战略目标　跨国公司将价值链各个环节通过分支机构伸向世界各地,而最高决策权留在总公司。总公司从全球战略眼光出发制定经营战略,有时为了整体利益和长远发展会牺牲局部利益或短期利益。各个子公司根据总公司的全球战略分别制定各自的经营计划和措施。

(2)非股权参与经营　非股权参与经营就是并非通过所有权控制,而是将属于不同所有权的企业非股权地参与在同一价值链上，包括供应链外包经营和管理链的连锁经营，非股权参与的方式有技术授权、管理合同、租赁托管、分包合同、共同研发、特许营销、共同投标等。跨国企业通过控制价值链上核心技术的垄断优势，使参与连锁的企业能够共享知识技术、各取所需。连锁经营日益表现为知识联盟的特征。这是所有权与经营权愈益分离状况下生产社会化的必然要求，并正深刻地改变着以资本为纽带的传统产权制度和企业内部组织结构。

(3)内部价格转移　跨国公司内部各子公司之间、子公司与总公司之间实行内部划拨价格。它并不以成本为依据，也不受市场供求的影响，其真实目的是回避所在国价格管制、占领别国市场、逃避纳税和外汇管制、套取汇率差价和利息差价、回避汇率风险、摆脱利润汇出限制、倾销商品，以打垮竞争对手获取垄断地位等。

(4)服务行业成为跨国公司的核心行业　这实际上是非股权参与的进一步发展，因为，在价值链上，处于核心环节的跨国企业必须完成两个任务，即核心技术的开发和核心技术的内化(产业化)。核心技术的开发成为跨国企业持续控制价值链上其他连锁企业、达成知识共享的关键所在。为此，跨国企业不惜斥巨资进行技术研发。而核心技术的内化，要求跨国企业能够整合价值链上的其他企业的资源，不仅使它们在同一价值链上竞争能力互补，而且还要使它们统一协调行动，因此处于核心地位的跨国企业必须能实现标准一体化、物流一体化、内部资源管理一体化、客户管理一体化、品牌经营一体化、资金流动一体化等，从而决定了跨国企业的投资重点必然转向服务业，尤其是金融、营销、研发、物流、信息等行业，而将利润较薄的非核心制造业外包出去。

3. 跨国公司主导国际贸易理论

随着跨国企业日益掌握世界经济命脉，无国界经济渗透到世界每一个角落，由政府主导国际贸易的时代徐徐落下帷幕，新的国际贸易时代正悄悄来临。

(1)跨国公司促进了国际贸易总额的大幅增长　战后是跨国公司发展最快的时期，同时也是国际贸易发展最快的时期，贸易增长速度超过 GNP 的增长速度程度越来越高，1980～1990 年贸易超过 GNP 增长 2.1 个百分点，1990～1997 年贸易超过 GNP 增长 4.7 个百分点，而跨国公司控制国际贸易的 50% 以上。其原因之一是跨国公司将企业内的各个非核心生产环节外包出去，从而在世界不同地区组织跨国价值链，国际贸易正变成跨国企业内部的贸易。其原因之二是跨国企业将非核心制造环节大举向发展中国家尤其是新兴工业国转移，大大提高了发展中国家工业制成品对发达国家的出口。其原因之三是各跨国企业生产产品相似而又各具品牌的商品，使得发达国家之间的产业内贸易快速发展。

(2)跨国公司改变了国家主导贸易的秩序　长期以来，国际贸易秩序是通过国与国之间的协商完成的，各国一方面执行贸易保护政策，另一方面，又通过保护贸易的博弈而适度开放贸易。但是，跨国公司为避开各国贸易保护的措施，更加迅速地对东道国投资，例如，欧盟、日本和美国之间的相互投资，各国贸易保护的竟是国外的跨国公司，而受到损伤的则是本国公司。这使各国逐渐认识到必须对国际贸易秩序采取统一协调的行动，才能使各自的利益不受伤害。由各国主导贸易的时代正让位于多边协调的时代。

(3)跨国公司促进了技术贸易的大发展　国际技术贸易是指一国法人或自然人通过贸易方式,按照一定的交易条件,将技术转让给不同国家的法人或自然人的活动。技术贸易既包括知识和技术的买卖,也包括高科技含量设备的买卖。

由于跨国公司日益通过非股权参与的方式经营价值链,知识共享成为维持连锁的凝固剂,这使得跨国公司一方面不断斥巨资进行研发活动,另一方面又急于将研发的技术快速产业化,以便收回研发成本。所以,跨国企业不仅促进了技术的创新和结构升级,而且大大加快了技术扩散和技术贸易的速度和规模。据经合组织(OECD)统计,发达国家的500家最大跨国公司垄断和控制了发达国家技术贸易的90%。

第三节　国际金融

国际贸易的结算,以及与贸易有关的投资离不开国际资本流动,国际金融的协调发展是国际贸易得以迅速壮大的重要原因。

一、汇率与国际收支理论

1.汇率理论

1)购买力平价理论

(1)绝对购买力平价理论　购买力平价(purchasing power parity)是指在充分竞争的开放市场经济条件下相同数量的同质商品在任何国家都应该值相同数量的货币。因此,汇率是两国货币购买商品的价值之比。其公式为

$$E = \sum_{i}^{n} a^{i} p^{i} / \left(\sum_{i}^{n} a^{F_i} p^{F_i} \right) = \text{本国价格指数} / \text{国外价格指数} \quad (15-3)$$

式中:n 表示全部可贸易商品的数量;a^i 代表第 i 种商品在本国全部商品中所占的权数;p^i 代表第 i 种商品在本国的价格水平;a^{F_i} 表示第 i 种商品在国外全部商品中所占的权数;p^{F_i} 代表第 i 种商品在国外的价格水平;E 表示汇率。

在维持汇率不变的情况下,购买力平价关系具有一种自动平衡机制。商品套利会纠正对购买力平价产生偏离的各种因素的作用,恢复购买力平价。

(2)相对购买力平价理论　相对购买力平价理论认为,为了维持购买力平价关系,汇率的变化要抵消各国通货膨胀的差异。因此,汇率变化率 = 本国价格指数变化率 - 外国价格变化率。即

$$\dot{E} = \dot{P} - \dot{P}_F \quad (15-4)$$

2)利率平价(interest rate parity)理论

如果两国的利率不一致,投资者就会进行套利交易,将利率低的国家货币在即期抛出,购进利率高的国家货币,同时做一笔远期抛出利率高的国家货币而购进利率低的国家货币的交易。这样,利率低的国家货币的即期汇率会低于其远期汇率,出现升水。利率高的国家货币的即期汇率高于其远期汇率,出现贴水。只要升贴水值低于两国的利率差,投资者就会一直进行套利,直到二者相等时为止。

所以，当 I_1 为单位货币年利率、I_2 为计价货币年利率、B 为货币利率计算的基础天数、N 为期限、S 为即期汇率时，升贴水值

$$H = S(I_2 - I_1)/(I_2 + B/N) \tag{15-5}$$

2. **国际收支理论**

1）弹性分析理论（elasticity approach to the balance of payments）

假定收入水平不变，经济处于非充分就业状态，存在生产能力过剩，进出口商品的供给价格弹性无限，价格可变，不考虑国际间资本流动，则货币贬值对于国际收支的改善视商品的需求价格弹性而定。以 B 表示以外币计算的本国贸易差额，X 代表以本币计算的本国出口值，M 代表以外币计算的本国进口值，E 为外币对本币的汇率，则国际收支差额为

$$B = EX - M \tag{15-6}$$

对汇率求偏导得：

$$\begin{aligned}\partial B/\partial E &= X + E\partial X/\partial E - \partial M/\partial E \\ &= X(1 + E/X \times \partial X/\partial E - \partial M/\partial E \times E/M \times M/(EX))\end{aligned} \tag{15-7}$$

现以 $-(E/X \times \partial X/\partial E)$ 表示出口需求价格弹性 E_x，以 $(\partial M/\partial E \times E/M)$ 表示进口需求价格弹性 E_m，假设最初的贸易是平衡的，即

$$M = EX \tag{15-8}$$

则

$$\partial B/\partial E = X(1 - E_x - E_m) \tag{15-9}$$

显然，只有在 $E_x + E_m > 1$ 时，$\partial B/\partial E < 0$，外币升值而本币贬值时，国际收支能够改善，这就是马歇尔－勒纳条件（Marshall-Lerner Condition）。

2）吸收分析理论（absorption approach to the balance of payments）

弹性分析理论的缺陷之一是假定收入水平不变，故不及凯恩斯吸收分析理论更加实际。吸收分析法是 S. 亚历山大提出的，将支出称为吸收，并假定国际间资本没有发生流动，宏观经济处于非充分就业状态下，汇率与价格都不变，则自主性支出的变动通过乘数效应引起国民收入的成倍变动。其影响程度取决于一国边际进口倾向、进口需求、收入弹性的大小和一国开放程度的高低。根据宏观经济基本关系可知，收入 $Y = C + I + G + X - M$，则国内吸收为

$$A = C + I + G \tag{15-10}$$

贸易差额

$$B = X - M \tag{15-11}$$

则

$$B = Y - A \tag{15-12}$$

式中：Y 为收入；C 为消费；I 为投资；X 为出口；M 为进口；A 为吸收；B 为贸易差额。

可见，国际收支盈余是吸收相对于收入不足所致；国际收支赤字是吸收相对于收入过多的反映。国际收支可以通过增加收入水平而国内吸收保持不变、收入水平不变的情况下使国内吸收量减少、收入增加的同时减少吸收、收入的增加速度超过吸收的增加

速度、收入的下降速度低于吸收的下降速度等5条途径改善。所以紧缩的财政政策有助于改善国际收支,松动的财政政策则使国际收支恶化。又假定国内吸收是收入的增函数,即

$$A = A_0 + aY \tag{15-13}$$

式中:A_0 为自主吸收;a 为收入的吸收率,则

$$B = (1-a)Y - A_0 \tag{15-14}$$

求导可得

$$\frac{dB}{dY} = 1 - a \tag{15-15}$$

故货币贬值改善国际收支的前提是 $a<1$。

二、国际金融市场与国际资本流动

1.国际金融市场的含义

狭义的国际金融市场仅指国际间长短期资金的借贷市场。广义的国际金融市场是指在国际间进行资金融通、证券买卖以及有关金融业务的交易的市场,包括货币市场、外汇市场、证券市场、黄金市场、金融期货和期权市场、资产证券化(asset securitization)市场等。

2.国际资本流动

国际资本流动(international capital movement)是指国际间为实现一定经济目标而进行的各种形式的资本转移,包括资本流入和资本流出。国际金融市场为国际资本流动服务。按资本回流期限的长短可以将国际资本流动分为长期资本流动和短期资本流动。

1)长期资本流动

长期资本流动是指期限在一年以上的资本流动,包括国际直接投资、国际间接投资和国际信贷。

(1)国际直接投资　国际直接投资是一国在国外对厂房、设备、土地等实质性生产要素的投资,或者拥有其所有权、控股权,包括创办新企业、购买国外企业股票达到控股的程度、利润再投资三种形式。直接投资不仅限于国际间的资本流动,还伴随着设备、管理人员、生产技术、管理方法、商标与无形资产的转移。国际直接投资的理论主要包括以下几种。

完全竞争理论。该理论认为,各国利率差引起国际资本的流动,即从资本丰裕、供大于求的国家流入资本稀缺、供不应求的国家,直到利率差异消失时为止。

分散风险理论。该理论认为,厂商将对外投资可作为分散风险的手段。如果一个市场或者行业发生经济衰退或危机,整个投资受损害的程度将大为降低。

开拓市场理论。该理论认为,跨国企业首先是寻求为自己的产品开辟更大的市场,跨国投资一方面可以增加东道国的收入水平从而提高东道国购买商品的能力,另一方面也可以在东道国建立自己的营销体系和售后服务体系,占领东道国的市场。

垄断优势理论。该理论认为,跨国公司对外直接投资是基于凭借自身垄断优势获取东道国的更高利润。跨国公司的垄断优势包括产品差别、技术诀窍、管理。跨国公司内部的技术转让没有代价,所以海外企业可以获得竞争优势。其次,如果跨国公司的生产是多层次的,其中间产品分布于全球最低成本处生产,会造成垂直一体化,形成规模经济。

内在化理论。该理论认为,海外市场由于政府的管制(如贸易壁垒)以及信息和技术的原因而造成的市场不完全性,使得国际贸易不能顺利进行,于是跨国公司通过直接投资开辟内在化的渠道实现资源最优配置。

国际生产综合理论。该理论认为,对外投资是由三种特殊优势提供的,即:①垄断优势,包括跨国公司所独享的技术、管理、营销、研发、产品多样化、商誉等;②内在化优势,主要包括多国体系、组织结构和市场机制等;③东道国优势,是特定地区市场的特殊禀赋,主要包括资源(自然资源、劳动力资源等)和政策(关税和非关税壁垒)等多方面的因素。如果跨国公司只具有垄断优势,就转让专利技术等;如果跨国公司具有垄断优势和内在化优势,则运用出口方式;如果跨国公司利用垄断优势、内在化优势、东道国优势则应直接投资。

产品生命周期理论。如前所述。

进口替代理论。该理论认为,东道国总是想方设法替代进口产品,在本国制造与进口产品相替代的产品。进口商为维持市场份额不得不在东道国投资以防止被竞争者替代。

寡头带动理论。该理论认为,在寡头竞争市场,由于竞争结果的不确定性,只要有一个寡头对外直接投资,其他的寡头也必须跨国经营。

小岛清理论。该理论认为,应该把国际直接投资理解为向东道国传播资本、经营能力、技术知识和管理手段等经营资源的综合体。其核心是,国际直接投资应该从本国已经处于或即将处于比较劣势的产业(即边际产业)依次进行,所以国际直接投资与国际贸易都是建立在比较优势论的基础之上。

(2)国际间接投资　国际间接投资又称国际证券投资,是投资者从国际金融市场上购买外国政府债券、公司债券、金融债券和股票等,并以此来领取利息或红利的投资方式。间接投资不涉及企业管理和控股而根据风险和收益变化来调整投资结构。

进入20世纪90年代后,国际间接投资呈现异常活跃的趋势。从1989年到1996年,国际间接投资总额由4 665亿美元增加到15 718亿美元,其中固定利率债券、银团贷款、商业票据占到国际金融市场的融资工具的70%以上。跨国银行和跨国公司成为国际金融市场的主角,发达国家间的融资占主要份额。造成国际间接投资大量增加的原因是金融自由化产生了各种新型的融资工具、全球私有化浪潮导致大量的证券投资、发展中国家的金融改革吸引了大量的证券投资。

关于国际间接投资的理论主要包括流量理论、存量理论等。流量理论认为国际资本流动取决于国际利率差,资本总是从利息低的地方流向利息高的地方。存量理论的基础是资产组合理论,包括分散风险的投资组合理论、根据风险收益的变化调整投资组合、选择最优的投资组合理论。因此,由于不同国家的风险相关度较低,投资者会持有不同国家的资产,并随时根据各国的风险和收益率状况调整国际资产的组合。

(3)国际信贷　国际信贷主要包括政府贷款、国际金融机构贷款、商业银行贷款、出口信贷等方式。目前,由于以虚拟资本和虚拟经济为主要业务对象的非传统金融机构异军突起,导致银行传统的以实体经济为基础的筹资和融资以及相关业务不断萎缩,经济萧条又使银行坏账大量增加,这些都促使银行从传统的信贷业务转向金融创新。

2)短期资本流动

短期资本流动是指期限在一年内的国际资本流动,主要通过各种信用工具——票据实现,包括短期政府债券、商业票据、银行票据、可转让银行定期存单以及银行活期存款凭证等。

(1)贸易资本流动　国际贸易中,商品出口并不立即从进口商处收回货款,而是允许进口商延迟一段时间进行支付。由此而发生短期资金融通,属于经常项目。

(2)银行资金调拨　各国经营外汇业务的银行出于业务活动的需要,要不断进行国际间的同行业资金的往来,如收付、结算、短期资金拆借、外汇头寸的调拨以及套汇、掉期等活动,都会产生频繁的国际资本短期流动。

(3)保值性资本流动　短期资本的持有者为了资金的安全或资本价值不受损失而在国际间进行资本调拨所引起的资本国际转移,如突发性的政治局势不稳、外汇管制时的调拨等。

(4)投机性资本流动　投机者利用国际市场各种行市的涨落差异和对变动趋势所做的预测而进行的投机,以赚取预期利润为目的的资金流动。

3. 国际资本流动的效应分析

1)经济学分析

假定世界存在两个国家和两种生产要素(资本和劳动),生产一种同质商品,世界资本存量固定,市场结构为完全竞争。

如图 15-2 所示,世界资本总量为 O_1O_2,国家1的边际资本产量线为 MP_{k_1},国家2的边际资本产量线为 MP_{k_2}。当资本没有发生国际流动时,国家1的资本价格为 r_1,国家2的资本价格为 r_2;国家1劳动者的收益为三角形 $A_1C_1r_1$、资本收益为四边形 $r_1C_1KO_1$,国家2劳动者的收益为三角形 $A_2C_2r_2$、资本收益为四边形 $r_2C_2KO_2$。

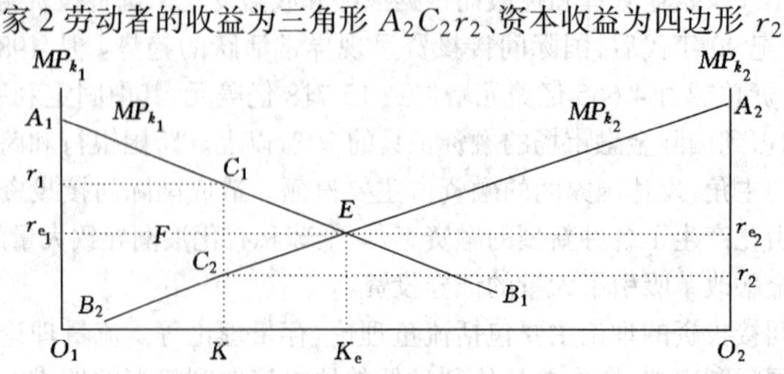

图 15-2　国际资本流动的效应

由于国家1的资本价格高于国家2的资本价格，资本从国家2流出到国家1中。当两国资本价格同为r_e时，资本就停止流出，这时国家1的国民收入为$O_1K_eEA_1$，增加了KK_eEC_1，但在国家2，国民收入为$O_2K_eEA_2$，下降了KK_eEC_2。总的来说，世界产出上升了C_1C_2E。可见资本的流动有利于提高世界经济的产出。

国家1的劳动者收入增加了$r_1r_{e_1}EC_1$，而本国资本收入下降了$r_1r_{e_1}FC_1$。对国家1而言，劳动者收入的增加超过了本国资本的损失，资本流入是有利的。就国家2而言，劳动者收入损失为$r_2r_{e_2}EC_2$，但本国资本的收入却增加了$r_2r_{e_2}FC_2$。可见，通过本国资本增加的收入超过了劳动者收入的损失，因此，资本的流出对该国也是有利的。

但是，作为资本流入国，资本收益损失了，因此反对资本流入，而其劳动者则希望资本流入；作为资本的流出国，资本流出产生了国内产业空心化，该国的劳动者就业机会逐渐减少，收入下降，因此反对资本流出。

2)对东道国的效应

其正面效应主要表现在增加产出、工资、就业、出口和税收收入，实现规模经济，提高技术和管理水平以及采用新科技，削弱国内垄断势力等；其负面效应是跨国企业通过转移定价(transfer pricing)转移利润，利率下降导致国内储蓄下降，国内民间投资被挤占，资本大举流出入使国际收支和汇率不稳定，国内政策控制能力下降，资本密集型的投资导致失业剧增，形成新的垄断势力，本国人难以获得跨国企业的核心技术和高级管理技巧。

4.国际金融市场的发展趋势

国际金融市场的发展趋势首先是金融自由化趋势，金融工具创新和解除金融管制的进程大大增加了金融机构的国际竞争力；二是金融国际化趋势，即国际资本的自由流动，国际货币市场和国际资本市场业务在内的欧洲国际金融市场的发展和扩张，以及本国金融机构准出和外国金融机构准入成为金融国际化的主要标志；三是金融全球化，在现代通信技术和计算机网络技术的推动以及国际巨型企业和投资银行的迅速发展态势下，国际资本愈益追求全球利益，参股并购他国的金融资产；四是国际金融一体化趋势，全球金融资源在对各国投资的风险进行调整以后，资金可以在全球范围内流向有效收益最高的地方，促使同种金融产品在不同国家和不同地区的有效收益完全相同；五是金融证券化趋势，金融证券化是指借款人与贷款人之间日益通过直接融资来完成金融活动，而不是通过以银行为中介实现社会资金的转移和借贷。这是国际资本增强其流动性的必然表现。

三、国际货币体系

1.国际货币体系概述

国际间的贸易交往、资本移动、债务清算等活动都涉及各国汇率制度的规定、货币的兑换、国际收支的调节以及储备资产的供应等问题。因此把支配各国货币关系的规则和机构以及国际间进行各种交易支付所依据的一套安排和惯例称为国际货币体系(international monetary system)。

国际货币体系的建立可以是因习惯而缓慢发展的结果,如金本位制度;也可以是因人为协商而在短期建立起来的,如国际金汇兑本位制。划分的依据是本位货币的性质(金本位、纸币本位 paper money system 等)和汇率制度(固定汇率、浮动汇率)等。一个理想国际货币制度必须能提供足够的国际清算手段、能够保持币值的稳定和汇率稳定、应具有有效的国际收支调节机制和各国经济政策的协调机制以共同维持国际金融稳定。

2.金本位制

金本位制(gold standard system)是以一定成色及重量的黄金作为本位货币的一种货币制度。货币只与黄金挂钩,并可以自由兑换黄金,只有黄金才能成为国际结算货币,黄金充分发挥世界货币的职能。金本位制起源于哥伦布地理大发现后,白银大幅贬值,使各国纷纷限制银币的铸造和兑换,黄金逐渐成为国际结算中广泛使用的支付手段,金本位制便在世界建立起来。

金本位制的自动调节机制包括:①汇率是货币法定含金量之比;②当汇率变化超过黄金输送点(gold transport points)时(1%幅度),会引起黄金在国际间流动;③如果货币仅充当交易媒介,且物价具有完全的伸缩弹性,则当一国逆差时,黄金流出,物价下跌,该国的出口增加进口减少,国际收支重新平衡。反之亦然。此即价格-货币-流转机制(price-specie-flow mechanism)。因此,金本位制运行机制的特点表现为货币与黄金关系的统一性、国际机构监督领导的松散性、国际收支调节的自发性。一旦黄金不能自由兑换和黄金自由输出入的原则被打破,那么金本位制就必然崩溃。

1944年7月在美国新罕布什尔州的布雷顿森林召开44国国际金融会议,以"怀特方案"为基础签署了《国际货币基金协定》(又称布雷顿森林协定)和《国际复兴开发银行协定》,从而建立起以美元为中心的国际金汇兑本位制的布雷顿森林体系(Bretton wood system)。在这一体系下,各国货币与美元挂钩,美元与黄金挂钩,美元与黄金共同成为国际结算货币。20世纪70年代初期美国卷入越南战争,政府开支大幅增加,通货膨胀上升,出现美元危机,黄金头寸不足。而70年代的能源危机,又加剧了西方世界滞胀局面,各国纷纷实行浮动汇率制。1976年1月IMF于牙买加通过《国际货币基金第二次修正案》决定实行浮动汇率制。1978年4月1日浮动汇率制正式生效,各国货币与黄金脱钩,汇率随市场浮动。布雷顿森林体制瓦解。

3.区域性货币体系

随着世界经济的一体化,20世纪50年代出现了货币一体化的趋势,表现为区域性货币一体化,即一定地区内的有关国家和地区在货币金融领域中实行协调和结合,形成一个统一体,并最终实现统一的货币体系,其实质是货币联盟。区域性货币一体化的特征是统一的汇率(成员国之间实行固定汇率制度)、统一的货币(发行单一的共同货币)、统一的货币管理机构和货币政策(建立中央货币机构,由其保存各成员国国际储备和制定统一的货币政策)。

区域性货币一体化的发展首先表现为松散的联盟。此阶段中,各成员国保持独立的本国货币、保持独立的国际收支、采取相对独立的货币和财政政策,对各成员国间的资本流动仍然实行限制，但成员国间的汇率是固定的并对外实行联合浮动汇率，各成员国的国际储备实行部分集中管理。其后，就发展成紧密性的货币联盟。这时，区域内实行单一的货币，设立独立的中央银行，实行资本市场的统一。

目前区域性货币一体化主要有欧洲货币体系、阿拉伯货币基金组织、中美洲经济一体化银行、西非货币联盟、俄白货币联盟。其中欧洲货币体系最为典型。

1969 年，欧洲共同体在海牙首脑会议上提出建立欧洲货币联盟，1979 年 3 月 13 日欧共体首脑在巴黎开会正式宣布欧洲货币体系（European monetary system，EMS）于同日生效，创设欧洲货币单位（ECU），实行联合浮动汇率制，创建欧洲货币基金。这一系列措施奠定了欧共体货币一体的基础。

1991 年 12 月欧共体首脑共同签署了《马斯特里赫特条约》，对实现欧洲单一货币措施、步骤、参与国的趋同标准和时间表做了安排。这一系列措施奠定了欧共体货币一体的基础。1993 年 1 月，欧共体建成统一大市场，基本实现了没有国界限制的商品、资本、劳务的自由流动。1993 年 11 月《马约》生效，欧盟（欧洲经济与货币联盟）正式取代了欧洲共同体。2002 年，欧盟完全按照《马约》的规定实现了单一货币化。

第四节　对外经济政策

国际贸易和国际金融离不开世界经济组织的协调，但二者又涉及主权国家之间的经济交往。因此，各国制定的对外贸易政策和国际金融政策成为规范一国对外贸易和资金流动的主要政策，构成对外经济政策的主要内容。

一、对外贸易政策

对外贸易政策是指一国一定时期内影响其进出口贸易的政策措施总和，是一国政府在经济发展战略指导下，运用经济法律和行政手段对国际贸易活动的方向、数量、规模、结构和效益所进行的一系列干预和调节行为。对外贸易政策主要通过关税、非关税壁垒以及鼓励出口等措施来实施。

1. 关税壁垒

1）关税的含义与作用

关税（customs duties）是进出口商品经过一国关境（customs territory）时，由政府所设置的专门执行国家有关进出口政策法令和规章的行政管理机构——海关对进出口商品所征收的税收。关境是一国的关税法令完全实施的境域。在未加入关税同盟的条件下，一国的国境除其特殊规定的自由区和自由港外，都属于关境。

征收关税有如下作用。

（1）增加国家财政收入　关税具有强制性、无偿性和预定性。发达国家的关税占其财政收入的比重为 3%，而发展中国家为 13% 左右。

（2）保护国内产业　对进口货物征收关税，能提高进口货物的价格，不仅削弱了进口货物的竞争能力，保护了本国生产，而且较高的价格也刺激了本国的生产；对出口商品征税,能使国内市场得到充足的供应并防止本国重要资源大量外流。

(3)调节国民经济　一方面,关税高低影响各企业的利润,故能调节生产,例如,政府对国内将来可能发展的产品高征进口关税,能够促进本国幼稚产业的发展,对国内不能生产的必需品低征进口关税,能够有效地降低生产要素的价格;另一方面,关税的高低影响市场供求和物价,以关税控制进出口数量,保证国内市场供求平衡和维持物价平稳运行。

(4)维持国际收支平衡　即利用关税高低调节进出口数量,维持国际收支平衡。例如,当一国逆差过大时,可以通过提高关税税率和加征附加税的办法,减少进口,从而减少逆差。

(5)维护对外关系　关税歧视是国际经济斗争的重要武器。减免或互免关税能密切国际经济贸易关系,缓和贸易摩擦。

关税的保护作用可以用关税保护率(effective rate protection,ERP)测定,即

$$ERP = \frac{(P_d - C_d) - (P_w - C_w)}{P_w - C_w} \tag{15-16}$$

式中:P_d、P_w 分别代表最终产品的国内、国际价格;C_d、C_w 分别代表中间原材料的国际、国内价格。若对最终产品的征收的进口关税为 T_0,对中间原材料征收的进口关税税率为 T_1,则

$$P_d = P_w(1 + T_0) \tag{15-17}$$

$$C_d = C_w(1 + T_1) \tag{15-18}$$

故有

$$ERP = \frac{P_w T_0 - C_w T_1}{P_w - C_w} \tag{15-19}$$

但是,关税又是一柄双刃剑,也有消极作用:①进口商品的征税提高了商品价格,增加了消费者的开支;②关税减少了进出口流量,不利于国际贸易的开展;③关税的过度保护就是保护落后,抑制了本国企业的创新能力;④高关税还助长了走私行为。有鉴于此,各国关税税率呈现不断走低的趋势。

2)关税的种类

关税主要包括基本关税、特别关税和特惠税。

(1)基本关税　基本关税也称为财政关税(revenue tariff),包括进口税(import duties)、出口税(export duties)和过境税(transit duties)。进口税是需进入关境的外国货物在办理海关手续时征收的关税,是关税税种中最主要的一种。出口税是本国商品输往国外的商品出境时海关征收的关税。目前发达国家已经取消了这种关税,但发展中国家为了财政增收、限制原材料大量出境、削弱依赖本国原材料加工的外国产品竞争力以及抵制跨国公司在本国垄断低价收购原材料等而在极小的范围内征收。过境税是一国对通过关境的外国货物所征收的关税。由于过境货物在海关的监督下,不会流入本国市场,为促进本国交通运输业的发展,一般免征或少征过境税,只征收少量的手续费。

(2)特别关税　有些国家对进口商品除征收正常的进口关税以外,还为某些特殊的

目的设置专门的关税就是特别关税，也称为保护关税(protective tariff)，可分为进口附加税(import duties)、反补贴税(anti－subsidy duties)、反倾销税(anti－dumping duties)、差价税(variable levy)、报复关税(retaliatory tariff)等。

进口附加税是指对进口商品除征收一般关税以外，再征收额外关税。其目的是应付国际收支危机、维护进出口平衡、防止外国商品倾销和对某国实行歧视或报复等。

反补贴税是对直接或间接地接受出口补贴的外国商品进口征收的一种进口附加税。征收目的是增加进口商品的成本、抵消进口商品享受的补贴金额、削弱进口商品的竞争能力并使本国的同类产品能在市场上公平地竞争，从而保护国内生产和市场。

反倾销税是对实行商品倾销的进口货征收的一定额度内的进口附加税。其目的在于抵制商品倾销和保护本国产品的国内市场，现已经成为贸易保护的主要措施。征收反倾销税的前提条件是：用低于正常价格的办法挤入另一国市场，并对另一国的产品造成严重损害，其中正常价格是指出口国国内同类产品价格或出口国生产产品的必要成本和利润或出口国对第三国出口的价格。通常不得同时征收反倾销税和反补贴税。

差价税是指当本国生产的某种商品国内价格高于同类进口商品时，为了削弱进口商品的竞争能力，保护国内生产和国内市场，按照国内市场价格与进口价格之差征收的关税就叫差价税。

报复关税是当别国在关税上对本国产品实施歧视待遇时，为报复别国的这种行为而征收的额外关税。其前提条件是：他国对另一些国家给予了较本国更加优惠的待遇，他国对本国货物所征收的关税不合理，当贸易条约要续约时他国对本国提出了不合理要求。一旦对方取消歧视待遇，则报复关税也应该取消。

(3)特惠税　特惠税(preferential duties)是指对从特定国家或地区进口的全部或部分商品给予特别优惠的低关税或免税待遇，主要有宗主国与殖民地之间的特惠税、洛美协定(Lome Convention)国家之间的特惠税、普遍优惠制。

3)关税税率

关税税率大致可以分为普通税率、最惠国税率、普惠制(generalized system of preferences)税率。普通税率是最高税率，一般对于非建交国家的进口商品实行，其税率一般比优惠税率要高。最惠国税率是对签有最惠国待遇条款贸易协定国家实行的税率，世界贸易组织的缔约方之间实行这种税率。普惠制税率是发达国家给予发展中国家在最惠国税率基础上实行的减税或免税。

4)关税征收标准

一般说来，征税标准主要有从量税、从价税、混合税和选择税四种。

从量税是指以货物的的计量单位为征收标准，以每一计量单位应纳税金额作为税率的关税，优点是税额便于计算、对低档低价商品限制、税额固定。缺点是税率不公(无质量好坏价格高低)、对高档商品限制作用不大、税额不因价格上升而提高。

从价税是以货物价格作为征税标准的关税。表现为价格的百分率，是目前使用最多的征收办法，其中完税价格是经海关审定作为计征关税的货物价格，海关估价一般以具体成交的合同价格或发票价格为准，同时规定了该价格中应包括的费用和不应包括的费用，以到岸价为依据。其优点是征收手续简单、税率明确、税收负担公平、增加财政收入和保护本国商品；缺点是确定进口商品的完税价格较为复杂。

混合税是对某种进出口商品同时征收从量税和从价税的方法。

选择税是对某一进口商品在税则中订有从价和从量税，征收时，若限制其进口，海关选择一种税额较高的税率征收；若鼓励某商品进口，海关选择一种税额较低的税率征收。

2.非关税壁垒

1)非关税壁垒的发展趋势

非关税壁垒(non－tariff barriers)是指除关税以外的一切限制进口的措施。随着新贸易保护主义的抬头，非关税壁垒以其隐蔽性强、灵活性强、歧视性强而得到日益盛行。其趋势表现为：非关税壁垒的项目有增多的趋势，据统计，20世纪60年代仅850项，现在达到2 500多项；适用的商品进口范围日益扩大；歧视性加深，许多国家根据其与不同国家或地区经济贸易关系的性质和规模，采取了不同的非关税壁垒措施；受非关税壁垒损害的国家日趋增多。

2)非关税壁垒的特点

非关税壁垒同关税壁垒比较有很多优势。首先，具有更大的灵活性和针对性。因为关税税率的制定必须经过立法程序，并有延续性，改变较为困难，而非关税壁垒通常采用行政程序，手续简便，可随时针对某种商品采取或更换相应的限制措施，较快达到限制进口的目的。其次，提高关税只能限制进口商品的竞争力，而非关税壁垒的数量限制，直接达到限额进口的目的。第三，更具有隐蔽性和歧视性。因为非关税壁垒的信息较难获得，而且技术标准经常变化难以适应，同时又往往针对某一国家，歧视性强。

3)非关税壁垒的作用

(1)代替关税降低的一种保护手段　税率大幅降低的趋势以及跨国公司的避税政策(如利用内部划拨价格避税)，有时使关税已不再能够限制进口，因而可使非关税壁垒限制进口。

(2)实施贸易歧视的重要手段　其歧视作用集中表现在数量限制上，例如进口配额中的国别配额。

(3)保护和发展本国特定产业　各国倾向于采用数量限制等措施对本国的特定产业和幼稚产业进行保护。

(4)保护国民身体健康和保护生态环境　随着可持续发展成为各国的共识，ISO14000环境保护体系国际标准得以正式颁布，以及WTO关于成员国为维护公共道德、保障人类和动植物生命与健康、保护稀有资源和国家文物等对进口实施限制或者禁止措施。这些规定为各国充分发挥非关税壁垒在保护国民健康和保护生态环境的作用提供了依据，这种壁垒也叫做绿色壁垒。

(5)有利于保持国际收支平衡　各国为保持国际收支平衡都利用非关税壁垒对进出口结构和速度加以限制。

(6)涉外谈判的手段　在对外谈判中，可以此作为筹码使自己进退自如。

4)非关税壁垒的种类

非关税壁垒主要分为直接和间接的非关税壁垒限制。

(1)直接的非关税壁垒限制　直接非关税壁垒措施就是直接数量限制,是指进口国对进口商品的数量、品种或金额加以限制,或迫使出口国直接限制商品的出口。其主要措施有进口配额限制、自动出口配额限制、进口许可证。

进口配额(import quotas)是指一国政府在一定时期里,对某些商品的进口数量或金额加以限制。超过配额不准进口或者规定更高的关税,又分为绝对配额制(absolute quotas)和关税配额制(tariff quotas)。绝对配额制就是在一定时期内规定某些商品的最高进口数量,达到这个数量后不再进口,包括全球配额(对任何国家都适用)和国别配额(在总配额内,按国别地区分配固定配额)。关税配额制是指在一定时期内,对商品的绝对数额不加限制,配额以内的商品低征税,配额以外的商品高征税。

自动出口配额制是指出口国或地区在进口国的要求下,自动规定在某一时期内某些商品对该国的出口限制。在限定的配额内由出口国自行控制出口,超过配额即禁止出口。这包括单边自动出口配额和双边自动出口配额。前者是出口国迫于进口国的压力而单方面规定出口限额,后者由进出口双方通过谈判签订自限协定,如1977年美国日本达成的日本自动减少钢铁等产品对美出口额协定。

进口许可证(import license system)制度是指进口国家规定,进口某种商品事先必须申请许可证,并凭许可证办理商品进口的制度,进口许可证必须注明有效期与进口商品名称、来源、数量及金额,可分为定额进口许可证(预先规定有关商品的进口配额的许可证)、无定额进口许可证(只向个别进口商颁发的不预先公布定额的许可证)。

(2)间接的非关税壁垒限制　间接非关税壁垒限制是指进口国对进口品制定严格的条例或规定,间接地限制进口,主要措施有垄断贸易、歧视性政府采购、国内征税、最低限价进口、、进口押金、海关估价、技术壁垒、绿色壁垒等。

垄断贸易是指政府机构直接经营对外贸易或由政府机构把商品的进出口专营权给予某些垄断组织,从而有效地控制商品进出的数量、种类和进出国别或地区。例如,对于烟草、农产品、武器等贸易都是专营贸易,原来实行计划经济的国家对外贸易一般都实行垄断贸易。

政府采购是指国家制定法令,规定政府机构在采购时优先购买本国商品的做法。通过政府采购制定有利于本国产品不利于进口产品的差别待遇措施,自然限制了进口商品市场。

国内征税是指在国内对生产、销售、使用或消费的商品所征收的税收。一般对进口商品除缴纳关税外,还采用国内税法。例如法国曾对进口汽车征收高于国产汽车1.5倍的养路税。欧盟对进口商品征收增值税而对出口商品实行出口退税等。

最低限价进口是一国对某些商品规定最低限价。凡进口商品低于规定的限价,就要征收进口附加税或禁止进口。

进口押金制是指政府规定进口商在进口商品以前,必须预先按进口金额的一定比例,在规定的时间内到指定的银行无息存放一笔现金的制度。由于这种制度增加了进口商的资金负担，提高了进口成本，达到了限制进口的目的。

海关估价制是指海关对申报进口货物的价格进行审核，额定其完税价格的制度。由于可以提高对进口商品的估价，增加了进口商品的关税负担。如美国海关长期以来执行的按照进口商品的外国价格和出口价格两者中较高的一种进行征税。

技术性贸易壁垒是指进口国通过对进口商品制定复杂繁多的技术标准、卫生检疫规定、安全规定、商品包装和标签规定等以限制进口的一套措施来限制商品的进口。

绿色壁垒是指政府借口保护环境，对外国商品制定大大高于国际公认或绝大多数国家所不能接受的环境保护标准，或比本国商品的环境保护标准更高的双重标准，从而限制外国商品的进口。

3.鼓励出口政策

(1)出口信贷(export credit)　出口信贷是一国为鼓励出口而由本国银行对本国出口商、外国进口商或外国进口方银行提供的贷款，包括卖方信贷(supplier's credit)、买方信贷(buyer's credit)。

(2)出口信贷国家担保制(export credit guarantee system)　由国家设立专门机构出面对本国出口商或商业银行向外国进口商或银行提供的信贷进行担保。需要确定担保项目与金额、担保对象、担保期限和费用等内容。

(3)出口补贴(export subsidies)　出口补贴是一国政府对出口商品现金补贴或财政上的优惠待遇，又称为出口津贴，可以分为直接补贴(直接对出口商现金补贴)、间接补贴(退税、减免税、优惠汇率)。

二、对外金融政策

一国对外贸易政策必须与对外金融政策相互配合。这包括外汇管理政策、国际收支调节政策、国际储备政策和国际资本流动政策等。

1.外汇管理政策

很多发展中国家更多地采用外汇管制的方法直接调整国际收支的平衡和保持汇率的稳定。所谓外汇管制(foreign exchange control)是指一国政府通过法令对国际结算和外汇买卖实行限制来平衡国际收支和维持本国货币汇价的一种制度。

外汇管理的对象为人和物两方面。前者分自然人(居民、非居民)、法人管理，对于居民管理较严。后者是对外币、外汇支付工具、外汇有价证券和黄金管理。由央行设立的外汇管理局进行外汇管理，并指定专门的银行经营外汇业务。

对于贸易外汇收支，出口商必须把出口所得外汇收入按照官定汇率卖给外汇管理机关，进口方也必须在外汇管制机关按照官定汇率申请购买外汇。外汇管制方式又分数量性外汇管制(对外汇买卖直接进行限制和分配)、成本性外汇管制(不同的商品实行不同的汇率)、混合性外汇管制。

对于非贸易外汇收支，采用直接限制(按期结汇给国家指定银行)、最高限额(对非贸易支出规定最高限额)、登记制度(对一定数额的外汇收入支出登记)、特别批准方式管理。对于资本输出、输入的管理，发达国家比较宽松，发展中国家则奖入限出。

在汇率管制方面,实行间接和直接管制。间接管制主要是指政府利用外汇平准基金干预汇市,以维持汇率稳定。直接管制主要是通过选择具备管理性的汇率制度实现。这包括管理浮动、钉住单一货币、钉住一篮子货币、实行复汇率制。复汇率制包括双重汇率制(如规定贸易汇率与资本项目汇率)、多重汇率、官方汇率与市场汇率混合使用、外汇转移证制度(出口商缴汇后得到外汇转移证。该证可转卖,凭之按官价购汇)。

对于货币输出、输入的管制是限制现钞输出、输入,超过限额需申报批准,严禁黄金输出。

2.国际收支调节政策

1)国际收支调节的原因和措施

(1)国际收支调节的原因　在国际收支平衡表中,经常项目和资本项目经常出现逆差和顺差。国际收支不平衡发生的原因可以概括为偶发性因素、经济周期因素(各国经济周期不同造成)、经济结构因素(由于要素价格变化引起的产业结构、贸易结构调整)、货币价格变动因素(一国价格、汇率、利率等货币性因素变动引起)、国民收入变动因素、外汇投机与不稳定的国际资本流动等因素。其中经济周期、经济结构、国民收入变动因素是导致国际收支不平衡的长期因素。如果是长期因素造成的国际收支逆差用外汇储备持续弥补,会最终造成储备枯竭;如果长期顺差可能造成外汇储备过度增长,也会造成本币升值、逆差国摩擦以及通货膨胀压力,对一国经济不利,因此对于国际收支的不平衡必须进行调节。

(2)调节国际收支的措施　国际收支调节政策主要包括外汇缓冲政策(用融资手段弥补)、财政和货币政策、汇率政策和直接管制的手段,具体调节措施因国际收支不平衡的因素而定。对于国际收支的短期不平衡通常采用央行对外借贷和外汇平衡基金干预进行调节,对于国际收支因产业结构调整而产生的长期不平衡则要采用必要的财政和货币政策、货币升值贬值甚至外汇管制进行调节,调节必须有助于产业结构改善。通常在短期逆差时采用央行对外借款、减少外汇平衡基金的方法调整,在长期逆差时采用紧缩财政和货币政策进行调整,在一国实行固定汇率制时,还可宣布货币贬值调节。在国际收支发生短期顺差时,采用央行对外贷款、增加外汇平衡基金的方法调整,在长期顺差时采用松动财政和货币政策调整,在一国实行固定汇率制时可宣布货币升值调整。

2)内外均衡的冲突及政策搭配

在开放经济条件下,一国宏观调控的经济目标是要同时实现内部与外部均衡。内部均衡是指国内物价稳定、充分就业;外部均衡是指国际收支均衡。丹麦经济学家简·丁伯根(J. Timbergen)提出丁伯根原则,即实现几种目标就需要有相互独立的几种有效政策工具。据此,罗伯特·蒙代尔提出交替使用财政和货币政策,以货币政策应对国际收支失衡,以财政政策应对国内失业,这就是所谓的分派原则。例如,假设一国经济处于国际收支逆差与失业共存,则先以紧缩性货币政策使国际收支平衡,再实行扩张性财政政策,达到充分就业。

3.国际储备管理政策

1)国际储备的含义和分类

国际储备(international reserve)是指一国政府持有的,用于弥补国际收支逆差、维持本国货币汇率稳定的国际间可以接受的一切资产。储备资产具有官方持有性、自由兑换性、流动性的特征。与之相联系的另一个概念是国际清偿能力(international liquidity)。国际清偿能力是指一国政府平衡国际收支逆差、稳定汇率而又无须采用调节措施的能力。它既包括现实的能力(国际储备),也包括潜在的能力(国际融资)。一国国际储备包括黄金储备、外汇储备、会员国在国际货币基金组织的储备头寸、基金组织分配给会员国尚未动用的特别提款权。

黄金储备(gold reserve)是指一国货币当局所持有的作为金融资产的货币黄金。由于黄金产量少、分布不均、价格波动大、缺乏持续盈利能力,且货币不再规定黄金含量,因此黄金作为储备的地位持续下降。

外汇储备(foreign exchange reserve)是指货币当局持有的可兑换货币和用它们表示的支付手段。当今主要的储备货币是美元、欧元、日元、英镑等。

在国际货币基金组织中的储备头寸(reserve position in IMF)即普通提款权(general drawing rights)是指在IMF普通账户中可以自由提取使用的资产,会员国须按一定的份额向该组织缴纳25%份额的可兑换货币和75%份额的本国货币。当发生收支困难时,有权以本国货币抵押向IMF申请提用缴纳的可兑换货币。

特别提款权(special drawing rights)是IMF创设的一种记账单位,是由基金组织分配给会员国的一定使用资金的权利,用于会员国间和会员国与基金组织之间的支付。特别提款权的定价采用美元、德国马克、法国法郎、英镑、日元组合货币一篮子定价,故其价值较稳定。

2)国际储备的管理

国际储备是一国的国际金融实力在国际经济中的地位和参与国际经济活动的能力的反映,作用是弥补国际收支逆差、干预外汇市场和充当信用保证。正因为国际储备的重要作用,各国都十分重视对国际储备的管理。总的说来,国际储备的管理集中于国际储备水平的管理(总量管理)和结构管理。

(1)国际储备水平的管理　最适度的国际储备量主要考虑国民经济发展水平、经济开放程度、国际收支调节政策的效率、国际融资能力、汇率制度(浮动汇率及外汇管制的国际储备量少)、政策协调、货币的国际地位等。国际储备的上限是以该国经济最大的贸易量和其他紧急国际支付所需储备资产量,下限是保证一国最低限度的贸易量所需储备资产量。需要根据国际储备的机会成本与收益分析衡量最佳的国际储备量。度量国际储备的方法有国际储备/月进口比例在3~12个月之间,以6个月为宜;以及国际储备/外债以50%为宜。一国增加外汇储备的主要途径是:扩大对外经贸活动,实现国际收支顺差;央行针对本币升值而进行的外汇干预活动;增加IMF的特别提款权的数额;增加政府的黄金储备等。

(2)国际储备结构的管理　国际储备结构管理是指一国如何最佳配置国际储备资产,从而使各类国际储备量之间、构成要素之间保持适当的比例,以便分散风险和获取收益。国际储备的管理原则是安全性、流动性和盈利性(汇率变化率+利率),并应以安全性为第一准则。具体地说是国际储备的种类结构管理和货币结构管理。国际储备的种类结构按照货币的流动性可以将储备资产分为三级：一级储备资产是指富于流动性但收益性较低的，如活期存款、短期存款、短期债券、普通提款权；二级储备资产收益性高于一级储备，但流动性低于一级储备，如2～5年期的中期国库券、特别提款权等；三级储备资产收益性高于二级储备，但流动性低于二级储备，如长期国债券、黄金储备等。一级储备充做货币当局随时、直接用于弥补国际收支逆差和干预外汇市场的储备资产，即充做交易性储备(transactional reserves)；二级储备作为补充性流动资产；三级储备主要用于扩大储备资产的收益性。

对储备货币结构管理，其一是根据汇率变化率和利率计算盈利性，然后采用多元化货币的投资组合，以使收益率最大而风险最小；其二是根据贸易赤字结构、清偿外债本息、外汇净额的货币结构与干预外汇市场所需的货币结构决定储备货币的结构。目前国际储备的货币正逐渐由原来的单一黄金或美元转变为多种货币构成的外汇储备结构。

4.国际资本流动的管理

由于国际资本流动的影响十分重大，加强国际资本管理和控制，扬长避短、鼓励其发挥促进经济发展的作用，限制其不利影响是十分必要的。主要的管理措施如下。

(1)通过政府政策及法令对资本流动进行管理　各国根据自己对国际资本流动的不同要求，制定颁布适当的法令措施来鼓励或限制国际资本流动。例如，德国对资本流入征收高额的准备金，是防止资本过多流入该国。

(2)根据偿债率的变动限制对外借贷的总规模　国际上广泛采用的衡量异国偿还能力大小的标准之一是外债清偿比率，简称偿债率。公式为：

$$偿债率=(本年度外债偿还额+利息)/本年度商品劳务出口收汇额\times 100\%$$

偿债率一般在20%～25%之间。偿债率是一条警戒线，超过警戒线，会导致债务危机。衡量一国还债能力应综合考虑一国的外汇储备状况、外资利用的经济效益、国际收支、财政收支、偿债资信评价等众多因素。

(3)各国通过利率政策协调，对资本流动进行管理　如果各国的利率相差不致太大，就可以避免短期资本的大量套利流动，这就需要加强各国货币政策的协调。

(4)通过外汇管制对资本流动控制　一些实行外汇管制的国家规定非经管汇局或中央银行的批准，不得进行外汇买卖活动，资本流动就可以得到有效的控制。例如，中国能回避亚洲金融危机的重要原因是资本项目人民币未实现自由兑换。

(5)通过多方合作，解决发展中国家的债务危机　发展中国家提出用缓、减、免、转等四种方法解决债务危机。所谓“缓”是指债权人与债务国进行协调，妥善安排，延长还债期限，在促进债务国经济发展的基础上逐步还债。“减”主要是指降低贷款利率。“免”就是豁免最不发达国家所欠的全部或部分债务。所谓“转”就是将债务转换为直接投资等。

本章小结

国际经济组织是国际经济一体化的产物,是国际经济一体化制度的载体。经济一体化的空间形式按照由低到高的顺序是自由贸易区、关税同盟,共同市场、经济联盟等四种形式。其主要组织形式是欧盟、北美自由贸易区和亚太经合组织等几种形式。主要的国际经济组织包括世界贸易组织、国际货币基金组织、世界银行集团等。国际贸易是国际分工的必然产物,其理论基础是古典贸易理论、现代贸易理论和跨国公司主导贸易理论。古典贸易理论中的绝对优势论和相对优势论是自由贸易的理论基础,而俄林-赫克歇尔的要素禀赋理论是对古典贸易理论的进一步发展。现代贸易理论从不完全竞争出发,提出了产业内贸易理论、技术差距贸易理论、产品生命周期理论、极化效应理论、工资差异理论、自由贸易战略等理论。随着追求全球战略利益的跨国公司的出现,跨国公司主导贸易理论日益代替了传统贸易理论。国际金融反映的是外汇、国际收支、资本流动等。外汇汇率是外汇市场供求均衡的结果,有关理论是购买力平价理论、利率平价理论。国际收支是一国外汇收支的总和,有关的理论是弹性分析理论、吸收分析理论。国际资本流动是在国际金融市场中进行的,分为短期资本流动和长期资本流动。长期资本流动中的直接投资尤为重要,国际货币体系是国际金融活动的制度安排。金本位制曾经长期成为国际货币体系的主要表现形式。与此同时,区域性货币体系发展迅速,欧盟是第一个使用统一货币(欧元)的区域性货币联盟。国际贸易政策的主要手段是关税、非关税壁垒以及出口鼓励政策。国际金融政策主要是外汇管理政策、国际收支调节政策、国际储备管理政策、国际资本流动政策等。

复习思考题

1. 解释下列概念:国际经济一体化,经济全球化,经济自由化,自由贸易区,关税同盟,共同市场,经济联盟,贸易转移,世界贸易组织,国际贸易,跨国公司,购买力平价,国际金融市场,国际资本流动,长期国际资本流动,国际直接投资,国际间接投资,短期国际资本流动,国际货币体系,国际贸易政策,关税与关境,非关税壁垒,外汇管制,国际储备,国际清偿能力。

2. 试述经济全球化的标志、原因、积极作用和消极作用。

3. 贸易自由化和投资自由化的表现形式是什么?

4. 怎样理解经济一体化的动态效应?

5. 欧盟、北美自由贸易区、亚太经合组织是怎样的组织?

6. 世界贸易组织的宗旨、范围和职能是什么? 世界贸易组织的基本原则有哪些?

7. 世贸组织的组织机构、决策方式和组织的运作有哪些特点?

8. 国际金融组织的组织原则和基本职能有哪些? 国际金融组织有哪些类型?

9. 试述国际货币基金组织的宗旨、职能、组织机构、业务活动内容。

10. 试述国际贸易的分类和组织形式。
11. 试述国际分工与国际贸易的相互关系。
12. 试述绝对优势理论的主要内容。
13. 试述相对优势理论的主要内容。
14. 试述资源禀赋理论的基本内容。
15. 试述技术贸易差距理论和产品生命周期理论的基本内容。
16. 试述跨国公司的特征、经营战略、跨国公司主导国际贸易理论的内容。
17. 试述购买力平价理论、利率平价理论的内容。
18. 试述国际资本流动的经济效应分析。
19. 试述国际金融市场发展的趋势。
20. 试述非关税壁垒的作用及其特点、非关税壁垒的种类及其内容。
21. 试述外汇管制的对象和管制的基本内容。
22. 试述国际储备的分类及管理方法。